新思
THINKR

有思想和智识的生活

企鹅欧洲史

地狱之行
1914—1949

TO HELL AND BACK: EUROPE
1914–1949

[英]伊恩·克肖（Ian Kershaw）_著

林 华_译

中信出版集团 | 北京

图书在版编目（CIP）数据

地狱之行：1914-1949 /（英）伊恩·克肖著；林华译 . -- 北京：中信出版社，2018.12（2024.11重印）
（企鹅欧洲史）
书名原文：TO HELL AND BACK: Europe, 1914-1949
ISBN 978-7-5086-8300-3

Ⅰ.①地… Ⅱ.①伊…②林… Ⅲ.①欧洲－历史－1914-1949 Ⅳ.① K505

中国版本图书馆 CIP 数据核字〔2017〕第 264525 号

To Hell and Back: Europe, 1914-1949
Copyright © Ian Kershaw, 2015
Simplified Chinese translation copyright © 2018 by CITIC Press Corporation
Penguin（企鹅）and the Penguin logo are trademarks of Penguin Books Ltd.
First published 2015
First published in Great Britain in the English language by Penguin Books Ltd.
All rights reserved.
本书仅限中国大陆地区发行销售
封底凡无企鹅防伪标识者均属未经授权之非法版本

地狱之行：1914—1949
著　　者：［英］伊恩·克肖
译　　者：林　华
出版发行：中信出版集团股份有限公司
（北京市朝阳区东三环北路 27 号嘉铭中心　邮编　100020）
承　印　者：河北鹏润印刷有限公司

开　　本：880mm×1230mm　1/32　印　　张：19.25　插　页：8　字　　数：482千字
版　　次：2018 年 12 月第 1 版　　　　　　　印　　次：2024 年 11 月第 17 次印刷
京权图字：01-2015-8279
书　　号：ISBN 978-7-5086-8300-3
定　　价：89.00 元

版权所有·侵权必究
如有印刷、装订问题，本公司负责调换。
服务热线：400-600-8099
投稿邮箱：author@citicpub.com

目录

"企鹅欧洲史"系列中文版总序　　i

《地狱之行：1914—1949》导读　　v

作者序　　xi

导言　欧洲自我毁灭的时代　　1

第一章　悬崖边缘　　9

　　　黄金时代？　　10
　　　滑向战争？　　24

第二章　巨大灾难　　47

　　　悲剧展开　　47
　　　亲历战争　　67
　　　重压之下的国家　　81

第三章　和平乱局　　100

　　　"适合英雄"的土地？　　101
　　　反革命者　　110
　　　布尔什维克主义的胜利　　116
　　　大分割　　123

　　　　　脆弱的民主　　131
　　　　　法西斯主义的胜利　　144
　　　　　民主在德国幸存　　153

第四章　火山之舞　　161
　　　　　经济繁荣　　162
　　　　　另一种模式　　172
　　　　　文化之镜　　178
　　　　　光明前景？　　193
　　　　　摇摇欲坠的民主体制　　199

第五章　阴霾四合　　213
　　　　　衰退　　214
　　　　　最坏的结果　　225
　　　　　经济复苏之路　　234
　　　　　政治急速右转　　245

第六章　危险地带　　266
　　　　　国际秩序的坍塌　　266
　　　　　欧洲主要意识形态　　279
　　　　　苏、意、德之比较　　312

第七章　走向深渊　　316
　　　　　左派的失败　　317

　　　　军备竞赛　　338
　　　　鹰派与鸽派　　344
　　　　和平的丧钟　　357

第八章　人间地狱　　369

　　　　燃烧的欧洲　　372
　　　　人性泯灭的无底深渊　　380
　　　　人间地狱的众多意义　　398
　　　　持久的意义　　432

第九章　暗夜渐变　　436

　　　　经济与社会：变化之势　　437
　　　　基督教会：挑战与延续　　459
　　　　知识分子与欧洲的危机　　478
　　　　"演出开始"：大众娱乐产业　　490

第十章　劫灰涅槃　　503

　　　　（一定的）发泄与解脱　　505
　　　　政治再觉醒：分裂与不确定　　521
　　　　铁幕降下　　543

致谢　　558

部分参考书目　　561

"企鹅欧洲史"系列中文版总序

文明的更新、重组和不断前进
——为什么我们应该阅读"企鹅欧洲史"系列

彭小瑜

21世纪还剩有80多年,当今的主要发达国家,也就是欧洲国家以及在制度和文化上与之关系极其紧密的北美洲和大洋洲国家,在发展上的明显优势目前无疑还存在。那么到了21世纪末,情况又会如何?"企鹅欧洲史"系列包含的9部著作覆盖了欧洲文明近4000年的历史。如果我们精细地阅读这几本书,我们就能够观察到欧洲文明在历史上经历过的多次繁荣、危机和复兴,进而能够认识到欧洲文明保持更新和不断前进的真正力量是什么。

相对于世界其他地方的古老文明,欧洲文明天然具有优越性吗?从19世纪在中国沿海地区贩卖鸦片的英国人身上,我们看不到什么值得欣赏和效仿的品德和价值观。西方近代的"船坚炮利"及其背后的科学技术固然值得研究和学习,但是学会了"船坚炮利"的本事不是为了欺负和攻打别人。另外,西方文明的优点,欧洲在近代国力强大的原因,绝不局限于自然科学和先进技术。我们了解和研究欧洲历史，借鉴欧洲和整个西方的历史文化和经验，肯定也不能局限于救亡图存这一有限目的。我们采取和保持一个面向世界的开放态度，是为了建设一个美好的生活环境，也是为了对世界和平和全人类的福利做出我们的贡献。因此，我们对欧洲史和整个西方文明需要有一个认真和耐心研究的态度，努力学习其优点，尽量避免其不足，以期完成我们中华民族在21世纪追求的远大目标。为了这样一个宏大的事业，我们需要精细阅读"企鹅欧洲史"系列。这是我们了解和学习外部世界过程中迈出的小小一步，却可能会让我们拥有以前不曾体验过的惊奇、思索和感悟。

整套丛书由古希腊罗马远古的历史开始，讲述了直到21世纪的欧洲历史。尽管各位作者的资历和背景不尽相同，他们基本的历史观却高度相似。在对西方文明进行坦率批评的同时，他们以明确的乐观态度肯定了这一独特文化、政治和经济体制的自我更新能力。普莱斯和索恩曼在描写古代雅典城邦时（见《古典欧洲的诞生：从特洛伊到奥古斯丁》），注意到了雅典民众拥有在古代世界独一无二的政治参与权，不过该城邦"同时也是对妇女压制最为严重的城邦之一"，因为唯有男性拥有公民权的情况让没有公民权的自由民妇女地位变得十分糟糕。依靠元老院、人民和行政长官三者之间沟通和平衡的古罗马，建立和维持着一个似乎比雅典更加稳定的共和国。后来，贫民的土地问题以及意大利和其他地方民众获取公民权的问题，引发了"罗马在350年里的第一次政治杀戮"。之后不断加剧的社会矛盾导致了血腥的持续的内战，并颠覆了共和制度，但是罗马人在内战废墟上建立了君主制帝国，同时让各地城市保持了强有力的自治传统，在地中海周边的辽阔地区又维持了数百年的安定和繁荣。

乔丹在《中世纪盛期的欧洲》里面写到了14世纪的黑死病,"在1347—1351年的瘟疫中有多达2 500万人殒命",之后瘟疫还连续暴发了好多次,而此前欧洲的总人口只有大约8 000万。这个世纪同时也是战争和内乱频仍的年代,是教会内部思想混乱和不断发生纷争的年代。面对如此可怕的巨大灾祸,面对16世纪宗教改革带来的政治和思想的严重分裂,西方人在生产、贸易和金融等领域仍然取得长足进步,并开始探索世界地理,航行到非洲、亚洲和美洲,倡导用实验来把握有用的知识,学会用科学的方法来仰望星空,认知宇宙的秘密。与此同时,自私的欲望逐渐泛滥,开始有文化人鼓吹"最自然的人权就是自利",鼓吹"自然状态是一个相互竞争的丛林"(见《基督教欧洲的巨变:1517—1648》)。

当资本主义的贪婪和帝国主义的强权给世界上落后国家带来压榨和屈辱的时候,欧洲内部的社会矛盾也变得十分尖锐。在19世纪中叶,英国每天要用掉大约2.5亿根火柴,在位于伦敦的工厂:"用于制造可燃火柴的白磷产生的气体开始给工人身体造成严重损害。工厂工人几乎是清一色的女工和童工,工人需要先准备好磷溶液,然后把火柴杆放在里面浸沾。他们的牙龈开始溃烂,牙齿脱落,颌骨慢慢腐烂,流出散发臭味的脓水,有时从鼻子里往外流脓,人称'磷毒性颌骨坏死'。1906年在伯尔尼签署的一项国际公约禁止使用白磷,两年后,英国议会批准了该公约。"(见《竞逐权力:1815—1914》)

历史故事的细节从来都具有一种思想冲击力。"企鹅欧洲史"系列的各个分册里面充满了大量的细节和故事。看了白磷火柴女工的故事,认真的读者都会好奇,当时的欧洲会往何处去。埃文斯描写了第一次世界大战前的欧洲社会和改革运动。他提到,德国的铁血宰相俾斯麦曾经声称，国家必须"通过立法和行政手段满足工人阶级的合理愿望"。在叙述现代历史的各个分册里，我们都能看到，欧洲统治阶级坚持文化和制度的渐进改良，不单单是"出于发自内心的社会良知"，也是因为他们面临来自社会主义思想和运动的压力，希望通过对话达成社会各阶层的和解。社会各阶层重视沟通和妥协不仅是现代西方社会的一个突出特点，应该也可以追溯到遥远的雅典城邦和罗马共和国传统。沟通和妥协的能力，确实是欧洲文明保持活力和持续进步的一个重要原因。

第一次世界大战结束后不久，梁启超先生到欧洲考察，遇见一位美国记者，后者觉得"西洋文明已经破产了"，不赞成梁启超将之"带些回去"的打算。梁启超问："你回到美国却干什么？"该记者叹气说："我回去就关起大门老等，等你们把中国文明输入进来救拔我们。"梁启超在《欧游心影录》里面记载了这个故事，但是他提醒读者，欧洲不会完。他解释说，18世纪以后的欧洲文明不再是贵族的文明，而是"群众的文明"，各种观念和立场有顺畅交流，思想文化依然活跃。所以他断言，欧洲仍然能够"打开一个新局面"。饮冰室主人在1929年去世，没有机会看到此后的欧洲历史轨迹。我们是幸运的，看到了更多的世界风云变幻。我们是幸运的，能够阅读"企鹅欧洲史"系列这样有趣和深刻的历史读物。我们借此不仅能够更清楚地看到欧洲的过去，也可能能够看到一点欧洲和世界以及我们自己的未来。

《地狱之行：1914—1949》导读

吕一民

习史之人对长期重点关注、研究的时段易产生"偏爱"之情，本人研习 20 世纪法国史多年，在高校开设的主要也是"20 世纪世界史"之类的课程，难免对这段历史兴趣尤浓。诚然，每当本人格外强调 20 世纪史的重要性时，往往会有研究其他时段为主的同行不以为然，尽管如此，本人依旧想在此强调 20 世纪具有的唯一性，即它是包括这本书当下绝大多数读者在内的很多人多少亲身经历过几年的世纪。即便对于这本书目前尚为数不多，但很快就会成为其主要读者的生于 21 世纪的读者来说，它仍具有这样的特点：在已经成为过去的所有世纪当中，20 世纪是距 21 世纪最近的世纪。

欧洲在 20 世纪之初还是像在 19 世纪那样，在世界上占据明显的优势地位，甚至如同该书作者在书中所言，"雄踞文明的巅峰傲视世界"。然而，在 20 世纪进入中后期之后，欧洲先前具有的这种优势地位明显弱化，甚至在不少人眼里，欧洲已在很大程度上被"边缘化"。但笔者以为，欧洲在当今世界占据的地位依然不容小觑，而了解欧洲在跌宕起伏、错综复杂的 20 世纪世界史中曾经扮演的角色和所起的作用，对于"试图弄懂不久前的力量如何塑造了今天的世界"（作者导言语），更是至关重要。有鉴于此，当得知近年来在迻译世界史佳作方面表现不俗的中信出版社拟推出"企鹅欧洲史"系列的中译本，并以提供"先睹为快"的机会为条件约写"20世纪卷"的推介文字时，本人欣然接受。

之所以如此，不仅因为"企鹅欧洲史"系列是由著名的企鹅兰登集团耗时10余年为大众精心打造的欧洲通史的"鸿篇巨制"，20世纪欧洲史又是其中最吸引我的一卷，而且还因为该卷出自本人早就颇为欣赏的伊恩·克肖之手。

克肖是一位以对20世纪德国史，特别是纳粹德国元首希特勒的精深研究蜚声国际史坛的英国史学家。坦率地说，同样是欧美学者写的20世纪欧洲史之类的著作，本人相对更倾向于选择出自英美学者之手的作品。由于不难理解的原因，在研究20世纪欧洲史，特别是20世纪前半期的欧美学者当中，较之法德两国的学者，英美学者似乎要超脱、客观一点——其间当然也有细微的差别，英国的学者或许会有"日不落帝国"辉煌不再的失落，而美国学者则难免会自得于20世纪日益成为"美国的世纪"。此外，在本人看来，在20世纪欧洲史，特别是其上半段的历史中，民主体制与极权体制各自的特点以及它们之间的较量，即便不是最为重要的内容，那也是最重要的内容之一。正是在这一意义上，或许会让读者感到更为可取的是：克肖不仅是位英国学者，而且还是位生长在作为欧洲民主制度典范的英国，同时却对20世纪前半期欧洲极权体制的"标本"纳粹德国有着精深研究的史学家。他的这种特殊身份显然有助于其在探究、审视20世纪欧洲史时能更好地"既见树木又见森林"。

如果说克肖此前出版的《命运攸关的抉择：1940—1941年间改变世界的十个决策》等书，以其在"大处着眼，小处着手，以小见大"方面的出色表现，已经足以让读者对这位史学家的功力、识见推崇备至，那么，他的那部被一些人誉为"对希特勒现象的最终解释"的《希特勒传》（上、下卷），从企鹅出版社约稿到出版竟然历时18年之久，更是显示出他在追求完美和极致方面具有非同一般的精品意识和工匠精神。凡此种种，皆让人们对这部由名社全力打造，名家用心撰写的著作充满期待。

诚然，期望越高失望越大是人们时常会碰到的情况，但至少本人在阅读后觉得，一开始就让人们充满期待的这部著作绝对不在此列。在本人看来，此书的成功与它具有以下值得充分肯定的特点密不可分。

首先是角度得当，主线明晰。

"横看成岭侧成峰，远近高低各不同。"面对20世纪的欧洲又何尝不是如此？因为所处立场或审视角度相异，历史学家眼中和笔下的欧洲难免会呈现出不同的面貌，这就要求他们首先在立场或角度问题上做出自己的选择。就此而言，克肖的选择是"欧洲史不等于把欧洲各国的历史简单地加在一起"，并力图本着这一宗旨来探究和描述"欧洲大多数乃至所有组成部分中对欧洲历史发挥了驱动作用的力量"。更让人印象深刻的是，克肖还观点鲜明地把欧洲的这一时代定位为"欧洲自我毁灭的时代"，认为"20世纪的欧洲去地狱走了一遭"。本人以为，克肖的这一选择堪称得当，他对这段欧洲史的上述定位亦基本令人信服。

克肖不仅把第一次世界大战视为欧洲由盛转衰的分水岭,而且还以"战争的世纪"作为贯穿这段欧洲历史的主线。他在导言中明确指出:"欧洲的 20 世纪是战争的世纪",认为"这个世纪的主要特点就是两次世界大战,继以长达 40 多年、直接由第二次世界大战造成的'冷战'。正是通过这一明晰的主线,克肖得以颇为令人满意地把这段欧洲史需要包含的许多内容系统、有序地串在一起。

其次是构思巧妙,引人入胜。

克肖之所以能够找到审视、梳理 20 世纪欧洲史的上佳角度和理想主线,很大程度上得归因于他在此前出版的《命运攸关的抉择:1940—1941 年间改变世界的十个决策》等书中显示的那样,不仅是位擅长"小处入手"的"好手",更是位善于"大处着眼"的"高手"。事实上,正是因为在动笔之前就已对 20 世纪欧洲史有很好的总体观照和把握,他才可能不仅"胸有成竹"地谋篇布局,而且还构思巧妙,引人入胜。其中,他在序言结尾处的这段话尤其令读者印象深刻:"足球赛中场休息后如果出现赛情大反转,足球评论员最喜欢说的一句话是:'上下半场两重天。'欧洲的 20 世纪也完全可以视为两个半场的世纪,也许 1990 年后可以算是'加时赛'。"而这本书英文书名"To Hell and Back"中的 Back 一词,在上下卷内容的衔接上所起的"四两拨千斤"似的作用,更是让人不由得击节赞叹。

由于 20 世纪欧洲史内容丰富,而此书篇幅却极为有限,虽然在谋篇布局时已构思巧妙,克肖仍不得不在内容的主次排序、繁简取舍方面大下功夫,其间对书中的很多内容不得不仅满足于简略的概述。尽管如此,克肖却"自始至终都注意在叙事中加入一些当时人对亲身经历的描述，以使读者对那个时代的生活稍有了解"。因为依他之见，"无论如何，书中描述的个人经历提供了生动的图景，比枯燥的抽象分析更能使读者在感性上了解，当时的人是如何应对打乱了他们生活的强大力量的"。窃以为，克肖的这一处理方式实属难能可贵。这些当事人在记忆还未凝固，甚至尚未冷却之际的叙述，不仅具有弥足珍贵的独特"史料"价值，而且有助于让这本书更加引人入胜。

再次是阐释精准，发人深思。

作为早已蜚声史坛的史学名家，克肖在此书序言中不仅提及霍布斯鲍姆等人已就相关历史写过佳作，而且还强调"本书无法不高度依靠他人此前做过的研究"，谦逊之情，溢于言表。但在本人看来，克肖显然过于谦虚了，他的贡献绝非如其所说的那样："我的任何原创都仅限于本书的组织与解释，即对这段历史的写法以及书中论述的基本理念。"事实上，如同绝大多数成熟的史家到了"炉火纯青"地步推出的佳作那样，克肖的这部著作不仅构思巧妙，行文流畅，而且阐释精准，洞见迭出。例如，他在书中不仅着力探讨了"那几十年特有的四个相互交织构成全面危机的要素"，较为令人信服地昭示"使欧洲濒临自我毁灭的政治、社会–经济和意识形态–文化的全面危机是由上述四个因素的相互交织、相互作用造成的"，而且还发人深思地指出："不过，这四个因素在德国表现得最极端，它们互相强化，产生了爆炸性效果。"

毋庸讳言，由于诸多复杂因素，一般说来写好现当代史的书难，而写好面向知识大众的现当代史的书更难，难怪克肖在序言中坦承，此书"在我写过的书中，可以说这是最难写的一部"。但本人觉得，此书的读者们或许可以感到庆幸的是，克肖不仅知难而上，而且还凭借自己的学识、才情和努力,为大家奉献了一本高水平的大众史学作品。它不仅能让读者饱览 20 世纪欧洲的总体历史图景,而且更能让生活在 21 世纪的人们更好地去思考,弄懂"不久前的力量如何塑造了今天的世界"。

作者序

本书属于一部自 1914 年至今的欧洲史，是两卷中的上卷。在我写过的书中，可以说这是最难写的一部。从某种意义上说，我写每一本书都是为了对过去的某个问题获得更深的理解。本书所叙述的近期历史涉及多如牛毛、错综复杂的问题。但无论困难多大，试图弄懂不久前的力量如何塑造了今天的世界，这个诱惑仍是无法抵抗的。

当然，20 世纪欧洲史不单有一种写法。包括艾瑞克·霍布斯鲍姆（Eric Hobsbawm）、马克·马佐尔（Mark Mazower）、理查德·韦南（Richard Vinen）、哈罗德·詹姆斯（Harold James）和伯纳德·瓦瑟斯坦（Bernard Wasserstein）在内的许多作家已经写出了立意不同、结构各异的出色历史著述，对这段历史各有特别的切入角度。此卷和在它之后的下卷当然代表着我个人对这个波澜壮阔的世纪的看法。像每一部试图涵盖一段漫长时期内世间万象的作品一样，本书无法不高度依靠他人此前做过的研究。

我深知，关于本卷的一切内容，都能找到浩如烟海、精湛优质的专家论述。只有在涉及 1918 到 1945 年间德国历史的几个方面，我才有权说自己做过初级研究。在别的方面，我只能依赖其他学者在许多不同领域中的出色工作。哪怕我有超强的语言能力，也不能不依靠他人的研究成果。没有哪个学者能够亲自阅遍全欧洲的档案，而且既然专攻具体国家历史和特定历史题目的专家已经做了研究，就没有必要另起炉灶。因此，本卷叙述的历史是建立在无数他人研究成果的基础之上的。

受企鹅出版社欧洲史系列丛书的体例所限，我写作时参考的许多不可或缺的历史文献都无法提及，包括专题论文、当时文件的不同版本、统计分析报告，以及对具体国家的专门研究。书后列举的参考文献反映了我主要借重的作家。我希望他们能原谅我无法在脚注中提到他们的著作，也希望他们能接受我对他们治学伟绩的由衷赞赏。因此，我的任何原创都仅限于本书的组织与解释，即对这段历史的写法以及书中论述的基本理念。

我为导言定的标题是"欧洲自我毁灭的时代"。它确定了本卷立论的框架，也提示了（尚未写成的）下卷的叙事角度。书中的章节按时间顺序安排，并根据主题进一步细分。因为我特别注意历史这出大戏是如何一步步展开的，也特别关心具体历史事件是如何形成的，所以我把这段历史分成几个比较短的时间段，自然也要分别讨论每个时间段内促使各个历史事件发生的不同力量。因此，书中没有专门论述经济、社会、文化、意识形态或政治的章节，但每一章中都有关于它们的内容，虽然对这些因素强调的程度各有不同。

本卷叙述的是 20 世纪上半叶的历史，其主要内容就是战争。这是写作的一大困难。在这样一本涉及广泛题材的书中，怎么可能透彻地讨论第一次和第二次世界大战这么重大的题目呢？关于两次世界大战的著作汗牛充栋，但我不能干脆叫读者去另找书看（虽然关于本卷的每一个主题，读者都可以参照其他的作品）。因此，我觉得在与两次世界大战直接有关的章节开头的地方，应该对前线的战局发展做一个极为简略的概述。这主要是为有关的章节定向，并勾勒出造成如此惨烈后果的大灾难的规模。尽管对有关事件的描述简明扼要，但那些事件显然具有关键意义。在其他情况中，我也曾仔细思考过是否应理所当然地假设读者熟悉相关史实，比如，法西斯主义在意大利兴起的背景，或西班牙内战的发展过程。最后我还是认为，简单的概述也许会对读者有所帮助。

我自始至终都注意在叙事中加入一些当时人对亲身经历的描述，以使读者对那个时代的生活稍有了解。那个时代与今天的欧洲在时间上相隔不远，在性质上却大相径庭。当然，我知道，个人经历仅仅是个人经历，在统计上没有代表性。但是，这些经历经常可以体现或反映更广泛的态度和想法。无论如何，书中描述的个人经历提供了生动的图景，比枯燥的抽象分析更能使读者在感性上了解，当时的人是如何应对打乱了他们生活的强大力量的。

当然，欧洲史不等于把欧洲各国的历史简单地加在一起。本书要描写的是欧洲大多数乃至所有组成部分中对欧洲历史发挥了驱动作用的力量。一般性的总结自然只能是鸟瞰，没有细节，只能笼而统之，不聚焦具体特点，虽然只有放眼全局才能辨出特定事件的发展轮廓。我力图不遗漏欧洲的任何一个地区，也经常强调欧洲东部特别悲惨的历史。然而，一些国家不可避免地比其他国家起的作用更大（或更可悲），因而值得我们更加注意。本卷和下卷所说的欧洲包括俄国（当时是苏联)。我们不可能将这个如此关键的国家排除在外,尽管俄罗斯帝国/苏联的大片领土超出了欧洲的地理界线。同样,当土耳其深入参与欧洲事务的时候,它也被包括到本书的论述范围内,但1923年奥斯曼帝国解体,土耳其民族国家建立之后,土耳其对欧洲事务的参与即急剧减少。

本卷以对第一次世界大战前夕欧洲形势的概览开始,之后的各个章节逐次论述大战本身、战后的情况、20年代中期的短暂复苏、大萧条的惨痛打击、又一场世界大战的逼近,以及战火如何在一代人的时间内重燃,还有第二次世界大战造成的文明的崩溃。我还在按时间顺序安排的结构中插入了一个主题章节(第九章),探索了一系列跨越之前各章所涵盖短暂时期的长期主题性历史——人口和社会经济的变化、基督教会的立场、知识分子的态度和大众娱乐的发展。最后一章又回到了时间顺序的框架之内。

我原打算把上卷叙述的截止时间定为1945年,因为那是第二次世界大战的战事停止的时候。但是,尽管欧洲的正式作战行动止于1945年5月(对日作战是在8月结束的),但1945—1949年这段欧洲历史上重要时期的轨迹却明显是由战争本身及对战争的反应塑造的。因此,我觉得,和平正式回到欧洲那一刻之后的事态发展也不可忽视。1945年时,战后新欧洲的轮廓几不可辨,后来才逐渐显露出来。所以我认为有必要加上最后一章来介绍战争刚结束时的情况,那段时间不仅仍然暴力频发,而且给1949年一分为二的欧洲打上了难以消除的印记。因此,我把上卷截止的时间定在了1949年,而不是1945年。

足球赛中场休息后如果出现赛情大反转,足球评论员最喜欢说的一句话是:"上下半场两重天。"欧洲的20世纪也完全可以视为两个半场的世纪,也许1990年后可以算是"加时赛"。本卷论述的只是这个异乎寻常、充满戏剧性的世纪的上半叶。在那段时间内,欧洲打了两场世界大战,动摇了自己文明的根基,似乎铁了心要自我毁灭。

伊恩·克肖,曼彻斯特,2014年11月

导言　欧洲自我毁灭的时代

人民的战争将比国王的战争更可怕。

温斯顿·丘吉尔（1901年）

　　欧洲的20世纪是战争的世纪。这个世纪的主要特点就是两次世界大战，继以长达40多年、直接由第二次世界大战造成的"冷战"。那是一段剧烈动荡、悲惨痛苦、极为引人注目的时期，是一段大动荡与大变迁的历史。20世纪的欧洲去地狱走了一遭。1815年拿破仑战争结束后，有将近100年的时间，欧洲雄踞文明的巅峰傲视世界，但从1914年到1945年，它却落入了野蛮的深渊。但这个自我毁灭的灾难性时期过后，欧洲出现了过去无法想象的稳定和繁荣，尽管也付出了不可弥合的政治分裂这一沉重代价。在那之后，欧洲再次实现了统一，但全球化日益加深造成了巨大的内部压力，带来了严重的外部挑战，欧洲在被2008年的金融危机推入一场至今仍未解决的新危机之前，其内部的紧张就已经在不断加剧了。

　　1950年后的时代将留到下卷去探讨，本卷讲的是欧洲在20世纪上半叶那个发生了两次世界大战的时代是如何濒临自我毁灭的。本卷探讨第一次世界大战释放出来的危险力量，是如何最终发展为第二次世界大战中难以想象的人性沦丧和大肆毁坏的。这个灾难，加上大战中发生的空前的种族灭绝，使得第二次世界大战成为20世纪欧洲艰难多舛的历史中最重要的决定性时期。

下面的章节探讨了造成这场无法估量的灾祸的原因，找出了那几十年特有的四个相互交织构成全面危机的要素：1.基于族裔与种族的民族主义的大爆发；[*] 2.激烈且不可调和的领土要求；3.尖锐的阶级冲突，具体表现为俄国的布尔什维克革命；4.旷日持久的资本主义危机（当时许多观察家认为资本主义已经病入膏肓）。布尔什维克主义的胜利是1917年后出现的一个新要素。另一个新要素是资本主义的危机，危机几乎持续不断，仅在20年代中期那几年稍有缓解。其他两个要素在1914年之前已经存在，虽然远不如后来表现得么严重。这四个要素无一是第一次世界大战的首要肇因，但第一次世界大战造成的一个至为重要的结果是这些因素的严重加剧。它们之间致命的互动催生了一个异常暴烈的时代，导致了比第一次世界大战的破坏性还大得多的第二次世界大战。这些相互联系的要素在中欧、东欧和东南欧为害最烈，它们大多是欧洲大陆最穷的地区。西欧的情形稍好一些（虽然西班牙是一大例外）。

第一次世界大战后，奥匈帝国和奥斯曼帝国解体，俄国则在革命后立即爆发了激烈的内战。这些事件释放出了新的极端民族主义力量，通常以族裔为标准来确定国家认同。民族主义和族裔间冲突在欧洲大陆东部最贫穷的地区尤为激烈，因为在那些地区，不同族裔的人口一直是混杂而居的。民族主义经常把仇恨的矛头指向犹太人，拿他们当

---

[*] 本书中，将ethnic译为"族裔"，nation译为"民族"，race译为"种族"。——编者注

替罪羊，把造成民众痛苦和愤懑的责任都推到他们头上。中欧和东欧的犹太人比西欧多，融合程度和社会地位一般来说也比西欧犹太人低。中欧和东欧的有关地区成了极端反犹主义的大本营，远甚于德国。西欧地区在族裔上相对单一，民族国家经历了漫长的过程方才形成。所以，西欧的族裔间紧张尽管不是完全没有，但程度比东部轻得多。

此外，第一次世界大战的战胜国和多数中立国也都位于西欧。重振国家威信和争夺物质资源这些助长侵略性民族主义情绪的因素，在大陆东部的作用比在西部大得多。德国地处欧洲中心，西面与法国和瑞士接壤，国界以东是波兰和立陶宛。作为第一次世界大战最大的战败国，德国掌握着欧洲未来和平的关键。对于战胜方协约国的盛气凌人，德国满怀愤恨，仅仅暂时压下了翻盘的野心。在欧洲南部和东部，奥匈帝国、俄罗斯帝国和奥斯曼帝国垮台后，新的民族国家建立起来，但那些新国家往往是在重重困难之中勉强拼凑而成的。民族主义和族裔间仇恨毒化了政治，因此，这些地区成为第二次世界大战的主要杀戮场毫不令人意外。

第一次世界大战后，欧洲各国领土的划分大大加剧了民族主义的冲突和族裔-种族间的紧张。1919年《凡尔赛和约》(Versailles Treaty)的起草者无论多么好心，都无法满足在往昔帝国的废墟上建立起来的各个新国家的领土要求。在中欧、东欧和东南欧的大多数新生国家中，少数族裔都占了人口相当大的部分，成为发生严重政治动乱的隐患。国界争端几乎无处不在。少数族裔通常遭到占人口多数的族群的歧视，提出的要求也得不到满足。另外，《凡尔赛和约》重新划定了国界，自认受到不公平待遇的国家因此心怀怨恨，怒气一触即发。虽然意大利国内没有族裔之分（除了战后并入意大利，主要讲德语的南蒂罗尔省的人民），但是老百姓仍然认为自己的国家遭受了不公对待，因为意大利尽管是第一次世界大战的战胜国，却没能得到它垂涎的后称为南斯拉夫的领土，这样的情绪正好为民族主义和法西斯主义所利用。德国对欧洲持久和平的威胁更大。德国和意大利一样，国内也没有族裔分别，但民众对战后国家领土被割让愤怒不已，强烈要求修改《凡尔赛和约》，这导致他们后来纷纷转向纳粹主义，也煽动了德国以外的波兰、捷克斯洛伐克等地德裔少数族裔的不满情绪。

极端民族主义在第一次世界大战后出现，并且愈演愈烈，个中原因不仅有族群之争，还有阶级冲突。民众的注意力一旦集中在民族国家内外的假想"阶级敌人"身上，团结感即大为增强。战后经济的剧烈震荡和20世纪30年代经济衰退的严峻后果大大加剧了全欧洲的阶级间敌对情绪。当然，在整个工业化时期，阶级冲突时有发生，也常有暴力冲突。但是，与战前的岁月相比，俄国革命和苏俄的成立使得阶级冲突变得异常尖锐。苏俄推翻了资本主义，建立了无产阶级专政，构建了另外一种社会模式。1917年后，消灭资本家、生产资料收归国有、大规模重新分配土地等主张吸引了贫苦大众的支持。但是，苏俄共产主义也造成了左派的分裂，使左派力量遭到严重削弱；同时，鼓吹极端民族主义的右派势力却大大加强。感觉受到布尔什维克主义威胁的主要是传统的土地精英阶层、中产阶级和拥有土地的农民，他们成为一支激进力量，在东山再起的右派的引导下组成了极具侵略性的新政治运动。

和号召革命的左派一样，反革命运动也对阶级冲突造成的愤恨和焦虑加以利用。它为了吸引尽可能多的支持，不仅鼓吹极端民族主义，而且激烈反对布尔什维克主义。特别受影响的又是中、东欧的国家,因为那里的布尔什维克威胁似乎近在眼前。但是,极端民族主义与对布尔什维克主义近乎偏执的仇恨相结合,助长了右派群众运动的兴起,这才是国际上最大的危险。正是右派的群众运动使得右翼势力先在意大利,后又在德国执掌了国家权力。鼓吹仇恨的民族主义和反布尔什维克的力量把极右势力推上了台。它们一旦转向支持对外侵略,欧洲和平也就危在旦夕了。

第四个因素是其他三个因素的基础,也与它们互相影响,那就是两次大战之间资本主义的持续危机。第一次世界大战重创了世界经济,英国、法国和德国等欧洲主要经济体虚弱无力,美国的经济虽然一枝独秀,却不愿意全力支持欧洲的重建,这些共同构成了灾难爆发的原因。日本在远东,特别是在备受政治乱局困扰的中国,大肆扩张市场,侵蚀了欧洲的利益。大英帝国不仅在政治上,而且在经济上也遇到了日益严峻的挑战。最明显的例子是印度,那里本地纺织工业的增长挤压了英国的出口市场,使英国经济雪上加霜。俄国爆发了革命和内战后,等于退出了世界经济体系。资本主义危机是全球性的,但对欧洲破坏最大。

20世纪20年代初的通货膨胀危机和30年代的通货紧缩危机之间,有过一段昙花一现的繁荣期,但事实证明它的基础极为不稳。几乎相继发生的通胀和通缩危机造成了巨大的经济和社会混乱。在一片人心惶惶之中,贫穷和对贫穷的恐惧都极大地助长了政治的极端情绪。

光是经济混乱尚不足以引发大规模政治动乱,还要有国家合法性的危机,其根本原因是出现了意识形态上的分裂和文化上的鸿沟,使得力量已经受损的权力精英又遭遇到群众运动的新压力。欧洲许多地方恰恰二者并存。在一些地方,各种极端的一体式民族主义(integral nationalism）势力利用民众因国威扫地、强国梦碎而普遍产生的失落感来挑起大规模运动，号称要抗击强大的死敌。在国家权威虚弱的国家中，这样的极端民族主义势力完全有可能夺取政权。

因此，使欧洲濒临自我毁灭的政治、社会-经济和意识形态-文化的全面危机是由上述四个因素的相互交织、相互作用造成的。大多数欧洲国家，包括西欧国家，都或多或少地受到这种相互作用的影响。不过，这四个因素在德国表现得最极端，它们互相强化，产生了爆炸性效果。阿道夫·希特勒巧妙地利用了这场全面危机，提出了以武力克服危机的思想。他掌握了对德国的独裁控制后，欧洲爆发大灾难的可能性随即显著增加。德国拥有巨大的经济和军事潜力（尽管第一次世界大战后一度有所减弱）。它要求修正第一次世界大战的结果，而且扩张领土的野心不死，这些都将直接侵害众多国家的领土完整和政治独立。欧洲的危机导致又一场战争浩劫的概率因而日益加大。危机演变成冲突的地点是欧洲大陆最不稳定的中部和东部，这当在意料之中；战争开始后，东欧沦为受破坏最严重、人性的扭曲与堕落表现得最突出的修罗场，也不应令人惊讶。

第二次世界大战的破坏是空前的。文明深层崩溃产生的道德影响在战后的 20 世纪，甚至 20 世纪之后都贻害甚深。然而，值得注意的是，第二次世界大战与留下了一个烂摊子的第一次世界大战截然不同，它为欧洲在 20 世纪下半叶的重生铺平了道路。第一次世界大战后，民族、边界与阶级冲突加剧，资本主义遇到了深远的危机；第二次世界大战的毁灭旋风却把这些环环相扣的问题全部扫光。苏联对东欧国家的统治强力镇压了那些国家内部的民族分裂与骚动。战后随即发生的大规模种族清洗重绘了中、东欧的地图。战败的德国满目疮痍，山河破碎，称霸欧洲的梦想灰飞烟灭。西欧各国展现出全新的态度，愿意为实现合作与融合而捐弃互相敌对的民族主义。两个新兴的超级大国划定了各自的势力范围。原来助长了极右势力的反布尔什维克思潮皈依了西欧国家的意识形态，因而促进了稳定保守政治的形成。另一个重要的因素是，（由美国积极领导的）改良资本主义在西欧造成了空前的繁荣，为政治稳定提供了牢固的基础。1945年后，所有这些根本性的变化共同消除了在两次世界大战中几乎摧毁了欧洲的危险因素。

具有关键意义的是，第二次世界大战彻底打破了早在俾斯麦时代之前，1815年拿破仑时代结束时即已出现的欧洲列强争霸的体系。浴火重生的欧洲虽然在意识形态和政治上处于被撕裂的状态，但是真正的强国只剩下美苏两家，它们隔着铁幕对峙，各自按自己的模式主持着自己势力范围内国家与社会的重建。还有一个至为重要的因素：到1949年，两个超级大国都拥有了原子弹，4年后，又造出了破坏力更加骇人的氢弹。核战争的幽灵自此出现，核战争万一打响，造成的浩劫将远超两次世界大战。这个危险使人们心怀戒惧，帮助促成了1945年时谁也想不到在欧洲能够实现的和平年代。

这些因素如何相互交织，共同促成了欧洲东西两部分的转变？这个问题我们将在下卷探讨。本卷将试图解释欧洲在波澜起伏的20世纪上半叶如何堕入了深渊，但在1945年跌到谷底的仅仅四年后，又如何开始奠定基础，实现了惊人的复苏，在战火的余烬中涅槃重生，踏上走出人间地狱的回归之路。

第一章

悬崖边缘

> 我们当然信奉和平主义！但我们必须通过列装大炮的预算。
>
> 罗伯特·穆齐尔所著《没有个性的人》中
> 施图姆将军的话（1930—1942年）

那个时候已经有征兆，战争一旦爆发，将意味着一个时代的完结。最出名的是英国外交大臣爱德华·格雷爵士（Sir Edward Grey）于1914年8月3日表达的不祥之感："欧洲各地的灯火在相继熄灭。我们今生再也看不到它们重新燃起了。"德意志帝国宰相特奥巴尔德·冯·贝特曼-霍尔韦格（Theobald von Bethmann-Hollweg）也预感灾难将至。1914年7月底，战争的阴云日益逼近，他惊呼："我看到人力无法抗拒的阴影笼罩在欧洲和我们自己人民的头上。"此前三年，德国社会党人奥古斯特·倍倍尔（August Bebel）顶着激烈的反诘和异议，在对德国国会的一次演讲中提出，欧洲爆发战争的威胁在与日俱增，而战争将给欧洲带来巨大的灾难。他宣布："资本主义世界诸神的黄昏（Götterdämmerung）正在逼近。"*战争并未如倍倍尔所说，导致了资本主义的垮台和社会主义的胜利。但是，他准确地预见到，战争将带来一个新的时代。后来，美国外交官乔治·凯南（George Kennan）把第一次世界大战描述为"影响巨大的灾难"。他所言不虚，第一次世界大战的确是一场灾难，它开启了20世纪的"三十年战争"，使欧洲几乎毁灭了自己。

黄金时代？

第一次世界大战后，人们，尤其是上层阶级的成员，是这样回忆战前时代的：那是一段稳定、繁荣、和平的辉煌时期，不幸却由于后来发生的可怕事件而一去不返。美国人把战前时期称为"镀金年代"（Gilded Age）。欧洲人对那个时代也怀有同样的眷恋。巴黎的资产阶级忆起"美好时代"（la belle époque），想到的是那时法国文化为全世界所艳羡，巴黎是文明的中心。柏林的有产阶级回顾"威廉时代"**，认为那是个富庶、安全、伟大的时代，在那个时代，新统一的德国终于得到了它应有的地位。同样，维也纳当时似乎正处于文化与思想上卓越的顶点和（奥匈）帝国荣耀的巅峰。慕尼黑、布拉格、布达佩斯、圣彼得堡、莫斯科和欧洲各地的其他城市也都沐浴在文化的辉煌之下。各种艺术、文学、音乐和戏剧都迸发出大胆的创造力，出现了许多新颖、挑战常规、发人深思的艺术表现形式。

在伦敦，经济比文化更加重要。在这个"日不落帝国"的首

---

* 《诸神的黄昏》是瓦格纳的歌剧《尼伯龙根的指环》的第四部分。——译者注
** 威廉时代指威廉二世在位时期。——译者注

都,"一战"后的那代人渴望重现已经逝去的那个经济增长、贸易繁荣、货币稳定的"黄金时代"。英国大经济学家约翰·梅纳德·凯恩斯（John Maynard Keynes）在战后写过一段著名的话,说"伦敦居民"可以"在床上啜饮早茶时,打电话订购产自世界任何地方的任何产品,想订多少都行,并可以期望货物很快就会递送到家。"此言所指当然是享有优厚特权的人,描述的是居于世界贸易中心,金钱、地位无一不具的中上层阶级的生活。对于住在东欧的犹太小村落,或意大利南方、西班牙、希腊和塞尔维亚贫穷的乡村,或柏林、维也纳、巴黎、圣彼得堡和伦敦的贫民窟里的穷人来说,这种安详惬意的生活是完全陌生的。即使如此,"黄金时代"的形象并非战后人们的臆想。

尽管欧洲存在着内部分歧和受民族主义驱动的竞争,但所有国家之间货物和资本的流动都完全不受妨碍,大家都属于联系紧密的全球性国际资本主义经济体系。经济增长的前提是稳定,而稳定的保障就是各国都接受伦敦金融区的主导地位,把金本位承认为一种世界货币体系。在这个意义上,英格兰银行掌握着维持世界经济稳定的钥匙。船运、保险、利息和出口带来的隐性收入超过了英国的进口赤字。1897—1898年间,黄金,尤其是来自南非的黄金供应量大增,但英格兰银行既未过分增加黄金储备（因为那将严重打击别国的经济）,也未减少黄金储备。美国和德国的经济比英国经济增长速度快,更有活力。当时就有苗头,美国有朝一日会主导世界经济。然而,英国仍然是全球贸易的执牛耳者（尽管它所占的份额在减少）,也是最大的对外投资者。大国间为全球经济资源展开的竞争无疑对国际资本主义经济的稳定形成了与日俱增的压力。然而,直到1914年,给欧洲,尤其是欧洲实现了工业化的地区带来了诸多裨益的体系仍然完好无损。人们普遍对持续的稳定、繁荣和增长满怀信心。

1900 年，巴黎世界博览会开幕，博览会意在展示以欧洲为核心的欣欣向荣的文明，讴歌进步。博览会上的展出代表着新技术的时代。巨型机器显示的力量和速度令人赞叹。由 5,000 个灯泡照亮的"电之宫"实实在在地炫花了参观者的眼睛。参展的有 24 个欧洲国家，也有来自非洲、亚洲、拉丁美洲的一些国家，还有美国。博览会开放的 6 个月内，访客多达 5,000 万人，参观者经常目眩神迷，惊叹不已。东欧国家的展览阵容强大，特别是俄国，它一家就设了 9 个展馆。博览会的一个突出内容是欧洲"教化的使命"。在那个帝国主义的巅峰时刻，对遥远殖民地异国风情浓墨重彩的渲染传达了欧洲统治世界的强有力信息。商业、繁荣与和平似乎保证欧洲的统治地位会千秋万代地保持下去。前途一片光明。

这种乐观态度其来有自。19 世纪与它之前的时代相比是和平年代，与后来的时代相比更是如此。自从拿破仑时代于 1815 年宣告结束以来，欧洲没有发生过遍及大陆的战争。不管是 1853 年到 1856 年在遥远的克里米亚发生的冲突，还是最终促使 1871 年德国和意大利各自实现统一的简短战事，都没有危及欧洲大陆的普遍和平。壮观的巴黎世博会举办 10 年后，一位名叫诺曼·安吉尔（Norman Angell）的英国作家写了一本国际畅销书《大幻想》(*The Great Illusion*)，他甚至在书中宣称，在现代，商业和全球各地互相交织的经济产生的巨大财富使战争完全失去了意义。不仅英国人，就连英国以外的许多人也都同意他这个观点。人们难以想象繁荣、和平与稳定不会千秋永续，更无法预料它们会如此迅速地烟消云散。

然而，欧洲还有很不美好的另外一面。大陆各地的社会结构都在迅速改变，步伐却很不均匀。有的地区实现了迅速而深刻的工业化，但仍有大片地区以农业为主，有些地方甚至可以说只有原始的农业。到1913年，塞尔维亚、保加利亚和罗马尼亚大约4/5劳动人口的谋生方式依旧是面朝黄土背朝天。整个欧洲的农民超过劳动人口的2/5。只有在英国，务农的人数降到了劳动人口的1/10多一点儿。1913年，只有英国、比利时和（令人惊讶的）瑞士的劳动人口中，有2/5以上是产业工人，连德国都没有达到这个水平。多数欧洲人仍然居住在村庄和小镇里。生活水平的确在不断改善，但大多数欧洲人的生活仍然十分艰难，无论他们是在柏林、维也纳或圣彼得堡这类快速膨胀的大都市的污秽环境里寻求工作，还是留在乡间，靠土里刨食勉强度日。许多人用脚投票，远走他乡，因生活贫困、没有出路而离开祖国。几百万欧洲人完全沾不到繁荣和文明的好处，迫不及待地要出外闯荡。1907年，向美利坚合众国移民的人数达到顶峰，一年内就有100多万欧洲人到达大西洋彼岸。20世纪开始后，移民人数比前一个十年猛增了3倍，大批移民从奥匈帝国和俄国逃向美国。不过，最多的移民来自意大利南方。

　　社会的快速变化产生了新的政治压力，开始威胁到已有的政治秩序。第一次世界大战爆发前，欧洲的政治权力仍然掌握在少数人手里。在多数欧洲国家中，古老的贵族家族所代表的土地精英继续把持着政治和军事大权，有些贵族和腰缠万贯的工业或金融业新贵通过联姻建立了关系。另外，世袭君主制仍然是欧洲的主要政治形式。只有瑞士（它过去一直是邦联，1848年通过了近代的联邦共和宪法）、法国（自1870年起）和葡萄牙（自1910年起）是共和国。奥匈帝国的皇帝是弗兰茨·约瑟夫，早在1848年他就登基成为哈布斯堡王朝的皇帝，他的帝国幅员辽阔，下辖5,000多万不同民族的臣民。约瑟夫皇帝似乎成了君主制统治持久性的象征。

尽管如此，实际上各处都存在着宪政框架、多元政党（尽管有投票权的人数极为有限）和法律制度。就连俄国的专制政权也在1905年的一次未遂革命后被迫让步，沙皇尼古拉二世不得不把他（其实极为微弱）的权力交给国家杜马，也就是议会。但是，即使在被视为议会民主发源地的英国，大部分人仍然没有政治代表权。有些国家很早就确立了男性普选权的制度。比如，德国1871年的帝国宪法规定，所有25岁以上的男性都在国会选举中有投票权（虽然占德意志帝国领土2/3的普鲁士对于议会选举权限制得十分严格，以保证地主阶级继续占据统治地位）。意大利确立（基本可算）男性普选权的时间晚得多，是在1912年。不过，世纪之交时，还没有一个欧洲国家允许妇女在议会选举中投票。许多国家的女权运动对这种歧视发起抗争，但在"一战"之前成果甚微，只有芬兰（虽然它是俄罗斯帝国的一部分，但俄国1905年的革命流产后，芬兰引进了一定的民主变革）和挪威例外。

关键的变化是工人阶级政党和工会的崛起。每个国家的精英都视其为对他们权力的根本性威胁。1889年，欧洲社会主义政党的"第二国际"建立，它是一个总机构，负责协调各国政党的计划与纲领。多数社会主义政党都以某种形式奉行马克思和恩格斯阐明的革命理念。它们攻击资本主义固有的剥削性质，宣传建立人人平等、财富公平分配的新社会，这些显然对大批贫苦的产业工人颇具吸引力。统治精英企图禁止或镇压工人组党或建立工会，却徒劳无功。工人比过去更善于组织起来保护自己的利益，工会的迅速壮大即是明证。到1914年，英国的工会会员超过了400万人，德国超过了250万人，法国约有100万人。

20世纪之初,大部分欧洲国家的社会主义政党和各种运动已经发出了自己的声音,获得的支持也越来越多。法国社会主义者捐弃前嫌,在1905年团结到一起,宣布他们"不是改良党,而是以阶级斗争和革命为己任的政党"。第一次世界大战前夕,工人国际法国支部(Section Française de l'Internationale Ouvrière)赢得了17%的普选票,在法国议会下院获得了103个席位。在德国,俾斯麦企图压制社会民主,结果事与愿违。自1890年起,奉行马克思主义纲领的德国社会民主党发展为欧洲最大的社会主义运动,"一战"前其成员超过100万人。在1912年的国会选举中,社会民主党得到的支持超过了任何其他政党,一举赢得国会近1/3的席位,使德国统治阶级恐惧战栗。

在经济比较先进的欧洲地区,社会主义政党无论嘴上怎么说,实际上都遏制了激进情绪,将其引离革命,导入议会行动的渠道。法国的让·饶勒斯(Jean Jaurès)违背他所属的社会党的宣传,提倡不搞革命,而是沿议会之路走向社会主义,一时从之者众。德国的社会民主党虽然言必称马克思主义原则,实际上却寻求通过选举赢得权力。英国的工党(它是1906年采用这个名字的)脱胎于工会运动,体现了工会对工人利益的务实关注,不追求革命的乌托邦理想。它基本上把马克思主义的理念抛到一边,推重非革命的理念,主张不必推翻资本主义,可以对其加以改良,使之最终造福于工人阶级。工党认为,国家权力经和平改造后可以为工人阶级的利益服务。西欧、北欧和中欧大部分地区的工人虽然贫穷,但已不像过去那样一文不名,激进情绪也有所减弱。若是爆发革命,工人失去的将不只是锁链,所以他们大多听从改良主义领导人的指挥。

欧洲大陆欠发达地区的情况则不同。民众与国家权力的对抗更加激烈。没有什么居间组织来分散权力，也没有社会结构来使民众认同并支持国家。国家大多行使自上而下的专制权力，高度依赖强制手段。统治阶级地位牢固，官吏贪污腐败，代议制机构弱小无力，甚至根本不存在。中欧、北欧和西欧的中产阶级后来忆起逝去的"黄金时代"时，想到的是建立在良性国家权威和法治基础上的文明蓬勃发展，但那与欧洲大陆南部和东部边缘的情况风马牛不相及。比如，20世纪之初，西班牙加泰罗尼亚（Catalonia）和巴斯克地区（Basque Country）反对国家权力和"资产阶级统治"的罢工、暴乱和地方起义愈演愈烈。安达卢西亚（Andalusia）的佃农中许多人支持无政府主义，经常爆发零星的反国家暴力行动。在意大利南部，腐败官吏对大庄园主唯命是从，农民的暴力抗争此起彼伏。乡间匪帮的犯罪行为与贫农和佃农反抗国家和大地主的起义混在一起，难以分辨。1905年，爆发了一波工人罢工和动乱的汹涌浪潮，使欧洲领导阶层对工人阶级革命悚然惕之。同年，俄国发生革命，沙皇险些被推翻。国家的强力镇压变成了毫不掩饰的反革命暴力，士兵在圣彼得堡打死了200名工人，还打伤了好几百人。革命被镇压下了去。国家在议会代表权方面做出了一些让步，但那只是表面文章，实际权力仍然把持在沙皇和他任命的大臣手中。手中无权的人，特别是社会主义运动的领导人，无论在理念上有何分歧，都从中吸取了明显的教训，那就是：沙皇专制政权无法改良，只能推翻。俄国社会主义运动因此而变得日益激进。

  缺乏大众支持的政府既要应对被它们视为威胁的左翼运动，又要争取民众支持，于是民粹主义运动应运而生。工业资本家或地主常常直接或间接地赞助此类运动，力图把以阶级为基础形成的潜在反对力量导入更易于控制的渠道。他们希望把大众"国家化"，向其灌输有利于维护政治现状的强势民族主义、帝国主义和种族主义情感。在一定程度上，这样的努力成功了。除了国际社会主义的理念仍有少数人拥护以外，好战的民族主义、恶毒的反犹主义和其他类型的种族主义在民众中流传甚广。初等教育的普及、识字率的提高和廉价小报的发行也起到了推动作用。大众政治不仅为左派，也为右派开辟了动员民众的新方式。旧有的确定性开始解体。原先由保守主义和自由主义精英组成的权力集团感到了新的不安全。

大众的动员严重威胁到现存的政治与社会秩序。法国心理学家古斯塔夫·勒庞（Gustave Le Bon）因此于1895年发表了分析大众行为的著作《乌合之众：大众心理研究》[原文标题为"群体心理"（La psychologie des foules）]。他声称，个人在群体非理性的感情冲动的影响下，会将理性抛到九霄云外。这个思想在20世纪初很有影响力——该书重印45次，被译为17种文字，后来更是成为想实行法西斯主义的独裁者的必读书。勒庞认为，感情冲动是大众的一个特点。在欧洲各地，最容易煽动民众感情的手段就是民族主义诉求。欧洲的统治精英对民族主义远不如对社会主义戒惧。大战爆发前，民族主义狂热所包含的危险的确是可以遏制的。然而，它们播下的种子后来却成长为破坏乃至最终摧毁已有秩序的力量。

政治趋于两极化，外交关系出现紧张，国家卷入对外冲突，这些都会引起激烈的民族主义言论。1898年西班牙对美国的战争起初大受支持，但西班牙惨败、殖民地被美国抢走后，企图在"民族复兴"大旗下建立团结的努力也随之失败。其实，鉴于西班牙国内不同地区间和意识形态上的深刻分歧，这种努力反正是注定要失败的。但是，通过打击内部敌人来实现民族复兴的圣战式狂热，最终将导致灾难性的冲突。

在大部分国家中，渲染内忧外患的激烈言论达到了新的高度。大众媒体煽动着激烈的仇外情绪和不加掩饰的种族敌意，政府也乐得推波助澜。1899—1902 年的布尔战争更是给英国国内称为"沙文主义"或"武力外交政策"的极端民族主义好战情绪火上浇油。德国的保守政府在 1907 年所谓的"霍屯督选举"中极力煽动民族主义，污蔑反政府的社会民主党不爱国。（社会民主党尽管在国会中失去了不少席位，但实际上得到了更多的民众选票。这表明，沙文主义在德国和在英国一样，在中产阶级成员当中比在工人中更为流行。）

泛日耳曼同盟、海军协会和保卫德国同盟等民族主义组织大多依靠中产阶级中下层的支持，它们力主采取更加咄咄逼人的扩张性外交政策。1914 年之前，这些组织不过是较大的压力集团，无法进入主流政治，遑论政府。然而，强硬的民族主义思想当时已经渗透进了除社会主义左派以外的所有政治派别中。在意大利，有人对意军 1896 年入侵埃塞俄比亚时在阿杜瓦（Adowa）的惨败深以为耻（5,000 多名意大利士兵在那次战役中丧生），还有人觉得意大利是"无产国家"，无法跻身于欧洲头号帝国主义强国之列。这些感情催生了几乎是宗教式的狂热，强调斗争和牺牲，鼓吹建立强有力的反社会主义国家、加强军力、推行强势外交政策。不过，尽管意大利民族主义者鼓噪不休，但是他们远不能代表社会中的多数意见，在政府眼中基本上仍然只是一群捣乱分子。即使如此，民族主义的压力还是在一定程度上迫使自由派执掌的意大利政府决定于 1911 年入侵利比亚，在那里建立殖民地。意大利军队在战斗中用飞艇轰炸了后撤的奥斯曼帝国的部队，这是空中轰炸首次在作战中发挥作用。激进民族主义在意大利和在德国一样，仍只有少数人支持。如果没有第一次世界大战，也许这种情况会继续下去。但是，导致后来事态恶性发展的种子已经播下。

民族主义在界定"国家"时越来越多地使用族裔——有资格成为国民的人——而不是领土作为标准。比如，法国的一位民族主义者埃德蒙·阿奇迪肯（Edmond Archdéacon）在1902年的选举中自称"坚决反对国际主义。作为反犹主义者，我要求15万犹太人和做他们走狗的2.5万共济会员停止压迫欺凌3,800万法国人"。他说，他代表"真正的共和国，法兰西共和国"。事实上，民族主义运动在法国和在其他欧洲国家一样，自己内部四分五裂，无力争取国家权力，但可以逼迫政府采取更强硬的外交政策。虽然民族主义政治在法国处于边缘地位，但是在各种思想并存的法国文化中，"不合适的人，特别是犹太人，应该被排除在国民之外"这个民族主义的核心思想依然理直气壮地占有一席之地。欧洲大部也都存在类似的言论。

反犹主义（antisemitism）是遍及欧洲的一个古老现象的新名称，这个古老的现象就是对犹太人的仇恨。基督徒对"杀害基督的人"多少世纪以来的传统敌意仍然十分普遍，新教、天主教和东正教的教士也一直在煽风点火。仇视犹太人的另一个深层原因是由来已久、关乎经济和社会的不满情绪。对犹太人的各种限制不久前有所放松，犹太人得以更多参与商业和文化生活，结果惹得其他人更为不满。于是，只要发生经济下滑，犹太人必定是替罪羊。到19世纪下半叶，由来已久，常常十分刻毒的仇犹情绪又添上了一重更恶劣的内容，那就是可能危及他们生命的新的种族理论，这种理论为仇恨和迫害提供了生物学上的伪科学理由。旧时的歧视固然恶劣，但还允许（有时是强迫）犹太人皈依基督教。生物反犹主义却排除了这种可能性。根据这种理论，从科学和种族的角度来看，犹太人在"骨子里"就是不同的。犹太人成不了法国人或德国人，正如猫变不成狗。这种理念意味着对犹太人不仅要歧视，而且要完全排斥，再进一步就可能是在肉体上消灭他们。

反犹主义的言论骇人听闻。德国反犹主义者使用细菌学的术语来形容犹太人。维也纳受人爱戴的市长卡尔·卢埃格尔（Karl Lueger）把犹太人称作"人形的猎物"，在那之前还说，只有把所有犹太人装在一艘大船里让他们在公海上沉没，才能解决"犹太人问题"。无论具体言论如何，至少在西欧，反犹的政治活动在第一次世界大战之前的"黄金时代"似乎有所减少。这种情形有一定的欺骗性，因为反犹主义在很多情况下被纳入了主流的保守思想。对犹太人的诋毁并未消除，但在战前时期，它的政治影响比较有限。虽然政治边缘存在着反犹主义，但是大多数犹太人在威廉皇帝的德国还是自在安适的。犹太人自己觉得，法国的气氛更加令人生畏，因为那里刚刚发生了可耻的德雷福斯事件（这位犹太军官被误判犯了叛国罪，引起了法国的反犹狂潮）。但是，法国的形势在20世纪初也有所好转。东欧犹太人的处境则恶劣得多。从1903年到1906年，俄国西部一些地方发生了对犹太人的野蛮屠杀，造成数千人死伤，而这样的屠杀经常是沙皇的警察和行政当局煽动起来的。波兰、乌克兰、匈牙利、罗马尼亚和波罗的海地区也普遍存在对犹太人的刻骨仇恨。到后来，情势一旦生变，这些地区即成为欧洲主要的杀戮场，实非偶然。

欧洲文明进步之"黄金时代"的黑暗面在另一种思想中初露狰狞，那就是"优生学"及其近亲"社会达尔文主义"。优生学的思想起源于弗朗西斯·高尔顿爵士（Sir Francis Galton）在伦敦的研究，他把他亲戚查尔斯·达尔文（Charles Darwin）的进化论应用于人类，提出人的能力是遗传的,可以通过遗传工程来改善人类这个物种。第一次世界大战爆发之前,优生学就在斯堪的纳维亚各国、瑞士和德国等其他欧洲国家以及美国引起了注意,被视为"进步"的科学。它在英国的拥趸包括自由主义建制派和初生的政治左派的主要思想家,如约翰·梅纳德·凯恩斯、贝弗里奇勋爵(Lord Beveridge)、H. G. 韦尔斯(H. G. Wells)、西德尼·韦伯(Sidney Webb)和萧伯纳(George Bernard Shaw)。早在纳粹实施"安乐死行动"的30多年前,声名卓著的英国小说家 D. H. 劳伦斯(D. H. Lawrence)在1908年的一封私人信件中就甚至语带赞许地说要建立一座宽敞的"死亡之室",在乐队奏出的轻柔乐曲声中,把"所有的病人、跛子、残疾人"温柔地领进去。

优生学看似提供了一种可能,即通过控制生育把造成犯罪、酗酒、卖淫和其他"反常"行为的特征从社会中剔除出去。它融入了"社会达尔文主义"的传统帝国主义意识形态,而社会达尔文主义的基本假设就是:某些种族天生比其他种族优越。高尔顿自己在1908年写到,优生学的首要目的是限制"不适者"的生育率。支持优生学的人认为,消除"不健康"的人最终将有助于形成一个适应性更强、更健康、"更好"的社会。他们担忧,社会福利措施会鼓励社会的"劣等"成员生育繁殖,从而造成种族退化,于是更加坚信应提高民族效率。

1911年,一份德国杂志组织了一次有奖征文,题目是"劣等分子给国家和社会造成了何种代价?"获奖文章的作者是汉堡的一个在贫民庇护所工作的官员(他在文章中列举了几乎所有的福利开支)。医学界开始有越来越多的人觉得应该对"劣等人"实行绝育。德国一个名叫阿尔弗雷德·普勒茨(Alfred Ploetz)的医生把优生学与"种族卫生"挂起钩来，成立了"种族卫生协会"。到1914年，这个协会在德国的不同城市建立了4个分会，成员共350人。那一年，种族卫生协会要求规范"有医学理由实施流产或绝育"的情况下应遵循的程序。就在战争爆发的几周前，德国政府起草了一项法案，禁止为了社会的原因或优生的目的实行绝育或流产，只有在"对生命或健康有紧迫威胁"的情况下才给予准许。该项法案尚未成为法律，德国就投入了战争。若非战争造成了形势剧变，优生学可能和反犹主义一样，永远也成不了气候，更不用说种族卫生学这个变种了。但即使如此，后来事态发展的思想基础也是在欧洲文明的"黄金时代"打下的。

第一次世界大战之前的欧洲表面上歌舞升平，其实已经埋下了日后暴力迸发的种子。可以说，基于民族、宗教、族裔、阶级的敌意与仇恨，这样的丑恶现象在每个社会里都有。巴尔干地区和俄罗斯帝国暴力频发。1905年的俄国革命失败后，具有法西斯特征的暴力团伙展开了疯狂的报复，警察经常站在他们一边。暴乱中犹太人受害尤烈。据报道，1905年10月发生了690起屠杀事件，3,000多名犹太人死于非命。敖德萨（Odessa）最骇人听闻的一次屠杀造成800名犹太人死亡，5,000人受伤，10万多人无家可归。反革命势力的报复导致1.5万反对沙皇政权的人遭到处决。奥斯曼帝国的情况更糟。这个帝国的辖地覆盖了近东和中东的大部分地区，自15世纪以来一直由土耳其人统治，现在却处于无可救药的衰落之中。据估计，在阿卜杜勒·哈米德二世苏丹实施的残暴镇压下，1894年至1896年间，奥斯曼帝国有8万多亚美尼亚人遭到屠杀。促成屠杀的是土耳其人对日益高涨的亚美尼亚民族主义的恐惧，而且民众不满经济状况，又抱有基于宗教和阶级的敌意，就连警察也对屠杀不加制止。奥斯曼帝国对亚美尼亚人的杀戮时有发生，从未停止。1909年，又有1.5万到2万名亚美尼亚人被杀。

然而，欧洲的暴力大多是对外的。即使国内相对和平，经济日见兴旺，帝国主义列强也一贯使用暴力来维持对外国领土的占领，迫使殖民地人民屈服。英国、法国和俄国直接或间接控制着全球4/5的地区。对帝国主义统治的挑战会招致残暴无情的报复。1900年，德皇威廉二世命令德国军队像阿提拉的铁骑一样凶残镇压中国的义和团运动。几个通过压榨中国经济获利的欧洲国家各自派出军队，加上美国和日本的军队，组成了一支联军，在中国奸淫掳掠，犯下了累累暴行。据估计，10万名中国人遭了八国联军的毒手。

帝国主义国家在一些殖民地肆无忌惮的残酷行为令人发指。在相当于比利时国王利奥波德二世个人领地的刚果，殖民者利用全球对橡胶的需求大发横财，对当地人民残暴野蛮，无所不用其极。1885年到1908年间，据估计有1,000万男女老幼被杀死。英国人从1899年到1902年为完全征服南非对布尔人打了3年的仗，其间英方使用无情的焦土战术来毁掉敌人的财产，并建立了"集中营"，里面囚禁的主要是布尔人的妇孺。集中营的条件极为恶劣，拥挤污秽，疫病流行，导致2.8万名被囚者（其中很多还不到16岁）中1/4的人死亡。据有些人估计，1904年至1907年，居住在（今天称为纳米比亚的）西南非、总数约6.5万的赫雷罗人和纳马族人有80%死于非命。德国殖民当局的军队有系统地对反抗殖民统治的当地人民实施报复，将他们赶入沙漠，许多人因此活活饿死、渴死。更多的人在奴工营里劳累至死（德国人借用英国人的用语，将奴工营称为"集中营"）。

随着大国之间关系紧张的加剧，重整军备的压力也开始加大。同时，人们意识到，新型武器具有极大的破坏力，未来的战争因此将迥

第一章　悬崖边缘

异于前。1899年，俄国沙皇尼古拉二世亲自邀请26个国家的代表在海牙开会，旨在为"欢迎即将到来的新世纪"而维持和平，限制军备。会议通过了解决国际争端的公约，确立了战争法，规定5年内禁止使用某些类型的武器。事实很快证明，海牙和会的这些结果只是一纸空文。不过，它们的确表明，那时人们已经知道，不能想当然地认为欧洲的和平时代一定会延续下去，他们也对现代工业化武器的杀伤力感到不安。他们日益认识到，采取行动预防战争和战争造成的政治和经济大动乱已迫在眉睫。越来越多的人相信，需要维护欧洲的和平，确保经济持续增长繁荣。但是，欧洲各国领导人在希望和平的同时也在积极备战——万一真的发生战争，就要争取速胜。

滑向战争？

英国政治家戴维·劳合·乔治（David Lloyd George）后来有一句名言，说1914年欧洲各国"没有丝毫担忧和不安地滑过锅缘，落入战争的沸腾油锅"。这句一针见血的话准确描述了1914年7月最后一周里，事态不可遏止地向着战争发展的情形，也捕捉到了形势完全失控的那种感觉。但是，此言暗示当时的人普遍漫不经心、无忧无虑，却是错误的。这话的意思也不应理解为，战争的爆发乃偶然的事故，由一系列可悲的错误造成，它的发生无人乐见，无人料到，且无法预料。事实正好相反。虽然大多数决策者都真心希望避免战火燃起，虽然有人茫然无措，有人犹豫彷徨，有人断言大祸将至，有人临阵动摇退缩，但当战争来到眼前时，战争的意志还是压倒了和平的愿望。对于可能爆发战争的前景，欧洲领导人看得非常清楚。

劳合·乔治的名言还有一层含意，那就是，"一战"没有明显的驱动力，那场灾难并非由某个国家挑起，而是各方都有责任。的确，欧洲各国领导人和外交家当时的所作所为如同一群走向悬崖的旅鼠*。确实有误会发生，也存在着普遍的互不信任（造成互不信任的一个原因是关键决策人的个性），这些都在把欧洲大国推落悬崖的过程中加了一把力。这确实与一代人之后的情形不同，没有明显的迹象显示哪个具体的国家是战争的主要推手。所有大国的确都对战争的发生负有一定的责任。在危机急剧发酵之时，法国怂恿了俄国，令其更为好战。英国发出的信号暧昧不明，它没有力挽狂澜，而是随波逐流，沿着危险的道路一步步走向战争。尽管如此，对于最终导致战火席卷全欧的灾难性事态发展，还是不能说所有欧洲国家都负有同等责任。

有些国家各有自己的利益和野心，彼此互不相容，极易导致全欧大战；这样的国家是引发大战的主要责任方，它们在危机中敢于外交行险，归根结底是因为它们不惜动武。1914年7月，事态到达爆发点的时候，德国、奥匈帝国和俄国是危机中的决定性力量，其中又以德国的作用最为关键。

德国雄心勃勃，企图称霸欧洲，同时又对俄国可能会兴起为霸权怀有日渐强烈、近乎偏执的恐惧。为实现前者，防止后者，德国不惜冒引发欧洲大战的风险。1914年7月6日，德国保证无条件支持奥匈帝国（即通常所谓"空白支票"），因为德国假设，奥方很快会对塞尔维亚采取有限的军事行动，以报复奥地利王储弗兰茨·斐迪南大公和索菲王妃的遇刺。他们两位是在对萨拉热窝进行访问期间于6月28

---

* 旅鼠生活在北极地区，经常成群活动，被用来比喻盲从的人。——译者注

日被塞尔维亚民族主义分子刺杀的。但这仅仅是臆测。德国提供了无条件支持的保证，而且没有规定哪些报复措施是奥地利不能采取的，尽管冲突扩大的危险和欧洲列强介入的可能都显而易见。在德国的怂恿下，奥地利于7月23日向塞尔维亚发出了最后通牒，其内容故意写得让塞尔维亚无法接受。德国的煽风点火起了决定性的作用，把这个原本地方性的问题变成了全欧洲的危机。最后通牒要求塞方对与暗杀阴谋有关的塞尔维亚官员和军人采取行动，逮捕奥方指名的两个军官，并压制反奥地利的宣传。一项构成对塞尔维亚主权极大侵犯的要求是，让奥匈帝国的代表协助对暗杀阴谋的调查，并参与对塞尔维亚国内反抗运动的镇压。

当时，塞尔维亚的力量在增强，这威胁到了奥匈帝国对巴尔干的控制；多民族的奥匈帝国还面临着日益加剧的解体危险。为了一己之利，奥匈帝国不惜把欧洲拉入战争，但它必须有德国做后援。奥地利明明知道俄国会给塞尔维亚撑腰，但它向塞尔维亚（"黑手社"恐怖组织就是从塞尔维亚向萨拉热窝的刺客提供武器的）发出的最后通牒仍然故意提出对方不可能接受的条件，这大大增加了引发全欧战争的可能性。俄国一心要防止奥匈帝国主导巴尔干（因为那将使俄国实现自己野心的企图受阻），不出意料地做出了强烈反应。俄国立即表示支持塞尔维亚，尽管它非常清楚，那意味着不仅要和奥匈帝国打仗，还要与德国开战，而德国一旦参战，法国就必然出手（因为谁都知道德国的作战计划要打击的不仅是俄国，还有法国），英国也很可能加入。

德国、奥匈帝国和俄国为了它们各自强权政治的目的，对一个实质上地方性的冲突不去尽力平息，反而火上浇油。这种极为冒险的战略最终导致了1914年的大灾难。如前所述，这三个大国中，德国负有特殊的责任。如果它没有给奥匈帝国提供无条件支持的"空白支票"，奥匈帝国就不会有恃无恐，向塞尔维亚发出如此强硬的最后通牒。如果奥匈帝国不是如此咄咄逼人、寸步不让，俄国就不会承诺支持塞尔维亚，继而引起一系列的后果。"空白支票"增加而不是减少了欧洲大战爆发的可能性。

英国、法国、俄国、德国和奥匈帝国等大国各自结成了对立的同盟。1914年，大国间平衡尽管仍勉强维持着，但越来越岌岌可危。早在19世纪90年代期间，德国就生出了觊觎世界强国地位的野心，这导致了紧张的升级，构成了长期的潜在威胁，是对英国世界强国地位的直接挑战。德国与英国的竞争日益加剧。但是，在欧洲大陆上，受强大的德国（它自1879年起与奥匈帝国结盟，1882年又成为意大利的盟国）威胁最甚的是法国和俄国。法俄两国一个是共和国，一个是专制君主国，但共同利益促使它们令人意外地建立起了友好关系。1894年，它们专为应对德国的挑战签订了盟约。十几年后，德国的地位进一步上升，因为1905年，俄国惨败于日本这个远东新兴强国，当时许多人为之震惊。俄国的失败动摇了沙皇帝国的根基，触发了俄国的内乱，险些造成沙皇专制政权的覆灭。然而，值得注意的是，在精明的经济和政治管理下，后来的几年成了俄国的兴旺年代。在法国巨额贷款的帮助下，俄国经济显著增长，军事重建一日千里。于是，俄国重新燃起了希望，想趁奥斯曼帝国力量衰落之机夺取对博斯普鲁斯（Bosphorus）海峡的控制权；与英国关系的巨大改善使俄国这一希望成真的可能性大大增加。

俄英两国在历史上一直是竞争对手。英国坚决不让俄国控制土耳其的博斯普鲁斯和达达尼尔（Dardanelles）这两个扼守地中海及中东通道的海峡，为此不惜和俄国在1854年打了克里米亚战争。英国也一心要防止俄国在中亚的扩张威胁到它自己在印度的殖民地。但是，俄国在日俄战争中战败后国力衰弱，愿意与英国修好。于是，它们两国在1907年签订了一项条约，规定了在波斯、阿富汗和中国的西藏这些它们可能发生冲突的地区中各自的势力范围。这对德国虽然没有直接影响，但肯定有间接的影响。俄国和英国1907年签订的条约和此前俄法建立的联盟以及1904年英法达成的（直接针对德国的）友好协议加在一起，重组了欧洲权力政治的结构。德国和它的主要盟国奥匈帝国（另一个盟友意大利不太指望得上，尽管意大利领导人号称自己的国家是强国，但其实差得远）忽然发现英、法、俄居然站到了一起（鉴于它们三国之间往昔的互相敌视，可以说这个发展是惊人的）。可以理解德意志帝国为何愈发强烈地感到四面受敌。

  英国外交部认为，两大同盟的对峙（如后来的核武器那样）是对侵略行为的一种威慑。但是这种情况也意味着，战争一旦发生，就不会仅限于局部，而将是全面战争。然而，引起战争的并不是这两大同盟。在那以前的10年间，发生了好几场严重危机，却均未导致战争。1905年，德国对法国在摩洛哥的权利提出了挑战；1908年，奥地利蛮横地吞并了波斯尼亚-黑塞哥维那（这个地方名义上虽仍是奥斯曼帝国的一部分，但已经被奥地利占领了30年）；1911年，德国的一艘炮艇驶入摩洛哥的阿加迪尔港（port of Agadir），向法国发出挑衅。然而，大国间的这些紧张都很快得到了缓解。1912年，在长期动荡的巴尔干地区，塞尔维亚、保加利亚和希腊结为同盟，自称巴尔干同盟，趁奥斯曼帝国力量衰弱对它开战；次年，巴尔干同盟爆发内讧，保加利亚为争夺前一年战争的利益沾润对塞尔维亚动起了刀兵。这些区域冲突爆发后，大国都设法确保了它们不致发展为大型战争。

尽管如此，大国间的紧张仍然显而易见。两次巴尔干战争使这个战乱一触即发的地区更加不稳定，新的冲突随时可能爆发。而且，奥斯曼帝国在巴尔干的影响力早已开始走下坡路，另一个地区大国奥匈帝国在两次巴尔干战争中的表现使人觉得它软弱被动，就连自身利益受到威胁时也依然如此。因此，奥匈帝国以后在巴尔干地区必将遇到更多的麻烦。俄国统治者仍然希望有朝一日能控制土耳其的两个海峡，并通过夺取（属于奥地利控制下的波兰的）加里西亚（Galicia）来确保西部边界的安全；他们把奥匈帝国的虚弱看在了眼里。

欧洲战争远非不可避免，可是谁也不想冒备战不足的风险。国与国之间的猜忌推动军备竞赛急剧升级。1911年到1913年，大国的军费开支陡然增加——德国增加了30%，俄国增加了50%。德国和英国投入巨资建造新型作战舰队，竞相建立最强大的海军。陆军的规模也大为增加。德国于1913年扩充了陆军，法国马上如法炮制。俄国对1905年败于日本的伤痛记忆犹新，到1913年已经在军队重建方面取得了长足的进展，而且德国忧惧交加地注意到，俄国还计划进一步大肆扩军。军备竞赛中，奥匈帝国落在了后面，它的军力只够打区域战争。它招募兵员的配额在1889年就固定了下来，虽然1913年颁布了增加兵员的新法律，但为时已晚，无法缩小与别国军队之间日益加大的差距。

然而，即使在奥匈帝国也和在整个欧洲一样，适龄男子中很大一部分人接受了作战训练。到1914年，欧洲各国的正规军和预备役军人已经达到几百万，随时可以投入战斗。全面动员后，俄国有350万大军，德国 210 万，法国 180 万，奥匈帝国 130 万。大国中只有英国没有大批预备役人员随时可以征召入伍。英国军队由志愿兵组成，只有 10 万人左右，主要是为打殖民战争准备的。与其他大国的军队相比，英军的规模小得可怜。但是，英国的皇家海军掌握着世界的海上通道，是大英帝国的军事基础。英国还可以从大英帝国遍及全球的殖民地招募大量兵员。

许多人认为，前一个世纪基本维持了欧洲和平的制衡制度会继续发挥作用。但也有人认为，战争很快将不可避免。这不仅是由于军事化的加强和紧张的加剧，这种情况本身就反映了大国精英的焦虑，认为国家存亡系于一线，必须迅速采取行动。精英的这种态度又加大了战争爆发的可能性。无论如何，若是打赌，谁都不会在欧洲的脆弱和平会无限期维持下去的可能性上面下大赌注。

这还只是 1914 年 6 月 28 日弗兰茨·斐迪南大公遇刺之前的情况。奥地利 1908 年对波斯尼亚-黑塞哥维那的吞并大大刺激了塞尔维亚的民族主义情绪。包括一些军官在内的激进民族主义分子于 1911 年成立了秘密组织"黑手社"。主要推手德拉古廷·迪米特里耶维奇 [Dragutin Dimitrijević，人称"阿皮斯"（Apis）] 于 1913 年成为塞尔维亚军事情报部门的首长。刺杀斐迪南大公的阴谋就是阿皮斯掌控的秘密网络策划而成的。这次暗杀行动招募了一些波斯尼亚的塞族青年当刺客，最终得手的叫加夫里洛·普林齐普（Gavrilo Princip）。他们要刺杀的奥地利王储弗兰茨·斐迪南其实对斯拉夫少数族裔非常友善，愿意向"南方的斯拉夫人"进一步放权，以实现帝国的稳定。但是，这正是激进分子眼中对塞尔维亚民族主义理想的威胁。暗杀发生在斐迪南大公暨王妃对萨拉热窝进行国事访问期间。当时发生了一件怪异的事故：大公乘坐的敞篷轿车的司机转错了弯，驶入了一条小巷，倒车时引擎又熄火了，无意中给普林齐普提供了天赐良机，使他得以弥补此前他们狂热民族主义七人组中另一个人行刺失败之憾。即使如此，仍然没有明显的理由说明弗兰茨·斐迪南（和他妻子）的遇刺必然引发欧洲的全面战争。之前也发生过暗杀事件，甚至是暗杀国王的事件，却均未引发重大冲突。1894 年，法国总统萨迪·卡诺（Sadi Carnot）遇刺；1900 年 7 月 29 日，意大利国王翁贝托一世遭枪击而死；1903 年 6 月 11 日，塞尔维亚国王亚历山大和王后被暗杀；1913 年 3 月 18 日，希腊国王乔治一世也死于刺客之手。事实上，几乎到 1914 年 7 月底，弗兰茨·斐迪南的遇刺似乎还不致引发全面战争。

萨拉热窝的刺杀事件发生 3 周后，外交压力才骤然上升。7 月的最后一周，伦敦的金融市场才开始对爆发战争的前景表现出不安。即使在那时，仍然有迹象表示，人们有信心能够避免最坏的情形发生。7 月 30 日，法国社会党领导人让·饶勒斯还说："会出现起伏。但事态最终不可能不恢复正常。"第二天，7 月 31 日，他死在了一个精神错乱的极端民族主义分子的枪口之下。那人说饶勒斯是叛徒，必须除掉，而饶勒斯的"叛国罪"就是他努力争取国际和平。

对弗兰茨·斐迪南的被刺，奥地利显然应该对（被认为应对此事负责的）塞尔维亚发动短暂的报复性攻击以示惩戒，而塞尔维亚的军队正好由于不久前在巴尔干战争中的失败而元气大伤。其他强国很可能会认为这样的攻击无可厚非，是对杀害哈布斯堡王室继承人的合理报复。确实，人们几乎都觉得这样的反应自然而又合理。维也纳和其他各国都认为，报复事关国家荣誉，是宣示哈布斯堡帝国强国地位的必要举措。刺杀事件发生 3 周后，德国领导人尤其认定，只会打一场局部战争。

但是,即使是局部战争这种有限的行动,组织起来也颇费时日。多民族的奥匈帝国的政府、外交和军事机器相当笨重,耗时甚久才能进入状态。好战的总参谋长弗兰茨·康拉德·冯·赫岑多夫伯爵(Count Franz Conrad von Hörtzendorf)在奥地利的外交大臣利奥波德·贝希托尔德伯爵(Count Leopold Berchtold)的支持下,力主马上对塞尔维亚开战,但帝国匈牙利部分的政府首脑伊什特万·蒂萨伯爵(Count István Tisza)却主张小心谨慎,担心会发生"欧洲大战的可怕灾难"。奥匈帝国正是因为统治阶层内部意见不统一,才转向德国求援的。奥地利人觉得,德国军队战无不胜,哪怕攻击塞尔维亚会引起全欧洲的战争,只要有德国做后盾,奥地利就有恃无恐。奥地利从柏林那里得到的信号是,如果一定要打仗,眼下是最好的时机。

然而,哈布斯堡帝国做事只有两个速度:慢和停。打仗需要兵员,但当时更急需劳动力收获庄稼。因此,不可能立即发动战事。有人指出,至少还需要16天的时间来动员军队对塞尔维亚实施打击,说这话时已经是暗杀发生的两天之后了。可以说,奥地利的迟缓反应相当于一条慢燃的导火索,最终导致了所有大国的卷入。随着危机的加深,各国长期形成的心态、目标、野心和恐惧影响了它们各自的行动。

德国1871年才完成统一,但它是欧洲大陆上最强大的工业化经济体。它雄心勃勃,决意获得自己"在太阳下的地盘"*,成为在地位和影响力上和大英帝国平起平坐的世界强国。同时,德国又非常担心时间不等人,害怕敌国会集结军力阻挡其野心的实现。德军总参谋长

---

* 指强国地位。——译者注

赫尔穆特·冯·毛奇（Helmuth von Moltke）早在1912年就在德皇面前说过，他认为战争不可避免，而且来得"越快越好"。他建议先借助报刊挑起反俄情绪，那样，战争一旦爆发，就会得到民众的支持。自那以后，毛奇一直力主打预防性战争，在德国遭到俄国或法国，或二者联合的攻击之前先发制人。大战爆发的几周前，他坚称战争迟早会到来，德国应确保战争发生在自己能够打赢的时候。据报道，他在1914年5月14日说，俄国两三年内就将完成军备方案的执行，到那时，德国敌人的军力就会强大到无法应付。毛奇的结论是，唯一的办法是"在我们还有一定胜算的时候打一场预防性战争来粉碎敌人"。

但是，对未来看法悲观的毛奇虽然占据着德国军队中最关键的位置，却不能决定政府的政策。德国宰相贝特曼-霍尔韦格对于战争可能带来的后果忧心忡忡。他认为战争是"跃入黑暗"，是"最严峻的责任"。他甚至预言，与德国一些鹰派人物的说法相反，战争摧毁不了社会民主运动，无法消除它对现存社会秩序的威胁，反而会使它得到加强，"并造成一顶顶皇冠落地"。7月底，随着危机进入最后阶段，贝特曼-霍尔韦格看到，自己的政治举措并未奏效，军方的影响力在明显上升，于是试图"尽全力踩下刹车"。不过，他觉得总参谋部的意见也有道理，那就是，俄国的军力会迅速扩大，时间拖得越久，德国的军力就越处于下风，因此，开战"越快越好"。与其坐视自身处境不断恶化，不如在可以速胜的时候早些动手。俄国同德国的西方宿敌法国结了盟，这使德国更有理由担心自己陷入包围。

在俄国7月30日开始动员军队，使战争不可避免之前，德国掌握决策权的是文官，不是军人。即使如此，欧洲任何其他国家的军队都不像德国军队那样，享有相对于文官政府的高度自治。7月底危机达到顶点的时候，毛奇和总参谋部的影响发挥了决定性作用。军事需要压倒了政治举措。德皇有时似乎同意毛奇的分析，但他尽管气势汹汹地展现出好战的姿态，在危机期间却举棋不定，畏首畏尾，最后一刻甚至想退出战争。不过，德皇实际上根本无法控制比他强大得多的军方力量。德国的军事规划者严格坚持他们早已制定好的战略，计划一举击败法国，然后转过头来对付俄国。所以，当德皇7月30日要求总参谋长毛奇取消对法国的攻击（希望以此来确保英国的中立），尽举军力对付俄国的时候，毛奇明确回答说办不到，那会把德国训练有素的军队变成"混乱的乌合之众"。毛奇说，军队部署是多年计划的结果，不能随意地临时更改。整个危机期间，德皇根本不能下旨定策，只能被动地对政府的决定做出反应，归根结底是对军方的要求做出反应。

在毛奇的意见最终得到接受，事态发展在7月底达到高潮之前，德国政府主要忙于应付它先前的严重政策失误——它让奥地利放手处理塞尔维亚危机，结果带来了引爆欧洲大战的实实在在的危险。由于这个巨大的失误，德国在整个7月间都在尽力回应由别国造成的各样事件，事态正在迅速失控。

俄国的长期利益在于控制巴尔干半岛和土耳其的两个海峡，这两个海峡对俄国贸易至关重要，由于它们扼守通往黑海的通道，因此对俄国南部的安全也意义重大。俄国不能允许任何其他国家统治这个地区。随着奥斯曼帝国颓势日显，奥匈帝国显然成了俄国在巴尔干利益的最大威胁。俄国海军高层的鹰派甚至设想赶在土耳其收到（从英国）订购的5艘无畏级战列舰之前动手夺取君士坦丁堡（俄国人仍在使用伊斯坦布尔的旧称）。但这个设想对俄国在7月危机期间行动的影响微乎其微。俄国人并未确定要在1917年前完成备战。1914年时，他们并不想马上和德国摊牌，但在奥地利对塞尔维亚最后通牒的内容遭到泄露的7月24日之后，情况就不同了。一俟俄国在最后通牒内容泄露后对塞尔维亚表示了支持，事态滑向全欧大战就不可避免了。单是维护国威这一项考虑就决定了谁也不会退让半分。

1914年7月为大战铺平了道路的三大强国之中，奥匈帝国是最弱的一个，它的行动主要是出于对自身未来的担忧。奥斯曼帝国力量的衰落导致巴尔干的局势日益不稳；众所周知，俄国对1908年奥地利吞并波斯尼亚-黑塞哥维那一事耿耿于怀，可能试图夺取对巴尔干的统治权；塞尔维亚在俄国的支持下日益强硬——这些都是维也纳权力部门的走廊里人们焦虑谈论的话题。因此，在1914年7月，打垮塞尔维亚似乎是个好主意，条件是要确保得到德国的支持，打一场有限战争，速战速决，赢得胜利。可是，奥匈帝国并未立即采取行动报复弗兰茨·斐迪南的被刺，而是通过7月23日的最后通牒把俄国（进而牵扯到德国和法国）卷入了正在酝酿的冲突。

早在7月6日，德国就宣布无条件支持奥地利对塞尔维亚采取行动，认为奥地利有充足的理由这样做。塞尔维亚若不肯让步，就要受到军事打击的惩罚。德国在巴尔干主要盟友的地位会因此上升。当时没人认为俄国会干预。沙皇总不会支持暗杀皇室成员吧？德国认为，俄国仍未做好战争的准备，其他列强则会袖手旁观，接受既成事实。事实很快证明，德国的政治算计实在靠不住。然而，德国给奥地利开出"空白支票"的时候，已经有人意识到，德国也许严重误判了形势，所采取的行动风险极大。身居相位的贝特曼-霍尔韦格就承认，"对塞尔维亚用兵会导致世界大战"，将"颠覆现存的一切"。

维也纳方面拖拉延宕，意味着德国迅速解决这场地方危机的希望从一开始就注定无法实现。直到7月19日，对塞尔维亚强硬最后通牒的文字才确定下来，又拖了4天才终于发出。至此，萨拉热窝的刺杀事件已经过去了3周半的时间。最后通牒又给了塞尔维亚人48小时的作答时间。值得注意的是，塞尔维亚人害怕奥地利会大举进攻，本来已经准备接受最后通牒中的苛刻条件了。但是，最后通牒的条文遭到泄露，俄国人得知后向塞尔维亚人表示支持，壮了他们的胆子。俄国不计后果地对奥地利采取强硬立场，给塞尔维亚撑腰，这个政策得到了法国盟友的鼓励。7月20日到23日，法国总统普安卡雷（Poincaré）和总理维维亚尼（Viviani）对圣彼得堡进行国事访问，表示了对俄国的坚定支持。

普安卡雷在孩提时期经历过普鲁士对他家乡洛林（Lorraine）的侵略，怀有深深的反德情绪。他在1912年就支持俄国干预巴尔干，虽然他清楚地知道那将导致俄德两国的冲突。1912年的情况和1914年一样，如果德国和俄国发生军事冲突，导致德国在欧洲地位削弱，那将对法国有利。1912年，俄国决定不介入巴尔干的冲突。这一次，圣彼得堡的决策者觉得不能置身事外。支持塞尔维亚有助于俄国战略目标的实现。如果爆发战争，德国就必须双线作战，因此俄国领导层的鹰派相信俄国能够打赢。决定一旦做出，就没有多少选择了。从奥地利发出最后通牒开始，形势急转直下。全面战争的可能性日益加大。虽然即使那时也可以阻止事态向着战争的方向发展，但无人有此意愿。

奥地利发出最后通牒后，俄国外交大臣谢尔盖·萨宗诺夫（Sergei Sazonov）第二天当即回应说："那意味着欧洲大战。"不久后，萨宗诺夫指责奥地利故意挑起战争，对奥地利驻俄大使说："你们在给欧洲放火。"然而，萨宗诺夫心知肚明，俄国自己的行为也在明显加大欧洲大陆燃起战火的可能性。奥地利的最后通牒尚未到期，俄国就于7月24日把存在柏林的全部国家资金（高达1亿卢布）撤了回来。更重要的是，它决定开始秘密动员部分军队（征集了100多万兵员），并命令波罗的海舰队和黑海舰队进入战备状态。7月25日，所谓的"备战时期"开始。俄军的行动很快使德国人意识到俄国在进行秘密动员，虽然俄国到7月28日才正式宣布动员军队。那一天也是奥地利终于对塞尔维亚宣战的日子。

至此，向着大战的发展势头已经不可阻挡。为了防止冲突上升为全面的欧洲战争，有关国家最后做出了一些紧急却徒劳的外交努力。那些外交努力有真心真意的，也有虚假作态的，却都为时已晚。德国本来希望能够把奥地利对塞尔维亚的军事行动控制在当地，可这个希望早已破灭。即使如此，在俄国决定开始秘密动员军队的5天后，德国仍未采取任何决定性的军事举措。7月29日，柏林仍在犹豫是否要宣布"战争紧急危险状态"（那是全面动员之前的最后一步）。但那天晚上，俄国领导层决定开始军队总动员。第二天，7月30日，沙皇先是批准了总动员令，后来胆怯之下又取消了命令，经过了一段延误后，沙皇最终还是同意了进行全面动员。

在柏林，军事需要终于压倒了外交考虑。7月31日，德国宣布进入"战争紧急危险状态"。德国首要关注的是确保社会民主党支持作战，因为有些社民党人具有强烈的反战倾向。所以，必须使德国看起来是被迫自卫。俄国的总动员恰好提供了理由。贝特曼-霍尔韦格宰相对于俄国人现在看起来成了有错的一方感到高兴，但接着又悲观地说："情势已失去控制，战争已经启动。"7月31日午夜，德国向俄国发出限期 12 小时的最后通牒，说如果俄国拒不撤销动员令，德国就要开始总动员。8 月 1 日最后通牒到期时，圣彼得堡没有采取任何行动，于是德国对俄国宣战。法国在同一天发布动员令，支持俄国。两天后的 8 月 3 日，德国对法国宣战。

英国最关注的不是欧洲大陆上的危机日益加重，而是爱尔兰可能会爆发内战。在战争压力日增之际，英国不属于主战阵营。在所有大国当中，英国从欧洲战争中可能获得的利益最少。英国的领导人非常清楚，如 7 月 23 日英国外交大臣爱德华·格雷爵士所说，战争将"造成巨大的花费，对贸易造成极严重的干扰"，会导致"欧洲的信用和工业完全崩溃"。他还颇有先见之明地指出："不管谁是战胜者，许多东西都会一去而不复返。"英国内阁的大多数成员都和格雷一样，担忧战争造成的后果，希望能够维持和平。接下来的那个星期内，英国外交大臣试探着寻求通过调解来解决危机。英国与俄国、法国达成的协议并未规定英国有义务插手，格雷仍然在两边下注。英国如果像德国人希望（虽然并不指望）的那样明确宣布中立，那么即使到了这个时候也能预防全面战争。但是，格雷犹豫不决，坐失良机，失去了折冲的空间。而且说到底，英国不能冒让德国主导欧洲大陆的风险。这是英国参战的主要原因。另外，英国政府和反对党中都有人认为，支持法国和俄国关乎荣誉和威信。在英国外交部颇有影响的艾尔·克劳爵士（Sir Eyre Crowe）说，英国若在这场大战中置身事外，它的大国地位必然受损。

最后，德军越过边界进入中立的比利时，英国要求德国尊重比利时中立地位，这一最后通牒在 8 月 4 日 0 点到期后没有得到理睬，这给了英国宣战的口实。讽刺的是，直接促成这场危机的奥匈帝国反而是最后参战的大国,到了8月6日才对俄宣战。5天后,法国对奥匈帝国宣战。又过了一天,英国也终于对奥匈帝国宣战。还要再过14个月,战火才会延烧到冲突导火索塞尔维亚的土地上。但此时塞尔维亚已经不再重要。主戏马上就要开场了。

促使列强一步步走向战争深渊的是恐惧。这些大国都对自己的未来忧心忡忡。造成它们担忧的部分原因是国内要求实现民主和社会主义的压力,或激烈的民族主义诉求(这在奥地利尤其突出),它们害怕这些可能(也的确会)造成帝国的瓦解。但是,列强最害怕的还是彼此。德国害怕被法国和俄国这两个敌国包围,尤其害怕俄国,害怕沙皇政权的军事力量一旦超过自己将产生的后果,例如俄国可能会在对德国势力扩张至关重要的巴尔干地区占据统治地位。俄国则害怕德国控制巴尔干、近东以及掌握俄国经济命脉的博斯普鲁斯海峡。法国四十几年前被普鲁士侵略过,对德国怀有近乎偏执的恐惧。英国害怕失去商业龙头老大的地位,也害怕德国称霸欧洲,无法容忍德国控制英吉利海峡对面的比利时和法国的海岸线。恐惧驱动了军备竞赛,也促使列强及早出手,抢在敌人前面先发制人。所有大国还有一个共同的恐惧,那就是因为在最后关头退缩而丧失颜面。

各方甘冒战争之险,还因为它们都相信战争不会持续多久。应该说,各国这样想与其说是有根有据,不如说是一厢情愿,不愿意去想万一事与愿违又将如何。每个国家的决策者中都只有寥寥数人对战争会造成的严重后果表示过担心。无论各国决策者内心有何担忧,他们的行动都是以战争很快就会打完为前提的。欧洲国家的领导人和他们的军事顾问并非不了解现代大炮的强大破坏力,也明白派步兵冒着机枪的弹雨冲锋会造成大量死伤。几十年前的美国南北战争已经预示了现代战争的高死亡率，但欧洲领导人对此不以为意。1870—1871年普法战争的18.4万亡魂也未能让他们警醒。若论从中获得的认识，他们只看到，现代战争破坏力巨大，因而会很快分出胜负。毕竟，尽管普法战争打了10个月，但关键的色当战役在战争开始仅仅6个星期后就发生了。关于不久前1904—1905年的日俄战争，观察者都注意了它造成的大量伤亡。但日俄战争也为时不长，只有1年多一点儿。

欧洲的军事思想家根据近期的经验，预计若是再打仗也会为时短暂。他们没有因为冲突可能久拖不决、战局僵持会使战场沦为屠场而对战争望而却步，而是依恃火力技术的迅速进步，认为快速机动的进攻尽管会造成惨重的伤亡，但能够迅速取胜。德国军方尤其倚仗这个思路。他们知道，必须不惜一切代价避免长期的消耗战，因为敌国联盟在人数上占优势，英国还可能动用海军封锁，掐住德国的脖子。因此，负责军事规划的德军总参谋部得出结论：进攻越迅速，越猛烈，就越有可能赶在敌人动员起足够的力量之前打垮敌人，也越有可能尽快结束战争。

毛奇的计划与前任总参谋长阿尔弗雷德·格拉夫·冯·施利芬（Alfred Graf von Schliefen）在1905年制定的计划大同小异，即以双线作战为前提，但首先快速西进，以巨大兵力迅雷不及掩耳地击垮法国人，接着转向东线，在俄国人动手之前打败他们。施利芬设想，一个月内即可实现突破，奠定胜利的大局。但是，法国人非常清楚自己面临的危险，他们的野战军规模与德国的不相上下，也在准备发动大型进攻。俄国人同样想采用果断的快速攻势，通过奥地利的加里西亚直抵喀尔巴阡山脉（Carpathians，俄国人在东普鲁士对德国人发动进攻就是为了实现他们的这个主要目标，这使得法国人深为恼火）。奥地利人也认为，进攻是最好的防守。不过他们明白，虽然他们有能力单挑塞尔维亚，但要想对付俄国，却必须与德国在东线发动的毁灭性打击相配合。欧洲大陆上的每一个大国都首重进攻，将其视为迅速决胜之计。谁也没有制订后备方案，谁也不去想如果无法速胜该怎么办。结果必然是长期的消耗战，最后胜利必然属于军事和经济力量更胜一筹的同盟。

在欧洲，不仅统治阶级，而且相当大部分的民众都相信打仗既有必要，也有理由，并一厢情愿地认为战争将是一场激动人心的短暂冒险，相信自己的国家必能迅速取胜且伤亡不多。这说明了为何随着紧张加剧（民众到7月底才意识到紧张的存在），直至最终爆发全面战争，欧洲各交战国会有如此之多的民众热情高涨，甚至喜气洋洋。当然，绝非所有人都怀有上述想法，民众的热情也远非初看之下那么普遍。事实上，不同国家、地区、社会阶层和政治派别的情绪千差万别，从好战的歇斯底里到强烈的反战，从狂热的兴奋到深切的焦虑，不一而足。但不可否认的是，在欧洲各大国的首都，至少一部分人为战争的步步逼近而欢呼雀跃。

奥地利宣布与塞尔维亚断交后，英国驻维也纳的大使报告说，"兴奋狂喜"的"大群人"走上街头游行，"高唱爱国歌曲，直到深夜"。后来，奥地利反战作家斯特凡·茨威格（Stefan Zweig）描述了沉浸于爱国热情的维也纳的气氛如何使他心醉神迷："街上到处是游行的人群，旗帜、横幅迎风飘扬，音乐响彻大街小巷，入伍新兵兴高采烈地欢呼着列队前进，他们年轻的脸上容光焕发。"茨威格发现，这种"壮观、狂喜，甚至诱人"的场面一度压倒了他"对战争的憎恶和反感"。奥地利社会党中有人起初对威胁和平的举措提出了抗议，

第一章 悬崖边缘

但一旦打仗是为了保卫国家、抗击沙皇暴政的观点得到接受,"战争情绪"就压倒了抗议。

在柏林,俄国总动员的消息传来后,5万人(主要是中产阶级成员和学生)于7月31日聚集在皇宫前听德皇宣布:"在今后的斗争中,我的人民不再分党分派。现在我们都只是德国人。"酒馆、咖啡馆和露天啤酒座的顾客起立高唱爱国歌曲。年轻人走上街头,要求开战。德国其他城市也发生了热情支持战争的示威游行。沙皇尼古拉在圣彼得堡冬宫的阳台上接见了向他欢呼的大批人群,人们好像有人指挥一样,齐齐地向沙皇行跪拜礼,挥舞着手中的旗帜高唱国歌。在巴黎,民众听到普安卡雷总统宣布要克服法国的内部分歧,建立全国人民的"神圣同盟"后,爱国热情空前高涨。社会党人也同样积极。由于外部威胁的出现,工人阶级对饶勒斯被刺的愤怒转变为爱国的责任感和对德国侵略的夷然不惧。

这种异乎寻常的感情爆发,其根源是多年来对包括大学生在内的在校学生和现役军人进行的民族主义说教,加上爱国组织、游说团体和大众报刊进行的民族主义宣传。民族主义热情在上、中层阶级以及知识分子和学生之间尤为普遍。他们许多人认为,战争是大好事,因为它能使民族重新振兴,从他们眼中社会的道德堕落中解放出来。1909年在意大利发表的《未来主义宣言》淋漓尽致地表达了这种思想:"我们要讴歌战争这个世界上唯一的清洁力量,它代表着尚武主义、爱国主义和破坏性行动。"战争被视为英勇、冒险、有男子汉气概的事业,专治民族衰落。战争使各国暂时克服了内部分歧,产生了一种民族团结感。对德国知识分子来说,这种新团结体现了"1914精神",几乎是一种宗教觉醒。这使他们更加确信,德国文化不仅异于,而且优于以革命与共和主义为基础的法国文化,英国那注重物质的民主就更无法与德国文化相比。他们认为,必须捍卫高等文化的价值观,如有必要,还应将其强加给欧洲其他国家。

无论是这种高傲和智性上的优越感,还是范围更广的战争热情,都不能准确、充分地代表全体人民的态度。因将要开战而欢庆的情形主要出现在较大的城镇,而且即使在大城镇中,也并非所有人都欢欣鼓舞。住在伦敦的反战哲学家伯特兰·罗素(Bertrand Russell)后来说,他看到"普通男女为战争即将爆发兴高采烈",大为惊诧。然而,当时的迹象表明,伦敦和英国其他地方民众的普遍情绪是焦虑紧张,而不是好战的热情。欢迎战争的似乎只有中产阶级的部分成员,特别是青年。

在柏林,聚集在市中心的一群群学生表现出的爱国激情并未得到工业区工人的响应。工人的情绪以反战为主,他们至少是对战争的前景感到焦虑,希望维持和平。乡村地区的民众对打仗也热情不高。有报告说,"许多农民家庭陷入悲伤之中",乡村地区的老百姓想到自己的父亲、儿子、兄弟或孙辈可能丧生沙场,怎么也高兴不起来。俄国农民常常不知道自己为何而战。在法国农村,农民们听到普安卡雷宣布"神圣同盟",感到的是震惊、悲观,他们只能无可奈何地听令尽责,但没有丝毫的兴高采烈。

产业工人阶级,特别是加入了奉行国际主义、赞成和平主义的社会党和工会的工人,不支持好战的极端民族主义,也不热情拥护战争。不过就连他们也没有站出来反对战争。各国逃避兵役的情况都少之又少。老百姓哪怕对战争热情不高,但出于责任感或听天由命的心态,都服从国家的征召。法国动员的兵员中只有1.5%抵制应征,政府本来以为这个数字会高达13%。德国的工会成员同意在战争期间暂停罢工。德国、法国和英国议会中的社会党人投票支持政府为战争拨款。在俄国杜马的投票中，社会党人投了弃权票（但5位布尔什维克的议员投了反对票，并因此遭到逮捕）。

　　国际社会主义的支持者之所以支持民族主义的战争，是因为他们相信，战争是防御性的，也是不可避免的。他们认为，战争乃不得已而为之，是为了捍卫自由，不是为建立帝国主义统治。后人回顾这一段历史，会认为第一次世界大战大量浪掷生命，毫无意义。可是，在1914年8月，战争看起来却绝非毫无意义。工人愿意和自己的同胞以及盟国一起投入他们眼中反对外国侵略的正义自卫战争，愿意为祖国而战，甚至捐躯。他们应征入伍后被灌输了爱国主义和纪律观念。他们首先是爱国者，其次才是社会主义者。

　　在德国，抵抗可憎的沙皇专制政权成了激励和团结社会主义者的动力。7月最后几天，社会民主党在德国各个城市组织了大型反战集会，据估计共有50万支持和平的示威者参加。然而，社会民主党刻意强调，祖国如有需要，工人们随时会挺身而出保卫祖国。这个需要就是"对沙皇政权的战争"。俄国发布动员令后，德国对俄宣战，社会民主党立刻转而支持保家卫国。讲德语的奥地利社会党人也为了同样的理由支持战争。俄国社会主义者不顾布尔什维克的反战立场，一致支持保卫"俄罗斯母亲"，抵抗"践踏人类一切规则"的德国人。罢工停止了，和平主义者和国际主义者被迫流亡。法国社会主义者同样支持保卫国家，抵抗可恨的德国人的入侵。英国工党也同意必须对德作战，直至将其打败。

　　各国的报纸挑起了国民疯狂仇视外国人的情绪。有些人不为这种煽惑所动，实属难能可贵。但大多数人在媒体的启发下想象力空前活跃，在他们眼中，到处都有间谍和第五纵队分子的身影。有外国口音或外国名字的人无一不身处险境。来自阿尔萨斯（Alsace）的人如果因德国口音暴露了身份，可能会受到其他法国人的殴打。慕尼黑有两名妇女被人听到在说法语，结果要靠警察搭救才得以安全脱身。圣彼得堡高呼爱国口号的暴民捣毁了德国大使馆，还抢劫德国人开的商店。沙皇为迎合这种狂热，把首都的名字改为彼得格勒，因为圣彼得堡听起来德语味道太浓了。

8月的头几天，德国有超过25万人踊跃志愿参军。这个数字非同小可，因为几乎所有男性人口都受义务兵役制管辖，只有17岁以下或50岁以上的人才免于兵役。在英国这个唯一不实行义务兵役制的大国，1914年8月有30万人志愿参军，9月又多了45万人。工业城镇中，工友或邻居一起入伍，组成"好友营"。许多人参军是迫于巨大的社会压力。但即使如此，在英国和在其他国家一样，将一切因素纳入考虑之后，可以看到，民众的确普遍对战争满怀热情，反战的声音微乎其微。第一次世界大战开始时，可以说战争是人心所向。

每个交战国都有大批欢呼的人群在火车站为开往前线的士兵送行。与母亲、妻子和孩子的婆娑泪眼相伴的，是高亢入云的爱国歌曲和迅速得胜、早日团聚的豪言壮语。但是，前往战场的许多（也许是大多数）预备役士兵无论在家人和朋友面前摆出多么勇敢的姿态，一旦要离开自己的家庭、农庄、办公室和工作场所，心里终不免有些勉强和忧惧。他们用"到圣诞节就完事了"的梦想来安慰所爱的人，也安慰自己。没有几个人像奥地利政治家和历史学家约瑟夫·雷德利希（Josef Redlich）那样清楚地对未来怀有不祥的预感。1914年8月

3日，他看到数千名预备役士兵在维也纳的火车北站登上火车开赴前线时说："哭泣的母亲、妻子和新娘们，等待着她们的将是怎样的痛苦啊。"

运兵全靠火车。德国使用了1.1万列火车，法国使用了7,000列火车，专门运送部队上前线。也有大量马匹需要运送。奥地利、德国和俄国一共征用了近250万匹马，英国和法国征用的马匹还要多上几十万匹。在军队对马匹的依赖上，1914年和拿破仑时代没什么两样。

与此同时，军队制服的颜色大多变成了深卡其色或灰色。但法国人仍然穿着属于前一个时代的军装：亮蓝色上衣、红色裤子和红蓝相间的帽子。1914年8月，士兵的背囊中还没有保护性的钢盔（1915年法国和英国给士兵发了钢盔，次年，德国军队也配备了钢盔），也没有防毒面具，但他们很快发现，防毒面具是对一种新型致命武器的必要防护，虽然效力仍然不够。

1914年投入战争的是19世纪的军队，他们打的却是20世纪的战争。

第二章

巨大灾难

> 沉默的人群……部队奏着军乐前进,别忘了这些人正在走向屠场。
>
> 巴黎一位公务员米歇尔·科尔代的日记(1915年7月14日)

1914年8月过后,天翻地覆。进入新世纪已经14年,但那场很快要被称为"大战"(The Great War)的战争,才真正标志着欧洲20世纪的开端。从日历上标明的世纪之初到欧洲堕入灾难性战争之间的年月属于前一个时代。1914年8月之后开始的新时代,是更可怕的时代。

悲剧展开

战争打响两年前,汉堡的一位教师兼反战作家威廉·洛姆苏斯(Wilhelm Lamszus)写了《人类屠场》(*Das Menschen-schlachthaus*)这本小说,书中描写了未来战争中高效杀人机器造成的前所未有的大量死亡,那种恐怖和残酷令人不寒而栗。这本小说一语成谶。八年后，一位在战争期间几乎自始至终都热忱勇敢地带领部队在前线作战的坚定的德国军官恩斯特·云格尔（Ernst Jünger）写了一本畅销书《钢铁风暴》（*In Stahlgewittern*），那是描写第一次世界大战的最出色文学作品之一。云格尔的标题是对欧洲各国士兵四年战争经历的最恰当描述。

这两部文学作品分别写作于第一次世界大战这场灾难性冲突的之前和之后，但都抓住了战争本质的某些方面。这场战争与以前战争的区别在于，它是工业化的大规模屠杀。人的血肉对抗的是杀戮机器。士兵们面对的是重型大炮、机枪、自动步枪、迫击炮、烈性炸药、手榴弹、燃烧弹和毒气。越来越多的现代武器投入作战，造成的死亡和破坏前所未有。军队策划大型攻势的时候，已经把巨大的人员损失作为必然因素纳入了考虑。火炮和弹片是战场上的主要杀手，但也有无数人死于伤重不治和战场上恶劣条件导致的疾病。

战争促进了技术进步，推出了新型武器和大规模屠杀的方法，影响深远。1915年春，德国在进攻伊普尔（Ypres）附近的协约国阵地时使用了毒气弹，自那以后，毒气开始在作战中广为使用。1916年，英国在对索姆河（Somme）的进攻中首次使用了坦克，到1918年，坦克编队已经成了重要的作战工具。从1915年起，潜艇成为德国打击协约国航运的重要武器，改变了海战的性质。同样重要的是飞行器技术迅速发展，使前线的作战部队和后方城镇的居民都暴露在空袭的可怕威胁之下。1914年8月6日，德国的一艘齐柏林飞艇向比利时的列日（Liège）投掷了炸弹，预示了这个威胁。因为平民不能免于空袭，也因为许多其他因素，平民自此成为战争行动的一部分，要么是为战争出力，要么是作为敌人攻击的靶子，这是以往未曾有过的。大众媒体进行的战争宣传向民众灌输对别国人民的仇恨。交战国采用了新的方式来动员民众。战争开始成为无所不及的全面行为。1917年，法国报刊发明了"全面战争"（la guerre totale）一词来表达前线和后方在战争中捆在一起的事实。

此外，虽然欧洲是"一战"的中心，但这场战争是第一场真正意义上的全球性冲突，影响到了每一个大陆。这部分是因为英国和法国（尤其是英国）是全球性帝国。英国下属的澳大利亚、加拿大、新西兰和南非都在1914年8月跟随英国加入了战争。非洲人和印度人被征召入伍去为欧洲人的事业作战，许多人命丧沙场。100万印度人参加了协约国一方的作战，其中很多人被派往非洲和中东的战场。法国从自己的殖民地，主要是西非和北非，征召了60多万人。200多万非洲人或者应征入伍，或者充当劳工；约10%的人没能活下来。东非战场动用了大量劳工搬运沉重的军需，致使劳工死亡率高达20%，比英军士兵的阵亡率还高。

第一次世界大战和多数战争一样，开战容易，结束却难。25万多法军士兵没有像他们答应亲人（和自己希望）的那样在圣诞节回家团聚，而是长眠在了战场上。到11月底，总伤亡人数（包括死的、伤的和被俘的）已经超过45万。英国同期的伤亡人数是9万，超过了最初的征兵人数。1914年8月和9月间，奥匈帝国在加里西亚跟俄国几度交手，在这最初几次战役中，奥匈帝国的伤亡人数就超过了30万。战争头5个月间，奥匈帝国在东部战线上的总伤亡人数达到了50万。到1914年底，德国损失了80万人，其中11.6万人阵亡（是1870—1871年普法战争中普鲁士阵亡人数的4倍多）。战争初期人员损失最大的是俄国。战争的头9个月间，俄国损失了差不多200万人，其中

76.4万人被俘。交战各方1914年的伤亡相对于军队规模的比例是整个大战期间最高的。

德国挥师比利时，平民首当其冲，成为杀戮的对象。战争的头几周内，德军横扫比利时，包括妇孺在内的6,000多名平民惨遭杀害、虐待或驱逐。德国的军事训练给士兵灌输了对游击战的偏执性恐惧。德军士兵经常被仇恨烧红了眼，只要有他们（主要凭想象）认为的狙击手攻击，或是他们误将"友军炮火"当作敌人从后方发起进攻的情况，他们就认为当地所有的老百姓都应该负责。即使他们知道老百姓是无辜的，也照样对其施以集体"惩罚"。

在9月6日到9日的马恩河（Marne）战役这场关键之战中，法军在离巴黎大约50公里处挡住了德军的进攻，使德国基于（迅速打败法国人，然后转而对付俄国人的）施利芬计划的整套速胜战略落了空。在欧洲西部，抢攻成为过去，防守战成为常态。交战双方的部队停下脚步，开始修建战壕。起初的战壕非常原始，后来建得日益复杂，成为比较完善的防卫系统。很快，战壕从英吉利海峡沿岸一直修到了瑞士边界。战壕中虫蚁成群，泥泞不堪，大批士兵只能在那种非人的条件中存身。战壕蜿蜒曲折，前方树立着一卷卷装有尖刺的铁丝网，还有支壕通往军需库和野战医院。9月底，西部战线的僵局已经形成，这个僵局一直维持了四年，直到1918年。

交战国中无一因战争初期的巨大损失而试图结束战争。各国都有巨大的兵员储备。各方的战略思想实质上都是要拖垮敌人，直到对方无力再战。而实现消耗战目标的主要方法就是，向战场倾注越来越多的部队，来对敌人的牢固防线发动越来越大的进攻。因此，大规模流血注定要无限期地继续下去。

东部战线很漫长，部队部署不如西线密集，战况从未像西线那样僵持不下，而是较为有利于中央国（Central Powers）*。德国老将保罗·冯·兴登堡（Paul von Hindenburg）重披战袍，在精明强干但有时容易冲动的第八集团军参谋长埃里希·鲁登道夫（Erich Ludendorff）少将的辅佐下，指挥德军于8月下旬在东普鲁士的坦嫩贝格（Tannenberg）大败俄国的第二集团军。德军是在自家的土地上抗击俄国入侵的。俄军在占领东普鲁士的两周期间造成的破坏，德国人看在眼里，更加深了他们原有的反俄偏见，助长了他们的作战斗志。俄军遭到重创，几乎损失了10万人，其中5万人伤亡，5万人被俘。不久后，在9月8日到15日的马祖里湖区（Masurian Lakes）战役中，俄军又损失了10万人，其中3万人被俘。在南面的俄奥战线，俄军进攻加里西亚的战斗比较成功。奥地利军队在庞大的俄军面前寡不敌众，损失惨重，被迫于9月3日灰溜溜地撤退。

如同在比利时的德军一样，占领了加里西亚的俄军也认定当地老百姓参与了对他们的攻击，这种基本上毫无根据的想法促使他们对当地人民极尽残暴之能事。加里西亚的近100万犹太人尤其成为俄军虐待的目标。大部分暴行都是哥萨克士兵犯下的。随着俄国大军的逼近，大批犹太人预感形势不妙，纷纷逃离。自8月中旬起，入侵者就开始了对犹太人的屠杀。随着占领军的暴力行为不断升级，数百名犹太人遭到杀害。抢劫、强奸司空见惯。犹太人的村庄被化为焦土。俄军抓了1,000多名犹太人做人质，用来勒索赎金。犹太人的财产被没收。1915年夏，5万名犹太人和许多非犹太人被送到俄国，其中许多人最

---

* 中央国通称同盟国，由德国、奥匈帝国和奥斯曼帝国组成。——译者注

后被发配到西伯利亚或中亚。

战争开头的几周内，奥地利还遭到了另一次丢脸的失败，这次打败它的不是另一个"大国"，而是位于引发全欧战争危机中心之地的国家——塞尔维亚。迟至1914年8月12日，奥地利军队才调动陆军进攻，到那时，其他交战国早已把因弗兰茨·斐迪南大公遇刺而"教训"塞尔维亚的事情抛到了脑后。奥地利的"惩罚行动"本来预计不会太长。起初，奥军似乎很快就会长驱直入贝尔格莱德。然而，装备低劣但士气高昂的塞尔维亚人发动了反攻，激战3天后击退了奥地利人。双方都伤亡惨重。1万奥地利士兵战死，是伤员人数的3倍。塞尔维亚方面的伤亡数字是3,000到5,000人战死，1.5万人受伤。奥地利军队对狙击手极度恐惧，又过于担心满腔怒火的当地百姓会开展游击战进行反抗，因而犯下了特别野蛮的暴行。据估计他们杀害了约3,500名平民，多数是抓到后就地处决的。

战争的范围继续扩大。10月29日，土耳其军舰无端对俄国在黑海的海军基地发动袭击。俄国作为回应于11月初对土耳其宣战后，土耳其军队通过高加索地区入侵了俄国，但年底即被击退。这次入侵失败，土耳其损失了至少7.5万人，其中有些人死于俄军的炮火，也有很多人死于疾病和严寒。但是第二年，1915年，土耳其取得了一大胜利。那年4月，它挫败了协约国大军在达达尼尔海峡的加利伯利（Gallipoli）登陆的入侵企图。那次入侵由英国海军大臣温斯顿·丘吉尔一力促成，但时运糟糕，计划草率，执行不力。协约国近50万士兵参加了加利伯利战役，包括印度、澳大利亚、新西兰、法国和塞内加尔的部队。此役确立了土耳其军指挥官穆斯塔法·凯末尔·帕夏［Mustapha Kemal Pasha，后来通常称为阿塔图尔克（Atatürk）］的英名，土耳其军人为保卫祖国表现出来的顽强战斗精神，加上他们在沿岸固若金汤的防守，使入侵者无法寸进。对协约国来说，这是一场彻底的灾难。到12月，协约国被迫放弃行动开始撤退的时候，军队的伤亡人数已经接近25万，其中5万人死亡（许多是死于疾病）。土耳其一方损失的人数也大致相同。

　　土耳其在1915年遇到的危机促使它犯下了第一次世界大战期间最严重的暴行。土耳其所在的地区在战前就曾多次发生可怕的屠杀，原因是安纳托利亚（Anatolia）东部信仰伊斯兰教的土耳其人和库尔德人与信仰基督教的亚美尼亚人之间常有领土争端、民族冲突和宗教对抗。1913年政变后，土耳其的激进民族主义者取得了政权，掌握了国内政策，在战前即已开始努力在土耳其境内实现更大程度上民族和宗教的一致。在总人口中占少数，但数目依然众多的亚美尼亚人显然是这一目标的一大障碍。那时，奥斯曼帝国和俄罗斯帝国之间的战争已经大大加剧了安纳托利亚和高加索这些边境地区的紧张。现在土耳其人和亚美尼亚人之间的敌意更是使这种紧张到了几乎白热化的程度。

　　居住在俄国边界两边的亚美尼亚人一心要摆脱土耳其的统治，大多同情俄国。大战爆发后，他们觉得脱离土耳其的机会终于来了。亚美尼亚人得到了俄国的鼓励，而土耳其通过安插在圣彼得堡的间谍了解到，俄国人计划挑唆亚美尼亚人造反。这对土耳其来说是一大危险，特别是因为亚美尼亚人居住的地区是战略要地。土耳其领导人认为，亚美尼亚人和敌人狼狈为奸，威胁到了国家的战争计划。饱受暴力袭击之苦的亚美尼亚人则认为，与俄国合作是保护自己不致遭受更大规模屠杀的最好办法。

　　1915年4月中旬，亚美尼亚人在凡城（Van）发动叛乱。参与叛乱的各方，无论是亚美尼亚人、土耳其人，还是库尔德人，都犯下了暴行。然而，俄国人并未提供帮助，亚美尼亚人只能孤军奋战。土耳其要面对西方协约国从达达尼尔海峡方向汹涌而来的大军，又提心吊胆地防着俄国人自高加索那边前来进攻。他们把亚美尼亚少数族裔视为俄国的特洛伊木马，报复起来特别凶狠残暴。战争给土耳其提供了大好的机会，使它得以追求民族单一性这个意识形态上的目标。凡城叛乱后不久，土耳其政府就开始驱逐亚美尼亚人。驱逐的规模日益扩大，与之相伴的暴力也迅速升级。几周后，土耳其政府颁布命令，把居住在安纳托利亚东部的约 150 万亚美尼亚人全部赶去叙利亚沙漠深处。在被驱逐途中以及到达营地后，许多人因患病或遭虐待而死。更多的人惨遭屠戮，那是土耳其领导人支持的屠杀计划的一部分。据估计，亚美尼亚人的死亡人数在 60 万到 100 多万之间。

尽管西部战线上协约国军队相对于德军的人数优势日渐扩大，但僵局的结束仍遥遥无期。于是，德军总参谋长埃里希·冯·法金汉（Erich von Falkenhayn，他于 1914 年 9 月取代了毛奇）把希望寄托在东线。他认为，迫使俄国人低头是赢得西线战争的关键。

然而，德国在东部必须应对其主要盟友奥匈帝国日益明显的军事疲态。1914—1915 年严冬时分，奥军在喀尔巴阡山脉高处发动的攻势以灾难告终，损失了包括最后一批训练有素的预备役兵员在内的 80 万人。许多人活活冻死或死于疾病，几万人被俘，开小差的士兵越来越多。无论是在东部还是西部，德国的军队都越来越挑起了同盟国一方的大梁。

奥匈帝国的厄运还没到头。1915 年 5 月 23 日，意大利在英、法、俄一边加入战团，开辟了南部战线。值得注意的是，尽管奥匈帝国实力虚弱，但应付意大利还是绰绰有余。与此同时，德国接连大败俄军，先是2月在东普鲁士的马祖里湖区（俄军损兵折将9.2万人），然后是春天和夏天在波兰。6月，德国把加里西亚从俄国手中抢了回来，7月和8月，又夺取了（以前在俄国统治下的）波兰会议王国（Congress Poland）的大部分地区。华沙也于1915年8月4日落入德国之手。夏季大攻势终于结束时，德国已经征服了拉脱维亚西部沿海的库尔兰（Courland）和立陶宛。从5月到9月，沙皇军队的损失达到了令人震惊的200万，其中90多万被俘。

秋天，同盟国也巩固了在巴尔干的地位。10月初，德国和奥匈兵团终于开进了大战的导火索塞尔维亚。一个月前加入同盟国的保加利亚也派兵参战。11月初，塞尔维亚落入了同盟国的控制。这开辟了一条为奥斯曼帝国运送武器的陆上通道。俄国的力量已严重削弱，巴尔干成了德国的掌中之物，就连衰弱的奥地利军队也在南边顶住了意大利，使其不得寸进，所以，德国在西线力挫敌人的胜算比起一年前大了许多。不过，德国的时间并不多，在西线克敌制胜不能久候。

法金汉计划对巴黎以东200公里默兹河（Meuse）边大片碉堡要塞网的中心凡尔登（Verdun）发动大规模进攻，一举击溃法国人。他觉得，在凡尔登给法国人以毁灭一击将是向西线全面胜利迈出的一大步。从1916年2月到7月，德军把凡尔登围得如铁桶一般，之后发生的激战持续到12月。对法国人来说，凡尔登保卫战成了为法兰西而战的象征。双方都损失巨大，共伤亡70万人以上，其中法方伤亡37.7万人（16.2万人阵亡），德方伤亡33.7万人（14.3万人阵亡）。但德国人没能取得突破。对法国人来说，他们的国家得到了保全。对德国人来说，他们损失惨重，却徒劳无功。到7月中，最大的杀戮场转到了索姆河。

在索姆河，英国和英联邦自治领的军队组成了"大推进"的主力。如果说凡尔登战役后来成了法国人心目中战争恐怖的象征，那么索姆河战役在英国人的记忆里具有同样的象征意义。不过，两者之间有一个分别。凡尔登一役可以当作为了拯救法兰西而做出的巨大但必要的牺牲而载入史册。在索姆河作战的英军和英联邦自治领的军队却不是在抗击对自己祖国的进攻，很多人可能根本不清楚自己在为何而战。进攻计划的主要制定者是自1915年12月起担任英军总指挥的道格拉斯·黑格（Douglas Haig，后任陆军元帅）将军。实际上，进攻的目的后来偏离了原来的初衷。最初的设想是由法方主导那场攻势，力争实现战局的决定性突破，但后来变成了由英方主导，旨在减轻凡尔登法国守军的压力。英军和法军希望把德军拖到师老兵疲，大大削弱它的力量。然而，必须等待时机成熟才能做出制胜一击。对大多数即将投入索姆河战役的士兵来说，无论长官如何高喊爱国口号，如何给他们加油打气，战略目标恐怕都比不上活着重要。但是，进攻的第一天，就有几万人横尸沙场。对英国人来说，索姆河战役象征着毫无意义的巨大生命损失。

经过长达一周的猛烈轰炸，战斗于1916年7月1日正式开始。光是那一天，英国和英联邦自治领的军队就损失了57,470人，其中19,240人战死，35,493人受伤。那是英军历史上最悲惨的一天。事实很快表明，以为此役能带来重大突破完全是幻想，而且是代价沉重的幻想。到11月底，索姆河战役在雨雪泥泞中渐渐平息下来时，英国和英联邦自治领的军队仅在35公里长的战线上获得了宽约10公里的一片狭长土地，法国军队的所获比英军约多一倍。为了这点儿成果，死伤了100万人以上。英国和英联邦自治领军队的伤亡人数是419,654

56　　　　　　　　　　　　　　　　　　　　　　　　地狱之行：1914—1949

（其中 127,751 人死亡），法军一共伤亡了 204,353 人，德军伤亡了 465,000 人。索姆河战役的损失如此恐怖惊人，所得却如此微不足道，实在是第一次世界大战中西部战线上最糟糕的战役。

那一年的第三场巨型攻势发生在东线，以俄国将军阿列克谢·阿列克谢维奇·勃鲁西洛夫（Aleksey Alekseyevich Brusilov）命名。它于 1916 年 6 月 4 日打响，是一次大胆的出击，目标是南部战线上（跨越白俄罗斯南部和乌克兰北部的）普里佩特沼泽地（Pripet Marshes）和罗马尼亚之间大片地区中奥匈帝国的阵地。勃鲁西洛夫迅即取得大捷，这里面有他仔细谋划准备的功劳，但更重要的原因是奥军的无能和士气低落。战役打响两天后，奥军就阵脚大乱。他们原本派了部队前来增援，但因为敌人在北部意大利发动了攻势，又急急地把增援部队调了回去。德国的预备部队也投入了战斗，以防发生全面溃败。但是，到 9 月底，同盟国已经在长长的战线上被向后推了约 90 公里。奥匈帝国至此已损失了 75 万人，其中 38 万人被俘。德国的损失也非常惨重，约伤亡 25 万人。俄国在勃鲁西洛夫攻势中虽然取得了胜利，但也付出了巨大的代价。战役头 10 天，俄方的伤亡就直逼 50 万人，整个战役的伤亡约 100 万人。战役胜利捷报引起的一片欢欣鼓舞掩盖了表面下不断扩大的裂痕。事态发展很快证明，俄国正在比奥匈帝国更快地走向灭亡。

勃鲁西洛夫攻势一个立竿见影的效果是把罗马尼亚拉到了协约国一边，罗马尼亚于 8 月 27 日宣布参战。罗马尼亚人认为，同盟国颓势已现，必败无疑，希望趁机从匈牙利那里捡个大便宜。可惜他们的希望很快就破灭了。同盟国派出了一支由德国人指挥的军队，收复了落入罗马尼亚手中的失地。到 1917 年初，同盟国已经占领了布加勒斯特和罗马尼亚的大部分领土,包括战略重地普洛耶什蒂(Ploesti)油田。

然而,对德国领导层来说,东线的成功并不能补偿在西线实现突破企图的失败。8月,法金汉为凡尔登战役失利付出了代价。他被解除了总参谋长的职务,代替他的是坦嫩贝格战役的英雄、被晋升为陆军元帅的兴登堡,他在这场渐失人心的战争中,是位受人拥护的将领。兴登堡的得力助手鲁登道夫将军被任命为军需总监,并很快在德军新的领导层中成为实权人物。

兴登堡和鲁登道夫越来越直接干预政府事务,等于建立了军人独裁。一个例证是他们不顾文官政府的反对,强行通过了企图靠潜艇攻击协约国航运来结束战争的战略。协约国的封锁不断收紧,但德国的海军舰队对此无能为力。英国和德国尽管在战前都花费巨资建造庞大的海军舰队,但大战期间唯一的一次大型海战——1916年5月31日的日德兰海战(battle of Jutland)——却没有产生任何决定性的结果。德国海军击沉的敌舰数目比己方损失的多(击沉了14艘敌舰,损失了11艘),伤亡也比敌方小(德军伤亡3,058人,英军伤亡6,768人)。但是,由于德国的海军舰队总体规模比英国的小,因此它遭受的损失对其作战能力产生了严重影响,使它在大战剩余的时间内无力再战,而英国舰队仍然能够继续维持对德封锁。因此,德国越来越倾向于扩大潜艇的用途,不仅用它们来打破封锁,而且要决定性地扭转战局走势。德国海军领导层估计,潜艇每个月能击沉装载总量达60万吨的商船。按这个节奏,不等美国插手改变战局,5个月内英国就会垮掉。但是,如果潜艇战不成功,美国人又参战的话,德国的前景可就大大不妙。

他们决心赌一把。1917年2月1日,德国开始了无限制的潜艇战,对航行在英国水域的协约国和中立国商船不发警告即予击沉。这一决定铸成了大错。美国总统伍德罗·威尔逊想确立美国在战后世界中的领导地位,此前一直希望达成"没有胜利的和平",不肯在欧洲这场巨大的冲突中选边站。德国发动潜艇战的决定使这个政策戛然而止。两天后,威尔逊宣布美国与德国断绝外交关系。潜艇战中,不可避免地有美国商船被击沉,美国因此于1917年4月6日对德宣战(虽然美国远征军到1918年春才加入西线的战斗)。德方为潜艇战制定了每月要击沉的商船吨位数,他们以为英国会被动挨打。其实他们过于乐观了,德国潜艇击沉的商船吨位数只在1917年的4月和6月达到了目标。事实证明,潜艇战不成功。更糟的是,德国为自己树了美国这个强敌。

1917年间,西线的战局一直僵持。人力财力都难以为继的德国只得暂时先保住手中所有。1917年春,德军后撤到较短、较易防卫的战线。他们称其为西格弗里特阵地(Siegfried-Stellung),协约国叫它兴登堡防线(Hindenburg Line)。防线缩短的另一个好处是德国腾出了20个师的兵力,加强了防御能力,因为他们知道协约国一定会发动新的攻势。

第一场进攻4月9日在阿拉斯(Arras)打响,那天大雨倾盆,雪霰交加。战斗双方除了照常遭受了巨大的人员损失之外,在领土上没有任何斩获。协约国军损失了15万人,德军损失了10万人。阿拉斯之战原本是想削弱德国的防御力量,以配合法军对"贵妇小径"(Chemin des Dames)的大举进攻。"贵妇小径"是埃纳河谷(Aisne valley)边的一道山岭,在苏瓦松(Soissons)以东,兰斯山(Rheims)以西。指挥那次进攻的是1916年12月刚刚接替约瑟夫·霞飞(Joseph Joffre)将军任法军总参谋长的乔治·罗贝尔·尼维尔(Georges Robert

Nivelle)将军。但是，德方事先获得了法军即将发动攻势的情报，布下了坚固的防御，使尼维尔攻势遭到惨败。战斗于4月16日开始，5天后，法军损兵折将13万人（包括2.9万阵亡士兵），却仍未能突破德军防线，无奈只好放弃进攻。4月29日，尼维尔被解职，继任者是凡尔登战役的英雄菲利普·贝当（Phillipe Pétain）将军。

尼维尔攻势的失败并未吓阻英国的道格拉斯·黑格陆军元帅。他认为，那不过证实了自己关于法军斗志软弱的看法。虽然黑格前一年在索姆河战役中也遭受了惨重失败，但他愈挫愈勇，仍坚信可以通过1917年夏在伊普尔附近发动大型攻势来实现决定性的突破。他的目标是借道佛兰德（Flanders）直扑比利时海岸，消灭那里的德军潜艇基地。他这个目标远远没有实现。正相反，他的人马陷入了佛兰德的泥淖难以自拔。第三次伊普尔战役被英国人称为帕森达勒（Passchendaele）战役（这是伊普尔以东几公里处一座小岭上村庄的名字），其惨烈程度不亚于索姆河战役。

7月31日打响的帕森达勒战役正赶上夏秋之交的多雨季节。此前的大规模炮轰已经翻地三尺，倾盆大雨又把地势低平的战场变成了黏稠的沼泽，泥浆经常深及腰间。11月6日，协约国终于把已成废墟的帕森达勒村夺到了手（5个月后，这个著名小村庄的村民再次撤离，村子重新落入德国人手中），结束了攻势。至此，英国和英联邦自治领的部队损失了27.5万人（7万人阵亡），德国损失了21.7万人。如此巨大的代价换来的只是协约国（暂时）向前推进了几公里。

那一年西线上最后一次攻势发生在11月，在阿拉斯东南的康布雷（Cambrai）。此次攻势部分是为了弥补在伊普尔的失败，但战局发展的模式基本未变。协约国开始时夺得了部分土地（将15公里长的战线推前了7公里），却得而复失。英方损失了4.5万人，德方是4.1万人。因为协约国的预备部队都陷在了伊普尔战役的泥淖里，所以没有足够的兵力利用德军在攻势初期的败退乘胜追击。不过，康布雷战役显示了一丝未来战争的走向。经过仔细的空中侦察（这是又一项新事物）后，300多辆英军坦克首次以密集队形发动进攻，步兵和炮兵紧随其后。坦克在帕森达勒的泥浆里几乎毫无用处，在康布雷比较干燥坚实的土地上，它们却引进了一种新的进攻战术。当时，猛烈的炮火还能制约笨重的坦克，但坦克的时代即将来临。

西线的战局虽然仍然僵持，但战争能否继续打下去出现了变数。厌战情绪日益明显。英军士兵尽管怨声载道，但军纪还是得到了维持。但是，法军士兵开小差的越来越多，士气极为低落，使法国政府大为头痛，后来更发生了4万士兵拒不执行尼维尔命令的哗变事件。直到（尼维尔被解职后）贝当解决了士兵们的大部分不满，兵变才平息下去。

虽然种种迹象表明军心浮动日益严重，但是各交战国政府都觉得，只有争取到对本国有利的和平条件，才能对如此可怕的惨重损失有所交代。既然战争仍处于胶着状态，各方就都难以得到对己有利的和平条件。奥匈帝国尤其希望退步抽身。弗兰茨·约瑟夫1916年11月去世后，新皇帝卡尔一世继位，他曾于1917年12月向美国总统威尔逊发出求和的试探。但是，德军最高指挥部不肯把比利时和其他被德国占领的领土拱手让人。它对通过让步达成和平的办法完全不予考虑，坚持要不惜代价赢得胜利。德国军队仍有再战之力，因为德国对军火生产进行了重组，大大增加了武器弹药的产量。另外，就在被战争拖得精疲力竭的德国开始出现深刻的内部政治分歧，要求和平的呼声日益增强的时候，新的希望出现了——不是在西线，而是在东线。

俄国在前线遭受了巨大损失，国内贫困日益加深，因而出现了持续的社会动荡。几个月后，终于爆发了1917年3月（俄国旧历2月）的革命。沙皇被推翻。临危受命的临时政府认为，尽管军队明显厌战，但必须继续战斗，以争取"没有失败的和平"。临时政府的作战部长（后来的政府首脑）亚历山大·克伦斯基（Alexander Kerensky）甚至以自己的名字为俄军7月发动的攻势命了名。可惜，那次在加里西亚和布科维纳（Bukovina）漫长战线上发动的攻势也以失败告终。与此同时，俄国国内政治风云激荡，反战呼声日益高涨，部队士气空前低落，革命热情开始从彼得格勒传向前线的官兵。克伦斯基攻势失败后，虚弱的俄军根本顶不住德军于1917年9月（旧历8月）对里加（Riga）发动的攻击。这场俄德之间在"一战"中的最后一次战斗结束后，里加落入了德国手中。到11月（旧历10月），临时政府本身也在第二次革命中被推翻，布尔什维克掌握了政权。欧洲的政治格局很快将因之发生巨变。从眼下来看，这首先导致了战局的变化，因为1917年12月20日，新上台的布尔什维克政府在与德国缔结停战协议五天后，开始了与德国谈判和平条约的艰难过程。

在这个大背景下，威尔逊总统在1918年1月8日提出了"十四点计划"，他认为这个理想主义的计划也许能够结束战争，为欧洲的持久和平奠定基础。威尔逊看到俄国退出战争在即，认为可趁此机会促成结束一切敌对行动，并为全面和谈建立基础。他的建议包括去除妨碍自由贸易的经济壁垒，裁减军备，"调整"（这是他含糊其词的用语）对殖民地的争夺，撤出所占领的领土（包括俄国，并"真诚地欢迎它在自己选择的制度下加入自由国家的社会"，还表示愿为它提供

"各种所需援助"），给奥匈帝国和奥斯曼帝国的人民"自主发展"的机会，建立独立的波兰国家，以及各国联合起来保证"政治独立和领土完整"。威尔逊的"十四点计划"虽然看起来清楚明了，但大部分内容不可避免地流于空泛，不够精确，容易造成不同的解释或引起争议。"自决"和"民主"的字眼在"十四点计划"中并未出现，但这两个概念很快被视为威尔逊所鼓吹的自由主义理想的基石，也助长了欧洲的民族主义倾向。然而，威尔逊的"十四点计划"短期内并未促成西部战争的结束，在东线也没有在布尔什维克和同盟国的谈判中起到任何作用。

在德军东线司令部所在地（今天白俄罗斯境内的）布列斯特-立陶夫斯克（Brest-Litovsk）进行的谈判于1918年3月3日结束。德国给虚弱无力的苏维埃政府开出的条件是现代历史上最苛刻、最难忍的，但也是最短命的，因为同年11月达成的停战协定结束了第一次世界大战，《布列斯特-立陶夫斯克条约》也变为无效。根据该条约，波罗的海、乌克兰、高加索和俄属波兰被割让，俄国因此损失了1/3的人口，1/3以上的工农业产区和石油、铁矿、煤炭等自然资源。高加索给了土耳其人，包括波罗的海在内的东欧大部落入德国控制之中（虽然乌克兰无力提供德国和奥匈帝国都急需的大量粮食供应）。

5月，罗马尼亚遭到几乎同样野蛮的肢解。罗马尼亚与奥匈帝国、德国、保加利亚和奥斯曼帝国签署的《布加勒斯特条约》使同盟国再次获得了大片领土。这一次，割来的领土主要归了德国的盟友奥匈帝国和保加利亚（奥斯曼帝国也有所沾润），但真正的赢家显然还是德国。至此，德国的统治覆盖了中欧、东欧和南欧的大部分土地。然而好景不长。不仅如此，列强把这些多民族地区的领土当作棋盘上的棋子移来放去，却不知那里正酝酿着大规模的动乱。

东线战局出人意料的迅速缓解使德国在西线的前景有所改善。东线事态发展的后果在1918年间逐渐显现，而在眼下，德国先出手解决了意大利战线上胜负难分、麻烦棘手的局面。意大利自从1915年加入协约国后，在的里雅斯特（Triest）附近从阿尔卑斯山流入亚得里亚海的伊松佐（Isonzo）河畔与奥匈帝国军队的战斗就几乎没有停过。1917年10月，德国向奥军派遣了增援部队。第十二次，也是决定性的伊松佐河战役（意大利人称其为卡波雷托战役，battle of Caporetto）于10月24日打响。意大利人被打得溃不成军，短短一个月内，就被紧追在后的敌军击退了80公里。在前线作战的意大利步兵部队都是强征来的士兵，一半以上是来自南部意大利的农民或农业工人，完全没有斗志。部队指挥无方，士兵不仅装备低劣，还要忍饥挨饿。到1917年11月10日，意军损失了30.5万人。1万人战死、3万人负伤的伤亡率相对算是比较低的。绝大多数的兵员损失（26.5万人）是因为士兵开了小差或故意被俘。难怪卡波雷托战役成了意大利历史上的一个耻辱。

直至此刻，协约国在西部战线上一直占有兵力和武器上的优势。德国的损失在西线远远超过东线。但是，俄国退出战争使德国腾出了整整44个师的兵力转战西线。实际掌管着德国国务的鲁登道夫觉得，可以在1918年发动大规模春季攻势，赶在美国人参战前取得西线的决定性胜利。攻势的代号是迈克尔行动（Operation Michael），进攻的重点是索姆河防线。3月21日，进攻开始。德军的6,600门大炮向敌军阵地发动了第一次世界大战开始以来最大规模的炮轰。震惊骇惧、兵力居劣的协约国联军被向后驱赶了近 40 英里*，几乎退到了亚眠（Amiens）。但他们没有溃散。德国步兵只能缓慢前进，尤其是在战线北部。伤亡人数十分巨大。攻势的第一天，德方就损失了近 4 万人，其中 1/4 阵亡。英军的损失仅稍少一些。把德军和协约国联军的损失加在一起，创下了第一次世界大战中单日伤亡的最高纪录，甚至超过了索姆河战役的第一天。到攻势于 4 月 5 日停止时，德军一共损失了 23.9 万人，而且已无力补充损失的兵员。英国和法国加起来损失了 33.8 万人，其中 1/4 被俘。迈克尔行动两周的损失相当于凡尔登战役的 5 个月。

这标志着德国战败的开始。它 4 月份为夺取比利时港口对佛兰德发动的攻势也是开始得胜，却后继乏力。协约国联军尽管遭受了损失（又损失了 15 万人），但仍然有预备兵员可用，德国的预备兵员却已经告罄，最后一批人全部投入了那年春夏两季的攻势。战斗又转移到了过去的战场上——德军再次进攻贵妇小径，一直推进至（"一战"中第一次大型战役的发生地）马恩河。1918 年 6 月，美国军队加入了协约国联军的行列，以每月 20 万人的规模投入战场。接着，法国在马恩河发起反攻，动用了几百辆雷诺坦克，加以空中掩护的支持，一下子就俘虏了 3 万德军。德军的士气开始动摇，很快就一落千丈。德国 3 月攻势的斩获因协约国联军 8 月下旬和 9 月的大踏步前进而丧失殆尽。到 10 月初，协约国突破了深壕高垒的兴登堡防线，德军全线败退。至此，德国在军事上大势已去。但是，国内老百姓并不知道战败在即，因为政府的宣传仍在鼓吹只有取得胜利才能有和平，对最坏

---

*　1 英里 ≈ 1.61 公里。——编者注

的消息隐瞒不报。

兴登堡和鲁登道夫从这些不祥之兆中看出，战败已不可避免。他们拼命要赶在德军崩溃、军事完败无法掩饰之前，谈判达成和平。此事攸关军队（和他们自己）在国家中的地位。他们开始设法推卸自己对于日益逼近的战败的责任，把谈判任务转嫁到长期以来一直要求实现议会民主的政治力量（主要是社会主义左派）头上。10月1日，鲁登道夫向参谋部的人员宣布，德国在战争中已无胜算，他说："我已经请（皇帝）陛下让那些造成了目前局势的人进入政府，让他们担任政府职务。必须由他们缔结必要的和平。他们给我们煮的这锅汤必须让他们自己喝下去。"这开始了战后遗患无穷的一个神话：德军在战场上没有被打败，造成德国战败的原因是社会主义势力在国内挑起骚乱，对国家的战争事业"背后捅刀子"。

与此同时，由于士兵大量脱逃，反抗情绪日益增强，战场上连连失利，加之和平的前景日渐明朗，德国的盟友都纷纷放弃了作战。保加利亚面对从西南方向开来的气势如虹的协约国联军，被打得几乎没有还手之力，开小差成为军中的普遍现象，一些省级城镇建立了士兵和工人理事会，革命呼声日益高涨。在这种情况下，保加利亚于9月29日与协约国签署了停战协定。10月，分崩离析的奥斯曼帝国大限终至。军事失败，从高加索可耻撤退，士兵成群结队地逃离战场，再加上国内经济崩溃、法治败坏，这一切促使土耳其在10月30日和协约国签订了停战协定。

11月初，同盟国的军队乱作一团，政府也陷入混乱，第一次世界大战这场巨大的战争显然已近尾声。11月9日，德皇政府垮台，新政府表示愿意接受威尔逊总统的"十四点计划"作为和谈的基础，战争终于可以结束了。11月11日，在协约国联军最高指挥官福煦（Foch）元帅位于贡比涅（Compiègne）森林中的司令部，德国天主教中央党政治家马蒂亚斯·埃尔茨贝格尔（Matthias Erzberger）作为德国代表团团长在停战协议上签了字，战争至此正式结束。11月11日11时，枪炮声陷入了沉寂。

亲历战争

1916年7月2日，一名德国陆军士兵对凡尔登战役做了这样的描述："你不可能想象那种恐怖。没有亲身经历过的人真的无法想象。"第一次世界大战期间从不同战线的血泊中爬出的无数其他士兵无疑都有同感。

几百万士兵在大战的整整4年间或其中的部分时间内熬过了地狱般的日子，他们的经历不可能一概而论。前线与后方的书信往来在一定程度上揭示了他们的遭遇。然而，西线与后方的通信比东线多得多。由于信件的内容都要经过检查，因此它们表达的感情通常都比较隐晦，有意轻描淡写。无论如何，写信人往往都尽量不使读到信件的亲人心焦或悲伤。当然，士兵们的经历也大不相同。在决定一个人对战争态度的因素中，亲身经历非常重要，此外还有本人的脾性、教育、军阶、社会阶级、物质环境、与上级的关系、政治归属、意识形态形成的过程和不计其数的其他因素。战后，人们对大战的印象因浩如烟海的战后回忆录和老兵的叙述而进一步加深。然而，对战争的回忆与任何事件目击者的事后叙述一样，都免不了受到叙述者记忆准确性的影响，叙述者的记忆也（可能下意识地）受后来事态发展的影响。战后发表的文学作品虽然有很多动人心弦、启人深思的佳作,但是,关于战争给深受其害的普通男女留下的创伤,那些作品的描绘无论多么逼真,都仍然是事后重建的景象。所以,任何对亲历第一次世界大战感受的总结至多只是大致的印象。

比如,大战期间,士兵们时刻与死亡为伴,随时有丧命的危险,难以确知这在当时和以后对他们的心理有何影响。无数事实证明,人的感情很快会变得迟钝麻木,对自己不认识的士兵的死亡会无动于衷。凡尔登战役前线上的一位法国步兵谈到自己看到又一具死尸,心里却毫无感触时说:"这种漠然也许是作战者最好的心态。……长期的难以承受的强烈感情最后造成了感情的死亡。"一位战时在英军里当过列兵的人回忆说:"我看到了一些可怕至极的情景,但大家的纪律性很强,都不把它们当回事,好像看见的是正常情况似的。"

即使是并肩作战的战友之死,似乎也很快被接受为寻常之事。一位农民出身的俄国军官在1915年4月的一篇日记中写道:"光是我这个排就已经换了几百人,至少一半在战场上或伤或亡。……我在前线待了一年,对这种事已经不再去想了。"英军的一个列兵回忆索姆河战役时说:"负伤的、死了的和马上要死的像河水一样源源不断……你得抛掉所有的感情,咬牙挺下去。"另一位列兵后来谈到索姆河战役第一天他所属部队的损失时说:"我们回去后没有点名,因为800人只剩了25个。没人可点。"一位下士的话坦率得惊人:"我们死了好多人,可是抱歉地说,我从前线下来时却并不感到难过。我唯一的念头的是不用操心那么多人的吃饭问题了,我得赶在口粮被削减之前拿到战士们两个星期的口粮。"一位医疗队小队长回忆说:"我慢慢变得心肠硬起来。有好多非常可怕的事情我们都习以为常了。"无法确知这类观点在英军中有多普遍，在其他国家军队中的普遍程度就更不清楚。但是，上面引述的话无疑相当有代表性。

不过，也有比较符合人性的感情。治军严格、坚定求胜的俄军指挥官勃鲁西洛夫深知他的任务"艰难而又痛苦"。大战打响的第一个月，他向妻子描述加里西亚的一次战斗中战场上"堆积如山的尸体"时说："我的心情沉重已极。"此言表明，他对那种惨状并非无动于衷。1914年11月，德国的《矿工日报》（*Bergarbeiterzeitung*）上登载了一封读者来信，来信者描述了他看到一个步兵残缺不全的尸体时感到的惊怖。信中写道："我总是看到这个没了头，肩膀上只剩下一团模糊血肉的步兵站在我面前。我睁眼闭眼都看得到他。"来信者说："那景象如此恐怖可怕，我接连两夜都睡不着觉。"

当然，人们对敌方的伤亡很少表现出怜悯之心。柏林应用心理学研究所收集到的许多言论中有一条说："敌人纯粹是障碍，必须予以摧毁。"一个法军士兵在1915年的一封家书中写道："我们正在变为野兽。我感到了别人的这种变化。我也感到了我自己的这种变化。"并非所有士兵都因为战场上的经历而变得残酷无情，但许多人的确发生了这样的变化。战争是残忍无情的杀戮。用来杀人的主要武器是大炮、机枪、手榴弹或别的远距离杀伤武器，士兵不会面对面看到敌人。1914年到1917年间，法军伤亡的3/4是由大炮的炮火造成的。在当时以及后来，士兵们都说，他们向着远处素不相识、与自己毫无关系的敌人开枪射击，丝毫没有良知的挂碍。跳进敌军战壕拼刺刀这样的近距离作战并不常有。1917年春，西线德军的伤亡只有0.1%是肉搏造成的，而76%来自大炮的轰击。有些士兵对近身肉搏有着本能的抵触和顾忌，但真需要的时候他们也只能去做。也有人喜欢肉搏。

一位年轻的英军少校说，他对未来的事情不费心思去想，他认为，他们"在前线宰杀德国人"是理所当然的。另一个英军士兵在1915年6月的一篇日记中，描述了他是如何一枪打死一个高举双手哀求饶命的德国年轻人的。他写道："看着他往前仆倒，感觉好极了。"

有些人认为战争是大扫除，可以清除本国社会中败坏不洁的渣滓，虽然有此想法的人肯定只是少数。有个德军士兵听到宣战的消息后欢欣鼓舞，在1915年初写信给一个熟人说，如果战争能使祖国"更纯洁，把外国因素（Fremdländerei）清除干净"，那么前线的牺牲就是值得的。关于这个士兵，世界很快就会有更多所闻。他叫阿道夫·希特勒。

对非我族类的敌人进行脸谱式刻画，这起到了煽风点火、激起仇恨的巨大作用。战争开始之前，民众的仇恨情绪已经调动了起来。战争打响后，对敌人的成见又通过前线和后方的宣传得到了大力加强。交战各方的官方宣传都力图将敌人妖魔化，极力向作战部队和国内老百姓灌输仇恨。一个办法是广播敌方犯下的（真正的或编造的）暴行。这种对敌人笼统刻板的描绘经常颇为有效。一些思想左倾的德国军人强烈反对本国的军国主义、极端民族主义和德皇的统治，但他们也接受把斯拉夫人描绘为劣等民族的夸张说法，认为德国负有教化的使命，有责任把文化带到东方。初次踏足俄罗斯的德军发现，关于这个国家的宣传所言不虚。一个德国军官回忆说，俄国是"亚细亚、大草原、沼泽地……一片荒凉的烂泥塘。没有一丝中部欧洲的文化"。一个喜欢写诗的德国军士在1918年2月写道：

> 可恶的俄军对自己国家的土地
> 和对大自然肆意的破坏举目皆是！

> 这些似乎永远失去了的东西
> 却在德国文明之师手中重焕生机！

政府的宣传把俄国人描述成落后、粗陋、野蛮的亚细亚人。这个形象塑造了人们的心态，为后来第二次世界大战中罄竹难书的暴行打下了基础，尽管此时布尔什维克和犹太人尚未被合并为同一个须予追杀的群体。但是，第一次世界大战中的仇恨宣传绝非完全成功，在西部战线上尤其如此。1914—1915年间，德军士兵与英军和法军士兵之间发展出了某种友谊，1914年圣诞节期间，他们甚至在无人区实行了非官方"停战"，尽管这种友好交往后来被他们的长官叫停了。双方都有时会允许对方把死伤的战友从战场上抬回去。有时，双方心照不宣，默许实行短期停火；巡逻的士兵对敌军开枪有时故意不瞄准。有迹象表明，交战双方的普通士兵互相尊敬彼此的战斗素质，感到大家有共同的人性，却不幸陷入了一场无法理解的屠杀。

即使如此，还是不应过于夸大交战方士兵之间的友谊。明确或下意识的意识形态理念是促成这场混战的一大因素，这种理念的确在军官和指挥官，尤其是军阶较高的人中间更加普遍，但普通士兵也通过教育和训练受了国家文化力量的影响。不仅如此，杀戮很快形成了大势。士兵适应了杀戮，有时认为事情就是"杀人或者被杀"那么简单。士兵们大多没有选择，只能服从命令。对他们来说，头等大事是在战斗中活下来。1917年，一个意大利骑兵在一场伤亡过半的激战中得以幸存，他写道："生命是美味，我们用健康的牙齿细细咀嚼。"宏伟的理想没人在乎。战壕里的英军士兵讽刺地唱道："我们在这里因为我们在这里因为我们在这里因为我们在这里。"

在前线，除了死亡的威胁，与士兵们长期伴随的还有怎么也掩盖不住的恐惧。这自然促成了普遍的听天由命心态。当然，士兵并非总在火线上作战。事实上在任何时候，被派往前线的人都是少数。其他人则在后方不停地接受操练，此外也休养、放松、娱乐（踢足球和逛妓院似乎是英军士兵比较喜欢的娱乐活动），但是，他们在进行这些活动的同时，总有一个挥之不去的念头：下一次"大推进"不久就要开始。随着即将开赴战场的消息传来，忧虑和恐惧与日俱增。开拔的时刻终于到来时，有些人甚至害怕得尿裤子。也有人表现得满不在乎，其中许多人无疑是故作轻松，想掩盖内心的紧张。有少数平时不算胆小的人因为过去经历过战斗的恐怖，有时害怕到精神崩溃，拒绝跳出战壕向敌人冲锋，结果被指控为临阵怯战或临阵脱逃，落得被行刑队枪毙的悲惨下场。

多数人知道自己别无选择，只能硬着头皮上，所以干脆听天由命。发动进攻前，部队给士兵大量供应朗姆酒、杜松子酒和伏特加等烈酒，以帮助他们克服恐惧。一个英军列兵回忆说："我跳出战壕的时候，什么也不想，就是往前冲。"许多人的回忆表明，比起阵亡，士兵更加害怕严重致残。根据德国人在1920年发表的关于"战时恐惧心理"的研究报告，"想象自己终身残废足以使……死亡相形之下成为更好的结果"。许多士兵希望自己受点儿小伤，不致残废或丧命，但足以使自己不再适合服役，被遣送回家；英国兵把这种伤叫作"返家伤"（blighty wound），德国兵称其为"回家伤"（Heimatschuß）。有些人自己弄出这样的伤来，但万一被识破，不但白挨了疼，还会受到严厉的惩罚。

鉴于士兵们遭受的苦难，西线上军队的士气居然还维持得住，实在令人惊讶。1917年贵妇小径发生的法军哗变是一个例外,但检查士兵家信的审查官注意到,随着浩大的凡尔登战役久拖不决,士气出现了动摇。1916—1917年冬天,开小差的人数也有所增加。法国政府迅速采取措施来安抚哗变的士兵,说明政府是多么认真对待那场短命的兵变。1918年春夏时分,德军大举进攻,法军的士气再次面临考验。但是,法国人是在为保卫祖国而战,这一点起到了凝聚军心的作用。1918年8月,法军坦克把德军击退到马恩河彼岸,胜利在望,于是法军的士气重新振奋起来。英国和英联邦自治领的军队也自始至终保持了士气。1918年春,德军取得突破时,英方的士气一度低迷,但随着德军的攻势受阻和己方援军(特别是美军部队)的到来,士气又恢复了高涨。

当然,英军士兵中间也不乏不满和抱怨,糟糕的条件、质低量少的口粮、令人筋疲力尽的操练和专横粗暴的军官都是抱怨的理由。所有作战部队的纪律要求都很严格,在有些部队中(特别是俄军和意军)甚至到了残忍的地步。到大战的后半部分,各交战国的军队都加强了对士兵的管制,以稳固动摇的军心。但是,光是强制手段无法解释士兵们为何仍然坚持作战,而且事实上,强制手段并未平息大战接近尾声时多数军队中普遍存在的严重不满。维持着士气的是积极的力量。大多数法军和英军的士兵始终保持了对最后胜利和己方正义的信念。保家卫国的爱国感情为法军提供了作战的正面理由,也对英军起到了一定的激励作用,尽管不像对法军那么重要,因为英国没有遭到侵略,英军不是在本国国土上作战。审查官在英军士兵的家信中没有发现他们战斗到底的意志有丝毫减弱,也没有看到他们愿意通过妥协来达成和平。

德军的士气到了 1918 年才土崩瓦解。比起法军或英军来，德军的官兵不平等更加严重。不平等加剧了士兵的不满，1916 年后，这种不满日益政治化。官兵的饷金差别巨大；战士在前方死伤上万，军官却在后方花天酒地；自 1916 年开始，口粮粗粝难咽，还备受克扣。这些都使士兵们愤怒不满，国内又传来物价上升、生活艰难的消息，他们因此越发认为，自己白白做了牺牲，好处都到了资本家和牟取暴利的投机分子手里。大战的最后几个月里，需要发动革命来实现正义的言论越来越多。到那个时候，许多德军士兵都同意艺术家兼雕刻家凯绥·珂勒惠支（Käthe Kollwitz）所说的，这场把几百万人送进屠场的战争不过是一场"可怕的骗局"。珂勒惠支的儿子彼得在 1914 年战死，使她伤心欲绝。人们对和平、社会主义和革命的向往混合交织。大战最后几周，越来越多的前线士兵表达了这样的向往，他们用脚投票，大批逃离战场。

除德军之外，东线上其他国家军队的士气很早就开始动摇。对于自己为之战斗的所谓"事业"，俄国、奥匈帝国和意大利军队的很多士兵从来就不相信。俄军征来的士兵 3/4 以上是农民，大多是文盲。勃鲁西洛夫将军抱怨说，许多士兵"根本不知道战争和他们有什么关系"，也显然不知道有德国这个国家。士气很快开始低落。1914 年俄军初尝败绩后，俄国审查官就报告说："士兵不再有得胜的信心。"食物、衣服、武器无一不缺。据报告，从 1915 年开始，前线士兵的武器就已经不敷使用。这种情况加上战事频频失利自然有损士气。军官对士兵的虐待更是雪上加霜。士兵普遍仇恨军官，认为他们是地主阶级的代表，也鄙视他们，认为他们腐败无能，只会躲在后方享乐。广大士兵开始思索是谁造成了自己的苦难。他们找到的回答是：自己遭到了背叛。早在1915年，俄国审查官就报告了士兵当中流传的这样一种观点："也许很快就必须承认，我们被打败了，最重要的是，我们被背叛了。"自1916年起，士兵们愈加悲观，也愈加起劲地寻找替罪羊和背叛者，这些给前线作战带来了破坏性的影响。一个士兵听到士官"解释"俄军此前的一次撤退是因为间谍和叛徒的破坏之后说："鱼先从头臭起。重用窃贼和骗子的沙皇算什么沙皇？这场战争我们输定了。"通往革命之路开始形成。

从那时起，俄军士兵开小差和自愿投降成为普遍现象。军心涣散，1916年秋天发生了20多起哗变。前线的其他士兵对哗变非常支持，几乎没有人表示谴责。勃鲁西洛夫攻势短暂成功带来的喜悦退去之后，士兵们再次陷入厌战的消沉，同时，家信传来的消息又使他们注意到国内的生活条件每况愈下。1916年11月，彼得格勒军事审查委员会主席指出，通过家信传到部队的谣言"造成了士兵斗志的低落和他们对家人命运的深切担忧"。1916年就有报告说，士兵中间出现了要求实现和平，甚至是无条件实现和平的呼声。到1917年二月革命的时候，海潮变成了海啸。

东线的其他作战部队也早就出现了大规模开小差的情况。尽管意大利军队从来都对开小差的行为严加惩处，但是1915年至1917年间，开小差的士兵人数几乎增加了3倍。到1917年11月，奥斯曼帝国的军队已有30万人开了小差。东线上士兵投降比西线上普遍得多，这也表明归根结底需要靠决心和自律维持的士气十分脆弱。

奥匈帝国军队难以维持士气的一个显著原因是缺乏民族团结。讲德语的奥地利军官经常看不起其他族裔的士兵，如克罗地亚人、罗马尼亚人、波斯尼亚的塞尔维亚人、捷克人、意大利人等等。士兵不仅仇视蛮横的军官，而且经常带着族裔的有色眼镜看待长官，对哈布斯堡王室的事业要么是漠不关心，要么是怀有敌意。捷克人和其他少数族裔受到专横跋扈、盛气凌人的奥地利军官欺负，愤愤不平。奥地利人则认为捷克人、（来自喀尔巴阡山脉以南的东部匈牙利的）鲁塞尼亚人和波斯尼亚的塞尔维亚人不可靠（对后者的怀疑有一定道理）。官兵关系如此糟糕，不可能提升士气。捷克士兵大批开小差的情况日益严重，这说明民族主义倾向起到了削弱哈布斯堡帝国战争努力的作用。

大战打响不久，东线的平民就开始受到战争的影响，其程度比在西线深得多。波兰有位村长写了一部出色的回忆录，描述了东线一个战区中平民的战争经历。扬·斯洛姆卡（Jan Słomka）1842年出生，1929年以87岁高龄辞世。他在波兰东南部塔尔诺布热格（Tarnobrzeg）镇附近一个叫杰科（Dzików）的村子里当了40年的村长。那个贫穷村子所在的地方离维斯图拉河（Vistula）和喀尔巴阡山不远，战前受奥地利统治。他生动地描述了战争对他村子的影响。村民遭遇的更像是17世纪"三十年战争"中军队前进和撤退过程中的烧杀抢掠，而不是西线上典型的僵持不下的战壕战那特有的恐怖。西线上巨大的消耗战与平民生活无关。

战争开始不到一年，斯洛姆卡的村子就来过了5次奥军和4次俄军。村子附近打过3次大仗。俄国人两度占领过那个地区，第一次占领了3个星期，第二次是8个月。大军经行和实际的战斗造成了巨大破坏。周边地区近3,000所农庄和房屋被摧毁，主要毁于大炮的轰击。有些村子完全被夷为平地。约3.5万英亩的林地遭到焚烧、砍伐或被大炮炸毁。被毁坏的农庄里剩下的东西被抢劫一空。俄国大军到来前没能逃离的村民大多落得一无所有。许多人只能在废墟中草草搭建的棚子中栖身；他们的田地被步兵的战壕和铁丝网分割得支离破碎，无法耕种，只能抛荒；他们的马匹和耕牛被俄军强行征用。大部分成年男性被送往乌拉尔（Urals）。粮食、衣服、住房，无一不缺，但劳动力奇缺，因为男人都被驱逐了。当局不得不采用限制口粮这种极为不得人心的做法，但随着粮食短缺日益严重，粮食价格也飞速上涨。

开始时人人都很乐观。1914年8月1日动员令发出后，杰科村的年轻人争先恐后跑去报名参军。开赴前线的大军沿途受到老百姓的热烈欢迎，士兵们精神饱满地高歌前进。大家普遍认为，同盟国必胜，将在俄国土地上与敌人对决，一个新的波兰国家将在战争中浴火而生。

然而，战争的爆发突出了当地人口中一道严重的裂痕。天主教徒出于对犹太人的敌意和不满，指控他们逃避兵役，还说他们不肯担负自己那份为军队提供膳宿、马匹和车辆的责任，因而加重了其他村民的负担（犹太人占塔尔诺布热格镇人口的多数，虽然在杰科村和附近的其他村子里不是多数）。最后，犹太人被集中到一起，在强迫之下劳动。

随着奥军的前进，俄军撤到了维斯图拉河对岸，这更使人们相信奥地利的胜利指日可待，那也将意味着波兰的胜利。大家都以为战争几个月后就会结束。然而，这种初期的乐观很快被打得粉碎。9月9日，近在咫尺的枪炮声使在那之前一直坚信奥军胜利在望的村民惊慌失措。几天后，情况清楚地表明，奥军不是在大踏步走向胜利，而是在仓皇撤退。仅仅几周前还军容严整开往前线的部队，回来时却行列涣散，士兵疲惫饥饿、带伤挂彩。败退的士兵先是向老百姓讨饭吃，然后发展到抢劫老百姓的财产。当地许多犹太人在随后而来的俄军到达之前纷纷逃走。他们的确应该逃走，因为敌人对犹太人"非常严酷无情"。杰科村的犹太人被俄国人集中起来当众鞭打。附近一个村子里有五个犹太人被以匿藏武器为由绞死。塔尔诺布热格镇上也有两个犹太人被怀疑是间谍而受到绞刑，尸体挂在路边示众。10月初，俄国人自己被迫撤退时，当地老百姓以为回来的军队是奥地利部队，把他们当作救星来欢迎。后来他们发现，这些"救星"原来是匈牙利部队，驻扎在这个区的约1.5万匈军和俄国人一样贪婪凶狠。到11月初，俄国人又杀了回来，于是又是一轮大规模洗劫和破坏。这次他们一直待到1915年6月。

战争最后几年，经济形势急剧恶化，当地人民的苦难越发深重，大批士兵开小差，凸显了奥地利军力的薄弱。这一切使得波兰独立的希望日渐渺茫。1918年2月9日，乌克兰和德国及奥匈帝国签订了一项条约，把奥地利加里西亚省的东半部划归新成立的乌克兰人民共和国（条约规定，德、奥两国承认乌克兰的独立，并为乌克兰打击布尔什维克的努力提供军事支持，以此换取乌克兰的粮食），然而，达成条约的过程却完全没有波兰代表的参与。这使波兰人普遍认为，德国和奥地利背叛了他们。威尔逊总统一个月前发表的"十四点计划"中，有一条是协约国将努力帮助波兰独立建国，这削弱了波兰人对同盟国本就根基不牢的忠诚。但是，波兰独立建国的目标如何实现、能否实现，都还根本说不准。

1918年10月的最后一天，原来躲在树林里靠老百姓送饭维生的一群群开小差的奥地利士兵走出林子，把军帽上的玫瑰形奥地利军徽扯了下来，聚集在塔尔诺布热格镇的广场上。11月开头几天，各地的士兵都把奥地利的军阶标识换成了波兰的鹰徽。士兵们迫不及待地涌向火车站准备回家。参加群众集会的公民为"波兰复国"而欢欣鼓舞。

代表着专横霸道的战时管制的地方官员（包括斯洛姆卡自己）都被就地免职。警察尤其成为民众的怒火所向，经常遭到痛打。犹太人被指控放高利贷对人落井下石，还躲避上前线服兵役，他们也是民众仇视的主要对象。对犹太人的仇视偶尔演变成暴力行为，比如抢劫犹太人的店铺、殴打店主人。阶级仇恨也显而易见。当地土地的2/3为10个大地主所拥有，剩下的1/3分散在约1.4万名小农手中。难怪在战争刚刚结束的混乱局面中，一伙伙经常受到布尔什维克革命启发的农民（有时在庄园仆人的帮助下）手持棍棒、干草叉和步枪攻占大地主的宅邸和庄园，抢劫粮仓，夺走粮食、牲畜、干草、马车和别的财产，有时还殴打甚至杀害庄园的管理人。

在波兰的这个地区，战争以如此自信的期盼开始，最终却导致了深切的仇恨，引发了阶级冲突，加剧了人们对犹太人的敌意，造成了权威的崩溃以及普遍的暴力和混乱。新生的波兰根本不是统一的国家。停战协议签署时，波兰连自己的政府都还没有。1918年11月16日波兰宣布独立建国时，它确定边界和建立统一基础设施的艰难努力才刚刚开始。扬·斯洛姆卡在杰科村的乡亲以及无数个其他波兰村庄的村民无论在战争期间对波兰复国抱有何种希望，他们的希望对波兰最终复国的方式都没有起到任何作用。波兰之所以实现了复国，完全是因为俄国、奥地利和德国（1871年前是普鲁士）这三个自1795年起分割了波兰的强国陷入了崩溃。

尽管东西两条战线上的战事各有特点，但西欧和东欧的后方百姓都同样遭受了战争带来的物质和心理苦难。受苦最深的是妇女。家里经常只剩下她们顶门立户，她们既要照顾孩子，又要担负起田里的农活，还时刻挂念着在远方打仗的丈夫。工业区的妇女必须承担起原来由男人做的事情，无论是在兵工厂里劳动，还是保持运输网络的畅通。她们要在粮食短缺日益严重、物价飞涨的情况下管好家务，也时刻害怕有人敲门，带来家人阵亡的噩耗。难怪民众的愤怒和不满与日俱增。妇女购买食物需要排队，她们得以借此互相接触，交流消息和传言，也发泄心中的不满。前方来鸿使她们对战局的好坏以及部队的作战情况有所了解。她们自己则在写给在前线打仗的男人的家信中报告后方的情形。官兵偶尔休探亲假时，也能目睹国内的情况，并把探亲期间的印象带回前线的战壕。

对于前线的恐怖，后方的人不可能充分想象得到，尽管看过电影《索姆河战役》的几百万英国观众能够略有感知。那部电影虽然有虚构的部分，却真实反映了那场战役的惨烈。影片在历史上第一次使后方的观众对战争有了直观的了解。电影中血淋淋的场景甚至使有些观众当场吓晕过去。当局不得不承认，老百姓不愿意面对战争的残酷现实。大部分后方民众都想，或者说需要，把自己亲人在前线经受的苦难排除在脑海之外。因此，许多从前线回来的军人觉得家人完全不理解自己的经历，也就不足为奇了。一位英国中尉1917年回家休假时在亲戚那里受到的热烈欢迎很快就冷却下去：亲戚们一个劲儿地夸赞英军在帕森达勒的胜利，可是当那位中尉描述了战役的惨状，暗示士兵们做出的牺牲毫无意义的时候，他就被赶出了门。

然而，这种无知无感不一定是典型的情况。后方与前方的互动比这个事例所显示的更紧密，也更重要。家信是部队官兵与家人保持联系的生命线，大量的家信都表达了对探亲假的渴望（指那些比较幸运，可以享受探亲假的士兵，而加拿大军团、澳新军团和印度军团的士兵，或来自俄罗斯帝国偏远地区的许多士兵就没有这么幸运）。随着战争的继续，后方和前线对战争的态度似乎开始合流，特别是在胜算越来越小的交战国中。

后方和前方各类人等的经历多种多样，无法总而言之或笼而统之。然而，它们清楚地显示出具有历史意义的一点：政治制度有群众基础，代表性较强，并拥有得到广泛接受的制度化价值观（即"合法性"）的国家显然在维持民众和军队的士气方面更胜一筹，战争行动也更有效。当然，这还不够，还需要武器、军粮和兵员方面的优势。英国和法国具有这些优势，尤其是它们不仅可以利用海外附属国的资源，而且还得到了美国的支持，战争后期更是有大批美军直接参战。这使部队维持住了最终必胜的信念。如果获胜的希望能够维持，实现的可能性又越来越大，国家就能继续保持合法性，哪怕在前线损失惨重。

但是，一旦战败日益成为定局，希望就会破灭，巨大（并仍在增加）的损失将被认为是徒然的浪费，国家将被视为造成这场巨大灾难的元凶。这会造成国家的合法性荡然无存，甚至可能导致国家的崩溃。最明显的表现是战争进入尾声时同盟国军队有大批士兵开小差。在合法性最薄弱的国家中，战争的重负极易导致后方民众和前线士兵的大规模动乱，直接威胁政权本身的生存。

重压之下的国家

战争给所有交战国带来了前所未有的压力，就连最终的战胜国也不例外。在如此大规模的冲突中，所有相关的任务，无论是新任务还是规模翻番的原有任务，都落到了政府肩上。前线对兵员和军需的需求就像无底洞。仗打到一半的时候，每个交战国适合从军的男性人口中，有一大部分都已被征召入伍。（大战开始时英国实施志愿入伍政策，1916年改为征兵制。）需要生产大批的武器供士兵使用。新技术的研究和新型武器的发展都需要国家赞助。需要大量增建医院、临时医务室和康复中心来照料从前线撤下来的大批伤员和战斗致残人员。必须给失去丈夫、无人养活的遗孀及其家人提供福利，尽管所提供的福利也许远远不够。国家必须通过其掌控的宣传和审查体系来操纵公共舆论，维持士气，并通过直接或间接对报界施加影响来控制新闻的传播。

这一切都要求国家控制经济，也意味着国家开支的激增。大战接近尾声时，各国的军费开支达到了空前的水平：德国的军费开支占其国内生产总值的59%，法国是54%，英国是37%（虽然像俄国、奥匈帝国和奥斯曼帝国这些经济不太发达的国家榨取不了那么多的资源）。各国都对公民开征了新的税赋，或提高了原有的税率。在通过课税来筹措军费方面，英国做得比较成功，但德国不太愿意加税，法国更是如此，他们希望靠胜利后向战败国索取赔款来补偿。大部分战争资金来自贷款。协约国主要向美国借款。奥地利向德国借了一部分款。随着战争的继续，德国在国外日益求贷无门，于是越来越依靠国内贷款来筹措作战费用。所有交战国都大力推行战争公债。各国债台高筑，到了贷款和税收都不敷使用的时候，国家就滥发钞票，为将来埋下了隐患。

随着国家对经济的指导和对公民生活的干预力度不断加大，国家机器开始扩张。官僚机构日益扩大，监视、强迫和镇压也有增无减。属于敌国国民的"外国人"被关入集中营。特别是在东欧的有些地方，整片地区的人口被迫背井离乡。1915年俄军撤离西部波兰和立陶宛时，经行之处一片"焦土"。至少30万立陶宛人、25万拉脱维亚人、35万犹太人（他们遭到了尤其残酷的虐待）和74.3万波兰人被强行带到俄国内地。到1917年初，俄国流离失所的人口达到600万，除了被强行带入俄国的人，还有来自高加索和西部边界地区的难民。他们流落在俄国的各个城市，和那里的居民一道忍受着日益加深的苦难。

各国政府都必须确保民众特别是工人阶级（也包括军工企业中的大批女工）的支持，但物质条件的恶化令工人情绪越发激进。政府更愿意经常使用"大棒"而不是"胡萝卜"，比较专制的政府尤其如此。然而，在英国、法国和战争晚期的德国，政府实质上对工人进行了收买，包括（相对于社会其他部分来说）给工人增加工资，许诺将来给工人更多的好处，对工人组织工会的要求做出让步，等等。德国1916年12月通过的《预备服务法案》（Auxiliary Service Law）一方面为动员劳动力规定了严格的措施，强制要求17岁至60岁之间的男性必须参加军工生产的劳动，另一方面则允许雇员超过50人的工厂建立工人委员会，给工人和雇主以同等代表权。即使如此，工人（包括女工）不论多么支持国家的战争努力，仍随时准备为了捍卫自身的物质利益而举行罢工。大战期间英国的状况不像其他交战国恶化得那么厉害，民众对战争的支持度相对较高，但工人罢工的次数在各交战国中仅次于俄国。1918年参加罢工的英国工人比1914年多了两倍。其他国家罢工的次数在大战的头两年相对较少，但1917—1918年间急剧增加（政治诉求也日益明显）。

战争带来的艰难困苦日益加深，似乎无穷无尽，于是人们开始寻找替罪羊，希望为自己的痛苦找到归咎的对象。国家的宣传进一步煽起了民众的仇恨。普通老百姓的愤恨大多是针对资本家和金融家的。但他们的愤恨不光是对发战争财者的明显的阶级仇恨，而且也可以轻易地转为种族仇恨。犹太人被越来越夸张地描绘为劳苦大众的剥削者和金融资本的代表。不过，很多欧洲人对犹太人的仇恨由来已久，反犹的原因不仅限于犹太人与资本主义的联系，任何偏见都会和反犹情绪挂起钩来。对犹太人根深蒂固的敌意通常把经济上的不满与古老的反犹偏见混合起来。特别是在中欧和东欧，认为犹太人是"杀死基督的人"的偏见仍然非常普遍，基督教教士也经常散布这样的言论。1917年，这个各种仇恨混合而成的大杂烩中又加上了一个致命的内容，说是犹太人造成了布尔什维克主义和革命。大战接近尾声时，对犹太人的各种诋毁到了匪夷所思的地步，人们说他们是基督教的敌人、资本主义剥削者、逃避兵役者、煽动闹事分子，还是布尔什维克主义的推进力量。怪不得在1917年后，由于对俄国革命的反感，沙皇警察在战前为污蔑犹太人阴谋夺取世界权力而伪造的《犹太人贤士议定书》(Protocols of the Elders of Zion)，其发行量大为增加。

战争对国内政治造成的影响和国家制度的可持续性都对社会造成了影响，而社会变化反过来也直接对它们产生作用，所有交战国莫不如此。开始时，各国都试图保持战前的政治制度不变或尽量维持原状。1914年11月，温斯顿·丘吉尔在一次讲演中喊出了"一切照旧"(business as usual)的口号，强调必须继续保持正常状态，不受国外战事的干扰，因为预计战争很快就会完结。每个交战国都一度有过这种希望。政治起初基本上照旧，直到各国的国内形势在不同程度上受到战争重压的猛烈冲击。

英国和法国的党派间政治分歧未有稍减，经常还相当尖锐，但这种分歧并未压倒建立在支持战争事业基础上的团结。只有少数人对这种团结提出了挑战，他们的挑战有时相当高调，却对主流意见没有影响。唯一的变化是，经过战争中的一系列挫败后，"强人"入主政府，锲而不舍地争取胜利。在英军于索姆河战役中遭受巨大损失，爱尔兰又爆发了危及英国统治的大叛乱之后，活力充沛的戴维·劳合·乔治于1916年12月担任英国首相，领导着一个人数不多但权力很大的战争内阁。在他的领导下，国家对战时经济进行了重组，为其注入了新的活力，成功地推动了战争努力。1917年，法国前线发生严重兵变，国内反战示威不断，强烈要求以妥协求和平，这些麻烦引发了政治危机。结果，那年11月，政府不得不请老牌激进党领导人乔治·克列孟梭（Georges Clemenceau）重新出山。起用作为共和民族主义象征的克列孟梭是为了表示政府的坚定决心，恢复民众的信心，并象征"争取胜利、实现和平的不屈不挠的爱国斗争"。

在英国和法国，围绕战争该如何打的内部争议固然存在，社会主义左翼对于社会与政治也怀有不同程度的不满，但都远未达到发动革命、挑战国家权威的程度。英国国内的士气得以维持，很大程度上是因为民众相信英国不会遭到侵略，胜利并非遥不可及，物资匮乏也相对没有那么严重。当然，战争间接影响了每一个人。但是受到战争直接影响的基本上只有军人。法国民众的态度分歧较大。1918年初举行的反对战争、要求和平的抗议示威中，有人发出了支持布尔什维克主义和革命的声音。示威引发了1918年5月兵工厂工人的大罢工。如果战争不是在法国本土上进行的话，也许会有更多的人持反战的观点。事实是，反战的呼声被继续战斗、抗击德军进攻的紧迫需要轻易地压了下去。等德军进攻的威胁减弱，胜利在望的时候，法国人的士气就高涨起来，并一直维持到了最后。英国和法国的社会主义左派都压倒性地支持本国的战争努力。这两个国家中都没有出现对国家合法性的严重威胁。如果战败成为定局，民众觉得损失是无谓的牺牲的话，也许情况就不同了。

与西方国家截然相反的是俄国。只有在俄国，大战期间爆发了革命；只有在俄国，革命彻底改变了国家的社会-经济关系和政治结构；只有在俄国，统治阶级被完全摧毁。

1905年俄国革命的企图未遂，因为没有力量把罢工的工人、叛乱的农民和士兵及水手各自的不满联合到一起，而且参与兵变的士兵只是少数，革命者也缺乏统一的领导。沙皇做出了妥协，保证建立制宪政府，因而避免了革命。但事实很快证明，所谓的制宪政府不过是表面文章。另外，沙皇还大肆实行镇压。在逮捕革命领导人或将其流放到遥远的地方，查封煽动叛乱的报纸，镇压罢工和处决农民起义领导人这些方面，沙皇的政治警察奥克瑞纳（Okhrana）*是行家里手。政府暂时躲过了一劫。后来的几年内，沙皇和民众的沟通有所改善，经济实现了增长（临近大战爆发那几年，增长率超过了美国），工业化取得了长足的进步，国家收入也有所增加。但是，沙皇专制政权的僵化痼疾仍在。如果没有爆发战争，也许会发生渐进式的改革，把沙皇统治变为由议会控制的立宪君主制。然而，鉴于统治阶级对大规模改变的顽固抵抗，以及工人和农民对专制统治那种根深蒂固、（怎么镇压都消除不了的）有组织的反对，发生这种情况的可能性不大。未来爆发革命倒是很有可能。到1916年底，这个未来看起来已经不远。

---

* 奥克瑞纳，全称为"社会安全和秩序保卫局"。——译者注

1916—1917年间的严冬季节，许多俄国农民都把粮食或囤积起来，或高价出售。同时，大工业中心出现了粮食和燃料的严重短缺。交通运输几近瘫痪。国家财政糟到极点。通货膨胀急剧恶化。（除兵工厂的技术工人之外）工人工资的上涨跟不上飙升的物价，许多人已经到了挨饿的边缘。但是，少数特权阶层仍在大发战争财，这引起了民众极大的愤怒。1917年1月，彼得格勒（原来的圣彼得堡）和其他几个城市爆发了大规模抗议和罢工，人们因生活水平下降而感到的愤怒与反战和反沙皇统治的情绪结合了起来。3月8日（俄国旧历2月23日），女工因没有面包吃而走上街头抗议，引发了兵工厂工人大规模罢工和示威的燎原烈火。彼得格勒的工人暴动还得到了士兵和水手的支持。虽然军警对彼得格勒的示威者开了枪，但是20多万工人的罢工仍在继续。军队中也发生了相当于军人罢工的活动，而且规模越来越大。政府束手无策，虽然下达了镇压兵变的命令，但接令者置若罔闻。形势的发展迅速脱离了沙皇政权的控制。在一片混乱的无政府状态中，工人选出了代表自己的政府，称为苏维埃（即代表会议的意思）。全国的秩序迅速崩塌。士兵也选出了苏维埃作为他们的代表，要求沙皇退位。到了军界和政界的高官都认为沙皇必须下台的时候，沙皇无奈于3月15日宣布退位。1918年7月，沙皇和他的家人被布尔什维克处决，他们的遗骨时隔80年，在苏联解体后才得到确认。

　　俄国的工人和农民利益各异，但是，由于战争的缘故，他们对沙皇及其代表的统治制度的共同怒火暂时超越了他们在利益上的分歧，因为他们都认为，沙皇是造成他们痛苦的罪魁祸首。1917年，产业工人阶级的革命力量与农民的革命力量暂时联起手来，但即使如此，可能仍不足以推翻现行的制度，1905年革命的失败就是明证。不过，这一次有一个关键的条件，那就是战争联系起了工农利益和前线大批心怀不满的士兵的利益。一旦不满的情绪传到前线，一旦士兵不再愿意打仗，一旦他们的革命热情与后方民众的热情聚合起来，政权便气数将尽。战斗中巨大的伤亡和前线无法忍受的艰苦导致军心思变，最后爆发的反战运动冲垮了被视为把国家拉入了战争的政治制度。沙皇政权一直依靠镇压和强迫治国，没有居间机构来组织民众对政权自发自愿的支持，所以，随着压力越来越大，政府陷入了孤立无援的境地，直到革命的洪流在 1917 年冲破堤防汹涌而出。

即使赶走了沙皇，1917 年 3 月成立了"革命民主"的临时政府之后，俄国的形势依然动荡不安。接下来的几个月中，时局变幻莫测，战争败局已定，俄军却仍在苦苦支撑，这些形成了更加激烈的第二次革命爆发的条件。

到 1917 年 10 月（俄国旧历），引领革命的组织架构已经形成。1905 年的革命就缺乏这样一个带头的组织，而事实证明，这是实现革命成功的一个决定性因素。布尔什维克除了工人阶级中的一小部分支持者外，尚无广泛的群众基础，但它有一个组织严密的激进领导核心。根据这个核心的既定计划，摧毁旧制度本身并不是目的，而只是建立一个全新社会的前奏。布尔什维克是俄国社会民主工党中较大的一派。社会民主工党成立于 1899 年，后来分裂为一个较大的革命性派别（布尔什维克）和一个较小的改良性派别（孟什维克）。布尔什维克的领导人是弗拉基米尔·伊里奇·乌里扬诺夫（Vladimir Ilyich Ulyanov），人们更加熟悉的是他的别名列宁（他于 19 世纪 90 年代被流放到西伯利亚，后来主要居留外国，直到 1917 年返回俄国）。他认为布尔什维克是工人阶级的先锋队，要求党员纪律严明、完全忠诚，团结一致推翻沙皇。列宁的下一个目标是无情打击"阶级敌人"，建立"无产阶级和农民的临时革命民主专政"。1917年4月，这位领袖魅力十足的布尔什维克领导人从流亡地瑞士回到彼得格勒的革命旋涡之中。德国人希望挑起俄国国内的动乱和民众对和平的要求，从而进一步削弱俄国人已经动摇的战斗意志。后来的事态发展说明，德国人此举是历史上最大的"乌龙球"之一。临时政府对布尔什维克的镇压迫使列宁于7月退到芬兰（芬兰从1809年起成为俄罗斯帝国的一个半自治区，沙皇被推翻后，那里要求独立的呼声日渐高涨）。但是，随着国家权力的瓦解冰消，他又回到了彼得格勒，去领导第二次革命。

把布尔什维克紧密的领导层及其坚定的党员团结在一起的，是一种救赎式的乌托邦意识形态，他们希望未来建立一个没有阶级，没有冲突的社会。但是，布尔什维克之所以能够对广大民众产生号召力，却不是因为它提出的虚无缥缈的理想，而是实在得多的东西。它许诺给人民带来和平、面包，给农民分田地，让工人做管理工厂的主人，把权力交给人民。在政治上，布尔什维克要求一切权力归苏维埃（此时所有大城市都成立了苏维埃）。当时，物资奇缺，价格飞涨，俄军最后一次灾难性的攻势又造成了巨大的流血损失，亚历山大·克伦斯基的临时政府威信扫地，这给布尔什维克提供了机会。布尔什维克控制着彼得格勒的苏维埃，这为发动十月革命提供了平台。彼得格勒苏维埃的领导人是列昂·托洛茨基（Leon Trotsky），原名列夫·达维多维奇·勃朗施泰因（Lev Davidovich Bronshtein），他具有非凡的组织才能，鼓吹不断革命论。革命成功后，布尔什维克掌握了俄国各地的苏维埃。他们对国内的阶级敌人实行无情的镇压，经过了两年多残酷的内战后，才打败了强大的反动势力和反革命势力，使俄国稳步走上了彻底的政治、社会、经济和意识形态变革之路。但是，从一开始即可明显看出，布尔什维克革命是具有世界历史性意义的事件。它创造了一种全新的国家和社会。关于俄国事态的报道把冲击波传到全欧洲，在长达几十年的时间内久久回荡不息。

在欧洲其他地方，合法性危机发生在布尔什维克革命的一年后，战败日益逼近之时。在德国，战争并不意味着党派政治的结束。恰好相反，德国政治的两极化在大战爆发前已经埋下了种子，起初它隐藏在1914年"国内和解"的表面之下，但随着人们日益强烈地感到生活艰难，认为国家付出了巨大的人员伤亡却所得甚少，眼看战败的阴影步步逼近，这种两极化就充分暴露了出来。大战之初暂时得到掩盖的意识形态和阶级分歧很快再次显露，自1916年起日趋极端。粮食供应骤减，物价激增，生活水平一落千丈，这些都加剧了要和平还是要战争的政治分歧。

推动激进政治变革的主力是德国的左翼力量。德国社会民主党因为对战争的立场不同，在1917年4月陷入分裂。激进的少数派视大战为帝国主义国家间的冲突，认为只有社会主义革命才能结束战争。他们脱离了社会民主党，成立了德国独立社会民主党（简称USPD，其核心后来成为德国共产党）。剩下的社会民主党多数派变为德国多数社会民主党（MSPD），他们也谴责帝国主义战争和德国对别国土地的抢夺，但他们拒绝革命，倾向于建立代议民主制度，成立对议会而非对德皇负责的政府，以此实现改良。（在德意志帝国，各种政治倾向的政党在国会中都有代表，但没有决策权。真正的权力掌握在德皇以及他任命的大臣和军方领导人手中。）

1917年7月19日，在国会对一项要求和平的决议的投票中，德国多数社会民主党得到了自由派的一部分人（进步人民党）和天主教中央党的支持。但是，保守派和右翼自由派强烈反对这项决议，他们力挺军方，不仅赞成毫不手软地推进战争，而且支持尽量吞并别国领土。各个压力集团有泛日耳曼同盟等大企业集团做金主，特别是有成员众多，信奉极端民族主义和帝国主义的祖国党撑腰（该党1917年创立，迅即发展为拥有125万党员的大党），各集团大力鼓吹攻城略地、战至最后胜利，同时拒绝建立议会民主的要求。这种政治局面一直维持到大战尾声，并随着物质条件的日渐艰苦和战败阴影的逼近而进一步加深。1918年德国战败后，政治呈现极度两极化，这其实在大战最后两年里的国内事态发展中已初现端倪。

然而，只是到了大战的最后几个月，1918年夏季攻势失败后，前线的士气才真正崩溃，加大了国内要求停战的压力。德国产业工人1918年1月举行的大罢工在前线并未得到多少支持，因为士兵们还以为春季攻势会取得成功。攻势在3月开始的时候，部队官兵在这场"德国力量的大爆发"中斗志昂扬。他们终于意识到攻势失败了之后，抑制不住的愤怒转为直接的行动。他们怀着勇气和信念坚持作战近4年之久，现在却只求在这场看起来毫无胜算的战争中活下去。厌战情绪转变为日益强烈的停战愿望。大战最后4个月间，西线上有38.5万名德军士兵投降，远超之前4年的总和。据估计，从1918年8月开始，75万士兵开了小差。与此同时，德国国内的动荡日益加剧。那年年初爆发了工人大罢工，工人主要抗议的是生活条件的恶化。现在，罢工呈现出了明显的政治含义。要求和平、民主、皇帝下台的呼声与日俱增。

战争拖得越久，德国国家本身的性质就越受到质疑。在德国的政治制度中，大臣对皇帝负责，不对议会负责；这种政治制度在战前已遭到社会主义者拒斥，但靠着坚决抵制任何民主企图的强大力量维持了下来。战局的恶化促使左翼大声疾呼，要求不仅要停止不断的流血，还要把将德国拉入战争的人解职，并引进民主的议会政府。越来越多的德国人对皇帝不满，认为他代表的统治制度建立在军国主义、阶级特权和任意权力的基础上，把德国带入了一场灾难性的战争。这个制度无法改造，只能推倒重来。必须建立民主。历经战争辛酸、痛苦和贫困的人民必须获得政治发言权。到1918年秋，德意志帝国国家制度的合法性几乎荡然无存。

德国领导人起初对美国威尔逊总统1917年1月提出的"十四点计划"深恶痛绝，因为那意味着把德国吞并或占领的领土物归原主。然而，后来形势急转直下，新上任的帝国宰相马克斯·冯·巴登亲王（Max von Baden）本人一贯赞成政治改革，支持实现和平，反对吞并外国领土。他于10月5日向威尔逊发出呼吁，希望以德国比较容易接受的条件实现停战。但是，威尔逊不肯让步，坚持德国必须引进议会民主（这意味着德国的统治精英将失去权力），放弃攫取的他国领土，并大量裁军（包括交出海军舰队）。德国领导人就是否接受这些在他们看来十分苛刻的条件进行了激烈的辩论。鲁登道夫力主拒绝受辱，继续战斗，但是，他已经指挥不动军队了。同时，事态的飞速发展超出了他和任何其他人的控制。10月26日，鲁登道夫辞职，直到最后还怪这怪那，就是不怪他自己。

10月29日到30日夜间，德国海军指挥部命令基尔（Kiel）的舰队出海，与英国海军进行最后摊牌的大决战。水兵们拒绝执行这项荒谬的命令，发动了兵变。这项命令等于要水兵为了德国海军的名誉去白白送命，所以他们坚决不肯执行。兵变迅速蔓延，引发了革命的燎原之火。工人和士兵委员会如雨后春笋般大量涌现，掌握了基层的权力。将领们明确告诉象征旧秩序的皇帝，他必须下台。皇帝只得同意。11月9日到10日夜间，德皇威廉二世离开了位于比利时斯帕（Spa）的军事司令部，前往荷兰流亡（他在那里一直待到1941年去世）。德皇到11月28日才正式放弃王位，但在那之前，他退位的消息就已经被公布了。威廉二世尚未离开，成立共和国的决定就已经匆匆地在柏林国会大厦的阳台上昭告全国。宰相马克斯·冯·巴登任命社民党领袖弗里德里希·埃伯特（Friedrich Ebert）为继任者，此举同样没有实际的宪政合法性。在那个革命的时刻，宪政的规矩并不重要。德国在长达数月的混乱动荡中走上了成为完全的议会民主国家的道路。

不祥的是，德国国内捍卫旧秩序的力量仍然强大。他们只是在等待时机，进行必要的策略调整，准备一俟形势有变，就全盘取消对民主和议会统治做出的让步。即将达成停战协定时，德国军方领导层流传的观点是："左翼政党不得不接受这种耻辱的和平，然后他们就会成为众矢之的。届时就有希望再次翻身上马，恢复过去的统治。"在那些人的心目中，民主是德国遭遇的"最大厄运"。

在意大利，国家制度也是危机重重，只比德国稍好一点儿。虽然意大利属于协约国阵营，但是它并不觉得自己是大战的战胜国。1915年，少数政治精英把战争强加给了民意严重分裂的意大利，他们希望一举得胜，攫取亚得里亚海沿岸的大片领土。参战的决定做出时，就连军队的将领都被蒙在鼓里，也没有征求议会的意见。大多数民众都觉得国家有限的政治代议制度反正和自己没有关系。意大利的政府经常更换，但似乎又始终不变，因为政府永远在为同样的精英阶层的利益服务，怎么也无法鼓动起人民对政府的热情。意大利参战后，战场上的失败、生活的艰难和巨大的伤亡导致社会上出现分化对立，不仅进一步破坏了老百姓对历届弱势政府的支持，而且动摇了国家的根基。

意大利的议会是虚弱和分裂的象征，很少开会。历届政府都靠颁布法令来治国。此外，尽管出了差错都算在政府的头上，但政府其实控制不了军队的指挥官——严厉专横、残酷无情的路易吉·卡多尔纳（Luigi Cadorna）将军，直到他因 1917 年的卡波雷托战败之耻而被迫离职。在那之前，战争的需要压倒一切。工厂实施军管。新闻审查和对言论自由的限制加强了。随着工人开始举行反匮乏的示威和罢工，镇压也进一步加剧。社会和政治分歧严重激化，社会不公正和战争中骇人听闻的巨大伤亡成为分歧的焦点。自 1916 年起，损失、失败、匮乏和国家耻辱感与日俱增，社会动荡不安，罢工、示威和对粮食短缺的抗议时有发生。民众的情绪虽尚不足以发动革命，却已离革命不远了。

反对战争和对政府不满的声音大多来自左翼，虽然社会主义运动本身也分裂了，一边是明确拒绝战争、希望发动革命的小部分人，另一边是出于爱国主义而继续（也许不太热心地）支持战争努力的大多数。可怕的是，右翼对政府的攻击更为激烈。国家党人扩大了自己的群众基础，加紧鼓吹在东南欧和非洲扩张领土。据意大利内政部长说，他们企图控制警察，对反对他们的人进行威胁恫吓。他们想扫除自己眼中毫无用处的议会统治及其官僚结构，鼓吹即使大战结束后也应对国家和经济进行准军事管理，以促成剧烈的社会变化。他们还积极参加自称为法西斯（Fasci）的地方防卫组织。意大利的战后危机征兆已现。

统治奥地利达几世纪之久的哈布斯堡王朝也为投入一场日益不得人心的战争付出了代价。"一战"是由奥匈帝国与塞尔维亚之间的争端引发的,虽然这个事件后来几乎被完全遗忘了。大战自始至终都没有在国内得到过完全的支持。不可能把它说成是防御性战争。即使为取胜之故,对德国的依赖都太过明显,令人不安。随着这场灾难性战争的继续,可能会分裂并断送哈布斯堡帝国的离心力量大为加强。早在最后的战败来临之前,帝国已显然不堪重负。几十年来,年迈的弗兰茨·约瑟夫皇帝一直是这个虚弱的多民族帝国几乎唯一的团结象征(奥匈帝国中的奥地利部分在机构组织上已经基本上成为独立的实体)。约瑟夫皇帝1916年11月驾崩时,正值国家的战争努力和哈布斯堡王室统治这两者的合法性危机都日益加深之际。约瑟夫的侄孙和继承人卡尔皇帝无力回天。他力图减少对德国的依赖并寻求与协约国达成和平协议,却都徒劳无功。

卡波雷托一役后,奥地利实现光荣的梦想一度死灰复燃。但是,在接下来的严冬中,火车几乎全部用来为军队运送物资,不能运输老百姓需要的燃料和食品。1918年头几个月,帝国各处大型抗议示威此起彼伏。产业工人的骚动、对悲惨生活条件的愤怒、民族分离主义的感情和反战的不满混在一起,构成极大的威胁。维也纳的医生兼作家阿图尔·施尼茨勒(Arthur Schnitzler)形容当时的情况为:"统治者昏聩无能,民众情绪低沉、群龙无首,普遍缺乏安全感。"到1918年10月,抢粮暴乱、罢工和抗议有增无减,民族仇恨和无法无天的乱象不断扩大。照奥地利粮食厅厅长汉斯·勒文费尔德-吕斯(Hans Loewenfeld-Russ)看来,形势已经"完全绝望"。人们眼看着哈布斯堡帝国在分崩离析。

帝国大部分地区的阶级间分歧在很大程度上归入了民族主义政治，或退居次位。奥地利中心地区的工人为抗议急剧恶化的生活水平多次举行示威，这样的示威往往是受了俄国革命的启发，有可能发展为革命。但在其他地方，民众的不满情绪融入了捷克人、波兰人和南斯拉夫人要求实现独立、脱离帝国的呼声。在匈牙利，尽管卡尔皇帝信誓旦旦地保证要实施开明的改革，建立近似联邦的结构，但要求脱离维也纳、实现独立的声音在战争的最后几年还是越来越大，并得到了许多社会主义者和自由主义者的支持。匈牙利至少在名义上维持了文官统治和议会辩论，而在帝国中奥地利的那一半，作为立法机构的议会暂停运作，临时国民大会也遭关闭。新闻审查和对民众的监视大大加强。德裔和捷克人居住区以外的地区实行了军事管制。异见者遭到逮捕，被投入监狱。但是，这些镇压行为都无法平息"一战"最后年月中方兴未艾的民族分离主义运动，捷克人的分离要求尤为强烈。

1918年10月，奥匈帝国的残余军队与意大利军在维托里奥威尼托（Vittorio Veneto）遭遇，官兵们只顾保命，被意军打得大败。奥匈帝国至此山穷水尽，军队已经分崩离析。10月下旬，卡尔皇帝同意让帝国军队的官兵加入他们自己民族的部队。这不过是承认现实而已，因为捷克、波兰、匈牙利、克罗地亚和其他民族的士兵反正都开小差回家去了。到10月底，捷克斯洛伐克、匈牙利和后来的南斯拉夫以闪电般的速度宣布了独立。奥地利于11月3日和意大利达成停战，就此结束了战争行动。卡尔皇帝于11月11日勉强放弃了权力（但没有退位），在他生命最后的3年间先是流亡瑞士，最后死在葡属马德拉岛（Madeira）。长达5个世纪的哈布斯堡统治画上了句号。

德国和奥匈帝国爆发革命，君主制被共和国取代（奥匈帝国分成了好几个"继承国"），这些都是在战败的时候才发生的。战败也导致了奥斯曼帝国在土耳其以南领土的分解（奥斯曼帝国在巴尔干的原属地在19世纪70年代期间大多实现了独立，1912年和1913年的巴尔干战争又使它失去了在欧洲的领土），战时的土耳其领导人乘坐德国潜艇逃往敖德萨，最后到达柏林。奥斯曼帝国内部不断增强的反战情绪也导致了国家合法性的严重危机。大批士兵开小差说明土耳其军队的士气低落到了危险的程度。摇摇欲坠又尾大不掉的奥斯曼帝国在战争中力不从心。它企图在高加索攫取土地，却空手而归。中东的阿拉伯人自1916年开始发动叛乱（英国人和法国人为了实现自己的帝国利益对叛乱极尽推波助澜之能事），使奥斯曼帝国的行政当局在帝国南部基本上无法履行职责。

与此同时，土耳其本地的问题也越来越多，令人惊心。前线损失惨重，据估计，土耳其军队的死亡人数高达250万，是英军的3倍。如此惨重的损失，加之国内货币濒临崩溃，物价飞涨，粮食和其他商品严重短缺，使奥斯曼帝国已经岌岌可危的基础更加不稳。土耳其并未因停战而摆脱苦难和暴力，而是很快又陷入了旷日持久的独立战争。直到1923年，这个遍体鳞伤的国家才终于从废墟中站立起来，成为独立的主权国家。英法两个帝国主义国家攫取了奥斯曼帝国在中东的土地，却不得不面对那里巨大的反殖民动乱、一波波的抗议浪潮和普遍的暴力。这些也没有因大战结束而戛然而止，而是给未来留下了深远的影响。

第一次世界大战留下了一个四分五裂的欧洲。比起4年前冲突初起之时，欧洲已是面目全非。就连战胜国——英国、法国和（有名无实的战胜国和同样有名无实的"大"国）意大利——都精疲力竭。收拾残局的任务看起来最有可能落在一个新兴大国的肩上,它丝毫没有受到大战的损害,欧洲列强元气大伤,它的经济却强势增长。这个国家就是美国。美国最终没有担起这个任务,而是让欧洲自己去收拾烂摊子,这是形成战后危机的一个重要因素。但是,第一次世界大战灾难性遗产的根源另有所在。最关键的是,在德意志帝国、哈布斯堡王朝和沙皇俄国的废墟中生成了一个问题无穷的组合。

历史证明,民族主义、领土冲突和（此时聚焦于俄国布尔什维克主义这支新生力量的）阶级仇恨一旦结合起来,就具有高度的爆炸性。民族主义是"一战"的一项主要遗产。它造成最大破坏的地方,恰恰是中欧和东欧那些几世纪以来不同民族一直混居的地方。在那些地方,战后重划的国界引起了争议。有些地方被划给了别的国家,这造成了激烈的矛盾、冲突和仇恨,布尔什维克主义在俄国的胜利更是使这种刻毒的仇恨成倍增加。特别是在东欧和中欧,阶级冲突与族裔及领土矛盾相互交织,使狂暴的敌意几乎达到沸点。因此,大战刚刚结束的那几年根本算不上和平年代,大规模的暴力仍在肆虐。暴力在人们心中埋下了仇恨的种子,20年后在欧洲一场破坏性更大的冲突中爆发了出来。

大战造成了无法想象的巨大伤亡。阵亡士兵的人数几乎达到900万,（主要由驱逐、饥馑和疫病造成的）平民死亡人数接近600万。把所有交战国都算上,多达700万名作战者成为战俘,有些人在条件极为艰苦的战俘营中被关了好几年（虽然大部分战俘停战后都很快被遣返回国）。战胜国靠着更强的军事力量和更多的经济资源最终取得了胜利。但战争到底是为了什么呢？人们对这个问题的看法当然千差万别,在相当大的程度上取决于他们个人在战争中的亲身经历和他们国家的命运。交战双方都有许多人是为理想而战的,尽管他们的理想经常寄托错了地方,但仍然是理想。他们作战的理由包括保卫祖国、民族荣誉和威望,维护自由和文明,还有爱国的责任,后来又加上了对民族解放和美好未来日益强烈的憧憬。那四年的屠杀接近尾声之时,著名的奥地利作家罗伯特·穆齐尔(Robert Musil)在1918年的一篇日记里不无嘲讽地写道:"战争可以被概括为这样的准则:你为你的理想而死,因为不值得为它们而活。"到那个时候,数百万作战者中可能只剩少数人仍怀有当初参战时的理想,无论那些理想是什么。欧洲各国大量应征入伍的士兵中,许多人可能从来就没有过抽象的理想。他们打仗是因为别无选择。对这样的人来说,战争的屠杀毫无意义。

1916年,西线的一个法国军人在阵亡前不久写下了辛酸的诗句,表达了所有交战军队中数百万普通士兵的心声:

> 我想问清
> 这场屠杀为何而兴。
> 答曰"为了祖国!"
> 我却仍然不懂为何。

第一次世界大战导致的屠戮规模空前,造成的破坏巨大无比。它产生了一个面目全非的欧洲,留下的遗产既深且远。漫长的清算马上就要开场了。

第三章

和平乱局

> 这不叫和平。这叫停战20年。
>
> 斐迪南·福煦元帅对《凡尔赛和约》的看法（1919年）

战后形势算是某种和平，但经常望之不似和平。正如地震后会发生海啸，第一次世界大战后也发生了巨大的动乱。剧烈的动荡过了五年才平息下去。解甲归田的士兵发现，国家的政治、社会和意识形态发生了巨变。战争破坏了政治制度，毁掉了经济，分裂了社会，催生了建立美好世界的激进乌托邦理想。第一次世界大战被称为"止战之战"。那么，它为什么反而为另一场更具毁灭性的浩劫铺平了道路呢？几百万人希望保持和平，实现更高程度的自由平等，并在此基础上建立美好社会，这样的梦想为什么如此迅速地成为泡影？共产主义、法西斯主义和自由民主这三个互不相容的政治制度竞相争夺统治地位，欧洲是如何为它们所代表的不同意识形态奠定了基础的？在大战初止的危机年代里，局势艰难，为什么共产主义只在俄国得到了成功，法西斯主义只在意大利获取了胜利，而民主在欧洲其余的大部分地区，特别是德国这个位于大陆中心的国家保持了下来？

"适合英雄"的土地？

1918年英国大选的竞选中，被许多人誉为"赢得战争者"的戴维·劳合·乔治首相说，要建立"一个适合英雄生活的国家"。尽管英国战前曾是欧洲首富，四年大战中国土也几乎无损，但此言对许多离开战壕退役回家的士兵来说，很快就成了空洞的许诺和嘲讽。

其实，英国军队的复员开始时相当顺利。1918年停战时的350万英军到1920年就减员到37万人。战后初期的经济小阳春使得4/5的复员军人到1919年夏都找到了工作（有时抢了战时雇用的女工的位子）。但是，经济繁荣仅是昙花一现，到1920年秋即告完结。英国政府（效仿美国）为保护英镑采取了通货紧缩的政策，民众的生活水平因之大受影响。工资起初还跟得上物价上涨，后来却急剧减少。尖锐的阶级矛盾无法缓解。1919年，劳资纠纷造成了3,500万个工作日的损失；到1921年，这个数字飙升到8,600万。从1920年12月到1921年3月的短短3个月内，失业率翻了一番。到1921年夏，失业人口达到200万。大多数失业工人的住房都污秽破败。1918年，政府许诺要为英雄建造住房，但到了1923年，光是解决（比1919年时更严重的）基本住房短缺就需要建造82.2万所新房，更不用说还要重建贫民窟中的几百万处陋居。

到1921年，无数复员军人（许多因伤严重致残）沦于极端贫困。他们或在街上乞讨，或靠卖火柴和纪念品勉强度日；他们从济贫食堂领取免费食物，有时只能睡在门道里或公园的长椅上。一位复员军官恨恨地说："我们不再是英雄，只是'失业者'。"罗伯特·格雷夫斯（Robert Graves）是诗人、作家，也曾当过军官，参加过前线作战，他回忆说："不断有复员的老兵上门售卖靴带，讨要我准备丢弃的旧衬衣和旧袜子。"自愿离开上层中产阶级的舒适环境去前线照顾伤员的维拉·布里顿（Vera Brittain）说："爱国者，特别是女性爱国者，在1914年享尽荣耀，到1919年却备受诋毁。"她看到的是"一个没有前途，没有生机，没有意义的世界"。

英国的状况虽然凄惨，在欧洲却远非最糟，尤其是与其他直接参战的国家相比。英国军队的伤亡虽然可怕，但不算最多。"一战"中，英国军队的阵亡人数为75万（另外，来自大英帝国各殖民地的部队还死了18万人），意大利近50万，法国130万，奥匈帝国近150万，俄国约180万，德国200万出头。按比例来算，一些小国的损失最为惨重。塞尔维亚和罗马尼亚派往前线作战的部队有1/3阵亡或死于伤病。交战大国的军队在作战中的死亡比例从11%~12%（俄国、意大利和英国）到15%~16%（法国、德国和奥匈帝国）不等。所有国家的军队中，受伤的、致残的和完全丧失生活能力的人数远远超过死亡的人数。"一战"的全部死亡人数是自1790—1914年间所有主要战争中死亡人数总和的两倍以上。1918—1919年间的流感在全世界致死的人数又是"一战"期间死在欧洲战场上人数的两倍。在这些触目惊心的数字上，还要加上战后的暴力及边界冲突导致的死亡。

战争的经济代价是巨大的，是自18世纪末到1914年所有参战国国债总额的6倍以上。最直接受战争影响国家的战后产值远远低于1913年。相比之下，英国的情况要好得多。但即使如此，它的国债在1918年也比1914年高了几乎12倍。所有协约国中，英国对美国的净负债最高，1922年达到近45亿美元。这意味着它和大部分欧洲国家一样，要长久依赖美国的信贷。中立国也难逃战争对经济的打击。它们大多能够扩大经济以应付战时需求，瑞典就是这样做的。然而，战争却加剧了中立的西班牙的经济困难，深化了原有的社会、意识形态和政治的分裂。

战争在西欧造成的实际破坏主要限于比利时和法国东北部。那些地区是作战的战场，受到的破坏惨不忍睹。几十万所房屋被毁，工业普遍遭到破坏，大片农田抛荒，大部分牲畜被杀。然而，受破坏最严重的地带只有30到60公里宽。在战区之外，法国和西欧其他国家遭受的破坏很小。东线的战斗流动性更大，情况完全不同。塞尔维亚、波兰和后来成为白俄罗斯和乌克兰的地区处于交战双方的拉锯区，受到的破坏极为惨重。

胜利班师、在伦敦受到英雄式欢迎的英军士兵至少看到祖国和他们离开时相差不大。相比之下，(经常是军容不整、队列零乱地)返回维也纳、布达佩斯、慕尼黑或柏林的士兵却一脚踏进了革命动荡和经济混乱之中。奇怪的是，在管理战后劳工市场、控制失业率方面，战败的德国比战胜的英国(和中立的荷兰)做得更好。德国采取的方法包括迫使妇女放弃她们在战时担负的工作，用男人取而代之。通货膨胀也起到了帮助。在这个时候若是推行通货紧缩政策会进一步打击德国经济，使之无法为大批复员军人创造就业机会。可是，政府对于猖獗的通货膨胀坐视不管，很快就为此付出了其他方面的沉重代价。

战争期间，德国的国家负债几乎增加了30倍，投入流通的纸质货币增加了20多倍，加速了通货膨胀。1918年的物价比战前上涨了5倍，货币贬值了大约50%。德国并非唯一受困于此的国家。奥匈帝国的战时通货膨胀和货币贬值更加严重。战争期间，大多数国家都经历了一定程度的通货膨胀。1919 年，法国、荷兰、意大利和斯堪的纳维亚各国的物价比 1913 年高了 3 倍，英国的物价几乎是 1913 年的两倍半。然而，在战后的中欧和东欧，通货膨胀如脱缰野马般完全失控。波兰、奥地利和俄国的货币由于极度通货膨胀成了废纸。（我们在第二章中看到的）多年担任波兰东南部杰科村村长的扬·斯洛姆卡数年后回忆起，1920 年波兰纸币马克取代奥地利克朗后，发生了严重的通货膨胀，影响甚大：

> 卖了东西如果不马上用得来的钱买东西的话，就会吃大亏。很多人卖了房子或田地，或一部分牲畜，把钱藏在家里或存入银行。这样的人失去了一切，成了乞丐。另一方面，那些借钱囤了东西的人发了大财。钞票一堆一堆的，得用皮箱或篮子来盛。钱包那类东西不管用。日常用品的价钱先是几千块钱，然后成了几百万块，最后是几十亿块。

直到 1924 年，波兰发行了新货币兹罗提，才实现了物价的稳定。

德国发生的恶性通货膨胀是一场严重政治危机的一部分，危机爆发于 1923 年，法国为报复德国拖欠战争赔款而占领了鲁尔（Ruhr）的工业重地之后。德国当初押的宝是己方打赢大战，靠战败国的赔款来收回成本，以此为基础的战争筹款方式埋下了恶性通货膨胀的种子。德国政府要承担战败的经济后果，当然不愿意阻止通货膨胀。德国打仗主要靠在国内发行战争债券来筹资。通货膨胀提供了消除国债的手段。战争刚结束时，政府采取了遏制物价上涨的措施，但 1921 年宣布了战争赔款的要求后（规定只能用金马克，不能用贬值的纸币偿付赔款），政府改变了策略，对高通胀坐视不管。

通货膨胀使德国付清了内债，防止了在英国发生的那种因通缩措施引发的严重劳工骚乱。此外，它还帮助德国工业在战后迅速复苏，强力推动了出口。工业企业家可以贷款进行必要的投资，然后用贬了值的货币偿债。货币贬值使德国能以具有高度竞争力的价格出口货物。难怪德国在1920年到1922年之间工业生产增长巨大，失业率不断降低；与此同时，美国、英国和法国的通货紧缩政策产生了恰好相反的效果——生产率下降，失业率上升。

德国技术工人的工资增长基本上与通货膨胀同步，至少起初是这样。工会保住了雇主在战时做出的让步，还争取到了工资和工作时间方面的进一步改善。但是，通货膨胀使非技术工人和靠固定收入或养老金生活者的日子越来越难过。1923年的鲁尔危机期间，通货膨胀完全失控，成为不折不扣的灾难。1914年，美元与马克的兑换率是1∶4.2；战争结束时，美元成了德国最重要的硬通货，对马克的兑换率是1∶14，1920年末上升到1∶65，1922年1月又升至1∶17,972，到1923年11月，更是飙升到令人晕眩的1∶442亿。一个例子说明了这种无法理解的天文数字对靠微薄积蓄过活的普通人产生的影响：柏林一位受过良好教育的老人储蓄了10万马克，换个时代，他也许能靠这笔钱过上比较舒适的退休生活，但是通货膨胀使他的存款变得一文不值，只够买一张地铁票。他乘地铁在柏林城绕了一圈，回家后把自己关在公寓里活活饿死了。

战后的欧洲没有一处"适合英雄"的土地。欧洲的城镇乡村到处是悲恸的寡妇、失去双亲的孤儿、残疾的士兵，还有挨饿的、失业的、赤贫的人。战争留下了约 800 万需要国家帮助的残疾人。只在德国一国，就有 50 多万名战争遗孀和 100 多万名孤儿。65 万受了重伤的人当中，2,400 人失明，6.5 万人只剩了一条腿或一只手臂，1,300 人双腿或双臂都被截肢。战争期间，医学取得了进步，但外科手术无法完全治愈如此骇人的创伤。除了残缺的身体外，战争还给人造成了心理创伤。据估计，德国有 31.3 万心理受创的人，英国有 40 万。许多人的心理创伤永远没有治愈，他们得不到足够的心理治疗，公众也不理解他们的状况。战争伤残人员陷入经济困顿和社会歧视之中。雇主不想雇用残疾人，在战争中心理受创的复员军人经常被认为是"歇斯底里"，或者被怀疑装病骗取养恤金。

英国著名的社会主义者及和平主义者埃塞尔·斯诺登［Ethel Snowden，她的丈夫菲利普（Philip）于 1924 年成为工党的第一位财政大臣］生动描绘了大战刚结束时维也纳的凄惨景象："身穿制服的军官在咖啡馆里卖玫瑰花。纤弱的女子穿着曾经精美但已经褪色破旧的衣服，带着孩子在街角乞讨。大街上长出了野草。商店门可罗雀……成千上万的男男女女在劳工介绍所排着长队领取失业救济金。……诊所和医院里勇敢的医生尽力治疗浑身长疮的瘦弱孩子，基本上没有药品，没有肥皂，也没有消毒液。"

东欧更是水深火热。俄国内战造成几十万难民逃亡，他们无论逃到何处，都身陷困境，前途茫茫。当地人民自己的生活已经困苦不堪，自然不会欢迎难民的到来。波兰大部被多年的战斗毁得满目疮痍，战后的境况极为艰难。大战刚结束时，华沙人口的一半靠少得可怜的失业救济维生，疾病横行。在波兰东部，人民几乎处于饥馑之中。1919 年任英国中欧暨东欧救济团团长的威廉·古德爵士（Sir William

Goode）报告说："这个国家四五次遭到不同军队的占领，每一次，占领军都把物资搜刮一空。俄国人（1915年）撤退时放火烧毁了大多数村庄；田地荒芜了4年……这里的老百姓靠吃草根、野菜、橡实和石楠维生。"政治动乱席卷战后欧洲毫不奇怪，奇怪的是居然没有爆发更广泛的革命。

几乎所有国家的人民都不仅要忍受严重的物质匮乏，而且要遭受失去亲人的痛苦。这场人海战争造成的伤亡如此巨大，国家必须对民众的深重苦难有所表示。

法国阵亡将士的家人希望将死者安葬在本村教堂的墓地里。政府最终对公众压力做出了让步，国家出资，把30万被家人辨认出来的遗骸从公墓中移到他们家乡的墓地重新下葬。这项浩大的工程牵涉到复杂的后勤和官僚程序，但法国可以做到，因为法国的阵亡将士大多死在了本国的国土上。其他国家就无法效仿，只能把死者安葬在他们战死的地方，虽然战胜方和战败方的阵亡者葬在不同的地方。法国人尤其不能忍受自己的亲人和德国人葬在一起。于是，在原来把阵亡的德国人和法国及英国阵亡者一起下葬的地方，人们又把德国人的遗骸挖出来运到另外的公墓安葬。结果，在以前的战场上或附近的地方建起了多个阵亡将士公墓，不同国家的公墓各有特点。阵亡将士墓象征着不朽的英雄主义和为国捐躯的精神，引起了民众虔诚的崇敬。民众感到死者的牺牲重如泰山，他们将在上帝面前得到重生。英国各个阵亡将士公墓精心修剪的草坪上，一模一样的白色墓碑整齐地排列成行，有些墓碑上刻着"上帝所认识的"字样，下面埋葬的是无法确认身份的阵亡者。很快，把无名战士的遗骸带回祖国，在国家忠烈祠中落葬，成为国家集体哀悼的一项重点活动。1920年，法国举行了隆重盛大的仪式，在凯旋门的拱门下安放了无名将士墓；英国也在伦敦的威斯敏斯特大教堂设置了无名将士墓。不久后，意大利、比利时和葡萄牙也举行了类似的纪念活动。

西线为阵亡将士举行了国家纪念活动，东线却没有这样的举措。俄国连一座纪念碑都没有建立。在俄国，大战还没结束就发生了革命，紧接着又爆发了破坏性更大的残酷内战。布尔什维克主义胜利后，被视为贪婪帝国主义国家狗咬狗的第一次世界大战就被扔到一边，内战中红军的英勇事迹才是更重要的。意识形态决定了第一次世界大战不能在俄国人民的集体记忆中有一席之地。

在战败国中，战争撕裂了社会，不仅导致了军事上的惨败和生命的巨大损失，而且造成了严重的政治动乱和意识形态对抗。不可能指望战败国能像西方战胜国那样团结一致地纪念阵亡将士。德国到了1931年才在柏林为"一战"的死者建造了一座国家纪念碑（虽然此前地方上建起了许多战争纪念碑）。关于大战与德国战败意义的争议激烈异常，人们无法就如何纪念战争达成一致。各种各样的公众情感中，一个极端是对战争中生命损失的悲痛惊骇和反战情绪，这在凯绥·珂勒惠支的一座雕塑中得到了动人的表达。这座雕塑表现了父母对死去的儿子的悲悼，在大战期间开始构思，十多年后才完成，安放在比利时的一个公墓中。另一个极端则是因战败及伴之而来的革命而感到的耻辱和愤怒，这种情绪把战争英雄主义融入了对民族复苏与振兴的希望。"朗厄马克神话"（myth of Langemarck）是这种情绪的凝缩。朗厄马克听起来像德国地名，其实是比利时佛兰德地区一个村子的名字。大战刚开始的1914年秋，匆忙成军、缺乏训练的年轻德国志愿兵和英军打了一场本来不该打的战役,德方死了 2 万到 2.5 万人。德国的宣传机器把这场毫无意义、浪掷生命的战役美化成长盛不衰的传奇,说它表现了青年人的牺牲精神和英雄气概,而这正是民族复兴不可或缺的基础。关于大战阵亡者的神话在德国一直是意识形态争议的主要焦点,到 30 年代,这个争议最终以灾难性的方式得到了解决。

战争的残酷使许多人成为和平主义者。信仰社会主义的德国剧作家恩斯特·托勒尔(Ernst Toller)把"一战"称为"欧洲的浩劫、人类的瘟疫、本世纪的犯罪"。他说:"大战把我变成了反战人士。"英国女作家维拉·布里顿在大战中失去了未婚夫、哥哥和两位好友;怀着对死亡与痛苦的厌恶和失去亲朋好友的悲伤,她成了和平主义者、社会主义者和争取女权的激烈斗士。在法国,战前是孤儿院院长的马德莱娜·韦尔内(Madeleine Vernet)创立了"反战妇女联盟",得到了女权主义者、社会主义者和共产主义者的支持。在法国和在欧洲许多其他地方一样,实现和平、消除资本主义竞争中固有的社会不平等的理想拥护者众。然而,抱有这种具理想主义色彩的反战思想的,只是少数人。大多数复员官兵都不是和平主义者。他们参加过战斗;如果爱国的责任和要求需要他们再上战场的话,他们仍会勉为其难,重披战袍。但是,他们中间绝大多数的人都希望实现和平、安全,拥有正常的生活和没有战争的美好未来。绝大多数人都想回到自己原来的农庄、工厂、村子和城镇中去,最重要的是,回到家人身边去。至少在西欧,这是最普遍的反应。人们用不同的办法试图重建被这场可怕冲突完全打乱的生活。战争的恐怖使他们坚信,再也不能发生战争了。

反革命者

然而，并非所有人都持此观点。第一次世界大战还留下了与这种观点相竞争的完全不同的遗产：崇拜战争、欢迎暴力和仇恨。对许多人来说，战争并未在1918年11月结束。战败、革命和社会主义胜利造成的文化冲击，加上逃离俄国内战的难民散播的可怕故事，引发了对"红色恐怖"的偏执恐惧，促成了一些人的野蛮心态，把残害他们认为造成了这场灾难的人视为责任、必要和乐趣，甚至是正常的生活方式。

在战后欧洲的大部分地区，政治暴力有增无减，令人惊骇。西北欧也不能完全幸免。一个例子是1919年到1923年间爱尔兰摆脱英国统治、争取独立的斗争中发生的严重暴力，包括教派间的杀戮、英国准军事组织["黑棕部队"（the Black and Tans）]犯下的暴行，最后是1922—1923年间短暂却血腥的内战。1916年反抗英国的"复活节起义"昙花一现，很快被镇压下去。英国人对被逮捕的起义人士严刑拷打，将起义领袖处以死刑。此种行为无助于安抚民众的情绪，反而在当地人民心中埋下了长久的仇恨。这样的仇恨助长了爱尔兰共和军于1919年发动争取独立的游击战，其间爱尔兰共和军也实施了大量恫吓性的暴力行为。作为回应，英国派去了黑棕部队。这个名字来自成员临时拼凑起来的制服的颜色——有警服的深绿色（其实不是黑色），也有军服的浅棕色。黑棕部队由大约9,000名前军人组成，协助他们行动的是2,200名前军官组成的皇家爱尔兰保安队的附属师（皇家爱尔兰保安队本身就深受爱尔兰民族主义者的痛恨）。黑棕部队和附属师犯下了累累暴行，包括强奸、酷刑、谋杀，还有烧毁他们认定为叛乱分子的住房。这给英国人和爱尔兰人的关系造成了长达几十年的恶劣影响。就连十几年后成为英国法西斯联盟领袖的奥斯瓦尔德·莫斯利（Oswald Mosley）都极度反感他们的行为。他们犯下的暴力令人发指，是英国历史上无法抹去的污点。

但是，爱尔兰在西北欧是例外，即使在联合王国内也是例外。英国政府一贯视爱尔兰为准殖民地，对它与对英伦三岛其他地方的待遇不同。除了在爱尔兰，英国只在海外殖民地实行过极端的暴力镇压，比如，随着越来越多的人在圣雄甘地的激励下开始支持争取印度独立的斗争，1919年4月，英国军队在雷金纳德·戴尔（Reginald Dyer）将军的命令下，对阿姆利则（Amritsar）几百个手无寸铁的示威者开了枪。在英国本土，战后动乱的规模远不致发展为革命。1919年和1920年，英国和法国动用了民防队伍来反击工人罢工，但社会和政治动荡一直在政府控制之内，远未形成革命的势头。再过十几年，形势发生了变化之后，法国准军事团体的活动才成为大问题；在英国，这样的团体从未对政治秩序构成过威胁。

南欧的情况却截然不同。在政治暴力不断升级的大背景下，1922年，意大利法西斯主义崛起，次年，西班牙建立了军事独裁。在欧洲的东南角，像1915年驱逐和屠杀几十万亚美尼亚人这样的极端暴力在第一次世界大战之前早已屡见不鲜，并一直持续到战后早期。最恶劣的一例是1922年9月，土耳其夺回了士麦那（Smyrna，现称伊兹密尔Izmir），这个爱琴海西海岸上的多民族港口城市被希腊占领了三年。土耳其把士麦那的希腊人和亚美尼亚人居住区付之一炬，屠戮了好几万名居民。直到1923年，希腊把西部土耳其纳入版图的企图遭到惨败，自此放弃后，该地区的普遍暴力才最终平息。那年签订的《洛桑条约》(Treaty of Lausanne) 承认了新成立的土耳其共和国，也批准了第二次世界大战之前最大的一次人口交换（其实就是驱逐）。这实际上相当于第一个得到国际同意的大规模种族清洗——100多万希腊人（大多数是前一年刚从安纳托利亚逃过来的）离开了土耳其，36万名土耳其人离开了希腊。

中、东欧是反革命暴力的震中所在。这种暴力是新现象，其猛烈程度为17世纪的三十年战争以来之最。在中、东欧，变得残酷无情的不只是经历了几年杀戮、对流血和痛苦已经无动于衷的复员官兵，还有全社会的人。焦土政策和驱逐平民是东线战争的一部分。在那个地区，战争并未于1918年11月结束，而是立即转为波兰激烈的边界冲突和俄国内战，后者的恐怖与残暴震动并波及了整个东欧和中欧。

反革命者的一个关键动机是防止布尔什维克主义蔓延到自己的国家，他们中有些人积极参加了波罗的海地区和其他地方的反布尔什维克运动。但是，暴力不单是对俄国事态的反应。每个战败的同盟国都爆发了左翼革命，革命也都遭到了反对。政治混乱中，武装准军事组织得到壮大。这些组织的领导人无一例外都参加过大战，大多在东线经历过前线的屠戮。那种屠戮使多数欧洲人为之震恐，却使这些人振奋激动。他们认为战斗杀敌是光荣的英雄行为。他们回家后，看到的是一个自己不理解的世界，如他们中间的一个人所说，世界"颠倒过来"了。他们感到极为失望，有的还认为平淡无奇、往往贫穷困苦的平民生活没有未来。许多有此想法的人投入了鼓吹种族暴力的准军事组织的活动。在德国东部和俄国西部之间，从波罗的海到巴尔干地区，准军事组织大量涌现。德国的自由军（Freikorps，其实就是政府出资支持的强盗）据估计吸引了20万到40万名成员，带头的通常是贵族。

边界冲突、极端民族主义、布尔什维克的威胁和对犹太人的刻骨仇恨等因素，混合出了造成各种危险的暴烈情绪，也让自由军有机可乘。

1918 年，德国有 22.5 万名军官复员，其中约 1/4 成为自由军这个准军事组织的成员，他们大多是出身中产阶级的下级军官。大批失业的复员士兵和没有土地、靠卖力气谋生的人也加入了自由军，他们希望能在东部获得自己的一块土地，同时对别人的财产能抢就抢。然而，自由军的多数成员不是老兵，而是年轻人，大战时他们年纪太小，没有参军，但他们的心态和对和平失望的人一样。他们是"好战的青年一代"，崇尚军国主义价值观，追求国家荣耀。

这些人力图弘扬或重现战时的同志情谊、"战壕集体"、男人间的肝胆相照和投入战斗的兴奋。他们怀念或想象战时那种万众一心的爱国激情，那种甘为国家事业战斗甚至献身的感情。这使他们更加怨恨那些让人民做出如此巨大牺牲，却换不来胜利和光荣，只换来失败和屈辱的人，这也极大地燃起了他们的复仇渴望，要报复那些他们认为应该对国家丧失领土负责的人，报复建立了与他们所拥护的一切截然相反的世界的人。现在的新世界没有章法，没有权威，没有正义，只有（他们认为是"赤色分子"煽动的）一片混乱和"娘娘腔"的民主。他们用极端的暴力对这一切做出了反应。

这一波新的暴力没有清晰一致的意识形态，贪婪、嫉妒、对物质财富和土地的渴望都起到了作用。暴力本身更多地由恣意行事的冲动所驱动，不是为了建立理想的未来社会或新形式的国家。不过暴力仍有意识形态倾向。这种暴力有针对性，并非随意盲目，打击的目标是可能会摧毁施暴者所珍视价值观的革命力量，主要是国内的敌人。

共产主义者和社会主义者是国内的大敌，犹太人更是如此。在许多反革命者看来，这些内部的敌人彼此混合重叠。他们看到，犹太人在革命运动中发挥着突出的作用：俄国有列昂·托洛茨基和其他犹太人，匈牙利有库恩·贝拉（Béla Kun），奥地利有维克多·阿德勒（Victor Adler）和奥托·鲍尔（Otto Bauer），德国有库尔特·艾斯纳（Kurt Eisner）和罗莎·卢森堡（Rosa Luxemberg）。此外，1919 年 4 月慕尼黑成立的短暂的苏维埃共和国的几位领袖人物也是犹太人。这似乎给他们的狂想提供了证据，他们认为，犹太人在策划"世界级的阴谋"，要破坏欧洲的文化、道德和政治秩序。这种狂想的起源是战前沙皇的警察伪造的《犹太人贤士议定书》。犹太人大多欢迎俄国革命，认为这会为他们带来解放。他们渴望未来能够建立没有歧视与迫害的社会主义社会。加入革命运动的犹太人比例超出了他们占全国人口的比例，他们在苏俄的行政和警察部门中发挥了重要的作用，比如，1919 年，基辅的政治警察［契卡（Cheka）］75% 的成员是犹太人。在东欧，犹太人成了布尔什维克的同义词，虽然大部分犹太人事实上不是革命者。犹太人后来为此付出了可怕的代价。

随着战局日益艰难，失败的前景渐趋明显，同盟国和俄国开始向前线部队进行恶毒的反犹宣传，使许多士兵深受影响。战争结束后，中欧和东欧一片混乱，反犹暴力骤增。一位俄国社会学家在 1921 年写道："犹太人在哪里都受到仇视。所有人，无论来自哪个阶级，受过何种教育，政治信仰如何，属于哪个种族或年龄组，都恨犹太人。"他认为，仇恨犹太人是"今天俄国人生活中的一个突出特点，甚至可能是最突出的特点"。俄国内战导致了对犹太人的疯狂攻击，最严重的发生在乌克兰。那里共发生了约 1,300 次对犹太人的屠杀，五六万名犹太人死于非命。乌克兰人和波兰人在东加里西亚连续不断的激烈战斗引发了包括利沃夫（Lvov）在内的100多个城镇中的反犹暴力。1919年7月，波兰军队开入利沃夫时进行了一次大屠杀，70名犹太人遇难。

库恩·贝拉历时甚短的共产党政权于1919年8月终结后，匈牙利也爆发了广泛的反犹暴力。1919年夏，埃塞尔·斯诺登回忆了一位本来高雅迷人的匈牙利贵族妇女说过的话，那段话反映了对犹太人的刻骨仇恨以及把犹太人和布尔什维克主义等同起来的观念："如果我能按照我的心思去做，我会杀光所有的布尔什维克，而且不会让他们死得痛快。我要把他们放在小火上慢慢地烤。想想那些肮脏的犹太人对我们一些最出类拔萃的人做的事情。他们把我全部的衣服和首饰都抢走了！……我敢肯定，就在这个时候，某个犹太丑婆娘正在（把我美丽的白皮靴）往她那丑陋的脚上套。"有这种心态，匈牙利战后的政治动乱中发生了对犹太人的暴行自然不足为奇。1922年的一份报告说，在匈牙利位于多瑙河以西的地区，就有3,000多名犹太人被杀害。

在哈布斯堡帝国废墟上兴起的新国家中，捷克斯洛伐克共和国是民主自由的灯塔。但即使那里也发生了对犹太人的屠杀。1922年，布拉格大学的学生暴动使身为犹太人的校长被迫辞职。德国和奥地利没有发生对犹太人的屠杀。然而，激烈的反犹言论还是毒化了社会气氛，使得好几个官居高位的犹太人遭到谋杀，比如，1919年，巴伐利亚的总理兼州长库尔特·艾斯纳被暗杀，1922年，外交部长瓦尔特·拉特瑙（Walther Rathenau）也遭毒手。

反革命者的暴力毫无节制，无一例外地超过了他们声称要抵抗的革命暴力。据估计，奥地利死于"红色恐怖"的有5个人，德国最多200人，匈牙利是400到500人。但是，奥地利死于反革命暴力的至少有850人。1919年4月对巴伐利亚苏维埃共和国的镇压造成了至少

606 人死亡，其中 335 人是平民。库恩·贝拉在布达佩斯建立的苏维埃政权终结后，"白色恐怖"造成了大约 1,500 人死亡，至少是死于赤色分子之手人数的 3 倍。

一个参与了 1920 年对德国鲁尔地区共产党起义镇压行动的学生志愿者事后在写给父母的信中说："没有宽恕。我们连受伤的人都打死了。"另一个作为准军事组织成员参加了 1919 年波罗的海战斗的德国青年回忆说："我们见人就杀……心里一点儿人的感情都没有了。"鲁道夫·霍斯（Rudolf Höss）后来担任奥斯威辛集中营的指挥官，主持实施了精心策划、规模空前的屠杀计划。据他所说，波罗的海地区的战斗比他在第一次世界大战中目击的所有战斗都更残酷，是"纯粹的屠杀，直到一个不剩"。1919 年到 1921 年间，波兰和德国在波罗的海地区和上西里西亚（Upper Silesia）发生了激烈的战斗，准军事组织的成员大开杀戒，被杀的人数可能高达 10 万。

1923 年后，准军事组织成员的暴力行为骤减。但是，尽管有些施暴的干将不得不去适应变化了的时代，但他们的性格或态度却并未改变。30 年代，许多人在欧洲各地日益壮大的法西斯主义运动中又找到了用武之地。在暴力最严重的地区，更糟糕的还在后面，那在相当大的程度上是对俄国成功建立苏维埃共产主义政权的反应。

布尔什维克主义的胜利

对于 1917 年的布尔什维克革命，即将被剥夺土地和其他财产的人不可能乖乖接受，必然会进行抗争。随之而来的 3 年内战超乎想象的残暴血腥，造成了 700 多万男女老少的死亡，是俄国在"一战"中损失的 4 倍，而且死者大多数是平民。大批人死亡的原因除了实际作战和严酷镇压之外，还有内战带来的饥荒和传染病。

俄国内战其实是一系列的战争。"白色"反革命势力想把新生的苏维埃政权扼杀在摇篮中，这个共同的目的把这些战争松散地联系在一起。内战也有国际方面的影响。主要由前沙皇政权的高级军官和哥萨克人领导的白军得到了协约国在部队、武器和后勤方面的支持。1919 年，白军从西伯利亚发动的西进攻势得到了来自捷克、美国、英国、意大利和法国约 3 万兵力的帮助。协约国给白军提供的弹药等于那年全苏俄生产的弹药的总和。然而，在那以后，外国支持后继乏力，不像后来苏联对内战的叙述所描写得那么重要。内战一度胜负难料，特别是在 1919 年。但是，到 1920 年末，布尔什维克确立并维持住了对前俄罗斯帝国的辽阔土地的控制。内战的最后阶段，节节胜利的红军又于 1920 年对约瑟夫·毕苏斯基（Józef Piłsudski）元帅领导的波兰军队发动了战争。波兰人被赶出基辅（这个城市在内战期间十几次易手），红军在 8 月被毕苏斯基的军队在华沙城门外击退后，双方于 1920 年秋实现停战，达成的解决方案把波兰东部与苏俄接壤的国界线向东移了一些。1921 年 3 月的《里加条约》(Treaty of Riga)为新边界提供了保证，至少维持到下一战爆发之前。

1919 年达到高潮的反苏运动大多发生在前俄罗斯帝国的边缘地区。然而，红方最终取得胜利的关键在于，他们获得了对俄罗斯广阔的中部核心地区的控制，还拥有优越的组织能力和毫不留情的雷霆手段。敌人的内部分裂也是一个因素。辽阔的领土为红军提供了巨大的人力和粮食储备，兵员和给养都是以强制手段从农村征调的。红军因此迅速壮大，从 1918 年 10 月的区区 43 万人增加到 1920 年底的 530

万人。尽管战士们装备低劣、衣食不周,而且往往缺乏训练,但是这支由 7.5 万名前沙皇军队军官指挥的庞大军队有严酷的军纪管理,为捍卫革命而战。白军无论在人数上还是在凝聚力上都不是对手。老百姓起初支持苏维埃国家,很大程度上是因为它对占人口绝大多数的农民许诺进行土地改革,现在苏维埃国家虽然在失去民心,但布尔什维克占据了绝对优势,反对党受到打压,任何敢于抵抗的人都会遭到残酷无情的打击。这一切意味着民众只能服从。

无论如何,白方没有提出任何能与布尔什维克争锋的像样社会方案。白方领导人是保守的俄罗斯民族主义者,唯一的目标似乎就是将时钟拨回到革命前的时期,所以,白方在边缘地区的非俄罗斯民族主义者中间得不到多少支持。比如,乌克兰有 3,200 万人口,大多是农民,热诚支持乌克兰民族主义,因此不可能动员他们起来支持"大俄罗斯"的事业。白方不仅欠缺一致连贯的计划方案,而且在组织上也逊于苏维埃方面。它筹建不起像红军那样庞大的军队,内部沟通不良,军事战略也缺乏协调。然而,内战远非胜负早定。红军经过了整整 3 年极为艰苦血腥的战斗才获得了完全的胜利。尽管如此,布尔什维克的最终胜利乃大势所趋。

内战结束时,苏维埃共和国的经济几近崩溃。与 1913 年相比,工业生产剧减 66%,农业生产直落 40%。政治上也困难重重。1921 年初,农民不肯出售粮食,发生了严重的粮食短缺,布尔什维克大本营俄国大城市的产业工人又爆发了抗议,反对政府的强制高压。(公历)2 月,莫斯科和圣彼得堡发生了大罢工,政府不得不宣布军事管制。1917 年的革命中,水兵是布尔什维克最热情的支持者,但 1921 年 3 月,圣彼得堡城外喀琅施塔得(Kronstadt)海军基地的水兵发动了叛乱。这标志着苏维埃政权面临的危险上升到了临界点。政权的反应严酷无情。托洛茨基向叛乱的水兵发出警告说，24小时内他们若不投降，就会把他们"像打靶一样一个一个地击毙"。水兵们没有从命，托洛茨基也说到做到。5万红军对喀琅施塔得要塞发动了猛攻。经过18小时的激战，叛乱被彻底平息。平叛战斗造成了1万多名叛乱水兵和红军战士的死亡。数千名参加叛乱的水兵被处决或送进了劳改营。

往昔热情拥护者的反叛使布尔什维克领导人深为震惊。这还只是警告，更大的挑战是赢得占人口大多数的农民的支持，但农民对政府土地政策的反对已经到了激烈的程度。在革命后不久，布尔什维克为了争取农民的支持，把土地的再分配定为合法。但是，内战期间对农民强征物资以及早期建立集体农庄的企图激起了农民的反叛。集体农庄的粮食产量很低，因为农民故意少播种子——有时当局强征粮食，实在留不下种子可种——结果就是1921—1922年的大饥荒。许多地方爆发了农民暴动，有的暴动者对当地的布尔什维克党人犯下了可怖的暴行。列宁认为，农民暴动对政权的威胁甚至大于内战中的白军。于是，苏维埃政权在1921年夏使用了大规模武力来镇压农民暴动。数千名农民被枪毙，几万人被送进劳改营。但是，单靠大棒是不够的。内战表明，光靠强迫手段生产不了粮食。

布尔什维克把占人口多数的农民完全推向了对立面，可是，它在政治上依赖农民的合作，又迫切需要农民多产粮食。于是，政权领导层来了个180度大转弯。列宁在1921年3月的第十次党代会上提出"新经济政策"以安抚农民。这项政策放松了党对农业的控制，恢复了部分的市场经济，同时国家依然拥有工业生产、交通运输、能源和通信等主要经济部门。市场上又有东西卖了，经济很快开始复苏，尽管城镇居民对那些无耻利用新的供求形势大发横财的奸商义愤填膺。

1924年1月列宁去世时，经济已经重振。苏维埃政权安然度过了这场巨大的风暴。布尔什维克虽历经坎坷，但此时已经掌控了苏维埃共和国的全部领土。党的总书记约瑟夫·斯大林对党组织行使严格的中央控制，建起了一套制度，得到了越来越多官员和政工人员的忠诚。革命后的4年内，官僚人员翻了两番，达到240万人。大批的人加入布尔什维克，在1920年，有近150万人入党。2/3的新党员是盼望过上更好生活的农民。这一切帮助布尔什维克巩固了权力，并进一步向乡村地区渗透。

生产由工人做主，人民通过选举出来的苏维埃代表来参与政治、经济和社会事务的管理——这些理想主义的观念现在必须重新调整。共产主义恐怕只能等到遥远的未来才能实现。在那之前，社会主义国家的权力应该也只能由无产阶级的先锋队——布尔什维克——来行使。任何反对意见都可冠之以"资产阶级"和"反动"的罪名予以根除。不允许"资产阶级"法律阻碍对阶级敌人的无情消灭。

使用高压作为阶级斗争的重要武器是布尔什维克革命的一个中心内容。1918年，布尔什维克的报纸大声疾呼："让资产阶级血流成河——要有更多的流血，越多越好。"布尔什维克的策略包括把家境通常只比别人稍好一点儿的富农（kulak）说成是剥削穷人的地主，以此把热切渴望土地的贫农的仇恨转嫁到富农身上。列宁把富农形容为"靠人民受穷发了财"的"吸血鬼"，说他们是"苏维埃政权的死敌"，是"吸吮劳动人民的血"的"水蛭"*，号召消灭他们。

---

* 列宁：《工人同志们！大家都来进行最后的斗争》，《列宁全集》第35卷，人民出版社，1985年。——编者注

到 1922 年，苏维埃政权自觉足够强大，可以对宗教信仰发起攻击，摧毁东正教教会的根基了。列宁号召对教士发动无情的斗争。苏俄建国伊始，就不承认常规的法律，而是把无限的权力赋予了国家秘密警察"契卡"。契卡的领导菲力克斯·捷尔任斯基（Felix Dzerzhinsky）宣称："契卡必须保卫革命，征服敌人，即使它的剑偶尔会落到无辜人的头上。"此言是完全无视真实情况的轻描淡写。据某些估计，被投入监狱和劳改营的人多达几十万，他们在监狱里过着悲惨的生活。

因此可以说，在列宁的有生之年，布尔什维克统治的特征已经显现了出来，之后发生的事情是这些特征的延续和必然后果，而不是误入歧途。列宁在世时，布尔什维克领导层内部政治、意识形态和个性的尖锐冲突勉强得到了控制。但是，在他经受长期的病痛折磨于 1924 年去世后，长期而激烈的权力斗争随即展开。随着局势逐渐明朗，约瑟夫·斯大林成了最后的胜出者。在他的领导下，苏联的早期历史进入了一个更加可怕的新阶段。

虽然欧洲的右派惊恐万分，但是事实很快证明，布尔什维克主义是无法输出的。开始时，苏维埃领导人以为革命能够遍及全欧洲。但是在内战期间，他们不得不接受现实，承认这个期待不会成真。早在 1920 年秋，红军在华沙城外被波兰军队打败的时候，列宁就认识到了这一点。俄国的情况与欧洲其他国家迥然不同。它的领土面积居世界之首，比欧洲其他所有国家加起来都大，东西长达 8,000 公里，南北宽达 3,000 公里。领土的辽阔造成了俄国政治统治的独有特点。战前的欧洲各国当中，只有沙皇统治在 1906 年之前没有任何宪政限制，1906 年后实行的宪政也不过是做样子。俄国没有独立的法律基础，也没有多元政治的代表结构,而这些都是在其他国家中促进了国家制度渐进改革的因素。

与欧洲其他地方相比,俄国的公民社会力量弱小。拥有地产的中产阶级规模很小,对政治异见的镇压使得人数极少的知识分子思想日趋激进。现代化的高速发展在大型工业城市中产生了贫穷的无产阶级,但是俄国经济仍然十分落后。占全国人口 80% 的农民基本上都生活在农庄中,大多是地主家的农奴,对国家及其官员非常仇视。暴力、残忍和轻视人命是俄国社会根深蒂固的特点。列宁正确地认为,俄国农民是革命阶级,维护财产和秩序与他们的利益毫不相干。在欧洲的其他许多地方,尽管农民仇视庄园主,西班牙和意大利有些地区做农活的散工有造反倾向,但都不存在与俄国类似的情况。在第一次世界大战的灾难激化形势、冲垮沙皇统治之前,俄国就已经具备了社会、经济、意识形态和政治方面发生根本性变革的有利条件,这在其他地方是无法复制的。

内战之后,苏维埃俄国迥然不同于前,实际上与欧洲政治的主流隔绝开来,转为内向。后来的年月中,在建设国家和实现经济现代化的同时,也发生了规模巨大的暴行。约 100 万人去国流亡,其中许多是前沙皇政权的支持者,他们在欧洲其他国家的首都大肆散播关于苏俄的恐怖故事,让席卷全欧的反布尔什维克情绪走向歇斯底里。布尔什维克主义很快变成了可怕可憎的妖魔,成了保守派和激进右派首要的反对对象。

1919 年,战胜国领导人在巴黎召开凡尔赛和会考虑重画欧洲地图的时候,已经把苏俄视为敌人。它们在军事上支持力图消灭布尔什维克的力量,不肯承认苏俄,所以只能把欧洲东部边界划分及其有效性这个棘手的问题暂时搁置起来。

大分割

重画的欧洲新地图与 1914 年的地图大不相同。俄罗斯帝国、奥斯曼帝国、奥匈帝国和德意志帝国这四个帝国消失了（虽然德国新成立的共和国保留了"帝国"的名称，该词是历史上可追溯到查理曼时代的德意志帝国的象征）。它们的崩溃催化了中欧、东欧和南欧政治结构的转变。帝国崩溃之后，出现了十个新的民族国家（包括 1923 年成立的土耳其共和国）。

创建欧洲新秩序的任务主要落到了战胜国的四位领导人肩上，他们是：美国总统伍德罗·威尔逊、法国总理乔治·克列孟梭、英国首相戴维·劳合·乔治和意大利首相维托里奥·奥兰多（Vittorio Orlando）。他们 1919 年 1 月来到巴黎时，面临异常艰巨的挑战。威尔逊倡导的理想主义背后隐藏着精心设计的目标，那就是使美国成为全球经济的龙头老大，按美国的想法重塑战后世界。在威尔逊的理想主义的激励下，与会者确定了远大的目标，其中之一是建立一个国际联盟来保证集体安全与国际和平，在这个框架下努力预防欧洲再次堕入战争。

这是一个崇高的理想。国际联盟（League of Nations，简称国联）成立于 1920 年 1 月，总部设在日内瓦，到该年年底，其成员国达到了 48 个。它旨在促进国际合作，保护少数族裔，尽力缓解中欧和东欧的人道主义危机。最重要的是，它致力于维持战后的国际安排。后来的事实却证明，那完全是白日做梦。没有军事干预的能力，建立有效的多国集体安全框架只能是空想。虽然国联的创建者想把它建成一个真正的全球性组织，但是它其实仍然基本上是一个欧洲组织，尤其受英国和法国利益的主导。由于威尔逊在美国受到政敌阻挠，因此本来应该是国联关键成员的美国根本没有加入。

"自决"是威尔逊的中心理想，也是巴黎和会的审议基础。这个词的含义可以有多种解释，威尔逊也有意不予说明，特别是因为自决的概念对殖民地宗主国权力的影响为英法两个帝国主义大国所不喜。威尔逊认为，自决的实质意义是，政府来自人民主权，即人民建立自己的国家的权利。国家最好逐渐演变发展而成，不要通过暴力革命来建立。

然而，在战后欧洲的惨状乱象当中，自决这个革命性的概念不是长远的愿望，而是当下就要实现的要求。事实上，首先使用这一概念的是布尔什维克，但他们对自决的支持纯粹是功利性的。他们支持民族主义运动是为了破坏并摧毁欧洲现存的殖民帝国，更广泛地说，要削弱或推翻帝国主义。然而，用斯大林的话说，"有时候会发生自决权同另一个权利，即同最高权力——执政的工人阶级巩固自己政权的权利相抵触的情况……自决权不能而且不应当成为工人阶级实现自己专政权利的障碍"[*]。此言挑明，在新生的苏联，"民族自决"要完全服从于布尔什维克国家的中央政策。

1919年（未邀请苏俄参加的）凡尔赛会议上审议所依据的自决概念，与布尔什维克对自决的解释截然相反。它被当作新的世界秩序的框架，这个世界秩序的基础是自由民主，即国家主权来自人民，政府

---

[*] 斯大林：《关于党和国家建设中的民族问题的报告的结论》，《斯大林全集》第五卷，人民出版社，1957年。——编者注

须得到人民认可。然而，潜在的问题是，恰恰是在欧洲大陆最不稳定的地区，关于人民主权的宣称是以族裔为基础的。垮台的帝国的大部分领土上都混居着多个民族，那些民族都对土地、资源和政治代表权提出了要求。在西欧国家（正如在美国一样），国家塑造出民族，在与国家机构的联系中，人们慢慢产生了民族意识。但是，在中欧、东欧和南欧的大部分地区，民族意识产生于同属一个族裔、语言和文化的人民建立国家的要求，而且他们经常要求国家只代表他们所属族裔的利益。当多个建立主权民族国家的要求相互冲突时，自决该如何实现？

从一开始，四大国就清楚地看到，多民族混居的中欧和东欧不可能实现民族自决。四大国作为和平缔造方只能尽其所能，希望多族裔的国家能逐渐实现民族团结，解决族裔间分歧，成为正常运转的民族国家。欧洲各国的边界无论如何调整，都免不了要包括相当规模的少数族裔，（当时以为）他们的权利可以靠国联来保障。新成立的国家中，除了奥匈帝国残留下来的讲德语的奥地利，没有一个是单一族裔的国家。比如，350万名匈牙利人被划到了匈牙利边界之外，他们居住的土地基本上都给了罗马尼亚；300万名德裔被划到了捷克斯洛伐克。欧洲新地图的最终确定其实与民族自决没有多少关系，关键是新的划分能否满足某些领土要求，拒绝别的领土要求，又不致在将来引起太大的紧张或敌意。

几乎每个新国家都与别国有激烈的领土争端。领土要求的族裔理由几乎全是障眼法，真实的原因是由经济、军事或战略利益所驱动的（有时毫不掩饰的）领土野心。希腊、保加利亚和塞尔维亚都想得到马其顿的一部分领土，希腊和意大利争夺阿尔巴尼亚，罗马尼亚和匈牙利都对特兰西瓦尼亚（Transylvania）有领土要求，波兰和德国就西里西亚（Silesia）的归属争吵不休。所有这些领土要求与反对声都打着自决的旗号，但其实不过是自古就有的扩张领土的企图。有些领土要求几乎与民族自决沾不上边，比如，意大利就坚持认为自己应当得到居民几乎全部讲德语的南蒂罗尔（South Tyrol）、几乎全由斯拉夫人居住的达尔马提亚海岸（Dalmatian coast）、主要由希腊人和土耳其人居住的部分小亚细亚，以及被初露头角的法西斯分子拿来大做文章的港口小城阜姆[Fiume，现在克罗地亚的里耶卡（Rijeka）]，虽然城中只有一部分人口讲意大利语。

为了把这些一团乱麻似的争端理顺，四大国在巴黎费尽心血。新国家的边界划定不可避免地有一定的人为因素。有些国家是在第一次世界大战后帝国的废墟上创建的，比如捷克斯洛伐克、塞尔维亚-克罗地亚-斯洛文尼亚王国（Kingdom of Serbs, Croats and Slovenes，1929年改名为南斯拉夫）和波兰，四大国只需承认事实即可。在其他的情况中，边界的划定被用来奖赏大战中支持协约国者，惩罚战败的敌国。比如，罗马尼亚大为受惠，领土增加了一倍，基本是从匈牙利那里划过来的。在中欧，奥地利、匈牙利和德国是领土再分配中的大输家。

领土得以扩大的国家固然欢欣鼓舞，未能如愿以偿的国家却感到沮丧、愤恨和深切的不满。在意大利，人们因阜姆划归了别国而群情激愤，这恰好给了激进的民族主义者以可乘之机。早期的法西斯主义者、诗人加布里埃尔·邓南遮（Gabriele D'Annunzio）发明了"残缺的胜利"（mutilated victory）一语来表示意大利受了骗，没有得到它应得的一份胜利果实。他把收复阜姆当成了自己的事业。1919年9月中旬，他带领一支七拼八凑的准军事队伍把这个亚得里亚海边的小城莫名其妙地占领了15个月。意大利与南斯拉夫于1920年11月签订的《拉帕洛条约》(Treaty of Rapallo) 最终将阜姆定性为自由市,陆上与意大利相通。但是,对力量日益壮大的意大利法西斯主义者来说,阜姆仍然是一面旗帜。1924年,它终于被贝尼托·墨索里尼吞并。

在巴黎举行会议的四大国需要对付大战遗留下来的众多领土问题,但无论那些问题有多么困难,要解决的重中之重都是德国。四大国一致认定,德国应为大战的爆发负责。在它们看来,德国(在40年多一点儿的时间内)两度入侵法国,侵犯比利时的中立,对平民犯下累累暴行,这一切都证明德国是挑起大战的元凶。于是,对挑起大战、造成惨痛代价的德国进行惩罚与报复就成了协约国领导人的头等大事。更加关键的是要确保德国再也无法将欧洲推入战争的深渊。如果不对德国的军国主义和工业能力予以足够的压制,德国就可能再次威胁欧洲和平。另一方面,德国经济对未来欧洲的重要性显而易见。况且,彻底整垮德国(这在法国会特别受欢迎)也许会为布尔什维克主义打开大门,使它得以扩散到欧洲的中心。

协约国面对的一个问题是,许多德国人不认为自己的国家在大战中被打败了。4年的战争并未摧毁德国。宣布停战时,协约国的军队并未开进德国的国土,而且那时德军仍然占领着比利时大部和卢森堡。德国军队回国时受到了鲜花和旗海的欢迎。刚宣布停战时,普鲁士的作战部宣布:"我们英雄的军队胜利返回了祖国。"此言当然不实,但德军高级指挥部也说过同样的话;1918年12月,就连担任新政府首脑的社会党人弗里德里希·埃伯特也这样说。因此,德国人民很容易就相信了反对革命的右派散播的谣言,说社会主义革命者在国内煽起的劳工动乱给前线部队背后捅了刀子。

1919年5月初,协约国对德国宣布的赔偿要求使德国上下为之震动。如果战败的事实明显可见,人们也许就不会如此震惊了。协约国给德国规定的赔偿条件非常苛刻,尽管比德国1918年3月在布列斯特-立陶夫斯克强加给俄国的条件稍好一些。不过,在一心想狠狠惩罚德国的法国,公众舆论仍然认为对德国太宽容了。德国要割让占它战前领土约13%的土地(包括主要位于东部的肥沃良田和工业重镇),因此而失去它战前6,500万人口的约10%。从经济角度来看,这些损失尽管惨重,却并非不可弥补。真正的破坏是政治上和心理上的,是对民族自尊自傲的沉重打击。

协约国勒令德国实行去军事化,这更加深了德国人民的屈辱感。德军一度强大威武,1918年还能够向战场投入450万人,现在却要削减到区区10万人,征兵也被禁止了。海军的军舰和潜艇在停战后或是被协约国接管,或是被毁掉,规模缩小到1.5万人。以后不准德国有潜艇,也不准它建立空军。

被迫割地掀起了德国民众的狂怒,所有政治和意识形态派别的人都同仇敌忾。《凡尔赛和约》被谴责为战胜者的"独裁令"。"我坚信条约必须修改,"外交家伯恩哈特·冯·比洛(Bernhard von Bülow)在1920年这样写道,"这条约荒谬无理,许多条款根本不可能执行;我们必须利用这一点来推翻整个凡尔赛和平。"

如果德国东山再起,有些地方肯定会再次沦为无法掌控自己命运的棋子。比如,但泽[Danzig,今天波兰的格但斯克(Gdansk)]这个工业港的居民几乎全是德裔,如今却被波兰的领土四面合围,被国联定为"自由市",港口贸易设施开放供波兰使用。对萨尔兰(Saarland)归属的裁定也是莫名其妙。萨尔兰地处德法边界,居民主要是德裔,该地富含煤炭和铁矿石，是工业要地，因此法国觊觎已久。萨尔兰的煤矿和铁矿划给了法国，但萨尔兰这个地方却被置于国联管理之下，为期15年；时限到期后，将举行公投，由居民自己决定是愿意归法国，还是归德国，还是维持现状。莱茵兰（Rhineland）的安排也非常别扭。法国为了确保持久安全，想把这个几乎全部由德裔居住的地区永远置于协约国的占领之下，把德国领土推至莱茵河以西。最后，法国无奈只得同意对莱茵兰占领15年。对于这些领土安排，德国人至少在当时无力反对，但他们心中深深地埋下了仇恨的种子。

其他分割德国领土的决定也引起了民众的痛苦和愤怒，正好为民族主义分子所用。民族主义者虽然不得不暂且忍耐，但从未放弃以后重改《凡尔赛和约》的希望。德国西面的变化相对较小。绝大多数居民讲德语的奥伊彭-马尔梅迪（Eupen-Malmédy）是西部边境的一小块区域，它被划给了比利时。石勒苏益格（Schleswig）北部主要讲丹麦语的部分给了丹麦。不过，在东面，德国领土的丧失是真正的切肤之痛。所谓的波兰走廊把西普鲁士和波森（Posen）从德国手中夺走，并入了新成立的波兰。这样一来，东普鲁士也被与德国其他地区分隔开来。1922年，上西里西亚举行了一次公民投票，双方都极力煽动民族主义情绪，但公投没有产生明确的结果。尽管如此，这片富含煤炭和其他矿藏的工业地区还是判给了波兰，德国民众本就因丧失领土而感到的愤恨不已，这下更是火上浇油。

引起最大愤怒的是《凡尔赛和约》的第231条。这一条后来通称"战争罪责条款"，将德国及其盟国定为发起战争的一方。它为德国赔偿战争损失的责任提供了法律基础，而德国赔偿正是法英两国公共舆论鼓噪不休的要求。赔款数额由协约国建立的一个委员会决定，该委员会于 1921 年最终判定德国的赔款额为 1,320 亿金马克。尽管这是一笔巨额款项，但是，假以时日是可以还清的，也不致造成德国经济的瘫痪。后来，大部分赔款也根本没有支付。事实上，战争赔偿主要不是经济问题，它真正造成的破坏在政治方面。在十多年的时间内，战争赔偿一直是德国政治中的一个毒瘤，有时稍有缓解，有时重新发作，挑起民族主义情绪，威胁到德国的政治健康。到 1932 年，赔款实际上被一笔勾销的时候，德国再次陷入了危机，比过去任何时候都更危险的民族主义灾祸就在眼前。

四大国在重整欧洲各国边界时除了巨大的实际困难，还要承受来自本国公众的压力。不公不义的妥协在所难免。无论如何，它们努力产生的结果与其说是实现持久和平的框架，不如说是可能导致未来灾难的毒药。它们经过妥协后塑就的欧洲如同一座弱不禁风的纸牌屋。新秩序暂时得以维持，但那不过是因为没有哪个国家强大到足以摧毁它。但是，德国是个挥之不去的难题。一旦它重振军力，纸屋就很容易坍塌。在巴黎开会缔造和平的四大国遏制了德国作乱的能力，却没有将其完全消灭。被视为"一战"导火索的德国军国主义、激进民族主义和权力野心仅仅是暂时蛰伏，并未被完全根除。割地、赔款都不足以使德国永远虚弱无力。即使德国陆、海军的规模与能力锐减，它的军事领导层仍然毫发无损。德国的军队将领、经济与政治精英和很大一部分民众内心拒不接受《凡尔赛和约》和在上面签字的德国新民主政府代表，也拒斥欧洲的新秩序。形势一旦发生变化，他们就会寻求改变这个秩序，使之有利于德国。目前，德国只能任人宰割；不过它虽然受了伤，却仍然是巨人。

脆弱的民主

巴黎和会的审议遵循了一条值得称赞的原则，那就是，希望新欧洲能够实现民主，各国政府代表的不再是未经选举的王公和地主的利益，而是人民通过多元政党、自由选举和议会表达的意志。

"一战"刚结束时，除苏俄以外的所有欧洲国家都采纳了代议制议会民主的政府模式。在时常爆发大型族裔间暴力的高加索地区，格鲁吉亚、亚美尼亚和阿塞拜疆也都希望成为主权的共和国，可惜它们很快就在俄国内战中被红军征服，之后又被纳入了苏联的版图。在前哈布斯堡帝国和沙皇帝国的废墟上建立起了9个民主国家（芬兰、爱沙尼亚、拉脱维亚、立陶宛、捷克斯洛伐克、南斯拉夫、波兰、奥地利和匈牙利）。1922年，爱尔兰南部面积较大的地区在事实上自英国独立（虽然直到1949年前在名义上仍然处于英国王权之下），建立了名为爱尔兰自由邦的民主共和国。第二年，土耳其在独立战争胜利后赶走了协约国的占领军，废除了奥斯曼苏丹制，成为议会制共和国。

欧洲国家纷纷采用民主制度，部分原因是战胜方四大国的领导人，尤其是威尔逊总统，坚持新欧洲必须建立在民主政府的基础上。但更重要的是，大战本身就是一个民主化的过程，它催动了分崩离析的君主制内部（主要来自社会主义者、民族主义者和女权主义者的）要求民主政治的呼声。大战期间被动员参战的大批人员战后要求实现改革、进步、代表权，拥有更加美好的未来。社会中关心政治的人数大大增多。大众政治扎下了根，成为不可阻挡的潮流。各国几乎都把投票权扩大到了所有男性公民，有些国家甚至让所有妇女都享受了投票权，虽然那时英国还没有给予所有妇女投票权，法国更是根本没有给妇女投票权（因为参议院拒绝了在众议院中获得压倒多数支持的动议）。结果，政党动员的选民比从前多得多。比如，英国的选民人数从 1884 年的 800 万增加到了 1918 年的 2,200 万，从 1912 到 1919 年，德国的选民人数从 1,450 万上升到接近 3,600 万。动员大众的确比过去容易了，但发起政治运动挑战并破坏民主的可能性也随之增加。引导、策划和动员公共舆论成为政治生活至关重要的一部分。随着报刊的影响力越来越强，操纵群众、推动排斥异己和专制主义的机会也大为增加。

政治激进化是大战刚结束时动乱岁月的突出特点。许多国家涌现出形形色色的众多党派，各自依靠人口某一部分或特定利益集团的支持。基本上看不到英国政治制度的那种稳定。在英国的制度中，对议会权力的竞争一直在自由党（它作为主要政治力量的地位不久后被工党所取代）和保守党之间进行。英国采用简单多数票当选（first past the post）的选举制度，每一个选区都只有一位胜出者。这压抑了小党的出现，促使议员严格遵守党的纪律。所以，联合政府在英国并不常见，只是例外（虽然 1915 到 1922 年间的英国政府的确是联合政府）。相比之下，欧洲大陆的国家普遍采用比例代表制，投票权又大幅度扩大，这极易造成议会中不可调和的分歧，使政府软弱无力。在多数国家中，共产党和社会党、农民党和民族主义政党、天主教和新教政党、自由党和保守党都在民众中享有不同程度的支持。这常常导致社会分裂，政府不稳。

社会主义在工业区的工人阶级当中很受拥护，但几乎在各处都处于分裂状态，因为比较激进的工人在俄国革命的激励下，更倾向于共产主义。在中欧、东欧和东南欧的大部分地区,绝大多数农民最关心的是"土地问题"(主要是收回大庄园的土地,重新分配),所以广泛支持鼓吹民粹主义的农民党,但他们的支持时起时伏,并不稳定。农民党经常与代表着新生民族国家中重要族裔群体的民族主义政党合并为一,在少数族裔人数较多或边界有争议的国家中很容易成为不稳定因素。新生的国家通常经济困顿,但又必须建立国家认同感,奠定政治基础。在这样的国家中,民主尤其步履维艰。大战刚刚结束的那几年,民主在多数国家幸存了下来。但是,民主作为政府制度备受质疑,既遭到强大精英集团的拒绝,也为人口中新动员起来的部分激进分子所排斥。

只有在西欧和北欧那些在大战中得胜的经济发达的国家(英国和法国)和始终保持中立的国家(斯堪的纳维亚各国、荷兰、比利时和瑞士),多元民主才基础坚实,成为被普遍接受的政府制度。在这些国家中,战后的社会与经济震荡也造成了严重的问题和社会分裂,引发了产业工人的骚动,加强了工人阶级(经常是受俄国革命启发)的激进立场。但是,反民主的力量相对弱小,在可控范围之内。除了爱尔兰,其他国家没有少数族裔动乱的压力。爱尔兰的动乱直到1922年爱尔兰自由邦成立后才平息下去,但即使在动乱期间,人民也一致支持议会民主制,并最终建立了稳定的两党制。法国可以算半个例外,因为法国的左派和右派中都有少数人拒绝第三共和国的自由民主制。但除此之外,民主政府的形式几乎得到了普遍拥护,没有合法性的危机。

主要的问题在别处。比如,希腊和保加利亚的议会制度在19世纪就已经建立,虽然它们过去一直不过是派系斗争和庇护主义的门面而已。根基牢固的权力精英和寡头利用并操纵着民众。暴力和镇压是家常便饭。战后的希腊政府由于在小亚细亚对土耳其作战的惨败而立足不稳，还陷入了派别间的激烈冲突。冲突的一方是保王派，另一方是埃莱夫塞里奥斯·韦尼泽洛斯（Eleftherios Venizelos）的支持者。韦尼泽洛斯是自由党党魁，一直是希腊政治中的关键人物，对他的评价从来褒贬不一。不过，军队的高级将领才是希腊政治的主导力量，他们举足轻重，越来越能对国家权力施加影响。希腊在希土战争中战败后，反对国王的军官于1922年发动政变，康斯坦丁国王被迫退位。他的儿子乔治二世继位仅仅两年后也被赶走，这一次是在一群保王派军官发动了一场未遂政变之后，而那群军官中有一个就是后来的独裁者扬尼斯·迈塔克萨斯（Ioannis Metaxas）。1924年3月，君主制被废除，希腊成为共和国。在那之后，希腊国内政治的严重分裂得到了缓解，但并未消失。

大战之后的保加利亚国力疲弱，经济凋敝，代表（从土地大规模重新分配中受益的）小农的农民联盟成了最大的政党，与它规模相差不少的第二大党是（成立于1919年的）共产党，然后是社会党。然而，由身为农民党领袖的亚历山大·斯坦博利伊斯基（Alexander Stamboliiski）担任首相的政府镇压异己，腐败滥权。斯坦博利伊斯基遍树强敌，尤其危险的是他得罪了许多军官。1923年，他们决定出手扼杀民主的实验。斯坦博利伊斯基被推翻，权力落到了军方手里。

在阿尔巴尼亚这个1913年才建立的新国家中，由阶级冲突和传统部族忠诚所驱动的派系斗争和暴力明显是国家政治的中心内容。阿尔巴尼亚虽然也实行民主制，但那不过是表面文章。它在大战中遭到希腊、意大利、塞尔维亚和黑山这些强邻的分割和占领，战后又陷入了一段短暂但剧烈的动荡。新建的各个政党就土地改革和制订宪法等问题争执不下。但是，地主阶级和部族领袖的利益占据了主导地位。领导不同派别的有两个主要人物，一个是哈佛大学毕业生，阿尔巴尼亚东正教教会的主教凡·诺利（Fan Noli），另一个是出身于阿尔巴尼亚显赫穆斯林家族的艾哈迈德·贝·索古（Ahmed Bey Zogu）。酷刑、杀人、贿赂和腐败是这两个人及其追随者常用的手段。国家的政治制度更接近新封建主义，而不是真正的议会民主。诺利在1924年的一次武装叛乱中击败了索古，迫使他逃往国外。6个月后，索古带领着他组建的包括许多外国雇佣兵在内的军队卷土重来，推翻了政府，这次轮到诺利和他的追随者逃亡了。1925年1月，留下来的议会成员选举索古为总统，总统的权力得到了扩大，任期7年。

罗马尼亚在1881年就建立了以立宪君主为首的多元政治制度，但"一战"后它的领土大为扩展（几乎扩大了一倍），国家因而发生巨变。议会虚弱无力，由贵族、军人、东正教教会高级教士和上层资产阶级组成的统治阶级力量却十分强大。政府因害怕发生布尔什维克革命而推行了土地改革，领土扩大使人口中增添了少数族裔，有些人的社会地位发生了变化，城市无产阶级得到了壮大。这一切导致了重叠交织的冲突和连续不断的危机。

所有上述国家的经济基本上都是落后的农业经济。战后的经济困难、边界争端、领土要求以及国籍的问题都造成了政治紧张。人口的有些部分，特别是政治意识刚刚启蒙的农民，新近得到了投票权，这为蛊惑和操纵选民的政客提供了大量机会。专制主义随时都有可能冒头。

西班牙面临的困难同样严峻。尽管它在战时保持中立，但它的经济还是受到了大战的严重影响。一次次的罢工沉重打击了国家权威，革命似乎山雨欲来。西班牙若是参加了大战，也许会真的爆发革命。实际上，在自由派和保守派精英的寡头统治下，1876 年建立的立宪君主制和完全不具代表性的议会制度勉强存活了下来。社会主义运动迅猛壮大，自大战结束以来，社会党成员增加了一倍以上。但是，由于选举安排上的歧视，社会党在议会中只有区区几个席位。尽管如此，统治精英的控制还是在减弱，他们的自由派-保守派政治基础也在崩塌。从 1902 年到 1923 年，换了 34 届政府，这使广大民众更加蔑视孱弱无力的议会制度。统治阶级看到，国家太弱，无力保护他们的利益；然而，反对国家的力量（主要是工人阶级）也太弱，无力推翻现行制度。结果，西班牙政治形成了僵局。

有人痛斥"自由主义的软弱"，呼吁建立"公民独裁"来防止出现"布尔什维克式的无政府状态"。要求建立强有力政府来恢复秩序的人和害怕发生革命的人组成了利益联盟。在这个联盟的支持下，米格尔·普里莫·德里维拉（Miguel Primo de Rivera）将军于 1923 年 9 月发动政变，夺取了权力。政变得到了军队、天主教会、地主阶级、大企业和中产阶级的支持，反对政变的工人阶级斗志消沉，缺乏团结，宣称要发起总罢工，但并未全力推动。政变后实施了军事管制和新闻审查，只允许建立一个民族团结党，劳资关系也按社团结构来组织，无政府-辛迪加式的工会被宣布为非法（与它竞争的社会主义工会对此大为满意），一些主要的反对派人物被投入监狱。但是，普里莫的独裁相对温和，他主持的政府通过推行公共工程建设甚至一度造成了经济蓬勃发展的荣景。最重要的是，普里莫在短时间内成功恢复了秩序，这是大多数西班牙人最关心的。西班牙的民主本来就只是个幌子，没有几个人会为它的消亡一洒哀悼之泪。多数人对民主完全漠不关心。眼下，反革命势力取得了胜利。

在往昔帝国的继承国中，议会民主制就像种植在贫瘠土壤中的一朵柔弱小花。从一开始，它就面临着强大的社会集团和民粹主义（通常也是民族主义）力量的挑战。然而，民主在战后危机之中生存了下来，尽管只在芬兰和捷克斯洛伐克取得了持久的成功。

芬兰在红军和白军之间5个月（造成3.6万人死亡）的激烈内战后，于1918年获得独立。议会民主制载入了1919年的宪法。尽管政府的根基不稳（这反映了保守党人、社会民主党人、农民党人和瑞典民族主义者之间意识形态上的分歧），但是，政府决心顶住强邻苏俄的威胁，坚决维护国家独立，这成了它合法性的基础。独立头几年担任总统的卡洛·尤霍·斯托尔贝里（Kaarlo Juho Ståhlberg）作为国家元首掌握着大范围内的行政权。他大力支持立足未稳的议会制度，也在加强政府制度合法性方面起了很大作用。

战后捷克斯洛伐克的情况更是如此。（一手创建了国家的）总统托马斯·马萨里克（Thomas Masaryk）是坚定的民主派。忠诚的军队、哈布斯堡帝国遗留下高效的官僚机构、坚实的工业基础、逐渐走出战后衰退的经济，这些都为他的执政提供了有利条件。捷克斯洛伐克有20多个政党，各自代表不同的阶级和民族利益。政党如此众多，极易损害国家的政治制度，而马萨里克在维持政治制度的完整方面起到了关键作用。1918年12月和1919年初，马萨里克动用捷克军队镇压了企图在斯洛伐克建立独立共和国的行动。1919年5、6月间，来自匈牙利的亲布尔什维克力量侵占了斯洛伐克。马萨里克向协约国求援，宣布进入紧急状态，并派遣由法国军官指挥的部队击退入侵者，收复了失地。他任命了由独立于各个政党的官员组成的内阁，以便处理那年夏天发生的一系列严重骚乱，显示出高超的手腕。1920年11月和12月，政府还实行军管，打击了社会党中的亲苏势力挑起的一波罢工潮。

这是个重大的转折点。自那以后，捷克的议会制度维持了完整，开始时不太稳定，但后来权威日益增加。革命左派陷入孤立，因为民众大多希望实现和平与秩序。农民利益和工业无产阶级利益之间达成了广泛平衡。在所有（以前帝国的）继承国中，捷克的无产阶级人数最多，但他们大多支持议会民主制，而不是共产主义。斯洛伐克人和（暂时忍下了各种形式歧视的）具有相当规模的德裔少数族裔融入了国家政治，分裂倾向因此受到遏阻。民主逐渐巩固，尽管深层的矛盾仅仅得到了遏制，并未根除。

在爱沙尼亚、拉脱维亚和立陶宛这三个波罗的海国家，民众珍惜新获得的独立，普遍反对强邻苏俄推行的布尔什维克主义。所以，尽管政府不稳，但民众依然支持议会民主制。关键的一点是，政府努力维护强大的农民游说团体的利益，限制弱小的共产党。然而，民主仍然十分脆弱，政府全靠军方领导和民族主义准军事组织的宽容才能存在（事实证明这个宽容为时不久）。

南斯拉夫（在塞尔维亚君主统治下）把议会制写入了1921年的宪法，这是集权主义对联邦主义的险胜。但从一开始，议会制成功的前景就比较渺茫。南斯拉夫有20多个少数族群，塞尔维亚人、克罗地亚人和斯洛文尼亚人这三大族群分歧严重。尽管政府努力培育民众对南斯拉夫国家的认同，但分离主义的倾向仍然十分强烈。新生的南斯拉夫既要顶住马其顿的分离主义压力，打击那里强大的亲保加利亚准军事组织，又要应付科索沃的阿尔巴尼亚族武装叛乱分子。对国家完整的首要威胁是克罗地亚人对塞尔维亚人统治地位的愤懑不平。南斯拉夫未能促成各族人民对国家的一致认同，但还是遏制住了克罗地亚的分离趋势，尽管费了很大的力气。斯洛文尼亚人认为，留在南斯拉夫国家中能使自己的语言和文化得到最好的保护；其他的少数族裔力量弱小，彼此又不团结；意大利的扩张野心也激起了亚得里亚海沿岸人民的亲南斯拉夫情绪。

虽然南斯拉夫的族裔分歧十分尖锐，但它是个农业国，没有工业无产阶级可言，共产党自从1921年遭到禁止和迫害后即一蹶不振。各个派别的腐败利益盘根错节，那些派别大多是土地再分配的受益者，对它们来说，支持新生的国家比破坏这个国家对自己更有好处。在比例代表制下，南斯拉夫的议会中有45个政党，各自维护自己的民族和地区利益。这个结构上的问题导致该国在8年间换了24届政府，这实际上加强了王室及其腐败的侍臣、军方（及准军事组织）和安全部门的统治地位。事实上仅为门面的民主暂且得以继续存在。

19世纪期间，波兰的民族意识一直在增强，这与南斯拉夫那种刻意打造的微弱国家认同感形成了鲜明对比。1918年，经历123年被俄国、普鲁士和奥地利瓜分的波兰再次成为一个国家，接着就和苏俄爆发了战争，那是这个新生国家在1918年至1921年间打过的6场边界战争之一。战争使民众初步找到了国家团结的感觉。体现了这种团结的是被普遍视为波兰救星的约瑟夫·毕苏斯基元帅，还有民众的民族主义感情。波兰多数族裔对人数较多的少数族裔比较反感，这是民族主义感情加强的一个因素。但是，在这个因战争和恶性通货膨胀而民不聊生的穷国，团结很快就让位于深刻而激烈的分歧。

分歧有部分的族裔原因。波兰人口近 1/3 是少数族裔（有些地区少数族裔占了当地人口的多数），包括 14% 的乌克兰人、9% 的犹太人、3% 的白俄罗斯人和略超过 2% 的德意志人。各少数族裔群体的民族主义目标不仅不可避免地彼此冲突，也与波兰多数民族的强硬民族主义情绪发生了矛盾。阶级分歧更是造成了政治的两极分化。波兰人口的一大部分是农民，因此土地改革对非共产党的左派政党来说是重中之重。政府 1925 年终于采取措施对土地做了大幅度重新分配（但给予了大地主补偿），但是，右翼政党激烈反对土改，坚决捍卫地主阶级的特权。

波兰 1921 年通过的民主宪制以法国第三共和国为榜样，结果和它的榜样一样，也造成了软弱无力的政府和两院制议会中尾大不掉、四分五裂的下院。形形色色的政党（有的代表农民，有的代表工人，还有的代表少数族裔）竞相争夺影响力，主要的有少数族裔联盟（联盟内部各族裔关心的问题不同，经常无法调和）、保守的国家民主党（它维护地主、企业家和中产阶级的利益，而中产阶级的一大关注点就是抵制"外国"影响，特别是犹太人的影响）、农民党（它最主要的目标是重新分配大庄园的土地）和社会党（它极力维护其在大战结束时近乎革命的形势下取得的重要成就，包括引进了 8 小时工作制）。政府频繁换届既造成了不稳定，也使得国家的政治方向模糊难辨。多数老百姓越来越倾向于认为，民主政府软弱无能，议会中那些把党派利益置于国家利益之上的政客只会吵吵闹闹，没有能力解决国家面临的巨大问题。

政府为遏制恶性通货膨胀（1923 年 11 月已达到 1 美元兑 165 万波兰马克）采取了严厉的紧缩措施。1925 年，波兰发行不久的新货币兹罗提遭遇巨大压力，导致了政府的垮台，于是，紧缩措施被再次祭出。国家经济步履维艰。波兰的民主在困苦的战后年代中艰难地存活了下来，但它从未得到巩固，也从未成为民众普遍接受的政治制度。波兰数次濒临内战或军事暴动。人民普遍对民主感到幻灭。有人说，需要一位"铁腕人物领导我们走出深渊"。1926年，民族英雄毕苏斯基宣布，他认为波兰落入了只顾谋取权位和个人物质利益的政党之手，他要对这种现象宣战。这是他当年5月发动政变的前奏，预示着波兰专制统治的开始。

奥地利原来是庞大的帝国，现在却沦为一个微不足道的德语民族国家，多数奥地利人起初寄希望于和德国合并，但协约国打破了这个希望。在那之后，奥地利就几乎不存在建立政治团结的基础了。社会党和两个主要的反社会主义政党——基督教社会党（它是奥地利最大的政党，与天主教会关系密切，日益强硬地坚持奥地利民族主义）和规模较小但声音很大的德意志民族党（它赞成与德国结盟）——三足鼎立，彼此之间的裂痕很深。为了保卫奥地利与别国有争议的易受攻击的边界，特别是为了抗击南斯拉夫从斯洛文尼亚对奥地利南部边界的入侵，大批主要由农民组成的武装民兵组织了起来。这些民兵不仅拥护民族主义，虔信天主教，强烈反犹，而且激烈反对他们眼中的"红色维也纳"社会主义统治。

即使在维也纳，社会主义也与大部分中产阶级、（沿袭了过去帝国传统的）国家官僚机构和天主教的主教团格格不入。在维也纳以外的地方，社会主义更是步履维艰。奥地利这个阿尔卑斯山麓的新生共和国中大部分地区是乡村，人民观念保守，有爱国热情，虔信天主教，并激烈反对社会主义。初期的革命性阶段过后，奥地利人骨子里拥护专制的力量逐渐增强。从 1920 年开始，推动奥地利建立民主的主要力量社会党就没有参加过奥地利的政府。与社会党联系紧密的民主越来越处于守势。

在俄国以外，唯一建立了苏维埃共和国的国家是匈牙利，但为时不长。（1919 年 4 月在巴伐利亚掌权的苏维埃政府还没来得及从它在慕尼黑的临时基地向外扩张，就被军队和右翼准军事组织镇压了下去。）匈牙利的马扎尔贵族保留了巨大的特权和广阔的庄园，仍然像对待农奴那样役使农民。由两个自由派小党和（在人数不多的工人阶级中仅得到一部分人支持的）社会民主党组成的联合政府力量薄弱，无法推行必要的社会改革，也没法解决土地再分配这个紧迫的问题。各地城镇居民举行大示威，要求彻底变革。共产主义的宣传大受拥护，温和的社会民主党失去了影响力。工人和士兵组成的理事会向政府权力发出的挑战越来越强。一些原属王室的庄园被雇农占领。压垮政府的最后一根稻草是协约国要求匈牙利军队在汹汹而来的罗马尼亚军队面前撤退，这意味着匈牙利必然会丧失领土。1919 年 3 月 21 日，匈牙利政府拒绝接受协约国发出的最后通牒，结果是共产党领导的政府上台。它宣布在匈牙利成立苏维埃共和国，实行无产阶级专政。

这个政权仅维持了 4 个月，它执政的结果是灾难性的。国家雷厉风行地采取严厉的干预措施来实现经济国有化，没收银行存款，同时还强征粮食，打击教会。国家支持的恐怖日益加紧，数百名有产者被任意逮捕，其中有些人付了巨额赎金后得到释放，也有人遭到枪决。好几百人成为"红色恐怖"的受害者。匈牙利日益陷入无政府状态的同时，又遭到了罗马尼亚、捷克斯洛伐克和南斯拉夫军队的多面夹击。到 1919 年 8 月，匈牙利的共产党政权陷入了绝境。它众叛亲离，中产阶级、农民，就连工人阶级的大部分成员都转而反对它。政权领导人库恩·贝拉和多数推行"红色恐怖"的共产党人民委员都是犹太人，这掀起了反犹情绪。只有苏维埃俄国出手才能拯救匈牙利的共产党政权，即使那样也只能救一时之急。然而，俄国的苏维埃政权正在内战中苦斗求存，无力向匈牙利提供军事援助。对匈牙利输出共产主义的失败十分清楚地表明，以俄国革命为样板发动世界革命的想法是行不通的。

库恩·贝拉的倒霉政府于1919年8月1日辞职，正值占领了匈牙利大部的罗马尼亚军队开进布达佩斯大肆抢掠之际。库恩逃离匈牙利，最终到达俄国，在那里死于斯大林的迫害。几个月内，右翼民族主义保守势力就重新控制了匈牙利。土地改革被叫停，庄园主保住了财产和权力。军方、官僚机构、工商界领袖和农民阶层中比较富裕的人都对库恩政权深恶痛绝，也都欢迎保守的专制主义，认为它能够恢复秩序。身为战斗英雄的霍尔蒂·米克洛什（Miklós Horthy）海军上将自1920年起担任国家元首，几乎干了1/4世纪。他主持的历届政府都是专制政府。为报复库恩政权的"红色恐怖"，他发动了范围大得多的"白色恐怖"，匈牙利国家军队的右翼军官小分队主要针对共产党人、社会党人和犹太人发动了一系列暴行（据一些估计，约5,000人被打死，数千人遭监禁）。

匈牙利和西班牙一样，是战后时代大潮流中的例外。总的来说，民主经受住了那段波涛起伏的动乱时期的考验，尽管有时离失败只有一步之遥。部分的原因是，民主思想在欧洲各地都得到了理想主义者的热情支持。这样的人大多属于社会主义和左翼自由主义阵营，他们一直满怀激情地谋求摆脱传统精英专制统治的桎梏，向往实现民主，

第三章 和平乱局

建立更公平、更繁荣的社会。然而，主要的原因是旧秩序在大战中一败涂地。旧秩序的支持者无力抵抗民主的建立或推翻这个全新的政府制度，因为新制度获得了来自不同社会与政治阶层民众的广泛支持，虽然民众的支持有时不太稳定。精英阶层由于自身的虚弱以及对布尔什维克的极度恐惧，愿意容忍多元民主制，尽管热情不高，而且他们经常可以利用民粹式的民族主义来操纵民主，为他们自己的利益服务，而边界争端恰是煽动民族主义情绪的大好由头。但是，民族主义的政党和运动大多存在内部分歧。右翼民族主义运动和右翼精英缺乏团结，无法在大战刚刚结束那几年中对民主提出步调一致的挑战。

在一定程度上，左派也和过去的统治阶级一样力量薄弱，四分五裂。在俄国以外，绝大多数社会主义者都支持议会民主制，支持布尔什维克主义的革命者几乎在各处都是少数。因此，最后的局面经常是新生的民主侥幸生存，因为反革命的右派和革命的左派都没有力量将其推翻。

除了西班牙的普里莫靠政变夺权之外，民主制度生存形势中的主要例外是意大利。它是第一个，也是战后危机中唯一一个自由民主垮台，法西斯主义取而代之的国家。

法西斯主义的胜利

意大利自从 1861 年实现统一后就建起了多元的议会政府制度。然而，称其为民主实在太过牵强。当时的选民人数极为有限，把持政治的是自由党显贵组成的小型寡头集团，山头林立，腐败不堪。1912 年投票权的改革使选民几乎增加了两倍，从不到 300 万上升到近 850

万（多数是文盲）。但是，投票权的扩大并未导致政府制度的重大变化。接着就发生了给意大利带来撕裂和重创的第一次世界大战。意大利经过长时间的摇摆不定和秘密谈判后，于1915年加入协约国的战团。大战甫一结束，意大利即于1918年12月宣布给所有成年男性以投票权，算是对士兵的奖励，第二年又通过新的选举法，引进了比例代表制。政府希望借此来获得民众的更大支持，但改革产生的效果却适得其反。

在战后的一片混乱中，新获得投票权的大批民众抛弃了过去的自由主义政治理念，把票要么投给了新近创立的代表天主教利益的意大利人民党，要么投给了宣称要"为工人暴力夺取政权"，建立"无产阶级专政"的社会党。社会党宣布效忠于列宁1919年3月在莫斯科成立的共产国际（Comintern）。同年11月的选举中，社会党在下议院的席位增加了两倍，人民党的席位更是增加了将近3倍。最大力支持自由党政府的是庇护政治仍占上风的意大利南部地区，那个地区比较贫穷，经济以农业为主。但是，自由党及其支持者如今在议会中成了少数。政党政治趋于分裂，政府立足不稳（1919年至1922年六易其手），日渐瘫痪。意大利似乎即将爆发红色革命。

1919年和1920年在意大利被称为"红色的两年"（biennio rosso），其间爆发了巨大的社会和政治冲突。工业城市中罢工屡见不鲜（每年有1,500次以上），工厂被占领，工人发动示威游行，对物价飞涨愤怒不已的人群抢劫店铺。在部分乡村地区，复员回乡不久的农民夺取了大庄园的土地，100多万雇农参加了罢工。混乱日益加剧，政府显然无力恢复秩序，有产阶级对革命的恐惧和对社会主义的焦虑与日俱增，政党政治陷于分裂，无法走出困境。这一切为新的政治力

第三章 和平乱局 145

量开辟了政治空间，而填补了这个空间的是法西斯主义者。

在意大利的政治乱局中，北部和中部的城镇兴起了几个小型准军事运动，它们给自己起了个不起眼的名字，叫法西斯（Fasci），意思是"群体"（字面意思是"捆"，该名源于古罗马时期象征秩序的束棒的拉丁文）。这些运动主要吸引了属于中产阶级下层的复员军人（尤其是复员军官）和许多学生的支持。它们没有集中的组织，但成员均比较年轻，都信奉激进的极端民族主义，美化战争，崇尚暴力，对他们眼中自由党政府那信誉全无、分裂不和、软弱腐败的议会政治深感不满。他们认为，意大利英勇的战争努力被政治阶层拖了后腿，意大利若是继续由过去的显贵领导，永远也成不了伟大的国家；那些人应该被统统扫光。法西斯激进派要采取极端的行动来实现意大利的更新。这个纲领有革命的含意，因为它旨在通过暴力从根本上改变国家。至于改成什么样子，谁也不知道。

众多的法西斯运动当中，有一个是贝尼托·墨索里尼在1919年3月建立起来的。墨索里尼原来是社会党机关报的编辑，因在1915年狂热鼓吹意大利参战而与左翼社会党决裂。在"一战"中，他亲身参加了作战并受了伤。他把大战视为他个人经历和意大利历史上的一段英雄时期。他1919年创建"战斗的法西斯"党（Fasci di Combattimento）时提出的纲领与其他法西斯团体的纲领并无二致，其基调具有明显的革命性，许多提议与左派的主张不谋而合，如实现普遍投票权、取消一切贵族头衔、保证思想自由、建立对所有人开放的教育体系、改善公共卫生、打击金融投机、引进8小时工作制、组织工人合作社并让工人分享利润、废除政治警察以及参议院和君主制、建立以地区政府自治和行政权力下放为基础的新型意大利共和国，等等。纲领的目标是"彻底改变集体生活的政治与经济基础"。

然而,墨索里尼后来不再承认这些具体的社会和政治主张,宣称它们不代表他的理念,而仅仅是留待以后进一步明确的希望。他说,法西斯主义"不是事先制定好一切细节的新生理念,而是产生自采取行动的需要,它从一开始就是面向实际的,不是理论性的"。墨索里尼此言发表于法西斯运动诞生的几乎 20 年后,意在为他领导的这场运动短短两年内就出现了大变脸进行辩解。墨索里尼是最大的机会主义者,根据政治的需要,他会毫不犹豫地无视、绕过或调整他在米兰宣布的纲领。他的"社会主义"运动内容永远是附属于实现国家重生的目标之下的。国家重生的概念意思模糊,却强大有力,至少在表面上能够把相差甚远的利益团结在一起。对墨索里尼来说,原则毫不重要,权力才是一切。所以,他的运动从革命转向了反革命。他起初支持工人罢工,1920 年秋却派遣法西斯准军事小分队去镇压罢工,保护地主和工业资本家的利益。接下来的几个月间,法西斯小分队的暴力行为急剧升级。墨索里尼认识到,他要打败社会主义和共产主义,不能靠和它们争抢同一群人的支持。要获得权力,他需要有钱有势的人做后盾。他必须赢得保守派和中产阶级的信任,而不仅是依靠心怀不满的复员军人和凶狠的暴徒。

墨索里尼起初只是众多法西斯领导人和地区老大中的一个,他在早期的法西斯运动中占据了主导地位,不是因为他的个性强悍而富有活力——那是所有法西斯运动领导人的共性——而是因为他聪明地利用了报纸,在主办《意大利人民报》(*Popolo d'Italia*)的过程中与工业资本家建立了关系。他鼓吹的激进主义注重实现民族团结、权威和秩序,不惜使用暴力来打击阻碍实现这些目标的人(社会党的左翼、革命者和罢工的工人）。这不仅与保守统治阶级的利益相符合，而且直接为他们的利益服务。在秩序崩坏，自由党政府束手无策的情况下，法西斯党人日益得到意大利政治和经济精英的倚重。

到1921年中期，意大利政府甚至给法西斯党人提供资金和武器，让他们去对付日益严重的混乱失序，还命令警察不准干预。在5月的选举中，任首相的自由党人乔万尼·焦利蒂（Giovanni Giolitti）把法西斯党纳入了包括民族党、自由党和农民党在内的"民族联盟"，希望驯服法西斯党，并削弱来自社会党和意大利人民党的反对。民族联盟整体赢得了大多数选票（虽然法西斯党只赢得了议会535个席位中的35个）。但是，社会党和人民党的力量并未大幅减弱。政府不稳定的痼疾依然无法消除。现存的国家制度只得到了议会中少数议员的支持。法西斯党虽然在选举中还是小党，但它在不断成长。1919年底，它只有区区870名党员，到1921年，它的成员数已经达到了20万。

法西斯党实现突破的地方不是经济落后、以农业为主的南方，也不是墨索里尼的发迹地米兰这样的北方城市。法西斯主义是在中部商业比较发达的乡村地区，如艾米利亚-罗马涅（Emilia-Romagna）、托斯卡纳（Tuscany）、波河河谷（Po Valley）和翁布里亚（Umbria）等地壮大起来的。地主和土地租赁人面对社会主义同盟、农民合作社和由社会党或人民党主导的地方理事会的挑战，通常会花钱从附近城镇雇用法西斯暴徒，用卡车拉他们去殴打和自己作对的人，强迫那些人喝蓖麻油，把他们拉下职位，毁坏他们的财产，或用其他手段恐吓他们，警察却袖手旁观。几周内，原来的"红色"省就变成了法西斯的据点。法西斯党建立了"辛迪加"来取代社会主义联合会，通过威胁恫吓的手段"鼓励"工人和农民参加。到1922年6月，辛迪加已经有了 50 万成员，主要是农民。地主和工业资本家满意地看到，难以控制的骚动变成了驯顺的服从。

"黑衫军"（squadristi）是法西斯准军事队伍，通常每队由十几个暴徒组成，受势力庞大的地区法西斯首领控制。墨索里尼也许是最重要的法西斯领导人，但他在法西斯运动中远非一言九鼎。1921 年，他为了向统治精英证明自己是谋求建设性国家团结的"温和"爱国者，曾试图减少针对社会党的暴力，甚至提出要和社会主义同盟和解。他这个立场激起了地方法西斯首领的反叛。结果，墨索里尼被迫辞去法西斯党魁的职务，直到他对激进分子低头，宣布放弃任何与社会党人和解的念头后，才官复原职。各地区法西斯党的首领彼此不和，互不信任。他们愿意继续推举墨索里尼做党魁，是因为他在国内是著名人物，控制着法西斯的报纸，并与工业资本家和其他权贵联系紧密。作为对他们的信任的回报，墨索里尼明确表示支持法西斯小分队在后来几个月内夺取对北方众多城镇的控制权。1921 年 10 月，他正式成立了国家法西斯党。

接下去的几个月中，法西斯党的组织机结构扩大到 2,300 个地方支部（每个支部都在不断发展新的党员），使墨索里尼获得了广泛的政治基础。对软弱无力的自由党政府日益失望的中产阶级蜂拥加入法西斯党。到 1922 年 5 月，法西斯党的党员人数达到了 30 万以上——短短不到 6 个月的时间内增加了 50%。法西斯运动由社会不同阶层的成员组成，但地主、店主、职员，尤其是学生，占了超比例的份额。法西斯运动总的来说也得到了地方精英、警察和法官的同情。

1922 年秋，法西斯主义成功地进入了社会和政治机构，获得了强有力的群众基础。8 月由社会主义联合会号召发起的总罢工彻底失败，但罢工进一步增加了中产阶级的忧惧。10月24日，法西斯党在那不勒斯举行了4万人的大型集会，显示了它的巨大力量，与左翼力量的明显薄弱形成了鲜明对比。墨索里尼收回了法西斯运动开始时提出的另一项要求，即把意大利变为共和国。他宣称自己无意废除君主制，还说法西斯运动已经做好了掌权的准备，要求新政府中至少要给法西斯党留6个部长的位子。

事实上，10月28日发动的"进军罗马"完全是虚张声势。国王收到了政府的辞呈，同时又听到传言说10万法西斯民兵正势如破竹地向罗马开来。其实，法西斯民兵只有2万装备低劣的"黑衫军"，军队如果想的话，是很容易将其一举击溃的。组建自由党政府的最后一次企图宣告失败后，国王请墨索里尼出任首相。墨索里尼不是带领胜利前进的法西斯大军开入罗马，而是身穿黑衬衫、黑裤子，头戴圆顶硬礼帽乘火车到来的。他按照宪法规定的程序被任命为首相，他的政府是广泛的联合政府，除了他自己和其他3个法西斯党人以外，还包括来自自由党、民族党、民主党和人民党的部长。11月中，议会明确地对新政府投了信任票。但是，鉴于近年来政府一贯不稳，谁也不指望新政府能维持很久。

这种想法很快发生了改变。想向上爬的人现在争相加入法西斯党，党员人数到1923年底膨胀到78.3万，比"进军罗马"时多了一倍以上。法西斯主义开始制度化。它初始时期的核心力量是由野蛮的暴徒组成的黑衫军和狂热的法西斯分子，现在这个核心力量被冲淡了，因为党内涌入了大批寻求工作和进身之阶的机会主义者，包括原来与法西斯主义作对的民族主义分子，其中许多是君主主义者和保守主义者。此时，墨索里尼尚未形成建立一党独裁的清晰计划，但是他的信心在逐渐增强，与传统的老人政治中的政党大人物相比，他已经显示出了更加充沛的精力。1923年11月，他促成了选举制度的一项至关重要的改变，规定如果选举中胜出的政党获得了1/4以上的选票，即可得到议会中2/3的席位。表面上，这个改变是为了确保政府的稳定；实际上，它保证了自由党和社会党若想保住权力，就必须支持墨索里尼的政府。在1923年4月按照新配票制度举行的选举中，法西斯党人占多数的民族联盟实实在在地赢得了2/3的选票，在议会535个席位中占了375个。他们胜选的一个重要原因是在竞选中使用了暴力手段。反对党仍然存在，但社会党和人民党的力量已经大不如昔。除了工人阶级以外，多数意大利人都在不同程度上愿意接受墨索里尼的领导。

1924年6月，发生了一件危险的导火索式事件：曾谴责选举舞弊的社会党领导人贾科莫·马泰奥蒂（Giaocomo Matteotti）失踪了，尸体后来被发现。谁都知道是法西斯干的，几乎可以肯定是墨索里尼或他手下法西斯党高层人员下的命令。此事引发了一场严重的政治危机。为示抗议，社会党退出了议会，但此举的唯一结果是进一步巩固了政府的地位。反对派仍然四分五裂，虚弱无力。与此同时，墨索里尼表现出温和的姿态，做出了让步，把一些民族主义者、君主主义者和右倾自由主义者安插在政府职位上，把法西斯民兵编入国家军队。国王、教会、军方和大工业企业家这些"大块头"出于对社会主义东山再起的防范，站到了墨索里尼的一边。但是，各省法西斯党首脑对墨索里尼的支持是有条件的，他们要求建立彻底的法西斯政权。新的一波暴力突出强调了他们这个要求。

墨索里尼故伎重施，两面讨好，在他为巩固权力而需要依靠的保守派和对任何稍微温和的举措都不满意的法西斯极端分子之间搞平衡。迫于地方法西斯党魁的压力，墨索里尼虽然在 1925 年 1 月对议会的一次讲演中坚决否认与马泰奥蒂的死有任何关系，但又公开表示对所发生的事情负全责。为了安抚激进法西斯分子，他说："如果两个不可调和的因素在彼此斗争，解决唯有武力一途。"他的这条原则被付诸实施。政治反对派被逮捕，反对党遭镇压，新闻自由被废除，政府几乎完全被法西斯党人把持了。后来，墨索里尼写道："极权国家的基础已然奠定。"马泰奥蒂之死的危机本来可能毁了墨索里尼，却反而加强了他的力量。法西斯的权力至此终于得到了稳固。

在战后的危机年代中，为什么法西斯主义在意大利大行其道，在别的地方却无法突破呢？墨索里尼成功的关键因素有自由主义国家合法性日益严重的危机、战争的影响和民众对爆发革命的恐惧。大战刚结束的那几年，除了西班牙之外，没有哪个欧洲国家的合法性危机像意大利那样深重。西班牙没有参战，而相比之下，大战对意大利造成的影响极为深远。

意大利实现国家统一不久，大部分地区仍然经济落后，社会分裂。大战之前的国家制度是寡头政治，大战之后，寡头政治无法继续维持。意大利参战暴露出了国内在社会与意识形态方面的深刻分歧，它在战争中遭受的惨重损失使这样的分歧进一步突出。大战中，几百万意大利士兵被征召入伍，他们中间许多人在战后开始对政治产生兴趣。成千上万的复员军人和许多其他人认为，意大利的胜利被"毁掉"了，意大利被骗走了原本应该得到的国家荣耀和帝国扩张的机会，付出的牺牲完全得不偿失。这些想法助长了他们对目前的国家及其代表的激烈拒斥。

法西斯的中坚力量最初发展起来，是因为他们认为意大利的寡头统治集团背叛了从战场上归来的英雄。在这种愤懑、分裂、混乱，社会主义革命似乎迫在眉睫的气氛中，发扬民族主义、实现国家重生、摧毁衰败无力的自由主义国家的呼吁使许多人为之振奋。布尔什维克在俄国取得革命胜利后的那段时期内，鼓吹工人暴力夺权的社会党在意大利的选举中获得大胜，共产党1921年建党后一度蓬勃发展，这些都使人觉得革命近在眼前。

战后投票权的扩大彻底打破了政府的稳定。政治中间派和保守的右派四分五裂，在有产者眼中，政府显然无力应对社会党兴起造成的威胁。这些都为法西斯主义提供了政治空间，使它争取到了民众的支持。法西斯党针对所谓国内敌人的极端暴力行为更令其从者如云，尤其是在意大利北部和中部商业发达的地区。

统治精英把命运与法西斯党系在了一起，没有他们的支持，法西斯党光靠极端行为无法登上统治地位。墨索里尼没有夺权，权力是奉送给他的。在那以后，把社会主义视为洪水猛兽的保守派、君主主义者，以及军队和教会的精英，全都衷心支持法西斯采用的威胁和操纵的手段。到1925年，法西斯靠这些手段几乎垄断了对国家的控制。

意大利的战后形势鼓励了法西斯主义的发展。其他欧洲国家中与意大利情况最相近的是德国。那么，为什么民主在"战胜的"意大利崩溃了，却在战败的德国顶住了战后危机，生存了下来呢？

民主在德国幸存

在阿尔卑斯山脉以北的德国，政治局势日益混乱。墨索里尼"进军罗马"的消息传来，立即引起了右翼极端分子的共鸣。自1920年起，具有非凡煽动能力的极端种族-民族主义者阿道夫·希特勒就一直在慕尼黑的啤酒馆里大放厥词，虽然他在其他地方没有舞台。1921年，他成了国家社会主义德国工人党（NSDAP）的党魁，这个党在某些方面与墨索里尼法西斯党的早期情况有些相似，也组建了一支暴力准军事组织。NSDAP通常称为纳粹党，与德国其他的极端种族-民族主义运动大同小异。但是，希特勒煽动号召群众的能力无人能及。纳粹党尽管仍然是小党，但力量在迅速壮大，主要是在巴伐利亚，该地在德国联邦制度中享有高度的地区自治，自1920年起一直是民族主义者的大本营，那些民族主义分子认为，德国最大的州普鲁士实行的是他们坚决反对的"社会主义"民主。

在希特勒的领导下，纳粹党成员从1921年初的2,000多人猛增到1922年秋的2万人。"进军罗马"的几天后，希特勒的一个高级随从在一家大啤酒馆里对欢呼的人群宣布："希特勒是德国的墨索里尼。"当时，对纳粹党魁的个人崇拜刚刚苗头初现，这个宣布为其猛加了一把火。1923年，法国占领鲁尔地区，德国随即陷入经济和政治危机之中。希特勒因为能够动员起激烈反政府的极端民族主义分子，所以成了巴伐利亚剧烈动荡的准军事运动中的领导人物，而巴伐利亚的准军事运动正逐渐发展为有意愿、有能力攻击柏林民选政府的一支力量。民主危在旦夕。

事实上，反民主的右翼民族主义者，无论是保守派还是激进派，都已经从1918年国家战败和革命的震惊中迅速恢复了过来。柏林新建的社会党临时政府生怕革命向着布尔什维克主义的方向发展（事实证明那是过虑），在大战停战日之前就和军方领导层达成了一个致命的交易，使军官团得以东山再起。这个交易的实质内容是，革命政府同意支持军官团，以换取军方支持政府抗拒布尔什维克主义。德国左派内部分裂为两派，多数人赞成议会民主制，少数人则组成德国共产党，以莫斯科为榜样，寻求发动彻底的苏维埃革命。这个分裂对1919年新建的民主形成了长期掣肘。然而，对民主真正严重的威胁却来自右派。战败和革命损害了它的力量，但它只是暂时藏起爪牙，并未被完全消灭。到1919年春，反社会主义、反民主的右翼力量已经开始复苏。中产阶级和地主阶级本来就对社会主义怀有本能的反感，对布尔什维克主义更是极为恐惧。1919年4月，左派在巴伐利亚曾试图强行建立苏维埃式的政府，更加剧了这些人的反感和恐惧，他们为右翼的卷土重来提供了强有力的支持。

到1920年3月，由沃尔夫冈·卡普（Wolfgang Kap，他是鼓吹兼并战争的游说组织"祖国党"的创始成员）和瓦尔特·冯·吕特维茨（Walther von Lüttwitz，准军事组织"自由军"就是在他的启发下建立的）共同领导的一个右翼军人极端组织认为，自己已经羽翼丰满，有能力推翻政府了。但短短一周内，他们发动的政变就一败涂地。卡普、吕特维茨和他们的一些主要支持者不得不逃去瑞典。然而，意味深长的是，军方并未对政变进行镇压。政变未遂是因为工会发起了总罢工，而且公务员拒绝执行卡普的命令。左翼依然有捍卫民主之力。

然而，卡普政变后，社会党和共产党的武装自卫队与政府支持的自由军在萨克森（Saxony）和图林根（Thuringia）地区，特别是工业重镇鲁尔（那里的工人组成了"红军"），发生了激烈冲突，此时军队出动了，用残酷的手段恢复了秩序。尽管军方对新生民主的忠诚值得怀疑，它还是成了政府的重要倚仗。右翼极端分子逃往巴伐利亚寻求庇护。与此同时，民主日渐虚弱。社会党、天主教中央党和左翼

第三章 和平乱局　　155

自由党这些新生民主政府的中坚力量在民众中的支持度越来越低。从 1919 年 1 月到 1920 年 6 月，它们占国会席位的比例从将近 80% 骤降到 44%。核心的民主党派失去了国会的多数。后来，在国家一级的选举中，它们只在 1928 年一度有可能夺回多数。有人说德国成了没有民主党人的民主国家，这当然是不符合事实的夸张，但言出有因。

1921—1922 年间，造成政治高度紧张的最大原因莫过于战争赔款的问题。对右翼民族主义者来说，这不啻他们赖以生存的氧气。政治暴力似乎随时可能爆发。从 1919 年到 1922 年，右翼恐怖分子犯下了 352 起政治谋杀案。对议会民主的攻击不仅来自右派，而且也来自左派。1921 年春，共产党人企图在萨克森工业区发动起义，激战数天后，起义被普鲁士警察镇压下去。尽管起义失败了，但是共产党在工业区得到的支持仍然有增无减。与之形成对比的是，在巴伐利亚，州政府拒绝执行国会为打击政治极端主义和暴力而通过的 1922 年《保护共和国法案》，极端右翼民族主义获得的支持与日俱增。

1923 年，恶性通货膨胀摧毁了德国货币，也扫光了中产阶级的储蓄，造成了政治的两极化。共产主义革命的幽灵再次出现。为镇压共产党人在萨克森和图林根发动的"十月革命"，政府派去了军队，有一次还对示威者开了枪。共产党在汉堡也发动过一次起义，但为时不长，与警察冲突后败下阵来，造成了 40 多人死亡。但来自左翼的威胁很快就过去了，更大的威胁来自右翼，主要集中于巴伐利亚。那里的各个准军事组织集结成为一支不可小觑的强大力量。赫赫有名的鲁登道夫将军是代表他们的象征性人物，希特勒是他们的政治发言人。准军事组织在巴伐利亚的政治中举足轻重，但是没有国家防卫军（Reichswehr）的支持，它们仍然无力推翻柏林的政府。

自从德国建立共和国以来，军方领导人的立场一直暧昧不明，他们在抽象的意义上支持国家，但对新成立的民主政府仅仅是勉强容忍。防卫军的首脑汉斯·冯·泽克特（Hans von Seeckt）将军发出的信号含糊不清。他拒绝对巴伐利亚出手干预以恢复秩序，但随着政变的谣言愈演愈烈，他又警告巴伐利亚的政治领导人，不要支持极右准军事组织发出的日益激烈的民族主义鼓噪。巴伐利亚防卫军的领导层本来希望像墨索里尼在意大利做的那样，进军柏林并建立独裁政府。但是冯·泽克特对这个想法泼了一瓢冷水，声明他不会反对柏林的合法政府，巴伐利亚的军队随后撤回了对政变的支持。

无路可退的希特勒感到自己别无选择，必须行动起来，否则就会眼睁睁地看着民众支持流失。于是，1923年11月8日，他在慕尼黑一家大啤酒馆里大张旗鼓地宣布发动政变，但第二天，在警察的弹雨之下，政变的队伍在市中心灰溜溜地铩羽而归。来自右翼的威胁和来自左翼的威胁一样，被遏制住了。啤酒馆政变的溃败等于切掉了政治体上的一个脓疱。参与政变的人都被逮捕。几个月后，包括希特勒在内的几个政变领头人受到审判，被判处监禁（量刑过于宽松）。极端右派被击溃，危机平息了。很快，货币实现了稳定，更合理的偿还战争赔款的新框架建立起来。民主勉强得以幸存。

战争、失败、革命和战后和约规定的条件重创了德国，使它陷入两极分化。历届政府无一稳定。中产阶级恐惧并仇视社会主义，这种情绪助长了反民主的右翼民族主义者的鼓噪和准军事团体的野蛮暴力。德国的情况与战后的意大利有些类似。然而，与意大利不同的是，德国的民主不仅在社会民主党这样的大党中，而且在天主教中央党和左翼自由党中也仍然保住了强有力、组织严密的支持。虽然德国建立议会民主的时间不长，但它有着长期的多元政治历史。政治参与的传统早已确立，男性普选权已经实现了半个多世纪。而且，德国的政府是联邦制，这一点也与意大利不同。虽然主要的民主党——社会民主党——在国会成了少数党，巴伐利亚又发展为反民主的右倾民族主义大本营，但是，普鲁士这个德国最大州的政府仍然掌握在坚定的民主党派手中。当然，光靠这一点仍然无法拯救民主，如果对新生共和国热情不高的权力精英转而拒绝民主的话。

最关键的是，对议会民主从一开始就态度暧昧的军方领导层在1923年危机的高潮时刻站到了国家一边；而墨索里尼的运动则是在获得意大利军方的支持后才夺取了权力。军方支持是一个决定性的因素，说明了民主为何在德国得以平安度过战后的危机，在意大利却遭遇了崩溃的命运。显然，德国的军方领导层对政变成功的机会严重存疑，他们对1920年卡普政变那耻辱的失败仍记忆犹新。除了怀疑之外，军方领导人不肯为政变背书还反映了他们的担忧，他们怕万一自己被迫担负起德国的政治责任，可能应付不了德国在国内外面临的严峻问题。

光是国内的经济凋敝和对外的虚弱无力，就足以使军方不愿意支持一群毫无经验者推翻民选政府的努力。如果政变成功，建立了右倾独裁政权，这样的政权从一开始就会陷入军事和经济险境。面对经济危机，它将一筹莫展。美国人是否会对由军人掌控的德国政府提供财政援助，也非常值得怀疑。如果换了态度强硬的政府，万一又发生战争赔款到期无力支付的情形，法国很有可能再次出手，把莱茵兰夺走。德国军队的力量因停战和约的规定遭到大幅削弱，无力抵抗外来干预。在军方领导层看来，目前不宜支持专制政权取代民主政府。

在尚未争取到停止战争赔款之前，摆脱《凡尔赛和约》的桎梏和重建军队这些事只能暂时推迟（虽然德国在1922年与苏俄签订了《拉帕洛条约》后，两国间达成的秘密协定使它们得以规避《凡尔赛和约》的限制，在军官培训方面建立了一定程度的合作）。但是，没有军方的支持，德国的极端民族主义右翼在1923年就不可能像一年前的意大利法西斯党那样崛起。民主度过了危险期，进入了比较平稳的时代。但是，威胁仅仅平息了下去，并未完全消失。

到1924年，战后危机结束了。不过，在一片平静的表面下，第一次世界大战的结果和战后和约造成的问题仍在发酵。极端民族主义和帝国主义两恶结合，成为对欧洲持久和平的主要威胁。越来越多的国家成为民族国家。在欧洲，"一战"产生的一个重要结果是建立在民族国家（其中许多是不稳定的）基础上的新秩序。但是，欧洲大国仍然怀有帝国梦想。在大战中胜出的英国和法国仍然相信，它们未来的繁荣和国威要靠它们的帝国实现。作为战后安排的大赢家，英法两国控制了德国在世界各地的殖民地和前奥斯曼帝国在中东的领土，从而大大扩展了它们的帝国。

1916年，英国的马克·赛克斯爵士（Sir Mark Sykes）和法国的弗朗索瓦·乔治-皮科（François Georges-Picot）这两位外交家达成了一项秘密协定，两国瓜分了阿拉伯中东地区的大部分土地。大英帝国的版图因此扩大了100万平方英里*，法国则得到了约25万平方英里的土地。新建的叙利亚和黎巴嫩给了法国，巴勒斯坦（包括外约旦）和伊拉克的托管权归了英国（中东因此成为将来帝国防御的基石）。1917

---

* 1平方英里 ≈ 2.59平方公里。——编者注

年,英国外交大臣阿瑟·贝尔福(Arthur Balfour)表示支持依然弱小的犹太复国主义运动,宣布英国政府赞成"在巴勒斯坦建立犹太人民自己的民族家园"。这部分是为了争取美国犹太人对战争的支持(当时美国尚未参战),也是为了确保具有重要战略意义的巴勒斯坦日后不会按商定的那样交给法国。《赛克斯-皮科协定》(Sykes-Picot Agreement)和《贝尔福宣言》(Balfour Declaration)产生的后果不仅震撼了欧洲,而且波及全世界,特别是在20世纪下半叶以及后来的时间内。

德国和意大利可以说是曾经的强国,也可以说是潜在的强国,它们的帝国之心也依然不死。它们因原有的殖民地被夺走或未能夺取殖民地而感到屈辱,认为自己被贬到了"穷国"的地位。眼下它们当然无能为力,但它们将来发难的隐患就此埋下。第二次世界大战与第一次世界大战没有必然的联系。形势本来可能会有不同的发展。尽管如此,"一战"的结果增加而不是减少了欧洲爆发又一场巨大战争的可能性。与此同时,欧洲人认为最坏的情况已经过去,开始生出了对未来和平与繁荣的希望。

第四章

火山之舞

> 如果问他们，生命的意义和目的是什么，他们能够做出的唯一回答是："我们不知道生命的目的是什么，也不想知道。但既然我们活着，我们就想尽量享受生活。"
>
> ——一位新教教士对德国城市中"无产阶级青年"
> 的评论（1929 年）

　　1924 年，欧洲的光明前景为之前十几年所未见。遭战争破坏的经济逐渐复苏。生活条件开始好转。国际和平受到的威胁比 1914 年以来的任何时候都小。欧洲大陆上的暴力动乱趋于平息。文化创造和创新蓬勃发展。随着战争的恐怖记忆逐渐远去，似乎整个欧洲又获得了新生，漫长黑暗的严冬过后，人们终于迎来了春天。特别是对年轻人来说，一个更加无忧无虑的新时代开始降临。爵士乐、查尔斯顿舞、摩登女郎，这些美国的舶来品在当时以及后来的许多人看来，都象征着欧洲自己那"咆哮的 20 年代"（roaring twenties）。也有人把那个时代称为"黄金的 20 年代"。人们终于对未来产生了更大的希望和乐观。

最坏的时候已经过去。至少看似如此。

可是，仅仅 5 年后，纽约华尔街的大崩盘就引发了空前严重的全球性资本主义危机。危机席卷欧洲，使这个大陆跌入了可怕的经济萧条漩涡。它粉碎了对和平与繁荣的希望，破坏了民主，为比上次有过之而无不及的新战争铺平了道路。

欧洲是正在摆脱战争带来的灾难，向着未来的和平与繁荣稳步前进，却不幸遇到了经济萧条那无法预测、不可避免的巨大力量吗？还是说，形势发展的某些不祥之兆在欧洲的战后复苏中被掩盖住了，随着经济危机席卷欧洲而充分暴露了出来？

在经济复苏如火如荼的 1928 年，德国外交部长古斯塔夫·施特雷泽曼（Gustav Stresemann）对无根据的乐观提出了逆耳忠言。对欧洲复苏具有核心意义的德国经济跟恶性通货膨胀的黑暗时期相比，的确已有好转。但是，施特雷泽曼说，德国的经济依然不稳，如同在"火山上跳舞"。这个比喻不仅对德国的处境，而且对整个欧洲都恰如其分。欧洲对马上要将这片大陆拖入危机频发时代的灾难懵然不觉，还在兴高采烈地跳着查尔斯顿舞。

经济繁荣

不必师从卡尔·马克思也能认识到，经济力量在很大程度上左右了战后欧洲形势的走向。至于经济力量的运作，没有几个经济学家真正懂得，政治领导人则几乎没有一个懂得，更遑论他们治下的广大民众。即使在今天，经济学家仍然就大萧条的确切成因以及它的影响为何如此广泛、深刻和持久等问题争执不休。尽管如此，大萧条的本质要素还是清楚的。经济崩溃的直接原因是美国经济在"咆哮的20年代"期间过热。经济过热的根源在于大量廉价货币投入消费性开支(这方面的领头羊是汽车和电器的销售),最后又流入了似乎在无限上涨的股票市场。1929年泡沫破灭时,影响远及欧洲,突出暴露了欧洲经济的结构性缺陷,这个缺陷造成了欧洲的极端脆弱。具体来说,战后欧洲在经济上对美国的依赖是严重失序的全球经济的一部分,战前的控制和平衡已不复存在。

崩溃发生之前,欧洲经济已经表现出明显的复苏迹象,显示它正逐渐走出战后危机的剧烈动荡。经济重兴在很大程度上依靠德国工业的重建;德国的工业部门尽管遭到了破坏,但潜力巨大。的确,德国在经历了1923年恶性通货膨胀的重创后,实现的复苏令人瞩目。通货膨胀基本上消除了工业债务。但是,工业设施大多老旧过时。为解决这个问题,政府推行了实现工业现代化及合理化的严格方案,实现了生产技术方面的可喜进步和工业产出的大幅增加。然而,这并非完完全全的成功。事实上,它突出了欧洲经济的一些基本结构性弱点,使德国首当其冲受到1929年美国大萧条的严重影响。

德国复苏一个至关重要的基础是恢复被恶性通货膨胀摧毁的货币稳定。与此相联系的是管理好战争赔款这个棘手的问题,它是1922—1923年间经济和政治动乱的根源。

在通货膨胀危机的高峰时期,取代已成废纸货币的关键一步就已迈出。1923年11月,新货币"地租马克"(Rentenmark)问世。这个临时货币以地产和工业资本做抵押,很快赢得了公众的信心。第二年,在美国大额贷款的支持下,地租马克站稳了脚跟,采用了金本位标准,被重新命名为"帝国马克"(Reichsmark,与旧货币的兑换率是

1∶1万亿）。也是在 1923 年秋天，一个由美国银行家查尔斯·G. 道威斯（Charles G. Dawes）担任主席的国际专家委员会开始重新审议德国的战争赔款问题，并于 1924 年 4 月提出了建议。"道威斯计划"规定德国以递增的方式分期付款，这样德国的赔款义务履行起来比较容易。这只是临时性的安排。委员会假设，一旦德国经济完全恢复，支付赔款将不再艰难。

问题是，用来支付赔款的钱主要是外国贷款，大多是来自美国的贷款。美国投资者从德国经济中看到了获利的好机会。通用汽车公司、福特汽车公司和通用电气公司等美国大公司都做出了在德国设厂的规划。到 1930 年，外国给德国提供的信贷达到 50 亿美元左右。起初，得到贷款的主要是德国工业。但不久后，企业就提出了抱怨，说太多的投资分流给了德国的各个城市去修建公园、游泳池、剧院和博物馆，或者用于修缮公共广场和建筑物。这些无疑对改善德国城镇的生活质量大有好处，但是，这些需要长期投资的事情现在却使用短期贷款来做。人人都以为好光景会持续下去。可是，如果美国有朝一日收回短期贷款，削减贷款额，该怎么办呢？这在当时似乎不是问题。

道威斯计划最明显地表明，"一战"之后，美国不可逆转地登上了世界经济龙头老大的地位，在大战给世界经济造成的巨大干扰中，美国是最大的赢家。在远东，日本也兴起为经济强国。而英国在全球经济中的统治地位却一去不返。欧洲的国家、货币和海关都比以前增多了，征收进口关税造成保护主义加剧，也加强了经济民族主义。战前经济繁荣的国家，尤其是位居前列的英国，以为能恢复往日的荣光。1914 年前，以英格兰银行为核心，汇率与黄金的国际商定价格挂钩的"金本位"是经济稳定的标志。第一次世界大战期间，金本位暂时中止。到了20年代，各国又一点点恢复实行金本位的时候，经济和政治气候却已大异于昔。

当时的形势极不稳定。美国成了最大的经济体，伦敦曾经的金融霸主地位受到了纽约和巴黎的挑战。但在1925年，英国采取了回归金本位的重大行动。3年后，法国也如法炮制。至此，欧洲所有的主要经济体都回归了金本位。为了面子，英国（和其他一些国家）坚持维持战前本国货币兑换美元的汇率。这被认为是"回归正常状态"，指战前时代的经济安全。可是世界已经变了。英国在维持固定汇率中起着关键的作用，但它现在经济困难严重，结果固定汇率非但不能使它受益，反而造成了它的虚弱，留下了后患。

20世纪20年代中期欧洲经济强劲复苏之时，没人预见到这些问题。1925年到1929年间，工业生产上升了20%。德国、比利时、法国、瑞典、芬兰、荷兰、卢森堡和捷克斯洛伐克的经济增长率都高于平均数。经济基础较小的匈牙利、罗马尼亚、波兰和拉脱维亚也是如此。法国和比利时的经济增长还得益于它们货币的贬值。法国扩张靠的是它在20年代早期异常迅速的经济复苏。从1925年到1929年，法国的工业生产增加了1/4以上，人均收入几乎增加了1/5。大萧条前夕，法国的出口比战前高了约50%。比利时工业生产的增长也令人惊叹，达到近30%，出口也大幅增加。最令人瞩目的增长发生在经历了残酷内战的苏联，当然，国际经济的市场力量在那里没有发挥作用。

然而，在英国、意大利、西班牙、丹麦、挪威、希腊和奥地利，经济仍然欲振乏力。在法西斯统治下，墨索里尼为了面子，人为地把意大利货币里拉的价值定得过高，结果造成了失业率上升和工资下降。政府实行的公共工程和农业补贴只能抵消一部分影响。西班牙普里莫·德里维拉的独裁政权也惹上了麻烦。高关税保护措施基本上把西班牙与国际市场切割开来，货币比塞塔的价值被高估，这些使西班牙的经济困难在 1929 年间日益恶化。丹麦和挪威也因货币价值定得太高而吃到了苦头。英国经济在 1928—1929 年间呈现了短时间的飙升。然而，虽然汽车制造、化工和电气等新兴产业出现了增长，但是整个 20 年代期间，采煤、钢铁、纺织和造船这样的传统核心工业一直萎靡不振。尽管如此，到 1929 年为止，欧洲整体从战后破坏中的恢复仍然相当成功。在美国经济繁荣的强力驱动下，国际贸易增长了 20% 以上。

在工业化和城市化程度较高的北欧和西欧，变化的步伐最大。在主要是较穷、较不发达乡村地区的东欧和南欧，变化的速度就慢得多，范围也比较有限。汽车生产是促进经济发展和社会变革的一个重要因素。亨利·福特率先在美国开始了汽车的大规模生产。汽车在战前是奢侈品，即使到了战后也仍然使大多数人望洋兴叹。到 30 年代早期，欧洲每千人还只有 7 辆私家汽车，而美国是每千人 183 辆。不过，欧洲的汽车生产也开始瞄准了大众市场。领头羊是英国制造的奥斯汀 7 型，这款车于 1922 年开始生产。之后，意大利的菲亚特，还有法国的雪铁龙及之后的雷诺和标致等汽车公司也很快生产出了较小、较廉价的轿车。（1929 年被美国汽车巨头通用汽车公司收购的）德国的欧宝也转到了这个方向，不过在 20 年代的繁荣年月中，全欧洲都没能生产出一款家境一般的人也买得起的轿车。

即使如此，汽车和摩托车在欧洲城市中已不再是稀罕物。到 20 年代中期，英国的公路上跑着约 100 万辆汽车，法国有 50 万辆，德国有 25 万辆。同期，意大利修建了第一条高速公路，几年后，就建成了约 3,000 英里的公路网。其他地方的公路远不如意大利发达，但到

20年代末，西欧和中欧的大部分道路都可以开汽车了。在欧洲的城镇，运货和载客的大小车辆不再是马车。街景在迅速变化。欧洲的汽车化宣告开始。

电气照明也在改变着城市的风景。只需扳动发电站的一个开关即可点亮整个街区。煤气灯和沿街点灯熄灯的工作开始过时。电能带来了在美国已经普及的家用电器。吸尘器缓慢地进入了欧洲的中产阶级家庭，虽然洗衣机、电冰箱、电烤箱等仍然比较少见，对工人阶级家庭来说，家务也仍然是不折不扣的辛苦劳作。随着电话的普及，办公室工作也在改变。据说，柏林的50万条电话线每天要承载125万通电话。不过，那时安装私人电话的住户寥寥无几。到20年代末，瑞典站到了前列，每千人有83部电话机，德国每千人50部，意大利每千人只有7部。电能也催生了第一次通信革命。1924年，英国广播公司的电台广播节目才开播两年，注册登记的听众数就达到了100万。在电台扩张速度方面紧随英国之后的是德国，1924年，德国的听众数是1万，到1932年即达到400万——每4户人家就有1户有收音机。

许多人以为，欧洲正开始走向长期的繁荣。事实证明那只是幻象。也许很多人根本没有感到经济的兴旺。大多数人的生活和过去一样，只能糊口，富裕连想都不敢想。贫困也许不像过去那样难以忍受，但仍然几乎无处不在。在农村，很多人的生活条件原始简陋；在拥挤壅塞的大城市和工业区，住房条件恶劣至极。贫民窟的住户经常是全家人挤在一个房间里，卫生设施极为原始。建造更好的新住房成为燃眉之急。当然，住房情况的确有一些改善，有时改善的幅度还相当大，尤其是如果国家采取了行动的话。到20年代末，德国的共和国政府平均每年建造30万所新房子，许多是用公共资金建的。在柏林和法兰克福，大片工人新村拔地而起。在大战之前的君主制下，用于住房的公共开支几乎为零。到 1929 年，与 1913 年相比，住房建设成了国家开支增长最快的领域。1924 年到 1930 年，德国一共建造了 250 万所住房，全国每 7 所住房中就有 1 所是新建的，700 多万人从中受益。社会民主党掌权的"红色维也纳"市政府也成绩卓著，使 18 万居民住进了新公寓。最壮观的工程是 1930 年完工的庞大的卡尔·马克思大院（Karl-Marx-Hof），这片专为穷人建造的住宅共有 1,382 套公寓。

但是，这些情况并非常态，而且远不能满足需求。1927 年，长期的住房荒仍未缓解，德国还有 100 万家庭没有自己的家。瑞典在 20 年代加大了建造住房的努力，但对城市严重的住房拥挤状况来说是杯水车薪。巴黎和法国的其他城市毫无章法地向外扩展，郊区建起的住房密密麻麻地挤在一起，污秽肮脏，里面住着从乡间或国外蜂拥而至寻找工厂工作的移民。在英国，住房的逼仄污乱也是巨大的社会问题，在工业区尤以为甚。据估计，大战刚结束时英国需要 80 万所住房。通过推行战后住房计划，英国建起了 21.3 万所住房。但是，由于 1920—1921 年间贷款的成本激增，住房计划虎头蛇尾，草草而终。1923 年的保守党政府采用了给私人建筑公司提供补贴的办法，但私人企业在后来 6 年间建造的 36.2 万所住房大多是贫穷工人家庭买不起的，主要卖给了中产阶级下层成员。1924 年上台的工党政府引进了第一个社会住房方案，由市政府负责建造住宅，政府提供补贴以控制租金的上涨。这种俗称为"政府公屋"（council house）的建筑快速扩大，到 1933 年已建成了 52.1 万所，住户主要是工人阶级。这是个好的开始，但仅此而已。仍然有几百万人的居住条件非常恶劣。在南欧和东欧的城市中，恶劣的居住条件是常态，大批人从贫穷的农村涌入城市使之进一步加剧，而农村多数人的住房条件一直非常原始。

工会的成员大为增加，它利用劳方在大战中新获得的讨价还价力量压倒资方，成功地确立了每周工作 40 小时的规定。从法国、德国和意大利开始，40 小时工作周在许多国家得到了推行。这减少了工人的劳动时间，尽管实际上工人还是要加班，所以他们每周劳动的时间仍不止 40 小时。技术工人的工资有了上涨，虽然在大多数情况中，工资的上涨远跟不上企业利润的增加。然而，具体的情况千差万别。正在扩张的新兴产业的工人境况较好。为了增加汽车产量，法国雷诺汽车公司大型工厂雇用的工人数以千计，20 年代期间，工人实际工资增加了 40%。不过，虽然工人的工资增加了，但是他们的工作大多十分单调，流水线上的工人千百次地重复同样的动作，劳动纪律异常严格。大部分工厂工人都是移民（到 1931 年，法国的移民达到 300 万人，占全国人口的 7%），遭受着各种歧视和虐待。20 世纪 20 年代，法国接收了 40 万俄国难民，是其他国家接收难民数量的 4 倍。其余的难民大多来自波兰、意大利、亚美尼亚和阿尔及利亚。

传统产业的工资走向截然不同。英国的煤矿业产能严重过剩，于是雇主企图降低工人工资（最后成功了），这引发了 1926 年 5 月 1 日到 13 日的大罢工，那是 20 年代中期规模最大的一次。150 多万来自运输和工业部门的工人参加了罢工，声援被雇主关在大门外的约 80 万煤矿工人。政府强迫罢工停止的力度不断加大，10 天后，工会联盟（Trade Union Congress）就偃旗息鼓，接受了政府提出的几乎是侮辱性的条件。矿工们虽继续坚持反抗，但 6 个月后，罢工以他们的完败告终。矿工们衣食难周，无奈只能接受矿主强加给他们的工作条件——工作时间加长了，工资却减少了。1928 年 11 月，德国雇主采取了同

第四章　火山之舞

样的强硬态度。他们公然违反仲裁决定，强行规定新的工资标准，为此把鲁尔钢铁工业的全部工人——共约 22 万人——关在工厂大门外。这些大型冲突最明显地昭示了产业工人（特别是传统重工业工人）和工会力量的削弱，也表明失业率居高不下之时，雇主讨价还价的力量增强了，态度也日趋强硬——这还是在大萧条之前。

法国与德国一样，在采用现代管理方法管理大型产业方面走得最远。这种方法是美国的弗雷德里克·温斯洛·泰勒（Frederick Winslow Taylor）于世纪之初发明的，那时亨利·福特在 1913 年刚刚把大规模生产技术应用于汽车生产。工业生产合理化在德国产生的一个后果是加剧了失业。20 年代早期，德国的失业人口还比较少，但 1925—1926 年间猛增了两倍多，达到 200 万人（占德国劳动人口的 10%）。在欧洲其他地方，类似的严重失业也屡见不鲜。在丹麦和挪威等经济增长缓慢的国家中，失业率达到了 17%~18%。传统重工业和纺织业在世界市场上遇到了强劲的竞争，它们的迅速扩大又导致了产能过剩，因而造成了高失业率。即使在大萧条前，英国的失业人口也从未低于 100 万。

1911 年，英国根据《国家保险法》初次实行失业保险制，战后又进一步扩大了失业保险的范围，覆盖了约 1,200 万英国工人（但这仅是全国劳工的 60% 左右）。妇女也被包括在内，但她们每周领的失业救济金比男人少。家庭仆佣、农业工人和公务员不在保险之列。这个办法避免了最坏的情况发生，但它旨在应付短期失业，而非长期的结构性失业。保险基金的资本不敷使用，只能由国家通过课税来补贴。德国的问题和英国类似，但更为严重。德国于 1927 年建立了失业保险的安全网（这是对俾斯麦在 19 世纪 80 年代建立的健康、事故和老年保险制度的重要补充），到大萧条发生时，失业保险已是步履维艰，大萧条发生后更是不堪重负。无论如何，德国工人只有不到一半人能够享受失业救济。虽然欧洲其他国家也效仿英国引进了失业救济制度，但对工人的覆盖面更小。

如果说经济繁荣对欧洲工业区产生的影响既不全面也不均衡，那么在欧洲大部分人口居住的农村地区，许多靠着小块土地勉强为生的农民就与经济繁荣的好处完全无缘。许多农庄主靠大战发了财，战后的通货膨胀又消除了他们的负债。大战结束时土地价格走低，有财力的人因此得以多买土地。但是，农业很快遇到了艰难时世。随着战后经济复苏步伐的加快，欧洲的农业产量开始增加，但市场上已经出现了粮食过剩。大战期间，欧洲以外的国家扩大了粮食生产来补足欧洲市场的短缺，现在市场上充斥着它们的产品。20世纪20年代晚期，苏联通过出口粮食来赚取资金，以进口急需的工业设备，这一政策更加剧了市场上粮食的过剩。于是，粮食价格急剧下跌。到1929年，国际市场上农产品的价格比起1923—1925年间降了1/3以上。高度依赖农业生产的东欧和南欧国家受到的打击尤为沉重。

农业基本上仍未实现机械化。战后的土地改革把许多大庄园分成小块，产生了大批生产力较弱的小农庄，造成了土地的零散化。捷克斯洛伐克和其他地方实行了农业补贴，帮助促进了生产力的改善，波罗的海国家把重点转向乳制品和畜牧业产品的生产，增加了国家的出口。但是，大部分靠种地为生的农民在大萧条到来之前已经度日艰难。农民负债激增，令人惊心。大萧条使许多农民堕入破产的深渊，但在那之前，他们就已经滑到了深渊边缘。随着城乡收入的差距越来越大，年轻人在乡间看不到未来，越来越多的人离开农村，涌入城镇，住在拥挤肮脏的贫民窟里。美国自20世纪20年代早期开始实行更加严格的移民控制，人们不再能大量移民美国。但是，国内移徙十分活跃。只在法国一国，1921年到1931年间就有60万人离开田地，去城市的车间和工厂碰运气。

对生活在乡间的人来说，20年代晚期和繁荣根本沾不上边。对处境艰难的欧洲大部来说，大萧条相当于雪上加霜。"危机前的危机"使得农村居民在大萧条发生前就成为激进分子煽动的理想对象。许多雇农深受共产主义思想的吸引。另一方面，拥有土地的农民一般倾向于支持日渐强大的专制右派。

虽然大部分欧洲国家在20年代后半期经历了强劲的经济复苏，但一些根本性的问题没有解决，一旦时运不济，欧洲就会陷入严重的困境。几乎没人意识到这些根本性问题的存在。比起前一个十年，许多人的生活水平有了一定的提高。许多人，也许是大部分人，觉得日子会越来越好。尽管有些人比较谨慎，对未来的乐观还是压倒了对灾难的预言。但是，1929年10月24日到29日纽约股票市场发生大崩盘，剧烈的冲击波传到欧洲后，对未来的乐观顷刻间消失无踪。

另一种模式

经济危机尚未到来，预言资本主义即将灭亡的人就已经开始向苏联投以崇敬的目光。苏联没有受到国际经济起伏的影响，它的模式是国有社会主义，旨在为最终实现没有私有财产，没有阶级分歧，没有不平等的共产主义社会奠定基础。在许多人眼中，苏联模式代表着理想的未来。它似乎是市场经济以外的另一种更好的模式，能够建立比严重不公、经济模式过时的劣等资本主义制度更好的社会。建立在生产资料公有制基础上的国家计划和经济自给自足似乎指出了前进的方向，在欧洲各地都获得了越来越多的支持。

苏联的经济增长的确可圈可点，当然，由于第一次世界大战和革命的动乱，加之内战的破坏，苏联经济增长的起点较低。苏联经济复苏的速度令人瞩目。到1927—1928年，工业和农业产值都达到了1913年的水平。政府在1921年至1928年间实行新经济政策，把农民的利益与粮食生产联系起来，并允许农民在一定限制下在市场上出售自己的产品。这个政策大获成功。但到了1927年，它也造成了一些困难。在工业方面，苏联仍然远远落后于西欧的先进国家。

苏联领导层一直在激辩如何摆脱经济落后的处境。他们认为，克服这个巨大的弱点首先是抗击贪婪的帝国主义列强威胁的需要，也是改善人民生活、为社会主义未来夯实基础的前提。在他们看来，这意味着早晚必然要打仗。1928年11月，苏联处于经济和政治上的一个重要转折点时，斯大林对党的中央委员会说："不这样干我们就会被消灭。"但是，通往这个决定性关头的道路崎岖曲折。1924年1月列宁逝世后，经济政策日益成为苏共内部激烈政治斗争的中心问题，直到斯大林确立了绝对主导地位，苏联经济的方向发生了剧变。

新经济政策自1921年开始实行起就争议不断。一些著名的布尔什维克，尤其是托洛茨基，仅将其视为渡过难关的权宜之计。他们力主加强国家计划经济，宁肯损害农民利益也要加快实现工业化。托洛茨基还坚持认为，应继续输出布尔什维克主义，促进世界革命。另一方面，斯大林在1924年12月宣布，党的目标只能是"在一国实现社会主义"。到那个时候，托洛茨基的影响力已经在迅速减弱。的确，他的论点非常有力，人格魅力十足，但他树敌太多。此外，他对党内关键权力杠杆控制比较薄弱。斯大林得到了格里戈里·季诺维也夫（Grigory Zenoviev）、列夫·加米涅夫（Lev Kamenev）和"党的宝贝"（这是列宁给他起的绰号）尼古拉·布哈林（Nikolai Bukharin）等苏共领导人的支持，在和托洛茨基的斗争中占了上风。1925 年，托洛茨基辞去了革命军事委员会主席的职务，同年晚些时候又被踢出政治局。1927 年，他和他的追随者因"异端"观点被开除出党。次年，托洛茨基被流放到莫斯科 3,000 英里以外的地方。斯大林自 1922 年起担任党的总书记，季诺维也夫和加米涅夫也助了他一臂之力。1926 年，他们俩改弦易辙，站到了托洛茨基一边，反对在他们眼中过于偏向农民的经济政策。

事实上，虽然政府推行新经济政策的努力没有减弱，但向着全面计划性工业的步子已经迈出。这时，斯大林在力挺新经济政策的布哈林的坚定支持下，削弱并最终扳倒了季诺维也夫和加米涅夫。1927 年，这两人也被驱逐出党（不过第二年，他们低头悔过，谴责了托洛茨基，收回了对斯大林的反对，他们的党籍又得以恢复）。

斯大林要求大量征用粮食，对农民阶级采取更加强硬的路线，这使他与他原来的盟友、力主维持新经济政策的布哈林日益对立。到 1928 年中期，两人成了不共戴天的政敌。斯大林坚信，小农生产是阻挡经济增长的不可克服的障碍。随着工业人口的不断扩大，保证他们的粮食供应至关重要，而这只有通过国营的大规模农业生产才能做到。斯大林靠着灵活的手腕赢得了党内对加速工业增长这一宏伟计划的支持，却苦了农民。他把党的机器控制在手中，把布哈林斥为"背离分子"（deviationist）。到 1929 年，布哈林就成了过气人物。斯大林赢得了权力斗争，当上了苏联的最高领袖，终于成为不可挑战的列宁的接班人。

那时，新经济政策虽然没有被正式废除，但实际上已经被淘汰。1927—1928年的冬天，农民不愿意以被官方压低的价格出售粮食，把粮食都囤积了起来。就在重要的大型工业工程相继上马之时，粮食短缺问题开始日益突出。利用粮食短缺大发不义之财的中间商买进农产品后以黑市的高价卖出。原名约瑟夫·朱加什维利（Josef Dzhugashvili）的斯大林无愧于他为自己起的别名（斯大林的意思是"铁人"），做出了非常合乎他本人性格的反应：实施粗暴的强制措施。1928年1月，他专程前往乌拉尔地区和西伯利亚，像内战期间那样，征用了农民仓库里的粮食。任何对所谓"乌拉尔-西伯利亚方法"的反对都被断然否决。布哈林试图防止强征粮食的范围进一步扩大，阻止斯大林掌握更多的权力，却徒劳无功。

1928年中期，斯大林在关于未来经济政策的争执中胜出。那年提出了一项迅速实现工业化的计划草案，在1929年4月的党代表大会上得到通过，成为第一个"五年计划"。事实上，这个五年计划的执行大多杂乱无章，设定的那些非凡增长的目标号称是实现了，但依靠的是官方的虚假数据。不过即使如此，苏联的进步也是令人钦佩的，特别是考虑到其他的欧洲工业化国家当时正在经济大萧条中痛苦挣扎。一座座庞大的工业城拔地而起。在第聂伯河（Dnieper）下游修建了一座巨型水电站，乌拉尔的马格尼托哥尔斯克（Magnitogorsk）和西伯利亚的库兹涅茨克（Kuznetsk）建起了规模宏大的冶金厂，斯大林格勒和哈尔科夫（Kharkov）的拖拉机制造厂规模进一步扩大。农村人口涌入城市，加入产业工人的行列，使之4年内就翻了一番。即使按照对苏联方面数据存疑的估计，工业生产的年增长率也超过了 10%，到 1932 年，煤炭、石油、铁矿石和生铁的产量大约增加了一倍。

然而，这一切对人造成的伤害极大，任何其他的欧洲国家都坚决不会为发展经济付出如此巨大的代价。产业工人的工作条件、薪资报酬和生活水平都极为低下。工厂的劳动纪律严酷异常，对"偷懒者"的惩罚毫不留情。不过，在五年计划下受害最深的是农村地区。政府从一开始就非常清楚，只能牺牲农民的利益来推行工业化。1929 年，从农民那里收不上来粮食，结果城镇闹起了粮荒，只能采用配给面包的方法，这促使政府在同年通过了强制实行农业集体化的方案。该方案旨在用两年时间将苏联 1/4 的农田收归相当于大型农业工厂的集体农庄，把农民的土地充公，使农民成为乡村无产阶级。事实上，集体化的速度远远超过预期。到 1930 年 3 月，苏联 2,500 万户农民家庭中的 60% 已经加入了集体农庄。

但是，农民对此极为抵触。有几个地区甚至爆发了叛乱，参加者接近 75 万人。一个小自耕农说："对我们征收粮食和土豆，根本就是明抢，贫农和中农都不能幸免。一句话，是强盗行为。"他要求废除农业集体化，恳求得到"自由，那样我们会心甘情愿地帮助国家"。政府暂时承认了这个问题，斯大林将其归咎于"被成功冲昏头脑"的地方官员的过火行为。参加集体农庄的农民比例剧降到 23%，但那只是一时安宁。很快，集体化的压力又卷土重来。到 1931 年的收获季节，全国一半以上的农户再次被要求加入集体农庄，苏联的粮食几乎全部由集体农庄生产。3 年后，农业集体化普及到了全国。

从城里派来的由党的积极分子组成的工作队采用无情的手段推行农业集体化。国家颁布了"去富农化"（即消灭富农阶级）的政策来打击富裕农民，说他们是乡村的资本家。然而，"富农"一词的含义全由工作队任意确定。只要是反对集体化的人都可能被扣上"富农"的帽子，遭到监禁，被流放到遥远的劳改营去，或干脆被枪毙。只在乌克兰，就有 113,637 名"富农"在 1930 年的头几个月遭到流放。有些人反对强制集体化，但实在太穷，无法被划为"富农"，他们就被称作"准富农"，同样受到严惩。许多"富农"选择了逃走，财产能卖就卖，卖不了就干脆丢弃。有些人先把妻子和孩子杀死，然后自杀。

政府本来期望粮食生产会翻番，实际却发生了减产。虽然减产的幅度不大，但国家采购的粮食增加了一倍有余，结果造成了农村地区严重的粮食短缺。农民被迫加入集体农庄的时候，不愿意把自家的牲畜上交国家，宁可将其杀光或任其饿死。于是，牛和猪的存栏量减少了一半，山羊和绵羊减少了 2/3，导致了肉和奶的短缺。如果某个集体农庄没有交够公粮，国家就不把其他地方的农产品调拨给它，还勒令它上交谷种，因而这个农庄来年夏天必定将继续歉收。

苏联农业政策的直接后果是 1932—1933 年的大饥荒，其严重程度更甚于 1921—1922 年的饥荒。哈萨克斯坦和北部高加索地区受害尤烈。在本该是富饶产粮区的乌克兰，饥荒造成的结果惨不忍睹。一位党的干部走访那里的一个村子时，村民们对他说，"我们弄到什么就吃什么——猫、狗、田鼠、鸟"，甚至树皮。1932—1933 年，2,000 多人因为吃人而被判罪。大饥荒在乌克兰造成的死亡人数没有准确的数字，最可靠的估计是大约 330 万人死于饥饿或与饥饿相关的疾病。全苏联的数字应该还要多一倍。

关于这种惨状的一些消息传到了国外，但苏联的崇拜者对这样的消息要么不当回事，要么斥之为反共宣传。西欧大多数人完全不知道苏联发生了饥荒。没有几个外国观察者能够亲眼看到那场灾难。有此机会的少数人之一，英国记者马尔科姆·马格里奇（Malcolm Muggeridge）将它描述为"历史上最骇人听闻的罪行之一，后人将无法相信发生过如此可怕的事情"。他说得不错。在第一次世界大战之前，欧洲大陆东部的人民最为苦难深重；在战后的动乱和俄国内战中，他们的苦难未有稍减。

文化之镜

对于自身所处的世界以及决定着自己生活的那些不可阻挡的力量，欧洲人是如何看待的呢？对此当然没有统一的答案。人的生活方式和因之产生的想法取决于许多因素，包括地理位置、家庭背景、社会阶层、政治文化，还有变幻莫测的历史发展。无论如何，能够提出洞见卓识的人必然多来自受过良好教育的精英阶层，他们获得的高等教育是绝大多数民众无法企及的。创造性艺术中最具开拓才能的人既反映了，也塑造了广义上的"时代精神"（Zeitgeist）。吸收"高等文化"产品的通常是上层阶级或受过教育的中产阶级成员，社会思想和艺术创作的重要发展对他们影响至深，尽管这种影响也许是间接的。然而，人口的大多数接触不到"高等文化"，那不在他们的正常生活范围之内。

多数人在每天下班后或周末休息时接触到的是通俗文化，比如看电影、去舞厅跳舞，还有（至少对男人来说）一个重要的活动，那就是泡酒吧。这样的文化为受众提供的不是对生活与世界的反思，而是对现实的逃避、片刻的兴奋，以及对每日单调乏味，经常是沉抑郁闷生活的暂时摆脱。看电影是逃避现实的最好办法。欧洲各国的城镇建起了一座座"电影宫",以德国为最。1930年,德国电影院的数目达到了5,000多家(比10年前多了一倍),座位总数为200万。20年代末,有声电影开始取代无声电影,吸引了更多的观众。电影院对观众投其所好,放映的电影大多是喜剧片、剧情片、冒险片或浪漫片。令劳动阶层男人趋之若鹜的另一个逃避现实的办法是观看职业体育比赛,尤其是足球赛。不过妇女对体育比赛基本不感兴趣。早在第一次世界大战之前,足球热就从英国传到了其他欧洲国家。德国、意大利、西班牙和其他国家都设立了大型足球联赛制。每次举行足球比赛,观众都是人山人海。在英国,1923年第一届温布利杯的决赛中,博尔顿流浪者队以2比0击败西汉姆联队,那次比赛观众的官方数字是12.6万,但通常认为,实际的观众人数要多一倍。*

"高等"和"通俗"文化通常井水不犯河水,但是,它们各自以不同的方式都成了两次大战之间欧洲"时代精神"的核心。它们体现的不仅仅是不同的文化形式。"一战"后第一个十年间文化和艺术创新的极致显然只有很少数人能欣赏。各种先锋(avant-garde)文化形式不可胜数,它们不仅与大多数人民的生活毫无关系,而且,当它们对"传统"文化和价值观构成尖锐挑战的时候,还遭到了大众的仇视和抵制。

先锋文化指文化现代主义的艺术理想、形式和表现。从20世纪开始,几乎所有领域的文化创造都脱离了过去古典派、现实派和浪漫

---

* 在我出生之前,我的祖父带着他两个大一点儿的儿子观看了那场球赛。他们一起乘火车从奥尔德姆(Oldham)南下200英里去看比赛,回来时却走散了。比赛结束3天后,我的叔叔吉米被发现在雷丁(Reading)火车站的侧轨上呼呼大睡。克肖父子那次可算是玩得尽兴了!

派的表现方式，有意识地转向了"现代主义"（尽管现代主义的思想可以追溯到20年前，甚至更早）。"现代主义"的审美概念涵盖面很宽，包括不同的艺术表现形式。它们的一致之处在于反叛过去的艺术形式，认为其过时、浅薄，缺乏内在意义。1906年，德累斯顿的几个表现主义（Expressionism）艺术家组成了"桥社"（Die Brücke），这个名字的含义是，它将成为通向新艺术时代的"桥梁"。"桥社"的成立宣言称："我们年轻人肩负着时代的未来，要从地位已经确立的年长之人手中夺得行动自由和生活自由。"一切常规的或"资产阶级"的东西都在他们拒斥之列，取而代之的是对新的"现代"审美形式的恣意实验。艺术家凭着想象力和创造力彻底破旧立新。现代主义完全摒弃过去关于美、和谐和理性的理想，碎裂、分散和混乱成为新的基调。这种文化形式惊人地预示了第一次世界大战造成的政治和经济断裂。

"一战"后，巴黎和1914年之前一样，仍然是吸引文化能量和创造性的磁石，成为现代主义艺术活力的中心。大战前就定居巴黎的巴勃罗·毕加索（Pablo Picasso）是艺术苍穹中最璀璨的明星之一；那时，他已经因创造了以抽象三维表现形式为特点的立体主义（Cubism）而盛名远播。法国首都跃动的艺术活力使欧洲各地及欧洲以外的艺术家趋之若鹜。包括詹姆斯·乔伊斯（James Joyce）、欧内斯特·海明威（Ernest Hemingway）和埃兹拉·庞德（Ezra Pound）在内的现代主义作家也群集巴黎。巴黎左岸艺术家的创新如火如荼。（1916年在苏黎世创立的）达达主义（Dadaism）和（次年在法国发源的）超现实主义（Surrealism）这两种最新颖、最具革命性，又彼此紧密相连的艺术形式20年代期间在巴黎红极一时。这两种艺术形式从视觉艺术延伸到文学、戏剧、电影和音乐。它们主要是对造成了惨绝人寰的"一战"的资产阶级社会的反应。它们都拒绝理性和逻辑，强调荒诞、荒谬、无逻辑、非理性。它们描绘想象力的怪异跳跃，直接或间接吸收了西格蒙德·弗洛伊德（Sigmund Freud）和卡尔·荣格（Carl Jung）的心理分析及关于人下意识本能冲动的研究成果。这类实验性艺术旨在显示，在世界井井有条的表面下隐藏着无法解释的混乱。理性逻辑的表象掩盖着荒诞，那是心理深层的奇异狂想。这样的艺术旨在对人的感性造成冲击，促使人去寻求未知的意义和可能性。

20年代期间，文化"现代主义"的形式五花八门，在欧洲各地表现不同，但经常互相重叠。俄国的"构成主义"（Constructionism）和荷兰的"风格派运动"（De Stijl）强调在设计中使用抽象的几何图形。意大利"未来主义"（Futurism）的鼎盛时期在"一战"之前，现在风头已过，它使用抽象画来描绘速度、动态和技术的成就。在写作方面，詹姆斯·乔伊斯的《尤利西斯》（*Ulysees*）、T. S. 艾略特（T. S. Eliot）的诗作［最著名的是他1922年出版的名作《荒原》（*The Waste Land*）］和伦敦布卢姆斯伯里团体（Bloomsbury Group）中心人物弗吉尼亚·伍尔夫（Virginia Woolf）的小说都自觉运用了现代主义的手法。被称为"第二维也纳乐派"的阿诺德·勋伯格（Arnold Schoenberg）、阿尔班·贝尔格（Alban Berg）和安东·韦伯恩（Anton Webern）使用十二音的变化组合，发明了"无调性"音乐，与古典音乐的和声决裂。

无论现代主义采取何种形式，其特点都在于摒弃常规的艺术现实主义。现代主义的主要特征是碎片化、非理性、脆弱和不和谐，与战后充满了不确定性的世界恰好相合。阿尔伯特·爱因斯坦在1905年发展出相对论这个革命性的理论后，就连物理学都失去了确定性。1927

年，维尔纳·海森堡（Werner Heisenberg）提出了量子力学的"不确定原理"，表明不可能精确地知道原子核周围粒子的位置和速度，这似乎证实了无法用理性来解释世界的观点。

战前的先锋文化已经具备了现代主义的所有特征，但1914—1918年间发生的惨剧更加剧了艺术对理性的攻击。现代主义在战前仅是"外围"运动，现在却进入了欧洲的文化主流；至于它是否获得了大众的接受，那却要完全另当别论。

德国在语言和文化方面的"现代主义"创新在欧洲领袖群伦，就连巴黎也甘拜下风。由于"魏玛文化"（指那个时代卓越的德国先锋文化）的意义历久不衰，所以很容易夸大它在当时的代表性。其实，即使是在魏玛共和国，多数文化表现形式仍然是保守、符合常规的（"魏玛共和国"的名字来自图林根的魏玛城，这个小城曾经是德国文化的中心，是歌德和席勒生活过的地方，1919年的制宪大会也在那里召开），比如，1930年慕尼黑艺术展近3,000件的展品中，只有5%是"现代"作品。尽管如此，在那短短的几年间，魏玛共和国，尤其是它的中心柏林，无论在政治上多么坎坷艰难，其先锋文化和思想创新的蓬勃怒放在历史上几乎是空前绝后的。20年代这种创造性的爆发到了30年代却遭到激烈摒弃，艺术和社会思想与时代情绪变化的密切契合在德国表现得最为突出。

德国的先锋文化没有因大战而断裂。战前那个十年最有活力、最重要的艺术形式是表现主义，它故意扭曲物体的形状，使用刺目颜色的异常组合来揭开肤浅的表象，露出深藏于内的感情和焦虑。表现主义的一些领军人物怀有乌托邦式的梦想，甚至欢迎大战的到来，将其视为摧毁旧有资产阶级秩序的一剂猛药。初临战场作战更是让他们激动万分。画家马克斯·贝克曼（Max Beckmann）在1914年写道："我真希望能把这样的巨响画出来。"这种兴高采烈的情绪转瞬即逝。大战接近尾声时，贝克曼、恩斯特·路德维希·基希纳（Ernst Ludwig Kirchner）和奥斯卡·考考斯卡（Oskar Kokoshka）这3位志愿兵[*]都已经退伍，不是因为身体垮了，就是因为心理崩溃。另外两位画家奥古斯特·马克（August Macke）和弗兰茨·马尔克（Franz Marc）不幸阵亡。表现主义在战后仍然存在，虽然很快就让位于达达主义这一更加公开的社会和文化抗议形式，还有淋漓尽致"忠实"表现战争的恐怖和革命暴力的新现实主义。

　　战前表现主义那充满理想的热情变成了对人性的阴郁悲观。1919年3月，贝克曼完成了大型画作《夜》（Die Nacht），描绘了街头暴力和政治混乱侵入家中的骇人景象。1914年热情参军的画家奥托·迪克斯（Otto Dix）用战争致残者作为素描的题材，他的素描受达达主义的影响，人物周围散落着剪成碎片的报纸和钞票，象征着现实生活的破碎。格奥尔格·格罗斯（Georg Grosz）明确将反战情绪政治化了，他的画作描绘了阵亡士兵的残缺尸体和战争致残者受损毁的形象，还有饥肠辘辘的乞丐、在城市肮脏阴暗街角拉客的妓女，或大发战争财的贪婪投机商、脑满肠肥的工业资本家和自鸣得意的军国主义者。

　　到20年代中期，文化的主导潮流似乎反映了德国趋于稳定的局势。表现主义和其他相关的艺术形式专注于心理、感情和理想主义，但现在人们开始寻求审美的清晰有序，于是"新客观主义"或"新即物主义"（Neue Sachlichkeit）应运而生，它得名于1925年在曼海姆

---

[*] 他们都是德国画家。——译者注

（Mannheim）举办的一场艺术展览。至此，实物设计、建筑、绘画、摄影、音乐和戏剧都采纳了现代主义形式。1919年，瓦尔特·格罗皮乌斯（Walter Gropius）在魏玛创立了包豪斯学院（Bauhaus），后来学院迁到德绍（Dessau）。包豪斯学院的艺术家、雕塑家、建筑师和美术设计师共同创造了一种注重合理性和功能性的新风格。其中一位著名艺术家瓦西里·康定斯基（Wassily Kandinsky）大战前曾是慕尼黑的表现主义艺术家团体"青骑士"（Der Blaue Reiter）的领袖人物。他从俄国归来后，采取了令人眼前一亮的新设计风格，更加棱角分明，并采用抽象的几何形状。包豪斯学院既追求理想化的艺术目标，也面向实际生活。格罗皮乌斯认为，应当利用技术来设计规划合理的新型住房，以解决民众的苦难，消除阶级界限。包豪斯学派的设计以清洁、舒适和高效利用空间为特征。在这种理想化的设计中，风格的简约与美密不可分。它是"新客观主义"最切合实际、对社会最有价值的表现。

建筑设计创新的一个出色成果是为1927年斯图加特住宅展览会设计的魏森霍夫住宅区（Weissenhof Estate）。它由包括勒·柯布西耶（Le Corbusier）在内的一组出类拔萃的建筑师在路德维希·密斯·凡·德·罗（Ludwig Mies van der Rohe）的指导下设计而成，共有60座建筑物，表现了现代主义的新风格：几何线条、朴素无华的外观、平面的屋顶和开放的内部空间。把钢铁、玻璃和水泥用于艺术是对机器时代、现代技术和大规模生产的反映。设计者奉行的格言是"无饰的形式"（Form without Ornament）。不过，不欣赏这种风格的大有人在。激烈的反对者斥其为"文化布尔什维克主义"。实际上，尽管建筑设计和城镇规划的先锋派建筑师应邀为柏林、法兰克福和其他地方设计过公寓大楼，但他们对 20 年代德国城市中严重的住房荒基本上没有产生任何直接的影响。然而，现代设计［如 20 年代在法国初创的装饰艺术（Art Deco）］的大部分内容还是逐渐进入了各种日常用途，不仅在德国，而且远及其他国家。

德国文化领域中，文学和社会思想百花齐放，丰富多样，不能一股脑儿全部归入"新表现主义"和"新客观主义"的类别，无论这两个术语的范围有多么宽泛。德国著名作家托马斯·曼（Thomas Mann）最出色的作品中，有一部也许可以算是两次大战之间那段时期里最具影响力的德国小说。托马斯·曼原来是保守主义者，后来逐渐转而支持新生的德国民主，即使不是出于本能或感情，至少也是出于理性。《魔山》（Der Zauberberg）1924 年出版后好评如潮。其实，这本书在战前就已动笔，大战期间一度停笔，到十几年后才最后成书。第一次世界大战中显示出来的人类自我毁灭能力对该书影响至深，书最后写成时，形式与曼开始时的构想已迥然不同。这部著作十分复杂，象征意义丰富，主要聚焦于资产阶级社会的弊病。故事的背景非常特别，是瑞士阿尔卑斯山中一所肺结核疗养院，那是对病弱腐朽的世界的比喻。书中的两位主角塞塔姆布里尼（Settembrini）和纳夫塔（Naphta）代表着理性和可怕的非理性的冲突。第三个角色卡斯托尔普（Castorp）在他们二人之间左右为难，最终似乎决定与启蒙运动价值观站到一起，但在小说接近含意不明的尾声中，他却说自己"支持非理性的原则，事实上，我早就开始奉行病态的精神原则了"。

弗兰茨·卡夫卡（Franz Kafka）的作品含意神秘莫测，似乎是对未来的预示，其中心主旨也是非理性，这在卡夫卡的作品中表现为一种无从解释的可怕力量。它压得人喘不过气来，使人既无处可逃，也

第四章　火山之舞　　　　　　　　　　　　　　　　　　　　　185

无力抵抗；它决定着人生，使人如同生活在逼仄的铁笼之中。卡夫卡的著作在20年代并不广为人知，到他于1924年逝世很久以后才开始出名。卡夫卡本人苍白消瘦，两眼凹陷，心理上痛苦纠结。他与德国先锋派的主要文学人物没有多少联系（尽管他对那些人的许多作品相当熟悉），因此，他作品的奇诡创新就更加异乎寻常。卡夫卡不比别人更能未卜先知，但是他的作品似乎特别能捕捉到个人在现代社会和官僚机制权力压迫下那种绝望无助和茫然失措的疏离感，是现代主义文学中最悲观的一类。才华横溢的德国社会学家马克斯·韦伯（Max Weber）把官僚机构的权力视为现代性的实质所在。他也写到理性化社会中的"世界祛魅"，但他认为有纪律的理性将捍卫自由。卡夫卡的作品里不存在这种潜在的乐观主义。

卡夫卡描绘了掩藏在日常活动秩序井然的表面下的现实，那是一个由官僚规则、指令、法律和迫害构成的不可理喻的世界，企图走出这个迷宫的人到处碰壁，永远无法从这一片混乱中脱身，获得他渴望的遥不可及的救赎。

卡夫卡的长篇小说《审判》（The Trial）出版于他逝世后的1925年，主角约瑟夫·K遭到逮捕，至于罪名是什么则从未说明，他被交给一个虽然看不见，但阴险可怕，似乎无所不在、无法逃避的法庭接受审判。他企图申辩自己无罪，但法庭说，"有罪的人都这么说"。虽然没有正式的法庭程序，但对他的"审判"旷日持久，逼得他一点点承认有罪，直到彻底投降，最终在一处偏僻荒凉的采石场乖乖地任由两个沉默的行刑手将他野蛮处决。在1926年出版的《城堡》（The Castle）中，一个土地测量员来到一个偏远的村庄，据说是奉谁也没有见过的城堡主人的命令而来。村民们非常抱团，自始至终敌视他这个外人；他们服从于那个神龙见首不见尾的城堡的掌权者，但城堡掌权者究竟是谁，则始终没有清楚说明（虽然村民们对它深信不疑）。这个外来人越来越沉迷于弄清楚城堡的掌权者以致不能自拔，但他遇到了一层密不透风的社会控制网。他甚至无法见到一个也许纯粹是想象中的高官，去问明白为什么他这个土地测量员应城堡的聘请而来，却永远无法踏入城堡一步。卡夫卡作品中表现的对无法理解的规则的自愿服从，似乎预示了后来几十年间出现的极权社会，虽然他那异常复杂的文字可以任人做出各种解释。

的确，20世纪20年代期间，"高等文化"在众多欧洲国家的各个领域硕果累累，成就惊人，然而，它却对大多数老百姓的生活没有任何直接影响。德国戏剧即是一例。20年代期间，德国的戏剧即使在小城镇也非常红火（这在很大程度上要归功于把向美国借来的短期贷款大量用作公共资金），成为辉煌的魏玛文化的一个中心要素。最著名的是贝托尔特·布莱希特（Bertolt Brecht）对新的戏剧表现方式做的实验。他使用蒙太奇手法、简约的背景和互不相关的场景来表现对行动的疏离而不是认同，以此表达对资本主义社会的批评。但是，大部分看戏的观众都对布莱希特的实验戏剧和其他先锋派作品敬而远之。在20年代剧院上演的剧目中，实验戏剧最多只占5%。多数戏剧还是保守的常规戏剧，受多数观众欢迎的是音乐剧、喜剧、笑剧和其他的轻松型娱乐。无论如何，由于票价的缘故，经常看戏的人只占人口的少数，大多属于中产阶级。1934年的一次调查表明，多数德国工人从来不去剧院。

其他媒体同样体现了"高等"文化与"通俗"文化的脱节。留声机，特别是收音机的普及意味着人们不必出门即可得到娱乐——大多是轻松型娱乐。年轻人尤其更愿意听大西洋彼岸传来的雷格泰姆音乐、爵士乐、舞曲或流行歌曲,而不是贝多芬或瓦格纳,更遑论勋伯格或韦伯恩了。

现代文学的经典著作也经常是读者寥寥。书籍仍然比较昂贵,基本上只有富裕的人才买得起。公共图书馆倒是加建了不少,但工人阶级是否能直接从中受益并不清楚。"受过教育的资产阶级"在德国人口中所占的比例相对大些,他们也许会竞相阅读托马斯·曼的《魔山》(至少谈起来不至于对其一无所知),但大多数德国工人的阅读似乎只限于报纸杂志。英国读者读起埃德加·华莱士(Edgar Wallace)和阿加莎·克里斯蒂(Agatha Christie)写的侦探悬疑小说来如饥似渴,对 P. G. 伍德豪斯(P. G. Wodehouse)笔下的仆人吉夫斯(Jeeves)和他主人伍斯特(Wooster)的倒霉遭遇看得津津有味,却不会埋头研究弗吉尼亚·伍尔夫那高深的"现代主义"作品。安德烈·布勒东(André Breton)在 1924 年发表的《超现实主义宣言》(*Manifest du surréalisme*)、马克·夏加尔(Marc Chagall)或毕加索的最新画作,以及马塞尔·普鲁斯特(Marcel Proust)那不同凡响的(特别是因为它十分冗长)7 卷本史诗小说《追忆逝水年华》(*À la recherche du temps perdu*)也许使巴黎的知识分子兴奋不已,但内地各省的农民或北方大工厂里辛苦劳作的工人不可能和他们一样为之激动。弗里茨·朗格(Fritz Lang)在 1927 年拍成了才华横溢的未来主义默片《大都会》(*Metropolis*),对人沦为机器的奴隶这一现象做了反乌托邦式的描绘,可是,就连一位比较客气的批评家都认为那部电影是个失败,"因为它根本不像生活,既不像昨天的生活,也不像明天的生活"。迅速增长的电影观众最喜欢查理·卓别林(Charlie Chaplin)演的让人哈哈大笑的滑稽默片,不愿意去看发人深省的先锋艺术杰作，然后去思索生命的意义。

艺术和娱乐所代表的"高等文化"和"通俗文化"这两个领域很少有交集或重叠。在大多数欧洲人看来，先锋派现代主义文化与他们毫无关系，他们在日常生活中接触不到，也不受其影响。但它的意义仍然十分重大；在仅仅几年后的1933年，纳粹党把被其文化和种族意识形态认定为非法的书籍付之一炬，对"堕落的艺术"发起正面攻击，以最野蛮的方式确认了这一点。

后来的情况表明，20世纪30年代初的大萧条成了文化上的分水岭。在经济危机的影响下，对一切具有威胁性的"现代"新事物的批评急剧增加，于是，对"堕落的艺术"的攻击成了法西斯武库中的有力武器。这种攻击在德国表现得最为极端，一个重要的原因是20年代期间那里的艺术实验非常激进前卫。然而，德国和其他地方的右翼法西斯在文化上要做的，都不是使时光倒流，回到传说中的传统时代，而是要在（实际上经常被严重扭曲的）"传统"文化价值观的旗帜下追求另外一种乌托邦。这个理想本身也是"现代"的，它利用技术进步的手段来实现政治目标，这肯定带有现代色彩。但法西斯版的"现代"坚决拒绝自1789年起传遍欧洲的自由多元主义、个人主义、民主和自由的思想。法西斯乌托邦理想的中心内容是通过摒弃"堕落""病态"的现代形式来实现民族的重生。这意味着无情清除多元社会中的先锋艺术创作。

先锋文化与通俗文化的脱节在大多数社会中普遍存在。更为不祥的是文化悲观主义。这种思想在德国人数众多、教育良好的资产阶级成员当中最为突出，它把先锋文化与通俗文化一律谴责为颓废腐朽现代性的表现和民族衰落的象征。现代艺术形式受到思想保守人士的百

第四章 火山之舞

般鄙夷。在古板的中产阶级的家里、小镇的咖啡馆或乡村酒馆的酒桌旁，柏林上流社会的耽于享乐也是千夫所指。这种"颓靡"被视为对国家道德与文化本质的威胁。

德国中产阶级坚决拒绝"美国影响"，将其视为现代社会一切弊病的代表。他们把爵士乐斥为"黑人音乐"，认为产生了那种音乐的文明远远劣于孕育了巴赫和贝多芬的文明，而"美国"交际舞那挑逗性的节奏则可能引诱年轻姑娘失足。一个教士说，姑娘们时兴的"美国式"短发"完全丧失了精神准则"。约瑟芬·贝克（Josephine Baker）似乎成了低俗文化的代表。这位歌手兼舞者是非裔美国人，来自美国密苏里州的圣路易斯。她演出的舞蹈充满着异国风情（和色情挑逗），身上几乎一丝不挂，只用几束香蕉遮住关键部位。她在柏林的演出（和在巴黎一样）造成了轰动。好莱坞电影在20年代末吸引了几百万观众。批评者说，那些电影的平庸"吞没了不仅是个人，而且是全体人民的个性"。大规模生产的工业品被视为对德国传统手工艺的威胁，象征着消费主义的大型百货商店挤垮了小店铺。这些都是"美国影响"的表现，而"美国影响"被认为是对德意志民族的文化本质的攻击。

在德国，对文化堕落的攻击不仅限于"美国影响"。社会主义、马克思主义、布尔什维克主义、自由主义和民主都在应予痛斥的现代社会弊病之列，这里面有着清楚无误的种族因素。犹太人是文化生活与大众媒体中的佼佼者，很容易把他们说成是大城市中现代"沥青文化"的主力，而那种文化正好是植根于乡村的"血与土"文化的对立面，"血与土"才是"真正"的德意志文化。

文化悲观主义也促使人希望创造新的精英，因而为通过优生和

"种族清洁"来实现民族重兴的思想提供了滋生的土壤。第一次世界大战及其带来的天翻地覆使许多人痛感价值观沦丧和文化衰败。大战中的人员损失特别加重了对生育率下降的担忧。当时对这个问题评论很多，人们普遍认为它威胁到了家庭、家庭所代表的价值观和民族的繁衍力。看到肢体残缺的伤兵和因丈夫死在前线而伤心欲绝的年轻遗孀，人们似乎就看到了国家今后将面临的人口减少的危险。生育率的下滑加上人口质量的降低，使得医学界一些有影响力的重要人物忧心忡忡，也加大了实行优生学的呼声。

这种情况并非德国独有。英国的优生学会1926年创立，很快就有了约800名成员，主要来自科学、文化和政治精英阶层。他们孜孜于通过生物手段改善人类，尽管人数不多，但影响很大。斯堪的纳维亚、西班牙、苏联和其他地方也成立了优生学会。在德国之外，也有人提出要对精神病人实行强制绝育以改善人口质量，比如，1922年，在瑞典的乌普萨拉（Uppsala）成立了一个种族生物研究所。但是，对种族质量的重视在德国最为显著。早在1920年，一位名叫卡尔·宾丁（Karl Bingding）的律师和一位名叫阿尔弗雷德·霍赫（Alfred Hoche）的精神病专家就提出了在当时仅有极少数人支持的极端观点，认为法律应当允许"消灭不值得存在的生命"。"对民族质量而非数量的强调与我国产粮区面积的缩小有着心理上的联系"，1925年在德国精神病学会发表的一场演讲如是说。这种说法将人口政策与缺少"生存空间"（德文为Lebensraum，该词后来成为纳粹意识形态的用语）联系在了一起。两年后，德国生育率的下降被说成是"城市对农民阶级的胜利"和妇女解放造成的"我们文化衰落的众多象征中最可怕的一个"，最终必定导致"白种人的衰亡"。

奥斯瓦尔德·斯宾格勒（Oswald Spengler）的著作《西方的没落》（*Der Untergang des Abendlandes*）对文化悲观主义影响至深。该书第一卷出版于1918年大战即将结束之时，第二卷出版于4年后。斯宾格勒旁征博引，使用生命周期的生物学比喻对历史上不同的文化做了比较，从带有神秘主义色彩的角度提出，西方文化在物质主义的影响下注定要没落，除非精英领导的强大国家动用国家的力量予以抵制。到1926年，这部内容庞杂的巨著卖出了10万余本，读者全部是德国中产阶级。汉斯·格林（Hans Grimm）于1926年发表的小说《没有生存空间的人民》（*Volk ohne Raum*）比斯宾格勒的著作轻松易懂，但同样加剧了文化悲观主义的情绪，成为被右翼政治力量利用的工具。该书暗示，人口过多是德国经济困难的根源，解决这一问题的唯一办法是通过发动"争取生存的斗争"去征服新的土地（格林设想去非洲征服土地，反映了他对帝国的怀恋之情）。1926年到1933年间，这本小说的销售量达到20万册以上，购买此书的许多人无疑是日益壮大的纳粹运动的支持者。

德国的6,000万人口中，斯宾格勒或格林的热心读者只占一小部分。尽管如此，像他们这样的作者和其他能够利用报纸杂志宣扬观点的人，以及神职人员和学校老师这样的意见"传播者"，其影响力绝不能低估。他们形塑公众态度的潜力同样不可小觑，后来法西斯主义推广的就是他们塑就的公众态度。

大多数德国人对战前时代还有印象，尽管他们的记忆经常因恋旧而失真。随着时间的流逝，他们日益坚信过去的时代是和平、繁荣、文明的时代，战争毁掉了它，留下的是灾难与混乱。在文化悲观主义者眼中，往昔的荣光现在仅剩下了一个影子。他们认为，欧洲文明和基督教"西方"价值观硕果仅存的内容不仅因内部衰败而岌岌可危，而且也受到了外来道德和政治"疾病"的侵蚀。

　　文化悲观主义在德国比在欧洲任何其他地方都更普遍，更严重。虽然法国人也对民族衰落感到焦灼，几乎所有欧洲国家都有文化悲观主义者，但没有哪个国家像德国那样忧心如焚。文化悲观主义在德国的种种表现说明，在中欧这个最重要、最先进的国家中，早在"黄金的 20 年代"，一些将在政治及意识形态气候发生巨变后成为强大力量的思想就已经初露端倪。巨变的时代尚未到来。认同文化悲观主义及其附属思潮的还只是少数人。但是，随着大萧条的到来，形势立刻发生了转变。

光明前景？

　　1924 年，道威斯计划得到接受，法德两国的关系于是有了恢复的可能。这成了实现欧洲持久安全的关键所在。1925 年 1 月，英国新任外交大臣奥斯汀·张伯伦（Austen Chamberlain）表示，希望"在能够给旧世界各国带来和平与安全的基础上"建立"新欧洲"。张伯伦总是身穿晨礼服，头戴礼帽，衣领上别着康乃馨，鼻梁上架着单片眼镜，冷漠超然，不苟言笑。也许这么说不太厚道，但他看起来活像漫画里的英国上层阶级。张伯伦的希望似乎并非痴心妄想。德国要求修改《凡尔赛和约》，法国则坚持确保牢不可破的安全，以防德国这个莱茵河以东的邻国再次发动侵略，二者的关系不可调和。而一旦克服了这个问题，就掌握了实现欧洲稳定的钥匙。

　　张伯伦在 1925—1926 年间为法德两国在新基础上建立关系穿针

引线，起到了重要作用。英国的利益遍及全球，为保护海外资产，英国的军费开支（尤其是海军军费）居高不下。英国需要缓解欧洲的紧张局势，而这就意味着在法德之间建立某种平衡。不过，重建法德关系的主要负责人是两国的外交部长——阿里斯蒂德·白里安（Aristide Briand）和古斯塔夫·施特雷泽曼。

唇髭浓密、烟不离口的白里安是典型的法国外交家，雄辩滔滔，魅力四射。他也是眼光远大的政治家，那时已经开始设想将来要组建独立于美国强权的欧洲联盟。白里安看到，为了法国的利益，应当在确保国家安全的同时与德国和解，在这个基础上，法德两国都能实现持久的和平与繁荣。他的难题是得设法说服法国公共舆论，使之相信与宿敌修好不会损害法国的安全。

德国外交部长古斯塔夫·施特雷泽曼身材魁梧，留着细细的一线唇髭，已经开始谢顶。个性强悍张扬的他和白里安一样高瞻远瞩，也在寻求为欧洲的持久和平建立基础。他一度热情支持君主制，在"一战"期间高调鼓吹兼并主义。但是，战争本身、德国的战后经历和1923年那艰难困苦的一年使施特雷泽曼认识到，他所宣布的"在和平欧洲的中心建立和平的德国"的目标若要成为现实，就需要重建与法国的关系。1926年，他在德国人民党的大会上说："新德国及其复苏只能以和平为基础。"他问道："但是，如果和平不建立在德国和法国之间谅解的基础上，又怎么可能实现呢？"

施特雷泽曼既是精明的务实主义者，也是坚定的民族主义者，两者并不矛盾。对他来说，头等大事是重建德国在欧洲的主导地位。然而，当时的德国外交孤立，军力虚弱。德国要实现复兴，首先必须恢复与英法平起平坐的"大国"地位，从而修改《凡尔赛和约》，解决战争赔款问题。施特雷泽曼认为，只有通过和平谈判才能做到这一点，而这就意味着与法国修好。他和法国的白里安一样，为遏制激烈反对和谈、要求采取强硬外交政策的众多右翼民族主义者费尽了心力，把激进的民族主义压制了整整 5 年。

实现法德缓和的决定性一步是 1925 年 10 月 16 日签订的《洛迦诺公约》（Treaty of Locarno）。公约条款是施特雷泽曼、白里安和张伯伦乘"香橙花号"游船在马焦雷湖（Lago Maggiore）上泛舟 5 小时期间商定的。德国、法国和比利时承诺互不攻击，英国和意大利做担保国。公约的中心内容是五国保证维护德国的西面边界和莱茵兰非军事区。公约为德国 1926 年加入国联铺平了道路，而"洛迦诺精神"带来的国际关系改善使西欧人看到了持久和平的希望。法国人高兴地看到，英国正式为法国的安全做出了担保。白里安将其视为一个重要收获。英国欢迎法德两国关系的缓和，也对自己将来在欧洲的责任只限于莱茵河边界感到满意。对施特雷泽曼来说，《洛迦诺公约》是向德国复兴这个长期目标迈出的必要一步。外交孤立一经打破，协约国军队及早撤出莱茵兰非军事区的可能性就随之加大（原定的撤军时间是 1935 年）。此外，现在德国也许可以从比利时那里收回奥伊彭-马尔梅迪，拿回萨尔（Saar），减少战争赔款，并结束协约国对德国的军管。不错，阿尔萨斯-洛林（Alsace-Lorraine）是拿不回来了，但施特雷泽曼指出，那是德国军力虚弱造成的不可避免的结果。关于德国的东部边界，他可是寸步未让。

对于洛迦诺的成果，每个西方参与国都有理由感到满意。东欧的反应却截然不同。波兰尤其觉得西方国家，特别是它的盟国法国，辜负了它。波兰的处境非常不利，它夹在苏联和德国之间，比过去更加孤立无援。没有一个"东方的《洛迦诺公约》"。德国明确表示不为波兰边界担保。英国和法国也没有做出担保。英国不想与东欧有任何牵扯，法国尽管早在1921年就与波兰以及由捷克斯洛伐克、罗马尼亚和南斯拉夫组成的"小协约国"（little Entente）结成了同盟，但它没有强烈的动机担保波兰边界的安全。英法两国都更希望把德国往西欧这边拉，杜绝德国与苏联加强关系的可能性。德国有些人鼓吹加强与苏联的关系，说1922年的《拉帕洛条约》才是好条约，因为它确立了德苏之间蓬勃发展的贸易关系（还有不公开的军事合作），给两国都带来了重大收益。强硬的德意志民族主义者不出意料地对洛迦诺的成果感到不满。作为对右翼批评者的安抚，施特雷泽曼保留了"纠正"东部边界的可能性。这意味着在将来的某个时候，但泽、波兰走廊和上西里西亚可能会重回德国手中。他保证不会考虑使用武力。他认为，假以时日，这个目标可以通过耐心的外交来实现。

1926年9月10日，德国被接受为国际联盟行政院的常任理事国。施特雷泽曼盛赞德国与从前敌国共聚一堂的景象，暗示人类发展从此有了新的方向。张伯伦说，这意味着战争的篇章终于翻过了最后一页，欧洲站在了新的起点上。白里安的讲话最热情洋溢，他高呼："丢掉步枪、冲锋枪、大炮！为和解、仲裁、和平让路！"〔两年后，白里安的理想主义未有稍减，他和美国国务卿弗兰克·B. 凯洛格（Frank B. Kellogg）一起促成了没有任何实际意义的《白里安–凯洛格公约》（Briand–Kellogg Pact），公约宣布决不使用战争作为推行国家政策的工具和解决国际争端的手段——这注定它从签订伊始即是一纸空文。〕

令人激动的"洛迦诺精神"很快冷静了下来。欣喜兴奋过后，法德两国的利益仍然差距巨大。法国关于安全的忧惧殊难克服，而德国关于早日结束外国军队对整个莱茵兰地区占领的希望很快就化为泡影（虽然协约国的军队在 1926 年撤离了科隆地区）。1926 年，德国有人提议出售由赔款委员会代存的价值 150 万金马克的铁路债券，用钱来换取外国军队撤出莱茵兰，但这个提议无疾而终。德国要求清空（驻扎着 6 万协约国部队的）莱茵兰，收回萨尔河和奥伊彭-马尔梅迪，取消协约国的军事管制委员会。但是，法国人认为法国会因此受到更大的安全威胁，却得不到任何回报（实际上，协约国 1927 年就把监督德国裁军的责任交给了国际联盟）。另外，美国银行家反对把道威斯计划规定的义务商业化。两年后，在 1928 年的一次国联会议上，德国正式要求协约国军队撤出莱茵兰，这次没有提出任何交换条件。不出意料，法国和英国不以为然，坚持等战争赔款付清后才能解决莱茵兰问题。

至此，战争赔款再次成为突出问题，因为根据道威斯计划，德国的分期付款额在 1928—1929 年将有所增加，这就给德国经济增加了负担。1929 年 1 月，成立了一个新的赔款委员会，由美国商界人士欧文·D.扬（Owen D.Young）担任主席，负责修改赔款规则。5 个月后，委员会提出了建议，同年 8 月，建议得到了相关政府的接受。"扬计划"规定的德国偿款额比道威斯计划少得多，尤其在头几年。但是，偿还期延长了，要到 1988 年才能付清最后一笔赔款。德国的右翼民族主义分子对扬计划极为愤怒，组织了一次请愿表示对它的反对，并迫使政府举行关于这个计划的公民投票。但是，1929 年 12 月的公投结果表明，6/7 的投票人都同意接受扬计划。虽然施特雷泽曼在有生之年没有看到公投的结果，但是他支持扬计划，因为这意味着他的一个近期目标能够实现：协约国保证，如果德国接受扬计划，它们就会撤出莱茵兰。1930 年 3 月，德国议会批准了扬计划。同年 6 月 30 日，协约国从莱茵兰撤军，比《凡尔赛和约》规定的时间早了 5 年。

那时，和平修正主义的缔造者施特雷泽曼已经逝世。他在短短的时间内取得了卓著的成就，虽然他没能亲眼看到自己的努力结出的果实。他的成就包括结束了外国军队对鲁尔的占领，终止了协约国军事委员会的监督，实现了经济稳定，调整了战争赔款，提早实现了协约国从莱茵兰撤军，当然还有达成了《洛迦诺公约》以及带领德国加入了国联。不过，施特雷泽曼的健康状况一直堪忧，他在外交折冲中呕心沥血，这更加重了各种疾病。在阴云在德国上空聚合，经济危机即将席卷欧洲大陆之际，施特雷泽曼之死意味着德国很可能不会沿着他指出的道路走下去，不会继续通过妥协让步、审慎行事、和平谈判来努力恢复国力。此外，白里安的影响力也在下降，因为德国提出外国军队加快撤出莱茵兰的要求后，法国人民普遍认为白里安在有关谈判中不够强硬，还认为他对法国的安全利益保护不力。这对德国坚持施特雷泽曼路线的前景更是雪上加霜。白里安 11 次担任法国总理，可谓空前绝后。在他最后担任总理这一次（他 7 月刚刚上任，同时兼任外交部长），施特雷泽曼去世后不到一个月，他也辞去了职务。

1929 年 8 月，海牙会议召开，旨在就德国战争赔款和协约国撤出莱茵兰的问题达成协议，会议的名称是"战争清算会议"（the Conference on the Liquidation of the War）。那场会议似乎标志着光明新未来的开端。事实上，1929 年恰好是塑造了欧洲现代史的两次大规模战火之间的中点。

摇摇欲坠的民主体制

自 20 世纪 20 年代中期开始的国际关系缓和应归功于各国的民主政府。只要它们存在，欧洲的和平就有望维持。但是，20 年代中期和晚期的经济复苏并未导致民主体制在全欧洲壮大。有些国家的民主制度已经开始被专制政权所取代。这种情况在落后的农业社会中比较常见，因为那种社会通常民主观念扎根不深，存在着深刻的意识形态裂痕，或面临着民族统一方面的严重困难。民主只在北欧和西欧依然强大，在整个大陆却表现不一。

在中欧，民主在匈牙利仅仅是门面，在奥地利步履维艰，在捷克斯洛伐克却欣欣向荣。匈牙利有多个政党，也有选举（选民人数极为有限，城市以外的地区没有无记名投票）和议会制度。但匈牙利的多元政治制度仅是表面现象，实质远非如此。它受到强有力的行政当局自上而下的控制，无人挑战代表着精英阶层利益的执政党；老百姓对政治漠不关心，工人阶级在政治上软弱无力。

奥地利的民主制度未受损坏，但基础薄弱，问题严峻。社会民主党和基督教社会党的立场毫无交集，后者占统治地位，通常受到右翼泛日耳曼主义者的支持，20 年代期间始终控制着国家议会（虽然没有控制首都维也纳）。形势稳定的那几年，两党的意识形态鸿沟不仅没有弥合，反而进一步扩大。1927 年爆发了一场动乱。社会民主党"捍卫共和国联盟"的两个成员被名为"保卫家园"的右翼团体射杀，法庭却宣判枪手无罪。于是，一群工人焚烧了维也纳的法院大楼。警察对投掷石块的示威群众开了枪，打死了 85 人，警方也有 4 人死亡。伤者更是数以百计。事过之后，局势恢复了平静，但依然暗潮汹涌。这个事件的主要受益者是号称要保卫家园的各个右翼组织，它们既吸引了新的支持者，也获得了工业资本家更多的资金支持。还有一个不祥之兆是，支持日耳曼民族主义的人越来越多。各方政治力量日益极端化。当1930年经济危机来袭的时候，奥地利的民主已经摇摇欲坠。

捷克斯洛伐克则完全不同。它克服了民族分歧和政党结构的分散，顶住了潮流，维持了民主政治，国内没有出现对民主的严重威胁。捷克地区的工业相当发达（虽然斯洛伐克并非如此）。它有人数众多、教育良好的资产阶级，还有经验丰富的民事行政部门。1925年，共产党在议会选举中赢得了14%的选票（27个其他政党对选举结果提出了质疑），获得的议会席位比任何其他政党都多。在位于政治光谱上其他位置的政党眼中，共产党的胜利代表着共产主义的威胁，这促使它们团结到了一起。（除共产党之外的）各主要政党无论彼此有何分歧，都支持民主。事实证明，它们建起的联盟行之有效，自1923年开始，经济强劲增长，失业率骤降，这也大大有利于维持民主政府。捷克斯洛伐克的统一来之不易，而且依然脆弱。要维持统一，必须保持国内的稳定，这也是促使各政党努力维持民主制度的一个重要因素。同时，政府对人数众多的德裔少数族裔和斯洛伐克人采取怀柔政策，表示要给他们更大的自治权，这也起到了对那些人中潜在反对派釜底抽薪的作用。

捷克斯洛伐克是罕见的成功故事。而早在大萧条到来之前，在东欧大部、巴尔干地区和远至大西洋的地中海地区，民主政府都要么已经垮台，要么正在垮台，要么在苦苦挣扎。

波兰的历届政府均未给这个困难缠身的国家带来稳定。最后，独立英雄毕苏斯基元帅忍无可忍，于1926年5月12日到14日发动政变，在接下来的几年内带领波兰在专制的道路上越走越远。波兰这个国家有6种货币、3套法规、2种火车轨距、数不清的政党和人数相当多的少数族裔（每个少数族裔都遭受着严重的歧视），把这样一个国家在短时间内整合起来几乎是不可能的。1922—1923年的恶性通货膨胀过后，波兰的经济开始复苏，1924年开始使用单一货币"兹罗提"是向前迈出的巨大一步。但是，波兰面临的问题依然严峻（因与德国的关税战而进一步加剧），持续不断的政治危机更是使那些问题解决起来难上加难。造成政治分歧的最大问题非土地再分配莫属。结果，政府换届犹如走马灯，哪一届也干不长久。

到1926年，政治和经济状况都丝毫不见起色，政府也因议会内部无法解决的分歧而陷于瘫痪。毕苏斯基再也看不下去了，他召集起军队中依然忠于他的部属，经过在华沙的短暂交战后，迫使政府辞职。宪政政府的机构和制度得到了保留，但对民主自由的限制增加了，专制主义有所增强，包括加紧了对政治反对派的镇压。

东欧大部都存在着和落入专制主义的波兰同样的结构性问题，比如，农业主导的经济面临严重困难，土地问题造成了紧张，政党政治的分歧无法弥合，少数族裔人数众多，国家无法整合，军方力量强大，等等。在这种情况下，建立稳固的民主困难重重。立陶宛很快就堕入了专制主义。立陶宛的军队在1920年曾败于毕苏斯基麾下的波兰军队，现在却从毕苏斯基在波兰发动的政变中受到启发，于1926年12月发起暴动，导致议会休会整整10年，总统大权独揽。在其他波罗的海国家中，如拉脱维亚、爱沙尼亚和芬兰，议会制度虽然内部不稳，却顶住了来自左翼和右翼的专制压力。不过，后来只有芬兰的民主得以持续。

巴尔干国家建起的政府表面上是代议制政府,但实质上无一例外都是庇护主义政治外加赤裸裸的暴力,腐败猖獗。那些国家都是农业社会,绝大多数人民非常贫穷,文盲率很高,政治竞争往往是部族间仇恨的反映。边界和民族的问题造成了长期的不稳定。真正主事的一般都是军方。

1923年到1927年间,希腊从君主制变为共和国,随即是短命的军人独裁统治,后又变回到共和国,3年内颁布了3部宪法。在那之后,希腊有过4年的相对稳定,接着经济危机到来,希腊货币德拉克马暴跌3/4,政府眼看着国家滑向灾难却束手无策,1936年,民主的门面彻底坍塌,专制政府正式登台。

毫无法纪、暴力频仍的阿尔巴尼亚几乎不能算作一个国家。偏执凶狠的艾哈迈德·索古在多次血仇厮杀中胜出,于1924年12月领导发动军事政变,攫取了政权。4年后,他自封为国王,靠着军队的支持封官许愿,开启了14年的个人独裁。

保加利亚的政治也是暴力泛滥。1923年,一群军官在国王鲍里斯三世的支持下暗杀了首相亚历山大·斯坦博利伊斯基,将他的首级砍下,装在一个铁盒子里送到索非亚。接着,共产党组织的一次暴动遭到血腥镇压,死伤数以千计。1925年,索非亚大教堂发生炸弹爆炸,造成160人死亡,数百人重伤(虽然国王和诸大臣都毫发无损)。此事发生后,政府发动了又一波可怕的"白色恐怖"。保加利亚的议会政治仅仅是表象,执政党在国家政治中占据绝对主导地位。政府依靠残酷镇压实现了稳定,一直持续到大萧条年代。

罗马尼亚的国内矛盾也非常深刻,主要是关于土地(罗马尼亚的绝大多数人口住在乡村，大部分是小农）和国家认同的问题。罗马尼亚人认为，国家面临的威胁包括匈牙利企图夺回被《凡尔赛和约》划走的土地，布尔什维克主义（虽然罗马尼亚共产党非常弱小，1924年即被宣布为非法，因此并不构成实质性的威胁）和少数族裔，尤其是犹太人。20年代期间，矛盾尚在可控范围内。1923年通过的新宪法加强了政府的行政权力。掌握统治权的布勒蒂亚努家族（Bratianu）通过操纵选举，使由它控制的国家自由党在议会中占据了绝对主导地位。结果，国家权力几乎被布勒蒂亚努家族所垄断。然而，1927年，在位14年的斐迪南国王去世，削弱了该家族对权力的掌握，导致了政治不稳定。次年，农业经济遇到的困难日益严重，国家自由党因此在选举中败于国家农民党。但是，国家农民党应对经济困难不力，很快失去了民心。1930年，曾在1925年因情妇有一半犹太人血统而宣布放弃王位的卡罗尔二世反悔而食言，发动了一场没有流血的政变，登上了国王的宝座。接下来的几年内，国家面临的严重经济困难导致激烈反犹的暴力法西斯运动兴起，政治危机不断。通往独裁的道路就此铺就。

塞尔维亚-克罗地亚-斯洛文尼亚王国本来就先天不足。（有偿）收回大地主的土地，将其重新分配给农民的做法一直争议不断。它与四周的邻国——意大利、希腊、匈牙利和阿尔巴尼亚——又都有边界争端。不过，最终使它那难以驾驭的民主制度变为专制主义的，是国家的结构性问题，因为信仰天主教的克罗地亚人和占人口多数、信仰东正教的塞尔维亚人水火不容，利益无法调和。1928年，一个愤怒失控的塞尔维亚人在议会刺杀了3名克罗地亚议员，引发了一系列后果。亚历山大国王于次年1月解散了议会，废止了宪法。新闻自由被取消，政党遭禁，国家权力更加集中。（1929年10月，国家改名为南斯拉夫，据说这可以凝聚民心。）1931 年 9 月，这些措施载入了专制主义的新宪法。

地中海地区的多元议会制政府长期以来一直处于守势，或者干脆早已垮台。1929 年的《拉特兰条约》（Lateran Pacts）承认了梵蒂冈的主权，规定了意大利与教会辖地的关系，并重申天主教为意大利的国教，墨索里尼借此消除了天主教会反对其政权的可能性，巩固了手中的权力。这样，意大利法西斯国家中最后一支相对自治的力量也被解决掉了。在西班牙，普里莫·德里维拉继续行使着他在 1923 年建立的相对温和的独裁，尽管大萧条到来的时候，他为维持他那脆弱的政权而日益左支右绌。

1926 年，葡萄牙和一些地中海国家一样，也落入了专制统治。第一次世界大战动摇了葡萄牙旧有的寡头权力结构。政府不稳成为常态，从 1910 年到 1926 年，葡萄牙共换了 45 届不同类型的政府。1915 年曾有过几个月的军人执政。1917—1918 年又有过一段带有早期法西斯特征的短暂军人独裁。政治暴力一直是葡萄牙政治中的潜在因素，进入 20 年代后日渐猖獗。军方对无能的多元政治制度极为不满，尽管军方内部不和，但仍旧有可能起来推翻政府。1925 年，一场混乱的军事政变被挫败。次年，军方各派克服了彼此间的分歧，由戈梅斯·达·科斯塔（Gomez da Costa）将军带领再次发动政变，从冷漠的公众那里得不到热心支持的文官政府未加抵抗即乖乖屈服。保守的精英阶层和天主教会欢迎政变。左派力量太过弱小，无力反对。科斯塔随即让位于安东尼奥·卡尔莫纳（António Carmona）将军，后者在军方支持下进行统治。卡尔莫纳 1928 年成为总统，一直干到 1951 年去世。但是，政权的关键人物很快变成了安东尼奥·德奥利韦拉·萨拉查（António de Oliveira Salazar），他是科英布拉（Coimbra）大学的经济学教授，1928年4月被任命为财政部长，两年后成为总理。在长达40年的时间内，他一直是葡萄牙专制政权中举足轻重的人物。

20世纪20年代末，民主只在欧洲经济最为发达的北部和西部没有动摇，因为那里没有东欧和南欧存在的那些破坏民主的因素。大萧条到来前经济强劲增长的那几年里，民主要么已经牢牢站稳，要么正在巩固的过程中。国家建立在精英与大众达成的广泛一致的基础上，极左和极右的党派都成不了主流。无论各国的具体特点如何，它们都有一些共同特点帮助维持了民主的合法性，比如，政治和社会制度顶住战争期间及之后的动荡延续了下来，政府能够融合社会各界的利益并根据实际情况及时调整政策，领土完整和文化同质性得以保持，共产党力量弱小，相对强大的社会民主党因而成为工人阶级的主要代表。这些国家的民族融合大多是漫长渐进的过程。英国、法国、斯堪的纳维亚国家、低地国家*和瑞士皆是如此。爱尔兰南部新成立的爱尔兰自由邦是个例外，它经过短短6年的独立斗争就摆脱了英国统治。然而，这个新生的民族国家也很快站稳了脚跟，巩固了运作良好的两党制民主，其基础在很大程度上是以根深蒂固的天主教信仰为根本的同质文化，还有对英国的广泛敌意。

民主在欧洲大部的失败固然对相关国家的人民有影响，有时似乎也波及邻国，但还不致威胁欧洲的和平。只有当民主在英、法、德等大国陷于崩溃的时候，才会危及全欧的和平，因为大国的稳定对于维持摇摇欲坠的战后平衡至关重要。

---

* 低地国家指荷兰、比利时、卢森堡三国。——译者注

整个 20 年代期间，英国的经济一直欲振乏力，但与欧洲其他国家相比，它却是政治稳定的典范。然而，尽管英国基于多数票的选举制度起到了防止政党分散化和不同政党间结盟的作用，但却没能阻止英国政府在 1922 年到 1924 年间三易其手。拉姆齐·麦克唐纳（Ramsay MacDonald）是苏格兰农场工人和女佣的私生子，但他克服了卑微的出身，当上了工党领袖。他两度担任首相。第一任时间较短，1924 年 1 月政府成立，到 11 月即告完结。接下来的 5 年内，政府由保守党掌权。新任首相斯坦利·鲍德温（Stanley Baldwin）来自英格兰中部地区，出身于富有的炼钢厂主家庭，给人的印象是稳重可靠、令人放心。他的政府遇到了 1926 年大罢工造成的社会分裂和政治动乱，组建第二年即成为弱势政府。但是，英国依靠体制内的调整进行危机管理。无论是共产党还是法西斯运动都无法影响主流政治，前者的支持者还不到选民的 1%，后者力量弱小，仍处于萌芽阶段，支持者都是些乖戾怪僻的人。英国在 20 年代期间面临着巨大的社会和经济问题，但那些问题并不影响民主的合法性。1930—1931 年间，经济大萧条使拉姆齐·麦克唐纳的工党少数政府陷入了危机，但国家没有出现危机。

　　法国的稳定不像英国那样牢靠，虽然法国的民主在大萧条之前没有遇到过严重的困难。由于货币危机，从 1925 年 4 月到 1926 年 7 月接连换了 6 届政府，但内阁的频繁更迭并未动摇第三共和国的合法性。雷蒙·普安卡雷担任总理的 1926 年到 1929 年间，稳定得到恢复，1928 年的选举显示民意转向保守的右翼，似乎使稳定进一步巩固。表面上形势一片大好。

　　然而，与英国不同的是，法国的政治制度并非无人挑战。法国社会中有一部分人从未接受过共和国，或仅仅对共和国勉强忍受；他们人数虽少，影响力却不小。在法国左翼政府深陷财政危机，民众对共产党的支持大幅缩减的当口，1924年11月23日，共产党人和社会党人一道在巴黎组织了一场大规模游行，护送（1914年遭暗杀的）社会党英雄让·饶勒斯的骨灰到先贤祠安放。游行队伍组成的"红旗的海洋"使人联想到了布尔什维克革命。右翼称其为"资产阶级的葬礼"，说"此时，每个人都清楚地看到了革命的祸患"。没有几天，就兴起了一批自称为各种"联盟"的"爱国主义运动"，其中之一叫作"束棒"（Faisceau），这是从意大利法西斯运动那里借来的字眼，这个名字一语道破了该组织的政治倾向。这些组织几乎一夜之间就吸引了成千上万的成员，大多是年轻的法国人。

并非所有联盟都是法西斯组织。事实上，有些联盟坚决拒绝诉诸暗杀手段。法国的极右分子也并不都是某个联盟的成员。像在其他地方一样，极端右派和保守右派之间的界限变化不定。最后，法国安然度过了那段时期。普安卡雷大力维稳，有产者重新获得了安全感，危机的引信被拆除了。各种形形色色的联盟至少暂时失去了民众的支持。保守主义占了上风，不再需要极右派来抗衡左派。不过，极右派并未消失。如果危机重起，持续的时间更长，对稳定的破坏更大，更加危险，那么极右派就会东山再起并变本加厉，对法兰西共和国构成威胁。

如果说英国稳定牢固，法国却根基堪忧的话，德国就是一个说不清的谜。德国的制度既不是经济比较先进的北欧和西欧国家那类基础牢固的民主，也不是东欧那类脆弱的新生民主。德国在很多方面是混合体。它集西方和东方的特点于一身，既和英法两国一样有大规模的工业无产阶级，也有众多植根于土地的农民，特别是在德国东部。德国有民主理想主义和多元政党政治的悠久传统、高度发达的官僚机构、现代的工业化经济，还有教育良好、文化先进的人口。

但是，民主制度在德国却是新鲜事物。它诞生于战败和革命的苦难之中，从一开始就备受争议。德国实现政治统一才半个世纪，人民心中更深层的认同是超越国家边界的文化认同。德国与英国、法国和西北欧其他国家的不同之处在于，它国家概念的基础是族裔，不是领土。无论德国的知识分子精英彼此意见如何不同，他们都拒不接受其所谓"西方"民主的价值观，不管是起源于1789年大革命的法国传统，还是造就了英国现状的鼓吹自由贸易的资本主义和自由主义。在他们心目中，德意志国家体现了德意志文化价值观，不仅异于，而且优于西方文明的产物。他们认为，德国在第一次世界大战结束时经受的耻辱、战后它在经济和军事上的虚弱、它大国地位的丧失，以及它的议会体制造成的分裂都不过是暂时的失利，不会永远如此。

德国的政治稳定不单是德国人民关心的事情，而且对欧洲大陆未来的和平举足轻重。德国横跨欧洲东西两部，经济和军事潜力巨大，改变东欧现状的野心不死，所以，民主能否生存，以及施特雷泽曼的国际合作政策能否延续，就成了决定欧洲大陆上摇晃不稳的力量平衡能否得到维持的关键问题。

20年代后半期的"黄金时代"中，德国顺风顺水，经济增长强劲，人民生活水平得到了改善，还加入了国联。《洛迦诺公约》确定了西面的边界。人们普遍感到，民主在日益巩固，即使1925年到1927年间政府四度更换也未改变这种感觉。政治极端主义没了市场。1924年，对共产党的支持降低到9%，支持温和的社会民主党的票数却有了同样比例的上升。1923年11月希特勒组织暴动未遂，极端右派四分五裂。虽然纳粹党在希特勒获释的第二年得到重建，但它仍然只能活动于政治的边缘。一位观察家在1927年说，纳粹党不过是一个"小团体，无法对广大民众和政治事件的走势产生任何可见的影响"。

1928年的大选反映了德国的稳定局面。顶多只能算半心半意支持民主的右翼保守派损失惨重。纳粹党获得的选票仅有可怜的2.6%，只赢得了12个议会席位，这似乎表明，它作为一支政治力量到了穷途末路。大选的主要赢家是社会民主党，它赢得了30%的选票，在与两个天主教党和两个自由党结成的"大联盟"中一家独大。在赫尔曼·穆勒（Hermann Müller）的领导下，德国社会民主党自1920年以来第一次掌握了政权。民主在德国似乎前程似锦。

然而，表象下的实际情况并非一片大好。"大联盟"本来就脆弱不稳，很快，社会民主党和与它勉强结盟、代表大企业利益的施特雷泽曼的德国人民党之间，就暴露出了深刻分歧。导致两党针锋相对的第一个问题是造大军舰。社会民主党在选前提出的竞选口号是："不要装甲巡洋舰，要让孩子吃饱饭。"所以，当联盟的中间及右翼政党的部长们强行通过了建造一艘巡洋舰的决议时，社会民主党人勃然大怒。接着，鲁尔的工厂主把几乎25万钢铁工人锁在工厂大门外，不准他们复工，这造成了"大联盟"成员之间的又一条鸿沟。关于小幅增加失业保险金中雇主摊款份额的建议造成了旷日持久、无法调和的争议，这完全暴露出联盟中各个政党的立场大相径庭。1930年3月，这个问题终于压垮了笨重不灵的"大联盟"。

此时，经济困难开始加剧。1929年1月，德国的失业人数突破了300万大关，比前一年增加了100万，占劳动人口的14%。共产党在1928年选举中获得的支持有所增加，达到10%以上，得到了许多失业工人的支持。共产党遵循共产国际新通过的斯大林路线，开始把枪口转向社会民主党，莫名其妙地骂它是"社会法西斯党"。在农村，农业经济危机也引发了人们对政治的严重不满。

纳粹党人发现，他们在北部和东部的乡村地区没有进行持续的造势活动，就获得了相当多的支持，连他们自己都感到意外。事实上，即使在纳粹党还无足轻重的时候，它的党员就在不断增加，现已达到10万人，这给它提供了足够的生力军，使它得以充分利用日益加剧的社会动荡。另一个对纳粹党人有利的因素是，他们声嘶力竭地反对扬计划对战争赔款安排的改动，因而得到了保守报刊的赞扬。虽然纳粹党离主流政党的地位还差得远，但是它在1929年几场地方选举中获得的选票有所增加。次年6月，大萧条全力来袭之时，希特勒的政党在萨克森的州级选举中赢得了14%的选票，比它在1928年国会选举中获得的选票数几乎高了5倍。

不久后，继穆勒之后担任总理的中央党政治家海因里希·布吕宁（Heinrich Brüning）解散了国会，因为国会拒绝了他关于大幅削减公共开支的提议。对于国家面临的财政困难，布吕宁没有试图寻找民主的解决办法，而是企图靠总统令来强推通货紧缩的措施。德国总统这个绝顶重要的职务自1925年以来一直由战争英雄冯·兴登堡陆军元帅担任。兴登堡虽然宣誓捍卫民主共和国，但他曾是君主制政权的柱石，他不相信民主，而是自视为代理德皇。把总理从社会民主党的穆勒换成愿意靠总统令治国的布吕宁，其实是好几个月前就计划好了的，是削弱社会民主党、建立不靠多元议会制的政府的大方略的一部分。兴登堡、布吕宁和支持他们的保守派精英从未想过让纳粹党执政，他们认为纳粹党人是一群野蛮、粗俗、吵闹的民粹主义者，不是管理国事的料。他们实质上是想把时钟拨回到过去。有没有君主并不重要，他们要的是回归俾斯麦式的宪政安排，在那样的安排下，政府不受议会管束，尤其是不受可恨的社会民主党人的管束。兴登堡、布吕宁和保守派精英希望建立反民主的半专制统治，由保守精英当权。

布吕宁担任了总理，兴登堡绕过议会行使统治，这使得民主在德国陷入经济萧条之前就遭受了沉重的打击。1930年9月14日举行国会选举后，民主再受重创。举行那次选举是布吕宁的决定，结果事与愿违。希特勒的政党取得了惊人的突破，赢得了18.3%的选票，在新国会中占了107个席位。纳粹党一夜之间声名大噪，成为德国议会中第二大党。投给纳粹党的选票不再是浪费在边缘小党的身上了。群众对纳粹党的支持迅速增加，资金源源而至，使之得以从事更多的煽动激进情绪的活动。纳粹党的权力之旅开始起步。希特勒担任总理似乎仍遥不可及，但是，靠总统令治国的致命决定和纳粹党在1930年大选中的成功为德国的民主敲响了丧钟，进而扩大了全欧洲的不确定性。过去几年中艰难维持的平衡岌岌可危。

当然，未来充满着各种可能，从来不是一条清楚明白、事先定好的道路。如果大萧条没有从美国传来，欧洲也许能够一直沿着经济持续增长、开明自由、民主政治的康庄大道阔步走向国际和平与和谐的光明未来。但是，若是打赌的话，恐怕没有人会对这个可能性下很大的赌注。虽然后来几年间不断加深的危机既非不可避免，亦非预先注定，但其来有自。欧洲"黄金的二十年代"仅是表面光鲜，其实是问题丛生的晦暗时期。

全球经济失衡，弱点突出。各国推行保护主义政策，高调追求自身利益，更加剧了经济失衡。因此，各国没有坚实的基础去抵御来自大西洋彼岸的冲击。文化的不同滋生了广泛的偏见与敌意，在社会和思想气候转差的时候，很容易被人利用。民主和自由的思想在各地都处于守势。到大萧条来袭时，欧洲的许多国家均已或即将沦为专制社会。

所有欧洲国家中，有一个国家在决定欧洲命运走向中最为举足轻重。欧洲大陆实现光明未来的希望首先寄托在德国身上。但是，早在华尔街崩盘之前，德国就出现了令人忧心的迹象。经济增长掩盖了日益严重的问题。文化分歧在德国比在任何其他国家都表现得更加尖锐。德国滑入全面危机之前，潜在政治危机的迹象已历历可见。德国民主的完好无损是欧洲未来和平与稳定的最好保障。如果民主在这个关键的欧洲国家中垮掉，会发生什么情况？大萧条在后来数年间造成的后果不仅对德国，而且对整个欧洲都将产生决定性的影响。

在流行查尔斯顿舞的那些表面上无忧无虑的年代中，欧洲一直在火山上跳舞。现在火山到了爆发的时候了。

第五章

阴霾四合

> 沿着湿滑的陡坡沉入深渊,踪影不见。
> 秩序和清洁,工作和舒适,进步和希望,全部一去不返。
>
> 汉斯·法拉达《小人物,怎么办?》(1932年)

大萧条的魔掌从1930年开始收紧。它对欧洲来说不啻一场大灾难。欧洲所受的影响并不平均,有些国家依靠良好的经济与政治结构躲过了大萧条的重创。在各个国家内部,不同地区受到的影响也有所不同。即使在发生了严重衰退的经济体中,也有一些部门出现了增长。尽管如此,那场经济衰退造成的破坏仍然十分巨大,既深且广,没有一个国家毫发无伤。

大萧条期间,欧洲的政治分裂暴露出来。欧洲基本上一分为二。民主得以生存的地区仅仅是西北欧,另外还有芬兰、捷克斯洛伐克和西班牙(在后两个国家中存活的时间不长)。在其他地方,专制主义占了上风,尽管形式也许各不相同。在这个经济和政治都四分五裂的大陆的上空,阴霾在迅速聚集。

衰退

美国经济的烈火烹油之盛导致了对耐用消费品、汽车、钢铁和建材生产的大量冒险投资。投机的泡沫于 1929 年 10 月 24 日破灭后，美国的经济荣景戛然而止。一位观察家评论说："市场就像发了疯，对企图主宰它的人发起了狂暴无情的报复。"惊慌的人们纷纷抛售股票，华尔街一片大乱。股票价格一落千丈，成千上万的投机者倾家荡产，商业信心沉入谷底。工业产值和进口额直线坠落，商品价格下滑，失业率飙升。美国给外国的贷款在崩盘前就已经开始减少。现在，美国债权人开始收回原来向欧洲国家，特别是德国，发放的短期贷款。

国际经济本已失衡，现在又面临强大的通缩压力。在这样的情况下，欧洲在劫难逃，被卷入迅速扩大的经济灾难。衰退像传染病一样越传越广。到 1930 年，欧洲制造业陷入了衰退。大规模失业也从大西洋彼岸传了过来。到 1930 年夏初，光德国就有 190 万失业人员，失业保险制度不堪重负。全国人均收入开始下降，1932 年的人均收入仅是 1929 年的 2/3。通货紧缩席卷欧陆。需求的减少导致价格下跌，民众的购买也开始减少，就连对生活必需品的购买也降到了最低水平。工资和薪金降低了，但随着价格的下跌，仍然有工作的人挣的工资反而能买到更多的东西，所以，"真正的工资"往往有所增加。税收的减少给政府收入带来了沉重的压力。

有些国家企图通过削减国家开支来平衡预算，却事与愿违。1933 年在伦敦大张旗鼓召开的世界经济会议是唯一一次寻求国际协调应对危机的努力，可惜一无所成。各国政府应对经济衰退的办法是加紧保护本国的经济。到 1930 年夏，美国已经出现了强烈的保护主义倾向。作为报复，其他国家也采取了关税保护措施。比如，法国对进口商品的平均关税在 1931 年增加到 37%，捷克斯洛伐克增加到 50%。英国也打破了它的自由贸易传统，自 1932 年 3 月起实施 10% 的普遍关税，4 个月后，又与各英联邦自治领达成交易，确保英国货物得到优惠待遇。对已经在苦苦挣扎的国际贸易来说，出口骤降等于雪上加霜。

更坏的还在后面。几个欧洲国家的银行系统承受的压力越来越大。1931 年 5 月，由于储户害怕失去存款而发生的挤兑造成奥地利最大的银行——维也纳的"联合信贷银行"倒闭，对欧洲金融体系造成了重大冲击。两个月后，德国的第二大银行达姆施塔特国民银行也被拉下水，在储户的挤兑风潮中破产。欧洲各银行开始出售英镑来增加黄金储备，因而引发了对英镑的抛售。英国试图维持原有的兑换率，但徒劳无功，7 月下半月每天损失 250 万镑。从 7 月中到 9 月中，两亿多英镑的资金流出伦敦，英格兰银行的储备减少到了危险的地步。9 月 21 日，英国被迫放弃金本位。英镑的汇率应声而落，降了 1/4。

1932 年，欧洲的经济跌至谷底，资本主义经济陷入空前的崩溃。所有欧洲国家的国民生产总值都下降了，但幅度各有不同。英国、瑞典和意大利是 7%，比利时刚过 10%，德国和南斯拉夫则到了 17% 以上，波兰更是高达 25%。这是因为各国的经济结构和它们对美国金融市场的依赖程度不同。欧洲最大的经济体之一法国在经济衰退开始时几乎未受影响，部分原因是法郎在 1931 年前估值偏低。法国经济中农业占很大部分，农民中相对较多的人是自给自足的小农，另外，法国还有大量与地方和地区经济密切相关的小型手工业生产，这些在经济萧条初期帮助法国抵御住了华尔街崩盘的严重后果。1929 年，政府采取措施保护农产品价格，维持了国内市场的繁荣，这也有助于加强法国起初抵御危机的能力。法国政府骄傲地宣称，尽管其他国家面临经济垮台的危险，但它的"繁荣政策"将继续下去。一家主要的法国日报宣布："无论世界经济萧条的原因为何，法国都能平静以对。""经济的健康和法国人民美德的可喜结合使法国成了世界经济的支柱。"

这种自高自大很快就遭到了现世报。截至1931年，法国仅仅有5.5万人失业。但它已无法躲避陷入国际性经济衰退泥沼的命运。大萧条在1931年终于降临法国后，对法国的影响比对多数其他主要经济体的影响都更持久。整整10年内，生产都没能恢复到1929年的水平。法国1936年的出口额只有1928年的一半。1932年，破产企业的数目直线上升，且升势不止。根据官方数字，1935年的失业人数达到近100万，非官方的数字还要高得多。法国为了面子，不肯让法郎贬值，经济复苏因而更加步履维艰。英镑和美元贬值后，法郎的坚挺使法国丧失了出口竞争力。

虽然一提到大萧条，人们就会想到工业城镇中大批的失业工人，但是，靠土地谋生的人，包括中农、贫农和干零活的雇农，也在那场经济暴风雪中险遭灭顶。重灾区是高度依赖农业的东欧。大萧条造成处处民不聊生，啼饥号寒。波兰受害尤烈。波兰经济以农业为主，工业部门很小，政府采取的大幅度削减国家开支、硬撑估值过高的货币等措施更加重了已经十分严峻的形势。当时有人这样描述大萧条在波兰乡村产生的影响："夏天还好，但到了冬天，孩子们瑟缩在茅屋里，从脖子往下的整个身体都装在填满了谷糠的袋子里，因为若是没有这一层遮挡，他们就会在没有取暖设施的冰冷茅屋里冻死……所有人的生活都困苦至极。"

农产品价格一落千丈。同时，贷款来源枯竭，利率居高不下，许多负债的人因此沦为赤贫。大批农庄被出售或拍卖。比如，从1931年到1932年，巴伐利亚被迫出售的农庄数目增加了50%。打零工的农业工人经常找不到活干。拥有小块土地的自耕农靠土地的产出为生，有时仅能勉强糊口。法国南部一个贫穷村子里的住户每天只吃得起一顿饭，吃的东西只有栗子、橄榄、小萝卜和一些卖不出去的自家种的蔬菜。不出意外，在法国农村和欧洲的许多地方，农民对政府、官僚、城里人、金融大亨、外国人和犹太人日益怒火中烧，他们认为，自己的困苦就是这些人造成的。这种情绪助长了极右派宣扬的激进主义。

经济遭受的破坏在工业区更加显著。奥地利的工业产值从1929年到1932年直落39%，失业率几乎增加了一倍。波兰1932年的工业产值与1929年相比下降了30%，失业率也翻了一番。欧洲大陆最大经济体德国1932年的工业产值与1929年相比几乎少了一半。工厂车间纷纷关门，几百万工人失去了工作，造成失业率飙升。到1932年底，英国、瑞典和比利时的工人失业率到了20%以上。德国的劳工几乎1/3没有工作，官方数字是600万，如果加上非全职工人和隐性失业者，数字就到了800万，也就是说，全国劳动人口有近一半失业或半失业。这些触目惊心的数字下面掩藏着人民的辛酸和痛苦。

庞大的失业人口使国家失业保险制度不堪重负，失业工人只能靠微薄的救济金维持生活。1931年，英国政府把失业救济削减了10%。无论如何，长期失业的人都不再有资格领取失业救济金，而是要在《济贫法》下获得救助，但政府首先必须对申请人进行受人痛恨的严苛的"家庭经济调查"（Means Test）来评估他们的收入状况，然后才决定是否给予救助。当时人们说，家庭经济调查只会使穷人更穷，因为一个家庭中如果有人有工作，另一个人的失业金就会被减。英国威根（Wigan）一个四口之家的父亲原来每周领取 23 先令的失业救济金，但因为他的两个儿子加起来能挣 31 先令，结果父亲的救济金被减少到 10 先令。在纺织业重镇兰开夏郡（Lankashire），经济衰退造成哀鸿遍野，棉纺厂的大部分工人被解雇。1932 年，兰开夏郡的布莱克本（Blackburn）有一个家庭只靠一个人的失业救济金维生。当他谢绝了远在 250 英里以外的康沃尔郡（Cornwall）的一个工作机会后，政府马上不容分说地停发了他的救济金，全家唯一的收入来源就此被切断。难怪在 20 世纪后来的时间内，甚至 20 世纪以后，人们一想到英国的社会政策，马上就会回忆起可恶的"家庭经济调查"。

大萧条造成的贫困摧残灵魂，破坏家庭，断绝人的一切希望。1936 年初，英国当时最有影响力的作家兼社会评论家之一乔治·奥威尔（George Orwell）曾在英格兰西北部的威根小住，亲身经历了处于萧条之中的工业区的生活状况。*

几周后，奥威尔离开威根时，"一路上触目惊心，放眼望去只看到成堆的矿渣、死寂的烟囱、堆积如山的废铁、臭气冲天的运河、印满了木底鞋印又混了煤渣的泥巴路"，途中他看到"贫民窟的姑娘常见的疲惫的脸，小产和每日的操劳使得 25 岁的人看上去像是 40 岁；我目光触及的那一刹那，那脸上呈现的苍凉与绝望为我此生之仅见"。一两年前，奥威尔还去过巴黎，目睹了那里可怕的贫困："你知道了什么是饥饿。你肚子里只装着面包和人造黄油，到街上去看商店橱

---

* 令人惊讶的是，奥威尔这位如此关注工人阶级状况的观察家却错失了在威根观看橄榄球比赛的机会，那可是一项典型的无产阶级体育运动。1936 年 2 月 15 日是他到达威根后的第一个星期六，他本应去离他住处不远的赛场，观看威风八面的威根队是如何在自己主场 1.5 万观众的众目睽睽之下，以 10 比 17 的比分完败于利物浦斯坦利队的小鱼小虾的。

窗……你知道了与贫困密不可分的无聊；无所事事，又吃不饱饭，结果对一切都提不起兴趣。"

1932年，德国只有15%的失业工人得到了全额救济，但即使全额救济也十分微薄。另外有25%的人接受紧急救助，40%依靠济贫救助，还有20%什么救助都没有。一位观察者在一些严重贫困的地区旅行时描述道："全国笼罩着一片愁云惨雾，官方干预毫无作用，人民生活在敝陋、压抑、满是疾病的活地狱中。"严冬时节，柏林和其他市镇临时搭起了大棚，数千名无家可归的人每天都到那里去取暖，领取仅够果腹的食物，找个睡觉的地方。全家人都意气消沉。一个14岁的德国女孩在1932年12月写道："我爸爸失业3年多了。我们原来相信他总有一天能找到工作，可是现在就连我们孩子也放弃了一切希望。"

奥地利维也纳以南25英里处有个地方叫马林索尔（Marienthal），当地唯一的大雇主是一家纺织厂，它的倒闭影响到了当地人口的3/4。在那里做的一项社会学研究表明，长期失业会造成人的麻木、无奈和深深的绝望。一个30来岁、贫困交加的失业工人有一个妻子和两个营养不良的孩子，研究人员对他的评价是："他没有了希望，只是浑浑噩噩地得过且过。……他丧失了抗争的意志。"

关于波兰的一份报告表明，贫困对家庭生活的影响往往是灾难性的。"好几个人挤在一间屋子里，没有足够的家具让每个人都能有坐卧的地方，食物越来越少，气氛变得越来越无望、压抑，这些必然导致家人彼此经常争吵……家庭生活的解体加速，下一步就是人们沦为盗贼和妓女。"波兰人因失业而自杀的事件急剧增加，这表明人民生活得实在是痛苦绝望。

第五章　阴霾四合

受害最重的是重工业工人，比如在煤矿、钢铁厂和造船厂等产业就业的工人。(像马林索尔这样)陷入长期衰落的纺织工业区也是满目疮痍。但大萧条在各地造成的影响并不一样。从 1928 年到 1932 年，德国全国的失业人数翻了两番。在以农业为主的东普鲁士，失业人数只翻了一番(虽然农村经济的困境同样带来了普遍的痛苦)。相比之下，工业区萨克森的失业人数增加了 7 倍还多。1932 年，英国北方的平均失业率是伦敦的两倍。但平均数掩盖了巨大的差别。在东北部的毕晓普奥克兰(Bishop Auckland)和贾罗(Jarrow)，1/2 以上的工人没有工作。1933 年秋，著名小说家和戏剧家 J. B. 普里斯特利(J. B. Priestley)为他目睹的情况深为震惊，在他的《英格兰之旅》(English Journey)中写道："到处都是无所事事的人群，不是几十人，而是成百上千人。"在南部威尔士工业区的梅瑟蒂德菲尔(Merthyr Tydfil)，工人失业率超过了 2/3。但在伦敦北边的圣奥尔本斯(St Albans)，失业工人只占劳动人口的 3.9%。

不过，在影响如此深远的经济萧条中，却还有些地方出现了明显的经济增长。英国南半部相对繁荣，吸引着凋敝地区的人逐渐南移来寻找工作，人口的增多造成了需求的加大，进而更加推动了增长。为了满足对新的房舍、学校、商店、电影院和其他设施的需求，建筑业蓬勃发展。郊区不断扩大，于是需要修建新的道路。建筑业又促进了其他行业的发展。主要基于英格兰南部的电气工业随着家用电器的普及不断扩大。两次大战之间，英国的用电量增加了几乎 10 倍，这造成了对电器的需求，即使在大萧条期间也不例外。买得起汽车的人也有所增多，主要是上层阶级和中产阶级的人。机动车市场在经济萧条中逆势增长，汽车制造厂集中的英格兰中部地区没有像英格兰北部、威尔士和苏格兰这些传统工业重镇那样遭到惨重打击。英国南北之间的经济差距因此扩大。同样扩大的还有就业者与失业者之间的差距。对居于较繁荣的英国南部地区的许多中产阶级家庭来说，大萧条中受害最烈地区的大规模失业似乎非常遥远。朝阳产业的雇员和有经济能力享受他们劳动产品的消费者实在是幸运儿。

经济危机大大加剧了人们已有的愤怒与不满，也加深了他们对未来的焦虑与担忧。社会因此变得更加刻薄，更不宽容。一个表现是，大规模失业加深了对占了"男人的工作"的妇女的偏见。随着德国失业率的飙升，夫妻两人都工作的"双收入者"日益成为公众的怒火所向。在法国，对妇女的偏见也因大萧条而加剧，许多人认为，妇女应该待在家里和农庄里做妻子和母亲，最多干些"女人的活儿"，比如做福利工作或当护士。随着大萧条加剧，妇女被挤出了许多工作场所，晋升无门，在大学里不受欢迎，在各个方面都受到歧视（包括在法国政治中，妇女直到1944年才获得投票权）。妇女即使能找到工作，比如做店员、秘书或其他的办事员，工资也必然比男同事低。只有斯堪的纳维亚没有随大流加大对妇女的就业歧视，瑞典甚至（在1939年）立法规定，不能把已婚作为不予雇用的理由。

斯堪的纳维亚对妇女就业与众不同的态度是它关于福利与人口政策大思路的一部分。但那里也出现了对人口数量下降和似乎必然会随之而来的质量退化的担忧，这与欧洲当时的普遍思潮不谋而合，经济危机正好起到了推波助澜的作用。自"一战"以来，对人口下降的担忧是欧洲的普遍现象，法国和德国尤甚，这导致了对20年代中一度得到提倡的避孕的反弹。反避孕的潮流遍及各国，得到许多民众的支持，在天主教国家中尤其得到一贯激烈反对节制生育的天主教会的强

第五章 阴霾四合　　　　　　　　　　　　　　　　　　　　221

烈支持。虽然堕胎在欧洲大部都被列为非法，但此时反堕胎的立场更加强硬。比如，英国在 1929 年将堕胎定为犯罪。任何被定罪"意图消灭一个可活产的孩子的生命"（定义为 28 周以上的胎儿）的人都要被判处终身苦役。即使如此，英国和欧洲其他国家成千上万的已婚和未婚妇女仍然选择堕胎，不仅冒着受到法律严惩的风险，而且还可能因非法手术出错而使自己的身体严重受损，甚至死亡。

英国植物学家玛丽·斯托普斯（Mary Stopes）在 20 年代提倡节制生育的时候，是把它作为改善人口质量的措施来宣传的。"一战"后，遗传、基因、种族族群的缩小和对优等品种的渴求成了欧洲知识分子念兹在兹的问题。大萧条加深了对"民族健康"的疑虑，人们因此更加支持优生学，或与它意思一样，但听起来令人心悸的"种族卫生"（指通过控制生育来淘汰"劣质"，改善种族品质，以期提高"民族效率"）。各国在经济萧条期间不得不勒紧腰带，于是，照顾社会中"无生产力"成员的代价变得更加难以承受。在英国，支持优生学运动的不仅有著名的科学家、心理学家和医生，还有包括经济学家约翰·梅纳德·凯恩斯和剧作家萧伯纳在内的大知识分子。1932 年，阿道司·赫胥黎（Aldous Huxley）在他的反乌托邦小说《美丽新世界》（*Brave New World*，书中描绘的社会依靠生物工程和思想控制来实现最高程度的社会及经济效率并维持稳定）即将出版时说，优生学是政治控制手段，他赞同采取措施来预防"整个西欧族群……的迅速退化"。一些更为极端的优生学论者认为，除非采取大刀阔斧的种族清洗措施，否则不列颠"种族"的生理特质势必会退化，以致最终灭绝。他们甚至考虑要对"劣等人"采取无痛消灭的手段，如果做不到，就对其实行强制绝育。虽然抱持这类主张的只限于少数优生学家，在英国并未得到实施，但它们显示，在大萧条期间，就连民主国家的民意也转向了保守。

在德国，让遗传病患者自愿绝育的提案在1932年纳粹党上台前就提出了，也得到了医生的支持。希特勒政府上台后采取的措施还要激烈得多。不过希特勒政府尽可放心，它于1933年7月14日颁布的法律得到了民众的大力拥护。那项法律规定对各种遗传病病人、身体严重畸形者和长期酗酒者强制实行绝育，在后来的几年内处置了大约40万人。（德国用"死亡室"来消灭精神病人还要等到6年以后。）然而，推行强制绝育的不只是残忍的独裁政权。1934年，所有斯堪的纳维亚民主国家都在民意的广泛支持下通过了法律，规定对某些公民强制绝育，数万人因此受害。法定绝育也并不限于欧洲这个"黑暗大陆"。到第二次世界大战前夕，30个美洲国家中的4.2万名公民因"智障"或"疯狂"而接受绝育手术，大多是被强迫的。在整个欧洲（以及更广的西方世界），国家干预公民生活越来越被人接受，这在1914年前是无法想象的。

欧洲各国经济形势的严重恶化不仅造成社会思想的激进化，也导致了政治行为的极端化。政治随着阶级矛盾的加剧而趋于两极化。多数国家中的左派都分裂为温和的社会党和与莫斯科步调一致的共产党，二者互相对立。左派努力阻止工人阶级生活水平大幅下降，却常常徒劳无功。在很大程度上，左派的激进态度是对日益壮大的右翼极端反社会主义运动的反应。在除苏联以外的几乎每一个国家中，大萧条都导致了对法西斯运动支持的急剧增加，而法西斯运动就是要通过人为制造、强加于人的民族团结来摧毁左派，重组社会秩序。危机涉及的范围越广，老百姓就越容易受极端右派的蛊惑。危机对德国的影响最全面，它引起的反应比欧洲其他地方更加极端当是意料中事。

欧洲受大萧条打击最大的经济体也正是欧洲大陆上最主要的经济体。德国的民主脆弱不稳，意识形态和政治上分歧严重，人们对"一战"的深重屈辱仍记忆犹新，感到自己的文化受了威胁。经济崩溃加剧了各种矛盾和痛苦，暴力增加，政治的两极无法调和。这一切导致了民主政府的垮台。经济危机之初即已四面受敌的民主孱弱无力，无法生存，转向专制统治遂不可避免。欧洲有些国家的民主已经垮台，还有的岌岌可危。但德国是所有国家中至为重要的一个。德国有着广袤的领土、强大的工业基础（尽管因经济萧条暂时受到重创）和处于欧洲中心的地理位置，而且野心勃勃地企图修改《凡尔赛和约》划定的领土边界，这一切都使得德国与众不同。这样一个国家一旦建立专制政府并推行强硬的外交政策，就构成了对欧洲和平的潜在威胁。

随着大萧条的魔爪日益收紧，社会结构开始解体，意识形态的鸿沟进一步扩大为深渊。看到德国危机缠身、朝不保夕、屈辱无助、四分五裂，人民因自己一度伟大的国家雄风不再、沦落如斯而痛心不已。德国的议会民主结构不堪承受如此巨大的压力。它的瓦解为各种政治力量提供了活动空间，而越来越多的德国人认为，只有一支政治力量有望带领他们实现民族复兴，那就是希特勒的纳粹党。

于是，1933年1月30日，希特勒掌握了德国的政权。这个日子标志着欧洲历史上一个灾难性的转折点。在大萧条对欧洲政治与经济产生的各种影响中，德国发生的事情是最大的灾祸，不仅对德国人民如此，而且对整个欧洲，进而对全世界都是如此。

最坏的结果

德国的危机不只是经济危机,甚至不能算是主要围绕着经济的危机,而是国家与社会的全面危机。美国经济遭逢大难,却没有导致国家的危机。英国经济的下滑虽然没有美国剧烈,但也极为严重,结果却明显加强了保守建制派的力量。美国和英国的统治精英都认为现行的政治体制符合他们的利益,绝大多数老百姓也都支持现存的统治结构以及作为其基础的价值观。法国在这方面的一致意见较弱,国家因此在经济危机中遭到了较大的冲击,但还是坚持了下来。瑞典的经济危机反而加强了国家的社会民主基础。

相比之下,大萧条在德国撕掉了自1918年以来包在化脓伤口上的绷带,表明德国的政治、经济和军事精英对民主的接受仅仅停留在表面。随着大萧条的步步进逼,越来越多的人开始认为民主是使德国陷入困境的元凶首恶,于是民众对民主的支持日渐萎缩。德国的民主遭到精英的暗中破坏,民众的支持又在迅速退潮,因此德国民主从1930年起就已经日薄西山。事实证明,政治的两极化有利于极端分子,希特勒成了最终的得益者。

经济危机最严重时担任总理的海因里希·布吕宁把自己的整个政治方略都寄托在取消德国的战争赔款上,他努力向战胜国表明,德国在来势汹汹的大萧条打击下,已经无力偿款。对他来说,只要能摆脱德国的赔款负担,德国人民经受的水深火热就是值得的。1931年6月,这个目标的实现看起来近在咫尺。当时,美国总统赫伯特·胡佛不顾法国的反对,推动通过了暂停德国赔款一年的提议。当年年底,根据扬计划的规定建立起来审查德国偿付能力的委员会得出结论说，暂停到期后，德国仍无力支付赔款。委员会建议取消德国的战争赔款，也取消协约国之间的战争债务。次年夏天，在洛桑的一次会议上，这条建议得到了通过。德国同意支付最后一笔小额赔款（实际上根本没有支付）。这样，战争赔款这个自1919年以来对德国来说不单是经济上，而且是政治上的沉重负担被一笔勾销。然而，布吕宁却无法居功。他失去了兴登堡总统的信任，在洛桑会议即将召开之时被免职。兴登堡用布吕宁做了该做的事，现在用不着他了。

力图修正"一战"成果的人想去除《凡尔赛和约》的桎梏，军方希望重振雄风，反民主的精英计划建立更加专制的统治，这一切在赔款取消后都不再是痴人说梦。兴登堡开始露出了本相。总理一职的担任者频繁更换，1932年6月到11月是弗兰茨·冯·巴本（Franz von Papen），继任的库尔特·冯·施莱谢尔（Kurt von Schleicher）将军仅从1932年12月干到1933年1月；他们主持的德国政府日益右转。但是，德国不仅是经济，而且是整个国家都面临着迅速恶化的危机。在没有群众支持的情况下，他们两人对危机都束手无策。他们的难题是，任何解决危机的办法都需要依靠希特勒。

从1930年到1933年，德国的政治体系日益分崩离析，由此产生的巨大真空为纳粹党创造了机会。现存的国家体制几乎民心尽失，汹涌的民怨促使选民纷纷投向希特勒的纳粹运动。希特勒本人也日益成为吸引愤怒而忧惧的大众的磁石。他的宣传机器为他打造的形象显示，他不仅体现了民众对德国现状的不满，而且代表着对美好未来的希望与梦想。人们把自己的信念、憧憬与愿望寄托在希特勒身上。他提出民族彻底重生的愿景，把他们凝聚到了一起。

当然，并非所有人都心向希特勒。直到 1933 年，左派都保持了 30% 以上的选民支持率。两个天主教政党又稳占了另外 15% 的选票。但是，社会民主党和（几乎完全由失业工人组成的）共产党之间深切的敌意使它们绝无可能组成反纳粹的统一战线。这种致命的分裂在一定程度上促成了后来发生在德国左派身上的巨大灾难。但是，它并非造成灾难的原因，因为左派政党没有权力。主要问题不在于左派，而是在于右派。政府的权威在崩溃，公众的不满在蔓延。纳粹党和共产党各自控制的准军事团体之间的暴力冲突日渐增多。中产阶级惶惶不可终日，他们惊慌地看到共产党得到的支持越来越多（主要是挖走了社会民主党的支持者），误以为共产革命迫在眉睫。中间和偏右的"资产阶级"政党失去了支持，和它们一道垮台的还有 30 多个地方小党和利益集团式的政党（没有限制的比例代表选举制度造成了政党泛滥）。那些政党的支持者大都投奔了纳粹党。

纳粹党利用民众的各种不满与偏见，煽动起了人内心深处原始的愤怒和仇恨。然而，它的吸引力不全是负面的。纳粹的宣传一方面把它在政治和种族上的敌人妖魔化，另一方面发出了民族复兴和民族团结那令人热血沸腾的号召。它讴歌 1914 年间（一度）出现的全国人民众志成城和大战期间前线士兵的"战壕集体"，声称要创建一个超越一切内部分歧的德意志民族"共同体"。这一象征的号召力不可谓不强。

一名 18 岁的办事员参加了其他政党的集会后，在 1929 年加入了纳粹党。他听了一名纳粹演讲人激动人心的讲话后，对自己的振奋心情做了这样的描述：

我感到深深的折服，不仅因为他热情洋溢的讲话，而且因为他真诚地胸怀全体德国人民，我们德国人最大的不幸就是分裂为众多的党派和阶级。我终于听到了实现民族复兴的切实建议！取缔一切政党！消灭阶级！建立真正的人民共同体！我毫无保留地支持这些目标。就在那天晚上，我清楚地知道了自己的所属，我属于这场新运动。它是拯救德意志祖国的唯一希望。

从1930年到1933年，成千上万和他一样的人加入了纳粹运动，无论出于何种个人动机。希特勒掌权前夕，纳粹党员的人数已接近85万，其中4/5以上是大萧条后加入的。光是名为冲锋队（Sturmabteilung，简称SA）的准军事组织就有40万成员，其中许多人甚至不是纳粹党员。

多数选民想要的不是连贯有序的计划，也不是对政府进行有限改革。希特勒的纳粹党对他们有吸引力，因为它许诺要彻底破旧立新。纳粹党人不想对他们口中垂死腐烂的制度修修补补；他们声称要将其完全摧毁，在废墟上建起一个全新的德国。他们不是要打败反对者，而是威胁要完全消灭他们。这个主张的吸引力正在于它的激进。自小就被灌输"和平与秩序"价值观的体面中产阶级成员现在却愿意包容纳粹的暴力——只要暴力的对象是可憎的社会党人和共产党人，或者是（不仅狂热的纳粹分子，而且多数民众都认为势力太大，对德国有害的）犹太人。中产阶级视暴力为实现民族复兴大业这一美好目标的副产品。为了凝聚民族团结，克服内部分裂，他们不惜诉诸不容忍与暴力。1932年夏，当希特勒在一次演讲中把不容忍当作好事，宣称"我们就是不容忍。我的目标就是要把那30个政党从德国清除出去"

的时候，4万听众发出了震耳欲聋的喝彩声。

纳粹的激烈言论是各种仇恨和民族主义口号的大杂烩，许多批评家因此不屑地把纳粹主义视为一场不成熟的抗议运动。他们认为，一旦形势改善，或者纳粹党不得不参与执政时，它就会不击自溃。的确，纳粹运动是一场规模巨大、难以控制、派别林立的抗议运动。但它不是只会抗议和宣传。纳粹领导人，尤其是希特勒，既是出色的煽动家和宣传家，也是意志坚定、冷酷无情的理论家。

希特勒对自己的目标毫不讳言。他在1924年到1926年间写成的《我的奋斗》[Mein Kampf，前半部是他在兰茨贝格（Landberg）的监狱中坐牢期间写的]最明确不过地宣布了他的反犹偏执，也阐述了他认为只有夺取苏联势力范围内的土地，德国的未来才有保证的观点。纳粹党外没有多少人把希特勒的这些观点当回事，认为那不过是这个活动于政治边缘、策划了一场未遂暴动的疯子的臆想。

希特勒个人的思想并非20世纪30年代初纳粹主义从者如云的主要原因。事实上，在选民蜂拥投向纳粹旗下的30年代初，作为他思想中心的反犹主义反而不如纳粹主义相对无人问津的20年代时在纳粹宣传中来得重要。犹太人当然是德国一切不幸遭遇的替罪羊。但是，大萧条期间吸引了选民的是纳粹党做出的各种许诺，包括结束选民心目中由魏玛共和国民主制度一手造成的痛苦，打倒应为德国困境负责的人，在全国"人民共同体"的基础上建起新的社会秩序，把德国建成强大、骄傲、繁荣的国家。纳粹的宣传把希特勒描绘为能够实现上述承诺的唯一人选。1932年选战中纳粹的一条口号称希特勒为"千百万人的希望"。希特勒代表着纳粹党的意识形态，也代表着公众对国家得救的渴望。

希特勒靠着出色的煽动才能和意识形态上的坚定（但操作手法灵活）巩固了自己在纳粹运动中至高无上的权力。他的意识形态范围很广，足以容纳右翼思想的各个分支和也许难以调和的不同利益——位居他之下的其他纳粹领导人各有偏好，有时会不遗余力地予以推动（尽管可能完全不切实际），比如，有人想重点推行"国家"社会主义以赢得工人支持，别的人却想强调"血与土"来争取农民的民心。这些不同的目标都被纳入含义模糊但号召力强大的民族团结主题之下，存在的任何社会问题都被用作反犹宣传的素材。"领袖"就这样成为"思想"的化身。围绕希特勒建立起来的小圈子成了防止派别分裂这个法西斯运动通病的壁垒——在纳粹党成立早期，分裂的现象曾十分明显。

大萧条期间，魏玛共和国的民主制度即已摇摇欲坠，纳粹党挖民主的墙脚更是屡屡得手。到1932年，希望保留民主制度的只剩下1/5仍然支持社会民主党的选民、所余无几的自由派，以及天主教中央党的一些支持者。民主的确已死。至于应该用什么来取而代之，却众说纷纭。约3/4的德国人希望建立某种形式的专制政府，但专制的形式五花八门，无产阶级专政、军人独裁、希特勒独裁都有可能。尽管纳粹党人一直不停地鼓噪煽动，但他们在1932年夏赢得的选票已经到了他们在自由选举中能够达到的上限——刚过选民总数的1/3。1932年8月，希特勒要求被任命为政府首脑（当时纳粹党刚刚赢得37.4%的选票，成为国会的第一大党），却被兴登堡总统断然拒绝。兴登堡想要的专制近似于回归德意志帝国的制度，不会允许希特勒当总理。然而，不到5个月后，兴登堡就改变了主意，而那时纳粹党的支持度并未上升，反而在下降。

1933年1月30日，希特勒终于被任命为总理的时候，他刚刚遭遇了选举败绩。在1932年11月的选举中，纳粹党自1929年崛起以来获得的票数首次出现了下降。由于其领导层内部发生了危机，纳粹党这个泡沫似乎已经破掉了。1932年的那场选举是在两轮总统大选和一系列地方选举之后举行的第二次国会选举，是由国家危机的不断加深促成的。纳粹党人和共产党人在德国的各个城市发生冲突，造成的暴力升级使得内战成为实实在在的危险。军队害怕被卷入。历届保守政府都无力解决暴力的问题。僵局就此形成。国家的保守精英如果得不到纳粹掌握的群众的支持，就无法执政，但是如果希特勒当不成总理，纳粹党就不肯参与政府。最后，能够上达总统天听的一些人通过幕后活动打破了僵局，劝说兴登堡相信，唯一的办法是把总理大位交给希特勒，通过主要由保守阁员组成的内阁对他进行钳制。这个致命的交易终于为希特勒铺好了通往权力之路。

希特勒是弄权的好手。墨索里尼耗时3年才完全掌控了意大利的国家机器，希特勒却只用6个月就在德国建立了绝对主导地位，主要是靠公开对反对派实施恐怖，辅之以强大的压力，使人对新政权不得不从。希特勒上任头几周，数万名共产党人和社会党人（仅普鲁士一地就有2.5万人）被逮捕，在临时监狱和集中营里受尽虐待。政府发布的紧急法令给了警察无限的权力。当年3月23日，国会在一片山雨欲来的气氛中通过了《授权法案》（Enabling Act），解除了国会对政府的限制。一方面忐忑畏惧，另一方面又兴奋期待的德国社会顺从地接受了这一切。人们蜂拥加入纳粹党。国家、地区和地方各级五花八门的社会和文化组织、俱乐部和协会也都迅速纳粹化。德国人中除了30%左右坚决支持左派的人（当然还有仅占人口7.6%，已经在遭受迫害的少数犹太人）之外，还有许多人虽然没有投票支持纳粹党，但至少觉得它关于"民族崛起"的一些主张有一定的吸引力。完全不为纳粹党宣传所动的人为了自保，只能把真实的想法深藏心底。民族复兴那令人陶醉的气氛从来都有威胁恫吓的成分。

纳粹党开始有计划、有系统地消灭可能组织起来反对它的力量。顽强不屈的共产党被无情摧垮，社会民主党这个在欧洲历史最长、规模最大的工人阶级运动遭到禁止。随着社民党的消亡和1933年5月初德国庞大的工会被强行解散，德国那虽有长期的理想传统，实际却只存在了14年的民主几乎被彻底消灭。剩下的只有地下反对派在危险四伏之中勉力维持的星火残余。"资产阶级"和天主教的政党也或是遭到禁止，或是自行解散。7月14日，纳粹党被正式宣布为唯一合法的政党。

希特勒上台之初，不仅要迎合他的众多追随者，而且必须照顾到以德高望重的兴登堡总统为代表的保守派中坚力量。3月21日，他精心安排了一场振奋人心的展示团结秀——"波茨坦日"*，宣称要在新老德国紧密联系的基础之上实现民族复兴，把一直追溯到腓特烈大帝光荣时代的普鲁士军国主义与对未来荣景的憧憬象征性地连在了一起。此举为希特勒赢得了保守派的支持。许多原本对他心存怀疑的人受到了感动。希特勒似乎正在从煽动家逐渐变为政治家，他开始把自己的形象从纳粹党魁改造成有水平的国家领袖。

1934年初，冲锋队领导人恩斯特·罗姆（Ernst Röhm）的野心引发了一场严重危机。他要把纳粹运动进一步激进化，还想把军队置于

---

* 当时，担任总理的希特勒和兴登堡总统在兵营教堂握手，象征了纳粹党与军方的联盟。——译者注

纳粹党准军事力量的控制之下。这显然威胁到了现有精英的地位。希特勒不得不有所动作。他在 6 月 30 日动了手，下令对冲锋队的一些领导人大开杀戒，这就是"长刀之夜"。罗姆和冲锋队的一些其他领导人被枪决。别的曾经惹怒过希特勒的人，包括（因为在 1932 年秋反对希特勒而被视为叛徒的）格雷戈尔·施特拉塞尔（Gregor Strasser）和（被认为一直阴谋反对政府的）前总理库尔特·冯·施莱谢尔将军，也遭到杀害。据估计一共有 150 到 200 人被杀。

值得注意的是，希特勒打着"保卫国家"的旗号发动大规模谋杀，反而威望大振。在老百姓眼中，他是在清扫奥吉厄斯的牛舍（Augean stables）*，去除了一个疯长的恶疮，或者说是德国政治体上的"溃疡"。军方感到高兴，因为"清洗行动"去除了对它的一大威胁，巩固了军方对国家不可或缺的重要地位。"清洗行动"也是对意图挑战希特勒政权者的当头棒喝，使他们看到，不管反对的力量多么强大，政权都不惜随时使用野蛮的武力予以打击。至此，希特勒已不可挑战。1934 年 8 月初兴登堡逝世后，希特勒揽过了国家元首的大权。此举确立了他在德国的极权。国家权力和元首的权力都集于一人之手。

希特勒巩固独裁的同时，德国经济开始重兴，军力迅速重建。与此同时，西方民主国家却在大萧条的重击下尽显疲弱与分歧。欧洲国家为克服经济危机而苦苦挣扎之时，几乎各国的民主都落于守势，各种形式的专制主义却步步进逼。这对于欧洲的和平实乃不祥之兆。

---

* 希腊神话中厄利斯国王奥吉厄斯的牛舍中养了 3,000 头牛，30 年未打扫，牛粪堆积如山，赫拉克勒斯引河水一日间就将其冲洗干净。——译者注

经济复苏之路

1933年，大萧条对欧洲大部分地区的影响已经触底，一些地方开始隐约地显现出微弱的复苏迹象。不过，在许多受打击极大的工业区，即使形势开始好转，也几乎看不出来。虽然欧洲其他的主要经济体开始复苏，但是法国却在经济萧条中越陷越深。那年夏天，在伦敦召开了旨在稳定货币、停止关税战的世界经济会议，那是唯一一次为就复苏措施达成国际协议的努力，但美国新当选的总统富兰克林·德拉诺·罗斯福使会议的愿景付之东流。罗斯福不出意料地以刺激美国经济、照顾美国的国家利益为绝对优先。他甫一上任，就降低了美元兑英镑的汇率。此举进一步确定了各国自扫门前雪的行为模式。各国应对危机的方法不同，行动的步伐各异。没能通过协议建立国际贸易制度无疑拖了经济复苏的后腿。民主国家开始跌跌撞撞地走向复苏。约翰·梅纳德·凯恩斯承认，即使对职业经济学家来说，经济也是"一团乱麻"。难怪政府领导人几乎从来不清楚自己该怎么做。

到1933年，英国这个除美国以外的全球最大经济体开始走出大萧条。次年，英国成为第一个超过了自己1929年工业生产水平的国家，虽然那不过是说明了整个20年代期间增长率的低下。说明最坏时候已经过去的另一个指标是失业率的下降。1933年，失业人数从300万减至250万。然而，下降仍然极为缓慢。英国的失业率在1932年是17.6%，到了1935年，才降到12%~13%。在受大萧条影响最严重的地区，失业率仍在50%以上。1932年，在共产党的支持下，苏格兰、威尔士和英格兰北部的几千名失业工人举行了向伦敦的"饥饿进军"；

拉姆齐·麦克唐纳首相的政府如临大敌，警察与游行的工人发生了暴力冲突，局面大乱。一份得到广泛支持、要求废除"家庭经济调查"的请愿书被警察没收，没能呈交给议会。1936年，在英国东北部受经济萧条重创的造船城市贾罗，大约200名贫困的失业工人向近300英里以外的伦敦进发，赢得了公众的广泛同情。他们带来一份有1.1万当地民众联署的请愿书，请求政府对他们民生凋敝的城市伸出援手，但是，政府却拒绝接受请愿书。

英国政府坚持正统的财政政策，努力保持预算平衡。使用赤字财政来应对大萧条的非正统方法仍处于萌芽状态，凯恩斯尚未确定他的反周期经济学理论。华尔街崩盘后不久，凯恩斯曾预言伦敦不会受到严重影响，说"我们认为前景绝对是振奋人心的"。后来他一定因此言而备感尴尬。大萧条强势来袭之时，实行计划经济、通过借贷来促进增长的最大胆蓝图是奥斯瓦尔德·莫斯利提出来的。此人无疑能力过人，同时又野心勃勃、急躁冒进，没有固定的政治归属。出身贵族的他一度是保守党人。20年代初，他对保守党感到失望，遂脱离保守党，成为独立的议会议员，后来又加入了工党。他在社会和经济政策上的立场显然是左倾的。他在自己关于通过赤字财政来刺激经济的主张遭到断然拒绝后，就带领一批人脱离工党自立门户，名为新党。在1931年的大选中，新党没能赢得像样的支持，于是莫斯利开始转向极右。他公开表示对墨索里尼的崇拜，于1932年建立了英国法西斯联盟，此后在政治上再无建树。

1931年夏天财政危机期间组成的国民政府内阁只有10人，由来自工党、保守党和自由党这三大政党的大臣组成。很快，斯坦利·鲍德温和内维尔·张伯伦（Neville Chamberlain）就成为内阁的领军人物。鲍德温是保守党人，担任过首相；张伯伦的父亲约瑟夫是著名的自由党政治家，异母长兄奥斯汀曾担任外交大臣，帮助促成了1925年的《洛迦诺公约》。不过，1929年到1931年间工党政府的首相拉姆齐·麦克唐纳保住了职位，菲利普·斯诺登起初也仍旧担任财政大臣。工党因为麦克唐纳和斯诺登加入政府而发生严重意见分歧，在斥他们二人为叛徒的一片责骂声中将他们开除出党；两人只得另起炉灶，成立了"国民工党"。

为了保持财政的稳健，斯诺登提出了紧急预算，不出意料地引起了他原来所属的工党的怒火。包括削减开支、提高所得税、降低公共服务部门雇员的工资和失业救济金在内的紧缩措施初次提出时，导致了工党政府垮台（因为许多这类措施超乎比例地有损于社会中最贫穷人口的利益），但是这一次，国民政府依靠下院多数议员的支持，得以力推这些措施，使其在议会中获得通过。提出紧急预算最重要的动机是恢复人们对软弱无力的英镑的信心，但它造成的一个后果是减少了需求，导致了通货紧缩。使英国逐渐走出大萧条泥潭的最大功臣是短期贷款成本降低导致的廉价货币。它引发了住宅建筑的大扩张，也因而刺激了对建筑材料、住房家具、家用电器和其他附带产品的需求。即使在大萧条最严重的1930年，英国也建起了20万所新房子。1934年到1938年间，平均每年的新屋落成量是36万所。

从1934年到1939年，政府为了清除贫民窟，拆毁了约25万所不适宜居住的房屋，还为建造福利住房（在英国称为"政府公屋"）提供补贴。在苏格兰，拆旧房建新房的工作主要由市级政府承担。两次大战之间的几十年内，苏格兰共建造了30万所工人住房，虽然到了1939年，仍然有6.6万所房屋被认为不宜居住，另外还需要再建

20万所房屋才能减轻工人住房严重拥挤的现象。英格兰和威尔士一些进步的市级政府也推行了住房建筑的大型项目。不过，30年代期间不靠政府补贴建造的新房子要多得多，在总共建成的270万所房屋中占200万所左右。这些房子中3/4由各个建筑协会出资建造。建筑协会还为买房者提供房屋贷款，其掌握的资本自第一次世界大战以来大为增加。私人建筑业兴旺起来，特别是在英格兰南部的城郊地区。这里土地供应相对充裕，建筑成本不高，住房负担得起，房屋贷款利率很低。国内需求的上涨、新兴的电化学工业，以及汽车工业出口增加也促进了经济增长。汽车的普及给政府带来了宝贵的收入。1939年，汽车税收对政府收入的贡献比1921年增加了5倍。

法国和英国一样，也试图通过财政紧缩的正统手段来重振疲软的经济。政府开支剧减，校舍、工人住房和其他房舍的建筑资金均遭到大幅削减。臃肿庞大的官僚机构自然也成为紧缩的目标，此举得到了公众的支持。但是，政府绕过国会发布法令实施的财政紧缩措施影响了所有国家雇员的薪金、养老金和福利，造成失业率升高，并开始侵害退伍军人和其他公众的利益，这造成民众不满迅速膨胀，政治动荡日益加剧。法国出于政治考虑，不肯效法其他国家来通过货币贬值推动出口。像法国那样坚守金本位的国家越来越少，其中比利时于1935年3月终于改弦更张，将货币贬值了28%，生产和出口随即开始复苏，失业率骤降。然而，法国仍然不为所动。不过，1936年9月，贬值还是不可避免地到来了。左倾的人民阵线政府本来信誓旦旦要捍卫法郎，但重建军备需要大量资金，政府不得不令货币贬值。1937年6月，法郎又贬。1938年，法郎再贬。不到3年法郎就贬值了1/3。从那时起，法国经济才开始有了较大的起色。

几乎所有欧洲国家都认为，只能使用古典自由主义的正统财政手段来管理经济危机，直到市场经过调整后恢复增长，但斯堪的纳维亚国家却另辟蹊径。丹麦、瑞典和挪威都在大萧条中受害不浅。丹麦和挪威的失业率高于 30%，瑞典的失业率在 20% 以上。农产品价格下降和出口减少对丹麦的影响尤为严重。战后，三国的政府都根基不稳，国家进一步分裂和政治走向极端似乎都可能发生。然而，丹麦在 1933 年实现了政党之间的整合，瑞典和挪威紧随其后。以此为平台，这些国家内部就采取何种经济政策来大力推动萌芽中的复苏达成了高度的一致。

丹麦是领头羊。1933 年 1 月，因为需要就克朗贬值的问题达成协议，社会民主党和农民党做了一笔交易：社会民主党支持有利于农民的保护主义措施，农民党则支持缓解失业的措施和福利政策。瑞典和挪威随后也做出了类似的安排。特别是在瑞典，政府依靠新达成的务实的协商一致引进了反周期的经济政策，旨在通过国家投资公共工程建设来解决失业问题。这在经济复苏中的作用有多大并不清楚。复苏早期，赤字财政的程度不深，在反周期政策的效用逐渐显现出来之前，复苏就已经开始，并得到了货币贬值和出口增加的助力。即使如此，为摆脱危机而达成的协商一致仍然具有深远的意义，因为它为建立在政治稳定和民众支持之上的福利政策奠定了基础。斯堪的纳维亚各国采取的政策大同小异，这反映出它们之间的高度合作，不仅因为它们需要缓解各自国内的紧张，而且也因为它们对国际事务尤其是德国形势的忧虑在日益加深。

独裁政权有自己的复苏之路。意大利由法西斯掌权这个事实本身并不能抵挡来势汹汹的大萧条。事实上，意大利于 1927 年采取的通货紧缩政策在华尔街崩盘之前就已经削弱了意大利的经济。墨索里尼认为，意大利的货币里拉估值过低（150里拉兑1英镑），有辱意大利的国家声誉，于是调整了里拉的比价，改为90里拉兑1英镑，之后又采取了通货紧缩的措施。里拉升值本来是为了展示力量和政治意志，却产生了破坏性的经济后果。从1929年到1932年，意大利的工业产量下降了近20%，失业率增加了两倍。侥幸没有失业的人尽管保住了工作，但工资减少了，虽然从1932年到1934年，物价剧降和政府发放的家庭补贴不仅弥补了工资减少的损失，而且增加了实际收入。1934年，每周工作时间被降到了40小时，主要是为了减少失业，但并未调整每小时工资来补偿工人因工作时间缩短而失去的收入。自1935年起，实际工资再次下降，到第二次世界大战前夕仍未达到1923年的水平。

墨索里尼政府应对大萧条的办法是加大国家对经济的干预。公共工程开支大为增加。国家出资收回土地进行再开发，这在意大利并非新鲜事物。但是，1870年后的半个世纪内，政府在这方面的开支是（按1927年的物价计算）3.07亿金里拉，从1921年到1936年之间却猛增到86.97亿金里拉。这帮助降低了失业率，却无法阻止物价上升，也不能提高生产率或推动技术进步。政府高度重视实现粮食的自给自足，推动"小麦战役"（battle for grain），还对进口农产品征收高额保护性关税，这些措施增加了小麦生产，提高了作物产量。到1937年，小麦进口减少到20年代末进口量的1/4。然而，这个政策造成了粮食价格的上涨和大多数主粮平均消费量的减少。

也是在大萧条期间，法西斯政权终于开始采取行动，落实它宣扬已久的社团国家（corporate state）主张。1934年，22个社团成立，各自代表经济的一个具体部门，组合起来就形成了一体化的计划经济。然而，目标与现实相去甚远。社团国家在实践中笨重不灵，官僚习气严重，不仅不能激发，反而压制了进取精神。在表象之下，实际经济权力仍然掌握在大企业手中。工会1926年就失去了独立性，劳资关系落入意大利工业总会所代表的工业资本家的控制之中。主要工业部门建起的卡特尔（即垄断集团）确保了企业的利益得到维护。大萧条期间政府采取的经济措施也有利于大企业，虽然表面上似乎把经济置于严格的国家控制之下。1931年，政府组建了一家国有机构，专门购买经营不善银行的股票，以逐渐增加对银行部门的控制，并在1936年实现了意大利银行的国有化。1933年又建立了一家国有机构（工业重建局）来刺激欲振乏力的工业。慢慢地，国家直接介入了造船、工程和军火等重要的工业部门。

30年代末，走向独裁的步伐日益加快，国家干预也与日俱增，意大利与自由市场经济渐行渐远。国家制定的规章束缚了工商业领导人的手脚，官僚控制日益增强。不过，企业家起初害怕控制权会被国家全部夺走，后来证明这个担忧并未完全成真。虽然法西斯政府和大企业之间有时免不了摩擦，但是它们多重的共同利益（且不说工业从军工生产中获得的暴利）确保了它们到第二次世界大战开战后都一直紧密配合。

总的来说，大萧条发生后的那个十年间，意大利的经济基本上处于停滞状态，增长率远低于1901—1925年的水平。国家规定了种种限制，人们时时害怕自己会失业，政治上与政府步调不一的任何表现都可能招致报复，这些都扼杀了人们努力进取的事业心。大多数人民的生活水平下降了，到"二战"开始时才稍有好转。工业产量也是一样。尽管意大利的镇压性政府实行强力干预，但事实证明，意大利走出大萧条的道路比欧洲民主国家的更曲折，效率更低，而且危险得多。1935年10月，墨索里尼入侵埃塞俄比亚。与追求帝国荣耀相比，恢复经济只能向后靠。虽然殖民征服战争的根源是意识形态，但法西斯领导人显然认为，在经济处于严重困难的时候，对非洲进行殖民扩张可以提高政权的威望。经济复苏只是法西斯主义大计划中的一部分。

德国的情形更是如此。经济复苏步伐最快的地方也正是大萧条中受害最深的地方。德国经济的飞速复苏引起国内外一片惊叹，这帮助巩固了民众对希特勒独裁政权的支持，使人感到纳粹党创造了"经济奇迹"。纳粹党上台时并没有促进经济复苏的蓝图。1933年2月1日，希特勒在就任总理后的第一次演讲中许诺要通过两项宏伟的"四年计划"来拯救德国的农民，并消除失业现象。至于这些目标如何实现，他没有说明，也心中无数。对他来说，经济学不是严谨的科学，而是和所有其他事情一样，是意志的问题。按照他那粗陋的决定论思想，起决定作用的是政治权力，不是经济学。

纳粹党刚上台的几个月，希特勒和他的政权像原来对大企业领袖保证过的那样，致力于改变经济活动的政治条件。左翼政党和工会被摧毁，遂了工业资本家的心愿。劳资关系得到重组，雇主掌握了工作场所的主导权。企业获得的这种新自由有国家的镇压作为支撑。资本家可以压低工资，提高利润。然而，他们必须明白，决定企业发展的不是自由市场经济，而是国家利益。希特勒把制订振兴经济计划的事交给国家机关的金融专家和经济界领导人去做。对他来说，打造经济充满活力、强劲复兴的形象才是关键。他对经济复苏的最大贡献在于鼓起了人民对复苏的信心。

纳粹党的运气不错。它的上台恰值大萧条最严重之时，所以，无论哪个政府执政，经济都会发生一定的周期性复苏。然而，德国复苏的速度与规模把世界其他国家都甩到了后面，超过了衰退后的正常反弹。初期的复苏在很大程度上靠的是以前已经提出（纳粹掌权前也已开始实施）的一些主张，纳粹政权采纳了这些主张，大幅扩张了实施范围。创造就业的计划在1932年即已开始执行，但规模很小，不可能对当时的严重失业产生任何缓解作用。1932年的巴本政府在创造就业方面的拨款额是1.67亿帝国马克（Reich mark），而纳粹政权在1935年一举豪掷50亿帝国马克。然而，即使纳粹政权的拨款也只占国民生产总值的1%，不足以刺激经济复苏。不过，政府大张旗鼓宣传造成的影响远远超过了有限拨款产生的效果。德国似乎又走上了正轨。

修筑公路、开挖水渠、土地再开发等就业计划无论经济价值如何，都相当引人注目。一队队的志愿劳动者（自1935年起，参加公共工程的劳动被规定为义务）更造成了国家蒸蒸日上的印象。政府给的工资极为微薄，但若是不愿意为了少得可怜的工资去做苦工，就会被关进集中营里被野蛮地强迫端正劳动态度。只要接受某种紧急救济，就会被从失业名单上除名。失业率的急剧下降（失业的确减少了，但幅度不像统计数字显示得那么大）也使人信心大增，相信国家正在积极有效地振兴经济。

创造就业，大量投资于建筑工程，对汽车工业实施税收优惠，采取措施加强对农业的保护，防止农产品价格下降以保护农民的利益（在后来的5年内，农民收入增加的速度是工人周薪上涨速度的3倍），这些都是纳粹政权刺激经济的重大举措。此时离30年代中期还有很久，到那时，政府不惜巨资重整军备使经济复苏再上台阶，完全消除了失业，甚至出现了劳动力短缺。希特勒注重有效宣传，汽车工业因而大为获益。他上台伊始，就承诺对汽车制造业实施税收优惠，多修公路，并生产廉价的"人民的汽车"（虽然大众汽车其实到"二战"后才进入平民家庭）。1934年的汽车产量比大萧条前的经济巅峰期1929年高了50%。公路建设如火如荼，高速公路的开通更是得到了大张旗鼓的宣传。1934年在公路建设上的开支比20年代中的任何一年都多一倍。国家对建筑业的投资刺激了私人住房建筑，众多小公司得以为建筑公司和想给新家配备家具的消费者提供货物与服务，生意兴隆。

德国为刺激经济而采取的政策显然影响到了对外贸易。它仅靠自己的资源无法满足需求。但政府拒绝考虑让帝国马克贬值，这不仅是为了面子，而且也因为人们对1923年的惨痛经历仍记忆犹新，那时的恶性通货膨胀使货币成为废纸。马克坚挺造成了贸易逆差。结果，德国愈发倾向于缔结双边贸易协议，而不是融入世界市场经济，也愈加努力实现经济的自给自足。在德国国民银行行长，也就是1934年起担任经济部长的亚尔马·沙赫特（Hjalmar Schacht）的主持下，1931年银行崩溃后为控制汇率、管理偿债所采取的临时措施执行期大大延长。到1934年，在外汇严重短缺、货币储备急剧下降的压力下，德国集中力量寻求与别国，尤其是与东南欧的国家达成双边贸易协议，由它们提供原材料，换取从德国运来（无一例外总是迟到）的制成品。这是德国在经济疲弱的境况中想出来的务实办法，并不是因为它预谋在中欧与东南欧建立统治地位。此法促进了那些地方的复苏，然而，随着德国经济力量逐渐增强，那些地区对德国的经济依存度不断增加，逐渐被吸入了德国的轨道。

对德国来说，经济复苏本身不是目的，而是附属于迅速重整军备，最终靠军事力量实现扩张的政治计划。到 1936 年，政府开支几乎比纳粹上台前增加了一倍，后来的两年内又再翻一番。公共开支最大的份额用在了军工产业的发展上，1936 年是 1/3 以上，1938 年则几乎达到一半。军火工业成了推动经济的最主要引擎。开始时，军队甚至消化不了希特勒想拨给他们的款项。但从一开始，重整军备便是明明白白的头等大事。1934 年，沙赫特就通过在国家预算之外的"创造性会计法"提供了大量隐性资金。打造强大军队的努力自此迅猛展开。快速扩张的军工产业像无底洞一样吸收了大量资本货物和原材料，这方面的开支增长大大超过了消费品的增长。

到 1935 年，出现了一个明显的问题。由于外汇短缺和货币储备的减少，满足迅速高涨的军备需求和拨出足够的资金进口粮食二者无法兼顾。1934 年发生了粮食歉收，（1933 年为推动农业生产，提高农民地位而成立的）帝国粮食署程序烦琐，效率低下，结果 1935 年秋出现了严重的粮食短缺。社会动荡的加剧引起了政权的极大担忧，迫使希特勒出手干预，以确保外汇不都用来购买军工产业急需的原材料，也得拨出一部分用于进口粮食。

到 1936 年初，经济陷入了进退两难的困境，这是纳粹政权为使德国走出大萧条所采用方法不可避免的结果。解决困境只有两个办法：要么缩小发展军备的规模，迈出重新融入世界经济的步伐；要么继续推行迅速军事化。后者意味着德国要努力实现经济上的自给自足。若是没有领土扩张，就不可能完全实现这个目标，而扩张领土则意味着早晚会打仗。1936 年，希特勒必须在这两个办法中选择一个。他会选择哪个其实早有预示。纳粹党自掌权伊始就隐含了意识形态居首、经济居次的倾向，希特勒的选择明确证实了这一点。1936年，又一场欧洲大战的爆发开始了倒计时。

政治急速右转

大萧条期间，欧洲的政治急速右转。令人惊讶的是，在资本主义深陷于当时许多人认为是致命的危机之时，在大规模失业遍及各国、人民生活水深火热的情况下，左派却处处失利。西班牙社会党是1931年4月促成第二共和国成立的主力，但即使在西班牙，社会党自1933年起也日益落于下风。在法国，社会党人领导的人民阵线政府1936年上台执政，却仅为昙花一现。社会民主党在斯堪的纳维亚的成功是个异数。在欧洲其他地方，右派都在阔步前进，经常发动民众游行。为何会发生这种情形？是什么决定着民主的成败？法西斯主义的吸引力到底有多大？欧洲为何在政治上压倒性地向右转，而没有向左转？经济危机在多大程度上造成了这种前景不妙的局势？有时，政治的右转加强了保守主义，无论是西欧民主国家中相对温和的保守派，还是东欧和东南欧国家中由反民主政治精英主导的反动专制政权。但是，大萧条也为激进右派的民粹运动创造了条件，使之得以吸引支持者，有时甚至进一步动摇已经非常脆弱的统治制度。

法西斯主义的诱惑

一些极端右翼激进运动毫不掩饰地抄袭墨索里尼和希特勒追随者使用的方法、象征和语言，骄傲地自称"法西斯主义"或"国家社会主义"运动。其他的这类运动同意法西斯运动的一些主张，甚至是大部分主张，但不肯采用法西斯的名称。这主要是因为定义的问题，可是，为"法西斯主义"下确切的定义是不可能的。形形色色的极右运动多如牛毛，各有其特征和重点。因为它们都声称代表某个民族"真正的""实在的""本质的"特点，都以该民族所谓的独一无二作为极端民族主义的主要基础，所以激进右翼不可能建立一个与左翼的共产国际相对等的真正国际组织来代表它们。1934年12月，来自13个国家（奥地利、比利时、丹麦、法国、希腊、爱尔兰、立陶宛、荷兰、挪威、葡萄牙、罗马尼亚、西班牙和瑞士）的极右组织代表在日内瓦湖畔召开会议，想确立一个框架以便协同行动，但最重要的国家纳粹德国抵制了那次会议，而且会议连基本的共同理念都没能达成。

尽管如此，所有的极右运动，无论是否自称"法西斯"，都仍然有一些意识形态上的共性。比如，它们都奉行极端民族主义，强调整体民族的统一，认为民族特征需要靠通过"清除"一切被认为不属于本民族的分子（外国人、少数族裔、"不良分子"）来达成；它们都具有种族排他性（虽然不一定是纳粹主义信奉的那种生物种族主义），坚持自己所属民族具有"特殊""独一无二""优越"的素质；它们都激烈地要彻底消灭政敌，尤其是马克思主义者，但也包括自由主义者、民主党人和"反动派"；它们都强调纪律、"男子汉气质"和尚武主义（通常进行准军事组织的活动）；它们也都相信专制领导。有的特征在一些极右运动的意识形态中十分重要，甚至可以说是中心特征，但它们不具普遍性。有些运动的民族主义以收复领土或建立帝国为目标，危害极烈，但并非所有极右运动都是扩张性的。有些运动具有强烈的反资本主义倾向，不过并非所有运动都反对资本主义。它们大多赞成按照"社团主义"路线重组经济，废除独立工会，由利益"社团"在国家指导下管理经济政策，但并非无一例外。

这些林林总总的思想虽然侧重不同，但总的来说都是要动员民众起来支持本质上反动的非革命专制政权。公然自称法西斯的运动则更进一步。它们不仅想推翻或打碎现存的国家，用民族主义的专制政府取而代之，而且要实现民众对民族集体意志的完全服从。它们要求全身心的投入。它们豪言要创造"新人"，打造新社会，建立自己民族的理想国。这种对全身心的要求是决定法西斯主义革命性质的最重要因素，使其有别于相信专制与民族主义，但实质上仍要保存现有社会秩序的其他右翼运动。

无论是极右派的受害者，还是坚决反对极右运动的左翼人士（他们毫不犹豫地把极右运动称为"法西斯"运动）都完全不在意用语的学术性精准。的确，追求定义的清晰不应模糊大萧条时期欧洲向右转这个大趋势，尽管不同国家右转的表现形式不同。

国家无论是转向保守右倾还是激进右倾，都被宣传为保护与振兴民族之必需。随着阶级冲突加剧（此时，阶级冲突已经从主要是经济性质的冲突变成了政治和意识形态性质的冲突），民族团结被鼓吹为抵御社会主义威胁的坚固堡垒。在英国这种社会主义威胁较小、较轻或较遥远的国家，决心捍卫现存政治与社会秩序的保守主义占了上风，激进右派几乎没有任何活动空间。德国是另一个极端，那里的社会主义威胁较大，保守派也想推翻现存的政治与社会秩序，却又四分五裂，支持者大多被法西斯右派吸收了过去。其他欧洲国家大致位于这两个极端之间。

法西斯主义的诱惑从未如此之大。它发出民族重兴的呼声，把忧惧与希望强有力地连为一体，这样的呼吁似乎无所不包，足以超越社会界限。法西斯主义以充满蛊惑性的言辞描绘民族的未来，声称要维护不同社会群体的既得物质利益，它引起了感觉受到社会现代化变革威胁者的共鸣。它渲染内部敌人的危害，尤其是社会主义及发动社会革命号召的祸患，以此动员那些害怕自己将因此失去地位、财产、权力或文化传统的人。然而，它把这些利益集合起来，提出要建立一个新社会，那个社会属于强者、适者、有功者——简言之，（他们自己眼中的）配得者。

鉴于法西斯主义的号召鼓动刻意要超越（由于危机加剧了政治的碎片化而进一步深化的）常规利益政治的部门界限，它的社会基础相当庞杂应在意料之中。的确，有些社会群体更容易受法西斯主义的吸引。法西斯主义激情浪漫、理想主义的一面，以及它暴力冒进的激进主义尤其吸引中产阶级的年轻男性，如果他们尚未被吸收入左翼或天主教的青年组织的话。反建制的"代际反叛"（generational revolt）极易被导向法西斯极端民族主义、准军事组织从事的种族主义及反左派暴力行为。法西斯党的党员绝大多数是男性，虽然德国一些地区收集的数据表明，纳粹党即将掌权时，投票给纳粹党的妇女也越来越多，也许是出于和男人同样的原因。

对现状心怀不满的中产阶级成员通常超乎比例地支持法西斯主义。白领、生意人、专业人士、退役军官、国家机关雇员、店主、手工业者、小工厂主、农庄主和（通常出身中产阶级的）学生占了法西斯运动群众基础的很大部分。但是，虽然纳粹党的干部和领导人物绝大多数来自中产阶级，但是法西斯主义不能（像过去那样）被简单地界定为中产阶级的运动，甚至根本不能从阶级的角度来界定。无论是技术工人还是非技术工人都支持法西斯主义，人数远超原先人们能想到的。1925年到1932年之间，大约40%新入党的纳粹党员是工人。投票支持纳粹党的选民中1/4是工人，如果把投票人全家都计算在内的话，甚至可能高达30%~40%。1932年，工人中投票支持纳粹党的可能多于支持社会党或共产党的。在冲锋队这个崇尚勇武的准军事组织里，青年工人占了多数，1925年到1932年间占一半以上，纳粹党掌权后比例更高。

这些工人中没有多少是从社会党或共产党那里争取来的。的确，有人改变了原来的左倾立场，但是大多数过去从未加入过左翼工人阶级政党。纳粹党在许多方面不是典型的极右派组织，特别是它的巨大规模（1933年初纳粹党规模之大，已经超过了意大利法西斯党在11年前墨索里尼组织"进军罗马"规模的3倍）。不过，规模较小的法西斯运动在群众基础的组成方面与纳粹党大同小异：中产阶级是核心，但也包括相当多从未与左翼政党有过关系的工人。法国、西班牙、奥地利、瑞士和英国（以及墨索里尼"夺权"之前的意大利）的情况均是如此。

大萧条与极右派成功的机会没有直接关联。的确，大萧条导致了希特勒的胜利。但是，墨索里尼比希特勒早将近10年在意大利上台时，大萧条尚未发生，其他一些国家的法西斯运动则是到了大萧条得到缓解后才初露头角。还有的国家（特别是英国，还有欧洲以外的美国）尽管同样在大萧条中严重受创，却没有产生像样的法西斯运动。除了大萧条造成的社会与政治矛盾，还需要别的重要因素，例如对丧失领土的愤怒、对左派的偏执恐惧、对犹太人和其他"外人"的本能敌意、对分裂的政党政治"拨乱反正"能力的缺乏信心等。只有当这些因素互相作用的时候,才会造成制度的坍塌,为法西斯主义铺平道路。

实际上,只有在意大利和德国,土生土长的法西斯运动利用保守派精英的软弱掌握了政权后,力量强大到可以按照自己的心意确定国家的走向。更加常见的情况是,法西斯运动要么受到镇压性专制政权的遏制(在东欧),要么能够剧烈破坏公共秩序,却无力威胁国家的权威(在西北欧)。

法西斯主义的胜利靠的是国家权威扫地,虚弱的政治精英无力回天,政党政治四分五裂,以及可以任意成立激进运动组织的环境。这些前提条件存在于1919年至1922年间战后的意大利和1930年至1933年间深陷大萧条泥淖的德国,在其他地方却几乎都不存在,除了西班牙,那里(各自内部都四分五裂的)左右两派之间日益激烈的对抗最终导致了1936—1939年的内战,继以军人独裁,却没有发生法西斯"夺权"的现象。相比之下,无论是在民主政府得到统治精英和老百姓广泛拥护的西北欧国家中,还是在专制精英严格掌控国家制度、剥夺公民自由和结社自由的东南欧国家中,法西斯运动都没有力量攫取政权。

西欧的右派:顽强的民主

英国的情况清楚表明,它的政治制度中没有任何使激进右翼得以兴起的空间。占主导地位的社会与政治价值观以君主制、国家、帝国、议会制政府和法治为支撑,得到英国人民的普遍接受。即使在英国陷入大萧条时,基于议会民主的立宪君主制也未曾遇到挑战。没有大型马克思主义政党对政治秩序构成实际的或想象中的威胁。(20世纪20

年代取代自由党成为保守党主要对手的）工党意在改良，不赞成革命。工党的骨干力量工会也是一样。英国保守党与一些其他欧洲国家的保守派不同，它在维护现存秩序一事上有既得利益。1931年的银行危机导致工党政府下台，当年10月27日举行的大选中，保守党赢得了英国议会史上最大的压倒性胜利。国民政府获得了60%以上的选票，拿到了521个议会席位，其中470个席位是保守党的。"国民政府"这个称号听来似乎代表全体国民，其实是保守党政府。在经济危机水深火热之时，英国的议会制度不仅维持住了，而且更加稳固。国家没有遭遇危机。左派不构成威胁。工党是反对党，但支持国家。极端政党只能游走于政治边缘。大萧条期间，英国议会中自始至终没有一个属于共产党或法西斯党的议员。

保守主义的强大力量使极右派无机可乘。奥斯瓦尔德·莫斯利于1932年创立的英国法西斯联盟（British Union of Fascists，简称BUF）从未有过出头的机会。英国法西斯联盟在其巅峰时期有5万成员，支持它的各色人等包括不满现状的中产阶级专业人士、退役军人、小企业主、店主、职员，还有英国不景气地区及穷人聚居的伦敦东区（它是传统的移民居住区，英国1/3的犹太人口都住在那里）的非技术工人。英国法西斯联盟的风格一贯是拙劣抄袭外国的做法。法西斯式的黑衫制服及游行、法西斯的政治风格与形象，特别是针对犹太人和政敌的可憎的公开暴力，这些都与英国的政治文化格格不入。英国法西斯联盟与反法西斯左派的冲突严重扰乱了公共秩序。1934年6月，英国法西斯联盟在伦敦举行了一次1.5万人的大型集会，几百名反对莫斯利的人混进了集会，结果遭到惨不忍睹的群殴，此事使得包括大报《每日邮报》的老板罗瑟米尔勋爵（Lord Rothermere）在内的许多人撤回了对英国法西斯联盟的支持。1935年举行大选时，莫斯利很清楚英国法西斯联盟一定会惨遭败绩，所以干脆没有参加。1935年10月，英国法西斯联盟的成员人数骤降至5,000，直至第二次世界大战前夕，才逐渐恢复到约2.25万。"二战"开始时，莫斯利和英国法西斯联盟的其他领导人被拘留，他们的党也被解散。英国法西斯联盟对被它视为种族与政治敌人的人是威胁，也是破坏公共秩序的捣乱者，令人头痛，但它对英国主流政治的影响微乎其微。

其他西北欧国家在第一次世界大战中要么是战胜国，要么是中立国。人民没有感到自己的国家在大战中受到了屈辱，也没有收复领土的野心。在这些国家中，激进右派同样无望掌权，因为现存的政治结构牢固坚强。法西斯运动在丹麦、冰岛、瑞典和挪威获得的民众支持少得可怜，在芬兰得到的支持稍大一些，但它在那里最好的选举成绩也不过是1936年的8.3%。在瑞士德语区的一些地方，信奉法西斯主义的民族阵线党在1933年至1936年间获得的选票高达27%，但之后即直线下滑；在瑞士的其他地方，法西斯主义的支持者为数寥寥，反对者却声势浩大。

爱尔兰蓝衫党（Blueshirts）成立于1932年，正式名称是陆军同志协会（Army Comrades Association），1933年更名为国民警卫队（National Guard）。这个组织仅仅是昙花一现，领导人是性格无常、政治观点极端的约恩·奥达菲（Eoin O'Duffy）。此人曾任爱尔兰共和军（IRA）参谋长，被解除爱尔兰警察局长的职务后成了蓝衫党的领袖。到1934年，蓝衫党的成员达到了约5万人，主要来自经济受到严重冲击的西南部。但是，在政府宣布了对蓝衫党的禁令，又和英国解决了一起严重损害爱尔兰农业的贸易争端之后，对蓝衫党的支持迅速瓦解。蓝衫党人放弃了他们激进的法西斯思想和特点，并入了新成立的主流政党——爱尔兰统一党（Fine Gael）。到1935年，蓝衫党完全消失了。与此同时，奥达菲退出了爱尔兰统一党（他成了该党的一大难堪），后来在西班牙内战中带领一支爱尔兰部队在佛朗哥（Franco）将军麾下作战。

尽管荷兰的失业率在1936年高达35%，但是它的政治结构仍然牢牢地植根于新教、天主教和社会民主等次级文化中，使激进右派无法寸进。政府换届定期进行，但实际上人事安排具有相当强的稳定性和连续性。执政党经常务实地调整路线，或与其他政党达成妥协。对纳粹德国日益增长的警惕也加强了民族团结，维护了现存议会制度的完整。在民众眼中，法西斯主义既是"外来的"，也对国家构成了威胁。荷兰主要的法西斯运动"国家社会主义运动"（Nationaal Socialistische Beweging）在1935年达到高峰，赢得了接近8%的选票。然而，两年内，它的支持率就下降到了4%。在"二战"爆发之前的年月里，极右派的支持度一直低迷。

在一段短暂的时间内，一个与法西斯主义有些相似的天主教专制社团主义运动曾经在比利时大受支持。1936年，国王党［Rex Party，该党得名自一家天主教出版社"圣王基督"（Christus Rex），而那家出版社的名字又来自确立不久的"圣王基督节"（Feast of Christ the King）］*赢得了11.5%的选票，这主要是因为，比利时东南部工业区讲法语的中产阶级认为体制内的政党腐败不堪，于是用选票表示自己的抗议。不过，对国王党的支持很快萎缩，只剩了一点儿残余。跟荷兰

---

* 该节日是教皇庇护十一世于1925年确立的。——译者注

一样，由天主教、社会主义和自由主义组成的现行社会与政治环境排除了极右运动的活动空间。比利时还有一个不利于极右派的条件，那就是没有真正的比利时民族主义。佛兰德地区的民族主义运动和早期法西斯主义运动各据一方（虽然得不到主流社会的支持），但国王党在那里的支持度较低。

法国的第三共和国一度似乎受到极右派的严重威胁。法国的政治制度不仅造成政府频繁更迭（常常是不同政党轮流坐庄，但内阁成员不变），而且也导致各政党为了实际利益时常变更盟友。政党联盟中少不了作为第三共和国核心政党的激进党（Radical Party）。激进党反对教权，奉行自由主义经济理念，高度依赖中产阶级的支持，愿意与右翼或左翼的温和派交易以保住权力（通常也都保得住）。大萧条影响刚刚开始显露的1932年，社会党和激进党在选举中都颇有斩获，两党组成了不稳定的温和左派联盟。当时，仇外情绪日益加强，激进民族主义、反犹主义、反女权主义和对"赤色威胁"的恐惧（虽然共产党只赢得了国民议会605个席位中的12个）*愈演愈烈，在这样的大气候下，保守派政党组成的右翼集团的失败引发了右翼的过激反应。莱茵河彼岸的形势发展更是给他们激动亢奋的情绪加了一把火。右翼民族主义者组成了包括退伍军人协会在内的各种准军事议会外联盟，其中有些至少具有法西斯主义的部分特征。在普安卡雷治下实现了财政稳定的时期，这些准军事组织原已乏人问津，现在却又蠢蠢欲动，企图东山再起。

在紧张日益升级的形势中，巴黎绝大多数右翼报刊都不失时机地

---

* 国民议会（Chamber of Deputies）即法国议会的下议院。——译者注

火力全开，大肆诋毁政府。法国的政治从来就因贪腐盛行而臭名昭著，但1933年底揭露出来的一件丑闻尤其让媒体如获至宝，它可以被渲染为不仅是对政府，而且是对共和国的威胁。那件腐败丑闻的起因是一个名叫亚历山大·斯塔维斯基（Alexander Stavisky）的人犯下的公共财政诈骗案。该人是个侵占公款的卑鄙小人，恰好是东欧犹太人，这正坐实了右翼的偏见。丑闻涉及许多高官，主要是激进党籍的官员，传言说从斯塔维斯基手中收受贿赂的政客有132人。后来，据说骗子斯塔维斯基畏罪自杀。消息传出，一时间谣言四起，说是犹太人和共济会员为了封住他的口合谋弄死了他。此事引发了巴黎街头的骚乱。1934年2月6日，大批支持民族主义和种族主义的议会外联盟成员（据有些估计高达3万人）发起了进军首都的示威活动。当天夜里，警察和几千名示威者发生暴力冲突，造成15人死亡，1,400多人受伤。

这场自1871年巴黎公社以来最严重的有组织暴力使法国的政治建制派深为震惊。可以说，街头暴力和准军事组织把（只成立了几天的）政府拉下了台。随之而来的政治动荡加剧了左右两派的对抗，这在20世纪30年代剩下的时间内一直是法国政治的突出特点。但事实证明，任何对国家的实质性威胁都只是海市蜃楼。法兰西共和国的生存并未受到严重威胁，尽管当时的情况看似十分严峻。各种议会外联盟在意识形态上虽然都奉行极端民族主义，都激烈反共并支持专制主义（往往赞成某种形式的社团国家），但是它们就由谁领导以及所要达成的目标各执一词。其中最大的联盟"火十字架"（Croix de Feu）在1934年初大约有4万名成员，在2月暴乱中与"法兰西行动党"（Action Française）等其他右翼组织相比基本上保持了克制，因此而得到保守派报刊的赞扬。"火十字架"的领导人弗朗索瓦·德拉罗克

（François de la Roque）上校后来与他的一些追随者的反犹言论拉开了距离。

此外，1934年2月事件造成的直接结果是，分裂的法国左派在反对法西斯主义的共同斗争中团结到了一起。若非如此，共和国面临的威胁就会严重得多。事实上，左派迅速做出了反击。共产党到2月9日就动员起了己方的支持者。他们同右翼准军事组织的冲突造成9人死亡，几百人受伤。3天后，100多万工会会员举行了一天的总罢工，使整个巴黎完全停摆。后来的两年内，发生了1,000多起各种各样的示威活动，主要是左派为反对法西斯主义的威胁而组织的。也是在1934年，希特勒在德国的胜利终于使斯大林认识到共产国际攻击社会民主党为"社会法西斯主义"是多么荒谬，于是斯大林呼吁成立工人阶级反法西斯共同阵线。在法国，暴力冲突凝聚了左派，为1936年组成的人民阵线赢得政权铺平了道路。1934年2月的事件之后，法国分裂的右派第一次遇上了团结的左派。

人民阵线政府于1936年6月发布了对各种联盟的禁令。有些联盟自我改造成了议会政党。"火十字架"蜕变为法国社会党（Parti Social Français）*后，支持率大增。1937年该党党员已达到75万名，比社会党和共产党加起来都多。不过，在此过程中，它日益背离法西斯式蛊惑群众的做法，转向了保守的专制主义。1936年6月，脱离了共产党的雅克·多里奥（Jacques Doriot）创建了一个真正的法西斯政党——法国人民党（Parti Populaire Français）。纳粹德国虎视眈眈，1938年人民阵线的解体消除了来自左派的威胁，民族团结随着战争阴云的聚

---

* 法国社会党不是简称为社会党的法国社会主义党（le Parti Socialiste Français）。1940年法国陷落于纳粹之手后，法国社会党即告解散。——译者注

合日益加强，这些因素都影响了多里奥的法国人民党，使它陷入急剧衰落。即使如此，形式多样的法国右派（有些是不折不扣的法西斯主义，有些则与法西斯主义十分接近）还是建立了相当广泛的群众基础。若非如此，1940年后维希政府就不可能那么轻易地得到民众的支持。

尽管共和主义在法国历经坎坷，但它仍然有着长期而广泛的群众基础。西班牙的情况则迥然不同，那里反对民主共和国的力量强大得多。然而，在西班牙这个社会与政治分歧根深蒂固，似乎随时会爆发危机的国家中，日渐严重的经济困难起初不仅没有给提倡专制主义的右派提供壮大的机会，反而为其制造了障碍。

普里莫·德里维拉1923年建立起来的军人独裁本来就不太强大，到1930年初气数已尽。普里莫上台之初的成功靠的是经济的繁荣，繁荣期结束后，民众的不满与日俱增，普里莫的权威逐渐消失，于是他被迫辞职，出国流亡到巴黎，不久便去世了。他离开几个月后，国王阿方索十三世也踏上了流亡之路。1931年4月的大选产生了新的民主共和国。在欧洲大部分国家的民主都在向右转的时候，西班牙却反其道而行之——至少一度看来如此。然而，左派在1931年大选中获得的压倒性胜利仅是一时风光。虽然许多对普里莫和国王失望的西班牙人愿意试一试共和国制度，但是他们对共和国的支持经常是半心半意、游移不定的，还附有各种条件。除了产业工人阶级以外，共和国缺乏真正的群众基础，产业工人阶级只占人口的一小部分，并且集中于几个大城市和地区，主要是加泰罗尼亚、巴斯克地区和阿斯图里亚斯（Asturias）。支持共和国的各政党之间分裂严重。左派内部分为社会主义者和（尤其在西班牙南部农村地区实力雄厚的）无政府-辛迪加主义者，前者是共和国的中坚力量，后者仅将共和国视为由工会领导、反对国家权威之长期暴力斗争的第一阶段。两派之间的分歧无法弥合。在加泰罗尼亚和巴斯克地区表现得尤为强烈的地区认同感和对马德里的敌意也妨碍了左派的统一。另一方面，右派在1931年的大选中被打败，处于溃不成军的混乱状态。尽管高度保守的反共和势力在议会选举中落败，但是它们实力仍在，非常顽强。事实上，共和国的建立重新点燃了在普里莫独裁统治下被暂时压制的意识形态之火。

新生的民主制度甫一成立就遭到激烈质疑。不到两年，社会党和自由党组成的联合政府就因为颁布推动农业改革、保护工人和大幅削减天主教会权力的立法，引起了右派日益尖锐的反对。至于由激进反社会主义者和坚定支持专制统治的天主教徒组成的右派，尽管其内部四分五裂，但他们对上述立法的反对倒是非常一致。地主、雇主、天主教会和军方毫不动摇地反对共和国。社会改革进展缓慢，效果有限，许多支持共和国的人感到沮丧不满。在1933年11月举行的新一轮选举中，左派大败，右翼政党赢得了胜利。接下来的两年里，随着权力转入地主和资本家手中，共和国成立初期的改革措施或者被逆转，或者遭到阻挠。内战的种子开始孕育。

西班牙右派没有统一的目标。有些是彻头彻尾的反动派，想要恢复君主制，建立以军方为后盾的专制社团国家。更大的一部分在1933年组成了简称CEDA的西班牙自治权利同盟（Confederación Española de Derechas Autónomas）。这个由民粹主义者、天主教徒和保守主义者组成的巨大团体成了西班牙最大的政党，号称有73.5万党员。该党声称要捍卫基督教，抵御马克思主义。它把党魁希尔·罗夫莱斯（Gil Robles）尊为"领袖"，还采用了法西斯的其他表现形式，如公众集会、制服、法西斯式的敬礼、动员群众的方式等，并组织起了法西斯倾向日益明显的青年运动。与激进的法西斯主义不同，它拒绝准军事活动，至少在形式上维护现存的国家机制，并坚持走合法的非暴力议会道路。然而实际上，西班牙自治权利同盟日益赞同反共和国的暴力行为，支持建立社团主义的专制国家。它对民主的态度顶多只能算好坏参半。罗夫莱斯宣称："到时候要么议会俯首听命，要么我们就将它一举摧毁。"

专制右派大多信奉带有法西斯色彩的保守专制主义，在它庞大却又四分五裂的群众基础中，真正支持激进法西斯主义的人为数寥寥。最重要的法西斯运动名为"西班牙长枪党"（Falange Española），是1933年由原来的独裁者普里莫的儿子何塞·安东尼奥·普里莫·德里维拉（José Antonio Primo de Rivera）创立的。长枪党既与资产阶级右派作对，也与马克思主义左派为敌。可以想见，何塞·安东尼奥难有寸进。在2,500万人口的西班牙，长枪党的党员不超过1万名，它在1936年的选举中只赢得了4.4万张选票（占总票数的0.7%）。同年，长枪党被禁，领导人全部被逮捕。何塞·安东尼奥被判处死刑，11月遭处决。那时，弗朗西斯科·佛朗哥将军已经在摩洛哥发动了对西班牙共和国的叛乱。佛朗哥于1936年4月接管了长枪党，将它（至少在名义上）定为支持叛乱的右翼民族主义联盟的基石后，法西斯主义在西班牙才真正成为群众运动，并在内战结束后成为军人独裁下的国家政党，不过它只是为军人独裁服务，并不能掌握政权。

内战爆发前，西班牙政坛群雄并起，长枪党只是其中之一。而且，它的社会革命理念必然造成大部分中产阶级成员和天主教会的疏离。在内战前西班牙那种多元民主的环境中，建立完全的法西斯群众运动的企图未能成功。这重要吗？在坚决反对右派的各个左派团体眼

第五章　阴霾四合　　　　　　　　　　　　　　　　　　　259

中，小小的长枪党与所有其他的右派团体没有任何区别。无论西班牙自治权利同盟和长枪党在严格的定义上有何差别，左派都把它们一概视为法西斯党。左派错了吗？那些在内战期间及之后受到右派残酷迫害的人认为，法西斯主义在西班牙支持者众，不仅限于长枪党的少数拥护者。

在意大利和德国，老牌的保守派及自由派右倾政党垮台后腾出了政治空间，于是，煽动民粹的大型法西斯政党填补了真空，围绕着民族复兴的纲领建立起统一的新右派，击溃了左派的威胁。然而，西班牙不存在这种真空。那里的政治空间被若干保守-专制的政治运动所占据，那些运动有强有弱，有些具有鲜明的法西斯色彩，尤其是西班牙自治权利同盟。反民主的西班牙右翼势力很大，但正是因为保守派的力量强大，激进法西斯主义才无机可乘。到佛朗哥于1936年7月发动叛乱时，西班牙民主的危机加深了。但是西班牙左派不惜为民主而战。右派经过3年的惨烈内战才终于打垮了民主派。

右翼势力的沃土：中欧与东欧

西班牙在西欧是个例外。可是，在中欧与东欧，转向极右却是普遍现象。法西斯运动风头最盛的国家是奥地利、罗马尼亚和匈牙利。对奥地利来说，希特勒在邻国德国的崛起具有决定性的影响。在罗马尼亚和匈牙利，"一战"后欧洲领土划界造成持续动荡，为法西斯主义的壮大提供了重要前提条件。

大萧条发生时，奥地利非社会主义的政治团体大多已经有了法西斯的倾向。1931年银行业的垮台和失业率的飙升重创了奥地利经济，大多数人的生活条件严重恶化。奥地利的政治大致是三分天下：一是土生土长的保安团（Heimwehr），二是受边界那一边德国事态的激励建立起来并快速壮大的奥地利纳粹党，这两支力量都是大型法西斯组织，第三个是在产业工人中依然基础牢固的强大的社会党。在大萧条的影响下，三方的分裂进一步加深加剧。1930年，保安团的支持者人数比奥地利纳粹党多一倍，因为许多奥地利人认为纳粹党是外国传来的，但是纳粹党在迅速聚集人气。在1932年的区级和地方选举中，纳粹党都赢得了16%以上的选票。

希特勒1933年1月上台后，奥地利纳粹党构成的威胁愈加明显。为了应对这一威胁，奥地利39岁的总理，身材矮小但精力充沛的恩格尔贝特·陶尔斐斯（Engelbert Dollfuss）废除了议会政治，成立了他所谓"以（社团）财产为基础，有强有力专制领导的基督教德意志'奥地利'国家"。在多数非社会主义党派、保安团和天主教会的支持下，他的政权限制公民自由并对反对派实行镇压。1934年2月，政府一手挑起了社会主义者的武装起义后将其血腥镇压下去，并宣布社会主义为非法。尽管奥地利的左派与德国以及许多其他国家的左派不同，没有分裂为互相竞争的社会民主党和共产党，但左派的力量仍然无法与右派抗衡。新颁布的宪法废除了议会，建立了社团国家。支撑着国家的是自上而下建起的一套复杂的"社团"和咨询委员会系统，而这套系统又以一个支持国家、名为"祖国阵线"（Fatherland Front）的政治组织做后盾。国家的真正权力掌握在总理手中。陶尔斐斯本人于1934年7月被纳粹分子暗杀。但是，他的继任者库尔特·冯·舒施尼格（Kurt von Schuschnigg）不顾纳粹党越来越大的压力，继续维持了专制政权。这个政权与其说是法西斯政权，不如说是保守反动的镇压性政权。它有法西斯主义的一些特点，但更加温和。冯·舒施尼格准备在

1938 年 3 月 13 日举行公民投票，重新宣示奥地利的独立，但因为 3 月 12 到 13 日德国入侵并吞并了奥地利（德奥合并）而没有成功。

罗马尼亚是"一战"的大赢家，领土扩大了一倍以上（主要是原属匈牙利的领土，但也有俄国、保加利亚和奥地利的土地），所以，乍看之下不清楚为什么法西斯主义在那里会有市场。当时，长期而严重的农业衰退致使农民的收入下降近 60%。经济困难导致了对少数族裔仇视的加剧，马扎尔人和德裔都是仇恨的对象，但尤其成为民众怒火所向的是掌握着工业、商业和金融业的犹太人。领土扩大后，非罗马尼亚人占了总人口的 30% 左右。罗马尼亚一直是欧洲反犹最烈的地方，那里的犹太人直到 1918 年才获得公民资格与权利。在当时的环境中，很容易利用经济困难来加深对少数族裔的偏见与敌意，或营造"真正"的罗马尼亚人受外国人威胁的民族主义形象。

即使按照法西斯主义的标准来看，罗马尼亚的法西斯运动"天使长米迦勒军团"[Legion of the Archangel Michael，又称"铁卫团"（Iron Guard）]也要算是极端暴力、极端反犹的。它由科尔内留·泽莱亚·科德雷亚努（Corneliu Zelea Codreanu）这位具有领袖魅力的原法学院学生创建，1937 年成员达到 27.2 万人，在当年的选举中赢得了 15.8% 的选票，成为罗马尼亚的第三大党。科德雷亚努鼓吹煽惑人心的浪漫化极端族裔-种族民族主义，获得了众人的支持。他的种族主义以暴力清洗理念为基础，要除掉国家中所有的外来分子（特别是犹太人，据说他们与布尔什维克俄国对罗马尼亚边界的威胁有关，还与贪得无厌的资本主义相联系），实现国家与民族的纯洁。另外，科德雷亚努还祭出了植根于基督教纯洁和农田大地的"真正"罗马尼亚道德价值观，宣称要实现"国家基督教社会主义"的"精神革命"，创

AU COURS D'UN COMBAT SOUS LES MURS DE TRIPOLI
UN SOLDAT ITALIEN S'EMPARE D'UN ÉTENDARD VERT DU PROPHÈTE

1. 殖民暴力。1911年意大利入侵利比亚期间,的黎波里附近,一名意大利士兵从被打败的奥斯曼帝国军队那里抢到一面穆斯林旗帜(akg 图像)

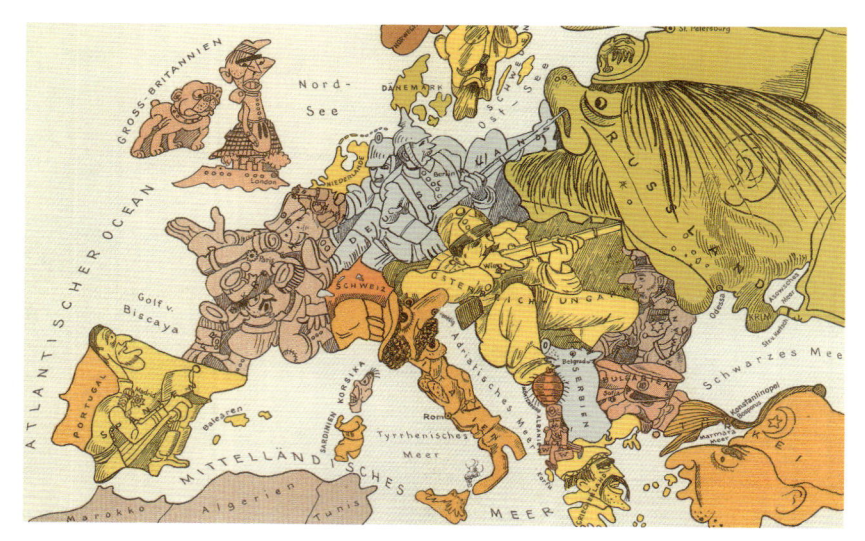

2. 1914年的一幅德国漫画,画的是剑拔弩张的欧洲。德国和奥匈帝国把武器对准可怕的俄罗斯怪兽。德国的一只靴子正要向法国人头上踏下。被描绘为苏格兰人形象的英国以及意大利和土耳其在警惕地旁观,一只英国斗牛犬似乎占据了爱尔兰(akg 图像)

3. 1914年9月,德军开赴马恩河战役的途中,长长的救护车行列从前线返回的景象恐怕不会提振他们的士气(akg 图像/乌尔斯坦·比尔德)

4. 1916 年凡尔登战役期间，法国杜奥蒙要塞下方的"死亡之溪"（akg 图像）

5. 这幅法国海报描绘了塞尔维亚人在 1915 年秋惨败于奥地利人和匈牙利人之后逃跑的景象，它宣布 1916 年 6 月 25 日为"塞尔维亚日"，为塞尔维亚难民募捐（akg 图像/让－皮埃尔·韦尔内）

6. "从月球上看到的 1916 年的地球"——一本德国杂志刊出的令人印象深刻的图画，显示地球在滴血（akg 图像）

7. 1918年12月29日，为柏林动乱中被政府军打死的水兵送葬的行列经过原来的皇宫时，一位德国独立社会民主党（USPD）的演讲人对人群讲话。USPD为抗议政府的镇压退出了政府，它的许多成员加入了新成立的德国共产党（akg图像）

8. 这幅题为《我们会失去什么》的海报显示了德国声称协约国在《凡尔赛和约》中的要求将给德国带来的结果：失去20%的农地、10%的人口、1/3的煤炭、1/4的农产品、4/5的铁矿、全部殖民地和商船队（akg图像）

9. 1919 年，法国妇女为争取投票权举行示威。她们没有成功。法国妇女直到 1944 年才获得投票权（福克斯照片/盖蒂图像）

10. 1921 年上西里西亚公民投票中德国的宣传："跟着德国享长久繁荣，跟着波兰受贫穷流离。"上西里西亚最终被分割，大部分重要的工业区归了波兰（全球历史档案/盖蒂图像 USG）

11. 1920 年左右，科隆街头的一辆英军坦克，协约国于 1919 年至 1930 年占领莱茵兰，英国军队参与，科隆是英国莱茵驻军司令部所在地（akg 图像）

12. 1925 年《洛迦诺公约》谈判者的签名，有白里安、施特雷泽曼、奥斯汀·张伯伦和墨索里尼。签名镌刻在洛迦诺会议会址的钟摆上
（akg 图像 / 图片联盟 /dpa）

13. 1928年至1937年间，斯大林推行农业生产集体化运动。这是当时乌克兰敖德萨地区的一个富农家庭被赶出自家农庄的情景（akg 图像/RIA 诺沃斯蒂）

14. 1930年左右的一幅宣传柏林动物园的乌法宫电影院的海报。20世纪30年代"有声电影"的发明促成了欧洲电影观众人数的猛增（akg 图像）

15. 有些市议会决心改善极为恶劣的住房条件。"红色维也纳"的社会党政府委托建造了卡尔·马克思大院。它于 1930 年竣工，为维也纳最贫穷的居民提供了 1382 套公寓（乌尔斯坦·比尔德/盖蒂图像）

16. 美因河畔法兰克福的一次大型纳粹选举集会，可能是希特勒 1932 年 7 月 28 日的演讲大会。3 年后的大选中，纳粹党赢得了 37.4% 的选票，这是它历次选战成绩的巅峰。1933 年 1 月，希特勒成为总理（akg 图像）

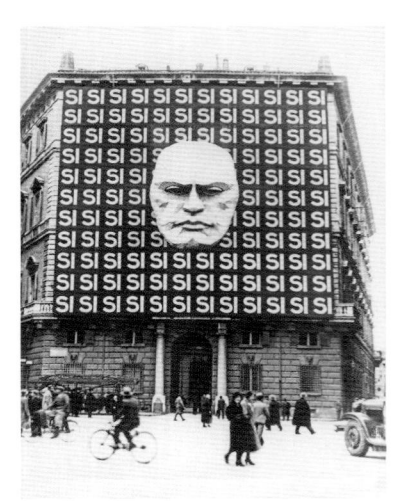

17. 1934年2月12日社会党人发动了反对奥地利压迫性专制政府的起义后，一名卫兵站在维也纳的卡尔·马克思大院外。那次起义遭到了政府军的血腥镇压（乌尔斯坦·比尔德/盖蒂图像）

18. 1934年3月26日意大利"大选"（其实不过是公民投票闹剧）的法西斯宣传画。画面上满是意大利文的"赞成"，上面加印了墨索里尼"老大哥"的头像，以强调选民应该投赞成票。意大利只有一个政党参选，所以国家法西斯党不出意料地以99.84%的得票率当选（拱心石－法国/盖蒂图像，伽马－拱心石）

19. 1936 年 8 月初，佛朗哥将军的非洲军等待乘坐纳粹德国提供的容克 – 52 型飞机飞往西班牙。希特勒和墨索里尼为西班牙民族主义军队提供的运输对佛朗哥在西班牙内战中早期的成功至为重要（akg 图像 / 乌尔斯坦·比尔德）

20. 1939 年 8 月，德国兵看守下的波兰人。他们可能要被送去德国做工——肯定会遭到不幸（akg 图像）

21. 1940 年 5 月底，盟军被迫从敦刻尔克撤退后，德军宣传队的队员在给英军丢弃的军事物资拍照（akg 图像）

22. 1940 年 10 月 7 日，德国对英国首都发动空袭，伦敦市民躲到地铁站里，睡在自动扶梯上（akg 图像）

23. 党卫军挪威军团的招兵广告，时间大约在 1941 年 6 月 29 日挪威军团成立前后，上面印的口号是"对共同的敌人作战……对布尔什维克主义作战"（akg 图像）

24. 斯大林格勒战役结束后，1943 年初被苏联红军俘虏的德国、意大利和匈牙利士兵的漫长队伍（akg 图像）

25. 1943 年奥地利毛特豪森集中营里的囚犯。他们被迫扛着沉重的花岗岩石块爬上 186 级台阶,将其运出采石坑(akg 图像/乌尔斯坦·比尔德)

26. 1944 年法国宣传"义务劳动"的反布尔什维克海报,上面的口号是"在德国劳动的每一个小时都是在保护法国的工事上加的一块石头"。但是,法国士兵痛恨劳役,许多人逃跑,加入了日益壮大的抵抗运动(艺术媒体/印刷品收藏/盖蒂图像)

27. 1944年6月4日罗马解放后，意大利人围观美军坦克驶过古罗马斗兽场（akg图像/全球图像集团/SeM）

28. 第二次世界大战结束时苏联人镜头下满目疮痍的华沙。一位波兰妇女看到这座被毁的城市后说："这是坟场，这是死亡之地。"（akg图像/全球图像集团/Sovfoto）

29. 1946年5月6日,捷克斯洛伐克利贝雷茨(赖兴贝格)附近的一群苏台德德裔人正等着被送往德国。他们看起来令人意外地轻松愉快,也许他们以为最艰难的时候已经过去。到1947年秋天,共有约300万德裔人被从捷克斯洛伐克赶到德国,手段往往极其野蛮(Sovfoto/盖蒂图像 UIG)

30. 这幅宣传马歇尔计划的海报上的标语是"为马歇尔计划开路"。美国的援助方案被比作西欧通往新繁荣的道路。斯大林拒绝了马歇尔计划为东欧集团提供的援助(盖斯滕贝格档案/盖蒂图像–乌尔斯坦·比尔德)

造"新人"。支持铁卫团的中坚力量是教师、公务员、律师、东正教教士、退役军官、记者、学生、知识分子,当然还有农民。不过,"回归田园"这种对农村生活不切实际的浪漫描述说服不了农民,铁卫团赢得农民支持,靠的是把这种情感与农民因长期农业不景气而遭受的深重经济困难联系到一起,并许诺通过没收犹太人的财富来给农民发放土地。

虽然 30 年代期间法西斯主义在罗马尼亚力量日增,但是它仍然是反对组织,无法夺取国家权力。科德雷亚努的组织在罗马尼亚 1937 年选举中取得成功后,国王和统治阶级大为警觉。在军队、官僚机构和体制内的国家自由党大部分成员的支持下,卡罗尔国王巧妙地利用其他政党之间的分裂,于 1938 年初解散了议会,建立了君主独裁。"天使长米迦勒军团"被禁,科德雷亚努遭到逮捕,后来在监狱中被谋杀。君主独裁政权吸纳了法西斯主义的大部分内容,包括极端反犹主义。政府对法西斯主义的胜利并不彻底。法西斯组织被迫转入地下,尽管几百名法西斯分子被处决,但是法西斯运动在第二次世界大战期间卷土重来,并一度参与了执政,不过那时的形势已大不相同。

"一战"后,匈牙利失去了大片领土,它对此切肤之痛耿耿于怀。大萧条造成农业生产低迷,高达 1/3 的产业工人失业,社会与政治矛盾因之大大加剧。然而,特别是在根伯什·久洛(Gyula Gömbös)于 1932 年至 1936 年任首相时期,他本人的极端右倾使弱小的法西斯力量陷于分裂,甚至一度失去了行动能力,20 年代期间东山再起的保守派统治精英遂得以操纵控制议会,及时调整政策应对危机。所以,1937 年之前,匈牙利没有出现大型法西斯政党。社会主义左派因 1919 年库恩·贝拉政权的倒台而元气大伤,再也没有恢复过来,后来的几年中，民众对于米克洛·霍尔蒂什打着民主旗号的专制政权的参与又非常有限，这些因素也限制了法西斯主义动员群众的机会。1937年后，在德国的事态发展以及国际政治格局快速变化的影响下，才出现了大型法西斯运动。匈牙利国家社会党由8个极端民族主义团体组成，前身是由曾在军中做过参谋的费伦茨·萨拉希（Ferenz Szálasi）于1935年成立的民族意志党（Party of the National Will），1939年改名为箭十字党（Arrow Cross）。该党在公共部门的专业人员、军官以及布达佩斯工业区的工人中大力发展党员，到1939年和1940年交接之际，党员人数达到了25万。直到"二战"后期，匈牙利落入德国统治之下，战败的阴影日益逼近的时候，箭十字党才有了一段短暂的辉煌，但对它的受害者来说，那却是可怖的黑暗时期。

在东欧和东南欧的其他地方，法西斯运动实现突破的最大障碍是控制着国家权力的反动保守的专制精英，特别是军方，因为精英阶层把群众运动视为对自己权力的威胁。那些国家的政府一般具有强烈的民族主义特性，并通常是鼓吹极端种族主义的独裁专制政权。它们有时盗用法西斯运动的目标和主张，却对法西斯运动进行镇压。在政府转向专制主义的国家（比如1934年的爱沙尼亚、拉脱维亚、保加利亚和1936年的希腊），或者在统治精英力挺现存专制政权的国家，法西斯主义几乎没有组织和动员民众的空间，连成立法西斯运动的机会都少而又少。

到第二次世界大战前夕，实行民主政府制度的只有11个西北欧国家——英国、爱尔兰、法国、瑞士、比利时、荷兰、丹麦、挪威、瑞典、芬兰和袖珍小国冰岛。这些国家在第一次世界大战中要么是战胜国，要么是中立国。（除苏联人民之外的）欧洲人口的3/5生活在16个某种形式镇压性专制政府治下的国家中，公民权利少得可怜，少数族裔受到各种歧视与迫害。这些国家是：意大利、（吞并了奥地利的）德国、西班牙、葡萄牙、匈牙利、斯洛伐克、前捷克〔当时为德国统治下的"波希米亚和摩拉维亚保护国"（Protectorate of Bohemia and Moravia）〕、罗马尼亚、保加利亚、阿尔巴尼亚、希腊、南斯拉夫、波兰、立陶宛、拉脱维亚和爱沙尼亚。"一战"后在奥匈帝国领土上建立起来的新生民主国家中，只有捷克斯洛伐克保持了民主制度，直到它于1939年遭到德国入侵。民主在奥匈帝国各个继承国中的失败最清楚地表明了战后体系的破产。

只有意大利和德国的法西斯政党力量足够强大，得以掌握国家权力并建立起独裁政府。即使在欧洲的专制国家中，这两国的情况也非常特殊，不仅是因为它们的对内控制既严且广，而且因为它们都一意扩张。然而，它们对欧洲和平的威胁程度大不相同。意大利企图控制地中海，并希冀在非洲建立殖民帝国。这个威胁是可以遏制的，而且无论如何，意大利也根本没有能力挑起将整个欧洲卷入其中的战争。两国中更大、更有活力、更残酷、意识形态更激进的纳粹德国则完全不同。它对欧洲的心脏地区虎视眈眈，视其为扩张的目标。这构成了对整个大陆的威胁。德国一旦建立霸权，就会颠覆欧洲那岌岌可危的均势。自此，欧洲和平的完结只是迟早的事。

第六章

危险地带

"经验表明,"格莱特金说道,"关于任何困难复杂的过程,都必须给大众提供简单易懂的解释。根据我所知的历史,我认为人类绝不能没有替罪羊。"

摘自阿瑟·库斯勒《中午的黑暗》(1940年)

1934年前后,经济危机最严重的时候已经过去,欧洲也发生了变化——变得更加危险。战后体系摇摇欲坠。法西斯主义、布尔什维克主义和自由民主理念这三种意识形态之间的冲突日益加剧。法西斯政权展示了力量,民主国家却暴露了自己的软弱。独裁者逐渐得势,开始左右国家的大政方针。在全球性经济危机的废墟之上,全球性大战的阴云正在聚集。

国际秩序的坍塌

欧洲的战后国际秩序从一开始就如同一座地基不牢的脆弱大厦。

战后安排激发了各国追求自身利益的心态,激化了族裔矛盾,引起了民族主义的怨愤,而它们反过来又威胁着战后体系的存在。这种情况在欧洲东部最为突出。在欧洲西部,"洛迦诺精神"在20世纪20年代晚期那几年曾给人带来稳定与和解的希望,但经济萧条使这个希望烟消云散。法西斯主义在意大利站稳了脚跟,接下来希特勒在德国掌权更是令人惊心。经过10年的法西斯统治之后,意大利已不再像"一战"之前那样孱弱和分裂,而是开始放眼建立帝国、称霸地中海和北非地区的可能性。然而,经济大萧条期间出现的最令人不安、对国际秩序构成最大威胁的新实体,还是纳粹党领导下的德意志帝国,它从"一战"的战败中重新站起,充满自信地强力宣示自己的权力。

这些新生力量很快将再次重塑第一次世界大战后面目全非的"大国"格局:奥匈帝国的灭亡造成欧洲中部和东部出现了一大批局势不稳的国家,英法两个西方民主国家的国力大减,苏联仍在忙于充满暴力的国内重建。国际舞台几乎完全被强国间均势的变化所主宰,小国则不由自主地被吸入大国角力的漩涡。意大利和德国这两个法西斯国家的强悍成为危及国际秩序的强有力新因素,尤其是德国。其他国家,包括时刻警惕西方资本主义和帝国主义的侵略,将加强对这种威胁的防御视为重中之重的苏联,基本上都只是被动地应付这种它们并不完全理解的力量。它们彼此怀疑,互相竞争,因而也就无法团结一致打击法西斯主义。

只有国联这个超越国家利益的机构对欧洲国际秩序中强大的离心因素进行了抵制,可惜它力不从心。没有美国的参与,国联的有效性从一开始就打了折扣。尽管如此,国联在20年代还是在救援东欧各地成千上万颠沛流离的难民的努力中发挥了作用。当奥地利和匈牙利的货币险些被恶性通货膨胀压垮时，国联提供巨额贷款帮助稳定了货币，使那两个国家免于破产的厄运。即使在大萧条期间和之后的时期内，国联仍在防治传染病、打击贩卖人口和改善世界贸易条件等领域继续发挥作用，这些领域中的工作都是超越国界的，也在不同程度上推动了第二次世界大战后的积极发展。但是，在实现捍卫并在必要时强制维持和平（虽然它不掌握任何国际军事手段）这个中心目标方面，国联一败涂地。它无力阻挡意大利和德国的贪婪掠夺和横行霸道，也无法克服西方民主国家只顾一己私利、互不团结、自毁长城的政策。

破坏国际秩序的第一个事件其实发生在远离欧洲的地方，那就是日本 1931 年 9 月对中国东北的侵略。中国呼吁国际社会对日本的暴行发出谴责，国联却几经拖延才成立了一个委员会来研究冲突的背景情况并建议解决办法。委员会用了近一年的时间才提出报告，谴责了日本的行为，但同时也认为日本在中国东北有合法利益，要求中国予以承认。这个判决固然谨慎，但宣布的时候为时已晚。1932 年，日本在中国东北这一具有重大经济意义的广袤地区建立了"满洲国"这个傀儡政权。国联没有强制性力量迫使日本放弃它侵占的领土，而积弱分裂的中国又无力用武力夺回领土。日本的侵略受到了国际舆论的激烈批评，但批评无济于事，只使得日本于 1933 年 2 月愤而退出国联。外交上的孤立助长了日本的激进民族主义，使日本急剧转向锐意扩张的军人寡头统治。中国东北事件暴露了国联的虚弱无力，进而显示了英法这两个在国联占据主导地位国家的软弱。英国若加强它在远东的海军力量，将给它已经捉襟见肘的防卫资源再增压力。无论是在远东还是在欧洲，这都是绥靖政策的诱因。

国联的核心关注是通过基于裁军协定的集体安全制度减少爆发国

际冲突的可能性，但事实证明国联在这方面遭遇了不折不扣的失败。1920年建立的国联承载着巨大的希望和崇高的理想，但它在后来的10年间却成果寥寥。在个人可以自由发表意见的国家，公共舆论大多对裁军持欢迎态度。第一次世界大战停战10年后，人们再次把目光投向那场灾难，对当时惨痛经历的回忆使人们更加害怕新的战争，怕它会成为世界末日级的浩劫。反战的和平主义运动虽然从来都只有人口的一小部分参加，但是在英国、法国和丹麦等西欧国家中，对和平主义运动的支持日增。许多人虽不支持和平主义，但积极拥护和平与裁军。这样的人比和平主义者多得多，主要是社会主义者、工会积极分子、知识分子、自由主义者和教士，其中女性占大多数。20年代晚期，德国左派的反战情绪也相当强烈。埃里希·马利亚·雷马克（Erich Maria Remarque）的反战小说《西线无战事》（Im Westen nichts Neues）1929年出版后立即成为畅销书，在德国售出了100万册以上。

与德国左派的反战情绪正面对抗的，是右派理直气壮的军国主义和对战争的美化。恩斯特·云格尔在20年代出版的美化战争的回忆录《钢铁风暴》在德国大受欢迎，这清楚表明了德国人之间对第一次世界大战存在着多么深刻的分歧。所以，《西线无战事》的出版引起了右派，特别是初露头角的右翼旗手纳粹党的暴怒，也就不足为奇了。1930年12月，美国根据该小说拍摄的电影在德国上映时，纳粹领导的右翼势力视之为对德国荣誉的侮辱，组织了一波又一波狂暴的抗议，结果这部电影被禁止公开放映，理由是它"危及德国的国际地位"并"贬低德国军队"。

然而，只有在纳粹崛起后，军国主义观点才压倒了反战的情绪。军国主义观点认为，第一次世界大战是一场光荣的斗争，只是因为国内的马克思主义革命分子"在背后捅刀子"才使德国功亏一篑。20年代时,由强硬好战的退伍军人组成的最大的军国主义组织"钢盔"(Stahlhelm)规模尚小,远不如社会民主党的反战老兵协会"帝国旗帜团"(Reichsbanner)。直到1932年,希特勒掌权的前一年,德国社会党人还组织了多场支持和平的集会,参加者达60万之众。即使在希特勒就任德国总理之后,德国人口的大多数,尤其是经历过第一次世界大战的人,仍然怀有对战争的一种病态恐惧。希特勒的伎俩是,他多年来一直向德国人民表示,他要的是和平,不是战争,而保证德国国防的最好办法就是重整军备。他还力图使德国人民相信,他不过是想在军力方面得到和西方强国的"平等权利"。他辩称,如果西方强国不裁军,那么无论是为了起码的公平,还是为了伟大的德意志民族的骄傲和声誉,都应该允许德国重建军队,把被1919年的《凡尔赛和约》减到小得可怜的军队发展到与西方强国相似的水平。不仅纳粹党人,而且许多其他德国人都觉得这个论点言之有理。

因为这个关键问题,筹备多年,1932年2月2日首次召开的日内瓦世界裁军会议为达成国际裁军协议所做的一切努力都尽付流水。当然,要想管理全球武器贸易,限制各国政府的军费开支,并劝说各国通过裁军来保证安全,需要解决许多困难的技术问题。但是,比技术问题大得多的障碍是,包括日本、苏联、意大利和德国在内的大国根本没有裁军的意愿。此外还要加上尤其使法国和英国煞费脑筋的另一个难题,即应该允许德国武装到什么水平?法国对两次遭到莱茵河彼岸德国的入侵记忆犹新,可以理解它为何将国家安全视为重中之重。任何稍微影响国家安全的裁军措施对法国来说都是不可接受的。另一方面,英国作为裁军理念的主要推手持有更加理想化的观点,认为全面裁军可以带来安全。法国人不为英国人的观点所动，也不可能改变自己的立场，因为英国不肯保证法国万一遭到德国攻击时一定会派兵驰援。

这两个西方强国在裁军政策上的根本性分歧给希特勒提供了天赐良机，使他得以指出，西方民主国家在世界裁军会议上大唱高调，但堂皇的言辞下隐藏着极大的不公平，因为它们强迫德国限制军备，却不肯将自己的军备降到与德国相同的水平，也不准德国重整军备，以达到其保证自己的安全所必需的水平。各国（包括部分小国）都寸步不让地坚持本国利益，决心要保证其实是不可能达到的安全，这击碎了任何达成普遍协议的希望。

1933年10月14日，希特勒不负德国军方领导层和外交部所望，宣布德国退出世界裁军会议和国联。那时，裁军会议已经沦为空谈的场所。希特勒敏锐地抓住这个大好的宣传时机，退出后马上举行了一次公投。公投的官方结果是，95%的选民支持希特勒的行动，这大大提升了希特勒在德国人民心中的威望。德国退出之后，裁军成为泡影，虽然世界裁军会议依然蹒跚前行，直至1934年6月才终于寿终正寝。希特勒胜利了，国联遭到重大打击。裁军毫无可能。欧洲做好了开始新一轮军备竞赛的准备。

1935年3月，希特勒感到已经羽翼丰满，于是宣布将德意志国防军（Wehrmacht）扩大到36个师（大约55万人），并重新实施普遍兵役制。希特勒还公开宣布德国拥有了空军，其规模已经相当于英国空军（显然是夸大其词）。这两个步骤都是对《凡尔赛和约》的公然违背。西方民主国家仅仅提出了抗议，然后就没了下文。不过，它们还是因希特勒此举感到了紧张，大量增加了军费开支。

德国重整军备的行动引起了英国、法国和意大利领导人的警惕。他们于1935年4月在意大利北部的斯特莱萨（Stresa）会晤，同意坚持1925年的《洛迦诺公约》。但仅仅两个月后，英国就将这块国际团结的遮羞布丢在一旁，同意了德国提议的关于限制舰队规模的英德双边海军协定。英国人希望，这项协定能够成为向着管理和削减德国军备这个大目标迈出的一步。事实证明那是白日做梦。海军协定等于是在巴黎和会棺材上敲的又一颗钉子，而且这一次居然有一个制定了战后安排的大国直接参与。德国欢欣鼓舞。法国看到英国自作主张，毫无必要地给希特勒抬轿子，则非常不以为然。

德国摆脱了国际上的孤立处境，力量也大为增强。战后的欧洲秩序明显开始坍塌。在这种情况下，各国为了加强自身安全纷纷寻求建立新的同盟。除了在希特勒上台后不久即与德国签署了一项政教协定（Concordat）的梵蒂冈，波兰是第一个与中欧这个醒来的巨人寻求新谅解基础的国家。1934年1月，希特勒同意和东邻波兰签订一项互不侵略的10年协定。德国和波兰关系的稳定符合两国的共同利益。波兰获得了西部边界的安全。德国则在纳粹主义激烈反对布尔什维克主义导致德苏关系急剧恶化之际，消除了东面起火的可能性。

30年代早期，苏联基本上忙于应付内乱。但是，希特勒在德国掌权后，苏联领导人深切意识到自己面临的危险，认为需要与西方民主国家合作，在欧洲建立集体安全制度。苏联在1933年与英国、法国和美国建立了外交关系，1934年9月又加入了它原来斥之为"帝国主义阴谋"的国联。苏联也需要缔结新的同盟。于是，苏联于1935年与法国签订了互助条约，又与已经和法国结成防卫联盟的捷克斯洛伐克签订了互助条约。然而，这些新条约不仅没能威慑希特勒，反而坚定了他挣脱一切束缚的决心。

事实上，破坏国际秩序给予了国联致命一击，为意大利和德国拉近关系铺平了道路的事件不是发生在欧洲的中心，而是在非常靠南的地方。1935年10月3日，意大利入侵了阿比西尼亚（Abyssinia，后来通常称为埃塞俄比亚）。这是以现代手法推行的老式帝国主义。墨索里尼坚决鼓吹战争，在很大程度上是为了提高他自己的威信。战争的胜利将使意大利一雪1896年阿多瓦（Adowa）一役惨败于阿比西尼亚之耻。它将向西方大国表明，意大利已不复1919年时的孱弱；当年，尽管意大利属于第一次世界大战的战胜方，却被剥夺了许多意大利人认为自己国家对非洲殖民地"应得的"一份。在英国和法国的殖民势头趋弱之时，意大利要通过军事征服来昭示自己是蒸蒸日上的帝国主义强国。另一个重要原因是，阿比西尼亚将成为意大利建立现代罗马帝国大业的一个台阶，而现代罗马帝国的基础就是意大利对地中海、亚得里亚海与达尔马提亚、希腊与爱琴海，以及北非与东非的统治。

那场战争野蛮而又残酷。意大利使用轰炸机大肆投掷毒气弹来恐吓老百姓，但是，阿比西尼亚顶住敌人的巨大优势，坚持了好几个月。1936年5月，意大利军队开进亚的斯亚贝巴，阿比西尼亚的皇帝海尔·塞拉西（Haile Selassie）出国逃亡，战争方告结束。意大利又花了7个月的时间，在付出了巨大代价后，才宣布阿比西尼亚"实现了平靖"。意大利国王被宣布为皇帝。墨索里尼沉浸在意大利民众的一片赞颂声中，他的民望达到了他一生中空前绝后的最高点。他在国内是名副其实的众望所归。

在国际上，阿比西尼亚战争敲响了国联作为促进欧洲和平与安全的国际机构的丧钟。国联对意大利实施了经济制裁，但制裁范围极为有限，比如，禁止对意大利出口鹅肝酱，却不禁止钢铁、煤炭和石油的出口。英国外交大臣塞缪尔·霍尔（Samuel Hoare）和法国外交部长皮埃尔·拉瓦尔（Pierre Laval）想和意大利做交易，同意把阿比西尼亚约 2/3 的土地划给意大利，等于是奖赏墨索里尼的侵略。消息泄露，立即引起轩然大波，英国民众的反应尤为强烈。国联的一个成员国无端遭到另一个成员国的侵略，而两个最重要的国联成员国居然同意把被侵略的国家肢解瓜分。

此事使英国和法国之间的关系一度趋于紧张，但它对国联的地位造成的破坏要大得多。欧洲小国把国联的软弱看在眼里，开始重新考虑自己对它的支持，并寻找其他保证安全的途径。瑞士重申中立，虽然它实际上希望靠意大利来抗衡法国和德国的影响。波兰、罗马尼亚和南斯拉夫不再相信法国是可靠的盟友。斯堪的纳维亚国家与西班牙、瑞士及荷兰一样，看到国联的主要成员国居然奖赏侵略者，放任其攫取领土，因而认为继续支持制裁制度不再有任何意义。意大利入侵阿比西尼亚后，国联变成了高唱理想高调，实际毫无用处的机构。作为维护和保障欧洲和平的工具，国联已死。诡异的是，它在"裁军"议题下的最后一份报告发表于 1940 年 6 月德军横扫法国之际。

阿比西尼亚战争的主要得益者是德国。在那之前，墨索里尼对希特勒的态度非常冷淡。他和西方国家一样，对德国的扩张主义企图，尤其是德国对奥地利的虎视眈眈心存警惕。1934 年，奥地利总理恩格尔伯特·陶尔斐斯遭到暗杀后，墨索里尼甚至把意大利军队调到阿尔卑斯山的布伦纳山口（Brenner Pass）以警告希特勒不得轻举妄动。1935 年 4 月，墨索里尼还与西方民主国家结为"斯特莱萨阵线"，旨在遏制德国向西扩张，特别要阻拦它染指奥地利。但是，在阿比西尼亚战争期间，意大利陷于孤立，受到制裁，战场上也并非一帆风顺。希特勒的德国对那场战争保持了中立，没有支持国联。墨索里尼需要朋友，希特勒也是一样。1936年1月，墨索里尼改了口风。他发出信号，表示他认为斯特莱萨阵线已成过去，他不会反对奥地利落入德国的势力范围，并说一旦巴黎批准法国和苏联的互助条约，如果希特勒做出反应，他不会支持法国和英国。希特勒马上注意到了墨索里尼的表态。这说明他可以考虑早些动手实现莱茵兰的再军事化，那是加强德国西部防御的关键一步，对重整军备十分重要，但那将公然违反保证了西欧战后安排的1925年《洛迦诺公约》。

洛迦诺会议认可的战后解决方案把莱茵河右岸宽达50公里的德国领土定为非军事区，任何维护民族利益的德国政府早晚都会要求取消这条规定。不仅极端民族主义者，大多数德国人都认为，这条规定是对德国主权不可容忍的限制，也是战胜国1919年所做裁决的一大污点。若是进行耐心的外交谈判，很可能两年内即可结束莱茵兰的非军事化。希特勒也打算在1937年实现此一目标。但是，耐心的外交不是他中意的方法。他认为，采取惊天一击才会大大提升自己的国内威信和国际地位。法苏互助条约得到批准使他得到了行动的借口。西方民主国家在阿比西尼亚问题上步调不一，国联信誉丧失，再加上墨索里尼开绿灯，这些都为他提供了机会。希特勒必须抓住时机。他虽然在最后关头有过踌躇，但并未犹豫多久。1936年3月7日，2.2万德军开赴非军事区。集结的3万德军中只有3,000人在警察部队的护卫下深入莱茵兰。没有发生军事对抗。正如希特勒所料，西方民主国家事后提出了抗议，但除此之外并无举动。希特勒毫发无伤地取得了到那时为止最大的胜利。

历史证明，那次是西方民主国家在不诉诸战争的情况下阻止希特勒的最后一次机会。它们为何没有采取行动呢？毕竟，德国只有一支小部队进入了莱茵兰，而且给他们的命令是，万一受到驻扎在那里的西欧最大规模军队的威胁，就立即撤退。如果法国通过展示军力阻止了德军的前进，那将是对希特勒的重击，会大大削弱他在德国军民心目中的威信。这会产生何种后果我们不得而知。如果希特勒 1936 年重新实现莱茵兰军事化的企图以不光彩的失败告终，他就很可能无力推行后来那些被军方重量级人物视为鲁莽危险的行动。然而，希特勒掌握了法国方面的情报，知道法国基本不会采取军事措施阻止德方的行动。希特勒动手之前，法国领导人就差不多排除了使用武力将德国军队驱出莱茵兰的可能。动员军队每天要花 3,000 万法郎，这在财政上和政治上都是无法承受的。即使事实上没有动员军队，巴黎也险些爆发金融恐慌。此外，法军无法立即投入行动，它需要 16 天的动员期。而且，法军只会为保卫法国的边界而战，不会为了莱茵河边的非军事区打仗。法国的公共舆论也反对军事还击。就连希望惩罚希特勒的人也觉得不值得为莱茵兰而战。

无论如何，法国都不愿意在没有英国支持的情况下采取行动。然而，英国不可能支持为了莱茵兰大动干戈。英国领导人很清楚（也明确告诉了法国人），英国不会因德国违反了《洛迦诺公约》而与之兵戎相见。英国的公共舆论肯定不会赞成这样的行动。阿比西尼亚危机后，英国民众的情绪与其说是反德，不如说是反法。英国老百姓完全不想和希特勒作对，因为许多人认为他不过是进了"自家的后院"。英国民众没有举行抗议示威，或要求制裁德国，这与他们对意大利人侵阿比西尼亚的反应形成了鲜明对比。

英国和法国没有采取任何实质性行动，只是试图掩盖彼此间关于今后行动的意见分歧；它们表示焦灼与担忧，寻求国联理事会的干预（好像希特勒会因此而害怕似的），最终敷衍地提出了几条外交解决莱茵兰问题的建议。对英法建议的外交举措，希特勒断然予以拒绝，因为他已经以他自己的方式解决了问题。时任英国外交大臣的安东尼·艾登（Anthony Eden）对议会下院说，他要寻求一个得到各方同意的和平解决方案。他声称："我们一贯追求的目标是实现欧洲的绥靖。"不久后，"绥靖"一词成了英国政府挥之不去的梦魇。

1936年3月底，希特勒安排了一场公民投票来为他在莱茵兰的行动背书。正如独裁者总是获得压倒性的票数一样，希特勒得到了99%的投票者支持。当然，公投的结果是政府操纵的，但是，绝大多数德国老百姓热情欢迎希特勒的行动，这一点毫无疑问，特别是当形势清楚地表明这不会导致战争之后。希特勒在国内的威望空前高涨，这加强了他相对于德国传统精英的优势。希特勒的大胆产生了回报，传统精英的怀疑却被事实证明是多虑。军方尤其对希特勒进一步归心。希特勒的独夫之心日益骄固。他认为自己永远正确，对在德军开入莱茵兰之前那些紧张日子里犹豫摇摆的人，他满心鄙夷。

现在，德国的军力无疑已成为欧洲力量格局中最为突出的因素。仅仅4年前，德国还虚弱无力，西方大国甚至同意免除它的战争赔款；抚今追昔，事态的转变实在令人震惊。莱茵兰的再军事化给了《凡尔赛和约》和《洛迦诺公约》致命的一击，消灭了在法德边界上实现持久和平的最后希望。西方民主国家和希特勒的德国发生对抗的可能性突然加大。此前3年内，希特勒多次主动出击，西方强国却犹豫不决，

第六章　危险地带　　277

凸显了它们的软弱与动摇。

在英法两国仍企图靠外交手段对付不守规矩的国家同时，德国和意大利的独裁者越走越近。1936年初，德意两国的关系仍算不上友好，但当年秋天，它们就建立了同盟。11月1日，墨索里尼宣布罗马-柏林轴心形成。墨索里尼开始从大独裁者变为只能当陪衬的合作伙伴，虽然他本人尚懵然不知。这两个易变难测的人掌握着各自国家中几乎绝对的权力，他们统治的德意两国一意扩张，对欧洲和平构成了日益增大的威胁。7月，失去了意大利这个后盾的奥地利无奈同意了德国的要求，德国对奥地利的影响因而大大增加。在德意轴心正式确立之前，它们两国就联手在西班牙采取了行动。希特勒和墨索里尼都决定在军事上支持弗朗西斯科·佛朗哥将军领导的民族主义叛乱。

使这两个独裁者走到一起的一个重要因素是他们都反对布尔什维克主义。希特勒显然是主推者。墨索里尼反对布尔什维克主义，主要是为了国内宣传，苏联对他在战略上并不重要。希特勒对布尔什维克主义的反对更加激烈。在他心中，犹太人和布尔什维克主义天生是连在一起的，自从20世纪20年代以来他一直对此念念不忘。不过，他掌权后确定外交政策时，苏联顶多只是次级的考虑因素。1936年，情况发生了变化。那一年，与意识形态上的大敌摊牌这个希特勒从未忘怀的念头开始定形。他越来越警惕布尔什维克的威胁。希特勒认为，共产党在法国和西班牙占据了主导地位，这对德国是实实在在的危险。他非常清楚苏联的工业化在大踏步前进，也知道苏联在计划大肆强军。在他看来，时间不在德国一边。他认为欧洲分裂成了两个不可调和的阵营。今后几年内的某个时候，必须对布尔什维克的威胁予以迎头痛击，否则将为时太晚。

1936年8月底，希特勒写了一份长篇备忘录，指出了今后4年德国经济发展的方向，制定了旨在为迅速加快军备建设而尽量增加国内生产的纲领。这份备忘录出台前的几个月间，德国国内的经济压力日益加重。粮食进口暂时超过了军备建设所需的原材料的进口。一些著名人士纷纷要求政府削减军备开支，调整经济走向。德国何去何从到了决定性的时刻。

希特勒做出了决定。他选择了大炮，而不是黄油。他这样做是出于政治考虑，不是经济考虑。他那份关于"四年计划"的备忘录开宗明义地指出，布尔什维克主义将成为新的世界性冲突的中心。他宣称，与苏联摊牌不可避免，尽管无法确知它何时到来。备忘录的结尾处提出了两项任务："第一，德国军队必须在4年内达到能战的水平；第二，德国经济必须在4年内达到战时状态。"这并非开战的时间表，但是，从此时起，德国已无法脱离前行的轨道。除非推翻希特勒，否则不可能回到以国际贸易为基础的和平时代经济中去。希特勒选择尽快实现经济自给自足，秣马厉兵，准备战争。目标已经确定。通往战争之路已经铺好。欧洲的命运落到了独裁者手中。

欧洲主要意识形态

保守政权

20世纪30年代是独裁者的十年。有些独裁政权20年代就建立了起来。还有些独裁政权产生于40年代的外国占领。但是，30年代是独裁者特别得势的十年。到1939年，生活在独裁统治下的欧洲人口超过了民主国家的人口。

第六章 危险地带 279

所有独裁政权都有如下的共性：消除（或严重限制）多元的政治代表制，限制（或废除）个人自由，控制大众媒体，终止（或严格限制）司法独立，以及扩大警察权力来粗暴镇压政治异见者。所有独裁政权也都采用某种形式的伪代表制度，都声称自己代表"国家"或"人民"，体现人民的主权，服务于国家的利益。它们通常都保留了某种形式的国民大会或议会，尽管这类机构都受到各种滥用、操纵或控制。然而，实权无一例外地掌握在"强人"手中，而强人的权威靠的是军方和安全部队的支持。在所有独裁政权中，军方的作用都是决定性的。独裁国家的军方全部奉行民族主义的保守意识形态，一律激烈反对社会主义。多数独裁政权以平定内乱、恢复"秩序"、维持精英的现有权力为目标，并不构成国际威胁。

比如，爱沙尼亚总理，也是农民联合会的前领导人康斯坦丁·帕茨（Konstantin Päts）于1934年建立的专制政权宣布，它的目标是在当时政治剧烈动荡、议会骚动不稳的局势中维护国内安全。政府取缔了半法西斯性质的极右民粹运动"老兵联合会"（Vapsen），说它是加剧政治动乱的罪魁祸首。属于该组织的议员当选被宣布为无效，该组织的一些领导人被逮捕。政治示威遭到禁止，一些报纸被迫停刊。接下来，帕茨解散了议会。此后，政府禁止反对派活动，并通过国家宣传机器来推动国家团结。但是，政府没有进行大规模政治迫害，没有建立集中营，没有限制艺术与文学（只要它们不"煽动叛乱"），甚至对司法都没有施加多少干预。帕茨把他的政府称为"指导下的民主"。它明显不是民主，但它最多是不活跃的独裁。除了早期的一些镇压活动，它与当时的多数专制政权相比甚至是比较自由开明的。

波兰的专制也是比较温和的一种（至少初期如此）。1926年5月毕苏斯基元帅发动政变后，民主的外在形式得到了保留。议会、多元政党和工会都继续存在，新闻也仍然相对自由。然而，国家的行政权力大为增加。"强人"毕苏斯基本人正式的职位是作战部长，但他实际控制着政府。1930年，5,000多名政治反对派被逮捕，其中一些比较重要的人物在监狱里遭到残酷虐待。除了这个突出的例外，当时的政治镇压并不普遍。1933年3月，波兰深陷经济危机之时，议会赋予了政府靠法令治国的权力。毕苏斯基所依靠的真正权力掌握在军方手中。政府主要部门的首脑都是忠于毕苏斯基的人，人们称他们为"上校"。镇压加紧了。1934年，根据一纸总统令，在贝雷扎-卡尔图斯卡（Bereza Kartuska）建起了集中营，无须法庭判决即可将人监禁3个月（到期后还可以再延长3个月）。1934年7月被关入集中营的第一批人是波兰法西斯分子。然而，1939年以前，集中营的大部分在押者都是共产党人。"二战"前共有3,000人左右被送进集中营。十几个人死在了里面，这固然十分恶劣，但比起许多其他专制政权的受害者来，人数还算是少的。1935年4月通过的新宪法更巩固了波兰国家的专制特点，宪法赋予作为国家元首的总统广泛的权力，大大削弱了议会独立的基础。

不久后，毕苏斯基于5月去世，但形势并未发生根本性的变化。国家仍然派别林立、政治分裂，纳粹德国又在一旁虎视眈眈。在这种情况下，一个名为"民族统一阵营"的亲政府大型组织于1937年成立起来，开始卖力地为30年代晚期波兰政治中的重磅人物、人称"民族领袖"的爱德华·希米格维-雷兹（Edward Śmigły-Rydz）将军争取支持。波兰的民族主义倾向更趋激烈，反犹情绪更加狂暴，对少数族裔排挤日甚。不过，意识形态仍然仅限于实现民族统一这个模糊的目标，而且波兰没有像样的法西斯运动。它的专制独裁形式是最平和的一种。政府从未想过要大规模动员民众，只求控制社会，没有改变社会的雄心壮志。对政府来说，只要能保持秩序，维护一直统治着波兰社会的保守精英的利益，即于愿足矣。

大多数专制独裁国家在动员群众方面都成就有限。在希腊，呆板乏味的扬尼斯·迈塔克萨斯将军没有群众组织可供利用。他于1936年4月掌权之前，在希腊仅有4%的支持率，然而，1935年复位的乔治二世国王给他撑腰，军方也支持他。当时的政局乱作一团，权力斗争激烈，议会内部僵持不下，迈塔克萨斯遂得以于1936年8月成立独裁政权。他宣称要建立一个没有党派之争的政府，拯救希腊使其不致落入共产党手中。他解散议会，废除宪法，宣布军管，镇压政党和反对派组织，并剥夺了人民的政治自由。军队和警察力量得到加强。几千人被投入集中营遭到残酷虐待。迈塔克萨斯试图效仿法西斯主义的方法，建立了法西斯式的国家青年组织，还精心安排歌颂领袖的大游行。但是，迈塔克萨斯掌权之前，法西斯主义对希腊几乎没有影响，他（显然是为了建立他自己的权力基础）按照意大利法西斯的办法动员群众的努力并不成功。他也没有任何近似连贯一致的意识形态思想。迈塔克萨斯在权位上一直坐到他1941年去世，但是他全靠国王和军队的支持。他的独裁是镇压性专制政权的又一个变种，对社会进行限制、管控，却不动员民众，而且缺乏意识形态的驱动。

两次大战之间的其他独裁政权大多有共性也有特性。在匈牙利，霍尔蒂·米克洛什的专制政权在30年代期间受德国的影响越来越大，它保留了多元政治制度的形式，但实际上日益依赖军队和大地主，而不是动员起来的大众。法西斯主义的群众政党被视为对政权的威胁，而非可依靠的基础。萨拉希·费伦茨被监禁,他领导的运动(民族意志党,后来的匈牙利国家社会党)一度遭到取缔,后来才恢复活动,于1939年3月重组为箭十字党,并在同年5月的选举中获得了1/4的选票。即使如此,尽管法西斯主义的影响日增,霍尔蒂政权自身的民族主义倾向也日趋极端,反犹色彩越来越严重,但它在本质上仍然以维持现状为主旨,是保守政权,而不是革命政权。

　　欧洲的另一边,安东尼奥·萨拉查统治下的葡萄牙也许是全欧洲独裁政权中最不活跃的一个。他在1933年成立的"新国家"(Estado Novo)以社团主义的宪法为基础,体现了保守的天主教价值观。这些价值观,加上维持葡萄牙的海外殖民地,基本上就是该政权用来团结各方的意识形态的全部。政府限制公民权,实施新闻审查,禁止罢工和关厂,还使用通常的镇压手段,包括设立政治警察和特别法庭,搞大批判,鼓励人们互相揭发。葡萄牙有一个由国家组建的政党"国民联盟",有一个青年组织,还有一个(采用法西斯式敬礼的)准军事组织,这些为政府提供了群众基础。然而,萨拉查并不想依赖法西斯式的群众运动。事实上,他对国家辛迪加主义者,即法西斯"蓝衫党",进行了镇压。他是所有的独裁者中最乏味的一个,不想搞小集团,也拒绝强硬的军国主义和帝国扩张主义。他奉行的保守专制主义与欧洲活跃的专制政权形成了最鲜明的对比。

活跃的专制:意识形态与群众动员

　　当时即可清楚地看到,有三个国家与众不同,它们是:苏联、意大利和德国。到20世纪30年代中期,它们之间意识形态的对抗明显加剧,一方是苏联布尔什维克主义,另一方是意大利法西斯主义和德国国家社会主义。西方民主国家的领导人认识到，这一对抗已经把欧洲拉入了危险地带。欧洲爆发战争的黄灯警示已经亮起。普通的专制政权无一威胁到欧洲和平。但是这三个非常规的活跃国家，尤其是斯大林的苏联和希特勒的德国，引起了西方民主国家日益加重的担忧。许多保守右派害怕共产主义甚于害怕法西斯主义或纳粹主义，自20年代起把这三个政权划为一类，称之为"极权"统治，以有别于"专制"统治。另一方面，不仅共产党人，大多数左派都认为，将苏联共产主义与意大利和德国的政权归为一类是大错特错，德意同属邪恶的法西斯主义，不过是不同的变种而已。

无可否认，这三个国家虽然在意识形态上大相径庭，但是在统治方法上却有着显著的相似之处，包括对社会的严格控制、对反对派和少数派的恐吓、对领袖的个人崇拜、一党制，以及不遗余力地动员群众。如果革命一词指的是为了实现根本改变社会这一乌托邦目标发动的大规模政治行动，那么可以说它们都是革命的政权。它们都在原则上要求个人的"完全投入"（实践中则有所不同）。在控制民众方面，它们不满足于仅靠压服的手段，而是想用一种特殊的意识形态来动员民众，把他们"教育"成全身心投入的坚定信徒。因此，它们都是与"普通"专制迥然有别的活跃国家，但它们在实践中彼此有多相似呢？

斯大林主义：理想主义、高压和惧怕

到30年代中期，布尔什维克的统治制度变成了斯大林主义。苏联建国之初实行的是集体领导，但自从1924年列宁去世后，集体领导制便消失于无形。新经济政策实施的最后阶段以及1928年开始实施第一个五年计划之时，苏联发生了激烈的派别斗争，产生了一个明确的赢家。

1936年，苏联颁布了新宪法（取代了1924年的第一部宪法）。斯大林称其为"世界上所有宪法中最民主的一部"。新宪法规定了普遍投票权、公民权利、思想自由、新闻自由、宗教自由、结社自由和就业保障，这一切都是"为了工人的利益，为了加强社会主义制度"。事实上，此时苏联政权的维持高度依靠人们的恐惧、屈从和追求名利的野心，就连列宁的新经济政策时期那有限的自由也荡然无存。苏联公民实际上处于国家无限的任意权力之下。这主要是由于大力强推飞速工业化和现代化所造成的，也是由于对爆发战争的担忧日益加大。另一个不可小觑的原因是作为统治者的斯大林本人那极端专横、残暴无情、顽固偏执的个性。

1928年到1932年实施的第一个五年计划里，最中心的内容是对农业集体化，斯大林称其为自上而下的革命。1932年底，政府宣布五年计划胜利完成。即使统计数据有水分，取得的成就也的确很大。但是，推行五年计划时采取了高压强制的手段，非常不得人心，特别是在农民中间。占苏联辽阔国土大部分的农村因之陷入了贫困。但城镇居民也怨声载道：粮食短缺，住房紧张，价格上涨。各阶层的人都感到不满，党员以及党和国家的领导干部尤其如此。许多布尔什维克领导人是列宁时代的老干部，对斯大林的所作所为并非一律赞成。他们中间的许多人还记得列宁在世时的那个斯大林，说他不过是伟大的列宁的一个助手，而且还不是最受列宁赏识或最能干的。这使得斯大林如芒在背。

然而，那个时候人们怀抱的，不只有对现状的不满和反对，也有理想主义和献身精神。宏大的快速工业化方案动员起了苏联各地的几百万人。无数共产党员和共青团员（他们是将要成为党的积极分子的年轻共产主义者，而意大利和德国的青年运动此时仍是精英团体，到30年代晚期才变成群众组织）不知疲倦地传播社会主义的理想。当然，万众一心努力建造未来天堂的形象，对于每天在焦虑、物资匮乏和当局的压迫之中苦苦挣扎的大多数苏联人民来说，并不能带来安慰或补偿。然而即使如此，政府仍不乏热情的拥护者。年轻的城市工人、知识分子和（将社会主义视为通向摆脱歧视与迫害之路，从欧洲各地纷纷涌来的）犹太人特别容易为创造美丽新世界的理想所吸引。大坝、发电站、莫斯科地铁，还有乌拉尔的马格尼托哥尔斯克新城这样的巨型建筑工程被视为辉煌的标志，显示着正在发生的天翻地覆的变化，表明了苏联社会的巨大进步。参与建设新的理想社会事业所激发的理想主义情怀绝不是虚无缥缈的幻觉。

除了对建设新社会的参与感以外，还有眼下实实在在的物质利益，而不只有关于遥远未来的许诺。执行工业化方案动员起了庞大的人力，需要大批积极分子。这些人有进身的前景，有提高生活水平的机会，特别是在推动制度有效运作的过程中掌握着相当大的权力。1934到1939年间，50万人被发展入党，其中大多数文化程度不高，经验不足。大批新党员成为低级行政官员，他们很享受自己因此而得到的地位与特权，也喜欢权力的滋味。工厂不仅需要工人，还需要监工、工头和经理。（20世纪30年代，近3,000万名农民从农村涌入城镇。）低级行政人员若想飞黄腾达，就必须对政府的要求亦步亦趋。为了国家的事业，各级干部都残酷无情。专横的管理人员常常视下属为草芥，因为他们知道，只要能达到生产定额，粗暴的管理方法不仅不会受到申斥，反而会得到表扬。达到生产目标就升迁有望；一旦失败（无论对失败的确定是如何任意专断），后果则不堪设想。这是苏联制度的核心，它依靠几百万个"小斯大林"在基层执行国家的意志。然而，这种统治是单行道：上面发号施令，下面负责执行。

总书记斯大林控制着党的机器，造成指挥权高度集中。行使权力的一切杠杆和组织都掌握在斯大林手中。苏联的官僚机构十分强大，中央事无巨细，无所不管。随着斯大林专断倾向的加剧，国家的官僚机构日益受到他心血来潮的左右，但是，这种非官僚的干预并未阻止官僚机构规模不断扩大。斯大林甚至会因为一点儿小事亲自发电报做出指示。比如，他会命令位于国家另一头的某个党或国家机关的干部给某个建筑工地送去急需的铁钉。在苏联，党指挥国家，斯大林指挥党。事实上，斯大林的专制完全推翻了苏共领导层集体领导的机构框架。

30年代期间，苏共只开过两次代表大会，一次在1934年，一次在1939年。党的中央委员会表面上是党的最高机构，但30年代中期实际已沦为斯大林手中随心所欲的工具。在列宁时代，党的决策机构政治局每周都要开会，到了30年代，开会的次数越来越少。政治局的成员一度多达15人以上，后来减到几个斯大林的坚定盟友，其中最重要的是忠心耿耿的维亚切斯拉夫·莫洛托夫（Vyacheslav Molotov，他担任苏联人民委员会的主席，相当于总理）。那些人对斯大林唯命是从，既因为他们无时无刻不为自己的安全而担心，也因为权力的引诱和实惠。他们在传达和执行斯大林各方面命令的过程中起着重要作用。他们的会议经常是非正式的，有时在斯大林的乡间别墅，有时在斯大林的黑海度假屋。他们在决策中的作用仅仅是形式上的，从来没有表决。经常是莫洛托夫向斯大林提出建议,斯大林对其加以改动后即成为决定,随即下达到党的各机关,甚至发给本应是独立的国家机构——苏联人民委员会(Sovnarkom)。

在基层,斯大林模式导致了党员干部的大换血。原来的干部下台,大批新党员上岗。斯大林"自上而下的革命"造成的剧变给新党员提供了机会,这又转而促使他们顺从地接受斯大林的绝对权威。自30年代初开始,对斯大林的英雄崇拜大大提升了他的权威。

建立对斯大林的个人崇拜需要煞费苦心,不光是因为斯大林并非仪表堂堂(他身躯矮胖,唇髭浓厚,还得过天花),也不仅仅是因为他行为诡秘,不事张扬,声音低沉,语调死板,一辈子都没能改掉他讲俄语时浓重的格鲁吉亚口音,真正的问题是列宁的巨大影响。斯大林不希望被人认为他企图取代列宁这位伟大的布尔什维克英雄和革命领袖的传奇地位。所以,他起初时小心翼翼。1929年12月他过50岁生日时有人公开为他唱赞歌,这是对他的个人崇拜的开始。斯大林做出谦虚的样子,公开反对将自己与列宁相提并论,也表示不赞成对他个人表忠心的种种言辞。但实际上他默许对他的赞颂,包括夸大他在俄国革命中的作用(事实上他的作用相当小),他先是被捧到与列宁平起平坐的地位,后来更是被称为宇内第一。

无数溜须拍马、趋炎附势的小人蜂拥而上,以各种方式为"人民领袖"的英雄形象增添光彩。到1933年,莫斯科市中心斯大林的胸像和画像比列宁的多了一倍以上。此时,在马克思主义哲学方面从来造诣不深的斯大林已经被吹捧为最伟大的马克思主义理论家,他著作的印刷册数远远超过马克思和恩格斯,甚至多于列宁的著作。1935年,斯大林身着他常穿的那种式样呆板、色调暗淡的服装(比较罕见地)

出现在莫斯科的一次集会上时，2,000多名与会代表震耳欲聋的掌声持续了整整15分钟。当掌声终于平息下去后，一位妇女高声喊道"光荣属于斯大林"，再次引起了热烈的掌声。

当然，对斯大林的个人崇拜大多是靠杜撰，但是，它在民众中也的确产生了反响。无数苏联老百姓对斯大林充满敬仰。据说斯大林自己在1934年曾说俄国人民需要一个沙皇。对许多苏联公民，尤其是居住在仍然执着于信仰和仪式的乡村地区的农民来说，想到受民众拥戴的"沙皇父亲"时，他们脑海中浮现的形象是严肃的家长，是保证秩序及秩序所带来福祉的人。这无疑是对斯大林个人崇拜的重要组成部分。坚强果敢的领导力正是经历了多年内乱的苏联人民翘首以盼的素质。虽然苏联号称无神论社会，但是在1937年的人口普查中，57%的苏联公民仍自称有宗教信仰（后来这个结果没有公布）。深深植根于民众宗教信仰中的传统促成了对斯大林的个人崇拜中类似圣礼的内容，使斯大林被奉为先知和救世主。

个人崇拜无疑为斯大林奠定了获得民众真心拥护的基础，虽然对此无法量化估算。在巩固斯大林的领导地位方面，个人崇拜功不可没。但还有另一个重要得多的因素——恐惧。斯大林个人统治最主要的依靠，是他一手掌握所有下属的生杀大权，下属战战兢兢，如履薄冰。不安全感遍及苏联社会。1937—1938年间可怕的"大清洗"更进一步加深了这种不安全感。

第一个五年计划实施期间，国家实施的暴力已经十分严重，大批人遭到逮捕。到1933年，还有100多万"反苏维埃分子"被关押在集中营和监狱之中。地方一级对经济变革的飞速步伐有抵触，这使得斯大林极为不快，结果有85万党员在1933年被清除出党。最高领导层内部也有矛盾。一些党的领导人想减轻对经济的压力。有迹象表明，斯大林不再能得到党的最高领导层毫无保留的支持。有些人寄希望于颇有威望的列宁格勒州委书记、政治局委员谢尔盖·基洛夫（Sergei Kirov）。可是，1934年12月，基洛夫在列宁格勒的办公室内被射杀了。

年轻的刺客列昂尼德·尼古拉耶夫（Leonid Nikolaev）曾与格里戈里·季诺维也夫有过关系。斯大林没有忘记，季诺维也夫以前曾经反对他，支持现在被妖魔化为最大敌人的托洛茨基。事实上，因为基洛夫生前和尼古拉耶夫的妻子眉来眼去，所以尼古拉耶夫打死基洛夫很可能是出于个人原因，没有政治动机。但是，斯大林认定此事是政治阴谋。刺客经过草草审讯后就被枪毙。无论人们有何种疑问，都从未能够证明斯大林与基洛夫的被刺有任何关系。但是，斯大林很快将基洛夫之死为己所用。他赋予内务人民委员部（NKVD）任意逮捕、审判和处决的权力。季诺维也夫和同样支持过托洛茨基的列夫·加米涅夫被判处长期徒刑。列宁格勒有3万多名真正的或被指认的反对人士被流放到西伯利亚或其他边远地区。接下来的5个月内，近30万党员遭到清洗。斯大林若是在基洛夫被杀后不久读了警察的报告，他的恐惧偏执还会进一步加剧。当时坊间流传着这样一句话："他们杀了基洛夫。我们会杀了斯大林。"此外还有其他要除掉斯大林的说法。

斯大林的疑神疑鬼至此发展到无以复加的地步。1936年，内务人民委员部向他报告说，人在国外的托洛茨基与季诺维也夫、加米涅夫以及斯大林的又一个老对手尼古拉·布哈林的支持者保持着联系。于是，斯大林下令把季诺维也夫和加米涅夫带出监狱，在公审大会上重新审判，罪名是从事包括暗杀在内的"恐怖主义活动"，并指控说，基洛夫被杀后，他们暗杀名单上的下一个人就是斯大林。季诺维也夫和加米涅夫被判处死刑，1936年8月被枪决。在布尔什维克早期领导人和中央委员当中，他们是第一批遭清洗的，但远非最后一批。1938年，布哈林也被公审，随后遭到处决。至此，中央委员会的委员人人自危，这不是没有原因的：中央委员会的139名委员中有110名被定为"不可靠分子"而遭逮捕，一般下一步就是枪决或者发配到古拉格*去受苦。几乎所有苏联加盟共和国的党政领导人中都有人被捕。1934年党代会的1,966位代表中有1,108人被抓。苏联共产党这个独立的权力基础正在被摧毁。大批管理人员、科学家和工程师成为被清洗的对象，这也是苏联的经济增长在1937年后戛然而止的原因之一。

清洗一旦开动，就产生了自动向前的惯性。1937年，内务人民委员部向政治局提出了逮捕25万人的目标，准备枪决7万余人，剩下的判处在监狱或劳改营长期服刑。到1938年底清洗结束时（可能是因为它造成的巨大破坏影响了工业生产），内务人民委员部远远超过了它为自己制定的目标。被逮捕的人数接近150万，近70万人被枪决。就连自1936年起担任内务人民委员，绰号"铁刺猬"的"大清洗"总执行者尼古拉·叶若夫（Nikolai Yezhov），也在1939年锒铛入狱，次年被处决。1939年，监狱及劳改营中的囚犯和被流放至蛮荒之地的人加起来有近300万。他们的境遇可说是生不如死，无数人饿死、累死，或被任意处决。

斯大林其人冷酷而睚眦必报。（就连他的鹦鹉都遭到了清洗；只是因为那只鹦鹉老是学他粗鲁的吐痰声音把他惹烦了，他就用烟斗猛敲鹦鹉的头将其打死。）他经常疑神疑鬼，但空穴来风，未必无因，有

---

* 古拉格，即劳改营。——译者注

些事情的确使斯大林有理由相信自己的安全堪虞。20世纪30年代苏联发生的骇人听闻的事件也不单是斯大林偏执心态的极端表现。在社会的各个层面，几百万野心勃勃的干部和恭顺奴性的公民参与了高压政策的执行。有人受害，但同时也有人得益。得益的是为政权服务的人。无疑，在政府的宣传蛊惑下，很多人相信苏联国内潜伏着各种"破坏分子""颠覆分子""民族主义分子""富农"，以及间谍和奸细。因此，使用高压来消灭"敌对分子"受到了许多人的欢迎，加强了他们对建设社会主义社会伟大事业的认同感，也巩固了他们对斯大林的信任。就连许多受迫害、受歧视的人也认同苏维埃的价值观，拼命想靠拢政府。

政府鼓励人民彼此揭发。任何稍微"偏离正统"的言论都可能招致可怕的夜半敲门。1937年11月，列宁格勒的一名妇女在日记中写道："每天早上我一醒来，脑子里自动出现的念头就是：感谢上帝我昨夜没被逮捕。……他们白天不抓人，但今夜会出什么事情谁也不知道。"另一位住在列宁格勒的工人夜里睡不着觉，竖着耳朵听有没有令他胆战心惊的汽车引擎声。他的儿子记得，每当有汽车驶近，他就说："他们来抓我了！""他坚信他会因为自己说过的话而遭到逮捕——有时他在家里会咒骂布尔什维克。"警察的到来令人胆寒。奥西普·皮亚特尼特斯基（Osip Piatnitsky）是老布尔什维克党员，曾深受列宁的信任，他的儿子回忆父亲被捕的情形时说："突然，好几辆车开进了院子。身穿制服和便衣的人跳下车，向楼梯口走来……那个年代，许多人料定自己会被逮捕，只是不知道什么时候轮到自己。"由于害怕被揭发，人人三缄其口。1937年，一个人在日记中写道："人们都关起门来秘密地私下交谈。只有醉汉才公开发表意见。"

揭发别人不一定是出于政治原因。揭发者能获得晋升或直接得到物质奖励。揭发还为报私仇提供了天赐良机；与邻居的冲突、和同事的争执、亲密关系的决裂，这些都成了揭发的动机。向警察打小报告的告密者足以组成一支大军，其中有人是受了金钱的诱惑，有人是被讹诈，不得不与警察合作，但很多人是自愿的。被揭发的人必然倒霉，有的是遭到监禁、流放，有的被送去劳改营，还有的甚至被处决。监狱中的囚犯来自各行各业，许多人根本不知道自己犯了什么"罪"。1937—1938年间，从社会最底层的农民到中央委员会的委员，没有一个人能安然无忧。事实上，党的精英尤其不安全。就连热情支持斯大林的人也不能肯定自家的门不会在哪一天深夜被擂响。

斯大林实施的"大清洗"令人发指，这也许是因为他对苏联面临的巨大危险日益感到焦虑。他觉得苏联到处都潜伏着"法西斯间谍和敌人"，他们组成了庞大的"第五纵队"，于是，他想尽一切办法，不遗余力地争取在战争到来之前消灭内部的一切反对势力。苏联边界地区的少数族裔遭到大规模驱逐，很多人被处决。苏联西部的波兰人（还有许多被认为可疑的白俄罗斯人和乌克兰人）受害尤其严重。斯大林害怕波兰会和希特勒的德国联手攻击苏联，于是在1937年8月下令抓捕了14万波兰裔苏联公民。接下来的几个月间，他们或是被枪杀，或是被送到劳改营。

红军也未能幸免。希特勒的德国和日本在1936年11月签订了《反共产国际协定》（Anti-Comintern Pact），这意味着苏联将两面受敌。在这个时候，（人们可能会以为）斯大林最不希望的应该就是红军的强军努力受到干扰。然而，令人震惊的是，1937—1938年间，"大清洗"几乎摧毁了军队的高层指挥。曾不止一次冒犯过斯大林的出类拔萃的战略家米哈伊尔·图哈切夫斯基（Mihail Tukhachevsky）被逮捕后，被迫供认阴谋推翻苏联，之后遭到处决。共有 3 万多名军官被清洗，至少 2 万人被处决。军阶越高，被逮捕的可能性越大。对红军的"斩首"严重削弱了它的战斗力，在受斯大林赏识，却能力不够的克利门特·伏罗希洛夫（Kliment Voroshilov）的指挥下，苏联红军根本没有打大仗的能力。

为了补上这个令人担忧的缺口，苏联的国防开支在 30 年代末急剧增加，从 1934 年所占国家预算的 9.7%（略低于 54 亿卢布）到 1939 年的 25.6%（392 亿卢布）。随着军费开支的增加，原本在 1933—1937 年第二个五年计划期间有所改善的人民生活水平再次剧降。增加农产品上缴的配额、提高税赋、加大集体农庄的劳动强度等措施在农村极为不得人心。城市工人则因 1938 年实施的限制性劳工法而怨声载道。

斯大林的领导方式不得人心。不错，有许多坚定支持政府的个人、理想主义者和意识形态的狂热分子，但是，除了真正或假装崇拜斯大林的人和热情支持政府的人以外，很多人只是在高压下敢怒不敢言。没有发生过重大的动乱，也没有社会不安的迹象。据目前所知的信息，从来没有人企图杀害斯大林。许多人热爱他，但更多的人害怕他。高压起到了作用。斯大林政权最重要的特点就是高压。

墨索里尼的意大利："极权"之梦

1925 年 6 月，墨索里尼对法西斯运动"激烈的完全意志"大加赞誉。像他通常的言论一样，此乃夸大其词。墨索里尼清楚得很，无论"意志"多么"激烈"，多么"完全"，其本身都不可能成为统治的坚实基础。他赞美的"意志"在实践中主要表现为激进与暴行，这也许能打败反对者,却不可能有任何建树。尽管墨索里尼本能上是激进的,但是他精明地认识到,若想"夺取权力",除了肆意妄为的地痞流氓之外,他还需要其他力量的支持。他需要传统精英给他撑腰。他也认识到,坚实的权力基础必须是国家,不是政党。

墨索里尼要么是够聪明,要么是运气好。1925年2月,他在迎合法西斯运动中极端分子的同时,误打误撞地找到了一个对付地方法西斯党那些桀骜不驯的激进党魁的办法。他把省级党魁中最激进的罗伯托·法里纳奇(Roberto Farinacci)任命为法西斯党的总书记。法里纳奇凶恶残暴,但没有多少政治头脑。他清洗了一些最不听话的激进分子,帮了墨索里尼的忙。然而,他容许甚至直接鼓励公开的暴力,因而引发了反弹。于是,墨索里尼趁机在1926年撤了法里纳奇的职,撇清了自己和法西斯党那些不得人心行为的关系。后来的几年内,法西斯党在不那么激进,但更有行政能力的几届总书记的领导下迅速壮大(到1933年,它已经有了150多万党员,而意大利的全部人口才不过4,200万),但彻底丧失了"激烈的完全意志"。它逐渐失去了革命的锐气,变成了体制内的政党。

当然,党内有些人仍然怀有革命的雄心,最突出的是墨索里尼本人,还有一些地方党魁。他们确保了法西斯党不致落入普通专制主义的窠臼。然而,法西斯党实质上变成了负责宣传的工具、组织对墨索里尼膜拜的机构、进行社会控制的机器,以及维护国家权力的组织。墨索里尼的意大利与苏联政权截然不同,垄断政党(1928年后不允许任何其他政党存在)是国家的仆人,不是国家的主人。

"一切都在国家之内,不允许国家之外或反对国家的活动。"墨索里尼在1925年10月如是说。"一战"期间,各交战国都实行了国家对社会和经济的广泛控制，这使得许多人相信，只有通过国家对社会的完全控制才能维持国力，持这个观点的不只是意大利人。后来，自由主义政治制度在应对"一战"遗留下来的巨大问题时表现软弱，这更加强了这种观点的吸引力。自 1923 年起在法西斯政府内担任教育部长的乔万尼·秦梯利（Giovanni Gentile）是罗马的一位哲学教授，也是墨索里尼最为推重的理论家，他不谈法西斯运动的"完全意志"（totalitarian will），而是着重论述"极权国家"（totalitarian state）。在秦梯利看来，国家以外的任何东西都不重要。国家包括社会的方方面面，体现了全民族的意志。意大利法西斯主义在本质上是"完全"的，它涉及的"不仅是政治组织和政治倾向，而且是意大利民族的全部意志、思想和感情"。这个思想无论多么模糊不清，多么无法实现，在当时都十分新颖。

"极权国家"并非一蹴而就，而是在 20 年代晚期逐渐形成的。它不可避免地建立在镇压反对派的基础之上。政治反对派早在 1925 年就被击垮了。当时，反对派已经是噤若寒蝉，镇压他们无须费太大力气。政府只逮捕了约 100 人。多数反对派领导人都逃到了国外。同年，政府迅速控制了报刊，实施了严格的新闻审查。这些行动没有引起多少抗议，虽然保持了一定独立性的参议院曾在一段时间内努力维持了新闻法。1926 年，对墨索里尼 4 次暗杀未遂事件被用来煽动起秩序至上的狂热，反对党全部被禁，罢工和关厂也被禁止。后来的几年中，共产党尽管仍保存了地下组织，但到 1934 年仅剩约 200 名党员。1929 年，意大利政府通过与教廷签订《拉特兰条约》安抚了天主教会，所以可以放心，天主教会不会制造麻烦。这种新友好关系的一个表现是，教皇庇护十一世赞美墨索里尼是"上天"派来把国家从自由主义的虚妄教条之下解放出来的人。

虽然准军事组织黑衫军的暴力促成了意大利法西斯国家的成立，但要通过系统性的镇压来遏制潜在的反对力量，还得靠警察和司法机构，而两者均不在极端法西斯主义者或法西斯党员的掌握之中。过去的各种镇压形式没有彻底改变，只是进一步加深扩大。超乎司法控制之外的政治警察实现了集中领导，建起了大规模的间谍和线人网（许多人是自愿成为告密者的），开始对异见者进行严密监视。揭发行为非常普遍，通常都是匿名的。警察动辄抓人，经常是因为揭发出来的小小不言之事，甚至是莫须有的"罪行"。"颠覆分子"通常被判处长期徒刑，或流放到意大利南部的边远省份或海岛。共产党人是头号打击对象。[前共产党领导人安东尼奥·葛兰西（Antonio Gramsci）被判20年徒刑，服刑期间写出了《狱中札记》（Prison Notebooks），其中包含了关于马克思主义的极重要的理论思考，他最后死在狱中。]对墨索里尼或王室成员的攻击可被判处死刑。1927年，"国防特别法庭"建立，适用军事法，不受正常的法律限制。后来数年内，这个法庭审理了5,000多件案子。

这些严厉的镇压措施确保了国内任何反政府的企图都不可能成气候。然而，与其他一些专制政权相比（不仅是当时的德国或苏联），意大利国内的镇压还是比较温和的。比如，事实很快证明，佛朗哥的西班牙比墨索里尼的政权嗜血得多。提交给国防特别法庭的案件中，真正定罪的不到20%，大部分被判罪的都是共产党人，另一个重点打击的对象是共济会成员。"二战"爆发前，法庭只做出了9项死刑判决，另外8人被判死刑后减了刑。大约1.4万反法西斯人士未经法庭审判被警察直接处以流放的惩罚，有些人被判长期流放，但实际上一般过了一段时间后就得到了大赦。

多数老百姓与其说热情支持政府，不如说是被迫服从。只有服从政府才能找到工作或领取福利。这必然导致官员腐败受贿。人们即使对政府不满，也都为了自保而深藏不露。然而，循规蹈矩的意大利人不必时刻担惊受怕，唯恐政治警察深夜前来敲门。政府的镇压并非随心所欲，而是主要针对反法西斯人士——这基本上就是镇压的目的。异见受到遏制，反对遭到消除。人们大多无可奈何，听天由命。然而意大利社会还不是当时苏联那样的高压，最严重的恐怖输出到了国外，受害者不是大多数意大利人民，而是非洲殖民地的所谓劣等种族。

法西斯主义全盘接受了意大利国家权力的传统支柱。墨索里尼许诺要缩减官僚机构，其实官僚机构不减反增。到1929年，他本人就掌管了8个政府部委。政府部委的运作需要专业的公务员。当然，公务员都加入了法西斯党，但是他们大多数人首先是公务员，其次才是法西斯党员。各省的负责人也不是地区的法西斯党魁，而是国家的行政官员。他们不仅监视潜在的"颠覆分子"，还严密注意当地法西斯积极分子的动向。管理地方事务的通常仍然是传统统治阶级的成员，那些人只是名义上的法西斯党员，在南方尤其如此。

政府还必须拉拢军队。于是，1925年的一项裁减军队的计划被弃，提出计划的作战部长被解职。墨索里尼亲自掌管了作战部的工作（不久后又接管了海军部和空军部）。实际上，三军各自为政，彼此间缺乏协调，效率极其低下。墨索里尼对此无能为力。军官团的大多数成员仍然是保守主义者，并不真心支持法西斯主义。保守派军官忠于君主制，内心并不热情拥护墨索里尼。但无论如何，比普通军官更加保守的高级将领很乐意接受政府强行实施法西斯"秩序"、镇压左派和制造民族团结表象的做法——只要政府别来干涉军队。

到 30 年代，法西斯政权完全巩固了权力。有实力的反对派不复存在。政权获得了君主、军方、教会、工业大亨、大地主等权力精英的支持。但是，国家其实从未真正实现对社会的完全控制。事实证明，法西斯主义怎么也无法赢得社会中相当多的一批人的拥护，特别是在大城市和南部农业省的大片地区，那些地方曾是社会党的大本营。不过，虽然民众对政府没有发自内心的拥护，但至少给予了默认和迁就。法西斯运动早期主要靠中产阶级的支持。30 年代期间，随着对左派恐惧的消退和国内秩序的恢复，对提高社会地位与改善物质条件的期望开始上升，国家似乎在阔步走向辉煌，政府于是愈发赢得了中产阶层的大力支持。法西斯党吸收了大批职员、白领工人和管理层人员，它的中产阶层的特点因之更加突出。到 1933 年，法西斯党员身份成了公共部门工作人员的必备资格。

不论人们内心对意大利法西斯政权有何想法，该政权的一个特点使它迥然不同于当时的普通专制政权，甚至赢得了西方民主国家中许多人的钦佩。这个特点不是镇压与强制这些独裁政权的共性，而是对民众的不懈动员以及充沛的活力与干劲。这种活力表现为一种关于力的新式审美，要使艺术、文学、建筑，尤其是纪念碑式的建筑为政治所用。许多外部观察者觉得，法西斯主义代表着现代化的政府，是对社会的合理组织。它似乎将秩序与国家统筹的社会福利结合在了一起。

法西斯主义的"极权国家"思想想把人生从摇篮到坟墓的各个方面都包括在内。它要创造体现意大利法西斯主义精神的"新男人"，"新男人"背后是认真履行民族责任的"新女人"，其民族责任基本上就是打理家务和生儿育女。秦梯利说:"领袖的思想和希望必须成为群众的思想和希望。"法西斯党的触角伸展到了人民日常生活的几乎所有方面,远远超过了党的活动的范畴。到1939年,意大利几乎一半的人口是法西斯党某个附属组织的成员。意大利建起了福利组织来照顾孕妇和新生儿,并为穷人提供食物、衣服和应急住所。1926年,法西斯党成立了一个青年组织给年轻的意大利人灌输必要的尚武价值观,它下设许多分部,1936年成员数增至500多万。这个组织除了训练青年为当兵入伍做准备之外,还设立了许多颇受欢迎的青年俱乐部,为青年提供了过去没有的、更多更好的体育设施,建起了不少青年旅馆。1935年,包括许多穷人家孩子在内的500万儿童参加了假日野营。学校和大学加强了向学生灌输新价值观的努力。在许多意大利人(和外国观察者)眼中,最了不起的创举是1925年成立的"全国业余活动组织"(Opera Nazionale Dopolavoro)。到1939年,这个组织的成员人数达到了450万(约占产业工人总数的40%)。它为工厂的蓝领和白领工人提供了他们过去从未享受过的体育、娱乐和旅行机会。这些活动都很受欢迎,不过这并不意味着人民因此就一定拥护政府,更别说拥护法西斯党了。

体育尤其受欢迎。它成了政府用来在人民心中唤起民族自豪感和荣誉感的工具。在政府的大力鼓励下,骑自行车和滑雪成为群众普遍参加的体育运动。著名的法西斯领导人伊塔洛·巴尔博(Italo Balbo)驾机飞越大西洋,显示了他的勇气和飞行技能。普里莫·卡尔内拉(Primo Carnera)从1933年到1935年一直保持着重量级拳击世界冠军的称号。在玛莎拉蒂、布加迪和阿尔法-罗密欧等名牌效应的作用下,赛车使得醉心于速度与力量的大众如痴如狂。足球开始成为意大利人体育运动的首选，1934年和1938年意大利两次赢得世界杯，给政府提供了绝好的宣传机会。大众最喜闻乐见的娱乐是看电影，电影放映时也播放展示意大利体育成就的新闻片，借此隐晦或公开地向广大观众传达法西斯主义的价值观。收音机的普及也是法西斯主义的一大福音。数以千计的市镇中心广场都架起了扩音器，每次墨索里尼发表演讲，党都会命令家里没有收音机的人（1939年意大利多数家庭仍属此类）到广场集会，以确保他们收听到演讲。

墨索里尼本人是法西斯政府最大的资产。外国人尤其欣赏他坚决反共的立场。就连温斯顿·丘吉尔都对他赞不绝口，在1933年称他为罗马天才的化身。对"领袖"的个人崇拜是小心地一点点建立起来的。20年代中期，反对派被镇压下去，大众媒体成为政府的工具之后，宣传机器才开足马力，打造出墨索里尼几乎是超人的新恺撒形象。到30年代中期，墨索里尼在意大利人民心目中的威信远远超过了他的政府和法西斯党。

许多人私下对法西斯主义有诸多不满，鄙视地方上那些趾高气扬、贪污腐败的法西斯党领导人和官员，但他们对"领袖"充满崇敬，尽管30年代晚期，民众对政治越来越冷漠，对法西斯主义的激情开始消退，就连墨索里尼也不免受到影响。仍有许多老百姓把墨索里尼当作神一样膜拜，几乎成了一种幼稚的宗教信仰。1936年，意大利的一家大报《晚间信使报》(*Corriere della Sera*)煞有介事地写道："当你茫然四顾，求助无门的时候，你记起了他。能帮助你的舍他其谁？"这个"他"不是上帝，而是墨索里尼。至于人们何时应写信给领袖，文章写道："只要生活中遇到了困难，随时可以。……领袖知道，你写信给他，是出于发自内心的悲伤或因为实实在在的困难。他是所有人的知心人，他会尽他所能帮助任何人。"许多意大利人对此信以为真。每天都有大约 1,500 人写信给墨索里尼："我请求无所不能的您给我帮助。""对我们意大利人来说，您是我们地上的神，我们虔诚地向您求助，相信您一定能听到我们的请求。""领袖，我崇敬您正如崇敬圣徒。"以上句子摘自一个农民写给墨索里尼的热情洋溢的信，他所在的省曾是社会党的大本营。

从一开始，追求帝国辉煌就是墨索里尼政权的一大特点。宣传机器盛赞意大利 1935 年对阿比西尼亚的入侵，把国联对意大利的处置说成是对意大利的不公，这些都激发了意大利民众的爱国热情。所以，1936 年意大利在阿比西尼亚取得胜利后，墨索里尼的声望如日中天也就不奇怪了。来自四面八方的赞美称他"如神一般""永远正确"，是"天才""恺撒"，还说他创建了名为"意大利"的"宗教"。然而，那也是他民望的顶点。根据意大利国内的警察报告，"二战"之前的最后几年，随着官方宣传与现实情况的脱节逐渐加大，墨索里尼的声望开始下降。人们在应付日常生活中各种物质困难的同时，还对再次爆发战争的前景忧心忡忡，怀疑国家的作战能力，也因意大利对德国依赖日深而感到不满。许多人至此已经失去了对法西斯主义的信念。

30 年代末，在民众热情明显减弱的情况下，墨索里尼政权为了重振活力，显示法西斯主义的激进丝毫不逊于纳粹主义，把意识形态的狂热推上了新台阶。政府强行规定，人们彼此问候必须伸直手臂行法西斯式的敬礼，公务员必须穿制服，军队要走正步。这种新的极端主义最明显的表现，是 1938 年引进的恶毒的反犹立法。在通过反犹立法的问题上，德国并未对意大利施压，但它为意大利树立了样板。纳粹党人曾将法西斯主义的意大利视为楷模，现在反了过来。墨索里尼不想被看作希特勒的随从。他要证明他和德国的独裁者一样激进。另外，他觉得把犹太人定性为"内部的敌人"会像在德国一样，帮助巩固国家团结。意大利的种族主义过去主要针对的是非洲黑人，而不是人数不到5万（还不到全国人口的0.1%）的小小的犹太人群体。但是，反犹主义在法西斯运动中虽然不是中心特点，却一直有一席之地。意大利加入轴心国，将自己与德国绑在一起后，法西斯运动中的反犹主义就变得更加突出，终于导致了1938年的种族主义法律，法律的基本前提是"犹太人不属于意大利种族"。种族主义法律没有引起多少抗议。大部分人民并不狂热反犹，但对反犹情绪也没有强烈的反感，有些人还受到了反犹宣传的蛊惑。在这个问题上，如同法西斯统治的其他方面一样，民众对政府的主张并不热情拥护，但消极服从。

对西方民主国家来说，独裁者在国内的所作所为无论多么令人反感，都是他们自己的事。但是，在国际上，墨索里尼和希特勒越来越被民主国家视为威胁欧洲和平的"疯狗"。法西斯意大利入侵阿比西尼亚之前，别国对它并不特别戒惧。1936年它与纳粹德国结为轴心国同盟后，情况就完全不同了。尽管如此，真正的祸害显然仍是重整旗鼓、团结一致、力量大增的德国。

希特勒的德国：种族共同体

法西斯主义在意大利上台，强势专制的墨索里尼靠坚强的意志打垮了马克思主义，把全国人民团结在自己周围，这使得德国民族主义者早在希特勒1933年"夺权"之前就对意大利，特别是对墨索里尼，心驰神往。墨索里尼是希特勒钦佩的少数人之一。纳粹党和意大利法西斯党的一些领导人间建立了个人关系。1926年后纳粹党内强制实行的伸直手臂的"德式敬礼"是从意大利法西斯那里"借来的"。纳粹领导层通过和民族-保守主义的统治精英达成"交易",使希特勒登上了权位,这不禁使人想到11年前墨索里尼在意大利掌权的类似安排。早在墨索里尼和希特勒把他们两国的命运绑到一起,成立轴心国同盟之前,意大利法西斯主义和德国国家社会主义之间的相似之处已经显而易见。

纳粹政权模仿意大利 1925 年建立的"全国业余活动组织",成立了大型休闲组织"快乐带来力量"(Strength through Joy),它是"德国劳工阵线"(German Labour Front,这个国营机构取代了被粉碎了的工会)的附属组织,负责为工人提供各种文化与休闲活动。高速公路很快被视为新德国经济复苏及现代化的标志,它的修建是受了意大利 1924 年至 1926 年间建造的世界第一条高速公路的启发。德国把第一次世界大战的阵亡者作为英烈祭奠,向人民灌输尚武精神,举行大型集会游行以培育注重大规模运动的新审美观,创立青年运动使整整一代人自小就接受纳粹价值观的熏陶,成立各种福利组织,建立基于对领袖盲目忠诚的一党垄断,这一切法西斯意大利也都在做。两个政权都镇压左派,当然也反对布尔什维克主义。另外,只要是对政权有利,它们都支持大企业(在这一点上它们与苏联的激进国有社会主义不同)。这两个独裁政权不仅推行强硬的民族主义和军国主义,而且本质上是帝国主义政权。然而,它们尽管有诸多相似之处,但仍然异大于同。纳粹政权更激进、更有活力、更具侵略性、更意识形态挂帅,这反映了德国独裁政权的关键性结构。德国纳粹主义与意大利法西斯主义的相似仅仅是表面上的。

纳粹政权之所以自成一格,很大程度上是因为它所代表的意识形态上的希望、期待和机会，这些体现在希特勒至高无上、不可挑战的领导地位中。对希特勒的个人崇拜赋予了他几乎是超人的"英雄"品质，把这个曾经只能在啤酒馆大放厥词的煽动者变成了受人顶礼膜拜的偶像。这当然是人为制造出来的，正如意大利的墨索里尼崇拜、苏联的斯大林崇拜，或任何其他的领导人崇拜。然而，因为斯大林还要忠于列宁的遗产和马克思主义的信条，所以他需要超越过去意识形态合法性的来源，希特勒却不必如此。他也不必像墨索里尼一样，上台几年后才能着手建立对自己的个人崇拜。对"元首"（Führer）[*]的个人崇拜植根更深，为时更久，对独裁统治的思想发展影响更大。

希特勒在20年代中期即已确立了自己在纳粹运动中的最高地位。早在1933年被任命为国家总理之前，他就已成为"振兴民族，迈向伟大"的理想的化身，为纳粹党吸引了几百万支持者。国家社会主义运动被称为"希特勒运动"是有道理的。1933年，身为纳粹党魁的希特勒获得了对德国这个现代化发达国家的统治权。自1934年起，他掌握了国家的全部权力，不像墨索里尼起码在名义上一直位于国王之下。他现在能够把他所憧憬的那些遥远而模糊的目标灌输到国家的各个组成部分之中。垄断了权力的纳粹党得到了众多附属组织的坚定效忠，警察和监视部门是高效的镇压机器，民族-保守主义精英和几百万德国老百姓广泛支持纳粹党，这些都给了希特勒很大助力。希特勒的理想要实现，前提是通过战争一雪1918年战败的耻辱以实现民族的救赎，并消灭他认为造成了德国战败的犹太人。这个理想是"行动指南"，希特勒成为总理后终于可以将其变为国策了。

---

[*] 指希特勒。——译者注

"消灭犹太人"的思想在不同时期对不同的人有不同的含义；争取"生存空间"的思想囊括了关于德国扩张的各种主张，它意味着准备在可见的未来发动战争，以确保德国以后的经济基础和对欧洲的统治。这两个思想维持着纳粹德国意识形态的活力。这种意识形态的激情在墨索里尼的意大利完全不存在，也在本质上与导致苏联动乱的深层思想截然不同。它没有连贯一致的计划，也没有定期实现的蓝图，但它向着极端化的发展方向和不可阻挡的发展势头都是纳粹制度所固有的。

极端化的中心内容是种族清洗。在法西斯意大利，即使在1938年颁布了反犹立法后，种族主义的重要性和激烈性都远不及纳粹政权上上下下的种族纯洁化运动。纳粹的种族主义远不止反犹，然而，仇恨犹太人是它的核心。纳粹恐惧很多东西，尤其恐犹。对希特勒和他的许多狂热追随者来说，犹太人是危及德国生存的心腹大患。他们认为，犹太人在国内毒化德意志文化，破坏德意志价值观，侵蚀德意志种族的纯正，在国外是（在纳粹看来）领导财阀资本主义和布尔什维克主义的一支国际恶势力。因此，消灭想象中犹太人的一切权力和影响力，就成为建立在种族纯洁基础上的民族复兴这一乌托邦理想的关键。

自1933年起，这些病态的幻想变成了具体政策。希特勒上台伊始，就于1933年4月1日发动了一场全国范围内对犹太人商铺的抵制，之后又通过了第一批把犹太人清除出公务员队伍和在法律界与医疗界歧视犹太人的立法，使许多犹太人意识到自己在德国没有未来。1935年，第二波对犹太人的大规模迫害开始，其高潮是1935年9月通过的《纽伦堡法案》，法案规定犹太人与"德意志血统"的人通婚为非法，褫夺了犹太人的德国公民权，为后来几年扩大对犹太人的歧视打下了基础。1938年的又一波，也是最严重的一波迫害导致了当年11月9日至10日之间全国范围内对犹太人的大屠杀［因为屠杀中犹太人店铺和住房的窗户玻璃被打得粉碎，这场屠杀被讽刺地称为"水晶之夜"（Reichskristallnacht）］。成千上万的犹太人被迫逃离德国。在那以前，犹太人已经被逐渐排挤出经济活动，失去了生计，成为苟活于社会边缘的人下人。德国所谓的"人民共同体"建立在种族歧视和迫害的基础上，其突出特点就是排斥被认为不属于它的成员。

与犹太人一道被排除在"雅利安人"主流社会之外的，还有一连串被视为"外人"的社会少数，包括吉卜赛人、同性恋者、精神病人、酗酒者、乞丐、"好逸恶劳的人"、"惯犯"、各种"反社会者"，等等。医务人员、福利专家和执法机关无须纳粹党的督促就自觉积极执行这种排斥性的政策。政府向占人口多数的族裔提供奖励生育的各种福利，如婚姻贷款、生育补助、儿童抚养，甚至（自1933年起）对"退化的人"实行绝育。这些措施欧洲其他国家也有，但是没有哪个国家像德国那样极端全面地推行"种族卫生"的原则，以期创造一个种族纯正、基因强大的社会，一个正在备战的社会（这一点是秘而不宣的）。

在九头蛇般的庞大纳粹运动中，"人民共同体"的种族基调不言自明。纳粹党既不像意大利法西斯党那样屈居于国家之下，也不像苏联共产党那样凌驾于国家之上，而是与国家平起平坐，互相交织，形成一种有些尴尬的双重存在。它的宗旨之一就是确保把"劣等人"排除出"人民共同体"的努力得以持续，尤其是维持反犹的势头。负责推行德国种族政策的最重要机构是党卫军（Schutzstaffel，简称SS，准确的意思是"保卫队"),意大利和苏联都没有直接与之对等的机构。党卫军是纳粹运动的精英组织,在意识形态上最具活力。它致力于"种族清洗",既是为改善"国家的政治健康",也是为德国将来统治欧洲奠定基础。

自1936年起,已经掌管了(不受任何法律管辖的)集中营的党卫军执掌了安全部门和刑事警察,建构起巨大的监视网,还建立了自己的军事部队(Waffen-SS,武装党卫军)。到30年代中期,对反政府活动的凶狠镇压开始见效。1935年初,集中营的在押人数降到了3,000人左右,这是纳粹执政期间的最低数字,被关押的人仍然主要是左翼政党的支持者。集中营实现了建立者的初衷,至此本应到了关门大吉的时候。然而,希特勒和党卫军的领导人一点儿没有关闭集中营的意思,反而计划扩建。这清楚表明,党卫军-警察机器的使命是不停地加强管控,消除"国家内部的敌人",实现"人民共同体"的种族净化。处于社会边缘,被视为"对人民有害"(volksschädigend)的人被大批逐出"人民共同体",集中营的被囚人数4年内激增到原来人数的7倍,在第二次世界大战前夕达到2.1万人。

在推行种族政策的同时,建立强大的军队,实现"人民共同体"的军事化,发展经济以迅速重整军备,这些努力也没有片刻放松。从1936年开始,这种努力的步伐急剧加快。正如希特勒启动"四年计划"的备忘录所表明的,他10年前在《我的奋斗》中提出的种族帝国主义理想从未动摇,而实现这个理想的前提是,在某个时候可能会为夺取"生存空间"爆发战争。他的帝国不会建立在非洲殖民地或海外的其他地方,而是在欧洲本土。

此时,这还仅是个想法,是希特勒和其他一些纳粹领导人心中一个尚未定型的概念。对于"生存空间"的含义有不同的理解，对所设想的扩张也有不同的假设。一些军队将领把强大的军队视为保证德国安全的威慑力量。其他人则设想在未来的某个时候必须打仗，以确立德国在中欧和东欧的霸权。1936年时，几乎没有人想到会与法国和英国作战，或不久后入侵苏联。但是，尽管当时对未来的冲突没有具体的设想，但德国大力强军肯定不是为了让部队永远待在营房里。另外，德国的军事指挥官行动高效、经验丰富、技能精湛、思想坚定，不像死气沉沉的意大利军队那样，虽然最终打赢了阿比西尼亚战争，但已无余力。

在德国军事指挥官的文化中，强大的军队、国家扩张与建立帝国被视为强国必备的特质。1914到1918年间，他们转战欧洲各地，征服过别的国家，占领过它们的土地，直到最后不得不吞下战争惨败、国家蒙羞、痛失强国地位的苦果。自20年代中期开始，他们就向往着有朝一日重整旗鼓，再建雄师，打一场大战。他们也想到了，这样的大战将使用各种现代武器，造成巨大的死亡与破坏。希特勒在重振国力、推翻《凡尔赛和约》、投资千百万马克重整军备等方面的努力与成就必然受到军队将领的热烈拥护。1935年和1936年，面对德国公然违反《凡尔赛和约》和《洛迦诺公约》的举动，西方民主国家没能做出一致的有力回应，德国实现扩张的可能性于是进一步加大。希特勒意识形态的第二条主线（为争取"生存空间"而扩张）像第一条主线（"消灭"犹太人）一样，开始日益明朗。

一切迹象都表明，纳粹政权在20世纪30年代中期广受支持。这种支持到底有多广我们不得而知，因为在纳粹政权统治下，正如在其他独裁政权之下一样，反对意见遭到野蛮镇压，大众媒体被官方宣传所垄断。但是，政府在振兴经济、消除失业、恢复政治"秩序"、重建国家团结和国力方面的成就无疑受到民众的普遍拥护，最得人心的是爱国行动的胜利（尤其是在莱茵兰再军事化中对西方强国的夷然不惧）。希特勒个人的声望如日中天。许多人不喜欢纳粹党及其地方上的代表，或者不齿于纳粹激进分子攻击天主教和新教教会仪式、机构与教士的行径，但就连他们也对希特勒崇敬有加。即使是坚决反对纳粹政权的人也只得郁闷无奈地承认，老百姓普遍对希特勒十分爱戴。德军开入莱茵兰使希特勒在神坛上坐得更稳。即使在产业工人当中，也常能听到"希特勒真是好样儿的，他什么都不怕"这样的话。虽然工人对政府没有好感，但他们都大力支持希特勒撕毁可恨的《凡尔赛和约》的行动。希特勒被视为德国在世界上新地位的象征。人们对他怀有"奇妙的"信任，相信他能够做到"绝不让德国吃亏"。

近乎宗教的感情、幼稚的全民崇拜、对服从与秩序这类父权式价值观的信奉都通过官方宣传得到了强化。每年都有 1.2 万名以上各行各业的德国人写信给希特勒，表示对他的赞美和五体投地的崇拜。男女青年在希特勒的青年运动中接受纳粹价值观的洗脑（到 1936 年，加入国家组织的青年运动几乎成了强制性的），就连在共产党或社会党家庭环境中成长起来的年轻人也都一边倒地支持纳粹政权。许多青年兴奋地感到自己加入了冒险的开拓事业，觉得全社会齐心协力，超越了一切阶级分歧。他们对未来心驰神往，想象未来等待着自己的是一个充满着诱人的新机会与新经历的世界，大有作为一个特殊、优等民族的成员舍我其谁的气魄。多年后，一位上年纪的女士在回忆自己青少年时期时承认说："我觉得那是个好年月。我喜欢那个时代。"她并非唯一有此想法之人。许多经历过第一次世界大战后严重通货膨胀以及魏玛共和国时期大规模失业和严重政治分歧的德国人，事后都认为20世纪30年代是"好年月"。

至于另有看法的人，恐怖镇压制住了他们。到1935年，左派最后一点反对的火星也被彻底掐灭。没有流亡国外的社会主义者彼此间尽量保持着秘密联络，但除此之外，他们没有采取任何反对政权的行动。共产党的基层支部不断重建，又不断被渗透、被消灭，这个勇敢无畏却徒劳无功的抵抗运动就经历着这样的循环，直到第三帝国的末日。但是，除了投身于危险的地下反对活动的极少数人以外，大多数德国人只能接受独裁统治，服从政权的要求，有些人积极主动，有些人则勉强为之。监视、窥探、揭发等一切控制严密社会中的惯用手法一样不少，无处不在。比如，在别人对你做出"希特勒万岁！"的敬礼后，千万不要特立独行，拒绝以同样的方式还礼。人们永远处于提防戒备之中。顺从社会的压力无时不在，但只要乖乖听话，盖世太保就不会来找麻烦。在20世纪30年代的德国，除了被认为是"人民敌人"的犹太人、社会局外人（被称为"社会异端"）和政治反对派以外，恐怖手段所起的作用并没有那么直接。

多数人都愿意认为自己属于一个团结一致的"人民共同体"，认为国家的光荣未来建立在他们的种族纯正和种族优越之上。对于被拦在"共同体"之外的"外人"，尤其是犹太人，多数人都不会为之一洒同情之泪。官方宣传对犹太人无休无止的中伤和妖魔化产生了实实在在的效果。1936年1月，流亡的社会民主党领导层的一位秘密特工从柏林报告说："国家社会党确实加深了老百姓和犹太人之间的隔阂。……现在人们普遍感觉犹太人是另一个种族。"老百姓普遍认为，犹太人不属于德国的"人民共同体"，应该离开或被赶走。有大批"人民的同志"(这是当时对普通德国人的称呼)愿意以跳水价收购犹太人的生意,霸占犹太人的财产,或搬进犹太人空出来的公寓。

德国还大力欢迎欧洲其他地方的德意志族人加入"人民共同体",但那些人不想为此冒战争的风险。他们目前只是压下心中的忧惧,把头埋在沙子里避免面对现实。他们很快就会清楚地看到,他们已身陷危险地带深处。

苏、意、德之比较

斯大林的苏联、墨索里尼的意大利和希特勒的德国虽然有一些共同的结构特征,但统治方式有很大不同。斯大林的政权显然异于其他两个,其他两个的共性更多(有些是纳粹德国从法西斯意大利那里"借来"的),不过彼此间也有关键的分别。这些政权号称对公民实施"完全控制",实际上都未能做到。做得最差的是法西斯意大利,讽刺的是,它是唯一明确宣布要建立"极权国家"的。然而,在受到如此严密操纵控制的社会中,"完全控制"无疑对公民的行为产生了巨大的影响。在这三个政权之下,不存在政府准许并掌控的范围以外的"政治空间"和有组织的社会活动。它们三个都持续不断地努力按照自己的意识形态塑造民众的态度与行为。它们都通过强调"内部敌人"的存在来塑造并加强民众对政权的认同,而所谓的"内部敌人"就是"外人",正是由于他们的存在才形成了"属于"本国的"自己人"的社会。

政权价值观对社会渗透程度最浅的是意大利,最深的很可能是德国。对人民思想改造的成功程度难以确知,但显然都是在青年人当中最为见效。政权成功动员起了大批的理想主义者，争取到了广泛的群众支持。由于镇压反对派，缺乏言论自由，因此我们不可能确知民众对政府支持的程度。根据能够得到的不精确数据，纳粹德国获得的民众支持最大，意大利比德国差了一截，苏联人民受胁迫最重，似乎说明真心支持政府的人最少。

它们都动用了高压手段。对生活在警察国家恐怖之下的人来说，这些政权之间意识形态或结构上的分别完全没有意义。即使如此，这种分别仍然重要。斯大林对自己公民实行的高压统治异乎寻常，他那种随心所欲、出其不意的震慑可称独一无二。纳粹主要使用恐怖手段来粉碎有组织的政治反对派，然后日益转向打击弱小的少数人，特别是犹太人和其他种族或社会意义上"外人"。法西斯最恶劣的恐怖手段全部用在意大利在非洲的殖民地。在国内，一旦法西斯政权初期"蓖麻油与大棒"*的街头暴力平息后，所实施的高压比起其他两个政权就温和多了，主要用于消灭已知的反对派。除此之外，政府基本上采取遏制的策略。

法西斯意大利在意识形态宣传和军事化方面也是三个政权中最弱的一个，它对社会的动员基本停留在表面上。经过十几年法西斯统治后，言论与现实之间出现了巨大的差距。实现国家和社会的完全契合仍然仅仅是幻想。政权没有一个驱动它前进的根本性宗旨。阿比西尼亚殖民战争的胜利尽管深得人心，但也只是对意大利人的心态产生了表面的影响，在短时间内动员起了民众的激情。无论墨索里尼和法西斯党的领导层多么好战，意大利人民都对战争和军事上的荣耀没有兴

---

* 指暴力恐怖和行凶放火。——译者注

趣，当然也不愿意承受战争的艰难和痛苦。意大利军队顶多能和比自己弱小的敌人打一场短暂的战争，但它完全没有适于打大战的装备。意大利的军火工业技术落后，跟不上其他国家重整军备的步伐。

苏联意识形态的驱动力极为强大。在人民付出了巨大代价的情况下，苏联在推动国营经济、重组农业生产和飞速实现工业化方面取得了巨大的进步。苏联经济的发展之所以如此迅速，是因为领导层认为不远的将来一定会爆发战争。然而，苏联与德国和意大利有一点不同之处：它的重点是在经济和社会上做好打仗的准备，目的是保家卫国，而不是对外侵略（尽管苏联认为，为了建立防御带，必须占领波罗的海三国，也许还有波兰西部地区）。斯大林非常清楚，苏联的军事建设才起步不久，根本没做好打大仗的准备，何况他还亲手通过"大清洗"重创了红军领导层。

希特勒政权的明确重点是加紧迫害"内部敌人"，特别是犹太人，以及狂热备战，为可见的未来的军事冲突做准备。它备战显然是为了侵略，而不是防御。在这两个方面，希特勒政权在意识形态上的活力非常强。德国的经济在欧洲大陆上是最发达的，并且正越来越迅速地转向为备战服务。德国也有着最高效的军事领导力。

后来的岁月中，这三个政权都在塑造欧洲的未来中起到了超比例的重大作用，但是不出意料，西方民主国家的领导人正确地把德国视为最重要的危险。此时，他们主要把斯大林看作对他自己人民的威胁。墨索里尼则主要是对意大利非洲殖民地的人民的威胁，是地中海形势不稳的根源之一。希特勒是对德国犹太人的威胁，但从国际角度来看，更是对欧洲和平的巨大并不断增长的威胁。

英国政府尤其怀疑并敌视苏联。它鄙视苏联的社会制度，对斯大林的清洗百思不解。意大利被视为地中海地区一个可控的问题，它与西方利益的敌对日益加强，但其本身并不构成很大的威胁。使英国日益警惕的主要威胁是德国。德国的人民团结一心，领导他们的是一个残暴无情、一意孤行的独裁者。德国在迅速重整军备，军力马上就要超过第一次世界大战时的水平。1914年英国参战的主要目的就是防止德国称霸欧洲，不让德国的世界强国野心危及大英帝国。看来这一幕很可能不久后就会重演。

1936年发生了一场冲突。冲突爆发不久，许多人就认为它预示了更大战乱的到来。那场冲突也是上述三个政权之间的一次交锋。1936年7月，佛朗哥将军对西班牙共和国发动了叛乱。希特勒和墨索里尼立即向他提供了军事支持，斯大林则支持共和国的军队。在西班牙内战中对立的国家显示了力量，西方民主国家则又一次暴露了自己的软弱。大国卷入西班牙内战不仅是西班牙人民的悲剧，而且极为清楚地表明欧洲的国际秩序正在坍塌。欧洲再次陷入战火的危险与日俱增。

第七章

走向深渊

> 决不能适应形势得过且过，逃避解决问题。必须让形势适应我们的要求。如果不"闯入"其他国家或攻击其他人民的财产，就不可能做到这一点。
>
> 阿道夫·希特勒对军队将领的讲话，1939 年 5 月 23 日

1914—1918 年那场造成几百万人血洒沙场的大战刚刚过了一代人的时间，大多数欧洲人对战争仍然谈虎色变。然而，到 20 世纪 30 年代末，人们都清楚地看到，向着又一场战争的发展势头正在不可阻挡地加快。这一次的情形不是政治和军事领导人"滑过边缘"或不知不觉地"梦游进入"他们仅有些模糊预感的大灾难。这一次，一个明显具有侵略性的强国采取行动，逐渐消除了所有其他的可能，只剩下两个选择：要么打仗，要么任由欧洲落入专横的纳粹德国统治之下。俗话说："通往地狱之路由良好的意愿铺就。"这是对西方民主国家应对希特勒之道的美化。西方民主国家错误地百般迁就德国的扩张野心，使希特勒得以决定事态的发展走向，而它们只能软弱地被动回应。面

对西方国家的让步，希特勒如同一个典型的勒索者，得寸进尺，步步紧逼。欧洲其他国家则怀着日益焦虑的心情在一旁观望。各国都在备战。虽然大家惧怕战争，但都发现战争是不可避免的。

左派的失败

德国左派在大萧条期间被击败，到希特勒 1933 年上台后更是被粉碎。至此，这一事态的影响已经完全显现出来。社会民主党和共产党这两个德国左派政党尽管意识形态有所不同，但都坚决反对右派的军国主义。它们正确地预见到，军国主义最终将导致战争。如果希特勒掌权后左派没有被摧毁，如果民主在德国得以生存（社会民主党是民主的主力），欧洲爆发又一场大战的可能性就会大大降低。然而事实是，左派的消亡为德国推行强硬的外交政策打开了大门，这样的政策受到民族–保守主义的权力精英赞成，有激进的民粹式民族主义支持，成为希特勒进行越来越大冒险的赌博工具。

左派在德国的悲惨结局仅仅是它在欧洲大部大规模失败的一部分。到 1935 年，除苏联以外，左派几乎在各处都孱弱无力。社会民主党派在斯堪的纳维亚国家的政府中还占有一席之地，但那些国家在国际力量格局中的分量微乎其微。在其他国家，右派力量都十分强大，并无一例外地有军队、警察和侦查机关做后盾。20 世纪 30 年代中期，大部分欧洲国家都处于某种形式的镇压型民族主义政权统治下，有些是反革命的保守政权，有些则是彻头彻尾的法西斯政权，那些国家的左派十分弱小，受到残酷迫害。大萧条期间，英法这两个最大西方民主国家的政府由保守派当政，因此，那里左派的政治影响力也大大减小了。

左派的失败遍及欧洲，尽管每个国家左派的性质是由该国具体国情决定的。造成左派失败的部分原因是左派内部严重分裂，社会民主党与共产党之间的分裂尤其致命（不过，奥地利的左派尽管团结，却仍未逃脱失败的命运）。左派中的共产党本身也不团结，有时甚至分裂为互相竞争的派别，主要的共产党完全受苏联的利益主导。左派的失败也反映出，各国社会的上、中层阶级以及农民和工人阶级中的一部分人本能地鄙夷社会主义意识形态，对共产主义怀有刻骨的恐惧。任何种类的民族主义号召的对象都是整个社会，而左派，无论是社会党还是共产党，却首先要促进一个特定社会群体——产业工人阶级——的利益。社会主义的阶级政治，特别是共产主义建立"无产阶级专政"的目标显然得不到大多数民众的支持，他们认为，左派若是成功，自己一定吃亏。

对左派的恐惧，尤其是对布尔什维克主义的恐惧，与左派在欧洲大多数国家中的实际力量甚至是获得力量的潜力都远远不成比例。然而，考虑到左派极端分子在仍允许他们发声的国家中喊出的煽动阶级仇恨的口号、从苏联传来的可怕故事，以及反社会主义的右翼报刊几乎在所有国家舆论界占据的统治地位，如此之多的欧洲人把信任寄托在他们认为能够维持"秩序"、捍卫整个国家而非某个具体阶级利益的人的身上，也就不足为奇了。

法国的虚幻黎明

在欧洲左派处境日益艰难之际，一场选举使他们看到了一线希望。在1936年的法国大选中，反法西斯主义者似乎取得了完胜，几年来席卷欧洲的向着好战极右方向发展的潮流好像终于得到了扭转。

1936年5月3日第二轮投票结果出来后（第一轮投票是一周前的4月26日举行的），社会党、共产党和激进党联合组成的人民阵线赢得了惊人的胜利，获得了376个议会席位，远超右派国民阵线的222个席位。包括工人和多数知识分子、作家和艺术家在内的左派支持者欣喜若狂。马内斯·施佩贝尔（Manes Sperber）是位犹太作家，1905年生于波兰，1933年遭德国人短暂监禁后流亡巴黎。他也是共产党员，但对共产党日益不满（于1937年退了党）。后来，他写到了自己因那场选举的结果感到的狂喜。他回忆说，对他和许多其他人来说，那不只是选举的胜利，它好似一阵清风，吹散了沉闷窒滞的空气，一直以为无法达到的目标如今近在咫尺。他写道，"全民友爱从来没有像在1936年5月间那么伸手可及，男女老少从大街小巷涌入巴士底广场和国家广场"，他们欢乐的歌声和叫声响彻周围的街道，呼唤着所有人团结起来追求正义和自由，现在这些目标无须革命的暴力就能达到。事实很快证明，施佩贝尔对博爱的希望不过是乐观得离谱的梦想。

法国仍然陷于深度分裂之中。民族主义右派对人民阵线的仇恨远远超过了正常的政治上的反对。人民阵线领导人莱昂·布卢姆（Léon Blum）是最先站出来支持德雷福斯的犹太知识分子，右派对他的攻击尤其恶毒。1936年2月，布卢姆遭到一群民族主义暴徒的殴打。前一年春天，极右组织"法兰西行动"的领导人夏尔·莫拉斯（Charles Mourras）令人惊愕地咒骂布卢姆是"该从背后射杀的人"。左派在大选中的胜利并未缓解法国在意识形态上的两极化。事实上，左派的胜利远不如初看起来那么大。它赢得了37.3%的选票，只比右派的35.9%多一点儿。主要的变化发生在左派内部，但这变化加剧了右派的敌意。立场并不极端的激进党是共和国的中坚力量，但它在选举中受了损失，从 1932 年的 157 席降到了 1936 年的 106 席。人民阵线中最大的社会党掌握的席位从 131 席增加到了 147 席。其他较小的左翼政党赢得了 51 个席位，比起 1932 年多了 14 席。最令右派担忧的是，共产党是最大的赢家——从 10 席猛增到 72 席。

共产党获胜，是因为共产国际在 1934 年 6 月（用布卢姆的话说）"像戏台上换布景一样"，突然放弃了把社会民主党贬斥为"社会法西斯分子"的说法。希特勒的德国力量日增，这促成了共产国际欧洲战略的大反转。新战略要求与先前被谴责的"资产阶级"国家携手努力维护集体安全。在国家一级，斯大林积极鼓励共产党与社会党合作，甚至与"资产阶级"政党协作，共同建立左派的"人民阵线"来遏制法西斯主义日益增强的威胁。1935 年夏召开的共产国际第七次代表大会确认了这一政策。

法国国内建立反法西斯"人民阵线"的呼声来自基层，工会首先提出了要求，然后得到了法国共产党的采纳。1935 年期间，压力越来越大。秋天，激进党与社会党和共产党联合起来，人民阵线遂告创立。

人民阵线在竞选时做出的许诺包括执行公共工程计划（它标志着通货紧缩政策的终结）、缩短工作周、为退休人员提供养老金和建立失业基金。它还许诺要取缔准军事组织，这反映了它强烈的反法西斯立场。但是，人民阵线并未提出可能会使中产阶级害怕的激进措施。社会革命只能等到将来再说。社会党不再号召实现经济国有化，共产党绝口不提建立苏维埃或集体农庄。它们主张让更多的人参与对法兰西银行的管理，不让它只掌握在由一小撮股东组成的寡头团体手中。但是，法兰西银行并未被收归国有。给出的承诺是法郎不会贬值，这是为了使在前一届左翼联盟政府下失去了存款的中产阶级安心，但这个承诺很快证明是不明智的。人民阵线还许诺要保证妇女的工作权利，却不提妇女的投票权，因为担心那会导致关于（极右派所要求的）修宪的辩论。

布卢姆成了法国的第一位社会党总理，也是第一位犹太裔总理。他的政府由来自社会党和激进党的部长组成，包括三位女部长。共产党（和几个少数政党）支持政府，但决定不派人加入。新政府成员尚未走马上任，法国就爆发了有史以来最大的罢工潮。各地的罢工此起彼伏，经常是工人自发举行的，罢工者兴高采烈，气氛如同嘉年华一样喜气洋洋。近 200 万名工人（其中许多人不是工会会员，还有大批工资微薄的女工）参加了几千场罢工、占领工厂和静坐活动，发生罢工的企业绝大多数是私营的。餐馆和咖啡馆纷纷关门，酒店没有人打扫客房，巴黎的大百货商场没有店员招呼顾客，加油站关闭意味着无法给汽车加油。罢工者和他们的支持者情绪高涨是形势的一方面，另一方面则是思想右倾的中产阶级成员对秩序崩坏的广泛谴责，他们担心这将开启通往共产主义的门户。政治两极化进一步加深。

这一波巨大的罢工浪潮使雇主忧心如焚。6 月 7 日下午，总理在他设在马蒂尼翁府的官邸召集会议，会上雇主们做出了让步，接受了工会提出的主要要求。产业关系顷刻间彻底改变。工人有权加入工会，集体讨价还价，雇主承认工人代表，不得惩罚罢工工人，增加工资约 15%，这些要求都得到了接受。40 小时工作周和每年两周带薪休假（借廉价火车票的东风，这开启了人们每年夏天涌出巴黎等城市的度假潮，成为法国社会的永久性特征）几天内就变成了法律。罢工潮逐渐退去，但立法活动仍在紧锣密鼓地进行。6 月 18 日，议会通过了禁止准军事联盟的立法，把政治动乱和街头暴力压制了下去（虽然部分极右组织转入了地下）。后来政府又通过立法引进了对法兰西银行的改革，把学校毕业年龄提高到 14 岁，实现了军工产业的国有化，并为讨好农民大幅提高了粮食价格。政府成立了新的体育休闲部，为的是使民众都能有机会进行户外活动（以此反制法西斯组织把休闲活动军事化的行为），给工人阶级提供有趣的业余生活，增强人民体质。结果，骑自行车、徒步旅行、青年旅馆和大众旅游蓬勃发展，体育设施大为改善，群众参加体育运动的兴趣高涨。人民阵线政府在如此短暂的时间内采取了如此密集的行动，令人瞩目。

  法国左派的兴奋欣喜也同样令人瞩目。后来跻身欧洲最杰出历史学家行列的艾瑞克·霍布斯鲍姆作为一个 19 岁的革命者，亲身经历了 1936 年 7 月 14 日庆祝 1789 年攻陷巴士底狱纪念日时巴黎那令人难忘的气氛。他回忆当时的景象："红旗和三色旗，领导人、工人的队伍……阔步经过人行道上水泄不通的人群，人头攒动的窗口，咖啡馆里热情挥手的老板、侍者和顾客，还有一群群鼓掌雀跃的妓院工作者。"

  夏天的狂喜很快消退了，嘉年华式的气氛散去，日常生活中的烦恼再次浮现。政府不久就遇到了困难。布卢姆进行的有限社会主义实验马上遭遇了国际市场的顶头风。事实证明，政府不让法郎贬值是一个错误，它限制了政府腾挪的余地。大企业开始把投资转向国外。40 小时工作周造成的成本增加转嫁到了价格上面，助长了通货膨胀，然而生产率却没有相应的提高。法郎和黄金储备承受的压力日增。1936 年 9 月，政府被迫承认犯下了错误，法郎贬值了 1/3，但货币的压力仍未解除。工人的收入和中产阶级的储蓄因通货膨胀而日趋减少。民众对政府的支持率急剧下降。1937 年 6 月，保守的参议院拒绝赋予政府处理国家金融困难的紧急权力，布卢姆愤而辞职，接替他的是激进党的卡米耶·肖当（Camille Chautemps）。社会党的部长们（包括布卢姆）留在了政府内，但社会党不复以前的冲劲。政府现在受激进党主导，而激进党的政治倾向推着政府右转，转向更加保守的方向。

肖当从议会那里得到了靠法令立法的权力（议会拒绝给布卢姆这个权力），提高了税率，叫停了社会改革。然而，造成布卢姆政府下台的情况基本未变。物价仍在上涨，公共债务不断增加，法郎的价值持续下降（最终迫使它进一步贬值），生产率依然停滞，社会动荡仍在酝酿。人民阵线的力量日益减弱，它为处理棘手的经济问题而心力交瘁，还要应付保守主义和法西斯主义右派的顽固反对，面对国际事务中日益增多的危险。

1938年3月，布卢姆再任总理，但国际环境已经因奥地利被并入德国而发生了巨变。此时，为外交政策焦首煎心的法国无心继续过去的社会和经济实验。布卢姆很快意识到，他不可能在推动国家指导投资、控制汇率和征收财富税方面取得任何进展。政府对重整军备投入的资金越来越多，只得在民生投资方面有所撙节。同时，资本外流和黄金储备剧减迫使政府进一步削减公共开支，最终让法郎第三次贬值。布卢姆的第一届政府持续了382天，第二届政府只维持了26天。他第二次下台后，法国政治在新任总理——激进党人爱德华·达拉第（Édouard Daladier）的领导下转向右倾保守。达拉第被视为"一双安全的手"，代表着外省小城镇的守旧势力。他得到了大小资本家的支持和右派的称赞，因为他取消了布卢姆的大部分社会立法，终结了"1936年6月革命"。

社会党、共产党和代表政治中间派的激进党共同组建"人民阵线"来对抗并打败法国的法西斯主义，这是合理而明智的战略。至少，它遏制了右派准军事组织对法兰西共和国的威胁。不过，虽然建立人民阵线大有必要，但从一开始即可清楚地看到，它注定会根基不牢。共产党喜欢的革命性社会方案完全不可能得到采纳，因为只有15%的民众支持，根本无法实施。作为激进党基础的中产阶层坚决反对任何威胁到他们财产的政策。社会党不得不小心翼翼，左右两边都不能得罪。政府推行的社会改革只是零敲碎打，但即使如此，由于多数民众的反对、大企业代表的顽强抵抗和国际市场力量的重击，成功的可能性从来就微乎其微。

人民阵线的创立是各方妥协的结果，好比意识形态上迥然不同的伙伴被迫结婚。面对共同的敌人，这个妥协暂时遮盖住了不同伙伴之间的深刻分歧，但它极为脆弱，政府面对的各种严峻问题又不断侵蚀着它的基础。两个左翼政党的关系也十分紧张。对苏联的负面描述传播甚广，媒体上又经常报道斯大林式的公审大会，这些都进一步加深了社会党对共产党的反感。共产党则视布卢姆为"杀害工人的刽子手"，特别是1937年3月在巴黎的工人居住区克利希（Clichy）的一次示威中，警察向支持共产党的示威者开枪，打死6人，打伤200人。

西班牙乱局

很快，公众的注意力从人民阵线政府的困境转到了边界另一边西班牙的事态发展。与西班牙左派更大的悲剧相比，法国左派的困境就不算什么了。西班牙左派有广泛的群众支持，有国家资源可供调动，为了捍卫共和国不惜一战。然而，由于派别间的严重分歧、自相残杀的冲突和意识形态的分裂，加之比西欧任何其他地方都更强烈的地方分离情绪（尤其是在经济上相对发达的加泰罗尼亚和巴斯克地区），西班牙左派的力量遭到了严重削弱。对左派来说，更具破坏性的是西班牙社会长期深刻的两极化。西班牙左派和右派之间的意识形态鸿沟比法国的更深更宽。西班牙人民对共和国的忠诚不像法国人民那样根深蒂固，国家历史上也没有类似法国大革命的划时代象征性事件。

西班牙的第二共和国 1931 年 4 月刚刚成立。它由左派建立，从一开始，日趋极端的各右派派别就坚决拒绝。右派对社会主义的反对是深刻全面、发自内心的。在西班牙各省，纯粹的天主教价值观占据主导地位，也是右派营造的西班牙民族形象的一部分。对左派的仇视很容易被纳入这套价值观。当然，传统的权力精英，比如地主、大资本家、天主教教士，还有军官团中相当多的成员，也敌视左派，因为在社会主义统治下，他们是最大的输家。传统精英遭到了削弱，却没有被打垮。对他们来说，使用武力推翻共和国是可以考虑的。毕竟，普里莫·德里维拉 1930 年 1 月结束的独裁不过是几年前的事。在西班牙政治里，军事政变屡见不鲜。1936 年 3 月，西班牙的军队将领开始密谋再次推翻民选政府。

第五章已经提及，西班牙的社会党和左翼共和党在 1931 年选举中的胜利不过是昙花一现，1933 年 11 月再次举行选举时，右派东山再起。西班牙自治权利同盟和激进党组成的右翼联盟大败左派，联盟领导人亚历杭德罗·勒罗克斯（Alejandro Lerroux）出任总理。接下来的两年里，共和国创立后实现的一点点社会进步被全面叫停，大多遭到逆转。对左派来说，那是法西斯威胁增大、镇压加重的"黑暗的两年"。1934 年 10 月，西班牙北部阿斯图里亚斯地区的矿工举行了为期两周的罢工，矿工们手持能够找到的任何武器与警察搏斗，但最后遭到专门从摩洛哥调来、以野蛮残酷著称的军队的血腥镇压。带兵的不是别人,正是未来的独裁者——弗朗西斯科·佛朗哥将军。那次的镇压十分残暴。约 2,000 名平民被打死,4,000 人受伤,3 万人遭到逮捕,其中许多人在监狱中受到酷刑折磨。西班牙已处于内战边缘。

右翼执政联盟财政丑闻缠身,内部又为政治问题争执不下,终于散伙。1936 年 2 月举行了新选举。此时,左派组成了人民阵线,它是(主要受中产阶级拥护的)共和党和社会党这两支主要力量为了选举结成的同盟,并得到了共产党人、加泰罗尼亚分离主义者和社会主义工会与无政府主义工会不同程度的支持。人民阵线的选举对手是一个由右翼团体组成的全国性阵营。西班牙分为两派,各自日趋极端。选举被说成是对西班牙的未来的争夺。右派称之为在善与恶、天主教与共产主义、"遵从古老传统的西班牙"与"破坏、烧毁教堂和……革命的西班牙"之间的选择。左派有人声称要"在西班牙复制苏联的做法"。选票点数结束后,人民阵线赢得了历史性的胜利,它赢得的选票绝对数并不多(4,654,111 票对右翼的 4,503,524 票),但所得的议会席位却是压倒多数(278 席对右翼的 124 席)。

选举结束,人民阵线的团结也到了头。只由共和党人组成的政府从一开始就不够强大。拒绝参加政府的社会党自己内部不团结,分裂为改良派和日益趋向革命的总工会派两派,前者由温和的因达莱西奥·普列托(Indalecio Prieto)领导,后者的领导人是因自己被苏联报刊誉为"西班牙的列宁"而扬扬得意的弗朗西斯科·拉尔戈·卡瓦列罗(Francisco Largo Caballero)。社会主义青年团和工会组织一样,立志发动全面革命,不屑于小打小闹的改良。共产党的吸引力尽管尚小,但显然在迅速增强。

政府开始恢复 1931—1933 年推行的社会和经济变革措施，释放政治犯，没收大庄园的土地，把自治权归还给加泰罗尼亚（也许诺要给巴斯克地区自治权）。但是，政府掌控不住局面。贫穷的农民和农业劳动者占领了西班牙南部的大庄园。大城市爆发了罢工。焚烧象征天主教压迫的教堂的行为比 1931 年时更为普遍，给右派的宣传提供了口实。原来只是右派中一个小派别的长枪党突然壮大起来，许多新加入的成员原来都是西班牙自治权利同盟青年运动的成员，比年纪较大的西班牙自治权利同盟成员更加激进地反对共和国。与此同时，在政府浑然不觉的情况下，一场阴谋正在酝酿。

包括佛朗哥在内的一些军方领导人在选举结束后，曾考虑马上发动政变，但当时的时机不成熟，于是他们选择了观望和等待。政府解除了佛朗哥参谋总长的职务，把他派去加那利群岛（Canary Islands），希望能防患于未然。以极端仇视共和国闻名（也是政变首要推手）的埃米利奥·莫拉（Emilio Mola）将军也被降了职。然而令人吃惊的是，莫拉又被从西属摩洛哥召回，受命掌管西班牙北部潘普洛纳（Pamplona）的一所要塞——这是个理想的地点，他可以在此与秘密支持叛乱的人建立紧密的联系。有些长枪党成员被捕入狱，但即使身在狱中，他们仍然能够指挥安排外面的活动。然而，软弱的政府并未采取任何其他行动来先发制人、预防麻烦。

1936 年 7 月 17 日，叛乱在西属摩洛哥和加那利群岛爆发，两天之内即蔓延到西班牙本土。叛乱策划者本来期望政变迅速成功，实现军事接管，但形势很快表明这个如意算盘打不响。在西班牙本土的一些地区，驻守要塞的官兵和许多民众都支持叛乱。政府两天内换了三个总理，其惊慌失措可见一斑。莫拉确信叛乱会获胜，断然拒绝了政府提出的妥协停战要求。然而，在其他地区，军队和警察尽管经常两边下注，但仍然忠于共和国。马德里、巴塞罗那、巴斯克地区的圣塞瓦斯蒂安（San Sebastián）以及其他地方的工人拿起了武器。几天内，西班牙完全陷入了分裂，正如2月选举时的情形。

东部和南部基本上站在共和派一边。然而，叛军在西班牙西南部、西部和中部的大部分地区势如破竹。在军事力量上，共和国和叛军可说是势均力敌；在经济上，最重要的工业区仍掌握在政府手中。直至村子一级的各阶层人民都旗帜鲜明：不是支持左派，就是支持右派；不是支持共和国，就是支持法西斯。暴力迅速升级。叛乱爆发伊始，双方就都犯下了严重的暴行。叛军在他们攻克的地区大开杀戒，死于叛军之手的确切人数无法确定，不过肯定高达数千。在共和派这边，对叛乱支持者或阶级敌人的复仇行为也常常出现，过去的积怨得到清算，临时法庭实行的"革命正义"判处了许多人死刑。对教士的暴力尤其令人发指，6,000多名教职人员（神父、修道士和修女）被杀害，教堂被焚毁，宗教塑像被砸烂。西班牙陷入了全面内战，谁能胜出却远未分明。

7月底到8月，亟欲防止共产主义在伊比利亚半岛立足的希特勒和墨索里尼为佛朗哥提供了飞机，让他把他精锐的非洲军团里共3万多名强悍善战的士兵从摩洛哥运到西班牙。内战双方的军力对比发生了巨大变化。德国和意大利自此开始向佛朗哥提供援助，后来一路加码。希特勒和墨索里尼都希望最终能把民族主义的西班牙拉到自己的一方，同时也很高兴有机会在远离本国的地方试验武器。萨拉查统治的葡萄牙也出人出力帮助叛军，以防布尔什维克主义在邻国获胜。

结果，民族主义叛军获得了明显的优势。民主西班牙若能从西方民主国家那里获得武器援助，本来完全可以打败叛军。然而在 1936 年 8 月，英国领头，法国紧随其后（布卢姆因拒绝援助西班牙社会主义者而踌躇难决、良心不安），达成了一项不为西班牙共和国提供战争物资的国际协定。它们一心想防止西班牙的冲突扩大为整个欧洲的战争，结果却大大加强了民族主义者获胜的可能性。当年秋天，斯大林答应了西班牙共和国政府的军援请求，但内战双方的武器供应依然相差甚多。最终，24 个国家签署了《不干预协定》(Non-Intervention Agreement)。德国、意大利和苏联都签了字，表面承诺不干预，实际却提供大量武器。

尽管那些国家官方奉行不干预政策，但从 1936 年秋开始，至少有 3 万名来自不同欧洲国家的志愿者（包括相当多的犹太人）奔赴西班牙去拯救共和国，其中大部分人是社会主义者、共产主义者和工会会员，属于共产国际组织起来的国际纵队。这些人大多是这样或那样的理想主义者，认为自己参加的是一场阶级之战，是对法西斯主义的斗争。几千名志愿军献出了生命。关于他们对作战的贡献，当时苏联的宣传做了夸大，后人的评价也常常言过其实。不过，国际纵队在马德里保卫战中初试啼声后，在一些大型战役中的确发挥了作用。英国记者亨利·巴克利（Henry Buckley）曾亲眼看到国际纵队成员的作战表现，他评论说："他们在战斗中十分英勇。他们武器低劣，纪律不整，讲着十几种不同的语言，几乎没有人懂西班牙语。他们单凭着大无畏的勇气创造了奇迹。"对欧洲左派来说，西班牙内战的爆发起初是一种激励，但逐渐变成了意气消沉的根源。

佛朗哥的军队一路北上，直指首都马德里。但是，经过 1936 年 11 月的长期封锁，马德里仍是久攻不下。至此，内战沦为旷日持久、

残酷至极的消耗战。战争基本上遵循这样的模式：民族主义叛军缓慢
而不懈地前进，共和国方面虽然时常发动短暂的反击战，但大多数时
间只能进行顽强却日益绝望的防守。1937年春夏两季，民族主义军队
在北部接连得手。秋天，他们攻下了北部沿海地带，包括巴斯克地区
（佛朗哥因而得到了获取重要原材料的通道，也掌握了具有关键意义
的工业区），共和国政府控制的地区则缩减到从马德里东南方到海岸
边的一大片领土，在北方只剩下加泰罗尼亚。

　　对德国来说，西班牙内战是天赐良机，使它可以［用德国轰炸机
编队"秃鹫军团"（Cordon Legion）指挥官沃尔弗拉姆·冯·里希特
霍芬（Wolfram Freiherr von Richthofen）的话说］"在不负责任的情况
下"实验空中轰炸。对马德里实施了空袭后，德军又对南部的几个城
镇进行了轰炸。里希特霍芬发现效果"非常好"。到1938年春，民
族主义军队在北部发动攻势的时候，意大利也开始轰炸西班牙的城
镇和乡村。同时，德国为支持叛军，加紧了空袭行动，在毕尔巴鄂
（Bilbao）投下了600吨炸弹。1937年4月26日下午，约30架德军轰
炸机和3架意军轰炸机对巴斯克小镇格尔尼卡（Guernica）发动袭击，
其惨无人道使全世界为之发指。但格尔尼卡绝非个案。就在那天早上，
德军轰炸机还袭击了8公里以外的格尔利塞斯（Guerricaiz），"没有
留下一所完整的房屋"。对格尔尼卡的空袭持续了整整3个小时，目
的是打垮巴斯克人的斗志。德军认为这是"完全成功的行动"。整个
小镇被夷为浓烟滚滚的废墟，300多人死于空袭。一位神父在发生空
袭时刚刚到达格尔尼卡，目睹了空袭造成的破坏，他生动地描述了在
小镇陷入一片火海时人们如何惊恐地尖叫着逃离市场。1937年巴黎世
博会上，西班牙馆展出了巴勃罗·毕加索的《格尔尼卡》，那幅著名

油画淋漓尽致地展现了现代战争的残暴，把格尔尼卡的毁灭永远定格下来。尽管全世界同声谴责，但德国我行我素，继续在西班牙狂轰滥炸。当年秋天，阿斯图里亚斯的战斗接近尾声的时候，秃鹫军团的指挥部决定"派遣飞行中队无情打击赤色分子残余空间的每一寸土地、每一种交通方式"。

1937年秋，内战远未结束，但大势已定。民族主义者对西班牙的征服虽然缓慢，却势不可当。叛军进展缓慢的一个原因是共和国军队的顽强抵抗，但另一个重要原因是佛朗哥打仗的方式。对他来说，内战是一场圣战，目的是恢复信仰天主教的西班牙的伟大，而这就要求不仅打败他眼中的西班牙内部的敌人，而且要将其消灭。所以，佛朗哥并不想速战速决，而是要赢得彻底的胜利。

弗朗西斯科·佛朗哥生于1892年，他的性格形成期是在军中度过的。他具有一流的军事指挥才能，野心勃勃，意志坚定，这使他在军中青云直上，升到了最高领导层。虽然他加入反对共和国的阴谋为时较晚，但是他麾下的非洲军团对阴谋得逞至为关键。1936年9月底，他被民族主义者推举为军队的最高指挥官和国家元首。次年4月，他把右翼各派整合为一个单一的政党，但给这个党起的名字实在太啰嗦，叫作"西班牙传统派长枪党和国家工团主义进攻委员会"（Falange Española Tradicionalista y de las JONS），结果实际上从未有人用过它的全名，而是一直用缩略的"长枪党"（FET）。

佛朗哥丝毫不具备希特勒或墨索里尼那种吸引民众的魅力。他是地地道道的军队产物。他的显赫地位不是靠煽动民心的讲演和耍政治手腕得来的，而是靠着他公认的军事才能一级级升上来的。他貌不惊人，身材矮小，声音尖细。然而，他对他的敌人冷酷无情，而他心目中的敌人比比皆是。他把共济会、共产主义和分离主义视为万恶之源，认为它们使西班牙在 16 世纪的黄金时代之后陷入了堕落、腐败和衰退。他既有军事指挥官的谨慎，也有坚定的决心，矢志彻底消灭挡路的敌人，巩固民族主义者在西班牙的完胜。举行过对他敌人的公审大会后，他会亲自阅览并签署他们的死刑判决书。他的军队一共处决了大约 20 万人。他把 100 万名囚犯关入监狱和劳改营。这是为了对左派和他的其他敌人起到杀一儆百的作用。

共和国对佛朗哥大军的抵抗如此顽强，坚持了如此之久，实在令人惊讶，尤其是考虑到共和国政府被分裂、内斗、不和以及意识形态的差异搞得焦头烂额。（自己内部分歧严重的）社会党人、无政府主义者、社会主义工会和无政府主义工会、奉行斯大林路线的共产主义者、拒绝斯大林路线的共产主义者，还有自有打算的加泰罗尼亚左派，所有这些人全靠打败法西斯主义的决心才走到了一起。（至于民族主义者是不是真正的法西斯主义者，这种纯粹定义上的区分并不重要。在共和国的支持者看来，他们就是法西斯。谁能说他们不对呢？）反法西斯主义是把各路人马团结起来的最有效力量。除此之外就只剩了分裂和派别。

内战开始的几个月中，共和国似乎随时会土崩瓦解。政府在 1936 年 11 月撤离了被封锁的马德里，迁到了巴伦西亚（Valencia，次年 10 月又退到加泰罗尼亚的巴塞罗那）。此时，国家当局常常是形同虚设，叛乱开始后如雨后春笋般纷纷成立的反法西斯委员会掌握了地方权力，替代国家当局行使职能。巴斯克民族主义者宣布建立自治的巴斯克共和国。加泰罗尼亚和阿拉贡（Aragon）也自立政权。无政府主义工会和社会主义工会推动了一场相当于自发的社会革命运动。庄园、工厂和店铺变为集体经营，地方民兵组织建立起来，地方的革命委员会接管了政府。整个局势相当混乱，不过还是维持住了——至少短期内是这样。

巴塞罗那有一个不与莫斯科同路的共产主义组织，叫作马克思主义统一工人党（Partido Obrero de Unificación Marxista），通常简称为马统工党（POUM）。英国作家乔治·奥威尔加入了这个组织的民兵队伍，他对巴塞罗那的情况做了这样的描写："每一座建筑物，无论大小，基本都被工人占领了，挂上了红旗或无政府主义的红黑两色旗；每一面墙壁都画上了镰刀和斧头，还有革命党名称的缩写；几乎每一所教堂内部都被捣毁，圣像和圣画被焚……每一家商店和咖啡馆都贴出告示，说已经收归了集体……几乎所有人都穿着工人的简朴衣着，或蓝色的连身工装裤，或与军服相似的服装。"这样的社会革命除了坚定的马克思主义者以外，不可能受到多少人的欢迎，但人们别无选择，只能乖乖听命。

民兵武器不足、组织混乱，用奥威尔的话说，"按任何寻常的标准来看，都是一群乌合之众"。这样的队伍要想打赢佛朗哥那武器精良、纪律严明的军队简直是白日做梦。中央政府必须调整政策，而且要快。9月，社会党和共产党加入了人民阵线政府，使其名副其实，政府由拉尔戈·卡瓦列罗担任领导，现在他被（暂时）视为促进团结而非造成分裂的人物。政府同意，社会革命只能等以后再说。此刻的当务之急是建立组织有序的军队来取代民兵。中央权威逐渐得到确定。经济被集中管理，确立了征兵制度，规定了食品配额供应，民防得到了组织。在这一切的基础上，一支统一的军队开始建立。

在此过程中，苏联的影响有所增加。随着斯大林援助的武器到来，共产党在政府中的影响力开始提高，而共产党人内心对保卫"资产阶级"共和国不感兴趣，他们的目的是不让它落入法西斯之手，留着它以便将来进行"真正的"革命，此外他们还想赶走激进左派中的其他竞争者，比如托派和无政府主义者。1937年5月，拉尔戈·卡瓦列罗被迫离职，接替他的胡安·内格林（Juan Negrín）是精明的政客，也是能干的行政人员（曾当过财政部长）。他认为，让共产党掌握更多的权力能够增加人民阵线政府打败佛朗哥的可能性，是可以接受的代价。加泰罗尼亚和阿拉贡的社会革命被终止，马统工党在一场无情的清洗中被粉碎。共和国坚持战斗了下去，虽然共产党影响力的增加在共和国控制的地区引起了许多人不满，成为士气低落的原因之一。

1938年，共和国最后的痛苦挣扎即将到来。共和国军队在西班牙东部埃布罗河（Ebro River）下游发动的最后一次大型攻势以失败告终。士气直线下降，厌战情绪广泛。粮食供应趋于罄尽。1939年初，加泰罗尼亚失陷。大批人落入民族主义军队的手中，成为任其摆布的阶下囚。50万名难民逃往法国，前途茫茫，痛苦艰难。3月，共和国最后的防线失守。3月26日，民族主义军队终于开进了马德里。月底，共和国的最后一块领土失陷。截至4月1日佛朗哥宣布内战结束时，20多万人死在了战场上。（全国2,500万人口中）100多万人或是死亡，或是遭到酷刑或监禁，更多的人出国流亡。

佛朗哥和他手下的人获胜后毫不手软。被任命为"政治责任特别法庭"庭长的恩里克·苏涅尔·奥多涅斯（Enrique Suñer Ordóñez）典型地代表了认为需要进行救赎性清洗以净化西班牙的思想。奥多涅斯原来是马德里的一名儿科医学教授，1938年曾说共和派是"魔鬼一样的……虐待狂和疯子……怪物"。在他看来，支持共和国的都是些共

地狱之行：1914—1949

济会员、社会主义者、无政府主义者和有苏联撑腰的犹太人,而犹太人正在逐步实现他们载于《犹太人贤士议定书》的计划。根据他的扭曲心态,内战的目的是"强化种族","完全消灭我们的敌人"。就是在这种态度的指引下,他对被妖魔化的左派进行了激烈的报复。内战结束后,约两万名共和派人士被处决,几千人死在监狱、集中营和劳改队里。对左派的杀戮一直持续到20世纪40年代。

　　捍卫共和国、反对佛朗哥带领的民族主义叛军的那一半西班牙人陷入了沉寂。对他们来说,剩下的只有歧视与困苦,对新建立的镇压性独裁政权,他们满怀怨愤,却只能无奈接受。这种沉寂将持续35年以上,直到1975年佛朗哥去世使西班牙迎来新的开始。

　　西班牙内战能够避免吗?似乎不可能。1936年,爆发内战的各种因素俱备。国家陷于完全分裂。2月选举几个月后,政府就开始迅速失去对局势的控制。5月,普列托受命组建新政府,却遭到左翼竞争者拉尔戈·卡瓦列罗从中作梗,避免内战的最后一个机会也许就此错过。当时若能建立一个强有力却又温和的社会主义政府,可能至少会防止对极端左派心怀惧怕的中产阶层成员转向右倾,去支持民族主义者。但是,拉尔戈·卡瓦列罗造成了政府虚弱和左派分裂的继续。与此同时,中产阶层的大部分人开始把希望寄托在叛军而非共和国身上。普列托本来计划要限制警察权力,解除恐吓人民的法西斯小分队的武装,任命一个受人信任的国家安全负责人,但这些计划都没能付诸实施。不过,鉴于左派中大多数人已经对"温和的"解决方案失去了信任,右派又下定决心要推翻共和国,普列托能否通过改革来缓解局势非常值得怀疑。同样值得怀疑的是,他或任何其他的共和国领导人是否掌握足够的权力,能够逮捕右翼领导人或解除不忠于共和国的军队将领的职务。无论如何，政府没有做出这方面的尝试。与共和国不共戴天的人仍然享受着自由，可以策划武装叛乱，以求推翻共和国。

共和国有可能打赢内战吗？叛乱爆发后，莫拉拒绝了共和国提出的停战条件，佛朗哥把非洲军团从摩洛哥调到了西班牙，民族主义者巩固了他们夺取的大片领土，共和国取胜的希望日益渺茫，到1937年中期则完全破灭。左派的分裂和内讧当然对共和国也没有好处。然而，共和国的失败不是左派造成的。政府军逐渐获得了打持久防御战的能力，虽然效率一直不高。然而，他们的胜算从来就不大。在这场很快成为国际法西斯主义和国际共产主义两大意识形态的代理人冲突中，如果外国干预不是那么一边倒，使民族主义者一方明显占优，也许共和国的军队还有望得胜。但实际上，苏联的援助仅使共和国的军队得以继续支持下去，而法西斯意大利和纳粹德国向叛军输送的武器却对叛军的胜利起到了至关重要的作用。尤为关键的是，西方民主国家的不干预政策和美国严守中立的立场意味着，保卫西班牙共和国的力量除了苏联援助以外资源少得可怜，民族主义叛军则有法西斯强国提供的源源不断的武器。如此悬殊的对比令共和国军队注定不可能赢得内战，佛朗哥最终必定得胜。

内战过后，西班牙埋葬了死者（但许多最惨痛的伤口深藏在人们心底，过了几代人的时间仍然无法愈合）；社会依然四分五裂，尽管民族团结的光鲜表面遮盖住了深刻的裂痕；经济一片凋零，亟待实现的现代化推迟到了多年后。对西班牙左派来说，它在内战中惨败造成的灾难性后果持续了数十年，其影响无法估量。但是，西班牙的悲剧是否产生了更广泛、遍及全欧洲的政治影响呢？如果是的话，左派的失败是如何影响欧洲历史发展轨迹的？如果左派在西班牙内战中取得了胜利（无论这是多么不可能），能否帮助防止又一场欧洲大战的爆发？

看来非常不可能。我们无法推测，如果佛朗哥的民族主义军队被打败，西班牙在共和派统治下会变成什么样子。很可能共产党将成为最终受益者，它会带领西班牙走上通往苏联模式之路。温和左派占上风的概率较小，但若真的发生，就会加强社会主义者在西欧的力量，西班牙可能在后来的冲突中会成为西方潜在的盟友，为威慑希特勒而建立包括苏联在内"大联盟"的设想也会更有希望实现。然而，同样可能的是，左派在西班牙（和法国）的胜利不仅不能威慑希特勒这个对欧洲和平的首要威胁，反而会激怒他。西班牙以后甚至可能成为德国侵略的目标。这些都纯属猜测。事实是，西班牙的事态发展严重打击了社会主义者的士气。来自50多个国家成千上万的人满怀理想主义热情，加入了捍卫共和国的国际纵队，其中大多数是共产主义者，他们认为西方民主国家背叛了民主大业，为此义愤填膺。然而，西班牙的遭遇也使左派更加深刻地认识到，反战与裁军都靠不住。只有靠武力才能打败法西斯主义。

当时很多人担心，西班牙内战会引发法西斯主义和布尔什维克主义的对决，造成全欧大战，但这种担心并未成真。德国、意大利和苏联虽然在西班牙打了一场代理人战争，但它们谁都没有准备好打欧洲大战（虽然德国显然在采取早晚会引发大战的措施）。德国人尤其在西班牙内战中大为受益，他们获得了以空袭支持地面部队的重要战术经验，也意识到自己的坦克需要改善。他们和意大利人看到了轰炸机能够给城镇的平民造成多大的伤亡。苏联人认识到，不能指望西方"资产阶级"国家来对抗日益增长的法西斯威胁。西方民主国家觉得，事实证明自己没有卷入冲突是对的。虽然民族主义者掌权的西班牙可能会向法西斯独裁国家靠拢，但西方国家认为，那也比让布尔什维克主义在自家门口获胜要好。

三年内战惨烈无比，西班牙在后来的几十年内都是一片荒芜。然而，它与影响欧洲走向的重大事件基本没有关系。内战前的西班牙处于欧洲的边缘。在一段短暂而痛苦的时期内，西班牙的灾难吸引了欧洲的注意力。然而，1939 年后，西班牙再次成为欧洲的偏远地区，虽然在后来的大战打响后成为战略要地，但除此之外一直不受重视，直到冷战期间形势大变，佛朗哥成为西方的宝贵资产。

对欧洲其他国家来说，直接导致了又一场席卷整个大陆战火的几个事件与西班牙并不相干，而是发生在中欧这个关键的危险地区。造成那些事件的力量并未受到西班牙惨烈内战的多大影响，那个力量就是德国咄咄逼人的扩张野心。

军备竞赛

1937 年 11 月 5 日柏林那个阴暗沉闷的傍晚，维尔纳·冯·弗里奇（Werner von Fritsch）将军、赫尔曼·戈林（Hermann Göring）将军（他也是四年计划的领导）和海军上将埃里希·雷德尔（Erich Raeder）这三名德国陆、海、空三军的最高指挥官赶往帝国总理府，去听希特勒宣布关于给三军分配钢铁的决定。至少，他们以为自己要听到的是这个决定。

希特勒滔滔不绝地讲了两个小时，但讲的不是钢铁的分配。讲话开始时了无新意。过去他们不止一次听希特勒说过，德国未来的经济安全不能依靠变化无常的国际市场，而是必须通过获取"生存空间"来保证。这个想法本身是帝国主义思想的一个变种，由于德国在第一次世界大战中遭到封锁而得到加强。希特勒从 20 世纪 20 年代中期起即对它念念不忘，这当然意味着扩张，也意味着在某个时候可能会甚至肯定会发生武装冲突。三军领导人和其他在场的人——作战部长维尔纳·冯·布隆贝格（Werner von Blomberg）、外交部长康斯坦丁·冯·诺伊拉特（Konstantin von Neurath）和希特勒的军事副官弗里德里希·霍斯巴赫（Friedrich Hossbach）上校——对这个思想都并未感到担忧。"生存空间"在实践中含义非常广泛，涵盖了关于未来扩张的各种主张，并不意味着必然很快就要打仗。然而，希特勒接着说，他正在考虑短期内发动战争。时间不在德国一边，它目前的军备优势不会持久。他决心最迟于 1943—1944 年动手，但如果形势紧迫，就大幅提前。

他提出了 1938 年也就是次年进攻奥地利和捷克斯洛伐克的想法。在场的一小群人中，有几个听了既惊且忧。他们都同意要确立德国在中欧的超强地位，或掌握在多瑙河地区的经济主导权（戈林对这一点特别重视）。使他们惊心的是，德国可能会与西方强国兵戎相见。他们心知肚明，德国完全没有做好打大仗的准备。希特勒这番话使布隆贝格、诺伊拉特他们感到紧张，尤其是弗里奇。3 个月后，怀疑者都不见了，希特勒把他们全部撤了职。

随着 1937 年岁末的来临，欧洲主要强国之间的军备竞赛日益成为决定政府行为的重要因素。希特勒召开军方领导人会议的由头是钢铁分配的问题。的确，钢铁短缺成了德国发展军备的一大绊脚石。钢铁生产远远满足不了军方的要求，严重限制了飞机的生产，也使军舰的建造大幅落后于海军的预定目标。1937年下半年，日益加重的钢铁危机导致经济部长亚尔马·沙赫特去职。沙赫特一手促成了1933年后德国经济的复苏，但他对最近军费开支如脱缰野马般的增长提出了强烈反对。此时，戈林作为"四年计划"这个于1936年秋制定的关键军备方案的主管，成了国家经济的实际负责人。他管理经济的唯一宗旨就是不惜代价加紧军备生产，使德国在最短时间内做好战争准备。鲁尔的工业大亨因冶炼低品位铁矿石成本太高而裹足不前的时候，戈林把这项任务交给了三家国有钢铁厂。

希特勒上台前，德国大企业的领导人对他热情不高，但很快就改变了态度，都眼红地盯着经济重新振兴、军工蓬勃发展，以及预计德国对东欧和东南欧的统治将要带来的巨大利润。尽管鲁尔的钢铁大亨不愿意对低品位铁矿石投资，但他们仍然是国家在军备上一掷万金的主要受益者。实施四年计划导致的需求已经使得化工巨头法本公司（IG Farben）的利润飞速飙升，德国若能对外攻城略地，给企业带来的利润更是令人垂涎三尺。所以，法本公司的老板必然赞成德国入侵奥地利和捷克斯洛伐克，因为那很快就能带来丰厚的经济收益，特别是使承受着经济重压的德国获得军工生产急需的原材料和工业生产能力。

供应瓶颈和严重的劳动力短缺已经出现。后来的几个月中，情况日益严峻。最后，甚至有人警告说这将很快导致帝国财政的崩溃。任何"正常"政府的脱困办法都会是削减开支以避免经济灾难。但是，纳粹政权绝非"正常"。希特勒一贯认为，只有打仗并通过打仗获得新的经济资源才能解决德国的问题，军工产业的重要部门也都同意希特勒的观点。德国经济困难的加剧不仅没有遏制希特勒的战争企图，反而使他更加坚信战争是紧迫的需要。

另一个为了对外侵略而发展军备的欧洲国家是德国的轴心国伙伴意大利。然而，意大利发展军备的步伐与德国的差距不可以道里计。和德国一样，意大利的钢铁生产不足严重限制了军备生产的规模。货币储备日益减少是另一个限制因素。意大利的企业家很乐意通过生产武器来增加利润，但不肯为了短期的收益而冒险进行长期投资。武器订购方面的管理不善和严重失误导致武器的技术和功能双双疲弱。意大利的资源已经紧缺，又因卷入西班牙内战而浪费了一大部分。墨索里尼决定援助佛朗哥时，未曾料到西班牙内战会如此久拖不决。1937年底，意大利经济的各种问题开始拖累军工的发展。国家既没有工业能力，也没有资金力量来迅速发展军备。事实上，在其他国家争相加紧发展军备之时，意大利1937—1938年的军费开支比起前一年反而下降了20%。墨索里尼设想意大利5年后能做好战争的准备，即使这个估计也太乐观了。

从1936年起，苏联领导人开始日益警惕德国对苏联的威胁。他们猜想，德国很可能与其他"法西斯主义"或"帝国主义"国家结盟。苏联经济是封闭式经济，工业生产的所有部门都掌握在国家手里，所以，大力发展军备没有任何掣肘。尽管如此，还是存在一些限制因素，包括效率低下、工业和军方的地盘之争，还有民用转军工的结构性困难。更糟糕的还有灾难性的清洗运动，清洗至少部分地反映了斯大林对据说威胁到苏联国防的"内部敌人"的偏执性恐惧。不出意料，外国的克里姆林宫观察家因此认定，苏联的力量必然大为减弱，在可见的未来肯定成不了气候。尽管苏联在强军方面突飞猛进，但是苏联领导人根据接到的情报，认为苏联与德国的差距，尤其是在空军这个关键领域中的实力差距并未缩小，这使他们忧心忡忡。

西方民主国家把军备视为必要之恶，是对意大利，特别是德国（以及远东的日本）所构成日益严重的威胁的反应。一旦爆发战争和遍及全大陆以至全球的动乱，西方民主国家的国际金融、贸易和商业将会蒙受巨大的损失。维持和平符合它们的利益。对英国人来说，和平更是重中之重，因为他们控制海外殖民地的成本和难度在不断增加。印度争取独立的压力有增无减，是英国的一大心病。另外，自1936年起，英国人整整3年都忙于野蛮镇压巴勒斯坦托管地的阿拉伯人反对殖民统治和犹太人定居的大型起义。

　　英国的国防资源并未大量转用到帝国别处；法国面对莱茵河彼岸明显增长的紧迫威胁，更是调用了殖民地的防卫资源来予以防范。尽管如此，帝国的防卫依然需要人力和物力资源。英国的政治和军事领导人心知肚明，国家在满足全球各地殖民地的防务需求方面已经不堪重负。如果与意大利、德国和日本在三个战场同时作战，那将是英国军方的噩梦。这个可怕的前景促成了英国牵头、法国支持的绥靖政策（安抚潜在的敌人）。

　　英国对自己是否有能力和德国一样加速军备进程深感焦虑。防空尤其值得忧心。在国民政府中地位显赫的斯坦利·鲍德温自1935年6月起第三次担任首相。3年前的1932年，他曾说，如果战火重起，敌人来空袭，"轰炸机总能飞进来"，可是他没有采取任何行动来减轻民众的恐惧。他的话代表了当时的一种一厢情愿，就是希望英国能带头推动把空袭定为非法，使之成为国际裁军的一部分。随着这种希望化为泡影，德国大规模重整军备的严重威胁已成为必须直面的现实。早在1934年秋，就有人担忧英国忽视了国防，认为它的军力特别是空中力量将落在别国后面。接着，在1935年3月柏林的一次会议上，希特勒（故意夸大其词地）告诉英国外交大臣约翰·西蒙爵士（Sir John Simon）和掌玺大臣（不管部大臣）安东尼·艾登说，德国在空军力量上已经追平了英国。此言使伦敦为之震惊。自此，赞成裁军的人，包括多数自由党和工党的支持者，逐渐失势。1935年6月，鲍德温撤换了无所作为的空军大臣伦敦德里勋爵（Lord Londonderry），任用了更加锐意进取的菲利普·坎利夫-利斯特爵士（Sir Philip Cunliffe-Lister）。从此，空军的扩建和现代化作为英国（日益强化的）扩军的一部分，有了新的紧迫性。

英国军事计划者根据对德国军备优势的评估，认为1939年是最危险的一年，英国到那时必须做好与德国兵戎相见的准备。有人认为那是白日做梦。军方和外交部高层都有人提出严重警告，说英国届时绝无能力遏制德国的威胁，当然，军方人士希望推动大量增加军费开支。他们指出，英国和德国在武器上，尤其是空军装备方面的差距没有缩小，反而在扩大。如果经济过快地转向加强军备，也许就需要加税，并导致生活费用的上涨。对此也有人提出了担忧，他们怕危及社会稳定，担心这甚至可能导向社会主义式的国营军事化经济。关于德国的威胁有多严重，最大的危险是什么，应花多大力气迎头赶上等问题，政治和军事领导人意见不一。无论如何，占主导地位的观点是，一定要使拖字诀，避免仓促应战，如果邀天之幸，最好能通过巧妙的外交防止战争。这种观点无疑暗含着与德国讲和的意思。经济界和军界绝对占上风的意见都指向同一个方向：绥靖。

布卢姆的人民阵线政府于1937年下台后，法国的各部长更是由于经济的原因而赞同绥靖政策。为稳定国家财政而采取的紧缩政策与扩张军备的计划格格不入。财政部长乔治·博内（Georges

Bonnet）明确表示，大炮与黄油不可兼得。大型扩军的计划只能缩减。他说，德国在军备上花钱如流水，法国的自由经济无法与之竞争。结果，1938年法国的国防预算甚至遭到削减，三军领导人怎么抱怨都无济于事。

法国和其他国家一样，认为在任何未来的战争中，最大的危险都来自空中，所以特别警惕空中的威胁。除了资金方面的限制之外，不久前被收归国有的航空工业的重组也影响了生产。1937年，法国只生产了370架飞机，相比之下，德国的产量是5,606架。被普遍视为激进左派、因鼓吹与苏联建立紧密同盟而不受欢迎的空军部长皮埃尔·科特（Pierre Cot）说，他需要增加60%的预算来加速飞机生产。由于财政紧张，这个要求根本不可能得到满足。不出所料，法国空军认为自己在未来的战争中几乎没有胜算。空军司令在1938年初预言，假使当年爆发战争，"法国空军几天内就会全军覆没"。法国领导人深切地意识到本国在经济和军事上的弱点，自然赞同伦敦制定的策略，希望设法同希特勒的德国达成协议，以争取时间。

到1937年末，德国发动的军备竞赛已经难以遏制，挤压了大国政治折冲的空间。后来两年中上演的那场异乎寻常的大戏正在揭开序幕。在那场大戏中，随着各国腾挪余地的缩小，少数关键人物起到了决定性作用。

鹰派与鸽派

1937年11月的伦敦，与德国总理府的那场会议几乎同时，很快将就任外交大臣的英国上议院领袖哈利法克斯勋爵（Lord Halifax）正在为访问希特勒做准备，他希望和这个德国独裁者就中欧的问题达成协议。这是向着更加积极的绥靖政策迈出的第一步，反映了 5 月 28 日取代鲍德温的新任首相内维尔·张伯伦的主张。

也许可以说，鲍德温卸任首相选择了一个好时机。前一年 12 月，爱德华八世国王为了迎娶离过婚的美国人沃利斯·辛普森夫人（Mrs Wallis Simpson），宣布将王位让给他的弟弟乔治六世。鲍德温灵活地处理了那场逊位危机。他辞职前两周，新国王加冕。当时英国正在从经济萧条中逐渐恢复，又避免了荼毒欧洲大部的政治极端主义，全国上下一时间展示了爱国的团结。鲍德温对爆发战争的前景十分忧心，他辞了职，也就摆脱了应对欧洲即将陷入的长期严峻国际危机的重担。

哈利法克斯 11 月 19 日见到希特勒的时候，主动提出英国政府可以接受通过"和平演变"来改变奥地利、捷克斯洛伐克和但泽的目前地位，但强烈希望避免"深远的动乱"。此话在希特勒的耳朵里不啻天籁。他对哈利法克斯说，自己无意吞并奥地利或使之成为德国的附属国。其实，希特勒暗地里正在为此目的而努力。哈利法克斯在日记中写到，希特勒"非常诚恳"，愿意和英国建立友好关系。希特勒曾说，解决英国在印度难题的办法是开枪打死甘地和几百名国大党成员，直到秩序得到恢复；与这么一个政治领导人打交道，温文尔雅的英国贵族哈利法克斯显然不是对手。哈利法克斯回国后向英国内阁报告时，向大臣们保证说希特勒没有"马上动手"的想法，还建议给他一些殖民地，这样他在欧洲就不会那么咄咄逼人。

张伯伦认为哈利法克斯的访问是"一大成功"。他在写给妹妹的私人信件中说，虽然德国人想统治东欧，但是他觉得，只要德国不使用武力对付奥地利和捷克斯洛伐克，英国保证不采取行动阻止用和平手段促成变化，两国间就没有理由不达成协议。这是新的、更积极的绥靖，想通过与德国建立双边关系并对中欧的领土改变做出让步来寻求妥协。对此反对最激烈的是外交大臣安东尼·艾登，但他自1938年1月开始生病，去了法国南部养病。他不在期间，外交事务由张伯伦亲自处理。艾登心力交瘁，又与张伯伦龃龉不断，遂于1938年2月20日辞职。他的继任者是绥靖政策最积极的鼓吹者哈利法克斯勋爵。

英国政府十分清楚，本国防卫力量薄弱，履行全球责任力不从心，所以积极寻求与希特勒达成妥协。这样的英国却成了德国在欧洲扩张的唯一主要障碍，真是令人无法乐观。1937年11月，法国总理肖当和外长伊冯·德尔博斯（Yvon Delbos）去伦敦听取哈利法克斯与希特勒会见的情况通报时，巴黎已经承认，法国的外交政策高度附属于英国的外交政策。法方问到法国的盟国捷克斯洛伐克万一受到侵略，除了法国的支持外，能否也从英国那里得到支持，张伯伦不置可否，只说捷克斯洛伐克"离得很远"，"我们和它没有多少共同的东西"。事实上，肖当私下承认，德国牺牲奥地利和捷克斯洛伐克的利益来扩大它在中欧的影响力已是不可避免，所以他乐得让英国充当绥靖的主力。

1937年11月，贝尼托·墨索里尼也许正在罗马回味他几周前对德国的国事访问。希特勒为接待这个轴心国伙伴使出了浑身解数，使墨索里尼眼花缭乱，大为折服。月初，意大利签署了《反共产国际协定》，加入了德国和日本于前一年秋天达成的这项协定。表面上，这项协定针对的是苏联。然而，在意大利加入协定之前，希特勒的外交特使、时任德国驻伦敦大使的约阿希姆·冯·里宾特洛甫（Joachim von Ribbentrop）已经道出了该协定的真实意图。他解释说，英国人拒绝了德国提出的实现英德友好的建议（希特勒就是怀着这个希望派里宾特洛甫去伦敦当大使的）。他使得墨索里尼和意大利外交部长加莱亚佐·齐亚诺伯爵（Count Galeazzo Ciano）相信，《反共产国际协定》"实际上很清楚是反英的"，是在为德国、意大利和日本三国间加强军事联系奠基。意大利被德国牢牢锁住。1938年1月，意大利军队接到指示，里面首次提到德意联盟对抗英法。非常清楚自己备战不足的意大利军队只能希望战争不要来得太快。

在莫斯科，斯大林在1937年主要忙于通过"大清洗"来打击红军的领导层。在外部观察者看来，这是彻头彻尾的发疯。希特勒就是这么看的。那年12月，他对他的宣传部长约瑟夫·戈培尔（Joseph Goebbels）狠狠地说："必须消灭掉。"然而，苏联并非希特勒的当务之急，他一个月前对德国三军领导人描绘的图景也没有包括苏联。苏联领导层认为，苏联和资本主义国家，包括德国和意大利（法西斯主义被视为资本主义最极端、最具侵略性的形式），早晚必有一战。他们日益坚信，西方民主国家在鼓励希特勒转向东方，为它们反对共产主义的斗争火中取栗。斯大林自己的东部边界上也有隐患。"满洲国"和苏联接壤的地区形势紧张，日本军国主义开始形成重大威胁。战争迟早会爆发，但拖得越久，对苏联越有利。苏联的军事机器还远远没有做好准备。

与此同时，斯大林的选择越来越少。鉴于西方民主国家明显的软弱，以及它们如此急于对希特勒妥协，苏联外交部长马克西姆·李维诺夫（Maxim Litvinov）提倡的集体安全政策日益受到冷落。逐渐得到重视的另一个选项是试图以某种形式与德国交好。1922年《拉帕洛条

第七章　走向深渊　　347

约》签订后，苏德在 20 世纪 20 年代以经济互利为杠杆做出的安排可以算是先例。但是，希特勒在 1937 年 9 月的纳粹党大会上刚刚再次表现了他骨子里对布尔什维克主义的反对，这使苏联就连间接向德国示好都困难重重。斯大林的第三个选择是接受苏联在国际上被孤立的状态，加快扩军步伐，同时祈祷战争不要过早降临。在当时的情况下，这是唯一的办法。

在中欧和东欧国家的首都，政治领导人在 1937 年晚秋深切意识到欧洲均势的巨变，也明白自己的选择有限。显然，他们无力控制欧洲大国的行为，却又受制于大国的一举一动。阿比西尼亚的遭遇表明，靠国联来实现集体安全早已此路不通。法国及其盟国关系网曾经是可靠的保护者，但现在法国的国力大为减弱，它的内部分歧和经济困难有目共睹。英国显然在维护中欧现状上没有重大的利益牵涉。德国不仅在经济上，而且在政治上都在填补英法留下的真空。各国的自身利益和彼此间互不信任或敌对的情绪阻碍了军事合作。与此同时，德国的力量在显著加强，在它的任何扩张行动中，中欧各国必然首当其冲。中欧弥漫着一片紧张焦虑的气氛，维也纳和布拉格尤其有理由担忧。奥地利和捷克斯洛伐克都孤立无援。法国在外交政策上越来越紧跟英国，不再像过去那样是捷克人的可靠盟友。奥地利失去了意大利的保护，最有可能成为希特勒首先打击的目标。他肯定很快就会出手。

在远离欧洲之处发生的重大事件最终对欧洲也产生了深远的影响。日本自 1937 年 7 月起愈加穷兵黩武、强横霸道，对中国开展了野蛮的侵略战争。它犯下的暴行，包括当年 12 月疯狂的日军对南京平民进行的惨绝人寰的大屠杀，使全世界为之震惊。这些暴行造成了美国孤立主义情绪缓慢但稳步的减弱。罗斯福总统在 3 个月前已经表示,需要"圈禁"威胁世界和平的侵略势力。然而,美国并未采取实际行动,这使英国备感沮丧(它在远东的利益将受到日本侵略的直接影响)。尽管如此,自1937年起,日本和美国在太平洋的对抗开始加剧,最终把它们两国拉进了一场全球大战。也是在那时,罗斯福意识到需要使美国公共舆论明白,如果欧洲遭到德国侵略,美国是无法独善其身的。

1938年2月4日,柏林突然宣布德国政治和军事领导层大换血。作战部长布隆贝格和陆军总参谋长弗里奇被解职,希特勒亲自担任改组后德意志国防军的最高指挥,他在德国至高无上的地位因此进一步巩固。军方领导的地位大为弱化。德国不惜万秣马厉兵,恢复了往昔的名声,提高了国际地位,忠于希特勒的人对此甚为认同,他们在人数上完全压倒了害怕德国和西方民主国家开战的人。德国的经济界精英或政府高官从未完全放弃重振德国的希望,所以也一边倒地支持希特勒政权。希特勒对西方民主国家的软弱和分歧巧加利用,推行强硬的外交政策,成了深孚众望的独裁者。德国民众的广泛支持大大巩固了他在国内外的地位。庞大、多层次的纳粹党是他统治的组织基础,也是不断动员民众支持的机器。希特勒的独裁统治强大稳固,没有任何像样的反对派。有组织的抵抗早已被根除。只有军事政变方可有效挑战大权在握的希特勒,但当时尚未出现这方面的迹象。

1938年2月初对政权领导层进行的重大改组中,除了军方的布隆贝格和弗里奇之外,还有一位重要人物离职,他就是立场保守的外交部长诺伊拉特。在这个关头,鹰派的里宾特洛甫取代了他。里宾特洛甫是希特勒的应声虫,自担任驻英大使未能完成使命之后,就对英国切齿痛恨。希特勒通过对军官团和外交使团高层人员的大规模调整,把与他的高风险对外政策步调一致的人安插到了关键的岗位上。现在他做的任何决定都不会有人反对了。希特勒周围的人猜测，他很快将会有大动作。希特勒随从中的一个高级军官在日记中写到，奥地利总理库尔特·冯·舒施尼格一定在"发抖"。

不到一个月后，奥地利政府就在柏林的高压下屈服了。德国军队开过了奥地利边界。德国很快就起草了将奥地利并入大德意志的立法。3月15日，希特勒在维也纳的英雄广场对狂喜的人群宣布："我的祖国并入了德意志帝国！"如他所料，西方民主国家除了敷衍了事地提出抗议之外，并未采取任何行动。接下来，希特勒对奥地利犹太人和反对纳粹的人进行的残酷迫害同样没有激起巴黎或伦敦的任何反应，也没有使张伯伦放弃"有朝一日和德国人重新开始和谈"的希望。

此时，捷克斯洛伐克的边界暴露在希特勒的虎视眈眈之下，肯定是他的下一个目标。早在奥地利落入德国之手以前，英国和法国实际上就已经放弃了奥地利。捷克斯洛伐克却完全不同，它因其地理位置而具有关键的重要性。它是法国的盟国，也和苏联结了盟。法国又是英国的盟国。对捷克斯洛伐克动手很可能导致欧洲大战。在德国看来，捷克斯洛伐克位居中欧的咽喉要地，又同西方和东方都有盟友关系，有可能成为危险的战略隐患。它的原材料和军火对德国备战当然也极其宝贵。但是，出兵捷克斯洛伐克是一着险棋。德国可能会因此陷入与西方民主国家的战争中，而德国的一些军方领导人，特别是陆军参谋总长路德维希·贝克（Ludwig Beck），则确信那样的战争德国是打不赢的。

然而，捷克斯洛伐克的盟友不肯鼎力相助。就在德国吞并奥地利之时，法国国防部长爱德华·达拉第却对政府说，法国不能向捷克盟友提供直接军援。同时，法国军方领导人也不认为苏联红军会向捷克斯洛伐克伸出援手。几周后，法国领导人了解到，英国不肯保证在德国攻击捷克斯洛伐克的情况下采取军事行动。整个1938年夏季，西方强国的立场一直未变。法国尽管信誓旦旦地说支持盟友，但没有英国，法国不会动手，而英国又不肯进行军事干预。捷克斯洛伐克人实际上只能靠自己。

捷克斯洛伐克国内也不太平，使它的处境雪上加霜，这与之前奥地利的情况非常相似。苏台德地区（Sudetenland）的德裔少数族裔日益受到纳粹的影响。他们遭到了占人口多数的捷克人的不公平对待，虽然远不像德国的宣传描绘得那么严重；他们的领导人康拉德·亨莱因（Konrad Henlein）在希特勒的挑唆下故意提出了布拉格方面绝不可能接受的自治要求。在西方国家看来，亨莱因的要求至少有些是合理的。希特勒宣称，他只是想让受迫害的德意志族人回到"帝国的家园"，这更坐实了西方国家的想法，认为他不过是个极端而又固执的民族主义者，认为他追求的是把德裔群体纳入帝国这个有限目标。未能认清希特勒的动机是造成捷克斯洛伐克悲剧的一个关键因素。在这场把欧洲推到又一场战争边缘的戏中，德国的无情、捷克的无助和英法的无力都扮演了角色。

各国都虚张声势，剑拔弩张。紧张不断升级，到了难以忍受的程度。就在那年夏天，希特勒做出了宁可冒与西方国家打仗的风险，也要武力摧毁捷克斯洛伐克的决定。备战计划确定，要在10月1日之前发动进攻。为了造势，希特勒把对捷克斯洛伐克政府的激烈攻击又提高了一个调门，并公开声明，他除了解决苏台德问题，在欧洲没有进一步的领土要求。

内维尔·张伯伦相信，希特勒只是想把苏台德地区并入德国。9月中，他两次飞往德国与希特勒会谈。9月15日，张伯伦第一次访德归来后，乐观地相信很快可以与德国达成协议。所谓协议就是让捷克斯洛伐克把苏台德拱手送给德国，以换取希特勒宣布放弃使用武力。张伯伦私下表示，希特勒虽然冷酷无情，但"言而有信"。这位英国首相很快会发现自己关于希特勒诚信的假设错得多么离谱。与此同时，英国和法国对可怜无助的捷克人强力施压，明确告诉他们，如果打起仗来，就不要指望英国或法国的支持，以此迫使他们同意割让领土。9月21日，捷克人终于顶不住了，他们满怀最深切的不甘和遭到背叛的悲愤，屈从了英法的要求。然而，希特勒并不满足。他在9月22日与张伯伦的第二次会见中反悔，拒绝承认英国首相以为一周前刚刚和他达成的协议。他现在要求德国自10月1日起就占领苏台德地区，否则他就要用武力夺取。英国警告说，这将导致德国与西方国家的战争，希特勒却表示他不在乎。

然而，希特勒私下里不再坚持使用军事力量完全摧毁捷克斯洛伐克的初衷。毕竟，英国人和法国人正在逼着捷克斯洛伐克人把希特勒想要的土地拱手交给他。捷克斯洛伐克人被强压着接受了对其国家的肢解后，德国与西方国家的分歧就只剩下一些小问题了。希特勒的宣传部长约瑟夫·戈培尔言简意赅地指出："不能因为接管的模式打世界大战。"

但是战争一触即发。希特勒咄咄逼人，引起了张伯伦内阁中包括外交大臣哈利法克斯勋爵在内的一些成员的反感。9月25日，他们反对接受希特勒的最后通牒。法国和英国同意派遣特使去柏林警告希特勒，如果他胆敢攻击捷克斯洛伐克，法英两国就对德宣战。法国开始动员征兵，英国下令舰队进入备战状态，苏联也在动员。战争似乎迫在眉睫。人们手忙脚乱地企图召集会议来找到解决办法。墨索里尼出面促成德国、意大利、法国和英国的四国会议后，终于实现了突破。（苏联不在受邀之列，因为各方都不信任它。）作为这出戏的高潮，四国会议于1938年9月30日签订了《慕尼黑协定》。在没有捷克斯洛伐克代表参会的情况下，几个大国把他们的国家切割肢解。两个西方民主国家强迫另一个民主国家屈服于一个独裁者，任其欺凌。

布拉格关于此事的官方公告称："捷克斯洛伐克共和国政府……向全世界抗议在慕尼黑做出的决定，该决定是在没有捷克斯洛伐克参与的情况下单方面做出的。"德国的人道主义作家兼出版家弗雷德里克·W.尼尔森（Frederic W. Nielsen）唾弃德国的非人道政权，看穿了纳粹政权一意孤行要发动战争，遂于1933年10月离开德国流亡到布拉格（后来被迫移居英国，然后又迁至美国）。他写给张伯伦和达拉第的公开信无疑表达了全体捷克斯洛伐克人民的怨愤。"不要欺骗你自己！"他如此告诫英国首相，"今天对你的赞扬不久后就会变为对你的诅咒，因为人们很快会看到这个'和平之举'的种子将结出怎样的毒果。"他对达拉第的批评同样辛辣："在攻陷巴士底狱的风暴中诞生的伟大的法国由于你的签字成了全世界的笑柄。"

至少在表面上，希特勒得偿所愿。苏台德地区马上就可以到手，至于捷克斯洛伐克其余的领土，他毫不怀疑以后也必定是他的囊中之物。和平是维持住了，但是付出了何等的代价啊！

张伯伦和达拉第回国时都受到了民众欣喜若狂的欢迎。慢慢地，人们才普遍感到，自己的国家向霸道的德国低头、乖乖牺牲捷克斯洛伐克的利益是可耻的。有没有别的办法呢？当时人们意见不一，事隔

第七章 走向深渊 353

几十年后仍然众说纷纭，莫衷一是。在这场高赌注的牌局中，希特勒拿到了王牌，张伯伦则是一手差牌，这一点没有争议。但他拿着这一手差牌又打得有多烂呢？

张伯伦最差的牌是英国重整军备的状况。英吉利海峡另一边的达拉第面对的情况更加糟糕。两国的军方领导人都明确表示没有能力和德国打仗。其实，法国人和英国人都夸大了德国的军力。但是，他们关于本国军力，尤其是空中军力，处于严重劣势的结论是根据当时的情报得出的，事后才知道实情并非如此。（其实德国当时根本无力开展使英法畏之如虎的战略轰炸。）也有些情报显示，德国缺乏原材料，准备不足，无力进行大规模作战。但那样的情报或是被弃之一旁，或是得不到重视。军方领导人认定，第一要务是赢得更多的时间扩军备战。

即使如此，在危机正烈的 9 月 26 日，法军总司令莫里斯·甘末林（Maurice Gamelin）将军还是向法国和英国领导人指出，两国的军队若是与捷克斯洛伐克军队共同行动，力量会大于德国。如果需要发动攻势牵制德国对捷克斯洛伐克的行动的话，法国在法德边界上部署了 23 个师，而德国只有 8 个师。如果意大利参战，甘末林提出可以挥师向南，越过阿尔卑斯山的法意边界进入波河河谷，打败意大利之后转头北上维也纳，从那里去援助捷克斯洛伐克人。但甘末林说的有一点让人不太放心，他说法军挺进时如果遇到德军猛烈反击，就退回马其诺防线之后。对德国人，法军和英军都抱有一种莫名其妙的自卑心理，法国人尤其如此。然而，根本的问题自始至终是政治，而不是军事。

问题在 1938 年以前很久就出现了。之前的 5 年间，英国和法国的弱点暴露无遗，多次表现得既看不穿希特勒的真实目的，又对希特勒的所作所为束手无策，最显著的例子就是 1936 年莱茵兰的再军事化。希特勒的德国加强军力的时候，英法两国袖手旁观。结果，1937年5月张伯伦就任首相时，德国的军力已相当强大。另外，多年来英国一直在裁军而不是扩军，在经济衰退严重的那几年，还要分散兵力，在领海以及远东和地中海执行任务。由于法国政局动荡、经济困难，张伯伦自然而然地成为西方民主国家中最有影响力的人物。此外，他不仅更加积极主动地对德国的扩张要求做出让步，而且莫名其妙地充满信心，认为自己知道希特勒想要什么，能对付他，可以劝说他接受对欧洲问题的和平解决。

张伯伦本人对英国外交政策的影响反映了他的这种信心，有时他竟然置外交部经验丰富的外交人员的建议于不顾。他自信的一个表现是，他9月中首次访德时，和希特勒进行了一对一的谈判，外交大臣哈利法克斯勋爵甚至没有陪同出访。若是在后来的年代，人们一定会开展广泛的国际外交来力图缓解紧张，但跨大陆的穿梭外交是很久以后的事情。国联基本上不起作用，所以没有国际机构出手干预。各英联邦自治领已经在上一次欧洲战争中血洒沙场，不想再卷入战争，都支持绥靖。美国仍然奉行孤立主义政策，只在远处观望。罗斯福在1938年呼吁和平，却未采取任何行动。对美国从来没有好感的张伯伦不相信能指望美国伸出援手。无论如何，美国军力虚弱，哪怕想干预也力不从心。事实上，罗斯福听说张伯伦要去参加慕尼黑会议时，还打电报夸他"好样的！"可是，罗斯福后来却将慕尼黑会议谁都能预见到的结果比作犹大对耶稣的背叛，与先前判若两人。

因此，这场戏的焦点集中在希特勒和张伯伦两人的对决之上，历史性的错配非此莫属。张伯伦一直坚信他能够和希特勒谈判达成和平，直到再访德国回来后，他遇到了忠诚的哈利法克斯和其他内阁成员的反对，这才开始产生动摇。到召开慕尼黑会议的时候，张伯伦的信心又回来了。他甚至认为，自己得到了希特勒在一张废纸上的签字，就是"实现了我们时代的和平"，并在回到英国后对此大肆宣扬。后来，他对自己当时在伦敦欢欣鼓舞人群的感染下表现得喜气洋洋颇有悔意。冷静下来后，他认识到自己并未避免战争，只是推迟了战争的爆发。他直到于1940年去世时都坚持认为，尽管战争仅仅得到了延迟，没能避免，但若是1938年就开战，结果会糟糕得多。他确信英国没有做好准备，他必须争取时间。

如果英国和法国不顾军方领导人的告诫，不再等一年，而是1938年就投入战争的话，情况是否会好一些？人们就这个问题反复辩论，无休无止。的确，直到1939年，英国和法国的军费开支才开始与德国比肩，这两个民主国家才开始认真备战。但是，那年德国也并未放慢扩军的步伐，而且已经有了前四年大力发展军备的基础，所以它的军备也比1938年加强了许多。它摧毁了捷克斯洛伐克的军力，攫取了该国的原材料和军火工业，等于如虎添翼。事实上，1939年，力量平衡的某些方面已经向德国倾斜。

慕尼黑之灾能否避免也是自那以来受人热议的题目。一贯反对绥靖，但基本上孤军奋战的温斯顿·丘吉尔在1938年明确呼吁与苏联及东欧国家结成"大联盟"来威慑希特勒。后来，他坚称，若采取威慑而非绥靖的战略，仗就打不起来。工党和许多其他左翼组织都支持建立"大联盟"的主张。然而，这个战略永远不可能获得英国或法国政府的支持，因为它们对苏联的不信任根深蒂固，关于斯大林"大清洗"的可怕传言更加剧了它们对苏联的厌恶。

建立"大联盟"确实是威慑希特勒的最好方法，但这个主意能否付诸实施却很难说。苏联的立场是，一旦法国履行了对捷克斯洛伐克的条约义务，它也将随后跟进——但这是不可能发生的。即使苏联想出兵，罗马尼亚和波兰也不会允许苏军借道。不过，罗马尼亚表示可以让苏联飞机飞越它的领空。苏联空军做好了部署，一旦法国出手保卫捷克斯洛伐克，即可向捷克斯洛伐克提供援助。部分红军部队也接到了动员令。但是，斯大林在危机期间始终小心谨慎，静观事态发展，对卷入"帝国主义国家"的冲突高度警惕。无论是从东边还是西边，"大联盟"对德国可能构成的威胁都从未成真。

若能通过组建"大联盟"对德国形成威慑，也会鼓励德国内部新生的反对派。当年夏天，一些军方领导人和外交部高官秘密策划，准备只要希特勒出兵捷克斯洛伐克就逮捕他。《慕尼黑协定》消除了他们采取行动的任何可能。他们的计划也许反正会胎死腹中，即使得以实施，恐怕也没有胜算。但是，如果希特勒（不顾军方重要人士的劝说）悍然出兵捷克斯洛伐克，犯了双线作战的兵家大忌，那么至少有可能会使他大受打击，甚至被推翻。

从长远来看，这能否预防全面战争殊难料定。也许在某个节点，战争已经形成了不可避免之势。尽管如此，如果希特勒在1938年受阻甚至倒台，战争的性质与环境就会完全不同。事实是，慕尼黑会议之后，战争对欧洲而言已近在咫尺。

和平的丧钟

希特勒的咄咄逼人使他在慕尼黑得到了好处，但他却不喜反怒，因为他被迫放弃了他想采取的行动。他本想以武力摧毁捷克斯洛伐克，却不得不接受对苏台德问题的谈判解决。据说，他从慕尼黑回来后恨恨地说："那个家伙（指张伯伦）毁了我进军布拉格的机会。"德国欢呼雀跃的民众庆祝的不是冒着战争的风险扩大了领土，而是和平得到了维持（许多人将此归功于张伯伦）。《慕尼黑协定》达成几周后，希特勒于11月10日在一个德国记者和编辑的会议上做了一次（非公开）讲话，他在讲话中承认，由于多年来一直宣传德国的和平目标，因此德国人民对使用武力没有足够的思想准备。

希特勒做出此番坦承的前一天，德国刚刚经历了一个恐怖的暴力之夜（水晶之夜）。纳粹暴徒横行肆虐，在全国各地焚烧犹太会堂、毁坏犹太人的财产。那一夜的可怕屠杀造成近100人死亡，无数犹太人受到暴徒的抢掠骚扰。水晶之夜是骇人听闻的反犹暴力浪潮的高峰。这一波反犹暴力更甚于1933年和1935年的暴力，它自当年3月德国拿下奥地利开始，随着夏天紧张形势的升级而愈演愈烈。慕尼黑会议后，希特勒完全不把软弱的外国对手放在眼里，在宣传部长约瑟夫·戈培尔的推动下同意让纳粹暴徒放手施暴。

对犹太人展开大屠杀是为了迫使他们加速向外移民，这个目的确实达到了。尽管迫害日益加剧，环境十分恶劣，但德国仍有50万名犹太居民，其中大多数在纳粹党当权之前早已完全被德国同化了。现在，他们成千上万地离开德国去西欧寻求庇护，很多人后来越过英吉利海峡到了英国，或者去了大西洋另一边安全的美国。虽然那些国家的移民政策仍然有许多限制，但是大约7,000名犹太人进入了荷兰，4万人在英国定居下来，约8.5万人到了美国。德国发生对犹太人屠杀的几天后，英国政府制定了名为"儿童转移"（Kindertransport）的难民行动计划，接纳了1万名左右犹太儿童。

后来的几十年内,犹太移民对接受国的科学和文化生活做出了重大贡献。德国自作自受,损失惨重。然而,还是有数万名犹太人被其他欧洲国家、美国和(仍由英国托管的)巴勒斯坦拒绝入境,他们就没有那么幸运了。许多犹太人仍然在纳粹手中,若是发生战争,还会有更多的人落入纳粹的魔掌。大屠杀过后不到3个月,希特勒对世界发出了凶狠的警告(他称之为"预言"):一场新的战争将毁灭欧洲的犹太人。

在捷克斯洛伐克遭到肢解这件事上,德国并非唯一的受益者。邻国波兰对捷克斯洛伐克没有丝毫好感。波兰人看到,如果捷克斯洛伐克被肢解,他们也许也能得到它的一部分领土,于是在1938年夏天的危机中保持中立。慕尼黑会议一结束,波兰即不失时机地吞并了西里西亚东南部的切申(Teschen),那是一片狭长的土地,混居着不同族裔的人口,"一战"后,波兰和捷克斯洛伐克都对它提出了领土要求,但它在1920年被划给了捷克斯洛伐克。然而,波兰人很快就领教到,如果他们挡了希特勒的路,他们在1934年1月和德国签订的互不侵犯的十年条约就等于一张废纸。

麻烦开始冒头的时间是1938年秋,当时德国向波兰提议把但泽归还德国(但泽自1920年起被定为由国联托管的自由城市,但人口几乎全部是德裔),并建立一条运输通道穿过把东普鲁士和德国其他地方分开的"走廊"。波兰对这些提议一一回绝,进入1939年后仍然拒不让步。希特勒暂时忍下了这口气。他可以等。直到1939年春,他才开始把注意力转向波兰。

那时,德军刚刚完成希特勒前一年夏天的心愿,于3月15日入侵了捷克斯洛伐克剩余的领土,建立了"波希米亚和摩拉维亚保护国"。斯洛伐克人也建立了自己的自治国家。捷克斯洛伐克这个在奥匈帝国废墟上兴起的最成功的新生民主国家就这样从地图上消失了。随着德军开入布拉格,将希特勒视为民族主义者,以为他不过是想扩大帝国,将所有德裔人口都包纳进去的幻觉彻底破灭。德国对捷克斯洛伐克实施的显然是帝国主义征服战。西方民主国家终于看到了希特勒的真面目。绥靖再无市场。所有人,除非故意罔顾事实,都清楚地看到希特勒会无所不用其极。同样清楚的是,下一次——而且肯定会有下一次——必须对他进行武装抵抗,而那就意味着战争。

德国占领捷克斯洛伐克的剩山残水使张伯伦深感沮丧,认为受了希特勒的骗。于是,1939年3月31日,他向可能成为德国下一个受害者的波兰保证说,如果波兰遭到攻击,英国将提供军事支持。实际上没有自主外交政策的法国也跟随英国向波兰做出了保证。英法两国仍然不认为应该与苏联结盟并发动两线作战迎击希特勒。英法对波兰的保证正式宣布前几个小时才通知苏联,这使得苏联领导人非常愤怒,更加坚信张伯伦老谋深算,最终目的是挑起德国和苏联之间的战争。

向波兰做出保证的关键用意在于威慑。张伯伦终于认识到,需要威慑希特勒,不让其做出进一步的侵略行为。到了此刻,他仍然希望希特勒能够明白事理,不要使用武力来实现领土要求。但是,张伯伦选择了一个差劲的保证对象,同时又放弃了英国的主动权。他知道,英国在军事上无法防止德国横扫波兰,他的顾问告诉他,德军一旦入侵波兰,3个月内即可占领波兰全境。一年前的夏天,张伯伦曾拒绝向一个决心为保卫国家而战、与法国和苏联有盟友关系的民主国家做出类似的保证,现在他却把英国和波兰的命运绑到了一起。然而,波兰(用丘吉尔的话说)"仅仅6个月前还像鬣狗一样贪婪地加入了对捷克斯洛伐克的掠夺和破坏",而且它在地理上无险可守,军事上力量薄弱,在德军劲旅面前不堪一击。自此,英国是否投入新的战争的决定权掌握在德国和波兰手中。

英国的保证根本威慑不了希特勒,只是挑起了他的怒火。他大发雷霆,发誓要给英国人"煮上一锅菜噎死他们"。4月初,他授权发出军事命令,要求在1939年9月1日之后随时摧毁波兰。波兰在但泽和波兰走廊问题上的顽固态度恰好给德国提供了借口。于1939年盛夏达到高潮的那场危机已经成形。

与此同时,墨索里尼感到被希特勒在布拉格的得手抢了风头,他在攫取土地的竞争中不甘落后,于4月吞并了阿尔巴尼亚,展示了意大利的军力。作为回应,英国和法国把安全保证扩展到罗马尼亚和希腊。意大利对阿尔巴尼亚的进攻混乱不堪,却被吹嘘为伟大的胜利。法西斯党的一名领导人迪诺·格兰迪(Dino Grandi)说,这次作战将"在墨索里尼的意大利之东开辟罗马古老的征服之路"。意大利在阿尔巴尼亚这个贫穷的小国开辟的道路上下一步就是希腊。如果战争爆发,意大利就希望把英国赶出地中海。南欧的紧张局面也开始酝酿。

欧洲强国领导人之间的博弈决定着普通人民的命运,但老百姓只能无奈焦灼地旁观。1939年夏天,民众的情绪与前一年夏天迥然不同。在苏台德危机的高潮时刻,众人都深感欧洲的形势岌岌可危,已经到了悬崖边缘,随时会堕入战争的深渊。张伯伦、达拉第、墨索里尼和希特勒从慕尼黑会议归来时受到的热烈欢迎反映出,人们因战争得以避免而感到如释重负。只是到了后来,为维持和平所付出的道德代价才逐渐为人所认识,而有此见地的人寥寥无几。1939年的波兰危机期间,普遍的情绪是无奈,奇怪的是,却没有多少恐惧。

第七章 走向深渊

一年前德国内部报告记录的"战争恐慌"基本上没有再现。人们普遍认为，既然西方国家不肯为捷克斯洛伐克而战，它们就不可能因但泽（它是德国在波兰危机中的表面目的）出兵。8月底，派驻柏林的美国广播记者威廉·夏勒（William Shirer）认为："老百姓仍然相信希特勒能够不用打仗就达到目的。"维克托·克伦佩雷尔（Viktor Klemperer）是德累斯顿的一位犹太学者，他虽然身处险境，深居简出，但对周围充满敌意的环境观察敏锐。他认为，民众普遍觉得，"这次还是会没事的"。在危机迅速升温之时，民众仍然希望能再次避免战争，但也认为，如果英法迫使德国打仗（这一点政府在宣传中反复强调），德国只能迎战。民众希望但泽和波兰走廊的问题能够按德国的意思得到解决，不过许多人，可能是大多数人，都觉得不值得为了这些事情大动干戈。当时的人也注意到了民众的情绪与1914年是多么不同。这一次，哪里都没有出现对战争的热情期盼。

法国民众的情绪也发生了变化。对战争，尤其是对空袭的恐惧依然挥之不去。但是，希特勒出兵布拉格后，法国人产生了反抗心理，决心抵抗德国的进一步侵略，那是一种"受够了"的心态。1939年7月，法国举行了一次全国调查，3/4的受访者表示愿意拿起武器保卫但泽。表面上似乎一切正常。电影院、咖啡馆和餐馆生意兴隆，人们"及时行乐"，不去想以后的事情。预言大难将临的多半是知识分子。8月，法国各大城市的居民倾巢而出，蜂拥去海边的度假胜地或静谧的乡间，在这可爱的夏日尽情享受带薪休假，很多人都带了最新的畅销书——玛格丽特·米切尔（Margaret Mitchell）的《飘》（Gone with the Wind）的法文译本。这也许是今后一段时期内最后的享受机会了，所以不容错过。

英国的情况大致相同。德国侵占了捷克斯洛伐克剩余的领土，此事改变了公众的态度。威廉·伍德拉夫（William Woodruff）后来回忆说："英国人对和平主义和征兵的态度发生了巨变。"来自北方一个工人家庭的他当时还是个年轻人，自己努力考入了牛津大学。他说，学生们之间讨论"他们是今年还是明年会上前线，扩军不再是不好的字眼"。7月的一次民意调查中，和法国几乎一样比例的人（约3/4）认为，如果关于但泽的争端导致战争，英国就应当恪守诺言，和波兰一起战斗。和在法国一样，人们紧紧抓住一切正常的假象，对隆隆的战鼓声听而不闻。舞厅和电影院爆满，球迷全神贯注地跟踪英格兰队和巡回比赛的西印度队之间的板球测试赛（第三场测试赛在伦敦椭圆体育场举行后一个多星期，战争就打响了），"年假"期间照常有大批人从北部的工业城镇涌向海边。那个美妙的夏天，安宁美丽的英国乡村似乎离战争的恐怖很远很远。许多人认为，希特勒在但泽问题上是虚张声势，为了避免与英国为敌，他最终不会攻击波兰。

在波兰，英法给出的协防保证改变了民众的态度。亲英亲法的感情骤然高涨，对德国的敌意则显而易见。全社会都笼罩在战争山雨欲来的气氛中，人们的神经日益紧绷。小说家玛丽亚·东布罗夫斯卡（Maria Dąbrowska）所著的家世小说《黑夜与白昼》（Nights and Days）赢得了1935年波兰最具盛名的文学奖，她也因之名声大振。1939年7月，她刚做完手术，正在波兰南方的一个度假胜地休养，享受那里的美景。关于自己是否应该回华沙去，她思来想去，不愿意离开。她想："天气如此美好，战争迫在眉睫，也许这是此生最后一次享受田园生活了。"人们普遍感到时间宝贵。东布罗夫斯卡回到华沙后，8月初，一位同行建议她搬到波兰西北部的一个休养地去。同行劝她："别考虑太久。这是最后的可能,最后的机会。还有什么好说的?最迟几周后就要打仗了。"8月最后几天,政府开始紧急动员人员、车辆和马匹。各家各户也赶快囤积食物和日用物品。人们到处寻找出售防毒面具的商家,因为当局供应不足。大家还试图把房间密封以防毒气进入,在窗玻璃上粘贴纸条。谁都知道,和平命悬一线。"波兰面临着一场可怕的灾难。"

8月21日晚,传来了令人震惊的消息。德国和苏联这对死敌即将达成交易。苏联公民多年来一直听说法西斯主义是最邪恶的,现在愕然发现希特勒竟然是苏联的朋友。如同一位当时住在莫斯科的女士后来所说,"世界完全颠倒过来了"。德国公民也是多年来习惯于政府滔滔不绝地痛斥布尔什维克主义的恶魔本质,看到政府态度的急转弯,他们同样感到不可思议。不过,两国人民最大的感觉是松了一口气,因为"受到包围这个最可怕的噩梦"被消除了。

德国在几个月前初次向苏联伸出了触角,试探两国达成和解的可能性。5月3日,斯大林解除了倡导集体安全的马克西姆·李维诺夫外交人民委员的职务,由维亚切斯拉夫·莫洛托夫接替,这标志着克里姆林宫思路的改变。里宾特洛甫看到,也许这是个机会,可以与苏联达成新的谅解,彻底排除苏联与西方民主国家结成反德同盟的可能性(伦敦和巴黎都有人再次提出了与苏联结盟的主张,尽管没有得到热心响应),并一举完全孤立波兰。接下来的几周内,两国仅为达成贸易协议采取了一些试探性的步骤。然后,里宾特洛甫从莫斯科间接传来的信号中看到了他所期待的善意,于是开始寻求达成使双方都能获得领土利益的政治谅解。

希特勒计划赶在淫雨连绵的秋季开始之前,在8月底动手攻打波兰，这更加大了与苏联媾和的紧迫性。8月19日，斯大林终于表示愿意与德国签订协议。希特勒立即派里宾特洛甫前往莫斯科。4天后，莫洛托夫和里宾特洛甫签署了《苏德互不侵犯条约》。条约的一项秘密议定书划定了两国在波罗的海地区、罗马尼亚和波兰的势力范围，以图在这些地区造成"领土和政治的改变"。这个协定是能想象得到的最没有原则、最没有良知的协定。然而，它正是缔约双方想要的。德国确保了东部前线的安全，苏联则赢得了巩固国防的宝贵时间。

达成了这项协定后，德国出兵波兰再无阻碍。希特勒仍然抱有一线希望，希望英法不会履行对波兰的承诺。但是，他反正做好了动手的准备，哪怕和西方民主国家兵戎相见也在所不惜。他对它们的轻蔑在前一年夏天已经得到了证实。"我们的敌人是小爬虫，"他这样告诉他的将军们，"我在慕尼黑亲眼看到了。"他最担心的是最后一刻有人出手干预，导致第二个"慕尼黑协定"，阻止他毁灭波兰。

一年前，希特勒的冒险政策险些引发与西方国家的战争的时候，德国军方和外交部的精英心中萌生了对希特勒的反对。后来，慕尼黑会议断送了反对派成功的任何机会。一年后，暗地里继续反对希特勒一意孤行挑起战争的人预言，战争最终将给德国带来灾难，但他们根本无力挑战希特勒的权威。1938年对开战意见不一的军方领导人现在即使心存疑虑，也没有任何言辞或行动上的表示。他们也许不是满怀热情，只是听天由命，但还是支持了希特勒的决定。这一点十分关键。希特勒的战争企图在国内没有遇到任何阻力。

从8月22日开始，英国驻柏林大使内维尔·亨德森爵士（Sir Nevile Henderson）在帝国总理府与希特勒举行了几次气氛极为紧张的会见，会见中，希特勒似乎表示和平解决危机有望，但其实他已经

在秘密准备入侵波兰。另外，戈林三次派遣一个名叫比耶·达勒鲁思
（Birger Dahlerus）的瑞典工业家作为他的私人特使访问英国，表示德
国的善意。但是，德国人不过是把谈判当作掩人耳目的花招，其实丝
毫无意中止攻打波兰的计划。他们原计划在 8 月 26 日动手。头一天下
午，希特勒对军队下达了动员令，但几小时后又被迫取消，因为他的
轴心国伙伴墨索里尼告诉他，意大利尚无能力与德国一同投入战争。
墨索里尼也许为此感到脸上无光，但这对希特勒来说不过是一个小磕
绊。他很快确定了新的进攻日期。1939 年 9 月 1 日凌晨，德军越过了
波兰边界。

直到最后一刻，英国人都未放弃和希特勒坐下来谈判的希望，对
战争的打响措手不及。接下来是两天的犹豫不决。希特勒的大军在鲸
吞波兰，英国和法国却仍无法统一采取行动。墨索里尼表示愿意居间
调停，劝说希特勒同意 9 月 5 日召开会议。法国人比英国人更愿意接
受这个建议。然而不出预料，希特勒断然拒绝了开会的建议。被丘吉
尔和其他英国领导人视为"典型的失败主义者"的法国外长乔治·博
内发出混乱不明的外交信号，想尽量拖延时间，不让法国迈出令人心
惊的最后一步。张伯伦和哈利法克斯也是一样，直到 9 月 2 日下午，
他们还愿意考虑，如果德军撤出波兰就和德国会谈。然而，那天晚上
张伯伦在议会里清楚地看到，他若再和希特勒谈判，他的政府就一定
会垮台。在群情激愤的内阁成员面前，他保证将要求德军立即撤出波
兰，并在次日早晨 9 时将最后通牒发给柏林，限希特勒两个小时之内
做出答复。

1939 年 9 月 3 日上午 11 时 15 分，英国各地的人民聚集在收音机
旁，听张伯伦语气沉重、声音死板地宣布他没有接到对最后通牒的回

答,"因此,本国进入了和德国的战争"。他话音刚落,就响起了空袭警报,后来证明那是一场虚惊,但它预示了后来的事态发展。主要由于博内的拖延,英法两国并未同时宣战。法国又过了近 6 个小时,到下午 5 时才终于对德宣战。

通往又一场战争的地狱之路蜿蜒曲折。它确实是由绥靖者的"良好意图铺就的"。9 月 3 日,张伯伦对英国下议院说:"我为之努力的一切,希望的一切,在我担任公职期间相信的一切都毁于一旦。"也许绥靖是出于最好的动机,但如丘吉尔所说,它是"善意、能干的人做出的一系列令人扼腕的误判",相当于"通往灾难的一连串里程碑"。英国和法国的绥靖者无疑是出于"善意"的,但是,他们的教养、经验和政治历练没有教会他们在国际舞台上碰到流氓时该如何对付。他们根本不是希特勒的对手。他们以为可以和希特勒谈判达成交易,哪怕那意味着把另一个国家扔进狼群,但希特勒从一开始就意在战争。按照希特勒 20 多年来一贯的世界观,只有征服才能满足德国的需要。所以,路的尽头也是最顺理成章的结局:欧洲再次陷入战争。

英国外交部常务次官亚历山大·贾德干爵士(Sir Alexander Cadogan)说得好:"从某种意义上说是松了一口气,人们不再犹疑。"出身工人阶级的牛津大学学生威廉·伍德拉夫就在那天放弃了和平主义信念:"作战是两害相权取其轻。我安排好牛津的事情后就会参军。"人们争先恐后地踊跃报名参军。伍德拉夫的话也许准确地概括了大多数英国人的观点,那就是,战争不可避免,必须和希特勒斗:"他们很高兴骗局终于结束,生死决战即将开始。"犹太作家马内斯·施佩贝尔在巴黎加入了志愿者的队伍,既为自己今后可能的遭遇而忐忑不安,又因父母和兄弟安全住在英国而心中释然。《巴黎晚报》的编辑皮埃尔·拉扎雷夫（Pierre Lazareff）在日记中写道："没有充盈的热情。应该这么做，仅此而已。"法国人对一代人以前在自己国土上发生的杀戮记忆犹新，所以，根据法国各县的报告，在法国本土以及法国殖民地召集起来的 450 万名法国军人只得作战，但丝毫没有 1914 年的那种热情。

德国也是一样。威廉·夏勒对柏林的气氛做了这样的描述："人们脸上只有震惊和沮丧……我相信，1914 年世界大战打响的第一天，柏林一定是一片欢腾。今天，没有兴奋，没有欢呼，没有喝彩，没有鲜花，没有好战的狂热，也没有惧战的歇斯底里。"相比之下，后来成为德国著名文学批评家的马塞尔·赖希-拉尼茨基（Marcel Reich-Ranicki）回忆说，华沙人民听到英国和法国对德宣战的消息后难抑喜悦之情。狂喜的人群聚集在英国使馆外高呼"不列颠万岁！""自由之战万岁！"同一天晚些时候，他们又涌向法国使馆，在外面高唱《马赛曲》。他们以为援军即将来到，然而，随着德军的弹雨向波兰的城市倾洒而下，造成大批伤亡，他们开始意识到，没有人会帮助他们。

无论欧洲各国人民在 9 月 3 日那一天感受如何，他们都意识到，生活从此将发生巨变。谁也不知道战争到底会带来什么，但大家都焦虑万分。许多人感到地狱之火将再次降临。然而，没有多少人像流亡英国的奥地利犹太裔作家斯特凡·茨威格（用不太熟练的英文）在日记中表现出来的那样，对未来怀有如此深刻的不祥预感。1939 年 9 月 3 日，茨威格写到，新的战争将"比 1914 年严重千倍……谁也不知道这场战争的水深火热会带来何种恐怖，那些罪犯什么都做得出来，文明将会崩塌"。

第八章

人间地狱

> 我们似乎正在目睹人类进化的戛然而止,以及人作为理性生物的完全崩溃。
>
> 摘自海达·马格利乌斯·科瓦莉
> 《寒星下的布拉格：1941—1968》(1986年)

对几百万欧洲人来说,第二次世界大战甚至比第一次世界大战更接近人间地狱。只看死亡人数就足以令人毛骨悚然——仅在欧洲就超过了 4,000 万,是第一次世界大战的 4 倍以上。如此巨大的死亡人数超出了人的想象力。苏联一国就有 2,500 多万人死亡。德国有约 700 万人死亡,波兰是 600 万人。这些干巴巴的数字表现不了那些人遭受的极端痛苦以及无数家庭失去亲人的锥心悲伤。从这些数字中也看不出如此巨大伤亡的实际地域分布。

西欧的损失相对较轻。英国和法国的死亡人数远低于第一次世界大战。第二次世界大战中同盟国军队的阵亡人数一共是 1,400 多万,其中英国(及其海外领土)占约 5.5%,法国(及其殖民地)占 3% 左右,苏联占的比例却高达 70%。如果不算对日作战的话，苏联所占的比例还要更高。英国平民的死亡人数不到 7 万，主要由空袭造成。而在杀戮的中心地带，即波兰、乌克兰、白俄罗斯、波罗的海国家和苏联西部，平民死亡人数达到了 1,000 万左右。

与第一次世界大战不同，第二次世界大战造成的平民死亡人数大大超过了作战部队的死亡人数，它把整个社会都拉下了水，在这一点上远甚于"一战"。平民死亡如此之多的一个重要原因是第二次世界大战的种族灭绝性质。种族灭绝是"二战"的中心特点，也是不同于1914—1918 年那场大战的地方。"二战"导致了历史上空前的人性泯灭，是向着前所未有的深渊的堕落，也是对启蒙运动所培育的一切文明理想的毁灭。它是一场浩劫，是欧洲的末日大决战。

一代人的时间内打的第二次战争延续了第一次战争的未了之事。前一次战争除了使得几百万人痛失亲人，还留下了一个震荡的大陆。国家、族裔和阶级间的巨大仇恨相互交织，孕育出极端的政治暴力和两极化的政治气候，希特勒政权就在这样的气候中应运而生，成为欧洲和平的心腹大患。第一次世界大战对德国来说尤其是未了之事。但是，德国想通过另一场战争来夺取对欧洲乃至全世界的统治，这不啻一场豪赌。由于德国的资源有限，这场豪赌的胜算十分渺茫。其他国家也在迅速扩军，它们会竭尽全力防止德国建立霸权，而且它们的资源一旦动员起来，就会比德国多得多。德国赶在敌人能够阻止它之前取得胜利的时机转瞬即逝。

对希特勒本人和纳粹领导层的其他人来说，打仗有着强烈的深层心理动机。他们要通过战争来否定"一战"的成果，洗刷战败及凡尔赛和会给德国带来的耻辱，根除"11 月罪犯"（指希特勒认为造成了

1918 年革命的左翼领导人）的遗产。特别重要的是，如希特勒在 1939 年 1 月的一次讲话中"预言"的那样，要通过战争来消灭犹太人在全欧洲的"邪恶力量"。一言以蔽之：新的战争将重写历史。

英国和法国这两个西方民主国家的弱点在它们和希特勒打交道的过程中暴露无遗。为了保住和平，它们宁愿接受德国的势力在中欧扩大，连德国肢解捷克斯洛伐克都忍了下来。这本身就等于承认了欧洲均势的重大改变。然而，德国无限制地攻城略地却要另当别论，那不仅会打破欧洲的均势，造成英法海外领土的不稳，而且会直接危及法国乃至英国本土。可以想象，受希特勒及其残酷政权统治的欧洲要比德皇统治下的欧洲糟糕百倍。因此，对英国人和法国人来说，抵制德国力量的扩张刻不容缓。英国和法国几乎没有人想打仗。"一战"的创痛尚未痊愈，它们的军队没有做好打大仗的准备，它们的经济也刚开始从经济萧条中复苏，担负不起又一场战争，伦敦金融城和英法两国的大企业不可能愿意看到"一战"造成的经济大震荡重演。对前一次战争中血流成河的景象记忆犹新的民众当然不希望战火再起。但是形势很清楚，仗非打不可。国家利益和正义事业正好结合为一。若有正义战争这回事，即非这场战争莫属。欧洲要想有和平，就必须打败希特勒。

如果把"一战"比作影响深远的大灾难，"二战"就是灾难的顶点。"二战"造成了欧洲文明的完全崩溃，标志着在"一战"中成形并导致后来 20 年间欧洲不稳和紧张的各种意识形态、政治、经济和军事力量的终极冲突，成为重塑 20 世纪历史的决定性事件。第二次世界大战终结了第一次世界大战遗留下来的欧洲。欧洲在"二战"中险些毁掉自己。它最终存活了下来，但变得迥异于前。

燃烧的欧洲

"二战"最终把远东和欧洲的冲突联为一体,成为全世界的战争。它分三个主要阶段,对欧洲不同部分影响的程度与时间点大不一样。瑞典、瑞士、西班牙、葡萄牙、土耳其和爱尔兰的官方立场是保持中立。它们没有参战,但间接卷入了敌对行动。所有其他欧洲国家都以这样或那样的方式参加了战争。

战争的第一阶段,战火从波兰烧向波罗的海地区,接着蔓延至斯堪的纳维亚、西欧、巴尔干和北非。战事扩大的轨迹一条沿着德国和意大利侵略的路线前进,另一条随着苏联为延伸力量和建立并巩固防御地带而对波兰和波罗的海地区的扩张展开。根据与德国达成的协议,苏联于 1939 年 9 月中期占领了波兰东部。1940 年 4 月,波罗的海三国——爱沙尼亚、拉脱维亚、立陶宛——成为苏联的加盟共和国;7 月,原属罗马尼亚的比萨拉比亚(Bessarabia)和布科维纳北部被苏联吞并。芬兰在 1939—1940 年冬季英勇战斗,顽强地顶住了强大的红军,但最终仍不得不割地给苏联,成为苏联在波罗的海地区防御壁垒的一部分。

1939 年秋,波兰一击即溃。1940 年春,丹麦、挪威、荷兰、卢森堡和比利时等中立国失陷。接着,人们怎么也没有想到,(军队规模居欧洲之冠的)法国经过短短 5 个多星期的战斗就向德国投降了。150 多万名法军士兵被押到德国,其中大部分人当了整整 4 年的战俘。次年春天,南斯拉夫和希腊也很快败于强大的德军。

德军捷报频传之际,它的一个重大失败反而显得更加突出——它始终没能征服有遍及全世界的帝国做后盾的英国。此中丘吉尔厥功至伟。他自1940年5月10日起担任首相,当月月底,英军受困于敦刻尔克(Dunkirk)的沙滩之时,他在与外交大臣哈利法克斯勋爵针锋相对的交谈中,拒绝考虑后者关于英国应寻求达成和解的主张。(英国王室和保守党的许多成员都觉得哈利法克斯是更合适的国家领导人。)面对决心战斗到底的英国,德国不得不考虑美国也许会向英国提供经援,甚至军援,这个前景令它不安。希特勒本来打算先结束西方的战斗,再将锋锐指向苏联,进行他准备了近20年的战争。但是,他无法迫使英国屈膝投降,进而拿下整个西欧。1940年,他一度想入侵英国。然而,后勤安排难于登天,入侵完全不可行,于是他很快放弃了这个想法。德国空军企图用空袭迫使英国就范,终未成功,虽然在1940年和1941年初那段时间内,德国空军把英国的城市炸成一片瓦砾,炸死的人成千上万。

德意志国防军把空中力量与快速坦克部队相结合,形成了新颖而致命的作战手法,它发动了一系列惊人的闪电战,获得了令人生畏的军事优势。到1941年春,北起挪威、南至克里特岛的大片地区已经落入德国之手。意大利则比较不顺,它在1940年6月德国征服法国时参战,很快就在希腊和北非的战斗中弱点尽显,大失脸面,结果德国不得不出兵援助这个苦苦挣扎的轴心国伙伴。

希特勒深切地意识到,德国统治欧洲进而称霸世界的豪赌获得成功的最佳时机转瞬即逝,因此,他彻底改变了起初的打算。他对手下的将领说,要打败英国,首先得打败苏联。德军将领严重低估了苏联的军力(红军在1939—1940年的冬季战争中连打败弱小的芬兰军队都费了九牛二虎之力,也难怪被人轻视),以为东线作战几周内就能成功奏凯。1940年12月，希特勒下达了次年春天入侵苏联的命令。对苏战争如果胜利，德国将获得希特勒所谓的"生存空间"，同时还能达到希特勒想了20年的第二个目标，实现他和整个纳粹党领导层自始至终几近疯狂地念念不忘的"犹太人问题的最终解决"。

战争的第二阶段始于1941年6月22日凌晨。德军不宣而战，挥师进入苏联。300多万名德军官兵越过了苏联国界。部署在苏联西部迎击德军的红军人数与德军相当。历史上规模最大、死伤最多的战争就此爆发。

这次巨大的行动若能迅速完胜，好处不可小觑。苏联的丰富资源对德国力图完全掌控欧洲的行动至关重要。在西边，英国正日益倾向于与美国结成全面战争同盟，这是对德国的莫大威胁，而消除这个威胁的前提就是把整个欧洲控制在手中。希特勒推测，美国1942年将参战支持英国。他坚定地认为，德国必须在那之前建立对欧洲的统治。1941年3月，美国国会通过了《租借法案》，大幅增加了对英援助，这显然坐实了希特勒的担心。罗斯福总统仍然不敢向国会提出参战的提议。孤立主义政策尽管有所收敛，影响力却仍然相当大。然而，《租借法案》证实，美国现在决心利用自身庞大的经济力量来帮助打败轴心国。德国必须与时间赛跑，在美国用经济力量（很有可能在某个时候直接动用强大的军事力量）对战局产生决定性影响之前打败苏联。

德国对苏入侵的代号为"巴巴罗萨行动"（Operation Barbarossa）。德军越过苏联1,800公里的漫长东部边界，分北、中、南三路进击，初时进展神速。斯大林此前接到过关于德国很快将发动入侵的各种警示，其中很多非常准确，斯大林却一律置之不理，视之为蓄意扰乱视听的假情报。他这种态度造成了灾难性的后果。红军的许多部队在前线阵地孤立无援，成为行动如风、为大规模包围打前锋的德军坦克部队的俎上之肉。几十万名红军士兵被俘。然而，不到两个月后，形势即清楚地表明，"巴巴罗萨行动"心比天高的目标在入冬前是不可能实现的。可是，德军的军需供应计划却没有考虑到这一点。敌人的实力被严重低估，征服如此广袤的国土对后勤的要求又过于巨大。德军占领了乌克兰肥沃的农地，却无法打到高加索的油田，也无法摧毁北面的列宁格勒。向莫斯科的挺进迟至10月初才开始。斯大林愿意考虑以牺牲领土来换取与希特勒达成和平协议，但希特勒不感兴趣，他认为德国的胜利指日可待。10月中旬，随着德军的逼近，莫斯科居民陷入了恐慌。

斯大林曾打算离开莫斯科，后来改变了主意。苏联人的士气在短暂波动后重新高涨起来。与此同时，德军开始行进艰难，先是连绵的秋雨把大地变成一片泥沼，然后是冬天降临带来的冰天雪地，气温骤降到零下30摄氏度。至此，苏联人口的2/5和物质资源的近一半都已落入德国的控制，约300万名红军士兵成为战俘。不过，德军的损失也高得惊人。根据记录，自"巴巴罗萨行动"开始以来，将近75万人（接近东征军1/4的兵力）或死、或伤、或失踪，兵员储备开始吃紧。相比之下，斯大林的兵员却源源不断，似乎永无穷尽。1941年12月5日，德军先头部队到达莫斯科城门50公里开外时，苏联开始了反攻，这是对苏战争中德军遭遇的首次重大挫折。德军原本希望速战速决，不料却陷入了艰难的持久战。

12月7日，日本偷袭珍珠港。次日，美国对日宣战，战争遂演变为全球冲突。希特勒从中看到了战略良机。美国对日作战能够把美国牵制在太平洋战场。美国在大西洋"不宣而战"的几个月间，德国的潜艇一直引而不发，现在可以放手使用潜艇打击美国商船，以切断英国赖以生存的脐带，进而赢得海上的战争。怀着这样的希望，希特勒于1941年12月11日对美宣战，但无论他的盘算如何，德国在欧洲战争中的胜算都日渐渺茫。

　　事实上，希特勒大大高估了日本的军力。偷袭珍珠港使美国举国震惊，但它并非致命的一击。日本的扩张起初虽然一路奏凯，但到了1942年上半年已达到极限。1942年6月中途岛（Midway）海战中美国海军获得大胜，标志着太平洋战场上战局的转折点。

　　大西洋战局的逆转发生在一年以后。希特勒也高估了德国潜艇的破坏力。在1942年，德国潜艇的战绩不俗，但没能维持下去，主要是因为英国情报机关经过长期而艰苦的努力，终于破解了德方通过恩尼格玛（Enigma）密码机进行的通信，得以确定潜艇的位置。针对德国潜艇的防御得到加强，同盟国军需供应的海上运输因而更加安全。到1943年，希特勒在大西洋战场的败局已定。

　　此时，德国的扩张也达到了极限。1942年10月和11月长达3个星期的阿拉曼（El Alamein）战役挡住了德国在北非的推进，为次年同盟国在北非战场上的彻底胜利铺平了道路。在苏联，德国于1942年夏发动了第二次大攻势（虽然投入的兵力少于1941年），力图控制高加索地区的石油，但在斯大林格勒踢到了铁板。斯大林格勒战役是在苏联的严冬之季打的一场长达5个月的消耗战。1943年2月战役结束时，德军第六集团军遭到全歼，死伤人数超过20万（外加30万盟友）。在1942年，战场形势发生了不可逆转的改变。虽然前面的道路依然漫长，但是同盟国领导人现在对赢得最终胜利有了充分的信心。1943年1月，罗斯福和丘吉尔在卡萨布兰卡会议上会谈后同意，轴心国必须无条件投降，战争才算取得胜利。

1942年1月，盟军*在北非登陆，开启了部署在那里的轴心国军队的投降之路，后者于次年5月投降。1943年7月，盟军渡海登陆西西里岛。在此事件的刺激下，意大利法西斯党领导层于当月推翻了墨索里尼。接着，意大利于9月与同盟国达成停战协议，此举促使德国军队占领了意大利的大部分领土。盟军开始向北缓慢移动。这是第二战线，但不是斯大林一直敦促开辟的那种第二战线。自1943年开始日益加紧的对德国城市和工业设施的狂轰滥炸也不是斯大林心目中的第二战线。英国的"区域轰炸"政策由皇家空军司令阿瑟·哈里斯（Arthur Harris）元帅提出，旨在摧毁德国人的士气，赢得战争。这一政策一年前开始实施。1942年5月的一次大规模空袭把科隆全城夷为瓦砾。德国北部和西部的其他城市也遭到了轰炸，但是无一比得上1943年7月下旬对汉堡的空袭造成的破坏，那次大轰炸至少造成3.4万平民死亡，等于英国整个"二战"期间死于空袭的总人数的一半以上。即使如此惨烈的空袭也算不得对德轰炸的高潮。在大战的最后一年，同盟国占据了完全的空中优势后，对德国的轰炸更是变本加厉。

1943年7月德国在东部战线上发动的最后一次大型进攻只持续了一周有余。在库尔斯克（Kursk）打了一场大规模坦克战之后（参战的坦克有5,000多辆），德军的"城堡行动"（Operation Citadel）宣布取消。与德国相比，苏联遭受的损失巨大得多。但是，盟军登陆西西里后，南部意大利的防卫也需要德军去加强。"城堡行动"结束后，主动权不可逆转地落到了苏联手里。那年7月，德国连遭挫败。异常顽强

---

* 盟军，指同盟国的军队。——译者注

的德军没有垮掉，但德国的战略现在只剩下咬紧牙关负隅顽抗，顶住成倍优于自己的敌人，寄望于资本主义的英美与共产主义的苏联结成的"大联盟"解体。德军和盟军在资源上的差距在不停扩大，德军败象已明显可见。局势逆转的一个迹象是当年11月苏联拿下了基辅。同月，同盟国领导人在德黑兰会议上同意次年对西欧的德占区发起进攻。

1944年6月6日（D-Day），盟军在诺曼底成功登陆。两周后，红军在"巴格拉季昂行动"（Operation Bagration）中取得了巨大的决定性突破。这两件事开启了大战在欧洲的第三阶段，也是以德国投降告终的最后阶段。这是战争中最血腥的阶段。大战中欧洲人死亡的1/4发生在那几个月间，相当于第一次世界大战中的阵亡总人数。大部分英国和美国军人的死亡、很大一部分苏联人的死亡、整个"二战"期间德国军人阵亡的一半和多数平民的死亡都发生在战争的最后11个月。在战争的最后几个月里，盟军对德国发起了一波又一波的密集空袭，许多城市成为废墟，大批平民就是在那时被炸死的。1945年2月，德累斯顿被炸成白地，2.5万人死亡，大部分是平民。德累斯顿的毁灭成了德国城镇防空崩溃、弹雨从天而降的恐怖象征。1945年3月仅仅一个月的时间内，英国轰炸机对德国投掷的炸弹就超过了战争头三年的总和。

"巴格拉季昂行动"期间及之后，德国在东线遭受了无法补偿的巨大伤亡，斯大林格勒战役或任何其他战役的伤亡数字都相形见绌。德国人一直战斗到最后一刻。他们害怕被苏联征服（因为德军士兵在苏联的土地上犯下了令人发指的暴行）。德国国内加紧了对一切不同意见的镇压。纳粹党及其机关掌握着对社会的全面控制。1944年7月20日暗杀希特勒未遂后，组织任何抵抗行动都变得全无可能。纳粹高官们明白，自己的命运和希特勒绑在了一起。军方和政府领导层对希特勒这个独裁者仍存有一丝信任。这一切都促使德国继续徒劳地负隅顽抗，尽管事实清楚地表明，只有投降才是理性的做法。

然而，德国只是在挨时间而已。随着德军在东线的溃败，芬兰、罗马尼亚和保加利亚在1944年9月摆脱了德国的控制。罗马尼亚和保加利亚被苏联占领。1944年8月华沙起义失败后，德国人摧毁了整个华沙，但是，1945年1月底，波兰就被苏联控制。经过长时间的激战，苏联又在3月拿下了匈牙利。那时，西线的盟军已经打到莱茵河，准备挺进德国北部，拿下关键的鲁尔工业带，一鼓作气向南推进。东面苏联的战车同样不可阻挡，红军直逼波罗的海海岸和奥得河（Oder），于1945年4月16日开始了对柏林的最后进攻。在打进德国、征服第三帝国首都的过程中，苏联红军对德国人民犯下了惨不忍睹的暴行。德军曾在苏联领土上犯下累累暴行，现在红军开始施行野蛮报复了。

4月25日，从东西方向而来的大军会聚德国，在易北河（Elbe）边会师，苏军和美军握手言欢。德国被一分为二。同日，柏林被红军包围。5月2日，柏林战役结束。两天之前，希特勒在他藏身的掩体中自杀。血战继续了一段短暂的时间后，希特勒选定的继任者卡尔·邓尼茨（Karl Dönitz）海军元帅终于向不可避免的命运低下了头。1945年5月8日，当着英、美、苏三国代表的面，德国签署了在所有战线上投降的投降书。欧洲历史上最惨绝人寰的战争终告结束。战争造成的破坏和伤亡尚需清点。它在政治和道德上导致的后果对后来的几十年将产生决定性的影响。

人性泯灭的无底深渊

一切战争都是非人道的，现代战争尤其如此。现代武器在战争中造成的杀伤规模前所未有，拉开了人与杀戮行为之间的距离，使越来越多的平民被卷入屠杀。1914—1918 年的大战充分显示了这些特点。然而，尽管那次大战令人发指，却还远比不上人类在第二次世界大战中堕入的人性泯灭的无底深渊。

"二战"中人性的空前堕落早有先兆。欧洲在战前就已经被民族和阶级仇恨、极端种族主义、反犹偏执和狂热的国家主义所撕裂。打仗的时候，人们满怀仇恨，不仅要打败敌人，而且一心要将其全部消灭——这必然造成人性一切底线的彻底崩塌。这种情况在东线的士兵中间非常普遍，虽然在西欧轻得多。致命的敌对情绪发展为难以想象的大规模杀戮需要一个必要条件，那就是战争。

在所有战争中，战场上的杀戮都自有其发展的势头。第二次世界大战也不例外。在西欧和北非战场，战斗大多相对常规化。东欧的情况则大不相同，交战方表现的残酷无情和视人命为草芥的态度令人难以置信。那里的战斗是种族战争的一部分，是直接由德国国家社会主义领导层的殖民式征服和种族清洗的双重目标决定的。

这样的战争不仅对作战部队，而且对平民来说都是人间地狱。它主要是意识形态的产物，也就是说，谁该活、谁该死首先是意识形态的问题。在波兰以及在东线作战中对平民百姓的残忍和杀戮从一开始就反映了这一点。意识形态挂帅最清楚的表现是在极端暴力的无数受害者当中专门挑出犹太人，对他们展开全面的种族灭绝。

同时，意识形态又与经济需要密不可分。这一点在德国国内从

1939年开始的"安乐死行动"中清晰可见。那项行动的首要目标是消灭"种族退化者",这是优生学的一条至关重要的原则。希特勒过去曾说,任何此类行动都必须等到打仗的时候进行。1939年10月,他把他签署的授权开展"安乐死行动"的秘密命令的日期向前改到9月1日,这清楚表明,他认为,战争一旦开始,就可以从根本上违反"保障生存权"这条基本的人道主义原则。"安乐死行动"的消息传出后,招致了明斯特(Münster)大主教克莱门斯·奥古斯特·格拉夫·冯·加伦(Clemens August Graf von Galen)的谴责。于是,这项行动在1941年8月被同样秘密地叫停。那时,已经有总数约7万的精神病院病人被安乐死。虽然一些医生建议有些病人适合"安乐死行动",但是他们从未想到被处死的人会如此之多。然而,1941年8月的"停止令"绝非消灭精神不健全的"无用之人"的行动的结束。对他们的杀害现在转移到了集中营对外紧闭的大门后。全部算起来,死于"安乐死"的受害者估计超过20万人。医生和护士都深入参与了对病人的有计划杀害。杀死精神病人虽然有意识形态的动机,但也是为了通过去除"无用的生命"来实现经济上的节约。官方对能够节约下来的资金做了非常精确的计算。"精神病人是国家的负担。"奥地利林茨(Linz)附近的哈特海姆精神病院院长如是说。

对犹太人的种族灭绝也有重要的经济因素。起初,德国人以为能够把犹太人从占领区迅速"清除"掉,当他们意识到这个目标无法达到后,就把对波兰犹太人聚居区的管理变成了一本万利的生意。结果,当要把犹太人运去送死的时候,犹太人聚居区的德国管理人反而不想让聚居区关门。但那些没有劳动能力的犹太人又怎么样呢?1941年7月,管理波兰西部被德国吞并的波兹南(Posen)的德国安全部门领导建议，既然"不能再给所有犹太人提供粮食"，就应该考虑"用快速见效的方法除掉那些不能劳动的犹太人"。5个月后，波兰中部德占区所谓总督区（General Government）的纳粹主管汉斯·弗兰克（Hans Frank）在谈到消灭他管区内350万名犹太人的紧迫性的时候，对手下说，犹太人"胡吃海塞，消耗粮食，对我们极为有害"。后来，在犹太人成百万地被杀害的时候，位于波兰上西里西亚奥斯威辛（Auschwitz）的最大纳粹集中营把消灭犹太人变成了创造利润的手段。巨大的奥斯威辛集中营分为28个分营，里面的4万名囚犯被强迫从事工业生产，为德国创造了约3,000万马克的利润。囚犯一旦不再能劳动，就被送进毒气室。

  德国领导人对征服和占领的看法也显示了意识形态与经济的融合。保证德国人民的粮食供应是头等大事。第一次世界大战期间，1916—1917年的"萝卜冬天"*在击垮士气方面起了很大的作用。德国决不能允许那种情况重演。至于欧洲其他地方的人因此要忍饥挨饿，那并不重要。德国领导人把德国占领苏联将导致2,000万到3,000万名斯拉夫人和犹太人饿死视为理所当然。戈林告诉占领区的纳粹领导人，唯一重要的是"德国不能因为饥饿而垮掉"。饿急了的苏联战俘当中甚至发生了吃人肉的事情。他们的囚笼有时狭小到连转身都难，就连排泄也只能就地解决。如此恶劣的环境造成苏联战俘的死亡率高达每日6,000人。德国人手中的570万名苏联战俘中有330万名由于饥饿或冻馁致病而惨死。与此同时，德国消耗的20%的谷物、25%的油脂和近30%的肉类都是从欧洲占领区运来的。

---

* 因为缺粮，老百姓只得靠吃萝卜充饥，故此得名。——译者注

后来，纳粹领导人逐渐意识到，在战时生产任务日益紧迫急需劳动力的时候，把战俘营里的战俘活活饿死实在是荒谬不合理，这才终于给苏联战俘分发一点儿可怜的口粮。即使如此，大多数苏联战俘仍然没能活下来。至于犹太人，德国人在劳动力极为短缺的情况下把他们运过半个欧洲去送死，此中的矛盾显而易见。但是，在犹太人的问题上，德国显然保持了意识形态优先的做法。

德国占领波兰后，就把它当作意识形态的实验田。波兰西部——西普鲁士、波兹南省［德国人根据流经的一条河将其改名为瓦尔塔区（Reichsgau Wartheland）］和上西里西亚——被直接并入德国。此举不仅恢复了，而且大大扩展了第一次世界大战之前曾属于普鲁士的领土。那些地方的居民虽然绝大多数是波兰裔，但德国对他们实行了无情的"德意志化"。波兰中部和南部人口最为稠密，被称为"总督区"（Generalgouvernement），通常被蔑称为"剩下的波兰"（Restpolen）。这个地区成了德国倾倒居住在被它吞并的领土上的"劣等种族"的垃圾场。此类行动与一切其他行动一样，由希特勒定了调。他宣称，这将是一场"激烈的种族斗争"。在这场斗争中，法律的限制完全不适用。这给被征服的波兰人民带来了难以置信的悲惨和痛苦，也预示了波兰人中最"低下"的犹太人将要遭到的灭种命运。

德国人普遍看不起波兰人。希特勒说波兰人"更像动物，不像人"，持此观点的德国人大有人在。驻波兰的德军将士目击或亲身参与对波兰人的任意杀戮、残酷迫害和大规模抢劫时，几乎没有人表示反对。波兰人被视为次等人，没有法律的保护，无权得到任何形式的教育，可以随意监禁或处决。在德国人眼里，波兰人不过是奴工的来源。他们对波兰人实行粮食配给，量少得可怜。他们要消灭波兰文化，根除波兰人的国家感。对于传播文化和国家认同感的波兰知识分子，德国人要么予以消灭，要么把他们送往德国的集中营。对波兰人来说，奥斯威辛早在成为犹太人的灭绝营之前，就已经使人畏如蛇蝎。在被并入德国的波兰西部，天主教堂被关闭，大批神职人员被关被杀。公开处决司空见惯，被绞死的尸体常常悬挂数天，以达到杀一儆百的威慑作用。

但是，德国人始终未能把波兰的地下抵抗运动斩草除根。事实上，波兰的抵抗者不惧残酷的报复，日益壮大，形成了有相当规模、异常勇敢的地下运动。虽然镇压极为残酷，但是抵抗运动越来越成为占领者的一块心病。抵抗行动经常招致集体报复。据不完全记录，估计有769次报复行动造成了近两万名波兰人的死亡。德国占领期间，约300个波兰村庄被摧毁。战局发生逆转后，德国对波兰的控制开始动摇，人民的抵抗更加大胆，占领方实行的恐怖镇压也变本加厉。一名妇女回忆说："我们无时无刻不感到威胁。每次离开家时，都不知道能不能回来。"人人自危，都怕被抓起来送到德国去做奴工。1943年，在德国兵工厂做工的波兰人多达100万人，亲人们往往不知道他们在哪里，许多人再也没能活着回到祖国。

德国人轻率地以为，可以一举把犹太人强制驱逐出被吞并的地区。他们计划最终把犹太人也赶出总督区。不过，1939年到1941年之间，犹太人是被逐入而不是逐出总督区的。1939—1940年的严冬季节，10万多名波兰基督徒和犹太人被装进冰冷的运牲口车里，扔到总督区，行前只给他们几分钟的时间收拾东西。1940年，又有几十万人遭到同样的命运。到1941年3月，已有40多万人被驱逐，差不多同样多的人被送到德国做奴工。若不是要为"巴巴罗萨行动"做准备，还会再驱逐 83.1 万人。

驱逐犹太人是为了腾出地方安顿来自波罗的海和其他地区的德裔。最初的打算是把犹太人圈在波兰东南部卢布林区（Lublin district）的一片巨大的保留地内，但德国人严重低估了后勤方面的困难。不久，总督区主管汉斯·弗兰克就不得不拒绝让更多犹太人进入总督区的地盘。纳粹领导人迫不及待地要把犹太人逐出德国，却没有地方安置，而自从波兰被征服后，又有几百万犹太人落入德国之手。1940 年德国战胜法国后，曾考虑过把欧洲犹太人运到法国殖民地马达加斯加去，这个想法很快证明不可行。最后，在计划"巴巴罗萨行动"时，德国人想到了把犹太人逐去寒冷荒凉的苏联这个办法。

波兰仅仅享受了 20 年的独立，就在 1939 年 9 月再遭瓜分。在德、苏商定瓜分波兰的界线以东，老百姓遭遇的是另一种由意识形态决定的动荡。在那里，占领者的目的不是推行德意志化，而是推行苏维埃化。他们在东部波兰强行推行了一场社会革命。1940 年，土地实现了集体化，地主被赶出自己拥有的土地。银行被收归国有，民众的储蓄被没收。大量工厂机器被拆散后运回苏联。私立学校和教会学校全部关闭，宗教和历史课程被禁，改为关于马克思和恩格斯的理论课。占领者的目的是根除波兰的民族主义，消灭所有他们认为对苏联利益构成威胁的人。波兰的精英首当其冲。

斯大林和政治局的其他成员都亲自在 1940 年 3 月 5 日的命令书上签了字，下令处死波兰东部的两万多名精英阶层成员，这里面包括那年 5 月突然失踪的 1.5 万名波兰军官。1943 年 4 月，他们中间 4,000 多人的尸体被德国人在斯摩棱斯克（Smolensk）附近的卡廷森林（Katyn Forest）中被发现。到底是谁杀死了他们，很久都没有定论。然而，今天已经确认无疑，他们是被苏联秘密警察内务人民委员部枪杀的。几乎可以肯定，另外的1.1万人也同样遭了毒手。据记录，按照斯大林的命令，共有21,857人遭到了处决。

苏联占领波兰东部后大肆抓捕。10万多名波兰公民被逮捕，其中多数人被判在劳改营服刑，8,500多人被判处死刑。苏联边境附近的波兰人处境尤为危险。在一些地方，当局挑唆当地的乌克兰人和白俄罗斯人抢劫波兰邻居的财产，甚至杀害他们。地方民兵是暴力行为的先锋。一些波兰人仅仅被捕风捉影地认为是对苏联的威胁，就被围捕起来流放外地，其间遭到令人发指的虐待。近40万名波兰人（据有些估计，人数还要多得多）在严冬季节被塞进没有暖气的闷罐火车，送到西伯利亚或哈萨克斯坦的荒野中去，有时旅程长达9,000公里。约5,000人死于途中。到次年夏天，病死饿死的人数达到1.1万。

一个参与抓捕并驱逐波兰人的苏联秘密警察后来解释了他当时的心态。他回忆说：

> 我负责驱逐一两个村子的居民……回想起来，把年幼的孩子抓走真的很难下手……当然，我知道他们是我们的敌人，是苏联的敌人，必须"改造"……今天我后悔了，但当时情况不同……斯大林在大家眼里就像上帝一样。他的话就是决定。人们甚至想都不会想他的话也许不对。当时没有人怀疑。做出的每一个决定都是正确的。不只是我，大家都这么想。我们是在建设共产主义，我们是在执行命令，那是我们的信仰。

犹太人在德国人手中备受迫害，他们许多人自然欢迎苏联占领波兰东部。"二战"之前，犹太人在波兰经常受到歧视。红军似乎带来了解放的曙光。犹太人有时挂出红旗来欢迎他们心目中的救星。许多犹太人在苏联占领者的政府中担任行政工作，这种积极与苏联合作的态度引起了波兰天主教徒的极大愤怒和不满。德国1941年6月入侵苏联后占领了波兰原来的苏占区，发现了苏联秘密警察在波兰东部的监狱中犯下的累累暴行和被残害而死的数千具尸体。这使德国人轻易地煽起了波兰人对布尔什维克党人和被普遍视为其帮凶的犹太人的仇恨。事实上，多数犹太人很快就明白了苏联占领给他们带来的后果——那绝不是解放。许多犹太人的财产被抢走，大批知识分子和专业人士被逮捕。被驱逐的人中，1/3是犹太人。

苏联于1940年吞并爱沙尼亚、拉脱维亚和立陶宛后，执行了它在波兰东部推行的苏维埃化措施。而德国对它占领的西欧国家并没有实施其占领波兰时的政策。

1941年4月，德国入侵南斯拉夫后建立了（包括波斯尼亚和黑塞哥维那在内的）克罗地亚这个新国家，找到了为虎作伥的帮凶。德国扶植的克罗地亚政权由"乌斯塔沙"（Ustaša）运动的领导人安特·帕韦利奇（Ante Pavelić）担任首脑，该政权实施的恐怖统治残暴得难以言状。"乌斯塔沙"是极端狂热分子的运动，掌权前成员只有区区5,000人左右，它一心要"清洗"国内所有的非克罗地亚族人，那几乎是全国630万人口的一半。克罗地亚有近200万名塞尔维亚人，帕韦利奇解决"塞尔维亚人问题"的办法是强迫其中的1/3改信天主教，驱逐另1/3，杀光最后的1/3。这是致命的疯狂。

帕韦利奇也许有些精神不正常，据说他的桌子上放着一篮子人的眼球作为纪念品。然而，他的追随者无疑大多精神健全。可是他的杀手小队为了扫清一切非克罗地亚人的影响，有时把整个社区杀得鸡犬不留，尤其对塞尔维亚人、犹太人和吉卜赛人格杀勿论，其凶残暴虐到了丧心病狂的地步。一次，萨格勒布（Zagreb）附近的一个小镇上约 500 名塞族男女老少被全部枪杀。附近村庄的 250 人为了保命一起改信天主教，"乌斯塔沙"的 6 名成员却把他们锁在一座塞尔维亚人的东正教教堂内，用狼牙棒把他们一个个打得脑浆迸裂。有的时候，屠杀还伴以下流的侮辱和折磨。即使在这个对政治暴力司空见惯的地区，这样的人间惨剧也是从未有过的。到 1943 年，"乌斯塔沙"的成员已经害死了约 40 万人。

的确，"乌斯塔沙"运动在克罗地亚掌权时，前南斯拉夫地区的各个族裔之间已经互怀敌意，但是"乌斯塔沙"的凶暴造成的族裔间的深仇大恨比战前任何时候都更强烈。这对德国没有好处。"乌斯塔沙"在克罗地亚的行动得到了德国明确的支持。[罗马尼亚的情况则不同，德国为了保障那里的石油供应而尽力维稳，所以当法西斯"铁卫团"犯下了残暴行为后，德国反而支持罗马尼亚领导人安东内斯库（Antonescu）对"铁卫团"进行镇压。] 他们的暴行既掀起了民众反轴心国的情绪，也加强了约瑟普·布罗兹·铁托（Josip Broz Tito）领导的共产主义运动的力量。

在东欧和南欧大部分地区日益堕入人性泯灭的深渊之时，1941 年德国入侵苏联开启了全新的一章。称为"希特勒的战争"的东线战争与以前的所有战争都迥然不同。纳粹德国在被它视为"犹太布尔什维克主义"滋生地的苏联灭绝人性，无所不用其极。它的残暴在 1939 年 9 月之后德国人在波兰的表现中已有预示。在推动和准许这种非人的野蛮方面，希特勒的作用不可或缺，但他并非首要的成因，只是其推手和积极的代言人。

希特勒亲口对军方领导人说，对苏战争要打成"歼灭战"。共产党军队的士兵不能被视为可敬的对手。德国向部队发布的命令规定，抓住苏军的政委后不经审判立即枪决，并任由士兵射杀苏联老百姓。在此类命令的制定中，德国军方领导人难辞其咎。德军领导人把对苏战争称为"种族对种族"的斗争，把苏联描绘为"卑劣的"或"罪恶的"敌人，鼓励对苏联人残酷无情。有鉴于此，对苏战争从一开始就残暴无比也就不令人惊讶了。很快，野蛮残暴成了德军的典型行为，这引起了苏军同样残忍的报复，双方毫无限制的兽性行为迅速升级。西欧的作战中从未发生过这样的情形。德军铁骑在西欧一日千里，速胜意味着伤亡人数相对较少，就连败方的损失也并不惨重。占领军对占领区人民也远不像在东线那么凶狠。对苏作战从一开始就死伤累累，而且与西线不同的是，大肆屠杀平民成了战争的一部分。

东线战争是彻头彻尾的种族灭绝，这是早已计划好的。发动"巴巴罗萨行动"数月前，在希特勒的明确首肯下，党卫军领导兼警察头子海因里希·希姆莱（Heinrich Himmler）和安全警察头子赖因哈德·海德里希（Reinhard Heydrich）就计划把德国手中的所有犹太人（据统计有580万名）流放到将要被德国征服的苏联领土上，以达成"犹太人问题的最终解决"。在那里，犹太人会因为饥饿、过劳、疾病或北极的严寒而纷纷死去。由于德国未能在苏联速战速决，把犹太人流放到苏联的政策也就没有执行。尽管如此，杀死苏联犹太人仍然是德国对苏作战固有的一部分。即将发动入侵时，安全警察组成了四个大型"特别行动队"（Einsatzgruppen），派他们随军去消灭所有的

第八章 人间地狱　　　　　　　　　　　　　　　　　389

"颠覆分子",主要是犹太人。

"巴巴罗萨行动"之初,德军开进立陶宛、拉脱维亚和爱沙尼亚这三个波罗的海国家时,发现那里的国民中不乏心甘情愿的合作者,他们视德军为把他们从苏联统治的枷锁下解放出来的救星。这三个国家1940年遭到苏联吞并时,数万名公民被流放到劳改营。在苏联的行政当局和警察部门中,犹太人占据了突出的地位。于是,波罗的海三国的许多人都认为,犹太人和布尔什维克没有分别,是犹太人造成了他们在苏联统治下遭受的痛苦。

德国人及其合作者不费吹灰之力就煽起了极端民族主义者对犹太人的仇恨。"巴巴罗萨行动"于1941年6月22日打响,几天后,德军刚刚到达立陶宛,暴徒就发动了对犹太人的大屠杀,使2,500名犹太人死于非命。立陶宛人助纣为虐,协助德国安全警察特别行动队执行令人毛骨悚然的恐怖任务。即使按照纳粹的标准,德国占领的头几个月也特别残忍。拉脱维亚的情况大同小异。到1941年末,德国人在拉脱维亚人的帮助下,已经杀死了该国8万名犹太人中的7万名。爱沙尼亚的犹太人很少,当地组织奉德国人之命,把他们能抓到的963名犹太人全部杀害,又以和苏联人合作的罪名杀死了5,000名左右非犹太裔的爱沙尼亚人。关于杀人的情况,特别行动队保留了详细的记录。截至1941年底,波罗的海地区的特别行动队以一丝不苟的精确骄傲地记录下,他们共杀死了229,052名犹太人(外加约1.1万名其他民族的人)。

在波罗的海三国以南很远的乌克兰,犹太人也在大批遭到屠杀。但不同之处在于,非犹太人的乌克兰人被视为"劣等"的斯拉夫人,同样受到德国征服者的无情虐待。和在波罗的海地区一样,部分乌克兰人开始时热情欢迎德国人。一名妇女回忆说："我们看到他们感到特别高兴。共产党抢走了我们的一切，让我们忍饥挨饿，他们要把我们从共产党手下解放出来。"1932年大饥荒的惨痛记忆仍深深地印在人们的脑海里。自那以后，斯大林式的严厉压迫未有稍减。德国入侵时，红军中许多乌克兰士兵开了小差，也有很多乌克兰人躲起来逃避征兵。苏联在德国攻势面前节节后退时，秘密警察把监狱里的数千名乌克兰囚徒全部枪杀。苏联还采取"焦土"措施，把牲畜和工业机器尽皆毁掉，使无数乌克兰人生计无着。德军1941年9月19日开入基辅，几天后，苏联人埋下的地雷在市中心接连爆炸，引发大火，造成多人死亡，两万多人无家可归。所以，乌克兰民众有理由痛恨苏联人，他们把德国人视为解放者予以欢迎毫不奇怪。只有彻底的愚蠢行为才会使乌克兰人恨德国人比恨苏联人更甚，可德国征服者恰恰做到了。

就连一些热忱的纳粹理论家也提出，应该把乌克兰人变为盟友，使乌克兰成为德国的卫星国之一，以确保德国对东欧的长久统治。然而，希特勒认为乌克兰人和俄罗斯人一样，是"彻头彻尾的亚细亚人"。他支持对乌克兰实行无情统治，由他在那里的代表，即异常残暴的帝国委员埃里希·科赫（Erich Koch）负责执行这一政策。希姆莱认为，需要把乌克兰"清洗干净"，以便将来安置德国人。乌克兰老百姓的命运被归入"东部总计划"，该计划设想，在后来的25年内在被占领的东部领土上"去除"3,100万人，其中绝大多数是斯拉夫人。

由于后来战局发生了不利于德国的变化，因此这个巨大的种族灭绝计划没能实施。即使如此，德国占领者在乌克兰、拉脱维亚、立陶宛的警察部队等帮凶协助下犯下的种种暴行也在民众当中造成了普遍的恐惧。街上经常会看到被占领者任意枪杀的人的尸体。像在波兰一样，被当众处决者的尸体常常被悬挂数天以儆效尤。破坏活动一旦发生，就招致几百人被处决的报复。有的村子因为未能缴纳征用的粮食或被指控支持游击队而被烧成白地。一名基辅居民回忆说："我们一看到一群德国人前来，就马上藏起来。"

从1942年开始，德国军工产业的劳工荒就到了极为严重的地步，被抓住送去德国做工于是成为乌克兰老百姓最大的恐惧，因为那不啻被判处死刑。到1943年6月，被抓去做工的人数激增至100万，几乎每一个家庭都有人被抓。德国人把抓来的人强迫运到德国，其间对他们极尽虐待，这成了促使人们纷纷加入游击队的一大因素。德国占领军的所作所为使起初热烈欢迎他们的老百姓后来视他们如仇雠。不过，乌克兰人也仇视苏联人。乌克兰的民族主义游击队不仅与德国人激战，也和苏联的游击队发生冲突。后来，一名乌克兰游击队队员回忆当时的情形时这样说："德国人不过是要我们的命，但红色游击队的手法特别残酷……（据他说）他们用的是亚洲的刑罚，割掉人的耳朵和舌头……当然了，我们也很残忍……我们不要俘虏，他们也不要俘虏，双方都不留活口。那很自然。"

乌克兰的犹太人总数约150万，占全国人口的5%，但基辅人口的1/4都是犹太人。他们和非犹太裔的乌克兰人不同，对德国人本能地感到害怕。然而，在哪怕是最坏的打算中，他们也没有想到德国人给他们带来的命运会如此悲惨。

早在德国人到来之前，乌克兰的反犹情绪就非常普遍，还往往十分激烈。占领开始后，乌克兰犹太人在社会中孤立无援，只能任由征服者宰割。极少数乌克兰人对犹太邻居伸出了援手；较多的人毫不犹豫地向德国占领者揭发犹太人，甚至亲手屠杀犹太人，不过这样的人仍属少数。大多数乌克兰人仅仅袖手旁观。乌克兰人反犹情绪的一大原因是对犹太人的财富、家业和社会地位的嫉妒，另一个主要原因是乌克兰人和东欧其他地方的人一样，认为犹太人是苏联的代理人，是压迫他们的人。1943年红军夺回乌克兰时，常有人说："这些犹太人又来了。"

德军进入乌克兰时，东欧各地已经开始了对犹太人的大屠杀，不仅是男人，就连妇孺都难逃厄运。1941年9月29日到30日，在基辅城郊的娘子谷（Babi-Yar ravine）连续进行了两天的大屠杀，33,771名犹太男女和儿童被机枪扫射而死。那年秋冬两季，随着德国征服区的扩大，乌克兰、白俄罗斯和苏联其他领土上又有数万名犹太人遭到杀害。至此，东部的种族灭绝已经全面铺开，不久，它就会被整合进入欧洲全部德占区的种族灭绝计划。

1942年1月，"最终解决计划"确定要消灭1,100万名犹太人（虽然欧洲各国对本国犹太人口的估计有时非常不准确）。这个数字也包括了英格兰、芬兰、爱尔兰、葡萄牙、瑞典、瑞士、西班牙和土耳其的犹太人，那些地方虽然不在德国控制之下，但计划假设在未来的某个时候会将它们纳入"最终解决计划"。这个目标当然是达不到的。即使如此，到战局的发展终止了屠杀之时，已经有550万名犹太人遭了毒手。

第二次世界大战中，未参加战斗的平民遭到了惨绝人寰的屠杀。对受害者不应分三六九等。一个人无论是因饥饿而死，还是因劳累而死，被殴打致死，或被毒气毒死，无论是死于希特勒的人还是斯大林的人之手，无论是"富农"，还是犹太人、同性恋，或是"吉卜赛人"（德国杀害了50万名吉卜赛人），他或她都是一个有亲人的人，都不是在战斗中不幸阵亡,而是被蓄意杀死的。在受害者中,谁也不比别人地位更高。然而,杀戮的动机和杀人计划的关键特点是有所不同的。除了犹太人之外,没有哪个社会或族裔群体早在战争开始之前,就由意识形态确定为必须根除的、具有魔鬼般邪恶力量的天敌。只有犹太人被一丝不苟的官僚机器仔细挑出来作为消灭的对象。也没有哪个民族,包括(被轻蔑地称为"吉卜赛人"的)辛提人(Sinti)和罗姆人(Roma)在内,像犹太人那样遭到如此有计划、有系统、不松懈的毁灭。犹太人不仅被大量枪杀,而且越来越多地遭到工业化的大规模毁灭。

"二战"的一切破坏、毁灭和苦难中,对欧洲犹太人的杀害是人类向着人性泯灭深渊堕落的谷底。灭绝营焚尸炉那升腾的火焰是人间地狱活生生的体现。

1941年秋,东欧各地的纳粹领导人根据柏林下达的精神和授权,开始对自己属地的犹太人展开大规模屠杀,他们从希特勒本人彻底解决"犹太人问题"的决心中得到了激励。东欧各地的这些行动加快了种族灭绝的全面铺开。行动在那年秋天加快,是因为原计划中对苏作战速战速决的期望落空,纳粹不得不放弃把欧洲犹太人运到苏联的计划。东欧各地的纳粹领导人数月来一直努力争先,把自己治下的省变成"无犹区",因此必须另找地方来实现"犹太人问题的最终解决"。

1942年初,把犹太人大批运到波兰的杀人场的计划开始浮出水面。此时,移动和固定的毒气室取代机枪扫射,成为最受青睐的杀人方法。1941年12月,毒气车开始在波兰西部的海乌姆诺(Chełmno)投入使用。这种车外形与运家具的货车无异,但可以对密封的车厢释放一氧化碳。约15万名犹太人丧生毒气车内。1942年3、4月间,波兰犹太人被运往东部的贝乌热茨（Bełżec）和索比堡（Sobibor），成为那里固定毒气室中的冤魂。6月，华沙附近的特雷布林卡（Treblinka）也建起了固定毒气室。灭绝营遂成三足鼎立之势，共同执行旨在把波兰犹太人全部消灭的"赖因哈德行动"（Aktion Reinhard）。

这三个营没有劳动的内容。其实，称其为"营"并不合适。除了卫兵和少数暂时留下来组成"特遣队"（Sonderkommandos）的囚犯之外，没有别的人住在里面。"特遣队"负责的可怕工作是清理毒气室中的尸体，将其送入焚尸炉。"赖因哈德行动"的"营"只有一个目的，就是消灭送至那里的犹太人。新送来的人一般几小时后就会被解决掉。1943年秋，灭绝营准备关闭的时候，已经杀害了175万名犹太人，主要是波兰犹太人。1942年一年就杀死了约270万名犹太人，这几乎是"二战"期间被杀人数的一半，其中多数人丧命于"赖因哈德行动"的灭绝营。

1943—1944年，主要的杀人场转到了奥斯威辛，那里的情况与"赖因哈德行动"涉及的营不同。犹太人被送到奥斯威辛不光是去死，而且先要做奴工。另一个与"赖因哈德"营的不同之处是，自1942年起送到奥斯威辛集中营的犹太人绝大多数来自波兰以外的地方。奥斯威辛原来就是一个巨大的劳改集中营，最初是用来关押波兰战俘的。从1942年3月开始，欧洲各地的犹太人被源源不断地送到这里，先是来自斯洛伐克和法国的人，然后是比利时和荷兰的犹太人，很快又加上了其他国家的犹太人。

运来的犹太人多数被送到离奥斯威辛主营地两公里的一个名叫比克瑙（Birkenau）的附属营，那里的地方大得多。从1942年5月开始，德国人把不再能劳动的犹太人与尚能做工的犹太人分开，将前者直接送进毒气室。1943年增建了（每天能焚烧5,000具尸体的）新焚尸炉后，杀人的能力大为提高。那时，种族灭绝计划的触角已经伸到了纳粹占领区的各个角落。就连最西边的海峡群岛（Channel Islands）这个英国领土中唯一落入德国手中的地方，也有三个犹太妇女（两个奥地利人，一个波兰人）被驱逐，先到法国，然后去了奥斯威辛。她们后来的遭遇不明，但谁也没有活到战争结束。

被运到奥斯威辛的最大的一批犹太人也是最后一批，那是德国占领匈牙利后于1944年春夏两季驱逐的匈牙利犹太人。德国人需要匈牙利犹太人的劳动力和财富，但经济动机中也掺杂了消灭犹太人的意识形态因素。1944年5月，希特勒对德军将领说，整个匈牙利都被犹太人"破坏腐蚀"了，犹太人织成了一张"特务和间谍的天衣无缝的大网"。德国要想取得胜利，就必须消灭他们。他宣布，他决定亲自干预来"解决问题"，还强调维护德意志种族唯此为大。对此，将领们报以雷鸣般的掌声。接下来就开始了把匈牙利犹太人大批运往奥斯威辛的行动。截至7月，已有437,402人丧生于奥斯威辛的毒气室。

约110万人在奥斯威辛惨遭杀害，包括约100万名犹太人、7万名波兰囚徒、2万多名辛提人和罗姆人、1万名苏联战俘，还有几百名耶和华见证人[*]信徒和同性恋者。1945年1月底，苏联红军解放了奥斯威辛的囚犯。1944年7月，红军发现卢布林-马伊达内克（Lublin-Majdanek）灭绝分营时，就连看惯惨状、心如铁石的战士们也不禁震惊于眼中所见。那个分营中据统计有20万人遇害，包括8万名犹太人。他们在奥斯威辛看到的更是触目惊心。即使到了此刻，犹太人的苦难

---

[*] 耶和华见证人，（Jehovah's Witnesses），在《圣经》基础上发展起来的一个宗教团体。——译者注

仍未结束。战争的最后几个月中，随着盟军步步进逼，先是波兰，最后是德国的集中营里的囚犯撤出营区，被驱赶着走上前往灭绝营的死路，途中约 25 万人死亡，绝大多数是犹太人。

被送到奥斯威辛和其他灭绝营的每个人都曾有过自己的名字。大规模杀戮的官僚程序把人名变成了编号。对杀人者来说，受害者仅仅是号码而已。这是一种非常现代的杀人方法。普里莫·莱维（Primo Levi）是一位犹太裔意大利化学家，他被法西斯民兵抓住，于 1944 年 2 月被送往奥斯威辛的莫诺维茨分营（Monowitz）做苦工。他回忆被剥夺了身份特征的感觉时说，那等于"把一个人完全毁掉"。他又说："我们落到了谷底，惨得不可能再惨，不可想象人世间能有如此的苦难。我们失去了一切属于自己的东西。他们拿走了我们的衣服、我们的鞋子，甚至我们的毛发……就连我们的名字他们都会拿走。"的确如此。他很快就得知，自己是第 173417 号囚犯，这个号码用刺青刺在他的左臂上。他说："这是地狱。在我们这个时代，地狱一定就是这个样子。"

但是，有些人除集中营编号以外，仍保留了自己的特征，即使在准备踏入毒气室的时候也维持了做人的尊严。哈伊姆·赫尔曼（Chaim Hermann）给妻子和女儿写的最后一封信令人动容，那真的是从毒气室里发出的声音。这封信是 1945 年 2 月在奥斯威辛的焚尸场的骨灰下找到的。赫尔曼告诉妻子，集中营里的生活是她完全无法想象的"另一个世界"，"是地狱，但丁描绘的地狱荒唐可笑，根本无法与这里真实的地狱相比"。他向她保证，他将"平静地，（如果环境允许）也许能英勇地"离开这座地狱。

并非所有人都像他一样忍辱负重。在奥斯威辛发现了某位死者用捷克语写的一首诗,诗中表达了对施暴者深切的愤怒、诗人内心对侮辱和死亡的反抗,以及确信清算的日子一定会到来的感情。这肯定是许多受害者共同的感情:

> 埋葬在这里的人越来越多,
> 我们的行列日益壮大,
> 你们的田地满是我们这样的种子,
> 总有一天你们的土地会爆裂开来。
> 那时我们将排着可怕的队伍破土而出,
> 我们是由骷髅骨架组成的队伍,
> 我们将对所有人怒吼:
> 我们这些死去的人要控诉!

人间地狱的众多意义

那位不知名的捷克诗人和无数其他人都看不出,肆意屠杀这么多无辜受害者究竟有何意义。许多犹太人发问:在他们遭受无尽的苦难和死亡的时候,上帝在哪里?若是有上帝,他为什么准许发生如此可怕的事情?欧洲许多地方的基督徒遭受了无法想象的痛苦,他们也经常提出同样的问题。另一方面,也有人仍然坚持自己的信仰,他们剩下的似乎也只有信仰了。至于几十万名受害的辛提人和罗姆人是能从宗教信仰中得到安慰,还是只能因自己遭到的迫害和杀戮而感到绝望和迷惑,我们无从得知。他们中间没有诗人,多数人是文盲,没有为子孙后代留下记录他们苦难的只字片纸——无数人的生命就这样被残忍地消灭，除了记忆和口头传说以外，没有留下任何痕迹。

对德国领导人和负责执行种族政策的众多军、警、政务部门人员来说，大规模种族灭绝和"种族清洗"是战争固有的一部分。他们的几百万名受害者却对自己身受苦难的成因深感茫然。有些人经受了如此巨大的苦难后，产生了对人性最彻底的悲观，这是非常自然的。然而令人惊讶的是，除了虚无主义还有别的。即使在奥斯威辛，也有人高歌贝多芬的《欢乐颂》。即使在那个人间地狱中，人性依然存在，音乐仍旧能唤起精神的升华（如果宗教本身做不到的话）。

各人从自己的角度理解战争的意义或战争的无意义。对在"二战"中生活过、战斗过或死去了的几百万人来说，有可能谈论战争的"意义"吗？席卷他们生活的疾风暴雨般的各种事件永远地改变了他们，改变的过程往往充满了非人的痛苦。他们对那些事件怎么看？显然，每个人在大战中都有自己独特的经历。对不同的人，战争有许多不同的意义，或往往毫无意义。人们不同的处境决定了他们经历的不同，而不同的经历有时会使他们对战争的意义产生不同的理解。经历不仅限于个人经历，很大部分是共同的经历，有些经历由国籍所决定，也有些超越了国籍，不过决定战时经历的根本性因素经常是国籍，人们对自己的经历也是从国家或民族的视角来看的。

数百万人参加了陆上、海上或空中的战斗，战斗的情况千差万别。他们中间有些是占领军，还有些是民族抵抗运动的地下游击队。大批妇女参军入伍，其中几十万人为军队提供了必不可少的后勤服务，或者在抵抗运动中担负重任，或者作为红军或南斯拉夫游击队的成员亲上前线。陷在战争中的平民每天都为在远方作战亲人的安危而牵肠挂肚。在欧洲的大部分地区，平民还要适应敌人占领下的生活，承受物质上的沉重损失，经常因空袭而担惊受怕，有时还被强迫驱离自己的家园。被敌人占领在多个方面塑造了大战期间的经历。东欧发生的那种变态的人性沦丧在西欧并未出现。然而，尽管西欧各国的情况有所不同，但长达数年的占领仍旧在人们心里留下了难以磨灭的印记。在所有地方，生活都比战前更加艰难。对几百万人来说，战争意味着求生存。对各国作战部队的无数军人来说，这肯定是最首要的意义。

作战部队

在形势危殆之际，步兵、水兵和航空兵通常只有一个念头，那就是活下去。激战中没有思考的时间。枪炮齐发的时候，士兵最主要的感情是恐惧和忧虑。对家中亲人的思念、保护他们的决心和活着回到家人身旁的念头是士兵重要的作战动力。另一个常有的动力是为受到敌人伤害的亲人报仇。除了为保命而战之外，对战友的忠诚也是一个重要的作战动机。东部战线上死伤惨重，整支部队的兵员不止一次损失殆尽，又重新组建。在那样的情况下，"群体忠诚"不可能和"一战"时从英国工业城镇开往前线的"好友营"的那种忠诚完全一样。尽管如此，能否保住性命仍然在很大程度上取决于身边战友的行动。因此，战士们的自身利益决定，为自己的生存而战同时也是为战友的生存而战。另一个因素是害怕不努力作战可能为自己带来的后果。苏军和德军士兵尤其明白，如果拒绝作战或开小差，就会受到长官毫不留情的惩罚。

从硝烟弥漫的战场上下来的官兵，即使是不善思考的人，在家信或日记中也常会流露出他们对作战（除保命以外）的意义的看法。训练、教养、背景和自幼培养的共同文化价值观等因素给短期的个人理由加上了一层潜意识的色彩。

德意志国防军于1941年6月越过边界长驱直入苏联的时候，大多数士兵无疑都坚信自己是在参加一场圣战，是在保卫德国、抵御布尔什维克的可怕威胁。这个信念似乎为他们对红军和苏联老百姓那种令人发指的野蛮和残酷以及他们对犹太人的屠杀提供了理由。一个教养良好的德军士兵踏上苏联的土地后写信给国内的朋友说："这是欧洲的尽头。"他认为，德国人去苏联是为了保护文明的基督教西方世界不致遭受布尔什维克主义所代表的可憎的、不信上帝的暴行。这名士兵虽然在意识形态上并不反犹，但是他接受了关于"犹太布尔什维克主义"的纳粹宣传，对行军经过的一些村庄中的犹太人，他的厌恶溢于言表。一个原来是店主、战时成为预备警察的德国人在1941年8月写信给妻子，说到150名犹太男女老少被枪杀的事。他写道："犹太人正在被彻底消灭。别去多想，事情只能这样。"执行大规模处决的时候，许多士兵无动于衷地在一旁观看，有些人还拍照留念。一个士兵告诉妻子："我们看完了就回去接着做事，好像什么也没有发生过一样。"接着他马上为自己这种态度辩解说："游击队是我们的敌人，是恶棍，必须消灭。"当数百个村庄只是因为参加了或被指控参加了游击队的活动就被付之一炬，村民惨遭屠杀或被活活烧死的时候（仅在白俄罗斯一地就有600个村庄遭此厄运），就是这种态度抚慰了施暴者的良知。他们开始时可能感到良心不安，但很快就适应了这项必须完成的任务。

当然，也有少数人并未丧失人性。一些英勇的军官组成了德国抵抗运动的中坚力量，在1943年和1944年曾数次企图暗杀希特勒。促使他们这样做的原因是德国在东方对犹太人和其他人犯下的滔天暴行。他们没有成功，主要是因为运气不佳。但是，亨宁·冯·特雷斯科（Henning von Tresckow）将军和克劳斯·申克·格拉夫·冯·施陶芬贝格（Claus Schenk Graf von Stauffenberg）上校代表了许多德国人，他们对希特勒的德国犯下的人性沦丧的兽行深恶痛绝。

一些普通士兵也从一开始就对眼中所见感到不安。有些人出于宗教信仰，从内心反感野蛮残暴的行为，他们甚至偶尔会帮助犹太人。一个名叫维尔姆·霍森费尔德（Wilm Hosenfeld）的低级军官曾经是纳粹党员、冲锋队员，对希特勒崇敬爱戴，对德国的战争大业坚信不疑。但是，他驻扎在华沙的所见所闻使他惊骇莫名，产生了厌恶与痛恨。于是，他在坚定的天主教信仰的激励下，主动尽力帮助犹太人。在受他帮助得救的犹太人中，有犹太裔波兰音乐家瓦迪斯瓦夫·什皮尔曼（Władysław Szpilman），这个故事后来因罗曼·波兰斯基（Roman Polanski）导演的电影《钢琴家》（The Pianist）而家喻户晓。霍森费尔德在1942年7月给妻子的家信中写到几千名犹太人被杀害，他问道："是不是魔鬼披上了人的外衣？"接着自己回答说："我对此坚信不疑。"他称这种暴行在历史上绝无仅有，说它造成了"如此可怕的深入骨髓的负罪感，使你羞耻得恨不得钻到地洞里去"。

据统计大约有100人做出了这种高尚的行为。可能还有别的人，只是不为后人所知，但无论如何，与德意志国防军1,800万名官兵的数字相比，这样的人可说是凤毛麟角。

德军官兵大多被官方的战争宣传洗了脑。所有迹象都表明，坚定的纳粹分子、希特勒的爱将陆军元帅瓦尔特·冯·赖歇瑙（Walter von Reichenau）毫不掩饰的观点至少在一定程度上渗透到了军队的基层。

1941年10月10日，赖歇瑙在一份总命令中讲明了德军士兵在东线的责任：

> 对犹太-布尔什维克制度作战的主要目的是完全消灭其力量，根除欧洲文化圈内亚细亚的影响。所以，部队必须担负起常规的纯军事任务以外的责任。东部战区的士兵不单要遵循战争规则作战，而且要支持无情的种族（völkisch）意识形态，为德意志民族及相关族裔遭受的一切兽行复仇。为此，士兵们必须充分理解严惩犹太劣等人的必要性。

德军官兵相信自己是在为一个未来的乌托邦而战，尽管那只是个朦胧的理想；在未来的"新秩序"中，德意志种族的优越和对被打垮的敌人的统治将保证他们的家人和后代永享和平与繁荣。到了1944—1945年，这种朦胧的希望早已烟消云散，但战争仍然有其意义。德军顽抗到最后一刻主要是出于另一个意识形态信念，那就是"保卫帝国"。这四个字不仅涉及捍卫抽象的政治或地理实体，而且涵盖了对家人、家园、财产和文化之根的保卫。德军官兵非常明白己方犯下的罪行，特别是在东线作战时的累累恶行，所以他们继续作战的意义是不惜一切代价顶住红军的进攻，因为红军若是取胜，必然会进行报复，彻底摧毁他们珍视的一切。战争在意识形态上的意义，加之纪律、训练以及出色的领导，共同维持了德军坚持到最后、令人惊讶的高昂士气。

对德国的盟国来说，战争的意义远没有那么明朗，维持士气也远不那么容易。1941年，加入德军对苏侵略的有69万名外国兵，主要是罗马尼亚人。在以惨败告终的斯大林格勒攻势中，罗马尼亚、匈牙利、克罗地亚、斯洛伐克和意大利军队都投入了战斗。苏联在反攻中俘虏了近 30 万名非德国的轴心国部队官兵。希特勒对那些部队如此缺乏战斗精神既怒且鄙。的确，其他轴心国军队的斗志与德军相差甚远，原因可以理解。德国的盟国尽管也都仇恨苏联，但那种仇恨不足以激励它们的军队像德军一样全力投入战斗。德国那些盟国军队中的将士没有对某个未来社会或制度的憧憬，也不认为值得为之而战甚至献出生命。临阵脱逃司空见惯，士气低落十分普遍，指挥领导软弱无力。罗马尼亚军队装备低劣，兵员不足，军官把士兵看得猪狗不如。难怪许多士兵要强逼着才肯上战场。一名和他们打过仗、亲眼看到他们是多么不堪一击的前红军士兵问到了点子上："罗马尼亚人没有一个真正的目标——他们到底为了什么作战？"在顿河作战的意大利士兵也经常纳闷自己为什么在这个地方打仗。他们远离家乡，条件艰苦，陷入了一场对他们毫无意义的战争。这样的部队没有斗志一点儿也不奇怪。一名苏联翻译问一个意大利中士，他所属的营为何一枪未发就投降了，那名中士回答说："我们没有还击，因为我们觉得那是错误的。"

　　大多数意大利士兵不想打仗。他们日益感到，墨索里尼把他们拖进了只有可憎的德国人能够从中得益的战争。对他们来说，战争没有清楚的、有说服力的意识形态上的意义，因此他们缺乏作战的动力。他们不肯继续打这场毫无胜算的战争，而是宁愿投降保命，这是非常合理的选择。但是，意大利 1943 年 9 月宣布退出大战后，它的南北两部分别遭到盟军和德军的占领。在这个时候，意大利人显示出，他们为了直接影响到他们自己、他们的家人和他们的家园的意识形态问题，可以不挠不屈地顽强作战，无论是对占领者，还是对本国的敌人。这个意识形态问题是：战后的意大利将会变为什么样的国家？是回归法西斯主义，还是建立社会主义？

苏联红军是一支庞大的多民族军队，对红军士兵来说，战争的意义完全不同。大多数士兵没有受过教育，生活条件原始落后。红军步兵的 3/4 是农民，有些来自边远农村的孩子参军前连电灯都没见过。他们大多数人不可能深入思考自己参加的这场战争的意义。许多人打仗肯定是因为他们不得不打仗，因为他们别无选择，因为不打仗是死路一条。但是，只靠恐惧不可能维持如此惊人的战斗力和士气，使红军从 1941 年崩溃的边缘力转乾坤，取得 4 年后的完胜。

事实上，1941 年夏天，随着德军连战连捷、势如破竹，红军的士气近乎瓦解。很多士兵开了小差，被抓回来的都难逃被枪毙的下场。但是，不停的宣传加上关于德国人残酷屠杀占领区老百姓的各种消息，以及红军奋勇力战、终于拒敌于莫斯科城门之外的英雄事迹终于使士气不再下跌。苏联战士和德军士兵一样，认为战争是有意义的，尽管他们说不清意义到底为何。意识形态在他们作战动机中的作用不可低估。他们的意识形态不一定与官方的一致，不过官方意识形态也开始把重点转向了爱国主义。1942 年 11 月，红军发动了以斯大林格勒战役胜利告终的顿河大反攻，斯大林在大反攻开始的那天清晨对红军将士的讲话就采用了爱国主义的基调："亲爱的将军们、士兵们，我的兄弟们，今天你们要发动进攻，你们的行动将决定我们国家的命运，决定它是继续巍然屹立还是灰飞烟灭。"一名目击者回忆他那天的情绪时说："那些话说到了我的心坎里……我差点流出了眼泪……我感到精神振奋、斗志昂扬。"

第八章 人间地狱

但爱国主义并非全部，而是和马克思主义-列宁主义的意识形态相辅相成的。红军部队受的是布尔什维克主义的教育。对于在莫斯科城外、斯大林格勒和库尔斯克浴血奋战的红军士兵来说，这是他们接受过的唯一教育。他们自孩提时代起就被灌输了对未来更新、更美好、属于全体人民的社会的向往。一个红军老兵承认自己曾梦见过"父亲般的"斯大林，他把斯大林的声音比作"上帝的声音"。他说，不管斯大林进行了何种镇压，"斯大林代表了未来，我们都是这样相信的"。现在，这个建立未来共产主义祖国的理想到了生死关头。共产主义的理想仍然可以实现，但首先必须消灭希特勒的法西斯军队，他们正在像鬣狗一样蹂躏苏联的土地、杀害苏联的公民、夷平苏联的城镇乡村。这个思想极为有力。当战局扭转，红军开始向第三帝国的边界挺进的时候，复仇之心更加大了它的力量。红军战士们坚信，他们打的是防御之战、正义之战，是不惜一切伤亡必须打赢的战争。这是强有力的作战动机。战争对他们有真正的意义。

对西欧盟军的作战部队来说，战争无法归结为单一的意义。大战打响后，英国、法国和波兰结成的同盟很快因英联邦自治领的加入而得到了扩大。英国和法国的殖民地供应了大批部队，仅印度一国就派了250万人，主要部署于对日作战。法国的北非殖民地则为1942年法国重建军力提供了兵员基础。捷克人、比利时人、荷兰人和挪威人等许多其他欧洲人自大战伊始就和英国人一道，与波兰人和法国人并肩作战。美国和许多别的国家后来也在同盟国一边加入了大战。1942年，反对轴心国的联盟共有26个成员国，自称为"联合国"。各成员国军队的情况千差万别，有在欧洲作战的，日本参战后也有在远东作战的，还有在海上和空中作战的。境况如此不同的男女官兵对战争意义的理解必然有所不同。盟军的战士也并不比别人更能说清楚自己在为何而战。家信的内容通常只涉及军旅生活比较日常的方面，自己经历的那些最难忍的磨难、疼痛、恐惧和痛苦大多隐而不报，以免亲人牵挂。战友情谊至为重要，想与家人团聚的渴望极其普遍，但归根结底，生存是第一位的。然而，虽然在多数情况下没有明说，但是文化价值观和潜意识中的信念起到了维持士气的作用，使战士们感到这个仗值得打。

对流亡的波兰人和总部设在英国的"自由法国"*成员以及加入了盟军的其他欧洲国家的公民来说，他们为之奋斗的事业显而易见：把祖国从德国占领下解放出来。但是，在很长的时间内，自由法国的领导人戴高乐将军并不能代表多数法国公民。战争对国内和国外的法国人并非只有一种意义。对流亡的波兰人来说，战争也有不止一种意义。他们的事业不仅是打破德国的桎梏，而且随着战争的进展，日益发展为努力确保战后的波兰不致才出虎口，又落入苏联的统治之下。

在法国土地上作战的波兰人有 3/4 战死或被俘，但在波兰军队总指挥官、波兰流亡政府总理瓦迪斯瓦夫·西科尔斯基（Władysław Sikorski）将军的领导下，约 1.9 万名波兰官兵和飞行员于 1940 年从法国撤到了英国。后来，波兰飞行员在"不列颠之战"**中做出了超比例的贡献。比较鲜为人知的是，波兰密码员和他们的英法同行共同努力，在破译恩尼格玛密码中起了重要的作用（他们早在 20 世纪 30 年代就破译过前一版的恩尼格玛密码），使盟军得以破解德军的电报，这是

---

* 自由法国（Free French）是"二战"期间戴高乐领导的法国反纳粹德国的抵抗组织。——译者注
** 不列颠之战是"二战"中德国对英国发起的规模最大的空战，双方的盟友也参加了空战，空战从 1940 年开始至 1941 年结束，以德国失败告终。——译者注

盟军最终赢得大西洋上战斗的一个关键因素。

斯大林从劳改营中释放了数万名波兰囚犯，恢复了苏联和波兰的外交关系，自 1942 年起，4 万名波兰军人在瓦迪斯瓦夫·安德斯（Władysław Anders）将军指挥下先是在北非和英军并肩作战，后又在意大利参加盟军的作战。安德斯本人曾被苏军俘虏，在监狱中受尽折磨。不出意料，他获释后一直激烈反苏。1943 年 4 月在卡廷发现的令人毛骨悚然的万人坑是最明显的证据，使流亡在外的波兰人牢记，苏联占领和德国占领一样暴虐恐怖。1944 年 8 月，华沙起义被德军镇压，建立独立波兰的希望就此破灭。次年 2 月，英国和美国在雅尔塔会议上同意重划波兰边界，将其划归战后的苏联势力范围，使波兰人感到受到了彻底的背叛。流亡在外的波兰人和波兰国内人口的大多数都不支持共产主义，对他们来说，"二战"以一场民族灾难开始，又以另一场民族灾难结束。

1940 年以前，夏尔·戴高乐还是个默默无闻的法军中级军官。德国入侵比利时期间，他被擢升为将军，很快又担任负责国防的副国务秘书。1940 年夏，他在英国人的支持下成为流亡在外的"自由法国"的领导人，但"自由法国"的力量非常弱小，仅有大约 2,000 人，140 名军官。戴高乐从伦敦向法国人民发表了一系列广播讲话，篇篇掷地有声。他宣称"自由法国"代表真正的法国。他对德国人和维希政权（1940 年法国投降后在未被德国占领的地区建立的政府）表现出了不屈的姿态，拒绝承认维希政府的合法性。但是，在大战的前半期，他得到的响应寥寥无几。许多法国人受维希政府宣传的影响，把他视为叛徒。

1940 年 7 月 3 日，丘吉尔下令击沉停泊在阿尔及利亚凯比尔港

（Mers el-Kébir）内的法国舰队（以免其落入德国人手中），造成1,297名法国水兵丧生，这自然无助于赢得法国及其殖民地人民对盟军的支持。驻扎在殖民地的法军人数远超在本土的人数，他们和殖民地当局一样，起初是忠于维希政府的，甚至于1940年9月击退了"自由法国"部队在达喀尔（Dakar）的一次登陆行动。随着战局向着不利于德国的方向发展，维希政权日益失去民心，法国殖民地才逐渐转向支持"自由法国"。戴高乐与丘吉尔及罗斯福关系紧张，"自由法国"领导层内部也出现龃龉不和，这些都妨碍着反对维希政权的各路力量的整合，这种情况持续到1942年11月盟军登陆北非后很久。即使那时，"自由法国"的武装也只有5万人，相比之下，至少名义上忠于维希政权的部队有23万人。1943年夏，戴高乐把总部迁至阿尔及尔，他对法国国内日益壮大的抵抗运动的支持提高了他的威望，这才被一致承认为候任政府的首脑。他现在成了维希政权的竞争者，自身的力量加强，获得的支持不断增多，而维希政权自从1942年11月德国进驻了原来法国未被占领的地区后，就越发沦为日益招人憎恨的德国统治者的傀儡。

英国军队与欧洲盟友相比有一个独特之处，就是他们作战不是为了把自己的国家从外国占领之下解放出来。在这个意义上，他们为之战斗的事业以及战争对他们的意义更加抽象、模糊。他们绝大多数都支持由丘吉尔在大战期间领导国家，但是，除了军官团所代表的精英以外，没有多少人同意丘吉尔对战争意义的理解，那就是，除了捍卫自由民主之外，还要维护大英帝国的伟大。事实上，许多与英国人并肩作战的殖民地士兵所抱的希望恰好相反。他们希望自己的祖国摆脱殖民统治，实现独立。就连英国本土的部队在几千公里外的远东和野蛮无情的日军作战时，都不认为自己是在捍卫大英帝国。对他们大多数人来说，最重要的是在暗无天日的丛林里以及日军的进攻中保住性命，若不幸被俘，更要忍受无法言状的残酷虐待，争取大难不死。官兵在家信中除了自己的生存外，很少提及战争的意义。一个例外是一位英国军官，他在北非阵亡前写给父母的信中表达了尽管模糊却肯定相当普遍的理想。他表示，为了实现他所谓"所有'中层民众'对更加美好的未来、对更适合自己的子孙后代居住的世界那发自内心的渴望"，他愿意献出生命。

这种认为战争的意义在于为更美好的未来做准备的观点在英军中相当普遍，虽然很少得到明言。它在英国国内引起重视是在 1942 年 11 月。当时，自由党人威廉·贝弗里奇（William Beveridge）[*]的报告[**]出台，提出了一整套社会保障制度的框架，为英国全体国民提供从出生到死亡的各种福利。在海外作战的英军对《贝弗里奇报告》议论纷纷，这本身就表示战士们把战争视为通往新社会之路。英军官兵普遍认为，战争不仅是为了打败并消灭纳粹主义的祸害，尽管这显然是首要目的，但大局底定后还要与国内的旧世界决裂。这使英军有了目标，帮助维持了士气。这个理想表现在 1945 年的选举中，当时对德战争已经胜利，但对日激战仍然未休，然而，几百万名官兵却用选票拒绝了战争英雄丘吉尔。他们认为，丘吉尔代表的是重视特权、财富和地位的旧有的阶级秩序，但现在是建立更公平的社会的时候了。抗拒希特勒德国的斗争，加上乌托邦式的憧憬，为英国的战争事业赋予了意义。

然而，对有些起初怀着满腔希望参军打仗的人，战争却带来了幻

---

[*] 威廉·贝弗里奇，著名经济学家，有福利国家之父之称。——译者注
[**] 指贝弗里奇的名著《贝弗里奇报告——社会保险和相关服务》。——译者注

灭，无论是对政治，对更美好的未来，还是对人类本身。威廉·伍德拉夫在经济萧条期间从兰开夏郡的一个工人家庭来到牛津大学念书，他原来是反战的社会主义者，后来转而相信，必须抗击纳粹主义，方能实现更好的社会。然而，他复员归来时，内心却发生了巨变，起初的乐观主义在战场上烟消云散。他后来写道："大战前我曾奢谈建设新文明……最后我终于明白文明是多么脆弱……别人的死在我的记忆中留下的阴影久久不能消退。"许多复员军人无疑也有同感。

后方

第二次世界大战中，前线和后方的差别比以往任何一场战争都小。两者经常没有分别，前线和后方差不多合而为一。在东欧的一些地方，希特勒和斯大林的军队的拉锯战和广泛的游击队活动基本上抹去了前方和后方在含义上的任何不同。在欧洲的其他地方，这个分别较为明显。无论如何，所有交战国的人民都经历过不同形式的人间地狱，主要是德国占领者铁蹄的蹂躏。

大战中大致能保全的只有六个中立国，即瑞士、瑞典、西班牙、葡萄牙、土耳其和爱尔兰（1937年前一直称为爱尔兰自由邦），再加上列支敦士登、安道尔和梵蒂冈这三个微型城邦。但是，即使这些国家也难免受到战争的影响。它们的国民因为经济活动被打乱或直接遭到封锁而陷入贫困之中，甚至由于盟军把空袭目标弄错而偶尔遭到轰炸［比如，瑞士城镇沙夫豪森（Schaffhausen）、巴塞尔（Basel）和苏黎世（Zurich）就遭到过空袭］，发生平民伤亡。尽管如此，每一个中立国都避免了最坏的遭遇。它们成为中立国的途径各不相同，意识形态的倾向仅起到了部分作用。宣布中立主要是战略的需要，也有经济上的好处。

瑞士人口的 3/4 讲德语，德国入侵是它的一大担忧，瑞士四面边界又都直接与轴心国接壤，所以它间接卷入冲突几乎是不可避免的。德国和同盟国都多次侵犯瑞士领空，双方也都利用瑞士的银行系统。瑞士需要进口食品和燃料，所以必须与德国保持贸易联系。瑞士对德国出口精密仪器，帮助了德国的战争努力。瑞士银行为德国储存了大量黄金，其中大部分是从被占领的国家掠夺而来的，被用来向其他中立国购买重要的原材料以供军需。虽然同盟国全力施压，但是煤炭、钢铁、建材仍然源源不断地从德国通过瑞士运往意大利，大战初期还向意大利运去了武器和军事装备。另一方面，瑞士邻近德国，自然成为难民和逃脱的战俘的投奔之地。瑞士接受了几十万名军人和平民身份的难民，虽然并非总是心甘情愿。然而，它也拒绝了很多其他人，包括 1/3 以上想逃离纳粹迫害的犹太难民。

瑞典的中立和瑞士一样受到了严重损害。英国的封锁沉重打击了瑞典的贸易，造成大战初期瑞典和它的主要贸易伙伴德国的贸易激增。从瑞典进口的高品位铁矿石对德国的钢铁生产意义重大。瑞典的滚珠轴承对德国的战争努力也十分重要（对英国的战时经济同样重要，所以对英出口绕过封锁照样进行）。瑞典煤炭奇缺，全靠从德国大量进口。后来瑞典实际上放弃了中立，允许德国的军队和武器装备过境。1941 年德国发动对苏攻势之前，把部队经由瑞典运到了芬兰。共有 200 多万名德军士兵从德国取道瑞典去了挪威。数千辆满载武器装备的货车途经瑞典开往挪威和芬兰。然而，尤其是在大战晚期，瑞典接受了数千名难民（包括逃离丹麦和挪威的犹太人）。瑞典和瑞士一样，也给同盟国提供了重要的情报。

伊比利亚半岛上的西班牙和葡萄牙虽然官方都保持中立，但对交战国的态度各不相同。葡萄牙是英国最老牌的盟友，虽然中立，但比较偏向同盟国而不是德国，特别是在战局不可逆转地变得不利于德国之后。具体来说，1943年，葡萄牙勉强同意让盟军使用亚速尔群岛（Azores）的空军基地，使穿越大西洋的同盟国船队得到了更强的保护。相比之下，虽然佛朗哥后来坚称，多亏他的英明领导，西班牙才得以置身于大战之外，其实他非常想加入轴心国一方，只是他的要价太高。他不仅觊觎法国在北非的土地，而且在食品和武器上狮子大开口，德国根本无法满足他的要求。佛朗哥没有改变意识形态上对轴心国的亲近。他向德国出口重要的原材料，允许德国潜艇在西班牙加油。西班牙有近两万名志愿军加入了德军的东线作战。但是，后来德国战败大局已定，由于同盟国的封锁，西班牙急需的粮食和其他物品的进口被阻断，引起民怨沸腾，佛朗哥才逐渐改变了调子，使西班牙的中立为同盟国所用。

土耳其宣布中立，根本原因是想尽力避免卷入又一场劳民伤财的战争，因为地中海地区日益扩大的冲突离它太近。大战初期，土耳其从英国那里获得了4,000多万英镑的贷款用以购买武器装备，故而偏向同盟国，尽管它顶住了要它参战的各种压力。土耳其的立场和西班牙的中立一样，间接地帮助了同盟国在地中海和北非的作战。1941年，德国扩张的触角伸到土耳其国境的时候，土耳其和德国缔结了友好条约。这是预备万一德国战胜的自保之举。德国在1943年对土耳其施以高压，以确保它增加供应德国战时经济所需的铬铁矿石，不过土耳其仍然坚持中立。战局逆转、德国现出颓势后，土耳其又顶住同盟国的压力，继续维持了中立的态势。它坚决不肯卷入任何战斗，直到1945

年2月23日才象征性地对德宣战。

虽然爱尔兰民族主义者中间反英情绪高涨,但是爱尔兰的中立实际上倾向于支持同盟国。的确,爱尔兰不允许英国使用它的港口(那些港口到1938年才最终归属爱尔兰),结果大大加长了英美之间的航运距离,但是,英国船只可以在爱尔兰的船坞中维修。盟军可以使用爱尔兰的领空进行海岸巡逻。爱尔兰救起的盟军航空兵可以归队,救起的德军人员却要囚禁。在爱尔兰岛的防御这个涉及双方共同利益的问题上,爱尔兰和英国政府多有合作。另外,无论政府的官方立场如何,许多爱尔兰家庭都与自己在英国的亲戚保持着密切的关系。虽然爱尔兰是中立国,但是据统计有4.2万名爱尔兰公民自愿参战(其中数千人作为英军战士牺牲了生命),还有约20万人渡过爱尔兰海去英国为英国的战时经济效力。爱尔兰的中立有一个怪异的尾声:爱尔兰总理、争取独立斗争的元老埃蒙·德瓦莱拉(Éamon de Valera)在对罗斯福总统的逝世表示哀悼两周后,又和极少数人一起,在1945年希特勒的死讯传来后,向德国表示了正式哀悼。

在欧洲各交战国中,英国老百姓是最幸运的。可是,伦敦东区的居民,还有一些英国城市[包括考文垂(Coventry)、南安普敦(Southampton)、布里斯托(Bristol)、卡迪夫(Cardiff)、曼彻斯特(Manchester)、利物浦(Liverpool)、设菲尔德(Sheffield)、赫尔(Hull)、格拉斯哥(Glasgow)和北爱尔兰的贝尔法斯特(Belfast)]的居民一定不这样想,他们在1940年和1941年遭受了德国军机的狂轰滥炸,1944—1945年又受到德国V1和V2导弹的袭击。英国老百姓和其他国家的人民一样,粮食紧缺,工作超时,生活困苦,为远在前线打仗的亲人担惊受怕,轰炸区的人甚至无家可归。他们最怕邮递员敲门送来电报，报告丈夫、儿子、父亲、兄弟阵亡或失踪的消息，那种痛失亲人的感觉最难承受。妇女对战时的物资困难感受尤深。她们得在食品严格配给的情况下尽量安排好家里的膳食，丈夫出外打仗，她们要在家里照顾孩子，往往还要兼顾家务和长时间的在外工作。过去没有工作过或只料理过家务的妇女构成了英国从1939年到1943年之间增加的（50万名）劳动力的80%。

英国平民的生活的确相当艰难，但还是远胜于几乎所有其他的欧洲国家。最关键的是，英国没有被占领，它的经济没有遭到德国占领者的无情压榨。老百姓没有被强迫送到德国工厂去做劳工，面对吉凶难卜的未来。英国大城市外的乡村地区没有遭到战争的实际破坏。即使在城市内，虽然炸弹把建筑物毁为一片瓦砾，但是遭轰炸的地区仍然相对有限。数千人因房屋被毁而无家可归，可比起欧洲大陆各地潮水般的难民来，实在是小巫见大巫。粮食配给大大降低了生活标准，但百姓的痛苦远比不上德国占领（加之同盟国的封锁）给希腊造成的饥馑和大战尾声时德国阻断荷兰的粮食供应线导致的饥荒，更不用说列宁格勒的老百姓遭受的可怕的大饥荒。黑市交易猖獗，但比起物资短缺更加严重的其他国家来，情况还不那么糟糕。特别关键的一点是，英国未被占领意味着人民无须面对屈从于征服者的压力，没有出现（各个层次上的）通敌者和（采用各种方式的）抵抗者这两个势不两立的群体。

大战期间，英国社会的团结可能是空前绝后的。想与希特勒德国媾和的人越来越少，持此想法的大多是上层阶级成员，他们很快缄口不言，或像奥斯瓦尔德·莫斯利爵士和其他著名的法西斯分子一样遭到监禁。与镇压性专制国家的情况不同，英国多数人的声音是自主发表的真实声音。当然，民众的情绪有涨也有落，受战局起伏的影响，也受食品短缺这类物质问题的左右。(不同于后来流传的神话)敌机轰炸打击了士气，虽然没有将其完全摧毁。大战期间（主要是1940—1941年和1944—1945年），空袭造成了约30万人受伤，其中1/5，即6万多人，被炸死。这个数字当然高得吓人，但远低于预计，不足以从根本上动摇全体人民的士气。日常生活中自然不乏常见的抱怨和不满，劳资争端和罢工甚至有所增加。1944年发生了2,000起停产事件，损失了300多万个生产日。然而，虽然政府不喜欢罢工，但总的来说罢工为时不长，基本上都是为了争取工资和工作条件的改善，而不是对战争的抗议。英国平民的士气也许有涨有落，但他们和作战的军人一样，内心感到战争是正义的，非打不可。当然，宣传也加强了民众的战争正义感。宣传之所以能够生效，是因为已经有了一致意见做基础。丘吉尔作为保守的战前政治家受到一些人的强烈反对，但他在战时代表了社会的一致意见，民众支持率达到90%以上。他那些强有力的演说也许并未如一般认为的那样，决定性地鼓舞了士气，但是，在关键的时刻（比如1940年5月和6月的敦刻尔克大撤退），他的演说确实振奋了人心，加深了人们对于战争在拯救自由和民主这一层面上的意义的认识。衡量丘吉尔的重要性有一个简单的办法：只需想象一下，如果英国的战时领导人是哈利法克斯勋爵，英国会遭遇怎样的命运。英国与那种后果仅仅是擦身而过。

在德意志国防军鞭长莫及的苏联的广袤内地，战争也凝聚了人心。斯大林政权改变了宣传口径，强调保家卫国，尤其突出俄罗斯民族主义，甚至颁布了一项和俄罗斯东正教教会达成的协议。这一切有效地激励了人民，使他们为了反抗残酷无情的敌人而愿意忍受任何艰难困苦。战时对平民征兵不可避免地使用了高压强迫手段（虽然劳动营中犯人的人数减少了）。谁的忠诚若是受到怀疑，就会遭到严酷的惩罚。当发现伏尔加德意志人、克里米亚鞑靼人、卡尔梅克人、车臣人这些少数族裔中有少数人通敌的时候，斯大林立即毫不犹豫地把整个族群部落驱逐到边远蛮荒的不毛之地去，无数人死在艰难困苦的跋涉当中。尽管如此，苏联老百姓在大战中的众志成城不可能是光靠镇压达成的。

苏联公民经受的苦难之深、困难之大难以言表。1941年德国的入侵使2,500万名苏联人失去了家园。除马铃薯以外的粮食实行了严格配给，配给量极小，几乎所有公民都严重缺粮。列宁格勒有约100万人被活活饿死。在苏联的其他地方，城市居民的粮食配给也仅够勉强维生。无论对黑市买卖的惩罚多么严厉，民众为了活命都只能在黑市上购买农民瞒过国家严格征粮行动私存的余粮。可是，尽管大家几乎总是吃不饱，但他们的斗志没有崩溃。工作日延长了，工作中的任何疏失都会受到严厉惩罚。然而，仍然有包括家庭妇女、学生和退休人员在内的大批新工人自愿投入劳动。妇女尤其以前所未有的规模加入了劳动大军，到1943年，妇女占了产业工人的57%，集体农庄不少于80%的工人是妇女。

新出台的生产规则有时两三倍于过去的规则。苏联的工业生产用了近两年的时间才从1941年的灾难中恢复过来，但一旦恢复，它就成为最终取得军事胜利的坚实平台。人民对极度的物质匮乏坦然接受，因为他们看到，自己的丈夫、父亲或儿子正在为国家的存亡而战。即使在这个对大规模死亡早已习以为常的社会中，生命的损失也到达了难以接受的程度。几乎每个家庭都在战争中失去过家人。一个对困苦和死亡不那么习惯的社会若是遭到如此惨重的物质和生命损失，也许早就人心涣散、斗志全无了。然而，对苏联人民来说，战败的后果不堪设想，这激励了一种持久的团结和意志，是无论多大的强迫都产生不了的。

各国在德国占领下的遭遇差别很大。称为"波希米亚和摩拉维亚保护国"的捷克在1939年3月就落入了德国统治之下，直到大战的尾声，捷克土地上都没有发生过战事。"保护国"对德国在经济上十分重要，德国又非常依赖捷克的工人，因此不得不弃用党卫军"种族专家"喜欢采用的驱逐甚至消灭当地斯拉夫人的严酷手段。起初，德国并未对当地人民实施过于严厉的统治。不过，安全警察头子赖因哈德·海德里希于1941年秋就任帝国保护长官，负责压制开始冒头的骚乱和反抗之后，形势急转直下。镇压加紧了。一些捷克爱国者在英国特别行动组织（Special Operation Executive，简称SOE）的帮助下乘飞机潜入捷克，于1942年5月27日在布拉格试图暗杀海德里希，使他受了致命的重伤。在那之后，镇压更是变本加厉。6月4日，海德里希身死，引发了占领方猛烈的报复。实施暗杀的刺客为逃脱追捕只好自杀。作为对暗杀行动的报复，1,300名捷克人被处决，其中包括200名妇女。德国人从一个捷克特工身上搜出了利迪策（Lidice）这个村子的名字后，把整个村子夷为平地。希特勒威胁说，再出事情就把大批捷克人送到东方去。自那以后，"保护国"一直相对平静，直到大战尾声，红军兵临布拉格城下时，城中才爆发了起义。

与捷克早早落入德国手中形成鲜明对比的是匈牙利，它到1944年3月才被德国占领。那年10月，苏联红军挥师匈牙利，担任国家元首的霍尔蒂海军上将（虽然他在3月后只能对德国奉命唯谨）宣布退出与德国的结盟，要与苏联媾和，于是希特勒立即将他推翻，以另一个傀儡——法西斯主义箭十字党的狂热领导人萨拉希·费伦茨取而代之。萨拉希政权好景不长，到1945年2月即告下台。那时，匈牙利经过布达佩斯数周的激烈巷战后宣布向红军投降。虽然萨拉希政权是短命政权，但它的统治对匈牙利的犹太人来说如同地狱，他们在萨拉希凶狠的箭十字党手中遭受的苦难是德国人加诸他们的折磨的可怕尾声。

在欧洲的一些被占领区，战争不仅没有促进团结，反而造成了当地人民之间的严重分裂。南部欧洲的分裂甚至尖锐到了引发内战的地步，形成内战与抵抗占领者的斗争相互交织的局面。

德国占领南斯拉夫期间的累累暴行、对当地人民的屠杀和大规模报复，加之令人不齿的"乌斯塔沙"成员骇人听闻的所作所为，促成了两个大型游击队运动的兴起：一个是由希望恢复君主制、重建大塞尔维亚的民族主义军官领导的"切特尼克"（Chetniks），另一个是克罗地亚人约瑟普·布罗兹·铁托领导的共产党游击队。然而，这两支游击队不仅攻击德国人、"乌斯塔沙"分子、波斯尼亚的穆斯林、黑山和阿尔巴尼亚的分裂分子，而且还互打互斗。战争进入最后阶段，有英国武器弹药相助的铁托的共产党游击队才成为主要的抵抗力量，并为领导战后的新南斯拉夫奠定了基础。南斯拉夫是欧洲唯一一个最终由游击队（在苏联红军的帮助下）掌控并组成了政府的国家。

德国和意大利占领者对希腊进行明火执仗的抢劫，毁了希腊的货币，掠夺了大量物资，直接导致了希腊的饥荒。那时，希腊近1/3的粮食产自东部马其顿和色雷斯（Thrace），这些地区自德国入侵后就落入保加利亚的控制之下，粮食出口被禁，这对希腊的粮荒更是雪上加霜。对大多数希腊人来说，战争意味着每天都要为生存而挣扎。物资极度匮乏，德国又对破坏行为进行无情报复，这些如同在南斯拉夫一样，促成了游击队活动如火如荼的发展，但不同的游击队运动之间又存在着深刻的分歧。

意大利的墨索里尼政权于 1943 年 7 月垮台，紧接着，德国占领了意大利北部，同盟国以温和得多的方式占领了南部，这个局面类似于大战中的内战。法西斯政权仅仅掩盖了意大利社会中深刻的裂痕。民众从一开始对大战就不支持，后来更是怨声载道、斗志低落。严重的粮食短缺（伴以价格飞涨和黑市猖獗）和盟军的轰炸加深了人民的不满。他们没有因遭到空袭而团结起来支持政府，反而因法西斯当局招致了空袭而对政府怒火满腔。

1943 年 9 月，墨索里尼在德国的扶持下再次登上权位，成为傀儡政权的首脑，政权设在加尔达湖畔（Lake Garda）的萨洛（Salò）。自那以后，社会分裂急剧扩大。许多墨索里尼的追随者是死硬派，是追求法西斯革命最后胜利的意识形态狂热分子。他们穷凶极恶，组成了可怕的杀人小队，抓住游击队员一律绞死或枪杀。同时，各个游击队组织既针对德国占领者搞破坏，又经常为算旧账而对法西斯分子实施暗杀，见一个杀一个，每个月都能杀死几百人。在墨索里尼所谓的萨洛共和国存在的那几个月，对德作战和内战混合交织，使那一段时间成为整个"二战"期间意大利北部暴力动乱最严重的时期。据估计，4 万名游击队员在战斗中牺牲，1 万名反法西斯主义者遭报复身亡，还有约 1.2 万名法西斯分子或与他们合作的人在"清除"行动中被消灭。反法西斯抵抗运动由共产党主导，但也包括持各种不同政治主张的人，到 1945 年 4 月，他们的队伍已经壮大到 25 万人以上。

然而，他们的情况与南斯拉夫或希腊有一点不同。他们认为自己打的是民族解放战争，所以能够团结一心共同对敌。他们对撤退的德军发动了大规模反抗，在盟军到来之前就光复了北方的许多城镇。1945年4月的最后几天，他们抓住了墨索里尼，枪毙了他，把他的尸体挂在米兰市中心示众。意大利南部自1943年9月起被盟军占领，没有像北方那样发生内战。但是，1944年6月盟军进入罗马后，在重振多元政治的外衣下，意大利南部社会年深日久的庇护主义迅速死灰复燃。大战结束时，意大利的南北分裂一如大战开始时那样难以弥合。

在欧洲北部和西部，德国占领并未像在南欧那样引发内战。与东欧和南欧相比，对北欧和西欧的占领至少在大战初期相对温和。尽管如此，当地人民仍然不得不面对沦为亡国奴的现实。在每一个占领国中，德国人都得到了现存官僚机构的合作，还有少数人出于政治信念积极为德国人服务。也有少数人投身于危险的抵抗活动。随着形势日益清楚地表明德国占领来日不多，抵抗的力量逐渐壮大。但是，大部分人既不是彻底的通敌者，也不是完全的抵抗者。他们希望祖国得到解放，但既然不知道占领会持续多久，就只能做出某种调整以适应新政权。西北欧各国人民的调整方式不仅决定了战争对他们的意义，而且留下了经久的遗产。占领的特点、被占领国流行的政治文化（这在很大程度上决定了精英和大众的行为）、占领从初期的相对温和向日益严厉的转变、给人民生活造成的严重困苦，这些都是导致各国对德国统治反应不同的根本性因素。

荷兰、比利时、挪威和丹麦在大战中的经历各有不同，但对它们的占领的发展轨迹非常相似。起初，德国人不希望西欧生事。他们想要的是合作，不是反抗。德国军事征服这些国家，不是为了像在东欧那样，把被征服的人民变成奴隶，特别是因为德国人还有个模糊的构想，想在遥远的将来把低地国家*和斯堪的纳维亚地区的日耳曼人融入帝国。每个国家都有少数热情欢迎德国占领的法西斯分子或国家社会主义者。挪威傀儡政府首相维德昆·吉斯林（Vidkun Quisling）的名字甚至被西方盟国用作通敌者的通称。这4个国家都有一些狂热分子组成小型队伍加入党卫军的外国军团。约5万名荷兰人、4万名比利时人（既有佛兰德人，也有讲法语的瓦隆人）、6,000丹麦人和4,000挪威人参加了外国军团。由于坚守意识形态的死心塌地的通敌者一般被大多数民众视为叛徒，遭到唾弃，所以，占领者通常觉得他们成事不足，败事有余。官僚机构和警察心甘情愿的合作倒是有效进行占领的至关重要条件。

1942年后，情况日益明白地显示，占领不会无限期地维持下去。随着德国对粮食、其他物资和劳动力的要求急剧上升，民众多种形式的反抗也大为增加。不过，即使在西欧，占领的压迫性在各处也大不相同。

比如，几乎整个大战期间，德国在丹麦的统治都比在北欧和西欧的其他国家宽松得多。这反映在相对较低的死亡人数上面——占领期间丹麦的平民死亡总数约1,100人。1940年4月德国入侵丹麦后，丹麦几乎立即投降，国王克里斯蒂安十世继续留在国内，政府照旧施政，不过是上面加设了德国总督。这种合作起初效果不错。当局实行的食品配给比较宽松（尽管丹麦向德国输送了大量食品），从未对老百姓实施过强迫劳动，没有直接对丹麦进行掠夺，丹麦因为被占领而

---

* 低地国家，指荷兰、比利时和卢森堡。——译者注

遭受的损失只占每年国民收入的 22%，相比之下，挪威是 67%，比利时是 52%。然而，自 1943 年 8 月起，德国对丹麦的政策发生了变化。当时丹麦爆发了一次反对与占领者合作的起义，政府因此被迫下台。在那以后，占领严厉起来，德国的警察强硬了许多，报复大大增加，当地人民的不合作和赤裸裸的抵抗也更加明显。敌意取代了合作，而这又推动了抵抗运动的壮大，在 1944—1945 年达到高峰。

虽然被德国占领的西北欧国家开始时普遍比较顺从，但是德国的统治最终还是导致了深切的不满。比如，荷兰实行的严格食品配给早在 1940 年就导致了食物短缺，城市里尤为严重。这造成价格飞涨、黑市猖獗。此外，宵禁和交通管制又把公共生活限制到几至于无。结果，守法的老百姓为了温饱，不得不干违法的事情。随着德国劳动力短缺日益严重，占领军开始到处抓人，强行送到德国的军工厂去做工，这很快成为引起民众骚动的另一个原因。

在荷兰和在其他地方一样，加入地下抵抗运动的人寥寥无几。参加抵抗运动九死一生，随时可能遭到背叛和欺骗，给家人带来极大的危险，万一被俘则会受尽酷刑直至惨死。1944 年秋天之前，荷兰直接参加抵抗运动的只有大约 2.5 万人，后来可能又有 1 万人加入。抵抗运动的人员损耗率很高。荷兰抵抗运动的成员有 1/3 被捕，近 1/4 没能活到大战结束。

挪威投身抵抗运动者在全国约 300 万人口中所占的比例稍高一点儿。抵抗战士通常在英国受训。他们破坏德国的航运、燃料供应和工业设施，后来也破坏铁路以阻挠德国运兵。他们与英国的"特别行动组织"建立了紧密的联系；挪威的卑尔根（Bergen）和英国的设得兰群岛（Shetland Islands）之间称为"设得兰巴士"的轮渡为他们的活动提供了部分支持。到大战尾声，挪威抵抗战士的人数达到了 4 万。任何破坏行为或对占领军成员的攻击都会招致德国人对整个社区的凶恶报复。报复的手段残忍可怕。比如，挪威一个名叫特拉瓦格（Telavåg）的小渔村掩护了杀死两个盖世太保人员的抵抗战士，结果整个村子被夷为平地，男性村民全被送往柏林附近的萨克森豪森（Sachsenhausen）集中营（31 人丧身其中）。

在被德国占领的各个国家中，投身抵抗运动的人有一个共同的目标，那就是结束占领，但他们在意识形态上又旗帜鲜明地分为保守的民族主义者、社会主义者和共产主义者。尽管参加抵抗运动有诸多危险，但是大战接近尾声时，抵抗运动还是得到了越来越广泛的支持。德国的占领越严酷，反德情绪就越强烈，民族团结和争取解放的愿望也越坚定。德国实施的惩罚措施经常造成老百姓的极大困苦。1944 年 9 月，荷兰抵抗运动为帮助盟军在阿纳姆（Arnhem）的登陆行动而阻断了铁路线，德国封锁了食品供应作为报复，全体荷兰人民只得忍饥挨饿，取暖燃料的奇缺更是给 1944—1945 年滴水成冰的"饥饿的冬天"雪上加霜。在战争最后的日子里，老百姓靠盟军空投的物资才得以解困。荷兰人一提到大战，就会想到战争最后几个月中的苦难给他们留下的创痛。

虽然德国占领促进了西北欧国家人民的团结，但是这种团结通常不包括犹太人。与东欧相比，西北欧国家的犹太人不多。激烈的反犹主义不一定普遍存在，但即使如此，犹太人也通常被视为"外人"，他们被勒令佩戴"黄星"后，更是明显地有别于其他人。德国统治者下定决心要抓捕并驱逐犹太人，老百姓害怕帮助犹太人可能招致严厉的报复，这意味着社会中身处最大险境的一群人也是最不受保护、最孤立无援的。

然而，民众中的非犹太人并非完全袖手旁观或敌视犹太人。1941年2月，当局首次企图把阿姆斯特丹的犹太人抓起来予以驱逐时，甚至引起了一场为时不长的大罢工。不过，那次罢工也许起了反作用，促使荷兰的官僚机构和警察更愿意与占领者合作。他们在合作中有时甚至能够预先揣摩上意，因此，按照比例，荷兰驱逐的犹太人比任何其他西欧国家都多，被纳粹定为"完全的犹太人"的14万人中有10.7万人被驱逐，大部分人都没能活下来。

也有一些人出于基督教的原则和各种其他原因愿意冒险帮助犹太人。约2.5万名荷兰犹太人——包括有一半犹太血缘的人，还有与非犹太人结了婚，因此不致不由分说立遭驱逐的人——在个人或救援网的帮助下逃脱了抓捕，从官方视野中消失，东躲西藏，成为非法的"黑户"，虽然有8,000人被从藏身之处搜了出来。比利时帮助犹太人逃脱占领者魔掌的组织网规模更大，特别是犹太人自己的法外组织。约2.4万名犹太人被从比利时送到奥斯威辛。但是，另外3万人躲了起来，熬过了德国的占领，他们大多是住在布鲁塞尔和安特卫普的新移民，是20世纪20年代为逃脱贫困和屠杀从东欧逃过来的，也有30年代逃离德国统治移民过来的。挪威的犹太人社群很小，占一半以上的数百人在别人帮助下逃到了中立的瑞典，留下来的人大多丢了性命。在丹麦，犹太人只占人口的很小一部分，并充分融入了当地社会。1943年，丹麦的非犹太人听到德国占领者马上要动手抓捕犹太人的消息后，赶快告诉犹太邻居，并帮助他们逃跑。结果，原计划要抓起来送去杀害的大多数犹太人都偷偷地渡过松德海峡（Sound）到达了安全的瑞典。的确，犹太人在西欧比在东欧存活的可能性大得多，但是仍

第八章　人间地狱　　　　　　　　　　　　　　　　　　　　425

然有很多人由于纳粹无情地推动"犹太人问题的最终解决"而成为他们的手下冤魂。

被德国征服的西北欧国家中,法国的人口最多。法国人民与北欧国家人民有一些类似的经历,但也有重大的分别。造成分别的一个原因是法国分成了两个区,一个是占全国面积约 2/3(包括巴黎在内的法国北部加上大西洋沿岸的狭长地区)的德国占领区,另一个是未被占领的伪自治区,其首都设在位于法国中部的疗养小镇维希(Vichy)。对不同的法国人来说,战争的意义各有不同,受各种因素的影响,比如战事发展的不同阶段、各人所居的地区(不仅有维希政权地区和德占区之分,小至不同的区和地点也有分别)、意识形态的倾向,还有每人的亲身经历。

这一次,没有 1914 年普安卡雷总统在人民心中唤起的"神圣同盟"的感觉。1940 年夏,法国对德投降,北部城镇 3/4 的民众惊慌地逃往南方,躲避汹汹而来的德国侵略军。国家分裂,民族蒙羞。然而,法国右派虽然因战败而震惊,却也欢迎它带来了实现国家重生的机会。右派内部尽管也存在分歧,但至少在对第三共和国的仇恨上是一致的。

有些人出于意识形态的信念成了高级法奸,比如,前社会党人马塞尔·德亚(Marcel Déat)当上了劳工部长,负责招募法国工人去德国做工,还有法西斯党的领导人雅克·多里奥,他后来和 4,000 名其他法国志愿者一起加入了东线上"对布尔什维克主义的圣战"。最出名的法奸之一是维希政权的副总理皮埃尔·拉瓦尔。他手腕圆滑,做事务实,政治上长袖善舞,公开宣布自己希望德国取胜,"否则布尔什维克主义将遍地开花"。法国民众一般不会这样赤裸裸地与敌人合作，但一般也不会抵抗，至少在占领的头几年没有。大部分人和西欧其他被占领国家的人民一样，只能设法适应占领（尽管是不得已而为之）。他们在避无可避的情况下，不得不与新的统治者合作，但通常与之保持距离，采取"等着瞧"的态度。随着占领日益严酷，解放之途愈见光明，民众对占领当局的憎恨也越来越强。

和在西北欧的其他地方一样，德国的占领起初相对温和，但随着德国步入困境，占领开始变得严酷起来。德国对法国的经济需索可谓巨大，法国政府收入的55%用来负担占领的费用，工业总产出的40%用来支持德国的作战，农产品的15%上了德国人的餐桌。到1943年，共有60万法国人被送去德国做工。如在西北欧的其他国家一样，法国城镇的大多数家庭在大战中的经历是不停地想方设法（经常是通过黑市）寻找食物。

在法国的占领区和非占领区，物资都严重匮乏。但是，两区之间的界线具有真正的意义。在法国南部1/3的地区，政府掌握在法国人而不是德国人手里。虽然那里的人民遭受了战败的创痛，但是无论在物质上还是在心理上，非占领区的法国人基本上是能够控制自己命运的。对几百万名法国人来说，维希政权还提供了战争的另一层意义：它是对共和国的拒斥。早在1940年战败之前，共和国在许多人眼中就已经失去了公信力，成为腐败和衰落的代表。他们认为维希政权恢复了"工作、家庭、国家"这些"传统的"法国价值观。法国陷落后在维希成立的专制政权由贝当元帅担任首脑，自称为"法兰西国"。起初，维希政权的民望很高（虽然从成立的第二年开始，它的民望就开始急剧下跌）。约120万名退伍军人蜂拥加入"法国战士军团"（Légion Française des Combattants），那是个法西斯式的吹嘘捧场的组

第八章 人间地狱　　　　　　　　　　　　　　　　　　　427

织，组织的成员宣誓效忠于贝当元帅，构成了对贝当狂热个人崇拜的基础。贝当也得到了天主教神职人员的支持，因为他代表着家长式权威和基督教，是反对无神论、社会主义和世俗化力量的化身。

贝当将军已到耄耋之年，怎么也不能说他是法西斯运动所共有的青春的象征。尽管如此，他的政权仍然有一些法西斯的特点，例如，歌颂被神话了的过去，讴歌乡村和"回归土地"，憧憬组织有序的社会，注重青年，鼓励生育以实现人口的"更新"，还有一个重要的特点是迫害"内部的敌人"。维希政权成立不久后，左倾的市长就都被免职，共济会成员被全部开除出国家机关，工会也遭解散。政权建起了几十座集中营，用于关押外国人、政治犯、社会"不良分子"、罗姆人和犹太人。维希政权把占领区推行的"雅利安化"方案进一步扩大，把数千个犹太人的公司没收后贱价卖给了法国人，还颁布了反犹法规，对犹太人的就业加以限制。自1942年起，维希政权的官僚和警察就卖力地与德国合作，抓捕（约占法国30万名犹太居民的一半的）外国犹太人并将其野蛮驱逐。法国送到波兰灭绝营的犹太人共有75,721名（只有2,567人活了下来），其中5.6万名是外国犹太人。

非犹太人遭受的镇压也日益严厉。1941年秋，几个德国人遭到暗杀。作为报复，50名人质被处决。很快又发生了别的大规模报复性枪杀。盟军1944年6月登陆后，报复行动的次数和规模都急剧增加。在武装党卫军执行的最臭名昭著的一次行动中，利摩日（Limoges）西北方格拉讷河畔的奥拉杜尔村（Oradour-sur-Glane）因为被误以为替抵抗运动藏匿了一批军火而被夷为平地，全村642名村民不是死于枪下，就是葬身火海。1943年在维希政权统治区建立的身穿黑色衬衫的法国准军事警察"Milice"对人民实行恐怖镇压，和盖世太保一样令人畏之如虎。然而，镇压愈厉，反抗愈烈，尤其当人们看到德国统治行将完结的时候。占领结束在望大大促进了人民求解放的空前团结。

虽然抵抗分子一旦被捕，就会遭到严刑拷打，但抵抗者的数量并未减少，反而越来越多。抵抗运动内部又分为（德国入侵苏联后重新兴起的）共产党和（逐渐聚拢在戴高乐领导下的）保守派。尽管大部分法国民众仍然不愿意积极参加抵抗，仍然倾向于"等着瞧"，但是他们对抵抗运动的支持增加了。1943年2月16日，维希政权的总理拉瓦尔签署法令，强行向德国输送劳工，此举犯了众怒，助长了积极的抵抗活动。被征召的劳工大批失踪，许多人逃去山里或偏僻的乡村，被当地人收留，受到保护。1944年6月盟军登陆诺曼底后，解放的曙光乍现，他们当中许多人随即加入了日益壮大的抵抗运动。

战后，抵抗成了法国人心目中大战最主要的象征。这是为了掩盖法国被德国打败后的"黑色年代"那段不太光彩的历史，特别是法国人在（至少开始）自己控制的非占领区的丑恶表现。在很长的时间内，法国人一直对那段历史讳莫如深，多年后才敢于直面"维希综合征"。

大战对德国人民有着对别国人民没有的特殊意义。自大战打响到1941年12月美国宣布参战，美国记者威廉·夏勒一直住在柏林，亲身经历了大战中的德国。直到焦虑情绪于1941年秋开始增加之前，他对德国老百姓对拿下波兰那场短暂战役的反应不无讽刺的记录具有相当的普遍性："只要德国打胜仗，老百姓又不必过于勒紧裤带，这场战争就不会不得人心。"然而，到了1941—1942年的冬天，尽管德国大量掠夺欧洲其他国家的粮食和其他资源，但国内的物资短缺仍然迅速恶化，粮食配给量剧减，老百姓被迫节衣缩食。人民对战争以及把德国带入战争的政权的支持于是一落千丈。

战局急转直下最明显的表现莫过于 1943 年 2 月德军在斯大林格勒的惨败。国内的老百姓开始意识到，这场战争德国很可能会打败，并因此不得不思考战败将意味着什么。政府的宣传极力煽动民众对于战败的恐惧之心，渲染说战败将不仅是军事上的失败，如果由帝国的敌人——西方同盟国和可怕的布尔什维克——组成的邪恶联盟取得胜利，德国及其人民将遭到亡国灭种的大难。

德国民众都知道，德军在被占领的东方犯下了可怕的罪行，特别是对犹太人，虽然大家都有意无意地心照不宣。众多迹象表明，民众虽然不了解详情，但是普遍知道犹太人的悲惨命运。作为反犹宣传成功的一个佐证，很多人表示害怕万一战败，就会遭到"犹太人的报复"。他们也知道，如果红军进入德国，绝不会对他们心慈手软。尽管战局对德国来说在迅速恶化，但民众仍决心负隅顽抗，这里面对战败后果的恐惧起到了很大的作用。

大战的最后两年，纳粹对欧洲大部施加的残暴被以其人之道还治其人之身，加诸德国老百姓身上。对德国老百姓来说，大战的最后阶段是他们的人间地狱。盟军的轰炸在几百万人的记忆中留下了深深的痛苦烙印。戈培尔称其为"恐怖轰炸"，这一次，政府的宣传没有撒谎。盟军的轰炸就是为了给德国人民带来恐怖。狂轰滥炸把德国的城镇夷为瓦砾场，人民绝望无助，确确实实陷入了恐怖之中。盟军对德国城镇的空袭造成 40 多万人死亡，80 万人受伤，而空袭其实在军事上已经没有了任何意义。盟军的空袭总计摧毁了 180 万所房屋，使近 500 万人无家可归。

德国东部省份遭受的轰炸较少，那里的老百姓面对的是另一种恐怖。随着红军开进德国，人们抛家舍业沦为难民，在冰天雪地里冒着零下 20 摄氏度的严寒仓皇西行，拼死逃离落入苏联之手的德国东部。近 50 万名平民，包括许多妇女和儿童，死在逃亡的途中。对许多德国妇女来说，战争的最后阶段意味着遭到强暴。据估计，她们中间有 20% 的人遭到过强奸。与此同时，大战的最后几个月间，平均每天有超过 1 万名德军士兵阵亡。

随着士兵和平民的死亡达到天文数字，战争对于德国人产生了新的意义。他们感到自己是战争的受害者，指责希特勒和纳粹领导层给国家带来了灾难，怨恨盟军摧毁了他们的国家，少数冥顽不化的反犹主义者甚至再次把矛头指向犹太人，说是他们导致了战争。"我们认为自己受了骗，被引入了歧途，被误导了。"一位曾做过将军的人在战后不久如是说。此话道出了民众的共同心声。创痛弥深的德国老百姓自视为受害者，急于找到替罪羊，经常有意无视这样一个事实：即使无数欧洲人在纳粹占领的枷锁下受尽困苦奴役，性命不保，家园被毁，但几百万德国人民还是为希特勒在大战初期的成功欢呼雀跃，为德意志国防军的胜利欣喜若狂。但是，如果说战争造成的道德灾难若干年后才得到充分认识的话，与 1918 年相比，至少这一次德国的失败是完完全全、不折不扣的。

持久的意义

对亲历第二次世界大战的人间地狱的人来说，切身经历的不同让战争在他们心目中有了不同意义。后人则能够比较清楚地看到战争的持久意义，能够比较明确地认识到，"二战"标志着欧洲20世纪历史中一个决定性的节点。

法西斯主义作为主要政治力量的彻底终结是"二战"的一个明显后果。第一次世界大战后，出现了三个互相竞争的意识形态和力量组合——自由民主、共产主义和法西斯主义。第二次世界大战后，只剩了前面两个对立的政治制度。法西斯主义在军事上的完败和后来揭露出来的它对人类犯下的滔天罪行，使其完全丧失了意识形态的可信性。法西斯主义只剩下一小撮死心塌地的崇拜者，但他们日渐凋零，在政治上也基本没有力量。

第二次世界大战最主要的后果是重塑了欧洲的地缘政治架构。"一战"结束时，（很快将成为苏联的）俄国被革命搅得天翻地覆，后来又爆发了内战。美国不肯加入国联，转向孤立主义，与欧洲渐行渐远。"二战"结束后，苏联的影响力却大为扩张，覆盖整个东欧，甚至远及德国，这基本上是在1945年2月的雅尔塔会议上决定的。苏联挟战胜之威，朝着超级大国的地位阔步前进。美国凭借自己（在"二战"中发展起来的）强大的军工产业，在大战尚未结束时就已经成了超级大国，战后又确立了对全西欧的统治地位。与1918年不同的是，这一次美国要长久地留在欧洲。第一次世界大战导致帝国分崩离析，代之以危机缠身的民族国家；第二次世界大战则产生了一个分为由苏联和美国主导的两大阵营的欧洲，国家利益迅速成为新兴超级大国地缘政治利益的附属品。

东欧人民在六年的战火中受苦最深。东欧国家本来把红军看作拯救它们脱离纳粹恐怖的救星，战后却遭受了数十年的压迫。斯大林不会放弃千百万人流血牺牲后获得的地盘，这一点非常清楚。西方盟国同意按他的意思瓜分欧洲，因为它们别无选择，除非对苏联这个前盟友再动刀兵，但它们在军事上、经济上或心理上都没有那个能力。然而，东欧人民不会因此获得任何慰藉。

战争给西欧带来了新的开端，尽管在1945年的废墟中很难看得出来。在空袭的炸弹降下毁灭之雨的时候，重建欧洲、避免1918年后困扰欧洲的错误重演的计划就已经开始制订了。东欧在苏联统治下建立了封闭的国有计划经济，西欧的重建却使资本主义企业重焕生机。无论是在政治还是在经济方面，"二战"都把欧洲分成了两半。

在欧洲秩序重组的同时，英、法、德这三个曾经雄霸欧洲的"强国"的实力从根本上受到了削弱。一场"二战"打得英国倾家荡产，它的大国地位严重受损。大战中它的帝国为它提供了支持，但殖民地的人民看到了大英帝国的虚弱，独立的呼声不断高涨。殖民统治的基础原已岌岌可危，如今更是朝不保夕。法国在1940年的战败是对民族自豪感的一记重击，无论如何歌颂抵抗运动的英勇都无法补偿这个打击。法国殖民地也开始寻求独立，不再愿意永远受巴黎统治。

1918年，德国战败但没有被摧毁，长期酝酿的民怨为希特勒后来上台铺平了道路；这次德国则被彻底击垮。雅尔塔会议商定把德国分为四个占领区——英占区、美占区、苏占区，还有后来加上的法占区，结果，德国无论在政治上还是在经济上都完全毁掉，国家主权荡然无存。这标志着自俾斯麦时代以来一直使欧洲政治家忧心不已的"德国问题"从此不复存在。德国战败后，第三帝国的主力普鲁士州被取缔，德国军队被解散（因而解除了德国军国主义的威胁），为德国侵略提供了经济基础的工业基地被置于同盟国的控制之下。东部省份的大庄园是许多身为军队和国家中坚力量的德国贵族的家乡，现在德国边界西移，那些大庄园被从德国永远分割了出去。德国曾因其文化和学术成就而受到举世景仰，现在却成了道德上的世界弃儿，战胜的同盟国不久后举行战争审判，对德国领导层进行了清算。

文明崩塌的巨大后果多年后才得到充分的认识，才在对"二战"遗产的理解中占据了应有的中心位置。由于德国推行的种族灭绝政策，欧洲不同族裔人口的居住格局大大改变，尤其是在东欧。具体地说，对犹太人的屠杀抹去了那里一个有着几百年历史的丰富文化。德国人及其盟友实施的"种族清洗"也产生了持久的影响，留下的仇怨历经数十年的共产党统治依然无法磨灭，南斯拉夫就是一例。大战结束后，苏联的强制驱赶以及后来由波兰人、捷克人、匈牙利人和罗马尼亚人进行的野蛮的"清洗"行动也清除了东欧的德裔人口，然而，欧洲文明崩溃最重要的标志是德国纯粹为了种族的原因企图在肉体上灭绝欧洲的犹太人。后来，作为战争中心的种族灭绝计划成了"二战"这场巨大浩劫的决定性特点。

这场浩劫为何会发生？欧洲怎么会堕入人性泯灭的无底深渊？这些道德上的问题使几代人苦思不得其解。大战比以往任何时候都更加清楚地揭示出，一旦为了非人道的目的而去除或扭曲对行为的一切法律制约，人会犯下多么可怕的滔天罪行。集中营成了"二战"最突出的象征之一，在那个噩梦般的世界里，人命一文不值，生死只在掌权者的一念之间。人们越来越清楚地看到，欧洲在把自己如此众多的公民推入人间地狱的同时，也差一点儿毁了自己。既然认识到了欧洲此前走的是自杀之路，自然就明白，欧洲需要一个全新的开始。

虽然欧洲战争在 1945 年 5 月 8 日（欧洲胜利日）以德国投降而告结束，但是欧洲的军队继续在远东战斗了 3 个月，日本才无条件投降。日本完败标志着第二次世界大战的最终完结。对此起到最重要加速作用的是 8 月 6 日对日本广岛投掷原子弹，3 天后，又一颗原子弹把长崎也化为废墟。原子弹的使用是影响欧洲乃至全世界未来的最大因素。美国人为研究生产原子弹，连续 4 年投入了巨大的资源并雇用了顶尖的核科学家。所幸，德国人对原子弹的研究远远落在了后面。原子弹的使用一下子完全改变了政治和军事力量的基础，也改变了对战争的思维方式。

在未来的战争中，不可能再发生像"一战"的索姆河战役或"二战"的斯大林格勒战役那样的消耗性大规模杀戮。但是，欧洲未来的战争将造成连"二战"都望尘莫及的破坏。原子弹是一种可怕的武器，随着核武器的破坏力日益增大，拥有这种武器的人一按按钮就能毁灭整个国家。第二次世界大战的终极遗产是把欧洲和世界其他地方永远置于具有空前毁坏力的武器的威胁之下。从那以后，欧洲不得不学会永远生活在原子弹的阴影之下，学会面对核毁灭的威胁。原子弹的蘑菇云是一个新时代的象征。它是世界发展的转折点。

第九章

暗夜渐变

> 历史抗拒结束，正如自然不容真空；我们时代的故事是一个长长的句子，每一个句号都是逗号的胚胎。
>
> 摘自马克·斯劳卡所著《千钧一发之际：反思与辩驳》
>
> （2010年）

整整30年的时间，欧洲似乎铁了心要自我毁灭。那段时期如此悲惨，发生了如此巨大的断裂，简直难以想象长期的社会经济价值观系统和文化发展潮流能够维持下来。然而，在欧洲黑暗年代的表面下，人民的生活在静悄悄地发生变化，过程中尽管有痛苦创伤，但一直在持续着。

除了社会和经济变化这些不带个人色彩的长期决定因素，还有主导生活的价值观和信念，在这个领域中，基督教会仍然是决定性力量。尽管如此，许多当时最重要的政治和社会思想并未受教会的影响，甚至与教会的理念截然相反。欧洲的知识精英对于这场他们眼中的文明危机如何反应？除了工作、思索和（有时的）祈祷以外，还有第四个领域，那就是休闲和迅速变化的大众娱乐。经济与社会变化、基督教会的作用、知识分子的反应和"文化产业"这四个领域中的每一个都既表现出连续性，也出现了演变，都给战后世界留下了深刻的印记。

经济与社会：变化之势

从 1914 年到 1945 年，欧洲历经惨痛，同时，各国的经济与社会发展却使它们彼此更加相似。当然，重大的差异依然存在，特别是国家、民族、地区和（经常与其相互交织的）宗教差异。形成差异的最大因素是身份认同感，更甚于社会阶级。除了上层阶级成员和在军中服役的官兵以外，其他民众出国旅行的机会微乎其微，这更加强了国家认同感（以及经常与之伴生的偏见）。"一战"后，欧洲大陆的碎片化*极大地加强了（经常主要由极端民族主义驱动的）民族国家的主导地位，也导致了经济模式迥然不同（且互不兼容）的政治制度，特别是在俄国、意大利和德国。这些因素加大而非缩短了各国间的距离。毋庸赘言，两次世界大战各自造成了扭曲和分歧。

然而，一些重要的基本发展模式超越了政治上的差异与分歧（顶多暂时被政治分歧所打断）。工业化的长期影响在欧洲各地虽然程度各异，节奏不同，但都起到了决定性的推动作用。随之而来的变化越过国界波及整个欧洲。即使是发展程度最低的国家也受到了一定的影响，都努力输入、模仿或吸收其他地方已经推广的变革。20 世纪上半

---

* 指往昔的帝国分解为众多独立国家。——译者注

叶，经济较发达的西北欧与比较贫穷的东南欧之间的差距几乎没有缩小。即使如此，这些地区人口、城市化、工业化、就业模式、社会保障、识字率、社会流动性等诸多方面的发展趋势大致相同。

人口

尽管经历了两次世界大战、多场内战、政治因素造成的大饥荒、经济萧条和大规模种族清洗，但欧洲人口在20世纪上半叶仍然大量增加（虽然增速不如之前的半个世纪）。1913年，欧洲人口达到近5亿，1950年达到近6亿。当然，人口增长并非平均一致。在有些地方，政治和军事因素的影响显而易见。1946年苏联的人口比1941年少了2,600万。德国的人口统计数据也清楚地表明了两次世界大战以及20世纪30年代大萧条产生的破坏性后果。然而，苏、德两国人口的减少都是暂时性的，尽管女性人口连续多年大大多于男性人口。经济落后也影响了人口发展的模式。比如，随着爱尔兰大批年轻人离家出外（主要是去英国）谋生，爱尔兰的人口出现了减少。

不过总的来说，人口发展的趋势是向上的，主要原因是死亡率的直线下降。死亡率自19世纪下半叶开始降低，在20世纪上半叶降速加快。生育率也有所下降，却远没有死亡率下降得那么快。1910年，西北欧的人均寿命约55岁，俄国约37岁，土耳其则不到35岁。40年后，欧洲各地的大部分人都能活到65岁或更高龄。20世纪之初，最高的生育率和死亡率都出现在东欧和南欧。到1950年，这两个数字与北欧和西欧的差距大为缩小。就连苏联，死亡率的下降也令人瞩目——从沙皇时期的28‰降到1948年的11‰。

死亡率的下降主要归功于对公共卫生的重视、住房条件的提高、卫生教育的普及和母亲健康的相应改善（这大大有助于婴儿死亡率的下降）。总的来说，20世纪上半叶，欧洲各国的国民健康都有了长足的改善，虽然经济发展的不同水平造成了改善程度的不同。20世纪20年代，住房建筑业（经常在政府资助下）蓬勃发展（此事在第四章有所提及），减轻了脏乱污秽的住房拥挤状况，改善了污水排放、饮水供应和个人卫生。实际收入的增加和膳食的改善（人民消费的肉类对谷物的比例不断提高）也帮助降低了死亡率。对公共卫生重要性的认识从相对发达的西北欧国家传到了欧洲的东部和南部。但是，在阿尔巴尼亚、马其顿、意大利南部和土耳其这些地方，人们没有采取任何措施来改进差劲的环境卫生条件、糟糕的个人卫生和医疗设施缺乏等落后之处，死亡率仍然高得出奇。

医疗知识的增加和医护水平的进步大大降低了因罹患传染病而早死的概率，这也是死亡率下降的原因之一。医学进步主要不在于外科技术的提高（虽然在第一次世界大战期间，整复外科有了一定的进步），而是反映在疗伤技术和治疗肺结核和流感等致命疾病的药品的发展上面。第一次世界大战结束时爆发的流感疫情造成许多人死亡，死亡人数远远超过了战争中的死亡人数。婴儿感染肠道疾病的现象非常普遍，所以新生儿的死亡率居高不下。但是，后来人们开始普遍使用磺胺类药物控制传染病，预防破伤风和白喉的疫苗和防治疟疾的药物也开始普及。原为预防伤口感染而研制的青霉素到"二战"结束时也得到了普及，虽然只是在西方盟国内。大战之后，接种疫苗的范围进一步扩大。在南欧的某些乡村地区，由于国家没有采取多少措施来改善生活条件和公共卫生，因此直到"二战"结束后很久，疟疾仍然是肆虐的瘟神。可是，即使在那些地方，传染病也逐渐得到了控制。

比如，意大利的疟疾病例从 1922 年的 23.4 万例降到了 1945 年的 5 万例以下，到 1950 年，疟疾几乎完全销声匿迹。

生育率下降成为普遍现象，但欧洲较穷、较不发达的地区并不遵循这样的潮流。俄国、西班牙和葡萄牙的生育率到了 20 世纪 20 年代才开始下降，意大利南部和土耳其则更是要等到第二次世界大战以后。在两次大战之间的土耳其，平均每个母亲生育 5 个以上孩子。当时，欧洲大部分国家的生育率已经降到每个母亲生育 2.5 个孩子，一些国家甚至降到每个母亲 2 个孩子以下（以这样的生育率，若没有移民，就无法维持人口的水平）。这种情况引起了对生育率下降和国家衰退的极大焦虑，尤其是在法国（那里生育率下降开始得较早）和斯堪的纳维亚国家，这种焦虑也在意大利和德国助长了法西斯主义的意识形态。生育控制和避孕知识的普及（这本身得益于识字率的提高）在生育率的下降中起到了很大作用。在西欧，婚内生育约占 90%（私生子在社会上仍受歧视），结婚率也相当稳定（除了 20 世纪 30 年代晚期短暂的结婚潮），所以，决定性的因素是，已婚夫妇自愿少生孩子，这个趋势由于很多年轻妇女出外工作挣钱进一步得到加强。欧洲的天主教地区和东南欧贫穷乡村的生育率尽管发展方向与欧洲其他地区一致，但那些地区生育率的下降是一个缓慢渐进的过程（西欧爱尔兰的广大农村人口是大潮流中的例外），不过，随着经济现代化的发展，生育率下降的速度有所加快。

战争直接造成或加快了欧洲重大的社会和经济变化。变化的一个特点是人口从农村流向工业化地区，从南欧和东欧流向西欧。这本是长期的趋势，但战争的压力使之大大加快。战争和种族清洗造成的人口大量流离是政治动乱的短期结果，但影响深远。

第一次世界大战之前，向美国移民经常是欧洲最贫穷地区的人民逃离贫困的一条途径，但美国在 20 世纪 20 年代初制定了严格的移民配额后，涌向美国的移民从洪流减为小溪。多数想寻找更好的生活或逃离迫害的人只得在欧洲内部另找去处。出于经济原因的移民主要去欣欣向荣的工业区找工作。移民从农村流向城镇是 20 世纪 20 年代经济复苏的一个突出特点，30 年代经济大萧条期间，移民减少了，但没有停止。

欧洲各地在田里讨生活的人都开始减少。1910 年，欧洲的农业产值占全部产值的 55% 左右。到 1950 年，农业的比例降到了 40%。从农业向工业转变幅度最大的国家是苏联，该国农业占比的下降占了整个欧洲总数的一半。不过所有其他国家的农业人口也都在减少。工业化的波希米亚吸收了大量来自以农业为主的斯洛伐克的工人。米兰和都灵成为意大利南部移民的目的地。波兰人从国家的南部和东部涌向工业化迅速发展的西部地区。大批东欧和南欧的移民在德国、法国和荷兰的工厂中找到了长期工作。在两次大战之间，法国的人口增长陷于停滞（但在"二战"期间，人口出现了急剧增长），所以特别需要外国劳工。到 1931 年，法国的新移民人数达到约 330 万，占全国人口的 8%。

第二次世界大战强力推动了欧洲人口从农村到城市、从农业到工业、从东南到西北的长期转移。德国政府尽管奉行仇外的意识形态，但为了保证劳动力供应，到 1939 年即已雇用了近 50 万名外国劳工，其中近一半是农业工人（德国农业存在严重的用人荒），来自波兰、意大利、南斯拉夫、匈牙利、保加利亚和荷兰等国，许多是农忙时的季节工。工业也吸收了大批外国工人，特别是捷克斯洛伐克的工人。

"二战"期间，德国对劳动力的需求日趋急迫，导致外国劳工的数量激增（近 1/3 是妇女），大部分外劳都受到残酷异常的奴役，1942 年后更是如此。到 1944 年中期，德国劳动力超过 1/4 都是外国人，共有 7,651,970 人（其中 1,930,087 人是战俘）。

德国占领了欧洲大部，可以从占领区抓人来满足自己对劳动力的需求（使用的手段残暴至极）。但是，战争在所有交战国中都导致了对劳动力需求的激增。由于很多男人上了前线，因此劳动力的短缺只能由妇女填补。"一战"时就是这种情况，但持续时间不长，战后男人复员，妇女随即退出了劳动力市场。"二战"造成的变化更加持久。两次大战之间，英国各地都存在着严重的失业，但"二战"打响后，这个问题完全消失了。在新增的劳动力中，原来的家庭主妇和没有工作（或不再做女佣）的妇女占了 3/4 强。在战前，苏联妇女参加工作就已经相当普遍，到 1942 年，女性更是占了苏联劳动力的一半以上。

当然，20 世纪上半叶欧洲人口最突然、最暴力的转移不是由劳动力市场的长期发展趋势造成的，尽管战时经济对人口转移起到了有力的推动作用。造成人口最剧烈变动的是政治和军事行动。这种情况在东欧最为严重，尽管西班牙内战从 1936 年到 1938 年也产生了 200 万名左右的难民。在欧洲大陆东半部，"一战"期间及战后，领土的丧失、国界的改变和新生国家的民族"调整"造成近 800 万人流离失所。1915 年，100 万名亚美尼亚人遭到土耳其驱逐，背井离乡，许多人死在了残酷的迁徙途中。1923 年，在战后人口交换过程中，近 100 万名希腊人和土耳其人被迫离开故土。"一战"刚刚结束，俄国就爆发了内战和革命，民不聊生，据估计，死亡和被迫逃离的人数高达 1,000 万以上。20 世纪 30 年代期间，斯大林的集体化运动和"大清洗"造成几百万人死亡或流离失所。接着，1941年德国入侵苏联，大军所向逼得几百万人向东逃难。大战期间，斯大林驱逐了大批被认为构成安全威胁的人，导致进一步的大规模人口迁徙，比如，1941年，40万名伏尔加德意志人被强行驱赶到中亚和西伯利亚的荒野中（后来又大量驱逐克里米亚鞑靼人，并从高加索地区驱逐了总数达100万的卡尔梅克人、印古什人、卡拉恰伊人、巴尔卡尔人和车臣人）。

1941年底，对欧洲犹太人的屠杀开始迅速升级。大战爆发前，纳粹德国已经有几十万名难民（其中大部分是犹太人）试图寻求其他国家的帮助（但那些国家并不愿意接受他们）。那些人中有一半成功地到了国外，主要去了美国和巴勒斯坦。但是，大战爆发后，一切出路都被封死。后来德国推行的灭绝政策使得约550万名犹太人死于非命。"二战"结束后，国界的改变和对人口的驱逐导致了进一步的大规模迁移。比如，新建的德意志联邦共和国（简称联邦德国）1950年时的人口有1/3不是出生在该国领土内的。人口涌入在后来的年月里对联邦德国的战后复苏做出了至关重要的贡献。

关于人口迁徙的干巴巴的统计数字和一切宏观经济数据一样，完全不涉及人的感觉，丝毫不能反映迁徙过程中人所经受的死亡、破坏、痛苦和悲惨。不过，统计数字依然重要，因为它们显示了发生的变化，而那些变化在许多方面改变了20世纪欧洲的特征。还有一些数据反映出人们没有感觉到的变化。根据不同的标准统计，尽管20世纪上半叶兵荒马乱，但欧洲各地的生活水准实际上还是有了提高，至少对那些没有被战斗、轰炸、劫掠或蓄意谋杀的政策害得家破人亡的人中的大多数来说是这样。除了平均寿命得到延长以外，人均收入增加了25%以上，多数人的购买力有所提高，人均身高增长了4厘米

（体现了收入的增加和膳食的改善），越来越多的人学会了识字。当然，这些趋势掩盖了战争和贫困造成的不同人群之间的重大分别，但是总的来说，整个欧洲都出现了这样的趋势。第一次世界大战之前南欧和东欧一些最不发达的地区在第二次世界大战爆发前，明显表现出了向比较先进的西欧靠拢的迹象。

战争与经济：记取前鉴

两次世界大战都对经济长期发展造成了重创，尽管持续的时间不长。在从1914年到1945年这个灾难性的时期内，大多数欧洲国家的平均增长率都低于"一战"之前和"二战"之后。"一战"的战败国用了约十年的时间才恢复元气。不过，它们毕竟实现了复苏，经济增长尽管比战前慢，但还是持续了下去。据估计，如果1914年大战前的经济增长得以不受妨碍地继续，1923年就能够达到1929年的粮食生产水平，1924年可以达到1929年的工业生产水平，1927年则会达到1929年的原材料生产水平。这些推断指的不仅是欧洲，而是世界的产量，无论对它们做出何种限定，它们都表明，战争只是暂时阻断了增长，并未长期扭转增长的趋势。

1914年之前的经济全球化先是因为战争而减缓、中断，后又在20世纪30年代大萧条期间受到保护主义和经济民族主义的阻碍和搅局。"二战"中，欧洲的经济产出再次回落，大部分生产当然都是以供应军需为目标的。然而这一次，经济很快就实现了反弹。"二战"结束后，经济迅速增长，比"一战"后强劲得多，也更加持久。过去的教训得到了记取。两次大战之间，国际合作几乎不存在；"二战"后，各国却张开臂膀欢迎国际合作，视其为实现复苏的关键助力。为了恢复稳定、管理经济，国家干预达到了前所未有的程度。美国在经济领域的绝对统治地位以及它的思想、技术与资本的输出，对经济复苏起到了决定性的作用。然而，战后30年经济空前增长的基础是在欧洲内部，在它最黑暗的年代中奠定的。仅从经济角度来看，战争，即使是1914—1918年和1939—1945年的那种大规模冲突，不单会导致损失，也会产生持久的积极后果。

战争是对经济增长和技术进步的有力刺激。不要说独裁政权，就连民主国家也不得不对经济进行强力干预，推动军需生产大规模扩张。战争造成了新的（往往是持久的）需求，比如，"二战"期间，飞机的生产就造成了对铝材需求的激增。因此，国家必须对工厂建筑、固定设备和劳动力培训进行投资。早在"一战"期间，武器的大规模生产就促进了对工厂更高效的组织与管理，也推动了更密集的机械化。

在农村劳动力流失的情况下，机械化程度的提高帮助增加了土地的产出。比如，"二战"的第一年，英国生产了3,000辆农用拖拉机，各种其他农业机械的生产也增加了。相比之下，德国对坦克、大炮和飞机日益急迫的需求挤掉了生产拖拉机的产能，结果农业生产只能依靠农民自己、强征来的外国劳工和战俘。德国和欧洲大陆上其他在战时没能在耕作方法现代化方面取得进步的地方一样，在战后重建中实现了农业机械化和生产集约化，因为大战期间出现的农村劳动力不可阻挡的长期衰减是无法扭转的。

两次大战期间，尤其是"二战"期间，技术与科学创新蓬勃发展，影响深远。战争不一定会导致全新的科学发现，然而，即使突破是在和平时期做出的，战时生产的紧迫性也经常对新发现起到大力推动的作用。航空技术在"一战"期间实现了巨大进步，因为人们认为，空中作战在未来的战争中将是决胜因素，而这种进步又推动了20世纪20年代和30年代民用航空事业的发展。虽然德国率先于1944年批量生产出了Me262喷气式战斗机，但是喷气式飞机的引擎是英国皇家空军工程师弗兰克·惠特尔（Frank Whittle）和德国工程师汉斯·冯·奥哈因（Hans von Ohain）同时发明创造的，这一技术在"二战"后实现了空中旅行的革命。后来，太空探索也是依靠了韦恩赫尔·冯·布劳恩（Wernher von Braun）和其他德国科学家为发射V2导弹而发明的火箭技术。

布劳恩是纳粹党员，还是党卫军荣誉军官，但美国人爱惜他的才能。他被送到美国，在新环境中为美国太空计划的发展立了大功。核裂变发现于"二战"前夕，美国因此制定了生产原子弹的战时计划，但核裂变的发现也为战后和平利用核能开辟了道路。战争期间还有许多其他发明和已有技术的迅速发展，它们都对战后时期产生了重大影响，比如广播电台、雷达、合成材料、电子计算机等等。这些发明和技术有许多在战前已经初具雏形，即使没有战争，无疑也会发展起来，但发展速度很可能会比较慢。

第二次世界大战与第一次世界大战相比，更接近于"全面战争"，这不仅是对独裁统治下的社会而言的。各国领导人从前一次大战中学到了如何管理战时经济的重要经验和教训。比如，他们在控制通货膨胀方面就比"一战"时的领导人做的好得多，"二战"期间的通货膨胀从未像"一战"期间在一些交战国中那样脱缰失序。英国大大提高了税收，因而减少了短期借贷的需要，使得政府能够继续以较低的利率获得长期贷款。德国时时刻刻警惕再次堕入恶性通货膨胀，但德国的税收比英国低得多，因为战争的高昂费用基本上都转嫁到了被占领国家的头上。

在国家对民众口粮供应的控制方面，德国和英国也是两个极端。"一战"期间，生活水平剧降，粮食严重短缺，德国百姓的民怨不可阻挡地节节上升。对这个政治教训，纳粹领导人铭记在心。"二战"期间，他们对欧洲各国的粮食和其他资源进行无情掠夺，防止了这种情况的重演。1941—1942年冬天的危机后，德国第一次对粮食配给做了较大的削减，引得老百姓怨声载道，但真正的大量削减到了战争的最后阶段才发生。为此，欧洲被德国占领的国家承担了代价。乌克兰和希腊的粮食短缺日益严重，达到了饥荒的程度；荷兰在1944—1945年那个"饥饿的冬天"也差一点儿爆发饥荒。虽然粮食价格由官方控制，粮食也定量供应，但是黑市在各地都非常普遍。英国通过国家补贴和严格的粮食配给来确保粮食价格上涨的速度不致超过农民收入的增速。除马铃薯和面包以外，一切主食都有定量，这不可避免地引起了一些人的不满，但粮食定量供应得到了民众的普遍接受，并帮助维持了社会和谐。事实上，它甚至改善了许多人的健康，虽然膳食十分单调。

在请工商界重要人士参与制定政策方面，"二战"期间更甚于"一战"。企业家不仅要保证战时生产，而且要操心战后世界的规划。德国的纳粹政权对经济（如同对一切其他事务一样）实行严格控制，盟国的空袭又把德国炸得满目疮痍，但即使在德国，工业家一方面与政府密切合作，另一方面也在秘密计划战后重建。他们千方百计地避免在战争的最后几个月中被垂死的纳粹政权拉入徒劳的自我毁灭，于是和帝国的军备与战时生产部长阿尔贝特·施佩尔（Albert Speer）一起，设法阻挡对希特勒于1945年3月发布的"焦土"命令的执行，尽量不对工业设施进行无意义的破坏。事实上，德国工业的毁坏程度远不如战争造成的一般性破坏那么严重，企业家因此得以（为了他们自己的利益）紧密参与推行刺激经济复苏的措施。其他的主要经济体也是一样。战争动员释放出巨大的经济产能，虽然在战争中经常遭到严重破坏，却没有被摧毁。实现和平后，大量的劳动力资源不再用于生产军备，可以投入重建。战争的废墟下埋藏着重建的潜力。

经济复苏和战时经济动员一样，需要国家的干预。战争给欧洲带来的物质破坏如此巨大，国家不可能不插手经济管理。两次大战之间盛行的经济民族主义使人不再相信经济能靠市场力量自行恢复。法国和英国的决策者都认为，只有国家才能提供足够的资金来执行大规模基建项目，重建经济。美国领导人虽然倾向于自由市场，此时却很难对这种意见提出反驳。严格的国家控制在苏联更是由来已久。国家需要组织执行大规模的住房建筑计划。由于粮食短缺，国家也需要继续掌管对粮食的控制和分配。英国的粮食配给一直持续到20世纪50年代。

所以，在"二战"刚结束的那些年里，欧洲经济受国家开支水平的影响和被国家控制的程度是20世纪20年代和30年代时无法想象的。然而，在美国的影响下，西欧最终没有采纳英国和法国那种大规模国家控制的模式（虽然东欧在苏联影响下走了完全不同的发展道路）。经历了12年纳粹主义的高度国家控制之后，人们热切希望去除加诸自由市场的各种制约，大力削减官僚冗规，废除产业垄断。在多数国家中，国家虽然起初进行了大力干预和指导，但不久就逐渐退出，不过到那时，经济复苏已经如火如荼。

全面战争产生的社会影响

第二次世界大战结束时，民众都非常期待政府采取更多措施来改善民生，这也是促使国家干预的一个因素。当然，"一战"期间民众也有同样的期待，但后来大多落空，民众大失所望。然而，一个关键的领域出现了显著的进步。早在 1914 年以前，一些欧洲国家，特别是德国和英国，已经引进了有限的社会保障措施。两次大战之间，在工人政党的压力下，欧洲大多数经济发达的国家都进一步扩大了社会保障。各国的社会保障制度并不一致，在福利和覆盖面上差别很大。但是，提供社会保障成了普遍的潮流。"二战"后，建设完全的福利国家成为必行之事。人民对此寄予厚望，国家没有选择，只得努力满足。从自由派到保守派，各种倾向的政治家和劳工运动领袖一道力推建立更广泛的福利网，虽然各有不同的目的和打算。即使在法西斯政权的严密控制下，对大众的动员也提高了民众对包括国家福利在内的更加美好未来的期望。纳粹主义在德国之所以从者如云，部分是因为它信誓旦旦要改善人民生活水平，建造新住房，提供全面社会保险，加建娱乐设施，并保证每家拥有一辆小汽车——"人民的汽车"，也就是大众汽车（Volkswagen）。墨索里尼的意大利法西斯政权也对人民做了类似的许诺。

这些许诺大多没来得及兑现，惨烈的大战就爆发了。但是，对国家促进物质繁荣和改善福利的期待并未随着法西斯主义的灭亡而消失，而是转到了战后政府身上。英国人民普遍认为，自己在"全面战争"中做出的牺牲应当得到国家的报答，战时的充分就业应该继续，应该向全民提供社会福利和医疗服务，20 世纪 30 年代的贫穷匮乏绝不能重演。1944 年，英国政府承诺执行充分就业计划，因为只有实现充分就业，才有可能成功实施两年前威廉·贝弗里奇在他的报告中建议的那些社会保险措施。战后的英国政府显然会高度重视社会政策。

然而，也不应夸大 20 世纪上半叶欧洲社会的变化。妇女在社会

第九章 暗夜渐变 449

中的地位就是很好的例子。"一战"前，女权运动在斯堪的纳维亚和英国比较强势，尤其是在争取妇女投票权方面（争取妇女投票权的积极分子发动的运动成功地引起了广大公众对此问题的注意）。但是，在欧洲的天主教势力范围内，特别是东欧和南欧，基本没有自由开明的宪政政府，争取妇女权利的运动弱小得多。在讲德语的中欧，女权运动的支持者主要是中产阶层妇女。然而，妇女权利运动进展甚微，因为女权运动基本上被挤压在保守主义和社会主义这两个男性主导的领域中间（后者将妇女解放的要求视为争取社会与经济变革这一更广泛斗争的分支）。

至少在妇女投票权的问题上，"一战"在许多国家造成了突破。妇女对战争的重要贡献有目共睹，这导致了社会对妇女投票权态度的变化。大战结束后，许多欧洲国家的妇女都获得了投票权。但是，法国直到1944年才给了妇女投票权，意大利是1946年，同年还有罗马尼亚和南斯拉夫，比利时妇女在1948年获得了投票权。希腊更晚，要等到1952年内战结束后。在中立的瑞士，妇女到1971年才获得了联邦一级选举中的投票权（各个行政区给予妇女投票权的时间不等，最早是1958年）。袖珍国家列支敦士登更是拖到了1984年。

除了获得投票权之外，妇女在家中和工作场所的地位并未改变。男性仍然在社会中占据统治地位。在英国，《贝弗里奇报告》规定，丈夫是社会保险的缴费人和受益者，妻子只是依赖丈夫的被赡养人。法国1946年通过的宪法仍强调妇女须履行母亲的职责。在劳动力市场上，妇女也继续受到歧视，已婚妇女尤其如此，因为社会仍然认为她们的主要任务是做家务和生孩子。各个职业的高等级别基本上都把妇女排除在外。在大多数情况下，女性就业仍然限于传统观念中妇女的工作，比如护士、福利工作者、小学教师、秘书或店员。

妇女在教育领域也仍然处于严重劣势。不错，从1900年到1940年，欧洲各地都出现了女大学生人数增加的趋势。那段时间内，（仍然很少的）大学生人数增加了一倍以上，其中一部分是女生，但只是很小的一部分。"二战"之前，西欧大学生中女生只占不到1/5，女生比例最高的是芬兰，接近1/3，法国、英国和爱尔兰都是1/4以上，但西班牙和希腊只有7%到8%。"二战"期间，许多男青年应征入伍，大学女生的人数随之增加。但这方面的重大变化和妇女总体地位的提高一样，要到几十年后才真正到来。

平民提高自身社会地位的机会也不如想象的多。当然，两次世界大战造成了巨大的破坏，完全打乱了世界经济，两次大战以及它们之间那段时期的政治形势云谲波诡，20世纪30年代又发生了经济大萧条，这一切不可避免地导致了地主阶级财富的重大损失。当然，没收富人的财产是布尔什维克革命的一个特点。在波兰、捷克斯洛伐克、罗马尼亚和保加利亚等国，尽管地主坚决抵抗，但仍然进行了大规模的土地再分配。两次大战和它们之间的时期造成了资本积累和财富增长长期趋势的巨大中断。尽管如此，大战前夕有钱有势的人在战后一般仍然保住了财富和社会地位，只有在苏联阵营的东欧国家是例外。

英国没有遭到过占领，它在制度和社会状况上的连续性比欧洲大部分国家都更明显。社会精英阶层要承担高额税赋，他们的地产常常被军队征用，有时他们为了缴付遗产税而不得不出售大量地产，这些的确造成了他们财富的大幅减少。具体来说，遭受重大损失的通常是土地贵族、乡绅和其他拥有大量私人资本的人。另外，如他们经常无奈叹息的，仆人越来越难找，年轻女性不再到上层阶级成员的府邸里当仆人，去长年累月地做苦工。战前时代的贵族生活方式基本上一去不复返。但是，贵族的地位依旧很高，而且，1946—1947年，英格兰和威尔士成年人口的1%仍然拥有当地全部资本的一半。

法国的政治和经济精英阶层发生了一些变化。因投身于抵抗运动而获得了尊敬的新人（也有个别女性）取代了威信扫地的战前第三共和国领导人和维希政权的通敌者。然而，在地方一级，罪大恶极的通敌者被清洗后，其余基本照旧。意大利也是一样。大战甫一结束，怙恶不悛的法西斯分子立即遭到清洗，共产党人也被排挤出了新政府，但除此之外，政治阶层并未发生太大改变。经济方面，战争尘埃落定后，战前控制着意大利商业的家族和南方拥有大规模庄园（latifundia）的家族基本上依然如旧。然而，在工业中，与法国和其他国家一样，由技术人员和企业家组成的新阶级的地位开始上升。在倍耐力（Pirelli）*和菲亚特（Fiat）**这样的大公司中，强大的工会保证了工作场所的新气象。法西斯主义倒台后，中央和省级政府的官僚及司法制度发生的变化也不容小觑，尤其是在由左派掌权的许多北方城镇。

在1944年7月刺杀希特勒的密谋中，德国上层人士发挥了突出的作用。然而，上层人士也主持犯下了一些令人发指的暴行。在军队和党卫军的高级将领中，上层人士所占比例超过他们在总人口中所占的比例。许多工商界领导人密切参与了没收财产、无情剥削被占邻国、雇用奴工和借种族灭绝之机大发横财的行动。有些最丧尽天良的行为在战后同盟国举行的审判中受到了惩罚。但是，即使在经过了1945年的惨败后，德国的精英阶层成员仍然令人惊讶地保持了他们的地

---

* 倍耐力，轮胎生产商。——译者注
** 菲亚特，汽车生产商。——译者注

位，除了那些和东部省份的庄园主一样因战争和占领而失去了土地的人之外。

总的来说，在整个 20 世纪上半叶，政治和经济精英维持住了自己的地位。更深远的变化要等到世纪的下半叶。社会下层的人平步青云进入精英阶层仍然鲜有发生。在主要交战国中，德国算是部分的例外，在那里，加入纳粹党及其众多的附属组织增加了向上爬的机会。法西斯意大利也有类似的情况。不过，这种情况其实并不普遍。更大的变化到后来才发生。就连人们有时说的"炸弹不长眼睛，不分穷富照炸不误"的话也并不准确。在工业城镇中，穷人居住在拥挤不堪的公寓和贫民窟里，非常容易成为狂轰滥炸的目标，而中产人士居住在宜人市郊和大庄园的气派豪宅，躲过空袭的可能性则大得多。

后人称为"贫穷循环"的现象仍普遍存在。"二战"结束后，复员的士兵一般都重操旧业。他们的社会阶层通常没有改变，生活环境也依然如故。人口从乡村向城市迁徙的长期趋势意味着产业工人阶级的人数越来越多，他们通常住在接近市中心的劣质住房中，几乎无望跻身于中产阶级或专业人员的行列。然而，随着服务部门的扩大，从事行政人员或职员这类低级白领工作的机会增多了。这在欧洲是普遍现象，尽管各国的增速不同。社会下层的人受教育的机会仍然微乎其微。乡村人口的下降、村子里年轻人的减少和农业工人的短缺标志着长期的转变，转变由于战时经济而进一步加快。在战火未及的偏远地区，机械化和现代交通不见踪影，农庄上的日常劳作仍是 50 年前的那一代人所熟悉的。工厂工人的日常生活也基本未变，虽然肯定不如"一战"前那么辛苦，工作时间也有所缩短，但仍然与上一代工人的生活相差不大。

受"二战"破坏最严重的欧洲地区（主要是从德国向东、向南延伸到苏联西部的那片地方）根本没有条件回归战前的正常状态。在乌克兰、白俄罗斯和波兰，战斗最为激烈，种族灭绝的杀戮居全欧之最，德军撤退时又实行"焦土"政策，大肆破坏，使这三个国家的大片地区被化为废墟。德国败局已定，却拒不投降，招致了巨大的破坏。大战结束时，德国人口的 2/3 流离失所，几百万名士兵成为战俘（向西方盟国投降的约 300 万人到 1948 年大多得到了释放，但落入苏联手中的 300 万名战俘中的最后一个到 1955 年才获释）。东部省份蜂拥而来的难民造成人口激增，老百姓的住所拥挤不堪（大城市 50% 的住房被战争摧毁）。民众因国家战败而感到惶恐不安、前途渺茫。然而，如果他们发现自己所在的地区在战后将由西方盟国，而不是苏联人来占领，他们还是会额手称庆，因为关系重大的不仅是战争造成的大量死亡和经济破坏，还有政权的特点。在战后被一分为二的德国，人民生活的轮廓主要是由占领者的利益所决定的：德国西部由美国人、英国人和法国人决定，德国东部由苏联人决定。

苏联人民一方面因取得了胜利而倍感自豪，无疑还因自己终于活了下来而感到庆幸，另一方面则要承受几百万亲人死去的锥心疼痛，还要努力在被敌人化为废墟的市镇和村庄的瓦砾上重建生活。战争结束了，但斯大林的统治制度并未改变，它的力量与合法性反而因战争的光荣得到了加强。它依然保留了过去的做法：没收财产，严格规定产量或生产率定额，施行警察国家的专断统治，残酷役使投入重建公路和铁路的劳动的几百万名战俘、"不可靠"分子和士兵。现在，这个制度又强加到了东欧大部分地区的头上。即使在"一战"前，那里的国家也是欧洲最贫穷的国家，它们在"二战"中遭受了巨大的苦难和破坏，如今又要被封闭起来，无缘从即将给西欧带来新生的经济发展势头中受惠。

经济复苏之前景

"一战"后，欧洲在世界生产和贸易中所占的份额已经开始明显下降，"二战"进一步加剧了这一国际经济的长期趋势。"二战"也标志着英国彻底沦为世界经济龙头老大美国的跟班，这一点自"一战"后已经明显可见，"二战"对资金的大量需求则将其完全证实。英国为了打仗而债台高筑，在经济上完全依赖美国，美国则在大战中脱颖而出，成为世界工业巨人。大战结束时，英国的财政疲弱凋敝，美国的经济却欣欣向荣，成为第二次世界大战的大赢家。"二战"期间，美国的工业生产达到了历史最高水平，工业产出的年增长率是15%（"一战"期间是7%），经济产能据统计增长了50%。到1944年，全世界40%的军备是美国生产的。在英国出口日趋减少的同时，美国的出口不断攀升，1944年的出口比1939年多了2/3。

美国雄厚的经济实力使它能够通过《租借法案》在资金上大力支持同盟国的作战。《租借法案》是罗斯福总统想出来的主意，1941年春在国会得到通过。美国据此可以向盟国"出借"装备，而无须要求那些捉襟见肘、债台高筑的国家还款。截至大战结束，美国在《租借法案》名义下的出口总额达到320亿美元，其中近140亿美元是对英出口。美国还为苏联雪中送炭，提供了价值90亿美元的物资（包括食品、机械工具、卡车、坦克、飞机、铁轨和机车）。美国是战争的军需官。很快，它将成为和平的司库。

大战尚未结束，战后规划即已开始。对于欧洲在1945年后不会进入苏联阵营的那一半，美国凭借自己超强的经济实力，在其战后经济的建章立制中一言九鼎，虽然影响在后来的几十年间才充分显现出来。盟军登陆诺曼底一个月后的 1944 年 7 月，组成联合国的 44 个同盟国的 700 多位代表在美国新罕布什尔州布雷顿森林（Bretton Woods）的一家酒店开了近一个月的会（代表们住得不太舒服，因为酒店太小，且年久失修）。与会者要为战后的全球经济秩序制定原则，期冀新秩序能够永远克服 20 世纪 30 年代导致了经济民族主义、大萧条和法西斯主义胜利的那些灾难。英美两国的代表团是会上最重要的角色，但到底谁说了算，众人都心中有数。会议最后一天达成了协议，其中一些关键的基本思想是英国代表团团长约翰·梅纳德·凯恩斯提出的。他看清了大萧条期间大行其道的正统经济理论的危险，在大战期间就提出了影响深远的反周期理论，提倡通过国家干预和赤字开支来解决大规模失业问题。不过，当英国和美国的意见发生分歧的时候，美国代表团团长哈里·德克斯特·怀特（Harry Dexter White）代表的美方利益总是会占上风。

布雷顿森林会议（主要在凯恩斯的倡导下）建立了货币自由兑换的新货币秩序，各国的汇率与美元挂钩，以此来取代已经信用破产的金本位制度。（然而，"可兑换性"在第一次大考验中一败涂地。那是在 1947 年夏天，英国陷入了金融危机，发生了英镑换美元的挤兑，使英国的美元储备几乎告罄。结果，英国不得不暂时取消英镑的可兑换性。）怀特提出的两条提议最终化身为两个重要的战后机构，一个是旨在纠正具体国家预算失误、维持体系内稳定的国际稳定基金［International Stabilization Fund，后来成为国际货币基金组织（International Monetary Fund）］，另一个是为战后重建提供必要资金的国际重建与开发银行［International Bank for Reconstruction and Development，后来成为世界银行（World Bank）］，尽管开始时提供的资金比起实际需求来只是杯水车薪。与会者也认识到，需要再成立一个机构为自由的全球贸易确立规则。不过，这个想法并未落实。国际贸易关系最终归入了1947年达成、最初由23个国家签署的《关税及贸易总协定》（General Agreement on Tariffs and Trade，缩写为GATT）的管辖之内。

无论存在着哪些难以逾越的政治障碍，使布雷顿森林会议无法马上收效，会议的召开都表明，各国决心不让两次大战之间的灾难重演，也表明各国一致认为，资本主义经济的基础必须改革，否则不能避免引发了那场灾难的国际贸易与金融的崩溃。显然，美元必须接替软弱的英镑，成为国际金融的轴心。美国人支持商定的贸易自由化，对美元地位的提高也乐见其成。欧洲人也接受这样的安排，视其为战后经济秩序的前提。但是，双方的重点有所不同。英国人和法国人认为，必须以战前无法想象的规模进行国家干预，这不仅是为了经济重建，也是为了遏制完全自由的资本主义经济的大起大落，防止再次出现大规模失业。因此达成的妥协（当然，它不适用于苏联集团）是自由贸易和国家指导相结合的混合型经济。各国都对资本主义做了一定的改革，但变化并不剧烈，也没人对资本主义提出根本性的质疑，除了共产党人，但共产党的力量在迅速萎缩（尽管共产党在冷战形成时期为维持群众基础费尽了力气）。虽然在满目疮痍的1945年难以预料，但是，被德国人称为"社会市场经济"（soziale Marktwirtschaft）的经济自由主义与社会民主的结合将在后来的30年间，给西欧带来空前的经济繁荣和政治稳定。

这个结合在1945年后能够成功，有一个"一战"后不具备的重要先决条件。1919年，沉重的战争赔款使德国和其他战败国陷入了悲惨的境地，而1945年后，西方盟国没有要求战败国赔偿（德国东部地区另当别论）。1944年，提议在战后把德国打回前工业化时代（因而给纳粹政权提供了大好的宣传口实）的"摩根索计划"（Morgenthau Plan）*一度得到认真的考虑。虽然罗斯福和丘吉尔同意大力限制德国将来的工业生产水平，但是他们很快认识到，让7,000万德国人民永远生活在贫困之中，使对欧洲复苏至关重要的德国经济一蹶不振，这没有任何好处。冷战开始后，这一点变得越发清楚。

后来的事实证明，把东半部锁住的铁幕对欧洲西半部产生了间接的好处。对东欧人民来说，铁幕是一场巨大的人间悲剧。但是，欧洲那些"一战"后一直为族裔冲突、民族主义暴力和边境争端所困扰的地区被苏联的控制，这对本来就比较富裕的西部地区是有利的。与逐渐成形的苏联集团的成员国不同，西欧国家在废墟上重建经济时能够依靠美国的支持。

从1914年到1945年，欧洲人似乎一心要毁掉自己的经济基础。与之形成惊人对比的是，在那以后的30年间，西方民众享受到了在百废待兴的1945年完全无法想象的持续的空前繁荣。由于持续的繁荣，西欧人民的生活今非昔比。即使在情况完全不同的东欧，生活水平也有了提高，大多数人民生活改善的速度远远超过了两次大战之间的那段困难时期。欧洲国家靠自己不可能实现如此巨大的转变。欧洲东西两半的经济重建都高度依赖新兴超级大国美国或苏联的帮助，但

---

* 摩根索计划由美国财政部长小亨利·摩根索提出，他建议摧毁德国的工业能力，使之无力再次挑起战争。——译者注

它们遵循的道路截然不同。1945年后，无论是在政治上还是在经济上，欧洲的两半都开始分道扬镳。

基督教会：挑战与延续

除了艰难谋生之外，老百姓的生活仍然受基督教会道德和价值观的极大影响。20世纪上半叶，位于官方宣扬无神论的苏联西面、民众信奉伊斯兰教的世俗国家土耳其西北面的欧洲依然是基督教的大陆。尤其在农民和中产阶级当中，教会仍然具有巨大的社会和思想影响力。各地的基督教会卷入"一战"后震荡全欧洲的政治风云后，也不吝使用这种影响力。

德国哲学家弗里德里希·尼采（Friedrich Nietzsche）在1882年发出了"上帝死了"的名言。这个讣告来得未免太早。20世纪上半叶，基督教会的确受到了来自现代社会，特别是无神论的布尔什维克主义的威胁。随着人们转而求助于国家、政治运动或其他公共机构来满足自己的需求，越来越多的人开始觉得教会没用了。约瑟夫·罗特（Joseph Roth）1932年出版的发人深省的小说《拉德茨基进行曲》（The Radetzky March）反映了作者对现代社会的不以为然。小说中的人物乔伊尼基伯爵说："民族主义是新宗教。人们不再去教堂，而是去参加民族主义的集会。"马克斯·韦伯所谓"世界的祛魅"指的是关于圣礼仪式、得救、赎罪和来世的永恒幸福等神秘主义信仰开始失去吸引力。战争和种族灭绝在欧洲肆虐之时，尼采对相信理性与真理的信念的攻击和对植根于宗教信仰的道德观的否认似乎一语中的。经历过这个时代后，教会不可能毫发无伤。然而，无论是对民众信仰的丧失，还是对基督教主要教派信徒人数的下降，都不应过分夸大，也不应将其发生的时间提前。经过两次世界大战后，基督教的影响仍然既深且远。基督教会尽管在20世纪上半叶历经坎坷，但令人惊讶地没有伤筋动骨。教会遇到大麻烦是后来的事。

第一次世界大战打响时，基督教一度形势大好。各方都拉上帝为自己撑腰，每个交战国的基督教会都声称上帝支持本国的事业。德国人宣告："上帝与我们同在。"（Gott mit uns.）法国人宣布为保卫祖国成立"神圣同盟"时说："上帝在我们一边。"（Dieu est de notre côté.）其他国家也将爱国主义融入了基督教。教士们把战争视为国家的圣战，是文明反对野蛮、善反对恶的"神圣的战争"。确实有一些教士主张和平主义，但是支持本国战争的教士占压倒多数。他们祝福开赴战斗的部队，也给士兵的作战武器祝福。他们为即将发起的进攻的胜利而祈祷。在欧洲各国，民族主义淹没了基督教的基本教义，自称爱好和平的教士却咄咄逼人地鼓吹战争，不能不令人诧异。1915年，英国圣公会伦敦主教阿瑟·温宁顿-英格拉姆（Arthur Winnington-Ingram）在庆祝基督降临节的一次布道中向英军士兵呼吁："好的坏的，小的老的，格杀勿论。"不过，首相赫伯特·阿斯奎斯（Herbert Asquith）认为此话是一个蠢得出奇的主教的胡言乱语。至少有一位教会领导人一贯秉持中立，呼吁各国达成公平的和平。1917年，（1914年9月当选的）教皇本笃十五世提出了一项和平计划，号召各方诉诸国际仲裁，撤出被占领土，放弃战争索赔，削减军备。可是，此举招致了一片骂声，说他其实心有偏向，却不肯实说，是伪君子。法国人称他为"德国教皇"，德国人则说他是"法国教皇"。

对神职人员来说，战争带来了基督教重兴的希望，这一点也由被观察者称为"回归圣坛"的现象证实了。英国去教堂的人数有所增加，但那也许仅是暂时现象，因为1916年去教堂的人数反而低于战前（许多男人上了前线也是一个因素）。然而，随着越来越多的家庭接到前线亲人的噩耗，相信据说可以使生者和死者交流的招魂术的人数激增。人感到严重焦虑不安的时候，自然会转向祈祷。战斗打响前，士兵经常会向上帝祈祷；战斗结束后，活下来的士兵也会感谢上帝使自己逃过一劫。宗教和迷信混杂在一起。许多士兵上前线时随身带着宗教的象征物，一个十字架、一串念珠或一本袖珍版《圣经》起了护身符的作用。如果有士兵死亡，战场牧师就会对阵亡战士的战友们说，基督教把死亡视为献给上帝的牺牲。阵亡将士坟墓上树立的临时性木头十字架是对这一点无声的重申。

一定有人会问，经过凡尔登和索姆河等如此惨烈的战役后，怎么可能继续保持宗教信仰？到底有多少士兵在残酷的屠杀中失去了对基督教的信仰，我们不得而知。一位德国牧师在报告中写道："许多士兵由于看不到祈祷的作用，也由于战争的漫长和残酷，而对上帝的正义与全知产生了怀疑，不再相信宗教。"然而，尽管战后世界发生了巨变，但大多数复员返乡的士兵和他们留在后方的家人一样，至少在名义上保持了对某个基督教派的忠诚。有些人即使不再去教堂做礼拜，在生死婚嫁的大事上一般仍然要找教堂。人们并未表示出激进或极端的反宗教感情（虽然反教权的情绪十分强烈，特别是在南欧的一些地方）。然而，宗教的纽带在一些地方，尤其是城市，本来就已经很弱，战争也并未使之得到持久的增强。疏离基督教信仰、不再忠于教会的长期趋势仍在继续，这种趋势在男性中比在女性中更加突出。

新教比天主教的处境还糟。20世纪初，瑞士、波罗的海国家、斯堪的纳维亚半岛和荷兰都出现了新教徒人数下降的趋势,虽然新教教会内部仍然充满活力。在英国国教的教会中,复活节时领受圣餐的人数自 20 世纪 20 年代初到 50 年代一直在稳步下降。在德国,1930 年领受圣餐的人数比起 1920 年来减少了 11%,同期,受坚信礼[*]的人数下降了 45%。

天主教会在留住教众方面更有办法。它从 19 世纪中期开始重新振兴天主教信仰,从未间断过努力。它成功地扩大了对民众的吸引力,同时又以教义上坚定严格和组织上中央集权的面目呈现于世。教皇是这个面目的化身,是抵制现代世界的威胁,特别是自由主义和社会主义的威胁的坚强堡垒。1854 年,教皇庇护九世宣布圣母马利亚"始胎无染原罪"(Immaculate Conception)后,对圣母马利亚的崇拜重新兴起,激起了民众的虔诚。据说圣母 1858 年在比利牛斯山(Pyrenees)的卢尔德(Lourdes)显过灵("一战"前,每年去该地朝拜的人数就已超过了 100 万),1879 年和 1917 年又分别在西爱尔兰的诺克(Knock)和葡萄牙的法蒂玛(Fatima)显灵,这更加强了信徒的虔敬之心。天主教会鼓励教众对圣人的崇拜。给法国人民带来无尽痛苦的第一次世界大战结束不到两年,教廷就把法国的民族女英雄贞德(Joan of Arc)封为圣徒,虽然天主教会在 5 个世纪前(根据后来撤销了的捏造的指控)开除了她的教籍,并以异端罪对她执行火刑。法国倡导世俗价值观,反教权主义的力量十分强大,给贞德封圣是为了在法国国内加强天主教的力量。后来教廷又连续册封了几位圣徒。1925 年,被称为天主教精神生活典范的法国加尔默罗会的年轻修女,又称"小花"的利

---

[*] 坚信礼为基督教仪式,孩子 13 岁时受坚信礼,受礼后才能成为真正的教徒。——译者注

雪的德兰（Thérèse of Lisieux）得到封圣。1933年，在卢尔德亲见圣母显灵的贝尔纳黛特·苏比鲁（Bernadette Soubirous）也被封为圣徒。1925年，教皇庇护九世为了抵制民族主义和世俗主义，宣布确立圣王基督节，号召天主教徒把基督教的道德置于政治与社会生活的中心，此举进一步推动了民众敬神的虔诚。

普通天主教徒参加的社会与慈善组织也帮助维系了老百姓和教会之间的纽带。19世纪中期建立的"天主教行动组织"努力动员不担任教职的普通教徒参与教会生活，试图给工人和农民运动输入基督教的价值观，并取得了一定的成功。在布列塔尼（Britanny）的一些地方，神父主办民众喜闻乐见的地方报纸，还组织农业合作社，向农民出售肥料。在下奥地利州和西班牙北部的乡村地区，教会积极参与信用银行和其他帮助农民和佃农的活动，这巩固了民众对教会的支持，加强了民众对神职人员的拥护。

天主教会如果能将教众的忠诚融入强烈的国家认同感，或者能代表处于劣势的少数群体的利益，就会蓬勃发展，蒸蒸日上。在波兰和爱尔兰自由邦这两个第一次世界大战后诞生的新国家中，天主教实际上成了国家身份的象征。20世纪30年代，随着波兰政治和社会紧张不断加剧，教会密切参与保守派推动的民族团结运动，坚持波兰民族主义，强调波兰人不同于居住在波兰的乌克兰、白俄罗斯、德意志等少数族裔，尤其强调波兰人与犹太人之间的区别。在多数人信奉新教的北爱尔兰，天主教徒在住房、就业和社会与政治生活的各个方面都备受歧视，他们因这些歧视而形成了自己的身份认同，也建立了自己专有的亚文化，这种文化反映了他们的民族主义憧憬，盼望能够和已经获得独立、领土更大并同样信奉天主教的爱尔兰南部实现统一。

在英国，天主教徒忍受的年深日久的偏见也促成了他们强烈的身份认同感和对天主教会的忠诚，特别是在 1845 年爱尔兰大饥荒后大量移居英国西北部的爱尔兰移民当中。团结紧密的爱尔兰天主教徒面临着占人口多数的新教徒的强烈敌意和严重歧视，就连在体育领域也不能幸免。格拉斯哥流浪者足球俱乐部（Glasgow Rangers）不准天主教徒参加，它的宿敌凯尔特人足球俱乐部（Celtic）则不准新教徒参加。占荷兰人口少数的天主教徒的亚文化为天主教兴旺提供了基础，而在巴斯克地区，人们认为教会在帮助维持着一个处于劣势的语言社群。德国的俾斯麦在 19 世纪 70 年代对（信徒占德国人口近 1/3 的）天主教会进行打压，结果造成了一个强有力的天主教亚文化的兴起。天主教信仰及机构在德国一直蓬勃兴旺，直到希特勒掌权，给德国的天主教会和新教教会都提出了全新的挑战。

形式繁多的新教教会和比较统一的天主教会都认为，在现代世界中，反对政治左派，特别是反对布尔什维克主义的斗争对于捍卫基督教至关重要。"现代"的各种形式都是应予抵制的威胁。因此，不言自明，基督教这两大教会在政治上都是右倾的，都支持保守的国家机构及其社会权力，视其为抗击左派的堡垒。于是，两大教会及其教众不可避免地深深卷入了发生在两次大战之间的激烈冲突。

这并不一定说明教会反对民主。德国的天主教中央党是 1919 年建立魏玛共和国的主要政治力量之一，20 世纪 20 年代期间一直是德国新生民主的中流砥柱。1919 年成立的意大利人民党的支持者主要是信仰天主教的农民，在意大利多元的政治制度中代表着天主教徒的政治观点，直到 1926 年被墨索里尼取缔。英国的民主政治制度安然稳固，英国国教的教会是体制的一大支柱，常被称为"做祈祷的保守党"。各种不服从英国国教的基督教教派在英国也有一定的支持度，它们通常比较激烈地批评政府，但不批评民主。然而，如果左派构成了重大威胁，那么基督教的两大教会从来都是维护国家权威的。它们眼中左派的威胁越大，它们就越愿意支持对这一威胁的极端反应。

反应最极端的莫过于德国。那里的新教教会（它其实由于教义和地区的不同而四分五裂，但它的各种形式名义上覆盖了德国人口的2/3以上）自马丁·路德的时代以来就与国家权威密切保持一致。1918年的革命、德皇的退位和取代了君主制的新生民主在教会圈子里引起了普遍的沮丧之情。他们认为德国发生了"信仰危机"（Glaubenskrise），希望恢复君主制或建立新的国家权威，好领导德国走出政治、经济乃至道德上的困境。许多新教教士认为，需要一位真正的领袖。用1932年发表的一篇新教的神学文章的话说，这样的领袖应该是"真正的政治家"（而不是魏玛共和国的区区"政客"），"手操战与和的大权，与上帝相通"。根据这样的思维，新教教士普遍认为，1933年希特勒上台标志着国家开始觉醒，这将激发信仰的重兴。新教教会甚至有一个纳粹化的附属组织。"德意志基督徒"组织拒绝接受《圣经·旧约》，说那是犹太人的，并以做"耶稣基督的冲锋队员"而自豪。然而，持有这类极端思想的只是少数教士（虽然这种思想在某些地区有一定的号召力），大多数新教教徒都予以拒绝，他们关于信仰重兴的思想在教义上和组织上都是保守的。

起初，"德意志基督徒"组织似乎有望成功，但它提出的各种要求很快引起了反弹。纳粹党开始想把28个自治的地区教会归总成一个"帝国教会"，但激起了强烈的反对，最终只得放弃。1934年，一些坚决拒绝"德意志基督徒"的"异端"理念、反对靠政治干预强推

第九章 暗夜渐变

教会集中化的神职人员在巴门（Barmen）召开会议，公开把教会附属于国家的说法斥为"虚妄的教义"。然而，在瑞士神学家卡尔·巴特（Karl Barth）的影响下，《巴门宣言》仅限于维护教义的纯洁，并未发表政治上的反对意见。无论如何，宣信教会（the Confessing Church，这是《巴门宣言》支持者的自称）只代表新教牧师中的少数。大部分教士仍旧支持希特勒政权。有些新教神学家甚至为反犹主义、种族理想和纳粹统治提出了教义上的辩解。对于犹太人遭到的虐待、1938年11月对犹太人的大屠杀以及后来把犹太人赶到灭绝营去的做法，新教教会从未公开发表过抗议。几乎没有新教教徒反对德国奉行强硬的外交政策，发动征服战争，或企图消灭可憎的苏联布尔什维克政权。

天主教会的政治立场基本上由对社会主义的拒斥和对社会主义最极端的表现——共产主义——的仇视所决定。教皇庇护十一世在1931年发表的通谕《四十年》（Quadragesimo Anno）中，批评了资本主义和国际金融的不公，但也对共产主义发出了毫不含糊的谴责。他下达谕令，说社会主义的唯物主义原则有悖于天主教会的教诲。提倡建立基于团结而非冲突的社会秩序，号召营造以企业、劳工和政府协同合作为基础的产业关系，这些理念正好为意大利法西斯主义运动和奥地利、葡萄牙、西班牙的准法西斯政权所利用，成为建立"社团国家"的理由。所谓的"团结"由国家强加于社会，为产业的利益服务，靠强制得到维持。

意大利的天主教会和墨索里尼勉强讲和，于1929年达成了《拉特兰条约》。1870年意大利实现统一时，取消了所有的教廷辖地，现在意大利同意建立梵蒂冈国，并承认天主教为意大利唯一的国教。作为回报，教会实际上承诺在政治上不作为，至少容忍法西斯党对意大利的统治。教会对法西斯流氓的暴力行为保持缄默，后来又对意大利成功入侵埃塞俄比亚表示欢迎，也没有对意大利的种族法律提出反对。在教会眼中，无论与意大利法西斯主义为伍多么令人尴尬，法西斯都比共产主义强上百倍。然而，在涉及教会的事情上，教廷进行了顽强有效的自卫，激烈抵制国家对社会所有领域的"完全控制"。在教会看来，这个政策是成功的。宗教活动出现了一定的复兴，教士的人数、在教堂举行的婚礼数和教会学校学生的数目都有所增加。教皇庇护十一世特别注意保护教育和"天主教行动组织"。他不得不接受国家对该组织活动的限制，但国家也放弃了取缔该组织的企图。

法国的天主教会一直敌视第三共和国。毕竟，是第三共和国助长了反教权主义，推广了现代社会的世俗价值观，特别是打破了教会对教育的掌控。两次大战之间，教会以它巨大的体量为反动的（有时是极端的）右派提供支持，后来又热烈欢迎贝当的维希政权。在西班牙，教会一贯激烈反对社会主义，这是它在内战中热情支持佛朗哥的原因。早在1916年，西班牙发行最广的宗教期刊就发出了关于"社会主义的放肆妄为"和"现代主义蔓延"的警示。那份期刊反复重申，西班牙真正是天主教国家时曾是伟大的国家，宗教走下坡后，国家也陷入衰落。它呼吁发动"圣战"，再次把西班牙打造成完全的天主教国家。天主教会持这种观点，也就不出意料地成为伊比利亚半岛上抗击马克思主义"邪恶"理论的堡垒，为西班牙内战后的佛朗哥统治和葡萄牙的萨拉查政权提供了意识形态的主轴。

1933年前，一些德国的天主教主教曾就纳粹运动反基督教的内容提出过警告。但希特勒就任总理几周后，做出了维护教会权利与制度的承诺，于是主教们的态度来了个180度大转弯，开始鼓励天主教徒支持新政府。德国与教廷达成的宗教事务协约得到了批准（这是梵蒂冈在两次大战之间与各国缔结的 40 项宗教事务协约之一），尽管从一开始就有迹象表明，纳粹政权对天主教的仪式、组织和制度怀有敌意。宗教事务协约自缔结之日起就是一纸空文。它是一项一边倒的安排，在希特勒政权立足未稳的时候为其粉饰太平，实际上却丝毫不能保护德国的天主教会。

宗教事务协约尚未批准，德国对教会机构的攻击就已开始。天主教中央党被迅速解散，庞大的天主教青年运动很快被取缔，教会的出版物受到限制，神父遭到骚扰和逮捕，对教堂举办的列队行进祈祷也施加了限制。政府为这些举措提出了各种强词夺理的狡辩。1933 年至 1937 年间，梵蒂冈因德方违反宗教事务协约而提出过 70 多次抗议，都徒劳无功。教育这个关键领域成了教会和国家长期争夺的中心。纳粹政权不顾广泛的不满和公开抗议，强力施压，逐渐在争夺中占了上风。天主教的主教团对纳粹主义原则上持敌对的立场。它认为，纳粹政权的意识形态实质上是反基督教的，它还要求公民对它全身心服从，这些与天主教信仰完全不相容。然而，在实践中，教会一方面奋力抵抗对它的攻击，同时在其他领域遵守政府政策，以免招致更严重的全面攻击。纳粹政权可以确定，教会支持它反布尔什维克主义的立场，也赞成它在外交政策中显示的强硬。

即使在 1938 年 11 月 9 日晚到 10 日凌晨发生了针对犹太人的大屠杀后，德国天主教会也没有正式谴责对犹太人愈演愈烈的迫害。早在 1933 年 4 月，担任慕尼黑–弗赖辛（Munich-Freising）大主教的可敬的米夏埃尔·福尔哈贝尔（Michael Faulhaber）枢机主教就向教廷国务卿、曾任教廷驻德国大使的欧金尼奥·帕切利（Eugenio Pacelli，他后来成为教皇庇护十二世）枢机主教解释了主教团为什么"没有站出来帮助犹太人"。他说："这在目前是不可能的，因为对犹太人的打击会变为对天主教徒的打击。"此言道出了天主教会对犹太人在纳粹德国的惨遭遇袖手旁观的核心原因。

的确，庇护十一世在1937年的通谕《深表不安》(Mit brennender Sorge)中明确谴责了种族主义。但是，与梵蒂冈本来已经写好却从未发表的一份谴责书相比，这份由福尔哈贝尔枢机主教起草、经帕切利润色的通谕的调子委婉了许多。它没有明确谴责纳粹主义，也没有直接提及对犹太人的迫害。此外，它发表的时间太晚，虽然引起了纳粹政权的怒火，导致了对天主教神职人员骚扰的加剧，却并未在德国引起多大反响。1937年夏秋之交，宗教法庭（Holy Office）准备了一份新声明，要援引"具体事实"来谴责纳粹的理论，包括反犹主义理论，但福尔哈贝尔枢机主教却建议不要发表，因为那会给德国的天主教会带来危险。

就这样，对教会的压力日益加大，但德国的主教团依然无所作为。1941年，明斯特的加伦主教曾大无畏地对"安乐死行动"表示反对，但德国的天主教主教们在大战期间从未公开谴责过对犹太人的驱逐和灭绝。与此同时，德国信仰天主教的士兵和他们的新教同胞一样，得到了教会的充分支持，并且在教士的鼓励下坚信，他们对苏联的野蛮侵略是对信仰无神论的布尔什维克主义发动的圣战，是为了捍卫基督教的价值观。

在帮助犹太人和其他受到种族主义政策野蛮迫害的人的方面，德国各卫星国基督教会的表现至多只能说是好坏参半。在信仰天主教的克罗地亚，"乌斯塔沙"对犹太人以及塞尔维亚人和罗姆人进行的令人发指的凌虐从未受到梵蒂冈的公开谴责。担任克罗地亚国家元首的狠毒残暴的安特·帕韦利奇甚至受到了教皇的接见。方济各会的修士参与了"乌斯塔沙"的一些最残酷的暴行。然而，克罗地亚的大主教阿洛伊齐耶·斯特皮纳奇（Alojzije Stepinac）虽然忠于国家，但曾34次出手帮助犹太人或塞尔维亚人。他毫不含糊地谴责种族主义，呼吁不要逮捕并驱逐与犹太人结婚的非犹太人以及他们的孩子。他的呼吁真的奏效了。

斯洛伐克总统约瑟夫·季索（Jozef Tiso）本人就是现职的天主教神父，该国几乎所有的主教都支持政府的反犹政策，虽然也有一些勇敢的人是例外。值得一提的是，梵蒂冈没有取消季索的神父身份，也许是因为他在国内声望较高。在首都布拉迪斯拉发政府中任职的其他16位神父也保留了神职。就连梵蒂冈的助理国务卿多梅尼科·塔尔迪尼（Domenico Tardini）似乎都对此感到不解，他在1942年7月时说："谁都知道教廷扳不倒希特勒。可是我们怎么连一个神父都控制不了呢？"

匈牙利的天主教主教团强烈支持霍尔蒂海军上将的政府，在1944年以前从未对政府的反犹政策提出过反对。罗马教廷驻匈大使和匈牙利教会的领导人都曾试图阻止当局驱逐受过洗的犹太人，却徒劳无功。直到近50万名犹太人在1944年被送往奥斯威辛集中营之后，匈牙利的主教们才发表了一封不痛不痒的主教信，提出了微弱的抗议。安东内斯库元帅领导下的罗马尼亚推行疯狂的反犹主义，使几十万名犹太人死于非命，东正教的高级教士却对此表现得漠不关心，甚至加以赞许。可能是由于罗马教廷驻布加勒斯特大使发出了呼吁，政府在1942年抵制了德国让罗马尼亚再驱逐30万名犹太人的要求。然而，鉴于战局的发展，安东内斯库已经有几个月的时间在驱逐犹太人的问题上拖延敷衍。到 1944 年，随着轴心国军队大势已去，安东内斯库对罗马尼亚剩下的犹太人不予驱逐成了他争取与同盟国谈判的一个手段。

在保加利亚，犹太人只占人口的一小部分，反犹情绪也相对温和，那里东正教高级教士的态度与罗马尼亚大不一样。保加利亚的东正教教会明确反对驱逐犹太人的计划。然而，保加利亚中止从本土驱逐犹太人（但在不久前并入保加利亚的马其顿和色雷斯，对犹太人的驱逐仍照常进行）和教会的抗议没有任何关系，而且国王对教会的抗议非常不以为然。停止驱逐犹太人不是出于原则立场，而仅仅是政府的投机。它只是反映出，政府认识到，在德国已呈败象之时，继续驱逐犹太人乃不智之举。

在被德国占领的欧洲各国，教会的立场及其对迫害犹太人的反应千差万别。在波罗的海国家和乌克兰，神职人员普遍认同民众的极端民族主义、反犹主义和反苏情绪，他们虽然没有公开支持对犹太人的残酷迫害，但保持了沉默。波兰民众普遍敌视犹太人，但波兰的天主教神父和宗教团体成员冒着极大的人身危险为数千名犹太人提供了帮助，尽管也有些神职人员公开发表反犹言论。在荷兰，新教教会和天主教会在 1942 年 7 月都发出抗议，要求保护犹太人，反对驱逐他们。天主教主教团在提出抗议之前得到了教廷的许可。1942 年 7 月 26 日，在荷兰的所有教堂中宣读了一封发给帝国总督阿图尔·赛斯－英夸特（Arthur Seyss-Inquart）的措辞强烈的电报，抗议对犹太人的驱逐。然而，抗议毫无效果。对于天主教会的公开抗议（新教教会领导人是在私下发出呼吁的）和乌得勒支（Utrecht）大主教约阿希姆·德·容

第九章　暗夜渐变

（Joachim de Jong）毫不妥协的立场，占领方采取的报复是两周之内就把受洗归信天主教的几百名犹太人运到奥斯威辛去送死。虽然荷兰和邻国比利时的神职人员在救援犹太人的网络里发挥了作用，但他们此后再也没有公开谴责过对犹太人的驱逐。

法国的天主教主教团热烈欢迎贝当元帅，认为他能重建宗教价值观，实现道德的振兴。对主教们来说，犹太人只是枝节问题，他们毫无异议地接受了1940年至1942年间通过的各项反犹立法，但1942年夏天，随着驱逐犹太人的行动的开始，他们的立场发生了变化。有些人担心公开抗议会招致对教会的报复，但还是有一些主教在公开声明和给教徒的信中直截了当地对驱逐犹太人表示了强烈反对。这些抗议引起了维希政权的担忧，但它们如同当初突然爆发一样，又在转瞬间销声匿迹。政府利用了主教团对贝当的忠诚，还给了一些甜头，例如给宗教社团减税，还提供其他补贴。1943年初政府再次开始驱逐犹太人时，没有发生前一年那样的抗议。天主教和新教的一些神职人员（以及不任神职的普通信徒）和教堂帮助隐藏了几百名犹太人，包括许多儿童［其中之一是后来研究纳粹大屠杀的著名历史学家绍尔·弗里德伦德尔（Saul Friedländer）］。然而，天主教会的领导人基本上采取了听天由命的态度，无奈地接受他们明知自己无法改变的事态。

教皇庇护十二世也没有对种族灭绝的大屠杀发出毫不含糊的公开谴责，尽管至迟到1942年，梵蒂冈就算尚不了解大屠杀的完全规模或具体细节，也已经清楚地知道了大屠杀的事实。这位最神秘难测的教皇为什么这样做，也许我们永远也弄不清楚，即使梵蒂冈那个时期的所有秘密档案如今均已开放查阅。然而，因此断言他是"希特勒的教皇"，对犹太人的悲惨命运心如铁石，或者说他内心深处是反犹主义者，所以才无所作为，都未免离谱。庇护十二世在 1939 年曾秘密鼓励德国人抵抗希特勒，第二年又向西方盟国泄露了德军西线攻势打响的日期，还安排为饥饿的希腊人提供粮食，并成立了一个援助难民的救援机构。他对于犹太人遭受的迫害绝不是漠然视之，不过，他最关注的是保护天主教会。他认为自己的角色和教皇本笃十五世在第一次世界大战中的角色一样，是和平的缔造者和天主教的保卫者，尤其要保卫天主教不受不信上帝的共产主义的荼毒。所以，他选择了在幕后从事安静的外交。

庇护十二世明智地认为，公开发声反而会使事态更加恶化，不仅对由他直接负责的天主教会和教徒，而且对所有遭受德国暴行的受害者来说都是如此。20 世纪 30 年代时，德国的主教们避免公开对抗纳粹政权，因为他们害怕那将加剧教会的困难处境。波兰的主教们在 1940 年建议梵蒂冈不要明确谴责德国的暴行，担心那会招致可怕的报复。教皇对意大利大使说："我们没有表态的唯一原因是，我们知道那会加重波兰人民的苦难。"显然，他对犹太人的命运持有同样的观点。

1942 年秋，希特勒政权灭绝犹太人的意图已经昭然若揭。犹太人的处境此时已坏到极点，公开谴责德国的政策已不会使事态更加恶化。教皇自知无力使希特勒政权打消其执意消灭欧洲犹太人的意图，但他仍然不愿意尝试新的策略。他首要关注的仍然是保护天主教会。1942 年 9 月，梵蒂冈官员告诉美国驻梵蒂冈的代办说，教皇不会公开谴责对犹太人的灭绝，因为他不想使德国和被占领国家天主教徒的日子更加不好过。

教皇在 1942 年 12 月 24 日向世界广播的圣诞节祝词中提到了种族灭绝，但仅仅一语带过，而且用词隐晦，说"几十万无辜的人有时只是由于自己的国籍或种族，就被定为应该处死，或逐渐灭绝"。教皇的祝词长达 26 页，提到种族灭绝的却只有 27 个词。他说，他的表达"简短但得到了清楚的理解"。无论是否属实，这都是教皇唯一的一次公开抗议。次年 4 月，庇护十二世在写给柏林主教康拉德·格拉夫·冯·普赖辛（Konrad Graf von Preysing）的信中又提到了自己的缄默，说"报复和压力的危险……促使我谨慎寡言"。他表示"对所有非雅利安人天主教徒的挂心"，却只字不提非天主教徒的"非雅利安人"。他接着说："不幸的是，在目前的状况中，我们能为他们做的只有祈祷。"

教皇亲自向斯洛伐克和匈牙利两国政府就驱逐犹太人的问题提出了抗议，但他仍然没有公开表示谴责。1943 年 10 月，在他眼皮底下发生了对犹太人的驱逐。罗马的犹太人被集合起来准备驱逐的大约一周前，德国驻梵蒂冈大使恩斯特·冯·魏茨泽克（Ernst von Weizsäcker）就把这项行动通知了梵蒂冈，但教皇没有把消息传给犹太人的领导人。后来开始对犹太人实施抓捕时，梵蒂冈正式向德国大使提出了抗议。可是，梵蒂冈仍然没有发表公开抗议，因为它接到警告说，那样"只会使驱逐愈演愈烈"。据猜测，也许教皇还害怕万一触怒柏林，德国会发动轰炸或军事行动毁掉梵蒂冈。这个担心并非没有道理。教皇可能有此顾虑，但教会还是采取了实际行动来帮助罗马的犹太人，在男女修道院里藏匿了约 5,000 名犹太人。没有发现教皇关于采取这项救命措施的书面谕令，但不同的教会场所不太可能同时自发行动起来掩护犹太人。目击者耶稣会会士罗伯特·莱贝尔（Robert Leiber）后来说，教皇庇护十二世教皇亲自命令掌管教会场所的高级教士敞开大门接受犹太人。教皇自己的夏宫冈多菲堡（Castle Gondolfo）

就为 500 名左右犹太人提供了避难所。

庇护十二世在公开场合的沉默给他的声望造成了不可弥补的破坏。他的 1942 年圣诞节祝词失去了一个大好的机会，特别是因为一周前同盟国刚刚对"冷血地消灭"犹太人的"野蛮兽性的政策"发表了公开谴责。庇护十二世既然决定在祝词中提到种族灭绝，就该对其表示坚决、明确、毫不含糊的谴责。事实上，祝词中含糊不清的措辞注定了它不可能产生任何影响。不过，到那个时候，恐怕教皇发出的公开抗议或谴责无论多么清楚明确，都已经无法扭转德国执迷不悟要完成"犹太人问题的最终解决"的决心。

这与普通教众有多大的关系呢？回答也许是：没有多大关系。在欧洲大部，犹太人都是人数很少的少数，而且通常为当地人民所不喜。大战使几百万人堕入了事关生死存亡的挣扎，没有多少人顾得上关注犹太人的命运。即使在对犹太人没有敌意的地方，也存在着对他们的普遍漠视。人们有别的事情要操心。欧洲犹太人遭灭绝时基督教两大教派的差劲表现对普通教徒的行为没有影响，在大战结束后也没有削弱他们对教会的忠诚。

事实上，在战争刚结束的那段时期，即使不考虑天主教会和新教教会在犹太人遭到迫害时的表现，两大教会在两次大战之间以及"二战"期间遇到的问题也对它们的地位或教众的行为没有太多影响。当然，这不适用于苏联统治下的地区。

天主教会甚至出现了一定的复兴。"二战"期间，大多数国家去教堂做礼拜的人数都增加了，这种情况在战后得到了维持。这也许表示，经受了大战暴力创伤的信徒能够从天主教信仰中得到一种安全感。联邦德国、荷兰、比利时、意大利、法国和奥地利的政党，包括新成立的政党，也倡导天主教的原则。在德国和奥地利，教会成功地把自己描绘成遭到纳粹主义打击和迫害的受害者。教会把自己打扮成抵抗纳粹的力量，掩盖了它原来支持纳粹并与其合作的行为。

战后的意大利宪法确认了墨索里尼和教廷于1929年签订的《拉特兰条约》，继续用它来主导教育，确立公共道德。在萨拉查的葡萄牙和佛朗哥的西班牙，国家认同与教会密切相连，教会为这两个独裁政权对社会主义根深蒂固的反对提供了意识形态上的合法性。在西班牙，国家免除教会的税赋，不干预教会的事务，还赋予它新闻审查权，以此换取教会无保留地支持政府，并主持对内战做出有利于政府的片面叙述。在人口大多为天主教徒的爱尔兰，教会也空前兴旺，大受欢迎（爱尔兰是唯一一个大多数人经常去教堂的国家），掌握了巨大的政治影响力。在梵蒂冈，庇护十二世继续稳坐在教皇的位子上，教皇的威信甚至有所提高，成为反对现代世界的各种邪恶，尤其是反对宣扬无神论的共产主义的堡垒。1950年，教皇利用他的"宗座权威"，"绝无错误"地宣布，圣母马利亚的灵魂和肉身一同蒙召升天，教皇的权威至此达到顶峰。但是，这样的绝对权威来日无多；时代日益世俗化、民主化，人们对任何事情都越来越不肯轻信。

新教教会在教义上和组织上都缺乏一致性，各国的教会各自为政，没有国际力量和天主教的那种团结可供依靠。在西北欧大部，新教衰退仍是长期趋势。英国和斯堪的纳维亚国家的绝大多数人口在名义上还是基督徒，但是去教堂参加宗教活动的人数一直在减少，这个趋势只在大战期间稍有停顿。在中立的瑞典，去教堂人数下降的趋势从未中止过，和在其他国家一样，这个趋势在城镇表现得比在乡村更加突出。在挪威和丹麦，教会在大战期间对民族抵抗运动的支持暂时止住了教众人数的下降。在荷兰，大战刚结束时，荷兰改革宗教会也以自己在德国占领期间对占领者的反抗为号召来重振新教。当时最重要的神学家卡尔·巴特的家乡瑞士是若干国际新教组织的总部所在地，那里的新教教会参与了救援难民的工作，并在战后时期继续蓬勃发展，在一段时间内成功抵挡了朝向世俗化发展的普遍潮流。英国的新教在战后也兴旺一时，教众人数在 20 世纪 50 年代达到顶峰，之后才急剧下降。

当然，德国的新教教会无法回避自己在第三帝国时期的表现。纳粹时代的教会领导层在战后得到了保留，所以，经过了整整一代人以上的时间，教会仍然不肯完全直面自己过去的作为，而是经常采取自我辩护的调子，大肆强调教会对纳粹政权的抵抗，却对教会与纳粹主义的高度合作轻描淡写。与天主教会相比，至少新教领导人总的来说愿意承认教会在纳粹时代的严重失职。1945 年 10 月，新教教会在斯图加特发表悔过书，虽然没有提及具体事情，但承认了教会的罪责。可是，这不仅没有把教徒团结起来，反而造成了更大的分歧。悔过书在一定程度上安慰了一些神职人员的良心，但许多德国人认为远远不够，其他德国人则拒绝接受为纳粹的罪行集体担责的观念。

无论如何，大战甫一结束，德国的教会就立即重新组织起来，在救济难民的行动中发挥了重要作用。与整个西北欧的大势相同，民众名义上虽仍是教徒，但参加教堂礼拜的人数在不断减少，在城镇中尤其如此。在民众几乎全部是新教徒的东部苏占区，教会及其组织受到了国家的巨大压力。教会依然存在，但越来越成为一个边缘化的机构，只有很少的人仍然去教堂，尽力在一个官方宣扬无神论的社会中保持自己的信仰。

欧洲的新教没有经历天主教那样的小阳春。不过，这两大教派在战后世界中都保持了连续性。重大的变化要等到 20 世纪 60 年代才会到来。对信仰不那么坚定、比较善于思考的人来说，战争的恐怖以及战后揭露出来的在战争期间的巨大暴行，使他们对教会的行为和允许如此滔天罪恶发生的上帝都产生了怀疑。随着第二次世界大战在历史中逐渐远去，这样的怀疑不仅没有消失，反而日益加强。

知识分子与欧洲的危机

几乎整个 20 世纪上半叶，欧洲知识分子（指各种学科的首要思想家和作家）都密切关注着处于危机中的社会。第一次世界大战的灾难极大加强了社会思想中自 19 世纪 90 年代起即已出现的认为世界无理性的观念。社会似乎堕入了疯狂的深渊。许多人认为，文明不堪一击，如履薄冰，随时可能陷入新的灾难。这种感觉甚至促成了 20 世纪 20 年代的文化荣景。那个十年中，有短短的几年时间，形势看来似乎会化险为夷，但当大萧条这场空前严峻的资本主义危机增加了法西斯主义对民众的吸引力的时候，知识分子对文明浩劫即将到来的焦虑开始显著升级。

造成了这种畸形文明的资产阶级自由价值观四面受敌。早在 20 世纪 20 年代，知识分子就开始认识到，他们不能再待在象牙塔里不食人间烟火。希特勒在德国的胜利确认了这一点。1933 年 5 月，德国的新主人把他们视为不可接受的作家的著作付之一炬。那次焚书事件震惊全国，迫使德国文学与艺术界许多最杰出的人移民出走，其中大部分是犹太人。

人们普遍认为，文明处于危机之中。知识分子当中坚定支持自由民主的人数屡创新低，大部分人都怀疑现行制度是否能够通过根本性变革来解决危机，他们认为危机恰恰是现行制度的产物。知识分子对资产阶级社会感到彻底幻灭，对代表着这个社会的政治制度丧失了信心。他们的反应呈两极化。最常见的反应是向左转，转向马克思主义的某种变体，然而，也有一些知识分子转向了法西斯右派。这两种人有一个共同之处，那就是认为必须扫除旧社会，建立新社会，实现社会复兴的乌托邦理想。但就如何达到目的，他们的意见大相径庭。

知识分子很少加入左派的社会民主力量，因为他们认为，后者相对温和，对付不了与之对抗的极端力量，无法真正解决严重的危机。（英国基本上没有出现在欧洲大陆大部分地区肆虐的极端政治，斯堪的纳维亚国家则就社会民主改革形成了普遍的一致。这些国家相对来说超然于总的潮流之外。）于是，许多人转向共产主义寻求解决，把苏联视为黑暗中的一线光明。他们陷入对当前世界深深的悲观之中，把对未来的希望寄托在共产主义的世界革命上。消灭阶级实现人人平等，国际主义，打碎资本主义的锁链——这些马克思主义的理念对心怀理想的知识分子有着极大的吸引力。安东尼奥·葛兰西（他在法西斯意大利被判监禁，主要著作是在漫长的铁窗岁月中写成的）、德国的奥古斯特·塔尔海默（August Thalheimer）、流亡的列昂·托洛茨基、奥地利的奥托·鲍尔和匈牙利的卢卡奇·格奥尔格（Georg Lukacs）等马克思主义政治理论家对资本主义危机做出了精准细致的分析，与斯大林主义正统的僵硬解释完全不同。

然而，除了这些人以外，两次大战之间知识分子对马克思主义充满热情不是因为他们认真研读过马克思主义的理论著作，而是因为他们在感情上支持马克思主义（尽管并不总是支持马克思主义在苏联表现的政治形式），视其为一个自由、正义、平等的社会新秩序的框架。这样的人包括法国的亨利·巴比塞（Henri Barbusse）、罗曼·罗兰（Romain Rolland）、安德烈·纪德（André Gide）和安德烈·马尔罗（André Malraux），德国的贝托尔特·布莱希特和安娜·西格斯（Anna Seghers），波兰的亚历山大·瓦特（Aleksander Wat）和法国籍波兰人马内斯·施佩贝尔，匈牙利的库斯勒·阿瑟（Arthur Koestler），还有英国的约翰·斯特雷奇（John Strachey）、斯蒂芬·斯彭德（Stephen Spender）、W.H.奥登（W.H.Auden）和乔治·奥威尔。

对他们来说，最重要的是反法西斯主义。他们认为，共产主义代表着对种族主义、极端民族主义和军国主义这些野蛮纳粹主义信条的完全拒绝。绝大多数知识分子对于纳粹主义对进步价值观和文化自由的疯狂攻击都深恶痛绝，但触及他们核心底线的是纳粹主义对人道主义理念本质的践踏。纳粹主义公然鼓吹对它眼中的政治与种族的敌人施行暴力，最明显的例子就是它对犹太人的残酷行径。许多知识分子因此感到，他们只有一个选择，那就是支持苏联共产党这支最坚定、最激烈的反法西斯力量。

"二战"结束很久之后，世界知名的历史学家、杰出的左翼知识分子艾瑞克·霍布斯鲍姆解释说，他青少年时期在柏林目睹了魏玛共和国临死前的痛苦挣扎，因此做出的选择构成了他毕生对共产主义、对苏联的坚定支持的基础。后来，斯大林的严重错误大白于世，苏联于1956年入侵了匈牙利，1968年又入侵了捷克斯洛伐克，许多知识分子的热情不再，但霍布斯鲍姆的立场仍然未变。"像我这样的人其实只有一个选择，"他回忆过去的时候说，"特别是对一个来到德国时感情上已经左倾的孩子来说，除了共产主义，还能选择什么呢？"

斯大林治下的苏联出现的种种严重问题被揭露出来以后，许多知识分子仍然对苏联共产主义抱有幻想。有些人被苏联关于它正在创造一个灿烂新社会的宣传所眩惑，不假思索地照单全收。英国工党的两位出色领导人西德尼和比阿特丽斯·韦布夫妇（Sidney and Beatrice Webb）在1935年出版了《苏维埃共产主义：一种新文明？》(*Soviet Communism: A New civilization?*)，对斯大林主义做了肉麻的吹捧。他们对自己的判断信心十足，甚至在两年后该书在"大清洗"高潮时期重版时拿掉了标题中的问号。包括伟大的德国戏剧家贝托尔特·布莱希特在内的其他人则对苏联体制中非人道的现实视而不见，只紧紧抓住对人道的共产主义乌托邦的憧憬。知识分子常常不肯面对苏联的现实。他们不能让自己的梦想破灭。他们常常在心理上不愿放弃对共产主义的信仰，因为他们相信那是人类创造更美好世界的唯一希望。

还有人把斯大林统治造成的巨大流血算作建设乌托邦的令人遗憾的副作用。他们声称，也许有些无辜的人不幸成了"连带破坏"的牺牲品，但大部分被处死的人都是真正的反革命，使用极端暴力不过是反映了革命阵营内部的敌人有多么强大，是不得已而为之。

另一种经常有人提出的想法认为，斯大林不是革命的继续，而是对革命的否定，是对革命理想的完全扭曲，是对苏联创始人列宁开辟的真正道路的背离。比如，波兰诗人安东尼·斯洛尼姆斯基（Antoni Słonimski）一直拒绝因为斯大林时代的压迫而批评马克思主义或革命。他的同胞亚历山大·瓦特是先锋派诗人，兼任一家马克思主义报纸的编辑，曾在"二战"期间遭受苏联政权的残酷折磨。瓦特后来说，他"认为斯大林是个凶狠的人，干尽了坏事"，但他不肯批评苏联这个

"无产阶级的家园"。

英国哲学家伯特兰·罗素是访问过苏联的少数人之一（他早在 1920 年就访问了苏联），他满怀对革命的热情而去，却带着对苏联当局实行高压统治和无情消灭政治反对派的巨大反感而归。然而，他清楚地知道，在那个时候，发表任何对布尔什维克主义的批评都会被指责为支持反动派。法国著名作家安德烈·纪德原来也同情革命的目标，但他于 20 世纪 30 年代中期访问苏联后改变了想法。他在 1936 年发表了批评苏联共产主义的文章后，遭到了激烈的人身攻击，一些左翼的老朋友也和他绝交了。希特勒掌权后，波兰犹太裔作家马内斯·施佩贝尔被迫离开德国，和众多其他犹太侨民一样，流亡到巴黎，在那里找到了工作。他早在 1931 年访问苏联后就对苏联共产主义产生了日益增长的怀疑。但是，他"面对会招致的政治和感情上的困难退缩了"，继续保留了法共党籍，主要是出于对反法西斯斗争的支持，直到他再也不能忍受斯大林式公审大会的荒唐，于 1937 年退党。

出生在布达佩斯的库斯勒·阿瑟也是犹太人。这位多产的作家和记者在 1931 年加入了德国共产党，但当他看到乌克兰发生的强迫集体化和大饥荒后，开始对苏联感到幻灭。然而，他与共产主义分道扬镳并不是突然发生的。西班牙内战起了决定性的作用。他和众多其他左翼知识分子一起奔赴西班牙去抗击法西斯主义。但是，他看到，那里共产党的政策完全由苏联的利益所决定，公审大会上对忠贞的共产党人做出的指控明显是无中生有，于是，他在佛朗哥的监狱中坐牢期间（他一度被判了死刑）内心放弃了斯大林主义。即使如此，为了维护反法西斯力量的团结，他仍然连续好几个月保持了沉默，直到 1938 年才宣布与共产主义决裂。他 1940 年出版的杰出小说《中午的黑暗》

(*Darkness at Noon*)呈现了一片阴郁的图景。小说讲述原来的苏维埃骨干分子被指控背离了正统，生动地描写了为使他们在斯大林式公审大会上做出荒唐的"坦白"而对他们施加的沉重心理压力。库斯勒揭示了20世纪30年代许多左翼知识分子面临的关键困境，那就是如何保持对唯一能够顶住并打败凶恶的法西斯主义的力量的忠诚，同时又承认苏联已经变成了一个畸形的怪物，完全背离了激励着他们的坚定理想。

知识分子当中还有占相当一部分的少数人对左派的理想深恶痛绝，更遑论俄国革命、后来的俄国内战以及斯大林时代发生的令人发指的暴行。这些人转向右派去寻求对欧洲危机的解决，其中有些人甚至公开为法西斯主义摇旗呐喊。这些人的共同之处是相信需要实现精神上的复兴，认为那才是扭转乾坤的正道，非此不能阻止堕落的人类向野蛮和虚无主义的深渊沉沦。20世纪20年代和30年代期间，法西斯主义尚未充分暴露出它在第二次世界大战中推行种族灭绝的丧心病狂；它为这一部分知识分子提供了另外一个乌托邦，把对往昔文化价值观神话式的美化与建立单一人种、体现了那些价值观的统一现代国家的愿景融合为一。

因此，法西斯主义的魅力不在于它提倡回到过去。比如，菲利波·马里内蒂（Filippo Marinetti）和其他未来主义艺术家讴歌现代机器时代的革命性暴力，赞颂墨索里尼，但是他们并非希望时光倒转，而是憧憬乌托邦式的现代社会。表现主义诗人戈特弗里德·贝恩（Gottfried Benn）为纳粹主义所吸引，因为他将其视为创造新的现代美学的革命力量，不过他很快就幡然醒悟。影响力巨大的现代主义诗人兼文学批评家埃兹拉·庞德生在美国，但第一次世界大战前就移居英国。他痛恨被他视为引发大战的元凶的国际资本主义，也鄙视自由民主，于是迁至巴黎，后来又搬到意大利。在那里，他歌颂墨索里尼，把意大利法西斯主义看作一种新文明的先驱。与贝恩和其他人不同的是，庞德从未醒悟。无论如何，他从未宣布放弃对法西斯主义的信念。

对"新人"、"真正"文化的重振以及民族复兴的信仰经常产生一些云山雾罩的概念，无法对其做出理智上的严谨解说。法国政论家兼小说家皮埃尔·德里欧·拉罗舍尔（Pierre Drieu la Rochelle）对民族与文化的衰落念兹在兹，忧心如焚。在他看来，法西斯主义（和纳粹对法国的占领）等于"20世纪的大革命"，是一场"灵魂的革命"。另一名亲法西斯的法国作家罗贝尔·布拉西拉奇（Robert Brasillach）称法西斯主义为"20世纪的诗篇"，是"民族亲密"的精神。

通过民族复兴实现精神再生，这个信念是法西斯主义吸引知识分子的一大原因。1925年，多达250名意大利知识分子在《法西斯知识分子宣言》（Manifesto of Fascist Intellectuals）上签了字，宣言赞扬法西斯主义是"所有蔑视过去、渴望复兴的意大利人的信仰"。宣言的撰写人是罗马大学的著名哲学教授乔万尼·秦梯利。秦梯利寄希望于意大利法西斯主义，期盼它创造一个超越个人道德意志、克服资产阶级自由主义堕落、注重道德伦理的国家。20世纪20年代中期，他曾说："新意大利的灵魂将缓慢却坚定地战胜旧的意大利。"他甚至夸耀法西斯主义的残暴"表现了健康的能量，国家将履行它的主权和责任，打碎虚妄邪恶的偶像，恢复民族的健康"。

更令人意外的是德国最重要的哲学家马丁·海德格尔（Martin Heidegger）对纳粹运动的坚定支持。海德格尔的思想十分复杂微妙，他在1927年发表的成名作《存在与时间》（*Sein und Zeit*）中说明了他为何倾向于纳粹运动所代表的理想。关键在于，海德格尔相信，他的时代在经历"精神的衰败"，他所谓"本真的存在"遭到了侵蚀。他还认为，德国人民肩负着命运赋予的实现文化重兴的特殊使命。尽管他思想深邃，头脑杰出，但上述信念都接近浪漫神秘主义。他认为，德国正处于"苏联和美国形成的钳形态势"中心，而且苏美都处于"技术的脱缰发展和对普通人无限制的动员所造成的令人沮丧的狂热之中"。他在1935年写到，欧洲"通往毁灭之路"只能靠"从中心释放出历史上新的精神力量"来阻断。此时，海德格尔已是希特勒纳粹运动的忠实成员，他在1933年5月1日就加入了纳粹党。入党3周后，他作为新任校长在弗赖堡大学致辞，对新上台的纳粹政权大唱赞歌，对希特勒极力美化（称他为"德国目前与未来的现实和法律"）。他上任后，开除了大学里的"非雅利安人"教员〔包括他原来的教授和导师埃德蒙·胡塞尔（Edmund Husserl）〕。

相信需要发动文化或"精神"革命必然伴以对自由民主的根本性拒斥。这两个趋势在德国都特别突出，尽管绝非仅限于德国。德国的文化历史学家阿图尔·默勒·范登布鲁克（Arthur Moeller van den Bruck）把"德国所有的政治苦难"都归咎于政党。他1923年出版的《第三帝国》(Das Dritte Reich)展现了一幅关于完美德国的千禧年主义的图景，将它作为明知不可能实现也必须为之奋斗的目标。凡登布鲁克在有生之年没有看到自己提出的口号得到纳粹政权的采纳，但即使他还活着，也很可能和其他号召"保守革命"的德国"新保守"激进派一样，对希特勒政权的实际行为大失所望。另一名新保守主义者埃德加·容（Edgar Jung）认为，要通过建设有机国家来实现德国的民族复兴和精神觉醒。他很快对纳粹统治感到幻灭，这导致他在1934年

6月臭名昭著的"长刀之夜"惨遭希特勒支持者杀害。

德国的宪法学理论家卡尔·施密特（Karl Schmitt）很快跟上了德国新秩序的要求。在20世纪20年代就已名声远播的施密特否认议会制度是民主的真正表现。他宣扬建立强有力的主权国家，认为领导人应代表统治者和被统治者之间的团结一致，并掌握维护公共利益的决定性权力，必要时不受任何法律限制。在这个意义上，法律并不约束统治者和被统治者，而是源自主权权力的"决断权威"，而主权权力的责任就是维持秩序。施密特于1933年5月加入纳粹党，后来又为"领袖国家"这一概念的合法性提供论据。所以，希特勒下令在"长刀之夜"杀害冲锋队的领导人之后，施密特发表了题为"元首保护法律"的文章也就不足为奇了。

两次大战之间欧洲知识分子复杂多样的情况当然不能简单地归为左与右，或共产主义和法西斯主义两极。事实上，有些思想潮流与政治毫无关系。逻辑实证主义就是一个例子，这个哲学流派的代表人物是路德维希·维特根斯坦（Ludwig Wittgenstein），他认为只有能够通过经验证实的命题才有意义。经济和政治思想也并非一定会走极端。毕竟，当时最重要的知识分子是英国的自由主义者约翰·梅纳德·凯恩斯，他对共产主义和法西斯主义同样反感。在欧洲越来越把目光转向以马克思主义的国有社会主义或法西斯主义的专制主义为基础的社会模式之时，凯恩斯指出了一条在民主社会中实行改良资本主义的道路，救了资本主义自由民主一命。凯恩斯是他那个时代最才华横溢的经济学家，在第二次世界大战后经济政策的制定中起到了不可或缺的作用。他1936年出版的《就业、利息与货币通论》（General Theory of Employment, Interest and Money）对追求稳健财政和平衡预算、由市场自身实现平衡的古典正统经济学反其道而行之，为政府干预提供了理论基础。他认为，政府应增加国家开支以刺激市场，创造充分就业，以此来扩大需求，为经济增长提供基本条件。但是，促使凯恩斯提出这一理论的还有一种全面的危机感，尽管他的上层阶级出身和英国政治结构的相对稳固决定了他愿意通过在自由民主的框架内实施经济政策来寻求解决办法。

在英国，上层阶级保持了自己的社会地位，政治格局又出奇稳定。也许只有在英国，才会出现小说家伊夫林·沃（Evelyn Waugh）发表的那种奇谈怪论。沃非常重视社会地位，政治上保守，改信罗马天主教后成为热忱的教徒。他迷恋英国贵族制，鄙视其他社会阶层，对政治不屑一顾。他荒唐地声称，能否得到幸福与人所处的"政治与经济条件没有多少关系"，没有哪种政府形式比别的形式更好。

这种怪异的观点与大多数欧洲知识分子对危机的关注相去甚远。20世纪30年代晚期，左翼知识分子日益陷入绝望。他们中间许多去西班牙参加反法西斯战争的人回来时都心灰意冷。接着，1938年捷克斯洛伐克遭到背叛又使他们惊沮交加。次年，佛朗哥赢得了内战的最后胜利，希特勒和斯大林签订了条约，左翼知识分子心目中登峰造极的邪恶政权和他们心向往之的国家建立了友好关系。这一连串的苦果实在难以下咽。与此同时，在德国、意大利、苏联以及欧洲的大部分其他地区，知识分子赖以生存的多元主义和开放被打得粉碎。不久后，欧洲"正常的"知识生活在6年漫长的战争中进入了休眠状态。

反法西斯主义的最强音来自流亡的德国知识分子，包括（迁到了纽约的）影响很大的法兰克福学派，他们是由马克斯·霍克海默（Max Horkheimer）和特奥多尔·阿多诺（Theodor Adorno）领导的一群著名马克思主义（但不是列宁主义）哲学家和社会学家。流亡知识分子中也有政治倾向各不相同的作家，比如托马斯·曼及其兄弟海因里希（Heinrich）、阿尔弗雷德·德布林（Alfred Döblin）、埃里希·马利亚·雷马克、利翁·福伊希特万格（Lion Feuchtwanger）和安娜·西格斯。随着希特勒的帝国吞没了几乎整个欧洲大陆，流亡巴西的斯特凡·茨威格对欧洲、欧洲的文化和人类的未来完全绝望了。1942年2月，他和妻子吞下了过量的安眠药，携手共赴黄泉。

1945年后，欧洲的知识生活重获生机，对未来的悲观主义和乐观主义也清楚地显现出来。文明在大战期间的极度沉沦使有些人感到，社会若能回归基督教的价值观和信仰，未来就有希望。这种想法在受卡尔·巴特神学理论影响极大的基督教复兴运动内尤其强烈。对于最终战胜了纳粹之祸的自由民主，人们也再次燃起了希望，虽然这个希望的重兴到20世纪50年代才加快了步伐。（激烈反对马克思主义的）著名法国政治哲学家雷蒙·阿隆（Raymond Aron）认为，"大规模战争的时代终于结束，我们再也不会落入它的桎梏了"，两次大战的教训得到了记取，"使用暴力不能解决任何问题"。他认为，西方的"自由使命"实现的胜算很大。

其他一些人的乐观却向着相反的方向。他们对共产主义的最终胜利燃起了新的希望。苏联打败了纳粹主义，共产党人在勇敢抗击纳粹占领的抵抗运动中发挥了超比例的作用。然而在西欧，对苏联的信任在不断消退。随着西方与苏联结成的战时同盟在冷战早期瓦解消失，随着东欧落入苏联的控制之下，随着斯大林主义犯下的错误日益广为人知，对苏联共产主义模式的希望变成了敌意。

战争初罢、冷战方兴之时，形成西方对苏联立场的最重要的文学作品应该是乔治·奥威尔的两部反乌托邦小说《动物农场》(Animal Farm)和《1984》。奥威尔在西班牙内战期间耳闻目睹斯大林主义不容许任何对共产党僵硬路线的偏离，产生了极大的反感。1939年希特勒和斯大林签订条约，更坚定了他反对共产主义的信念。1941年，德国入侵苏联，斯大林与英国结为盟友，奥威尔震惊地看到："这个可憎的杀人犯此时和我们站到了一起，于是'大清洗'等等一切罪恶突然被忘记了。"由于战时英国和苏联是同盟，因此奥威尔辛辣讽刺斯大林的《动物农场》于1944年完稿后，遭到了出版商的拒绝。次年，欧洲战场的战争结束后，该书终于得以出版，轰动一时。它对新兴的冷战影响巨大，也是对冷战氛围的反映。奥威尔的另一本小说《1984》影响更大。小说的标题是把成书的年份1948年反转而成的，它对独裁对个人自由和政治宽容的压制做了令人惊恐的预言式描述。小说出版于1949年，正值东欧落入苏联统治之下。

战后思想氛围一个显著的转变是把对苏联共产主义的批评以一种新的方式与对纳粹主义的结构性分析联系到了一起。这两个制度被认为是实质上同一个现象的不同表现。纳粹政权虽已灭亡，但苏联这个人们心目中的威胁被认为体现了同样的邪恶。极权主义的概念早在20世纪20年代即已存在，但现在被赋予了完全不同的破坏性含义，用来界定纳粹等政权令人发指的非人道行为。20世纪50年代中期冷战方酣之时，美籍德裔政治学家卡尔·约阿希姆·弗里德里希（Carl Joachim Friedrich）的著作成为促成"极权主义"一词用法转变的中心力量。

但在那之前，汉娜·阿伦特（Hannah Arendt）的著作已经在这方面起到了关键的作用，在整个西方世界影响巨大。阿伦特是流亡美国的德国犹太人，讽刺的是，她曾是希特勒的首席哲学家马丁·海德格尔的情人，但她同时也是著名的政治理论家。1949年，她杰出的分析性著作《极权主义的起源》(The Origins of Totalitarianism)已接近完稿，两年后正式出版。其实，该书主要阐述的是纳粹主义的兴起，头两部分集中论述的主题是反犹主义和帝国主义，与苏联权力的性质风马牛不相及。到了题为"极权主义"的第三部分，她才把苏联与纳粹主义做了比较，说它们是一丘之貉，而这部分的内容大多在后来经过大改的版本中才有。这个做比较的部分描绘了一幅阴暗的图景，说"根本的恶"这种全新政治现象的本质是"完全的恐怖"，它摧毁法律的一切基础，"打破我们所知的所有标准"，产生出一个建立在使"所有人变得同样多余"的"死亡工厂"基础上的制度。

这是对文明崩溃的激烈评价。在许多知识分子眼中，欧洲自18世纪启蒙以来一直在向建立在理性与进步之上的文明社会前行，可现在这条路已经毁掉。现代社会的根基被破坏了。霍克海默和阿多诺在1944年就指出，启蒙运动时代已经逆转为"理性的自我毁灭"。

但是，霍克海默和阿多诺的批评不仅针对纳粹主义和斯大林主义，还延至资本主义的现代大众文化。很快，他们所谓的"文化产业"就将席卷整个西欧。

"演出开始"：大众娱乐产业

欧洲民众大多受教育程度不高，对于知识分子呕心沥血理解欧洲正在经历的危机，他们毫不关心。宗教的影响在消退，虽然速度十分缓慢，但趋势是明确无误的。民众的识字率越高，受的教育越多，城市化水平越高，工业经济越先进，天主教会和新教教会就越难留住教徒。与它们竞争的不仅是拒绝基督教、提出替代的"世俗宗教"的哲学理论，还有现代城镇生活中大量的日常消遣（在乡村地区比较少）。去教堂的人越来越少，酒吧、足球场、舞厅和电影院却挤得水泄不通。即使在经受两次大战的屠戮和经济大萧条的痛苦之时，人们仍在寻求使日子值得过下去的东西，希望能快乐开心。尽管大部分人的生活十分单调乏味，但他们的生活不仅是谋生或去教堂聆听道德训诫，也有使他们快乐的事情，那些是一片灰暗中的几抹亮色，使人们从枯燥沉闷、难以忍受的生活中暂时得到解脱和释放。

绝大多数人都喜欢娱乐，而不是神父的布道、知识分子的沉思或关于"高级文化"的说教。大众娱乐在20世纪20年代已经相当普及，但尚未发展为后来的庞大产业。接下来的十年间，大众娱乐在经济萧条的重压下仍然实现了腾飞，其中技术进步是主要驱动力。过去，娱乐要靠真人表演，每次演出的观众最多只有几百人，但现在，价格便宜的收音机和唱机（经常是收音电唱两用机）投入了大规模生产，意味着全国各地的几百万人能够在同一时间坐在自家客厅里欣赏他们最喜爱演员的表演。

大众娱乐业的驱动力和相关发明大多来自美国。对西欧的几百万人，特别是年轻人来说，美国代表着一切新的、生气勃勃的和令人兴奋的东西。通俗音乐和电影最为活力充沛。和美国使用同一语言、保持着强有力文化联系的英国比任何其他国家都更乐于接受美国的影响（虽然英国在20世纪30年代期间设置了壁垒，以防美国音乐家到英国来抢英国音乐家的饭碗）。年轻人对美国的文化产品趋之若鹜，权威人士却没有那么热心。英国广播公司的创始人兼总裁、严厉刻板的约翰·里思爵士（Sir John Reith）认为，美国的影响对英国的电台广播造成了文化污染，试图力挽狂澜。但是，他的努力正如克努特（Canute）*大帝命令大海不准涨潮一样，注定不会成功。迅猛发展的消费文化造成了对新文化媒体产品永无餍足的需求，对这个需求推波助澜的有飞速增长的娱乐产业和大批以此获利谋生的人，包括娱乐业大亨、歌曲出版商、经纪人、唱片生产商和许多其他人。

通俗音乐势不可当，收音机功不可没，它可以使演员一夜成名。托马斯·爱迪生（Thomas Edison）早在19世纪70年代就发明了留声机和麦克风，但直到20世纪20年代，录音仍处于比较原始的阶段，当时以及之前几十年中的通俗歌曲几乎无一留存。这种情况很快就发生了改变。大约10年后，麦克风和录音技术取得了长足的进步。扩音效果的改善意味着洪亮的声音不再是歌手的必备素质。他们可以"紧贴"麦克风，而不必离开一定距离将声音注入麦克风，这样的音响效果比起几年前大为改善。于是，新的一代"低吟歌手"应运而生，他们以轻柔的嗓音更加"亲密"地唱出关于爱情或悲伤的歌曲，赢得粉丝无数。低吟歌手中首位"超级巨星"是宾·克罗斯比（Bing Crosby），20世纪30年代，他的名气很快从美国越过大西洋传到西欧。几年后，弗兰克·西纳特拉（Frank Sinatra）也做到了这一点。他们的唱片销量不是几千张，而是几百万张。自1941年克罗斯比初次演唱欧文·伯林（Irving Berlin）谱曲的甜得发腻的《白色圣诞节》（White Christmas）以来，该曲的唱片已经卖了5,000万张以上。即使在几十年后，每当圣诞节将临，百货商场和超级市场中播放的背景音乐仍然

---

* 克努特，11世纪统治丹麦、英格兰和挪威的国王。——译者注

少不了这首歌。

欧洲的低吟歌手也大受欢迎，通常是在本国国内，但有的歌手，比如以《想到你》（The Very Thought of You）一曲红极一时的（其实是在莫桑比克出生的）英国歌手阿尔·鲍利（Al Bowlly）在美国也取得了一定的成功。欧洲的女歌手也在本国家喻户晓，有时名气还传到了外国。绰号"小麻雀"的埃迪特·比阿夫（Édith Piaf）在20世纪30年代中期开始走上明星之路，短短几年内就成为法国最红的歌手（后来又发展为国际明星）。英国兰开夏郡的工厂女工格蕾西·菲尔茨（Gracie Fields）的歌唱和表演才能使她在20世纪20年代就名扬全国，大萧条期间，她凭借拿手的喜剧表演和感伤歌曲达到了人气的巅峰。战争和为部队提供的电台娱乐节目也产生了一批女星。薇拉·林恩（Vera Lynn）参加过英国几个最出名的歌舞团，20世纪30年代晚期，她的歌声通过电台广播和出售唱片而家喻户晓。她很快就被誉为"部队甜心"，几乎没有一个英军士兵没听过她那首与时代吻合得天衣无缝的名曲《我们会再见》（We'll Meet Again）。拉莱·安德森（Lale Andersen）唱的《莉莉·马琳》（Lili Marleen）虽然不为纳粹官方所喜，却成了德军士兵的最爱。令人惊讶的是，这首歌的魅力延伸到了战线的另一边，它的英文版［由好莱坞影星马琳·黛德丽（Marlene Dietrich）演唱］在同盟国部队中也大受欢迎。

20世纪30年代和40年代主要的通俗歌手是音乐本身的转变和商业化的产物。"热情"爵士乐和蓝调音乐源自非裔美国人的奴隶音乐和乡村音乐，起初都由黑人组成的小型乐队演奏。20世纪20年代晚期，黑人小乐队开始被以白人为主的大乐团取代。每个乐团都以领头人命名，力推自己的"明星"歌手。为了迎合收音机旁的广大听众，歌声更圆润，配乐更精心，曲调更偏重柔和感伤。

大乐团的新式唱法也始于美国，标志是 20 世纪 20 年代保罗·怀特曼管弦乐团的成功（克罗斯比就是在这个乐团首获主唱机会的）。的确有些大乐团是由黑人音乐家领头的，比如弗莱彻·亨德森（Fletcher Hendersen）。但是，黑人乐手在商业化的音乐市场上仍然遭到歧视。有些顶尖的爵士乐手适应了不断变化的时代潮流，成为新建的大乐团中的明星，最后又自己组建乐团。这些人中有伟大的小号演奏家、在 20 世纪 20 年代因组建"热门五人"和"热门七人"乐队而声名大噪的路易斯·阿姆斯特朗（Louis Armstrong）。20 世纪 30 年代时，阿姆斯特朗在自己的国家中虽然已经相当出名，但成功的范围却仍旧有限。受种族偏见的影响，黑人演员无缘得到条件最优厚的合同。但是，他在欧洲受到了最热烈的欢迎。1932 年，他的乐队在欧洲巡回演出时，"他受到了任何美国演员都没经历过的最狂热的欢迎"。1933 年，早期"爵士之王"中最复杂多样、最有创造性的埃林顿"公爵"（Duke Ellington）带领他的乐队在伦敦的帕拉丁剧院首演，也得到了同样热烈的欢迎；据他说，"掌声大得吓人，简直令人难以置信"。6 年后，他在欧洲的第二次巡演于 1939 年 4 月在斯德哥尔摩达到了狂喜的高潮——他的瑞典歌迷为他举行了盛大的 40 岁生日庆祝活动。

然而，"摇摆乐"（Swing）兴起后，就连阿姆斯特朗和埃林顿也抵挡不住通俗音乐这一新潮流的冲击。摇摆乐的主要推手（和受益者）是本尼·古德曼（Benny Goodman），他父亲为逃离反犹的恐怖，从俄国移民到了美国。被称为"摇摆乐之王"的古德曼是技艺精湛的单簧管演奏家，他的乐队在弗莱彻·亨德森的指点下，演奏的是货真价实的爵士乐（亨德森和好几位原来的首席黑人音乐家一样，在大萧条期间陷入了困境）。但是，在群起模仿古德曼风格的人中，许多人缺乏创造性和才气。他们主要是把摇摆乐变为通俗舞曲，以抓住20世纪30年代席卷欧洲的"跳舞热"带来的机会。

20世纪30年代，舞厅成了年轻人寻求娱乐的热门场所，更甚于20年代。不过，查尔斯顿舞曲的疯狂节奏变成了相对舒缓的狐步舞、快步舞和华尔兹舞，直到大战期间美军把吉特巴舞带到了欧洲。最受欢迎的伴舞乐队队长成为红极一时的名人。英国最成功的伴舞乐队队长杰克·希尔顿（Jack Hylton）每周的工资高达1万英镑，而当时工厂工人的每周工资只有2~3英镑。1938年，希尔顿带领他的乐队（其中有几个成员是犹太人）去柏林演出了一个月，他们演出的舞厅里挤满了热情兴奋的跳舞者，还悬挂着一幅巨大的纳粹十字旗。

不过，摇摆乐在纳粹德国和爵士乐一道，被贬为"黑人音乐"。大战期间，有意模仿英国人着装风格和言谈举止的年轻人甚至把对摇摆乐的喜爱变成了一种抗议纳粹政权严厉控制的方式，他们也因此而受到了迫害。但是，希特勒的德国无法完全排斥这股新潮流，它甚至成立了自己的"官方"摇摆乐队——查理乐队，即使在大战期间，英国仍有人喜欢听电台广播的查理乐队的表演。与此同时，年轻的党卫军军官在巴黎是爵士乐俱乐部的常客，无论这种行为是多么"政治不正确"。连纳粹主义都抵御不住通俗音乐的魅力。

然而，纳粹政权能够消灭不符合它的种族纯洁性标准的通俗艺术表演者。这样的人中有表演卡巴莱歌舞、人气颇旺的犹太艺术家弗里茨·格林鲍姆（Fritz Grünbaum），他在1938年德奥合并后马上企图逃离奥地利，却在捷克边境被挡了回来。他先被送往布痕瓦尔德（Buchenwald）集中营，后转往达豪（Dachau）集中营，1941年就死在达豪。同为犹太人的弗里茨·勒纳-贝达（Fritz Löhner-Beda）原籍波希米亚，是著名的歌词作者，曾和弗朗兹·莱哈尔（Franz Lehár）合作创作轻音乐剧和轻歌剧。德奥合并后，他在维也纳被捕，被送到达豪集中营，后又被送到布痕瓦尔德，最后于1942年被送到奥斯威辛集中营，在附属的莫诺维茨劳动营被活活打死。出生于西里西亚的拉尔夫·埃尔温（Ralf Erwin）是犹太裔作曲家，因写了由男高音歌唱家理查德·陶贝尔（Richard Tauber）演唱的名曲《夫人，我亲吻你的手》（Ich Küsse Ihre Hand, Madame）而名扬一时。1933年纳粹掌权后，埃尔温逃离德国，但在德国占领法国期间遭到逮捕，在1943年死于法国的一个集中营。在大众娱乐领域，如同在文化生活的其他领域一样，纳粹邪恶而荒谬的种族政策给德国造成了巨大的损失。

此时，摇摆乐和大乐团演奏的舞厅音乐的巅峰时期开始过去。大批年轻人参军上了战场，舞厅的生意显然因此受到影响。乐队经常由于成员应征入伍而被迫停止演出。有些乐队成员还能穿着军装继续演出，其他人却做不到，有些人在战场上阵亡。美国盟军远征部队（Allied Expeditionary Force）的48人大乐团的著名领队格伦·米勒（Glenn Miller）于1944年12月前往法国慰劳美军，乘坐的飞机在飞越英吉利海峡时失踪。他的去世是一个象征，标志着大乐团式微的开始。那是一个漫长的过程，其间大乐团逐渐让位于管理和组织费用都比较低的小型乐队。然而，音乐的商业化顶多受到了大战的干扰，却从未中断。战后的年代里，它再次出现了迅猛发展。

娱乐业发达最为明显的表现莫过于电影。没有哪个娱乐领域像电影一样与技术发明如此密切相关。20世纪20年代的无声电影已经赢得了大量观众，但实现了从无声电影到有声电影的突破后，电影才进入了全盛时期。第一部有声故事长片（其实整部影片只有大约 10 分钟的声音，其余的仍然无声）《爵士乐歌手》(*The Jazz Singer*)是一部感伤的音乐片，由化装成黑人的阿尔·乔尔森（Al Jolson）主演。它 1927 年在美国上映后一炮而红。两年后，好莱坞出产的大部分影片都配上了声音。随着有声电影的迅速普及（彩色故事片也越来越多，虽然因成本太高只占全部产出的一小部分），电影产业飞速扩大，好莱坞掌握了巨大的文化影响力。

很快，电影制作以及影院和市场占有基本上由米高梅（MGM）、华纳兄弟（Warner Brothers）、派拉蒙（Paramount）、雷电华（RKO Pictures）和 20 世纪福克斯（20th Century Fox）这几家巨型电影公司瓜分。在 20 世纪 40 年代中期这些公司鼎盛之时，好莱坞的影棚每年出产约 400 部电影，许多是喜剧片、音乐片、西部片和沃尔特·迪士尼的卡通片。电影的洪流奔向大西洋彼岸。到 20 世纪 30 年代中期，米老鼠和唐老鸭在欧洲已经和在美国一样家喻户晓。迪士尼的第一部卡通长片《白雪公主和七个小矮人》1937 年推出后，在美国和欧洲都造成了轰动。尽管德国限制进口外国电影，官方对它眼中由犹太人主导的美国"低劣文化"产品厌恶反感，但是就连希特勒也喜欢迪士尼的卡通片。1937 年，他的宣传部长约瑟夫·戈培尔送给他 18 部米老鼠的电影作为圣诞礼物，使他大喜。

当时，一度极富创造力的德国电影产业已经被纳粹党牢牢掌握。在希特勒上台前，民主摇摇欲坠的最后那几年里，制作出了第一部德语有声电影《蓝天使》(*Der blaue Engel*)。该片于 1930 年首映，使玛琳·黛德丽一夜之间成为国际巨星。但是，电影制作人、演员和导演很快都被迫移民，大多去了美国。留在德国的几千名"非雅利安人"全部被开除，剩下来的创作人员的才能则被用来为政权服务。年轻貌美的莱尼·里芬施塔尔（Leni Riefenstahl）在导演为希特勒和纳粹政权歌功颂德的宣传片时展示了她的艺术天赋。她导演的影片中，最著名的有1935年的《意志的胜利》（*Triumph des Willens*）和1938年的《奥林匹亚》（*Olympia*）。

可是，数目空前的（每年约10亿人次）德国观众涌入电影院，不是为了看政府的宣传，而是为了娱乐。就连纳粹政权的宣传大师戈培尔也明白这一点。纳粹德国制作的大部分电影至少表面上都不是宣传片，而是轻松型娱乐片。像1941年的《听众点播音乐》（*Wunschkonzert*）和1942年的《伟大的爱情》（*Die große Liebe*）之类的爱情片和音乐片使观众得以从战争的严酷现实中暂且逃离。戈培尔砸下重金制作彩色电影《闵希豪森男爵》（*Münchhausen*），说明了他对逃避现实的娱乐的重视。这部电影是幻想喜剧片，描述了闵希豪森男爵的冒险奇遇。1943年，德国人民因德军在斯大林格勒遭到惨败而震惊无措之时，《闵希豪森男爵》的上映转移了人民的注意力，给他们提供了快乐。

法西斯意大利的电影产业也被置于政府的严格控制和审查之下。与德国一样，意大利限制外国电影的进口。大部分意大利电影都包含一定的宣传法西斯主义、美化战争的内容，不过许多电影是轻喜剧和爱情故事片，几乎没有一部成为传世之作。然而，电影产业还是留下了两个遗产。1937年，墨索里尼成立了意大利的第一家电影制片厂"电影城"（Cinecittà），它坐落在罗马郊外，配备了技术先进的制片设施。5年前的1932年，威尼斯电影节确立，每年都给最佳意大利影片和最佳外国影片（几乎每次都是德国片）颁发"墨索里尼杯"。

在苏联，随着斯大林主义在20世纪30年代对人民生活各个领域的控制大为收紧，创造力几乎被扼杀。电影制作受到官僚机构的严格控制。主要由于这个原因以及吹毛求疵的内容审查，与前一个十年相比，每年的电影产出只有过去的一半，外国电影的进口基本上完全被叫停。20世纪20年代时在先锋电影方面轰轰烈烈的实验被代之以"社会主义现实主义"的乏味沉闷和千篇一律。但苏联的电影观众和别国的观众一样，只要有机会，还是愿意看喜剧片和轻音乐片（哪怕里面充满了政府的宣传）。

在其他欧洲国家，电影制作兴旺发达的机会较多。然而，哪个国家的电影公司都无法与好莱坞巨型公司的财力、风光和雄心抗衡。当语言成为打入英语市场的障碍时，这就成为一个具体困难。法国是电影的发祥地，20世纪20年代期间，电影曾是先锋艺术的一个重要部分，有声电影的出现把电影从一种知识艺术的形式变成了大众娱乐的主要媒体。但是，法国电影严重依赖国内市场，电影制作因此遇到了融资的困难。20世纪30年代早期，故事片数量大增，但法国电影业缺乏整合，难以找到制片所需的资金。1934年，法国上映的电影中有3/4是外国片，因此，有人抗议法国艺术制片受到了威胁，讥贬美国对法国影院的"入侵"，要求保护法国电影业。法国的电影制片人拼命竞争，但他们不比美国同行，无法从大型私有公司那里得到资金。只能由国家出手干预，国家也的确进行了干预。人民阵线政府委托进行的一项研究报告建议由国家资助电影制片。该建议在第三共和国倒台前不久开始实施，在维希政权统治时期继续得到了执行。

英国电影产业同样面临资金不足和美国竞争的问题。企图增加英国电影的产量并限制外国（主要是美国）影片的进口只导致了更多劣质电影的出产。和其他国家一样，英国的电影产出十分惊人，仅1936年一年，就上映了近200部影片，这是英国电影产业的大丰收。然而与此同时，制片公司在苦苦挣扎求存。到 1937 年，英国的制片公司只剩了 20 家，而前一个十年间有 600 多家。就连像匈牙利移民亚历山大·柯尔达（Alexander Korda）这样资金雄厚的大制片人都遇到了困难。资本集中势不可当。20 世纪 30 年代晚期，英国的电影制作、影院所有权和影片分配落入几个大公司之手，其中最出名的是［1937 年由 J. 阿瑟·兰克（J. Arthur Rank）创建的］兰克组织有限公司。很快，兰克获得了高蒙（Gaumont）和欧迪恩（Odeon）两大电影院线的所有权，英国几乎每个城镇中心都有它们的电影院。

那些电影院被称为"梦之宫"，往往是华丽的装饰艺术建筑，内部装潢金碧辉煌，可容纳 1,000 多名观众。然而，多数电影院都算不上"宫"，其实有些根本就是破破烂烂的所谓"跳蚤坑"。它们是较小的独立影院，上映的电影依靠大分销商供应，还必须等到在大影院上映过一段时间后。1939 年，英国的电影院达到了 5,000 家。电影日益受到大众欢迎，大部分电影院的生意都非常红火。看电影比去剧院看戏便宜多了。事实上，许多外地的剧院老板看到大势所趋，纷纷把剧院改造成了更容易赚钱的电影院。即使在大萧条期间，老百姓也能买得起电影票，能暂且躲开经济衰退的寒风，享受两个小时的温暖，忘掉现实。20 世纪 30 年代的减价电影票使得 80% 的失业人口能够经常去看电影。每周的电影观众达到 2,300 万人，电影院每年售出的电影票接近 10 亿张。

电影院成了新的礼拜堂，电影明星则成了新的神祇。欧洲国家也有本国的明星，但他们的名声一般不出国门。一名英国演员成了国际知名的明星，他就是风流儒雅的罗伯特·多纳特（Robert Donat），因出演了 1935 年上映的《鬼魂西行》（The Ghost Goes West）、阿尔弗雷德·希区柯克（Alfred Hitchcolk）的《39级台阶》(*The 39 Steps*)，以及1939年的《万世师表》(*Goodbye, Mr. Chips*)而声名远扬。英语文化圈外的电影明星要扬名国际比较困难。汉斯·阿尔贝斯（Hans Albers）虽然在德国家喻户晓，在国外却不为人知。要在国际上出名，就得到美国去。马琳·黛德丽和（犹太裔奥地利人）彼得·洛尔（Peter Lorre）到美国后成了国际巨星。埃米尔·扬宁斯（Emil Jannings）和瑞典女演员扎拉·莱安德（Zarah Leander）都拒绝了好莱坞，他们的名气基本上限于德语国家。由于好莱坞近乎霸权的巨大影响力，多数国际明星必然都是美国人。战争降临欧洲时，好莱坞刚好推出爆炸性轰动的大片《飘》，主角克拉克·盖博（Clark Gable）的国际盛名一时无两。后来的约翰·韦恩（John Wayne）、汉弗莱·博加特（Humphrey Bogart）、劳伦·白考尔（Lauren Bacall）、奥森·韦尔斯（Orsen Wells）等明星也成了国际巨星。美国在战后（至少在欧洲西半部）继续统治欧洲通俗文化的道路已经铺就。

社会经济架构、人民的信仰模式和基督教会的地位既有延续，也有悄然的转变。思想智识的潮流在发生变化。日益由美国主导的消费休闲产业不断壮大。但除了这一切，有一个事实是无法逃避的，那就是，欧洲在20世纪上半叶灾祸连绵，自寻死路，险遭灭顶。面对未来，这个饱经战火的大陆亟须应对的问题是：它能否在战争的废墟上建设一个有能力克服以往自杀性倾向的新欧洲？该如何建设？

一统欧洲的思想早已有之。在大灾难的混乱痛苦之中，这样的思想重新浮出水面，成为超越把欧洲拉至毁灭边缘的民族主义的一个办法。第一次世界大战后，奥地利贵族里夏德·冯·库登霍韦-卡莱基（Richard von Coudenhove-Kalergi，他父亲是奥匈帝国的外交官，母亲是日本人）就呼吁成立一个从葡萄牙到波兰的欧洲共同海关和货币区。他认为，克服法国和德国之间的宿怨是建立新欧洲的关键前提。几年后，法国外长阿里斯蒂德·白里安在 1929 年提出了建立一个以政治和经济合作为基础的欧洲国家联盟的想法。1943 年，他的同胞让·莫内（Jean Monnet）在供职于设在阿尔及尔的自由法国行政机关时宣布，除非欧洲国家组成联盟，否则欧洲不会有和平，后来他激励了第一波推动欧洲一体化的努力。其他地方也开始出现类似的思想，包括德国反纳粹人士的圈子。

即使在战争最黑暗的日子里，那些怀着巨大勇气加入德国国内反对希特勒的行动并为此献出了生命的人，也在设想建立一个基于国家间合作而非冲突的更美好的欧洲。1942 年，神学家迪特里希·朋霍费尔（Dietrich Bonhoeffer）在斯德哥尔摩见到奇切斯特（Chichester）主教乔治·贝尔（George Bell）时说，一旦推翻了希特勒，德国政府将愿意积极支持欧洲国家间建立紧密的经济联系，成立一支欧洲军队。1943 年，抵抗纳粹的"克莱骚集团"（Kreisau Circle）的成员在阐述关于战后新欧洲的想法时坚持指出："民族文化自由和平的发展将与对国家绝对主权的坚持格格不入。"同年，保守主义者卡尔·格德勒（Carl Goerdeler）撰写的一份备忘录讲到，要成立"欧洲联盟"来保证欧洲不致再次爆发战争，要建立常设的欧洲经济理事会，取消海关和边防，建立共同的政治组织来主管经济和外交事务，成立欧洲军队。

这些想法当时都不了了之。在德国提出此类想法的人很快就被消灭了。但是，欧洲着手打扫战争留下的断壁残垣时，那些有先见之明者的理想和一些具体建议开始深入人心。于是，一个遵循完全不同原则的新欧洲开始在战火的灰烬中涅槃重生。

第十章

劫灰涅槃

> 在这个地球上有瘟疫也有受害者——必须尽量拒绝与瘟疫为伍。
>
> 阿尔贝·加缪《鼠疫》（1947年）

1945年的欧洲笼罩在死亡和破坏的阴影之下。"这是坟场，这是死亡之地"，这是波兰作家雅尼娜·布罗涅夫斯卡（Janina Broniewska）对华沙的印象。她在波兰获得解放后立即返回了华沙，但华沙已是面目全非，成为一片瓦砾。1929年出版了《柏林，亚历山大广场》（*Berlin Alexanderplatz*）的德国著名作家阿尔弗雷德·德布林经过12年的被迫流亡后回到德国时，震惊地看到有些城镇"只剩下名字了"。

欧洲的铁路网、运河、桥梁和公路要么被炸毁，要么毁于后撤的军队之手。许多地方没有煤气、供电或供水。粮食和药品奇缺，随着1945年冬天的逼近，取暖用的燃料也严重不足。农业生产只有战前的一半。营养不良现象比比皆是，到处可见让人心碎的饥饿以及饥饿带来的疾病。住房普遍不足，有栖身之地的人也常常要与别人——经常是陌生人同住。战争造成的巨大破坏使无家可归成为灾难性的问题。在被德国占领者蹂躏破坏的苏联西部，2,500 万人上无片瓦。德国约 40% 的住房毁于战火，总数达 1,000 万。战争结束时，共有 5,000 多万人无家可归，在城镇的废墟里挣扎度日，急需粮食和住房。

还有好几百万人处于另一种形式的无家可归的状态，这样的人包括"流离失所者"、战争期间的奴工、难民和战俘。红十字会孜孜不倦地组织救援工作。美国于 1943 年成立了联合国善后救济总署（简称联总，英文缩写 UNRRA），比联合国的创立还早两年。它的总部设在华盛顿特区，有 40 多个成员国。它派遣的人道主义工作人员竭尽全力为 650 万名流离失所者提供了巨大的帮助，并尽可能帮助他们返乡。许多流离失所者因过去的经历而遭受了严重的心理创伤。他们当中的大部分人最终都回到了家人身边，不过往往是历经艰难，而且并不总是喜相逢的局面。有的夫妇彼此多年不见，形同路人。不出意料，离婚率急剧升高。

许多人再也回不去了。他们在远离家乡的地方告别了人世，有的死在流离失所者居住的营地，有的死在关押中（苏联战俘营的严酷条件造成了 100 多万战俘的死亡）。有的人不想回家；俄罗斯人和乌克兰人对回国后可能的遭遇感到害怕是有道理的。根据大战接近尾声时西方盟国与斯大林达成的协议，共有 200 万人，包括在轴心国一边作战的数万哥萨克人，被"遣返"回了苏联。他们即使没有立遭处决，也通常被送到了劳改营或遥远的流放地羁押多年。犹太人大多无家可归，家乡的亲戚都已被杀光，社区也被摧毁。还有的人不得不逃去别的国家栖身，有时甚至要制造假身份。这些人当中有些是政治难民，有些是犯了战争罪的罪犯。

欧洲实际遭受破坏的规模远远超过了1918年。死亡人数至少比第一次世界大战阵亡将士的人数多4倍。然而,"一战"留下了长期政治与经济动乱的遗产,播下了冲突重起的种子。与之相反的是,"二战"虽然比"一战"为害更烈,战后却迎来了一段出人意料的稳定期,大陆的西半部也确实出现了空前的繁荣。这是怎么做到的呢?

这种情况在1945年的废墟当中是绝对无法想象的。当时也无法预见欧洲在短短的时间内将要发生的巨变。事实上,战争刚结束的那几年完全没有显现出后来变革的迹象,而是充满了政治的动荡不定、经济的混乱无序、社会的痛苦磨难和更多丧尽天良的暴行。直到1949年,新欧洲的轮廓才真正成形,不再是政治上、意识形态上和经济上四分五裂的欧洲。

(一定的)发泄与解脱

欧洲开始从它的自我毁灭中恢复之前,必须清算此前罪恶昭彰的恶徒。"二战"结束时的欧洲不仅满目疮痍,而且无法无天,放眼俱是一片混乱无序。占领军确立统治是缓慢渐进的过程,地方政府经常形同虚设,很多地方都接近于无政府状态。即使公共当局依然存在,也无法阻止残酷的复仇,有时当局甚至公然鼓励复仇的行为。对于在战争期间受尽暴力的折磨、残酷的虐待、难忍的痛苦和无尽的艰困的人们,复仇为他们提供了一定的发泄和解脱,尽管远远不够。战争完结时,复仇的渴望在无数欧洲人的心中重于一切,连获得解放的喜悦都无法与之相比。

起初,"二战"期间被征服的人民对给他们带来极大痛苦的征服者实施的暴力十分普遍,经常毫无节制。在达豪、布痕瓦尔德、纳茨维勒-斯特鲁托夫(Natzweiler-Struthof)和贝尔根-贝尔森(Bergen-Belsen)等地的集中营,西方盟军的部队目击了那里难以想象的恐怖景象后为之震惊,有时会鼓励集中营的囚犯采取报复行为,至少对报复行为不予阻拦。有时,原来的囚犯红了眼地攻击集中营的卫兵,务必置之死地而后快。一群群流离失所者和原来的奴工抢劫商店,狂饮滥醉,殴打或杀害德国平民。在德国国内,这种狂野的暴行较快地受到了占领军的控制。其他地方德裔的处境就危险得多。东部欧洲的德裔社区分散在一连串的国家中,他们的德国同胞播下了仇恨,苦果却要由他们来承受。

战争甫一结束,南斯拉夫就爆发了暴力,其规模之大可能为全欧之最,但暴力的对象却不是德国人(德军在1945年4月就离开南斯拉夫向西突围了),而是可恨的克罗地亚"乌斯塔沙"分子和与德国人勾结、助纣为虐的斯洛文尼亚人。施行暴力的不是肆意横行的乌合之众,而是赢得了胜利的有组织的游击队,主要是塞尔维亚共产党。发生了许多屠杀事件,很多人被枪杀,各种野蛮行径令人发指。杀人大多是出于民族的原因,是对过去暴行的报复。据可靠的估计显示,受害者(无论是平民还是与纳粹合作的军人)的人数约有7万。以所占人口比例来看,其规模比意大利的复仇杀人大10倍,更是法国的20倍。

西欧也发生了人们因过去遭受的苦难而施行的疯狂报复。最激烈的复仇发生在意大利。大战尾声,因复仇而被杀的人多达1.2万,大部分是法西斯党人。游击队在北部一些城镇连续几周对法西斯高官、公务员、通敌者和告密者大开杀戒。民众冲进一些城镇的监狱，对在押的法西斯分子执行私刑。在法国，约 9,000 名支持维希政权的要人被杀，这大多发生在 1944 年 8 月法国解放前后。但是，在荷兰和比利时，关于暴民将横行肆虐的"斧头之日"的预言均未成真，这两个国家加起来只有不到 400 人被杀。即使如此，也发生了一些野蛮的复仇行为，比如，1944 年秋，比利时获得解放后，大约 100 名通敌者（大多是小角色）被就地处决，1945 年 5 月又进行了第二次大批处决。遭到任意处决的人并不全是因为在政治上犯了罪，也有报私仇或生意竞争的原因。

在西欧，因和敌人睡觉而被指控为"躺着的通敌者"的女性经常成为整个社区的怒火所向。在法国、意大利、丹麦、荷兰和海峡群岛，这样的女子成为千夫所指，在公共场所受到仪式性的侮辱，比如被剃掉头发、剥光衣服，有时身上被泼上粪便。光是法国就有约 2 万名女子在各地的大批人群（其中男性占压倒多数）面前受到侮辱。

回顾过去，值得惊讶的不是发生了这样的暴力，而是暴力持续的时间居然如此之短，就连曾受维希政权统治的法国，还有匈牙利、斯洛伐克、罗马尼亚和克罗地亚这些德国的原卫星国也不例外。除希腊之外（那里的内战在大战期间就开始酝酿，很快爆发为旷日持久的兄弟相残的战争，造成了极大的损失），其他国家的占领军或新设立的文职政府都以惊人的速度基本掌控了局势。严重的暴力受到遏制，只是还有些地方的公共当局继续鼓励报复行动，比如怂恿民众将德裔赶出中欧和东欧一些原来被德国占领的地区。

波兰和捷克流亡政府的领导人表示要在战后驱逐所有德裔人口的时候，同盟国给予了首肯。美其名曰"人口调动"的驱逐行动针对的远不仅仅有德裔人口。在雅尔塔会议和波茨坦会议上商定的边界改动把苏联（含乌克兰）的边界向西挪动，纳入了原属波兰的一些土地，也把波兰的国界西推，将德国的一部分领土并入了波兰。这些改动一经做出，大批波兰人和乌克兰人就与德裔一道遭到了驱逐。至少有120万波兰人和近50万乌克兰人被（往往通过野蛮的暴力手段）强行赶出家园，发往遥远的地方。5万多名乌克兰人离开了捷克斯洛伐克，4万多名捷克人和斯洛伐克人则从乌克兰反向去了捷克斯洛伐克（其中许多人是喀尔巴阡-鲁塞尼亚地方的人 Carpathian-Ruthenia，该地在两次大战之间是捷克斯洛伐克的一个省，但在1945年划给了乌克兰）。约10万名匈牙利人被逐出罗马尼亚，相同数目的人被从斯洛伐克赶到苏台德地区，7万多名斯洛伐克人则从匈牙利来到捷克斯洛伐克。

令人震惊的是，侥幸在纳粹魔掌下存活的犹太人仍然没有苦尽甘来，而是再次被卷入了战后欧洲丧失人性的暴力狂潮。战争结束后，仍然有22万犹太人住在波兰，可能有25万犹太人住在匈牙利。波兰、匈牙利和斯洛伐克的一些城镇爆发了反犹暴力，最严重的是1946年7月在波兰的凯尔采（Kielce）以及几周后在匈牙利的米什科尔茨（Miskolc）发生的对犹太人的屠杀，屠杀造成几百名犹太人死亡，迫使许多犹太人远走他乡。

凯尔采的暴力爆发于7月4日，起因是一个男孩失踪两天后回到了家，男孩的父亲指控是犹太人绑架了他。谣言迅速传开，说犹太人杀害了一个基督徒男孩。犹太人在祭祀仪式上杀人这个古老的诽谤再次借尸还魂，显然听信者众。人们开始叫嚣要血债血偿，警察和军事当局则袖手旁观，任由人群越聚越大。那次大屠杀中有41名犹太人遇害。虽然凯尔采大屠杀最为严重，但它只是波兰全境更广泛的反犹暴力的一部分。波兰全国被杀害的犹太人达到了351名。显然，尽管发生了"二战"，波兰遭受过占领，犹太人惨遭浩劫，但是致命的反犹偏见仍然阴魂不散。事实上，纳粹迫害波兰犹太人，许多波兰人反而趁机抢夺犹太人的财产，从中获益。战后的反犹暴力反映出，波兰人感到犹太人是对社会秩序的威胁，而他们的社会秩序部分地是建立在排斥犹太人、抢夺其财产的基础上的。在灭绝营中大难不死的幸存者回到故乡时（无论是在波兰还是在东欧的其他地方），很可能发现自己原来的朋友对自己满怀敌意，那些人占了他们的房子和财产，当然不高兴看到他们回来。凯尔采暴乱发生后3个月内，约7万波兰犹太人去了巴勒斯坦另创家园。后来，波兰、匈牙利、保加利亚、罗马尼亚和捷克斯洛伐克的大批犹太人也去了巴勒斯坦。他们终于看到，自己在欧洲没有未来。

　　对东欧人民来说，只要德裔继续生活在他们当中，他们就怨恨难消。许多城镇和村庄的德裔社群已经在那里居住了几个世纪之久，现在他们成了野蛮暴力的最大受害者。同盟国规定要实现"有序和人道的"过渡。事实远非如此。谁也不想保护那些被认为造成了过去几年恐怖的人。德国战败后，战争和占领期间积聚的仇恨爆发为极端的报复，而且开始时没有人管。德裔遭到抢劫、强奸、殴打，得不到食物和医疗。到1945年7月底，50万到75万德裔被驱逐出战后并入波兰的地区。暴行肆虐。波兰当局基本上对其听之任之。可以说，德裔被视为野兽或害虫，可以随便捕捉或打死。就连苏联人也震惊于波兰人如此激烈地报复自己在德国人手中遭受过的痛苦。红军1945年8月30日发给莫斯科的一份报告写道："对德裔居民毫无理由的谋杀、逮捕、长期监禁和故意侮辱越来越多了。"

在捷克斯洛伐克，苏台德地区的德裔无论是否同情纳粹，都被视为叛徒。捷克斯洛伐克总统爱德华·贝内什（Edvard Beneš）在1945年5月12日发表的电台讲话中说，需要"最终解决德裔的问题"。此言一出，立即造成布尔诺（Brno）的2万多名德裔男女妇孺被勒令马上启程前往奥地利边界，其中有些人不堪跋涉的困苦死在了途中。基督教"爱汝邻人"的训诫不适用于德裔，一位天主教神父如是说。他们代表着邪恶，到了和他们算账的时候了。

如此充满仇恨的言辞必然煽动起可怕的暴力。德裔被赶出自己的家园，财产被劫掠一空。他们在集中营里遭到残忍的虐待，生活条件十分严酷。出生在布拉格、曾是著名演员的玛格丽特·舍尔（Margarete Schell）在日记中记下了她在集中营的经历。她叙述了在晚点名的时候男人如何受到鞭打，有些人如何被迫蹲着在广场上跳跃前行，直到瘫倒在地上，而那又会招致新一轮的鞭打。她自己也遭受了虐待和羞辱，包括因未经允许寄出了一封信而受到集中营管理人的鞭打。

在集中营外面，捷克民兵、共产党的行动小组和其他武装团体肆意攻击、侮辱并杀害德裔人口。1945年7月31日在拉贝河畔乌斯季［Usti nad Labem，又名奥西希（Aussig）］发生的事件属于这类暴行中最严重的一类，那次有数百名德裔惨遭屠杀。许多德裔自己结束了生命。根据捷克的统计，1946年一年就有5,558人自杀。到1947年秋，约300万德裔被赶出捷克斯洛伐克。至少1.9万到3万苏台德德裔失去了生命。然而，如果算上野蛮的驱逐期间由疾病和饥寒交迫造成的死亡，总数应该多得多。经过数周的狂野暴行后，政府加强了对驱逐德裔人口的监管，尽管驱逐的过程仍然十分野蛮。这是因为阻止无节制的暴力不仅对捷克斯洛伐克政府有利，而且符合同盟国的利益。

至少 1,200 万德裔被从中欧和东欧驱逐到了德国的被占领区，可是那些地区战后荒凉凋敝，根本没有能力接纳他们。对被驱逐而来的德裔同胞，德国人根本没有敞开欢迎的臂膀。1946—1947 年间，符滕堡（Württemberg）乡村地区的一些人在教堂祈祷时这样说："我们已经在挨饿受苦了。上帝啊，把那些乌合之众赶走吧。上帝啊，把那些暴民送回捷克斯洛伐克吧，别让他们骚扰我们。"1949 年进行的民意调查显示，德国本国人口的 60% 和被驱逐的德裔人口的 96% 都认为彼此的关系很差。本地的德国人认为新来的人傲慢、落后、狡猾，新来的人则认为当地人自私、无情、小气。"我们知道我们在这里不受欢迎，这里的人不想看到我们，"1948 年向一位市长呈交的诉状这样写道，"但是请相信，我们也愿意待在自己的家乡，不做别人的负担。我们不是难民。我们被赶出自己的房子，被驱离自己的家乡，被抢走了一切财产，这违反了一切道德和法律。没有人问我们是否愿意，就强迫我们来到这里。我们不是自愿来的。"

最准确的估计是，在野蛮的驱逐行动中，至少 50 万德裔丧生，还有 150 万人下落不明。长期居住在罗马尼亚、匈牙利和南斯拉夫的德裔人口则被驱赶到苏联的监狱去面对悲惨的命运，成为"活人赎罪"的一部分。

到 1950 年，东欧的少数族裔人数大为减少。少数族裔并未完全消失。波罗的海国家和乌克兰都有人数相当多的俄罗斯少数族裔，不过他们没有受到虐待——俄罗斯民族毕竟在苏联占主导地位。南斯拉夫也基本保留了战前各族裔群体混居的情况。但是，在族裔方面，东欧国家的人口比起战前单一了许多。过去多族裔的东欧不复存在。这是激烈的驱逐和可怕的民族清洗造成的结果。

德国投降后的几周内，民众心底仇恨的爆发先是导致了毫无节制的极端暴力，然后，民众开始转向国家机构要求伸张正义。如果老百姓对新政府有一定的信任，相信政府愿意进行彻底改革，把过去的通敌者清除出政府机关，将其逮捕法办，并严惩有罪者，他们就更愿意国家来为自己申冤雪恨。受人尊敬的原抵抗运动成员在新政府中任职，这增强了民众寻求政府帮助的意愿。挪威、丹麦和法国迅速对警察队伍进行了清洗，这对恢复民众对国家的信任也大有帮助。欧洲大部分地区的老百姓被连年战火折腾得筋疲力尽，热切盼望恢复"正常状态"，不想看到暴力和冲突的延长，都愿意服从权威的领导。然而，在南欧和东欧等地，重建对公共当局的信任尚需时日，猖獗暴力的减轻也是个更加长期渐进的过程。许多民兵、治安维持会员和前游击队员保留着手中的武器，不愿上交。有些人在政府宣布对复仇杀人行为予以大赦后自愿交出了武器。但人们必须能够相信政府会对战争罪犯和通敌者严惩不贷，暴力才会慢慢消退，或者被国家当局镇压下去。

在苏联控制下的国家中，对法西斯分子和伪政权支持者的"官方"清洗激烈而又严厉，但很快就成了确定是否忠于新统治者的专断手段。被视为最罪不可逭的人会遭到审判并处决，有时是公开处决。1946年在里加，大群的人（虽然不像官方声称的有10万之众）观看了对7个德国人执行绞刑的过程。苏联军队开到后，通常会把有明显通敌行为的人就地枪决，比如，1944年7月和8月在立陶宛就枪毙了1,700人。然而，最常用的惩罚方法是把人流放到苏联偏远艰苦的地方，去那里的劳改营做苦工，一般就死在那里。据估计，自1944年到1949

年，爱沙尼亚、拉脱维亚和立陶宛至少有 50 万人遭到驱逐。匈牙利逮捕了 14 万到 20 万人，都被送往苏联，其中大部分人关入了劳改营。大批被怀疑同情法西斯或从事反共活动的人（两者通常被认为是同一类）遭到关押。到 1948 年，罗马尼亚的政治犯人数上升到 25 万，占全国人口的 2%。到了那个时候，实际的通敌行为与所谓"阶级敌人"的"反革命"行为的界限早已模糊不清了。

1945 年秋，匈牙利一个小镇上的方济各会修士绍莱兹·基什（Szaléz Kiss）和约 60 名大多属于他手下一个青年团体的年轻人遭到逮捕。他们的罪名是参与了一项谋杀苏军战士的"法西斯阴谋"。在通过严刑拷打逼出他们的供词后，基什和 3 个十几岁的青少年被处决，其他人被投入监狱或送去了苏联。然而，马克思主义理论（和共产党的实践）将法西斯主义定为最极端的反动，这意味着东欧的司法清洗难以做到系统推进、目标明确，因为那可能牵涉到不是共产党员的大部分老百姓。于是，如同在罗马尼亚、保加利亚或匈牙利发生的那样，清洗变成了确保人人在政治上俯首帖耳的专断手段。一个完全无辜的人也许因为稍稍流露一点儿政治上的主见，就会被不喜欢他的人诬为"法西斯分子"。

西欧的"官方"清洗不如苏联阵营的国家严厉，也达不到老百姓希望的程度。最大的通敌者，比如挪威的维德昆·吉斯林、荷兰的安东·米塞特（Anton Mussert）、法国的皮埃尔·拉瓦尔等人被处以死刑。（87 岁高龄的贝当元帅减刑为终身监禁。）清洗当然受到高度重视，特别是在大战刚刚结束时。西欧各地有几十万人被逮捕，以叛国罪、战争罪或通敌罪的罪名受到审判，丹麦有 4 万人，挪威有 9.3 万人，荷兰有 12 万人，比利时更是高达 40.5 万人。但是，大部分被定罪的人犯的罪都比较小，判的刑也比较轻，其中许多人提前获释，有的不久就得到了赦免。

判死刑的情形较少，就连长期徒刑都不多。比如，比利时逮捕的人中 80% 以上根本没有被起诉，只有 241 人被处决，其他被定罪的人大多只判了短期徒刑。在荷兰，4.4 万名被判有罪（很多是小罪）的人中有 40 人被处决，585 人被判处长期徒刑。但是，深入参与抓捕劳工、驱逐犹太人和打击抵抗运动的公务员和警察却得以轻易过关。法国的清洗相对严厉，当局调查了 30 万件左右的案子，就 12.5 万件提出了起诉，宣判了近 7,000 项死刑判决，虽然大部分是缺席审判。即使如此，也只有 1,500 人被执行死刑，3.9 万人被判处了（大多刑期较短的）徒刑。1947 年的大赦取消了大多数的刑罚。到 1951 年，只剩下大约 1,500 名最臭名昭著的战犯仍然在押。

奥地利有约 50 万纳粹党员，占该国成人人口的 14%，还出了一些最大的纳粹战犯。然而，这个国家却把自己描绘为德国侵略的第一个受害者。对为虎作伥的通敌者来说，奥地利无疑是全欧洲最安全的地方，只有 30 个战时罪犯被处死。它的邻国捷克处决了 686 人。奥地利的警察和法律部门中很多人被清洗出去。1945 年在奥地利各部门就业的 27 万名纳粹党员中有一半在 1946 年中期遭到解雇，不过许多人很快得到了赦免，又回到了原来的岗位。法院做出了 1.36 万项徒刑判决，大部分是短期徒刑。1948 年的大赦免去了 90% 轻罪罪犯的刑罚，让他们重新进入了社会。20 世纪 50 年代中期，又赦免了罪行更严重的纳粹分子。随着战争日益成为过去的记忆，法院量刑也更加宽大。除了最为严重的案子，各地的重点均从惩罚与报复战时的犯罪转向了建立有效运作的政府。

每个被纳粹占领过的欧洲国家都有人积极与占领当局合作。但是，这样的人从来都为大多数人民所不齿，战后更成了人人喊打的过街老鼠。然而，在德国，希特勒长期以来深受拥护，他的政权推行的践踏欧洲和平、强兵黩武的民族主义得到广泛支持。几百万名德国人加入了纳粹党及其附属组织，许多人赞成德国国内对犹太人的迫害和其他灭绝人性的残暴措施，而驻外的占领军官兵（往往在德国人民的默许下）在被占领地区参与了残暴得令人发指的行为。阿尔弗雷德·德布林回到祖国后，最初的印象是，德国人"对他们自己时代中发生的事件有一种奇异的距离感"。他们无法理解降临在自己头上的灾难，于是除了每天的日常活动，别的一概不去想。德国是否还能在欧洲发挥积极作用？如何发挥？对这些问题，1945年时谁也没有肯定的答案。要实现同盟国在1945年夏波茨坦会议上提出的把德国重建为民主国家的目标，扫清德国的一切纳粹分子显然是第一步，但知易行难。

一些主要的纳粹党人通过自杀逃脱了战后的命运，有的是在第三帝国土崩瓦解之际自杀的，有的是被盟军抓住后不久自杀的。那些人中有宣传部长约瑟夫·戈培尔、希特勒的得力助手马丁·博尔曼（Martin Bormann，几十年后，在离希特勒的柏林掩体不远的地方找到了他的遗骸）、德意志劳工阵线狂热的领导人罗伯特·莱伊（Robert Ley），还有令人畏之如虎的党卫军及警察头子海因里希·希姆莱。有些人，比如奥斯威辛集中营的指挥官鲁道夫·霍斯或镇守波兰西部瓦尔特高（Warthegau）*的魔王阿图尔·格赖泽尔（Arthur Greiser），被交给了他们曾残酷迫害过的波兰人，遭到处决。还有一些人途经西班

---

* 瓦尔特高是纳粹第一个灭绝营所在地。——译者注

牙秘密逃去了南美，其中最臭名昭著的是负责执行"犹太人问题的最终解决"的阿道夫·艾希曼（Adolf Eichmann）。令人惊诧的是，这些人的逃亡往往得到梵蒂冈内部渠道的帮助。但是，同盟国还是抓住了纳粹政权的 21 名首脑人物，包括曾是希特勒指定接班人的赫尔曼·戈林、纳粹的外交部长约阿希姆·冯·里宾特洛甫、安全警察头子恩斯特·卡尔滕布伦纳（Ernst Kaltenbrunner）、波兰总督汉斯·弗兰克和曾任纳粹党副党魁、1941 年莫名其妙飞到苏格兰的鲁道夫·赫斯（Rudolf Hess）。很快将受到审判的主要战犯中也有军方领导人，包括威廉·凯特尔（Wilhelm Keitel，德意志国防军最高统帅部长）、阿尔弗雷德·约德尔（Alfred Jodl，陆军参谋总长）、埃里希·雷德尔（1943 年前的海军总司令）和卡尔·邓尼茨（他接替雷德尔担任海军司令，希特勒自杀后曾短暂担任帝国总统）。

对纳粹头子的罪行进行审判似乎非常简单。然而，这是个法律上的雷区，因为 1945—1946 年在纽伦堡开庭一年、由来自四个占领国的法官和检察官组成的国际军事法庭既没有先例，也没有确立的管辖权。丘吉尔建议抓到主要战犯后立即枪决，斯大林希望先审判再枪决，全欧洲的公共舆论都赞成即时裁决。但是，美国坚持认为，对犯人的指控必须有坚实的法律根据，以向世人，特别是德国人民，证明他们罪行确凿，而不是想当然地假设他们有罪。最终，美国的意见得到了接受。受到指控的人中有 12 个人，包括戈林、里宾特洛甫、弗兰克、博尔曼（缺席审判）、凯特尔和约德尔，被判处绞刑。（戈林在行刑前自杀身亡。）其余大部分人，包括运气奇佳逃脱了绞索的阿尔贝特·施佩尔，被判长期徒刑。纳粹党、党卫军和盖世太保被宣布为犯罪组织。纽伦堡审判后，美国又在 1946 年到 1949 年间举行了 12 场审判。政府部委、军方、工业界、医学界、法律界和杀人如麻的安全警察特别行动队高层有 185 人被指控为战争期间各种令人发指的罪行的协从犯。法庭判处了 24 人死刑，20 人终身监禁，98 人有期徒刑。

当时及以后，都有许多人批评纽伦堡审判是"成王败寇"式的审判。他们说，那不过是一场闹剧，因为苏联人也犯下了滔天的战争罪，盟军对德累斯顿、汉堡和其他德国城市的轰炸也是战争罪。当然，按照西方的司法标准，纽伦堡审判远非完美，但如果不将纳粹战犯付诸审判，就会成为文明世界眼中不可接受的缺失。事实上，德国的民意调查显示，民众非常欣赏审理和判决的公平。大多数人赞成对冲锋队、党卫军和盖世太保等组织做出集体指控。70% 的人认为犯了战争罪的远远不止纽伦堡被告席上的那些人。人们普遍觉得，别的纳粹党员和比较低层的领导人也该定罪。可是这里问题就来了：那些人是谁？他们的罪有多大？根据什么标准定罪？德国有 800 多万名纳粹党员（约占全国人口的 10%），还有几千万人加入了纳粹党的各种附属组织，占领当局如何做到不仅区分他们眼中有罪的和无罪的人，还要分辨罪行的轻重？

占领国很快认识到，德国社会的去纳粹化不仅任务艰巨，而且完全不切实际。在西方国家占领的三个区中，至少在初期，美国人在去纳粹化方面最为坚决。不过，西方盟国很快看到，占领当局的行政人员人少事多，又往往未经训练，根本无力处理德国人交上来的几百万份关于他们在第三帝国时期与纳粹组织牵连的调查表。调查表大多毫无价值，特别是因为并非每个人都如实填写。到 1945 年底，拘留营已是人满为患，数千名国家机关的雇员被开除。但事实证明，实现德国社会的彻底去纳粹化是不可能的。美国占领区才处理了 160 万份调查表，还有 350 万名已知的纳粹党员在等待甄别分类，而美国人打算

1947年就撤离德国。

英占区和法占区的情况也好不了多少。英国军队在1945年春解放贝尔根-贝尔森集中营时，在那里发现的可怕暴行令举世震惊。英国人审判并处决了犯下了暴行的一些人，还开除了约20万名德国人，其中许多是公务员（包括教师）、警察和工业界的领导人物，但也有务农的人以及铁路和邮政系统的工作人员。可是，财政破产的英国担负不起占领的巨额费用。于是，对去纳粹化的重视远远落在了重建德国的紧迫需要之后。重建德国要靠德国人。许多德国人有着极不光彩的过去，然而德国必须由德国人自己来管理。法国人和英国人一样，很快也被迫采取了务实的政策。开始时的复仇性清洗不得不让位于实际需要。法占区的德国教师有3/4在占领的头几周被解雇。但是，1945年9月学校开学的时候，又把他们全部雇了回来。法国人一共只处理了50万份调查表，其间表现出惊人的宽大。只有1.8万人受到了惩罚，法占区的"大犯要犯"只有13名，相比之下，美占区有1,654名。

1946年初，西方盟国无奈认输，把去纳粹化的任务交给了德国人自己，建起了数百个地区法庭，法庭的工作人员都是德国人，由盟国统管。调查表仍在发放，但格式稍有改动。各类论罪也得到了保留，从大战犯到完全无罪。几乎每一个被送交法庭的人似乎都能找到某个品格无懈可击的人做证人，证明自己在纳粹时期没有做坏事。这类证词被戏称为"宝莹证书"（Persil certificate），意指大牌洗衣剂的广告词——"洗白"。

整个去纳粹化进程逐渐沦为闹剧。各法庭名义上处理了600多万件案子，其中2/3的被告人立即获得赦免，实际出庭的被告人至少9/10仅定了小罪，大部分仅仅被定为"同路人"或干脆宣布无罪。这些法庭被恰当地称为"同路人工厂",威信扫地,为老百姓所唾弃。最后,联邦德国政府于1951年底通过法律,大赦了数十万人,只惩罚了罪大恶极的犯人。与此同时,大部分原来被开除的公务员官复原职。去纳粹化的失败不仅反映出这种做法日益不得人心,显示德国人民广泛抗拒认为他们集体犯有纳粹罪的假设,也说明随着政治形势的迅速变化,需要做出务实调整以利行政,此外还反映了德国民众对国家社会主义的看法。多次民意调查表明,德国人民认为,国家社会主义本意是好的,只不过是执行中出了问题。

苏联占领区的去纳粹化比西方盟国更加严厉。数万人在劳改营(包括原来的纳粹集中营)和苏联秘密警察的监狱中丧生。更多的人被送往苏联本土的劳改营。到1945年底,德国东区有50多万人被开除。对法官和律师、官员以及大学和中小学教师进行了大规模清理。到1946年秋天,已有4万多名新教师上岗。1945年到1950年间,2/3的法官和3/4的小学教师换了新人。这些新教师和新官僚受的训练很少,其工作质量可想而知。

但是,即使在苏占区,也不能无视实际情况。医生们,哪怕其资格证书是纳粹政府颁发的,一般都继续行医,他们不像教师和官僚人员那么容易替换。在必要的情况下,意识形态问题也可以忽略不计。美国人偷偷地把几百名纳粹科学家送到美国参加火箭开发研究。苏联人对德国东部的原纳粹党员也采取了同样的做法。此外,苏联毕竟不能把它的占领区完全毁掉,虽然苏联人通过大力摧毁德国工业来尽力达到这个目标。最终,普通纳粹党员只要证明自己认识到了原先的错误,衷心接受了马克思列宁主义的教诲,相信一个由国有社会主义指导的全新社会是今后的努力方向,就可以过关。原来的纳粹党员转向了共产党。

清洗能否采用别的方法呢？无论在东欧还是西欧，都很难看到如何能够另择他法。在正在成形的苏联阵营里，清洗无疑是毫不留情的，是迫使人们在政治上服从的大棒。疾风骤雨式的清洗不仅是为了去除真正的战犯和通敌者，也是为了消灭"反动派""颠覆分子""反苏势力"，这个信息得到了有效的传递。大多数民众不是共产党员，更不亲苏，如果举行自由选举的话，他们不会投票支持共产党。但是，清洗明确地表现了新统治者的无情，在威逼恫吓之下，人们不得不从。虽然这种与过去一刀两断的做法野蛮残酷，但确实有效。

在西欧，各方都对清洗不满意。许多人认为清洗太宽大，有的人则认为太严厉。但是，重建以共识为基础的社会需要团结整合，而不是无休止的指责和复仇造成的分裂。民众渴望惩罚过去压迫者的愿望可以理解，但必须努力使之平息，不能让它毒化实现政治与社会重建的长期努力。激愤的情绪必须得到遏制，对正义的追求必须服从于政治，放眼未来必须先于彻底算清旧账。集体失忆是唯一的办法。

许多有着黑暗过去的人得以寿终正寝，他们得到了宽大，尽管他们当年对他们的受害者毫不留情。西方对于法西斯同情者的相对宽容和那些人迅速重新融入社会的事实给苏联的宣传机器提供了口实。但是，苏联红军中也有许多人犯下了严重的暴行，当然，那被说成是为了正义的事业。随着冷战的开始，东西两方出于政治考虑都决定不再继续推行清洗，而是把过去的事情一笔勾销。东方的重点转为维护社会主义团结，西方则转为日益激烈的反对共产主义。

在经历过非人待遇的受害者眼中，应有的惩罚远远没有实施，毒液远远没有清除。他们经受的痛苦是任什么都无法补偿的。他们不可能完全释然。时隔几十年,仍然有犯下了严重罪行的战犯被搜捕、揭发、送交审判,这说明"二战"后的清算是不完全的,尽管这种不完全的状况在所难免。在 20 世纪剩余的时间内,欧洲从未完全摆脱战争年代中人性泯灭变态罪行的阴影。

政治再觉醒:分裂与不确定

新形式的多元政治在战后以惊人的步伐迅速兴起。除几个国家外,大多数国家的政治连续性都由于德国的征服而被打断,所以,必须重新建立政治体系。不过,政治多元化的基础还在,这种基础尽管受到长时期的打压,但很快就能重新动员起来。尤其是左翼政党,它们尽管遭到禁止和迫害,但不仅保留了大部分原有的群众基础,还因为它们对纳粹的抵抗而获得了更多的支持。过去的自由党和保守党在政治上的断层更大,然而,即使它们也令人惊讶地迅速重建了原来的政治基础,虽然政党改了新名字。

尽管如此,未来政治格局的轮廓依然极不确定。付出了巨大的代价之后,人们彻底粉碎了法西斯主义,因此,法西斯专制独裁死灰复燃的可能性可以完全排除(虽然关于纳粹主义在德国东山再起的担心起初并未打消,西班牙和葡萄牙则陷在往昔的时代里不能自拔)。相比之下,苏联共产主义因"二战"胜利而威信大增,在重获生机、一致反法西斯主义的左翼阵营中深受支持。许多人继续或重新把莫斯科视为鼓舞与希望之源。但是,多数左翼人士或者明确表示拥护多元的政治制度,或者至少接受多元民主为当下之必要。各国社会中仍有许多人反对社会主义,坚持保守观点,并往往深受教会影响,大城市以外的地方尤其如此。在每一个国家中，政治制度的确切性质及其群众基础的组成都是逐渐明朗起来的。

　　大萧条期间，左派斗志消沉、四分五裂、败象尽显，在法西斯主义的恐怖镇压下提心吊胆。战争结束之初，左派翻身的时候似乎终于到来了。20 世纪 30 年代期间，各国的人民阵线虽然持续时间都不长，但反法西斯主义的共同斗争把它们团结在了一起。1945 年，法西斯这个死敌被彻底打垮，反法西斯主义再次成为把左派团结起来的黏合剂。共产党人尤其因战时的坚决抵抗而深受赞誉。左派（共产党人和社会党人）期待着乘胜前进。

多元政治在西欧的重生

　　在大部分国家战后举行的第一次选举中，共产党得到的选票都达到了战前的两倍以上。1945 到 1946 年间共产党得票最多的国家是法国（26% 以上）、芬兰（23.5%）、冰岛（19.5%）和意大利（近 19%）。在比利时、丹麦、卢森堡、荷兰、挪威和瑞典，共产党获得了 10% 到 13% 的选票，共产党在德国一些地区选举中获得的选票高达 14%（德国西部在 1949 年前没有举行过全国选举）。然而，奥地利和瑞士对共产党的支持只有 5%~6%，英国更只有少得可怜的 0.4%。总的来说，社会主义政党获得的支持比共产党多，在奥地利、瑞典、挪威和德国西部的一些地区选举中得票高达 40% 以上，在比利时和丹麦超过了 30%，在荷兰略低于 30%。在法国和意大利，左派获得的选票总数非常可观（法国是 47%，意大利是 39%），共产党和社会党基本上平分秋色。

　　反法西斯主义本质上坚决反对曾与极右势力同流合污的保守建制

派，还希望实现全面的社会和经济变革。人们普遍感到，只有左派才有能力做到这一点。斯堪的纳维亚国家受战争的破坏较小（虽然挪威损失了 20% 的经济基础设施），社会民主左派得以巩固战前建立的权力基础，引进了社会福利方面重大而持久的变革。丹麦的社会民主党开始时因战时和伪政府的瓜葛受到了影响，但很快赢回了暂时被共产党拿走的选票。社会民主党在挪威由于参加了抵抗运动而得到加强，在瑞典则一直相当强大。小小的冰岛是欧洲少数几个在战时实现了繁荣的国家之一，于 1944 年脱离丹麦取得了独立。社会民主党在那里的支持度一直赶不上信奉共产主义的人民团结党，但它们两党和保守的独立党共同组成了联盟。值得注意的是，联盟内部对实现国家的现代化和通过支持捕鱼船队来提高生活水平没有多少根本性的分歧。在斯堪的纳维亚，战争形成了干扰，却没有打破政治结构，也没有中止经济社会改革的政策。

社会民主党在芬兰也是一支主要力量，虽然在 1945 年时这一点并不明朗，那时芬兰看起来很有可能会成为苏联阵营的一部分。1945 年，芬兰共产党人（他们自称为"人民民主党人"）自 1929 年以来首次得以参加竞选。他们赢得了 23.5% 的选票，比社会民主党的 25% 仅差一点（社会民主党的得票远少于战前）。这两个党再加上得票 21% 的农民党组成了联合政府。政府施行左倾纲领，包括国有化、税务和福利改革，还有国家对经济的广泛控制，并小心翼翼地一方面培育与邻国苏联的友好关系，另一方面维护本国的独立。共产党掌握了内政部和四个其他部委。1946 年，共产党人毛诺·佩卡拉（Mauno Pekkala）甚至当上了总理。

看起来，芬兰会和苏联控制下的东欧国家一样，权力进一步向共产党手里集中。但是，芬兰共产党本身不团结，又遭到了社会民主党和农民党的激烈反对，在 1948 年的选举中受挫。与此同时，反共思潮不断壮大，1948 年 2 月共产党夺取对捷克斯洛伐克政府的控制一事引起了高度关注。芬兰的政治领导人精明圆滑，特别是仅仅一个月后就与苏联举行了建立军事同盟的谈判。谈判达成了一项防御性的"友好、合作和互助"条约，比军事同盟的约束力小。最关键的是，斯大林出于务实的理由（也许捷克斯洛伐克政变造成的负面国际影响起了一定的作用），愿意让芬兰继续作为独立的邻国存在，而不是迫使它像苏联势力范围内其他国家一样成为苏联的卫星国。事实上，社会民主党虽然受到了莫斯科的猛烈攻击，但在 1948 年后的若干年间在形成芬兰政治与经济格局中发挥了重大作用。

英国工党在大战尾声也赢得了选战的胜利。工党实质上代表着一种形式的社会民主，虽然它自建党以来的发展与欧洲大陆上的社会民主党大相径庭。最重要的是，它从未遇到过来自共产党的重大挑战。所以，英国的左派没有撕裂，没有兄弟阋墙的争斗。当然，它也没有经历过法西斯政权的统治、迫害或纳粹占领。通常的政党政治在战时的国民政府中暂告中止，但是在 1945 年得到恢复时，过去的政治结构依然完好。保守党在之前 30 年的时间内只有 3 年在野，现在因败选再次下野，被迫重新思考自己的政治纲领和内部组织结构。不过，保守党依然保留了自己的特点，而且党魁是世界闻名的丘吉尔。

在 1945 年大选中起了决定性作用的，是大萧条在英国人民脑海中留下的深刻烙印。那段凄惨的日子决不能重演。选民要求实行重大的社会和经济改革，以防大萧条的苦难再现。于是，他们在 1945 年 7 月的大选中将丘吉尔推下权位，使工党挟 60% 以上的议会席位入主政府。新首相克莱门特·艾德礼（Clement Attlee）毫无个人魅力可言，却十分干练。他领导的新政府开始着手在［威廉·布莱克（William Blake）在19世纪早期的一首诗中所说的］"英格兰那青葱宜人的土地上"建立今世的耶路撒冷*。艾德礼的内阁中有一些经验丰富、精明强干的大臣，其中最突出的是欧内斯特·贝文（Ernest Bevin）。贝文在两次大战之间是主要的工会领导人，在战时政府中担任劳工大臣，非常强势。艾德礼就任首相后任命贝文为外交大臣，这是艾德礼的一记高招。另一位关键人物是名字与贝文很像的安奈林·比万（Aneurin Bevan）。能言善辩的比万做过矿工，威尔士矿区工人的贫穷和困苦对他产生了深刻的影响。他被艾德礼任命为卫生大臣。严肃持重的斯塔福德·克里普斯爵士（Sir Stafford Cripps）原来是党内的左翼激进分子，战时曾任英国驻苏大使。在莫斯科的经历消磨了他早先对斯大林的热情，于是他转而研究混合型经济的管理、效率和罗斯福新政式的规划，他对英国战后经济的指导影响至深。

新的工党政府力图通过民主手段实现社会和经济革命。煤矿、铁路、煤气、电力以及英格兰银行都实现了国有化。根据战时联合政府1944年颁布的《教育法案》，更多的人获得了上中学的机会。工人权利得到改善。一项宏大的住房建筑计划开始实施。最重要的是，英国建立了"福利国家"。福利国家被恰当地称为"战后更加美好的英国的象征"，也是艾德礼政府的最大成就。英国所有家庭都享受津贴，直接发给母亲；大量的福利立法（落实了贝弗里奇勋爵1942年提出的社会保障计划的大部分内容）开始减轻战前就存在的最严重的贫困。

---

* 指幸福美好的圣地。——译者注

在当时以及后来的几十年中，多数人眼中最伟大的成就是 1948 年创立的国民健康服务体系。这主要应归功于善于激励人心的安奈林·比万（但该体系受到医学界的激烈反对）。在国民健康服务体系下，病人不必直接向医生付钱即可得到治疗（当然，他们需要通过纳税做出贡献）。因此，社会最贫穷的群体得到的医疗服务大为改善，降低了因罹患肺炎、白喉和肺结核而死亡的人数。这些是重大而持久的进步。

然而，战争结束后的头几年，英国人还要面对事情的另一面：紧缩措施。英国是战胜国，但财务上捉襟见肘。它债台高筑，却仍维持着帝国主义强国的军费开支水平。大有必要、极受欢迎的社会改革意味着国家必须加大福利开支。英国要拿得出钱，只能扩大出口，紧缩进口。于是，政府只能长期维持战时实行的对消费者开支的限制。

福利改革消除了最严重的贫困。即使如此，广大民众的日常生活仍然艰苦单调，完全谈不上舒适。大部分食品仍然实行配给。大战期间和结束时都没有实行的面包配给自 1946 年起却开始实行，一下子就是两年。"我有时候真搞不懂到底是谁打赢了战争。"英格兰北部一名家庭主妇在 1946 年说的这句话也许代表了老百姓普遍的心声。许多商品断货。无论在什么时候，什么地方，只要商店里来了货物，马上就排起长龙。妇女担负了排队买东西的主要任务，有时一排就是几个小时，还经常空手而归。*

食品配给直到 1954 年才结束，比西欧其他国家晚得多。从那时起，给孩子买糖果吃才不再需要票证。汽油不再实行配给后，有汽车

---

* 一次，我的姨妈格拉迪丝听说奥尔德姆镇有长尼龙丝袜卖，赶去排在了很长的队后。她终于快排到头的时候，才听说她排的队根本不是买长尼龙丝袜的，而是买牛肚的。她说："哼，我排了这么久不能一无所获。我就买些牛肚吧。"

的人才能买得到足够的汽油开远途。老百姓起初普遍接受紧缩措施，但慢慢地耐心越来越少。到1950年，原来投票给工党的一些选民已经准备抛弃工党。保守党眼看要东山再起。

然而，无论政党政治中有何种分歧，工党引进的福利改革都得到了所有政党的广泛支持（经济改革、工业国有化以及其他政策的遭遇则完全不同）。保守党认识到，20世纪30年代的政治已成为过去，需要改变，保守党也很好地适应了改变。英国各政党就社会政策的实质内容达成了惊人的意见一致，这种意见一致一直持续了20多年。1948年后，工党的改革势头后继乏力，工党执政时间一共只有5年。但是，它在这段时间内深深地改变了英国。在工党的主持下，英国继续走了一条与欧洲大陆有别的路。在一代人的时间内，英国两次被欧洲拉入世界大战，但它具有相对于欧洲的强烈的独立感，认为自己的利益与英联邦和战时盟友美国的利益更加一致。这种态度在后来的多年间继续深刻影响着英国的政治文化。

在西欧大部，左派的兴盛仅仅是昙花一现，一个原因是左派内部很快又发生了分裂。单靠反法西斯主义无法把左派长期拢在一起。旧有的裂痕不可避免地再次出现，一边是致力于在多元民主框架内推动改变（并愿意与改良后有所克制的资本主义共事）的社会主义政党，另一边是紧跟莫斯科，以彻底摧毁资本主义、独掌国家大权为目标的共产党。

第二个原因是基督教民主派在战后异军突起，成为最重要的新生政治力量。它生气勃勃，奉行保守主义，全力支持多元民主。它不仅反对共产主义，而且支持大规模社会改革，因而扩大了过去基督教政党的选民基础，把原来四分五裂的社会和政治利益整合了起来。大战之前，保守的精英阶层一般都抵制改变，经常将民主视为对自身利益的威胁而予以阻挠。"二战"之后，与法西斯没有瓜葛，也就没有染上污点的新的政治精英阶层改弦更张。它认识到需要接受社会变革和议会民主，并努力使议会民主为己所用。每个国家都有大批民众不为社会主义或共产主义所动，对他们有吸引力的是在基督教原则框架内支持社会变革的保守改良政治。

第三个原因最为重要，既说明了共产主义力量的减弱和左派内部的分裂，也解释了基督教民主力量的上升，那就是东西欧之间日益加深的裂痕，这个裂痕不久后就发展为冷战。事实证明这是最重要的因素。共产党在东欧令人反感的所作所为越广为人知，西欧的保守政党就越能利用本国人民对苏联长期以来的厌恶和对共产主义的恐惧大做文章。

在西欧大部，政治归属迅速分为三部分：社会主义、共产主义和基督教民主。随着西方盟国与苏联之间敌意的加深，左派的分裂也更加固化。共产主义得到的支持减少了，基督教民主的力量增加了。左派发现，自己影响政治议程的能力越来越小了。比利时、卢森堡、奥地利、意大利、法国和联邦德国都出现了这个趋势，尽管各国的具体情况稍有不同。荷兰的天主教人民党保住了教徒的支持，但比不上其他国家新生的基督教民主党。战前荷兰社会政治和文化的几大"支柱"是社会主义、天主教和新教（新教徒的组织比较松散，有自由派，也有保守派）。它们在战后基本上恢复了战前的地位，只是形式稍有变化。比利时的政治也基本上承袭了战前的框架。中产阶级和乡村人口是改良资本主义经济的最大受益者，而激进左派又失去了对产业工人阶级的吸引力，于是保守派成为主导力量。奥地利被置于四个战胜国的占领之下，但算是被解放的国家，那里共产党的力量从一开始就可以忽略不计，虽然它获准参加由新式基督教民主政党"奥地利人民党"和社会民主党占主导地位的大联合政府。奥地利的当务之急是建立民族团结，不是重启战前的分裂。

1945年时，意大利的未来看似将由革命左派决定。但是，在持续严重的经济困境中，1945年尚未结束，原天主教人民党领军人物阿尔契德·加斯贝利（Alcide De Gasperi）带领的基督教民主党就崛起为意大利政治中最重要的新生力量。意大利基督教民主党把极为保守的力量与包括信仰天主教的工会成员在内的左翼力量集合到了一起。加斯贝利以高超的手腕控制着党内的左右两翼，牢牢掌握了基督教民主党的大权。开始时，他还得到了在莫斯科度过了战时岁月的共产党领袖帕尔米罗·陶里亚蒂（Palmiro Togliatti）的帮助，因为陶里亚蒂愿意带领共产党参加政府。加斯贝利的政府是由基督教民主党、共产党和社会党组成的看似不可能的联合。这个政府有效地停止了清洗，用经验丰富的官员取代了许多刚被任命的警察局长和地区行政长官，取消了"政委"管理大公司的做法，使之重归私有制，并开始恢复公共秩序。在1946年6月2日举行的大选中，选民用手中的选票确认了对联合政府的支持，同时拒绝了名声扫地的王室。意大利变成了共和国。

意大利政治的三分天下持续了一段时间。社会党和共产党加起来获得的民众支持最多，但它们的政策目标和群众基础各不相同。另外，对左派的支持高度集中于意大利北部的工业区。乡村人口大多是基督教民主党的拥护者，占了全国选票的1/3以上，使基督教民主党成为明显的赢家。1947年5月，冷战初起，引发了政府内部无法调和的矛盾，导致共产党被逐出政府。1948年4月举行议会选举时，"赤色威胁"论正甚嚣尘上，结果共产党和社会党加在一起的选票从 1946 年的 40% 跌到 31%。教皇庇护十二世向意大利人民宣告说，支持反基督教的政党等于叛教。美国的反共宣传也发挥了很大的作用。基督教民主党赢得的选票从 35% 增加到 48.5%，一举获得了众议院的多数席位。意大利的政治原来由党派积极分子的革命暴力所主导，现在保守的基督教民主党却在政府中占了多数，这个转变不可谓不引人注目。左派的分裂使基督教民主党得以在后来的多年内掌控意大利动摇不稳的政治体系，尽管基督教民主党内部也并非铁板一块。

西欧国家中唯有在法国，共产党在战后的首次选举中获得的选票多于社会党（26% 对 24%）。然而，人民共和党这个基督教民主党在法国的变种异军突起，在 1945 年 10 月 21 日的立法选举中获得了 25% 的选票。选举后，人民共和党和（作为"二战"中抵抗运动中坚力量的）社会党及共产党组成了三方联盟，成立了临时政府，受命为第四共和国起草宪法。1944 年 8 月 25 日法国解放时即已成立了临时政府的夏尔·戴高乐继续担任新临时政府的首脑。人民共和党的一些领导人，比如乔治·比多（Georges Bidault），参加了战时的抵抗运动，这给人民共和党加了分。它和其他的基督教民主党一样，既吸引了植根于天主教社会思想的左派，又保住了思想更传统、更保守的选民的支持。整个第四共和国期间，从 1946 年到 1958 年，历届政府都有人民共和党的参与。但是，与大部分其他西欧国家不同的是，几年后，对人民共和党的支持不升反降。天主教会对政治的影响力在法国比在意大利或联邦德国这样的国家小得多，但人民共和党逐渐衰败，是因为它受到了保守右派的重大挑战，这是其他基督教民主党从未遇过的情况。挑战人民共和党的保守右派出现在 1947 年，其先锋不是别人，正是受人敬仰的法国战斗英雄夏尔·戴高乐。

事实上，人民共和党开始时愿意和社会党及共产党一道，共同推动深远的社会改革，也支持与苏联建立良好的关系。三方联盟的每一方都赞成大幅增加福利和实行广泛的国有化，包括把银行、保险公司、煤矿、电力和煤气生产行业、航空公司，以及雷诺汽车公司收归国有。戴高乐尽管骨子里是保守派，却也同意实行国有制和计划经济（总设计师是让·莫内，这位经验丰富的经济学家负责监督执行旨在实现法国经济现代化和恢复生产的措施）。于是，法国的"新政"挟强大的政治支持开始成形。（通常由共产党人主导的）工会、共产党本身、社会党和人民共和党各尽其能，确保工业生产率不断提高，鼓励农民大量向城镇供应食物，引进了更好的社会保障、养老金、生育福利等改善老百姓生活的措施。但是，这些改变不可能立竿见影。法国解放后至少两年内，由于高通胀和食品等基本商品的短缺，生活未见改善。这自然加剧了政治矛盾，对政府民望的影响可想而知。

各种困难都难以克服，政治上的失望不断加深，多元政党政治中常见的分歧和冲突卷土重来，这一切都与戴高乐由他自己统帅一个团结一致的法国的崇高愿景格格不入。1946年1月，他突然辞去了临时政府首脑的职务。6月，他再次出现在政治舞台上，高呼应当选举总统，由总统全权负责行政。不用猜就知道，戴高乐自己想当这样的总统。选民不同意他的观点，而是投票成立了议会权力大于行政权力的第四共和国。不过，选民投票的热情不高，有1/3的选民根本没有投票。第四共和国具有战前第三共和国的许多弊端。新宪法加强了（通过比例代表制选出的）立法部门的权力，使之有权解散政府，而政府从来都是政治利益互相冲突的各个集团的勉强联合。这就注定国家的政局会持续不稳。

戴高乐对新的宪政安排不屑一顾，于1947年4月宣布要组织并领导一个新的政治运动，他称其为"法兰西人民联盟"（简称RPF）。RPF据称超越了通常的政党政治，以建立民族团结、反对共产主义和赋予总统强大的行政权力为纲领。它成立不到一年，就开始挤压政治右派的地盘。RPF的成员多达50万人（主要来自中产阶级和农民阶层），在法国北部的若干市级选举中赢得的选票最高时达35%，尽管RPF仍无法在全国选举中实现突破。

然而，三方联合政府出现了不稳。1947年4月，共产党主导的工会发起了一波罢工浪潮，共产党还反对政府使用武力维持法国在马达加斯加和印度支那的帝国主义统治。于是，身为社会党人的总理保罗·拉马迪埃（Paul Ramadier）以此为理由解除了在政府中担任部长的所有共产党人的职务，三方政府遂告完结。共产党再次参加政府要等到30多年以后了。接下来，人民共和党、社会党、激进党和几个较小的政党组成过几届政府，却都动荡不稳。它们美其名曰"第三力量"，其实它们唯一的共同之处是对共产党和由戴高乐领导的反对派的敌意。到20世纪50年代初，由于法国的保守右派迟迟无法克服内部分歧，对人民共和党的支持土崩瓦解。第四共和国剩下的时间内，弱势政府成为常态。

被占领的德国西部地区是欧洲政治再觉醒的关键之地。德国投降后，政治格局几乎马上就开始重建。基督教民主联盟（基民盟）于1945年6月在柏林成立，其建党公报呼吁德国人民团结起来共同努力重建祖国。社会民主党（社民党）和共产党也以不同的方式将民族团结作为动员民众支持复苏努力的中心论点。左派和右派都认识到，需要扩大自己的支持面，克服魏玛共和国时期的严重分歧——正是那些分歧毒化了政治，为希特勒1933年的胜利铺平了道路。纳粹党在获取权力的过程中基本上摧毁了过去的"资产阶级"自由党和保守党，只有天主教中央党得以幸免。同时，社会党人和共产党人仍在继续1918年革命时即已开始的激烈的兄弟阋墙，这一切曾导致12年漫长痛苦的独裁统治和当局对反对派的残酷迫害。然而，战争刚结束的那几年令人瞩目，不光是因为多元政治如此迅速地重上轨道，也因为各政党的群众基础与魏玛时代并无二致，选民的政治倾向仍然在很大程度上不单受他们所属的社会阶级的影响，还受宗教信仰的决定。

基民盟很快争取到了保守派的支持，在很大程度上克服了魏玛时代那种瘫痪性的分裂。基民盟自认超越阶级和宗教，代表着基督教重兴的精神，要战胜纳粹罪恶的过去，与仍然猖獗的"世界上的邪恶势力"做斗争。它要建立一个以基督教原则为基础、集民主与社会正义于一身、经过彻底改良的资本主义社会。早在1946—1947年，基民盟就在德国西部的地区和地方选举中频频成为最大的获胜党，它在南方有些地方的得票率超过50%，在北方也经常高于30%。

基督教民主联盟的首任党魁是此后近20年间在基民盟里一言九鼎的康拉德·阿登纳（Konrad Adenauer），当时他已年近70。希特勒掌权之前，阿登纳曾任科隆市市长，第三帝国期间曾两次被捕入狱。他深受莱茵兰天主教的影响，是坚定的天主教徒，激烈反共，赞成与西方和解。自1947年开始，随着冷战日益成为不可避免的现实，阿登纳带领的基民盟不再像过去那样支持对资本主义进行彻底改革，而是转向了自由市场经济。虽然基民盟的纲领仍然是通过推行社会福利措施来减轻资本主义自由市场经济造成的严重不平等，但它开始对大企业更加友好，这里面重要的推手是基民盟的经济大师路德维希·艾哈德（Ludwig Erhard）。基民盟右转后，立场与新成立的较小的自由民主党（自民党）开始接近，后者笃信经济与个人自由的原则，强烈支持企业，反对一切国有化的主张。1949年第一次全国大选中，自民党得到了12%的选票，社民党获得29%，基民盟以31%的选票险拔头筹。自民党那12%的选票发挥了关键的作用，使基民盟（以及它在巴伐利亚的姐妹党、奉行天主教价值观的保守的基督教社会联盟）得以成为阿登纳担任联邦总理的联合政府中的主要力量。

保守右派形成了新的团结，左派却回到了分裂的状态。1945年，社会民主党和共产党联手与垂死的纳粹政权斗争，在德国工业城市和大工厂里建立了众多的联合"反法西斯委员会"。但战争甫一结束，战胜的西方盟国就解散了这些委员会，认为它们在新社会中不会起好作用，反而会威胁社会秩序，给共产主义提供机会。此举说明，同盟国从一开始就决心阻挡任何比自由或保守的多元民主更激进的政治形式。其实，反法西斯委员会似乎不可能为政治重建提供持久的基础，但它们也从未得到过尝试的机会。这符合大多数德国人民的民意：他们想要改变，但不想成为革命的实验品。共产党在产业工人阶级这个大本营以外难有突破。即使在冷战开启、民众对共产党的支持被破坏无遗之前，德国西部投票给共产党的选民也不到10%，只有社民党平均支持率的1/3。

社民党也致力于激进的社会和经济变革。党主席库尔特·舒马赫（Kurt Schumacher）曾在纳粹集中营里被囚禁10年，因此备受尊敬。他主张早日恢复德国的国家统一，但统一应牢牢建立在民主原则和新经济秩序的基础之上。他提倡对大工业企业实行国有化，把大庄园的土地没收后重新分配。可是，舒马赫坚决反对共产主义。他认为，对于1933年纳粹上台的灾难，共产党人和支持纳粹的中产阶级一样难辞其咎。他还日益担忧共产党会为苏联统治德国打开大门。然而，他的阶级斗争言论不出意料地不为德国的多数保守派所接受。

参加1949年联邦议会竞选的政党形形色色。政治格局尚未确定。不过，主要轮廓已经日渐清晰——由基督教势力、自由派势力和社会民主势力三分天下。

在冷战远未成为事实之前，东欧，包括德国的东部地区，已经形成了与西方有着根本性不同的政治格局。西方盟国当然也对它们占领地区的政治重建施加了影响，比如，它们经常支持保守党，不支持社会民主党，但是，与苏联对它统治下欧洲地区的严密控制相比，西方盟国的干预就是小巫见大巫了。

多元政治在东欧被粉碎

如果说苏联起初对德国东部的战略发展还有些举棋不定的话，后来它就越来越对多元民主口惠而实不至。开始时，表面上还维持了多元民主，不仅成立了社会民主党和共产党，还成立了自由党和保守党。但是，当局公开持续对人民施压，强迫他们支持共产党。纳粹时期流亡莫斯科的瓦尔特·乌布利希（Walter Ulbricht）和其他德共领导人迅速占据了关键的行政职位，巩固了共产党的基础。当局对工业实行国有化，没收土地重新分配，对经济、行政和专业精英进行清洗——这些措施不出意料地受到穷人的欢迎。但是，1945—1946年冬天举行的地方选举表明，尽管共产党拥有这些优势，但得到的支持远逊于社会民主党。共产党光靠选票无法赢得民主选举的多数。

1946年2月，共产党开始推动与社民党合并。舒马赫带领社民党表示强烈反对。当过记者的露特·安德烈亚斯-弗里德里希（Ruth Andreas-Friedrich）曾是抵抗希特勒政权的积极分子，现在是社民党的热情拥护者，她清楚地指出了与共产党合并的危险。她在1月14日的日记中写道："9个月来，德国共产党一贯对莫斯科唯命是从……如果我们把头伸进这个绳圈，不仅我们自己要完蛋，柏林和整个德国东部都会完蛋。那将是民主的失败，却是布尔什维克主义争夺世界权力的胜利。"左派分裂了，两派分道扬镳。安德烈亚斯-弗里德里希观察到，"一年前还在盖世太保的恐怖下互相帮助，为了保护别人不惜冒生命危险的人，如今像死敌一样彼此攻击"。3月，柏林西区举行了一次公投，但东区禁止举行。投票的结果是，社民党80%以上的党员拒绝与共产党合并。安德烈亚斯-弗里德里希写道："自决的意志顶住暴力、威胁和宣传，取得了胜利。"

然而，1946年4月，苏占区的两大左翼政党还是被强行合并为德国统一社会党（统社党）。这个新成立的党从一开始就由共产党主导。可是，统社党使尽浑身解数，仍未能在1946年10月举行的多场地区选举中的任何一场赢得绝对多数票。政治的动脉已经开始硬化。残余下来的真正的多元主义在有系统地被逐渐清除。反对实行苏联式政治制度的人被解除职务，其中许多人被投入监狱。在政治上（和社会上）与西部分离的进程至此已成不可逆转之势。到1949年1月，统社党被正式宣布为马克思列宁主义政党，成为斯大林模式的德国版。

苏联战后在东欧大部分国家建立统治地位的方式与它在德国东部的所作所为如出一辙。苏联的力量并非决定政治格局的唯一因素。战前精英因为与纳粹合作而名声扫地，民众对当地共产党的支持，对从财富再分配中获益的期望，对西方盟国日益加深的不信任，这些因素都发挥了作用。但是，苏联的力量是公式中的常数，是所有情况中的共同因素，也是最重要的决定性因素。和在德国东部一样，苏联在其他东欧国家也是一旦看到靠多元民主无法实现民众对共产党统治的支持，便大力施压以确保共产党的主导地位。

匈牙利是最清楚的例证。由多个政党组成的临时政府把大地主的土地没收后分配给农民，因此大得民心，使主要由农民组成的小农党在1945年11月的选举中赢得了57％的选票，而共产党只得了17%的选票。然而，共产党持续不断地通过野蛮的恫吓手段蚕食小农党和其他反共政党的基础，直到1949年在莫斯科的支持下独掌大权。

在波兰，1944年底，受莫斯科支持的"卢布林委员会"被苏联正式承认为波兰的临时政府，警察和安全机关也落入共产党的控制之下。大战爆发后流亡伦敦的国民政府尽管仍被西方盟国承认为波兰的合法政府，却没有任何权力。同盟国急切地希望解决波兰的问题。1945年6月底，包括总理斯坦尼斯瓦夫·米科瓦伊奇克（Stanisław Mikołajczyk）在内的国民政府的几个成员听从西方领导人的劝说，加入了有更多党派参与的民族团结临时政府，当时说好以后会举行选举。这样，在7月的波茨坦会议之前，西方就正式撤回了对伦敦的波兰流亡政府的承认，低头接受了波兰的既成事实。

1945年2月的雅尔塔会议上，斯大林保证要在波兰举行民主选举。但是，他所谓的民主与西方国家的理解不同。1947年1月，波兰终于举行了选举，但那是在苏联高压恫吓的背景下举行的。100多名反对共产党的人被杀害，数万人被关押，其他政党的许多候选人被撤销了参选资格。根据官方发表的结果，共产党阵营赢得了80%的选票。若是举行真正的自由选举，结果又将如何？对此我们不得而知。西方国家束手无策，对苏联日益加紧的控制无能为力。波兰人自己提出了一个合理的疑问："二战"到底是为了什么？他们原以为"二战"是为了维护波兰的独立。在罗马尼亚和保加利亚，共产党获取权力的模式与在波兰大同小异，都是在苏联的军事和安全部队的支持下渗透政府机构，实施威胁恫吓，逮捕并监禁政治反对派，再加上选举舞弊。

捷克斯洛伐克却与众不同，那里发生的事情使整个西方世界为之震惊（虽然华盛顿决策层的有些人声称早有预感）。1946年5月，捷克斯洛伐克举行了名副其实的自由选举（美军和苏军都已经撤走了），共产党人赢得的选票最多——38.6%，这给了他们一定的民主合法性。共产党在选举中获得成功并不出奇。当时，生活极为艰难困苦，许多人上无片瓦遮头，下无立锥之地，经济一片混乱。如在其他地方一样，多年的德国占领造成了当地人民彼此间的巨大怨恨和攻讦。促使人们支持共产党的无疑有强烈的理想主义因素，尤其在受过教育的人当中，他们真诚地相信共产主义是"人类永恒的理想"，相信应该走个人利益服从"全社会利益"的"通往社会主义的道路"。无论如何，海达·马格利乌斯·科瓦利（Heda Margolius Kovály）后来是这样说的。她是名犹太妇女，在德国人的集中营里遭受过残酷的折磨，她的丈夫是共产党人，曾在捷克斯洛伐克政府中担任部长（1952年，他被安上"阴谋反对国家"的莫须有罪名遭到处决）。

然而，共产党虽然是最大的政党，支持它的人却仍然只占人口中的少数（在斯洛伐克得到的支持比在捷克更少）。笃信斯大林主义、刚结束在莫斯科的战时流亡的新总理克莱门特·哥特瓦尔德（Klement Gottwald）面临着广泛的反对，尽管反对他的各个政党彼此之间也有分歧。1947年,给予斯洛伐克人相对自治的问题仍然没有解决。同时,捷克斯洛伐克的经济困难有增无减,又在斯大林的压力下拒绝了美国的经济援助,被迫加入在东欧逐渐成形的苏联阵营,这使得共产党主导的政府大失民心。共产党不得已勉强同意于1948年5月重新举行选举。共产党人在新的选举中赢得更多选票的可能性非常渺茫,但当年2月,联合政府中一些其他政党的部长愚蠢地提出辞呈,抗议共产党为扩大对警察的控制而采取的措施。此事引发了一场大规模政治危机。共产党人组织了声势浩大的群众游行来支持他们的要求。仍在犹豫是否应该辞职的人受到的压力与日俱增。捷克斯洛伐克第一任总统的儿子扬·马萨里克(Jan Masaryk)时任外交部长,他被发现死在他的办公室窗下的人行道上。官方说法是自杀,但多数人认为他是政府派人谋杀的,共产党人等于是在发动政变。他们完全控制了5月的选举,在新选出的议会中占据了统治地位。总统爱德华·贝内什无奈只得任命一届新政府,总理仍然是哥特瓦尔德,但现在政府已完全被共产党所掌握。

1948年6月,哥特瓦尔德取代疾病缠身的贝内什成为总统。人们原来发自内心的热情很快烟消云散。几个月内,在海达·马格利乌斯·科瓦利看来,"苏联成了我们的榜样",法治摇摇欲坠。反对派受到大规模镇压,数千人被投入监狱和劳改营。捷克斯洛伐克在被西方绥靖政策害得成为希特勒的口中食之前,本是中欧唯一一个在战前维持了多元民主的国家,现在却建立了一个苏联式的制度。这确定地证明,斯大林主义容不得在苏联势力范围内的任何地方建立西式民主。

只有在南斯拉夫,苏联扩大影响的企图铩羽而归,但南斯拉夫的情况非常特殊。1944年秋苏联红军到来时,铁托的游击队已经控制了南斯拉夫的大部分领土。"二战"即将结束时，苏军又撤走了，于是铁托得以独享解放南斯拉夫的荣光。而且，铁托领导的南斯拉夫共产党登上权位并未依靠莫斯科的帮助，是除阿尔巴尼亚共产党之外唯一做到了这一点的欧洲共产党。虽然铁托起初是苏联的忠实代理人，但是他的崇高声望使他获得了牢固的自治权力基础，敢于在冷战日深之时顶住斯大林的压力，拒绝对莫斯科亦步亦趋。铁托在巴尔干的地位稳如泰山。在南斯拉夫人民心目中，他象征着超越了传统民族分裂的新团结，众望所归，所以，铁托不惧苏联的强势和压力。斯大林无计可施，除非对南斯拉夫军事入侵，但那样做的风险很大。1948 年 6 月，莫斯科和贝尔格莱德正式决裂，南斯拉夫共产党被开除出共产国际的继承组织"共产党和工人党情报局"（Cominform）。斯大林不遗余力地打击南斯拉夫。苏联及其卫星国对南斯拉夫实施了经济禁运，企图迫使其就范，却未能奏效。铁托尽管不断受到莫斯科的口诛笔伐，但仍然坚持了自己的独立。

　　在苏联本土，人民感到自己在"二战"中做出的巨大牺牲一定会有所回报。但是，全体苏联人民因 1945 年胜利感到的欣喜很快就变成了巨大的失望。关于"伟大的卫国战争"的胜利将带来更加宽松政治气候的希望很快破灭。斯大林政府进一步加紧了控制，再次全力开动了镇压机器。在苏联领导人特别是斯大林的眼中，前途危险莫测：苏联有很多与纳粹占领方合作的通敌者；需要对几百万新纳入苏联的公民进行教育，让他们信仰共产主义；新获得的大片土地需要接收；资本主义、帝国主义依然对苏联虎视眈眈。而且，重建国家是当务之急。要克服巨大的物质损失，就需要再次集中一切力量快速推动工业增长。

苏联的进步令人瞩目。据称，苏联工业到1947年就达到了战前的产出水平。但苏联为此也付出了沉重的代价，已经非常悲惨的生活水平进一步下降。1945年秋天，乌拉尔和西伯利亚的军工厂爆发了大罢工和示威。根据秘密警察的记录，民众写了50多万封抱怨生活条件的抗议信。1945年和1946年的粮食歉收加剧了农业生产的困难，后来的多年间，苏联的农业产量一直远远低于战前水平。乌克兰和苏联的其他地区再次爆发大饥荒，造成200万人死亡。大约1亿名苏联公民营养不良。对斯大林和苏联领导层来说，国家要生存下去、实现复苏并重建国防，就必须忍受这些困苦。一切动乱的隐源、一切能想象得到的反对的迹象都必须无情镇压。新一波的逮捕、清洗和公审席卷苏联及其东欧卫星国，让人想起20世纪30年代。镇压特别针对以前的战俘、被怀疑持不同政见的人、知识分子和少数族裔，尤其针对犹太人。很快，苏联劳改营和流放地的在押犯人数就达到了500万。战后的苏联没有创造新社会，反而使旧制度更加根深蒂固。斯大林模式没有丝毫放松，甚至有所加强。

1947年，冷战的气氛接近冰点。两大阵营开始形成，一边是基本上铁板一块的苏联阵营，另一边是美国主导的焦灼忧虑但坚定不移的西方阵营。次年，这两大阵营间已经是壁垒森严。这种情况能否避免？如果在东欧做不到，政治重兴在西欧能否走另外一条路？对这两个问题的回答似乎都是："不大可能。"归根结底，双方的互不信任根深蒂固，一方害怕共产主义的侵蚀，另一方担忧资本主义和帝国主义的侵略。欧洲注定要分裂为两半。

斯大林在东欧的政策起初并不像后来人们以为的那样一成不变、深谋远虑。尽管如此，从一开始即可清楚地看到，除了苏联式的共产党统治，苏联容不得任何其他政治制度。西方式多元政治起伏多变，不能冒那个险。共产党一旦清楚地看到自己在真正公开的选举中无法获胜，就不可避免地诉诸威胁、渗透和施压的手段来确保自己的统治地位。这进一步加深了苏联势力范围内的欧洲与欧洲其他地方的隔离。

关键的一点是，苏联控制下的共产党在西欧任何国家都无法在自由选举中赢得多数选民的支持。共产党在东欧获取权力的方法使得西欧的大多数人为之震恐，也自然而然地成为反共政党和西方盟国谴责的靶标。于是，西欧大部分地区对共产主义的支持日益减退。欧洲的分裂不可避免，而且在迅速加深。早在1945年，苏联要建立共产党统治的一系列卫星国作为保护性的缓冲区时，分裂就开始显现，后来，分裂又随着大国间敌意的逐渐明朗而日益扩大。1947年，斯大林拒绝了美国援助欧洲重建的提议，坚持东欧要（在苏联的统治下）自力更生；欧洲的分裂就此定型。

冷战开始后，西欧推行激进经济政策的空间愈加缩小。对共产主义落脚西方的恐惧成为促使西方占领国，特别是美国，支持保守政治和自由化经济的又一个重要因素，在德国这个关键的国家中尤其如此。因此，西欧政治走另一条路的可能性从一开始就微乎其微。鉴于当时的国际大背景，无法想象1945年后欧洲在政治上能够另辟蹊径。纠缠是谁挑起了冷战毫无意义。冷战在所难免。欧洲的分裂是第二次世界大战的必然结果，也是美苏这两个在意识形态和政治上势不两立的超级大国控制欧洲的必然结果。

铁幕降下

人们通常认为，把欧洲分成两半的"铁幕"这个生动形象的词是温斯顿·丘吉尔的发明，是他于1946年3月在美国密苏里州富尔顿的威斯敏斯特学院那次著名演讲中提到的。事实上，希特勒的宣传部长约瑟夫·戈培尔在一年前就在公开和私下场合使用"铁幕"一词来描述苏联对罗马尼亚的占领。希特勒和戈培尔在战争的最后几个月里多次预言英美军队和苏联军队组成的同盟必定会分裂。有一点他们却不肯正视：维系着英、美、苏战时同盟的，是消灭纳粹德国这个共同的目标。一旦目标达到，由骨子里相互敌对的成员组成的同盟自然就会瓦解冰消。同盟的解散不是一次性的大决裂，而是长达三年多的渐进过程，分为几个决定性、累进性的阶段。但无论如何，从1945年夏开始，事态的发展就只有一个方向——欧洲的分裂。

第一次世界大战后，美国总统伍德罗·威尔逊和英法两国的领导人共同决定了战后秩序。俄国没有起任何作用，因为它当时正深陷革命和内战的旋涡，西方国家对它避之唯恐不及。很快，美国决定不加入国联，不再直接介入欧洲事务。1945年的情况却截然相反。第二次世界大战后，一度强大的欧洲国家在军事和经济上都虚弱不堪，无力塑造新秩序。法国国内的问题缠搅不清，严重的通货膨胀、资本外逃和产量低下使经济一蹶不振。英国的财政也是捉襟见肘，多亏1946年美国和加拿大的巨额贷款才摆脱困境。英国经济衰弱的一个表现是它开始撤出大英帝国在世界各地的领地。被盛赞为帝国"皇冠上的宝石"的印度在1947年获得了独立。英国另一个举措也造成了巨大而深远的后果：它不再担任巴勒斯坦的托管国这个费心费力的角色，从而促成了1948年以色列国的建立。与此同时，不愿放弃海外领土的法国卷入了印度支那日益惨烈的殖民战争，战争中和法国对垒的是胡志明领导的越共军队，而早在1945年，越共就声称自己代表独立的"越南民主共和国"。印度支那战争的后果也是影响巨大。第一次世界大战维护甚至扩大了欧洲列强的殖民帝国。第二次世界大战则为它们敲响了丧钟。帝国征服的时代宣告完结。

在德国被摧毁、法国和英国的力量大为削弱的情况下，美国和苏联填补了欧洲列强衰落后留下的真空。战争以不同的方式大大增强了这两个硕果仅存的世界强国的力量。美国经济把其他国家远远地甩在后面，军工产业也实力雄厚。相比之下，苏联在长达四年的时间内是欧洲大陆上战争的主要受害者，遭受了巨大的经济损失，但它建起的强大军事机器由于"二战"的伟大胜利而备受钦敬，现在更是雄踞整个东欧。苏联的军事力量远超西方盟国。即使到1947年，战时军力被大幅削减后，苏联仍有约280万名官兵处于战备状态。美国在欧洲的驻军在"二战"结束不到一年后就降到了30万人以下。

两个新兴超级大国的主导地位在战时举行的"三巨头"（英国仍勉强维持了这个高级"俱乐部"成员的虚名）会议上已经昭然若揭。1945年10月24日在旧金山成立的联合国是又一个证明。人们对联合国寄予厚望，希望它比业已消亡的国联更加有效。它最初由6月26日签署了《联合国宪章》的51个会员国组成（其中欧洲国家不到1/3）。美国、苏联、英国、法国和中国是联合国的关键机构安全理事会的常任理事国，拥有对安理会任何决定的一票否决权。但是，这5个常任理事国中，英国和法国因战争而国力大减（还面临着它们各自殖民帝国中日益增多的问题），中国经过对日战争后已经衰弱不堪，更因国共两党的内战而受到重创。显然，占主导地位的大国只有美苏两国。

这两个国家按照自己的形象塑造了各自在欧洲的地盘，两国都自认在战后时代负有更广泛的意识形态的使命。自由化和民主化是美国政治与经济哲学的外延，与之相颉颃的是共产党对国家权力的垄断和对经济发展方向的完全控制。如此对立的两个极端必然很快会发生碰撞，那将不仅是欧洲，而且是全世界范围内的角力。可是，这里有一个不平衡。对美国来说，欧洲尽管非常重要，却离得很远。虽然美国视共产主义为日益增强的威胁，但是它在地理上比较遥远。对斯大林来说，欧洲就在家门口，在一代人的时间内曾两次危及他的国家的生存。况且，国际资本主义势力并未被打败，仍然是劲敌。斯大林最大的关注不是输出革命，而是保障苏联的安全。因此，欧洲不可避免地成为冷战的主战场。而在欧洲，由于意识形态相互敌对的势力在德国紧密共存，因此德国同样不可避免地成为冲突的中心。

"二战"尚未结束，英国外交部就开始关注苏联在欧洲扩张的可能性。当时，美国人对斯大林还有好感。但不久后，美国国务院也开始担心苏联可能把势力范围扩张到欧洲及欧洲以外的地区。很快，"遏制"成了关键的理念，特别是在乔治·F. 凯南这位派驻莫斯科的美国外交官在1946年2月一份著名的"长电"中严肃警告须防止苏联扩张之后。凯南设想，苏联的扩张将采取渗透和施加政治压力的手段，而非直接的军事干预。

无论如今回头看去这种焦虑是多么夸张不实，在1946年它却是实实在在的。那年春天，苏联几经拖延，终于不情不愿地撤出了（自

1941年起由苏军和英军联合占领的）伊朗。同年，苏联对土耳其施压，要它交出对达达尼尔海峡和博斯普鲁斯海峡的控制权，引起美国的严重关注，虽然斯大林在当年秋天放弃了这一要求。更令人担忧的是希腊的局势。斯大林根据和丘吉尔达成的协议，同意将希腊划入英国的势力范围，在1944—1945年期间没有为那里的共产党起事提供援助。但是，1946年3月，希腊的内战在铁托的南斯拉夫的支持下再次爆发（虽然斯大林仍然没有提供帮助），内战中共产党屡屡得胜，导致了"遏制"政策的首次实施。

希腊内战可能为苏联扩张提供机会，这在美国人眼中是实实在在的危险，尤其是英国外交大臣欧内斯特·贝文在当年2月告诉美国人，英国财政吃紧，不能再向希腊和土耳其提供军援和经援之后。于是，美国从1947年3月开始向希腊右派提供军事援助和训练，对击败左派起到了决定性的作用。战争造成的惨重代价（死了约4.5万人，还有巨大的物质损失）和后来的镇压使希腊久久无法实现真正的民族团结。然而，对美国来说，"遏制"是成功的。哈里·杜鲁门总统甚至把遏制宣布为"主义"，说它代表着为遏制共产主义扩张而支持"自由的人民"反对"极权主义"的斗争。这成了冷战的口号。

此时，德国尤其被视为决定性的角斗场。1946年间，苏联在经济上拒绝与西方合作，共产党在苏占区开始获得绝对的统治地位，德国东部与德国西部渐行渐远，这些都增加了占领国之间的摩擦。起初，美国计划于1947年从欧洲撤军。但是，美国国务卿詹姆斯·F.伯恩斯（James F. Byrnes）在1946年9月的一次重要演讲中宣布，美军将在欧洲待下去。伯恩斯承认，波茨坦会议关于通过盟国管制理事会来对德国进行统一行政管理的设想失败了。他表示，对整个西欧来说至关重要的德国经济复苏只能按区进行，并提出以后美占区可以与其他西方国家占领区组成同一个经济单位。1947年1月，美占区和英占区真的组成了两国区（Bizone）。在那之后，德国正式分裂为两个国家只在早晚之间。

1947年6月，美国国务卿乔治·C.马歇尔（George C. Marshall）宣布了一项范围广泛的欧洲复兴计划，这标志着欧洲分裂的决定性关头。这项计划通称为"马歇尔计划"，它具有重大的象征意义，也在心理上极大地加强了西欧对未来的希望。人们常以为，是马歇尔计划造成了欧洲的战后繁荣，但不管后人把马歇尔计划说得多么神乎其神，实情都并非如此。它的规模太小，产生不了那么大的效果。但无论如何，马歇尔计划是非常重要的。

马歇尔计划提出之前，欧洲的经济增长自1945年就已经开始起步。马歇尔计划开始实施的1948年，除德国以外的所有西欧国家资本形成的水平都超过了1938年。只有德国和意大利的国民生产总值比不上10年前，德国远远落后，意大利则相差不大。不过，马歇尔计划无疑促进了欧洲的复苏。从1948年到1950年，西欧的国民生产总值指数从87上升到102（1938年的指数定为100），自此开始了一段长时期的高速增长。出口也大量增加，伦敦金融市场的恢复促进了欧洲内部贸易以及对外贸易的增长。特别重要的是，马歇尔计划提供的资金使欧洲得以投资重建交通运输网并更新基础设施。

当时，大西洋两岸马歇尔计划的支持者声称，马歇尔计划是为了"拯救欧洲"，使其经济不致崩溃。这也是夸大其词，尽管欧洲在1947年的确面临着严重的经济困难。农业产量比战前低1/3，工业生产仍未恢复到战前水平，住房和食品极为短缺。这些对工业生产仍然疲软不振的德国构成了特别沉重的打击。而且，西方盟国日益清楚地意识到，德国若是实现不了经济复苏，欧洲的其他地方都无法发展。货币供应超过了货物供应，造成通货膨胀，民众积聚已久的需求得不到满足，这种情况也严重阻碍了复苏的脚步。匈牙利、罗马尼亚和希腊的货币相继崩溃，法国的物价是战前的 4 倍，德国流通中的货币量比 1938 年多 7 倍，意大利的货币量更是比 1938 年多 20 倍。在货币几乎相当于废纸的情况下，香烟或其他物品经常取代货币，成为易货贸易中的交换手段。各国实施紧缩措施并通过货币贬值进行货币改革后，才逐渐控制住了通货膨胀。

但是，1947 年妨碍欧洲经济复苏的最大问题是"美元缺口"：美元短缺，无法购买急需的原材料和用于投资的资本货物。这个问题完全打乱了 3 年前布雷顿森林会议将货币与美元挂钩，在此基础上实现贸易自由化的煞费苦心的安排。马歇尔计划正是为了克服这个阻挡经济持久复苏的障碍而制定的。马歇尔计划在 4 年内为欧洲国家提供了 120 亿美元以上的资金，相当于美国国民生产总值的 2%。英国是最大的受益者，接到的援助数额比联邦德国多一倍以上，几乎全部用来偿还了债务。不过，马歇尔计划影响最大的国家是联邦德国、意大利和奥地利这几个原来的敌国。影响既是经济上的，也有象征意义。这些国家因此感到自己不再被视为敌人，而是在美国领导下旨在实现长期经济复苏和政治稳定的事业的一部分。

马歇尔计划并不是美国的无私奉献。它不仅帮助了欧洲企业，也帮助了美国企业，因为在马歇尔计划下采购的物资大部分来自美国。但除了经济因素之外，马歇尔计划还有公开的政治意图，它从一开始就被视为冷战的武器。帮助加强欧洲的经济力量，在欧洲内部使被打垮的经济巨人德国重新站起身来,这将把欧洲西半部紧紧地与美国的利益联系在一起,使之成为对抗苏联扩张的最坚强屏障。

马歇尔计划的援助是向包括苏联在内的所有欧洲国家提出的。然而,如马歇尔本人所预料(并希望)的,苏联拒绝了美国的援助,它势力范围内的国家也只得跟随其后(包括极不情愿的波兰和捷克斯洛伐克)。芬兰生怕惹怒苏联,也谢绝了美援。斯大林对马歇尔援助的拒绝是决定性的一步。他是否铸成了大错呢?他的拒绝剥夺了东欧从马歇尔计划提供的经济刺激中受益的机会。在几百万欧洲人眼中,美国因此占据了道德和政治高地。但是,斯大林担心美国强大的经济力量会危及苏联及其卫星国的安全。从他的角度来看,拒绝马歇尔援助可以保证西方无法干预苏联在东欧巩固势力的努力。他担心美国会利用经济援助来破坏苏联在其卫星国的政治统治地位,这个担心很可能是有道理的。斯大林的决定意味着欧洲明确地分成了两半。

苏联集团之外的16个欧洲国家(和来自德国西部地区的代表)于1948年4月组成了欧洲经济合作组织(OEEC)来协调马歇尔计划的执行。可是,这也预示着欧洲不仅因铁幕而陷入长久的分裂,而且西欧国家彼此之间也从此分歧不断。美国人希望西欧在经济和政治上都实现一体化。马歇尔计划就是以向此方向的努力为前提的,要求先建立欧洲海关联盟,由一个超国家的组织来执掌。美国人想按照美国的形象打造新西欧,但是,欧洲各国为自己的国家利益所驱动,很快使得美国推行欧洲一体化的努力受挫并最终失败。如美国外交官乔治·凯南辛辣地指出的,欧洲人既没有政治力量,也没有"清楚的远见"来为欧洲设计新未来。斯堪的纳维亚人对"苏联人有着病态的恐惧",英国人"病入膏肓",其他国家也和英国人一样缺乏决心。

法国领导人认为，法国最重要的国家利益在于防止德国重建后再次依靠鲁尔地区的重工业振兴军力。美国提倡的那种自由贸易和经济一体化不利于维护法国这个最重要的国家利益。法国自己的战后重建计划是以鲁尔地区的国际化为基础的，既可保证法国得到德国的煤炭和焦炭，又能永久性地削弱德国的国力。但是，1948年6月西方盟国决定在德国西部建立一个单一国家时，法国被迫改变政策，在德国的燃料资源和钢铁产出的分配方面采取合作的态度。这就是法德谅解的起源，后来的欧洲经济共同体就是在这个关键谅解的基础上建立起来的。

英国的国家利益与法国迥然不同。在伦敦的决策者看来，马歇尔计划设想的欧洲海关联盟这个未来欧洲一体化的开端，对英国有百害而无一利。一些高级公务员认为，"与欧洲的长期经济合作对我们没有吸引力"。他们担心那最终会使英国遭遇破坏性的经济竞争，阻碍政府独立采取措施推动国内的复苏，造成美元的进一步流失，从而加深英国对美国援助的依赖。尤其重要的是，他们认为英国的国家利益在于与英联邦各成员国保持密切联系和振兴世界贸易。马歇尔计划的主要推手之一、美国外交官威廉·L.克莱顿（William L. Clayton）做出了相当准确的评价："英国人的问题是，他们仍然不顾一切地抱有一线希望，希望在我们的帮助下设法维持大英帝国以及英国对帝国的领导。"乔治·马歇尔自己也总结说，英国想"从欧洲复兴计划中充分获益……同时维持它不完全是欧洲国家的地位"。一些欧洲小国也采取了与英国相似的立场。因此，美国实现欧洲经济一体化的目标从一开始就注定失败。欧洲后来逐渐开始的经济合作不是马歇尔计划的功劳，而是要归功于法德两国在鲁尔的煤炭和钢铁问题上的和解。英国却不肯参与这样的合作。

到1948年秋，欧洲的经济分裂也变得与政治分裂同样深刻。10月，苏联成立了共产国际的后继机构——共产党和工人党情报局，目标是阻挡所谓"美国奴役欧洲的计划"。苏联认为，世界分为（由美国主导的）帝国主义集团和（受苏联影响的）民主集团。1949年1月，苏联集团创立了自己的经济机构"经互会"（经济互助委员会），以抗衡由美国牵头的马歇尔计划。

马歇尔计划确认了欧洲已分裂为两个敌对集团，为在德国西部建立国家而采取的步骤固化了这一分裂。1948年6月，西方盟国同意在德国西部建立国家。它们推行了货币改革，为德国西部的经济复苏提供了财政基础。许多德国人后来认为，对他们的国家来说，这才标志着第二次世界大战的最终结束。不久后，德国马克开始启用，对许多商品的价格限制被取消，导致黑市迅速消失，经济走上了正常化的道路。作为回应，苏联人在德国东部也启用了新货币。他们还封锁了德国西部地区和首都柏林之间的陆上通道（柏林本身也处于四个战胜国的占领之下，但离苏占区近得令人不安，只有150公里），此举具有明显的威胁意味。

苏联企图把西方盟国挤出柏林。美国人则把柏林视为考验。他们对共产党在捷克斯洛伐克搞的政变记忆犹新，担心如果撤出柏林，苏联就会进一步扼住整个西欧的咽喉。于是，西方盟国为打破封锁立即组织了大规模空运，自6月26日开始，在连续321天的时间内，27.8万架次运输机为被封锁的西柏林民众运送了230万吨物资供应，直到斯大林最后认输，于1949年5月12日解除了封锁。柏林空运为西方国家提供了大好的宣传材料，它表明美国愿意并且决心保护欧洲，抵制共产主义势力的蔓延。

那个 5 月的晚些时候，德国西部的代表为将要成立的德意志联邦共和国（"西德"）起草了一部"基本法"，也就是宪法。1949 年 9 月 20 日，德意志联邦共和国正式成立。此时，苏联已决定在它控制的地区也另建一个国家。10 月 7 日，德意志民主共和国在德国东区成立。德国无限期（许多人认为是永久）分裂的命运就此铸就。

眨眼之间，德国在西方眼中从对欧洲未来安全的威胁摇身一变，成为防御苏联扩张的堡垒。1947 年 3 月，法国和英国在敦刻尔克开会，签署了一项防卫条约，仍然以防御未来的德国入侵为导向。不到一年，这项条约扩大成为《布鲁塞尔条约》(Treaty of Brussels)，荷兰、比利时和卢森堡也成为签署国。但是，此时被视为主要威胁的不再是德国，而是苏联。面对苏联的强大力量，西欧各国的忧惧日增，美国又承诺无限期留在欧洲，这意味着必须把美国正式纳入防卫西欧的安全安排。柏林危机刺激了抵御苏联扩张的大西洋联盟的成立，因为它充分显示了，西欧若是没有美国的军事力量做后盾是多么脆弱。

1949 年 4 月 4 日，《布鲁塞尔条约》的签署国加上美国、加拿大、意大利、葡萄牙、丹麦、挪威和冰岛，在华盛顿共同签署了《北大西洋公约》，成立了北大西洋公约组织（北约），承诺一方受袭，群起支援。北约给西欧提供了一种光靠它自己薄弱的防卫能力无法得到的安全感。在很大程度上，北约的重要性在于它的象征意义，在于它显示了成员国团结一致捍卫西欧的决心。事实上，北约远远达不到保卫西欧的要求。苏联的地面部队相对于西方盟国的优势是 12 比 1，西方国家驻扎在欧洲的 14 个师中只有两个师是美军。

无论如何，人们很快就不得不重新审视欧洲安全问题。1949 年 8

月 29 日，苏联在今天的哈萨克斯坦的一个实验场引爆了它的第一颗原子弹，震惊了整个西方世界。美国人本来以为他们在拥核方面能长期一家独大，却没有如愿。两个军事超级大国隔着把欧洲一分为二的铁幕对峙。随着双方核武库的迅速扩大，冷战很快成为两大集团的对峙相斗，一斗就是 40 年。

到 1949 年，形势更加明显地表示，东西欧（以非常不同的方式）都将实现仅仅四年前还无法想象的稳定与经济增长。这与第一次世界大战之后旷日持久的动荡形成了鲜明的对照。是哪些原因造成了这个局面呢？

五个关键因素的互动交织构成了到 20 世纪 50 年代才充分落实的空前转变的基础。它们是：德国大国野心的终结、对战犯和通敌者的清洗产生的影响、欧洲明确并持久的分裂、20 世纪 40 年代末开始加速的经济增长，以及原子（很快发展为热核）战争构成的新威胁。

从第一次世界大战前到 1945 年，欧洲历史中一直存在着一个关键的破坏性因素，给它留下了惨痛的印记，那就是德国觊觎世界强国甚至世界霸主地位的野心。这个野心是 1914 年战火燃起的背景因素之一。1918 年后，在命途多舛的民主制度下，它一度沉寂，却阴魂不散，1933 年后卷土重来，而且变本加厉，直接导致了 1939 年的第二次世界大战。但是，1945 年德国的完败彻底粉碎了这个野心。在欧洲中心去除了这个重大的地缘政治乱源，这使欧洲即使在冷战的分裂中也获得了新的机遇。

对通敌者和犯下严重战争罪的人开展的清洗尽管不够全面彻底，不能令人满意，但它不仅使遭受纳粹分子和通敌者残害的人们得到了一定程度的发泄,而且保证了极端右派的暴力政治没有机会像1918年后那样毒化社会。这样,造成两次大战之间政治不稳定的一个决定性因素几乎完全消失。东欧发生的国界改动和人口迁移虽然造成了可怕的流血,但导致了比战前程度高得多的民族单一化。这也帮助维持了欧洲东半部的和平,即使这是在苏联控制之下强迫进行的。

尽管听起来匪夷所思,但是事实证明,把欧洲分为两半的铁幕是稳定的基础,虽然它给被迫忍受几十年苏联统治的东欧人民带来了沉重的代价。苏联越坚持它对东欧大一统的控制,美国就越决心通过对西欧施加影响来与之抗衡。1948年的盟国空运之后,柏林成了美国保卫西方的象征。很快,它又成为铁幕的唯一出口,几百万难民经柏林朝着一个方向涌流。若是没有美国的存在及其带来的安全感,很难想象反共的意识形态能够在西方建立如此高度的稳定。

苏联并没有挥师西欧的计划(虽然当时西方的人对此惴惴不安)。但是,若是美国没有支持西欧经济重建,保障脆弱的政治制度,提供安全保护伞,发动对抗共产主义威胁的宣传,西欧的共产党很有可能会获得更多的支持,建立稳定的多元民主的概率也会随之缩小。如果美国人按原计划于1947年撤出西欧,很难说法国和英国这两个疲弱的前欧洲强国是否有能力推动西欧成功重建。美国在欧洲的存在保证了资本主义在欧洲的胜利。当然并非所有人都因之额手称庆,左派尤其对此深恶痛绝。在许多人眼中,欧洲正日益"美国化",这也不是人人称道的现象。和战前一样,一些圈子里的人视其为欧洲文化衰落的表现。然而,无论美国的持久存在给欧洲造成了何种问题,它带来的影响都远远利大于弊。在美国的保护下,西欧得以寻找实现团结的方式,开始摈弃不久前还造成了巨大威胁的民族主义。

如果没有经济增长造成的空前繁荣,这一切都是不可能的。尽管战后普遍实行了紧缩措施,但经济繁荣很快就曙光初现。虽然马歇尔计划不是造成经济增长的原因,但是它代表了对西欧未来的新希望。"二战"后,西欧的经济发展得到了美国贷款的支持,并未要求战败国支付战争赔款,而战争赔款正是破坏了20世纪20年代经济稳定的一个因素。马歇尔计划为欧洲经济提供了重要的支撑。如1951年的一份报告所说,它使欧洲经济获得了"自我复苏的力量"。欧洲经济迅速复苏,靠的是大量的闲置劳动力和生产力、积聚已久的需求和技术创新。此外,人们从"一战"后只靠市场力量恢复经济的做法中汲取了教训,应用凯恩斯学派的货币政策来刺激增长,这些也都发挥了重要的作用。西欧的经济也与技术先进、经济繁荣的美国愈加密切交织,你中有我,我中有你。

拒绝了马歇尔计划的东欧很快被西欧远远地甩在了后面。但是,在苏联毫不放松的控制下,战后的东欧经济增长也急剧加速,取得了令人瞩目的物质进步。两次大战期间被国家、族裔和阶级冲突撕裂的贫穷落后的社会,现在建起了相对繁荣和稳定的基础,无论在这一过程使用了何种强制手段。

最后,核武器成为铁幕两边的注意焦点。这种武器能够造成巨大的毁灭,而且很快又发展出了比夷平广岛和长崎的原子弹更强大的核武器。使用这种武器的后果使人无比忌惮,反而减少了两个新兴超级大国之间开战的可能性。随着氢弹的发明,美苏两国到1953年都获得了"保证互相毁灭"(mutually assured destruction,被恰当地简称为"疯狂"MAD)的能力。很快,拥有核武器成了在欧洲国内引起激辩的政治问题,特别是在英国和法国为确保自己的强国地位也造出了核武器之后。但是，核武器既然已经发明出来（美国在1945年还实际使用了两次），盼是把它们盼不走的。当然，它们的存在令人恐惧，它们有朝一日投入使用的可能性更是让人不寒而栗。但是，两个超级大国之间的核冲突将导致第三次世界大战的浩劫这一前景很可能发挥了关键作用，使1945年后分裂的欧洲实现了1918年第一次世界大战结束后不可能建立的稳定（虽然此点无法用事实来证明）。

从1945年时的情形来看，欧洲未来似乎将由独立的民族国家组成。它分成两半的时候仍然是民族国家的大陆。但是，情况已经开始发生变化。在东欧，苏联用强大的军力把各国的利益迅速置于苏联利益之下，民族国家的主权很快名存实亡。西欧国家尽管受美国的影响日深，却在维护国家主权方面寸步不让，英法两国尤甚。

大战刚结束那几年，没人谈论要成立超国家的政治实体。1946年温斯顿·丘吉尔提出"欧洲合众国"的想法时，既没有把英国包括入他倡议的这个新政治实体，也没有设想世界会不再受强国统治（他一门心思要维持英国在强国行列中的一席之地）。但是，后来发生了冷战，还需要确保经济增长的幼苗不被国家间的竞争所摧残，两者共同形成了推动西欧在经济和安全领域加强协调和整合的压力。1948年欧洲经济合作组织（经合组织）的组成和次年北约及（致力于法治和人权领域合作的）欧洲理事会的创立标志着这方面的初步努力。这些举措体现了理想主义与务实主义的结合，是向着实现国家利益与欧洲一体化扩大相调和的目标迈出的一小步。

由于历史上的深刻裂痕，各国不可能很快或完全放弃对国家利益的最高重视，英国尤其坚决反对任何可能削弱自己主权地位的举措。1950年，法国提出共管鲁尔地区的煤炭和钢铁生产的"舒曼计划"时，主要是想在德意志联邦共和国成立后通过控制德国重整军备的能力来保证法国的国家安全，而不是出于实现欧洲团结的理想。但事实证明，那是决定性的一步，开启了通往"共同市场"和创立有着自己治理机构的欧洲经济共同体的道路。

  从战火的余烬之中，一个新的欧洲排除万难，以惊人的速度重新站起。它分成了两半，但每一半都建起了大战刚结束时无法想象的坚实基础。未来仍难以预料。但是，在有史以来最惨烈的战争留下了物质和道德上难以磨灭的累累伤痕后，欧洲出现了空前的稳定与繁荣的可能性，那是欧洲在几乎自我毁灭的那几十年间做梦也想不到的。

致谢

本书能够写成,全赖他人的建议和鼓励,有时是说者无意,听者有心。我感谢下列的人以不同方式给我的帮助:乔·伯金、理查德·贝塞尔、约翰·布勒伊、弗兰茨·布吕格梅耶、克里斯·克拉克、保罗·科纳、戴维·迪尔克斯、克里斯托弗·杜甘、理查德·埃文斯、德特勒夫·费尔肯、于尔根·弗尔斯特、诺伯尔·弗赖、埃尔克·弗勒利希、玛丽·富布鲁克、迪克·吉尔里、罗伯特·格尔沃斯、克里斯蒂安·格舍尔、迈克·哈那、乔·哈里森、朱莉亚·霍夫曼、多夫·库尔卡、埃伯哈德·耶克尔、马吉特·克特勒、彼得·利德尔、克劳斯·A.迈尔、迈克尔·曼、安迪·马里森、剑桥现代史讨论课的成员、汉斯·莫姆森、鲍勃·莫尔、艾琳·尼尔森、弗兰克·奥戈尔曼、彼得·普尔泽、阿龙·罗德里格、玛丽·文森特、乔治·韦德尔、汉斯-乌尔里希·韦勒、弗里德尔·魏特布雷希特、夏洛特·伍德福特、汉斯·沃勒、乔纳森·莱特和本杰明·齐曼。

感谢格哈德·希施费尔德馈赠权威的《第一次世界大战知识百科全书》,他亲自参与了该书的编辑(后来又出了优质的英文版)。伯恩特·哈格特韦特热心提供了两本我未曾读过的书,它们内容丰富,使我获益匪浅:一本是迪尔克·伯格-施洛瑟和杰里米·米切尔共同编辑的关于两次大战之间欧洲民主危机的论文集,另一本由施泰因·乌格尔维克·拉森所著,论述1945年后从法西斯主义向民主的过渡。我也感谢诺曼·戴维斯指点我查阅了若干关于在波兰发生的事件的记录,都是目击者的叙述,包括一位村长扬·斯洛姆卡的令人着迷的回忆录,还要感谢安德烈亚斯·科塞特给我介绍了更多有关波兰的参考资料。

我尤其感激对本书的书稿提出了批评意见的人。贝弗利·伊顿纠正了许多拼写错误。特劳德·施佩特提出了一些非常好的建议(我每次去慕尼黑,都受到她和乌里希热情慷慨的款待)。我也要衷心感谢专家们提出的宝贵的技术性批评,包括戴维·坎纳丁("企鹅欧洲史"系列总编)、劳伦斯·里斯和尼古拉斯·斯塔加特。完稿后,理查德·梅森对文字进行了一丝不苟的编辑。

像以前一样,与企鹅出版社的出色团队一起工作令人非常愉快。编辑西蒙·温德尔一如既往地无懈可击,他和玛丽亚·贝德福德在资料研究和照片甄选方面帮了大忙。理查德·杜吉德以他惯常的高效主持了书的制作。还要感谢奥丽奥尔·格里菲思-琼斯把索引汇编得井井有条。对安德鲁·威利这位无可匹敌的代理人和伦敦威利公司的詹姆斯·普伦与莎拉·查尔方特,我从来都抱着感激之情,感激他们始终给我的帮助和咨询。

贝蒂、戴维和斯蒂芬一直支持我,鼓励我。贝蒂对书中的几处细节提出了中肯的问题,而我和戴维在迪兹伯里的皇家橡树酒吧里关于书稿的讨论对我大有帮助,也使我乐在其中。最后,我们的5个孙子孙女索菲、乔、埃拉、奥利维娅和亨利总是让我快乐开心,使我得以暂且忘记本书叙述的各种阴郁悲惨的事情。让我们期待,他们以及他们这一代人生活的欧洲能够完全摆脱造成了以往黑暗历史的分裂、敌意和仇恨。

伊恩·克肖

2015 年 5 月于曼彻斯特

部分参考书目

关于 20 世纪欧洲的各种参考书汗牛充栋，以下所列举的只是一小部分，仅限于对本书的写作有启发、有帮助的书籍。学术刊物上的专题论文和文章只列了几篇，虽然此类论文是所有历史学术研究不可缺少的材料。这里没有包括小说，尽管有些小说对了解那个时代大有帮助。我参考的主要是全面的著述，大多是英文书。许多这类书籍中都包括关于具体国家或主题的详尽的参考书目。我从中引用过当时的人所说的话的书籍都标上了星号。

Abelshauser, Werner, Faust, Anselm and Petzina, Dietmar (eds), *Deutsche Sozialgeschichte 1914 – 1945*, Munich, 1985.

Adamthwaite, Anthony, *Grandeur and Misery: France's Bid for Power in Europe, 1914–1940*, London, 1995.

Addison, Paul, *The Road to 1945: British Politics and the Second World War*, London, 1975.

*Aldcroft, Derek H., *From Versailles to Wall Street 1919 – 1929*, Harmondsworth, 1987.

Aldcroft, Derek H., *The European Economy, 1914 – 1990*, London, 3rd edn, 1993.

Alexander, Martin (ed.), *French History since Napoleon*, London, 1999.

Alexander, Martin and Graham, Helen (eds), *The French and Spanish Popular Front: Comparative Perspectives*, Cambridge, 1989.

Aly, Götz, '*Final Solution*': *Nazi Population Policy and the Murder of the European Jews*, London, 1999.

Aly, Götz, *Hitler's Beneficiaries*, London and New York, 2007.

*Andreas-Friedrich, Ruth, *Schauplatz Berlin. Ein Deutsches Tagebuch*, Munich, 1962.

Angelow, Jürgen, *Der Weg in die Urkatastrophe*, Berlin, 2010.

*Annan, Noel, *Our Age: Portrait of a Generation*, London, 1990.

*Applebaum, Anne, *Iron Curtain: The Crushing of Eastern Europe 1944 – 1956*, London, 2012.

Arendt, Hannah, *The Origins of Totalitarianism*, Orlando, FL, 1966.

Aron, Raymond, *The Century of Total War*, London, 1954.

Ascherson, Neal, *The Struggles for Poland*, London, 1987.

Bach, Maurizio and Breuer, Stefan, *Faschismus als Bewegung und Regime. Italien und Deutschland im Vergleich*, Wiesbaden, 2010.

Bade, Klaus J. et al. (eds), *Migration in Europa. Vom 17. Jahrhundert bis zur Gegenwart*, Paderborn, 2008.

Balderston, Theo, *The Origins and Cause of the German Economic Crisis, November 1923 to May 1932*, Berlin, 1993.

Balderston, Theo, 'War Finance and Inflation in Britain and Germany, 1914 – 1918', *Economic History Review*, 42/2 (1989).

Balderston, Theo (ed.), *The World Economy and National Economies in the Interwar Slump*, Basingstoke, 2003.

Banac, Ivo, *The National Question in Yugoslavia: Origins, History, Politics*, Ithaca, NY, 1984.

Bankier, David (ed.), *Probing the Depths of German Antisemitism*, Jerusalem, 2000.

Barber, John, and Harrison, Mark, *The Soviet Home Front, 1941 – 1945: A Social and Economic History of the USSR in World War II*, London, 1991.

Bartov, Omer, *Hitler's Army*, New York, 1991.

Bartov, Omer, *Murder in our Midst: The Holocaust, Industrial Killing, and Representation*, New York, 1996.

Bartov, Omer, *Mirrors of Destruction: War, Genocide, and Modern History*, New York, 2000.

Barzun, Jacques, *From Dawn to Decadence, 1500 to the Present: 500 Years of Western Cultural Life*, London, 2001.

Bauer, Yehuda, *The Holocaust in Historical Perspective*, London, 1978.

Becker, Jean-Jacques, *The Great War and the French People*, Leamington Spa, 1980.

Beetham, David (ed.), *Marxists in Face of Fascism*, Manchester, 1983.

Beevor, Antony, *Stalingrad*, London, 1998.

Beevor, Antony, *Berlin: The Downfall, 1945*, London, 2003.

Beevor, Antony, *The Battle for Spain*, London, 2006.

Beevor, Antony, *D-Day: The Battle for Normandy*, London, 2009.

Beevor, Antony, *The Second World War*, London, 2012.

Beevor, Antony and Vinogradova, Luba (eds), *A Writer at War: Vasily Grossman with the Red Army 1941 – 1945*, London, 2006.

Bell, P. M. H., *The Origins of the Second World War in Europe*, London, 2007.

Bell, P. M. H., *Twelve Turning Points of the Second World War*, London, 2011.

Bellamy, Chris, *Absolute War: Soviet Russia in the Second World War — A Modern History*, London, 2008.

Benson, Leslie, *Yugoslavia: A Concise History*, London, 2001.

Berger, Heinrich, Dejnega, Melanie, Fritz, Regina and Prenninger, Alexander (eds), *Politische Gewalt und Machtausübung im 20. Jahrhundert*, Vienna, 2011.

*Berghahn, Volker, *Germany and the Approach of War in 1914*, London, 1973.

Berghahn, Volker, *Modern Germany: Society, Economy and Politics in the Twentieth Century*, Cambridge, 1982.

Berghahn, Volker, *The Americanisation of West German Industry, 1845 – 1973*, Leamington Spa, 1986.

Berghahn, Volker, *Sarajewo, 28. Juni 1914. Der Untergang des alten Europa*, Munich, 1997.

Berg-Schlosser, Dirk and Mitchell, Jeremy (eds), *Conditions of Democracy in Europe, 1919 – 1939*, Basingstoke, 2000.

Berg-Schlosser, Dirk and Mitchell, Jeremy (eds), *Authoritarianism and Democracy in Europe, 1919 – 1939: Comparative Analyses*, Basingstoke, 2002.

*Berkhoff, Karel C., *Harvest of Despair: Life and Death in Ukraine under Nazi Rule*, Cambridge, MA, and London, 2004.

Bessel, Richard, *Germany after the First World War*, Oxford, 1993.

Bessel, Richard, *Germany 1945: From War to Peace*, London, 2009.

Bessel, Richard (ed,), *Fascist Italy and Nazi Germany: Comparisons and Contrasts*, Cambridge, 1996.

Bessel, Richard and Schumann, Dirk (eds), *Life after Death: Approaches to a Cultural and Social History of Europe during the 1940s and 1950s*, Cambridge, 2003.

Blanning, T. C. W. (ed.), *The Oxford Illustrated History of Modern Europe*, Oxford, 1996.

Blatman, Daniel, *Les marches de la mort. La derniere étape du génocide nazi*, Paris, 2009.

Blinkhorn, Martin, *Carlism and Crisis in Spain, 1931 – 1939*, Cambridge, 1975.

Blinkhorn, Martin, *Democracy and Civil War in Spain, 1931 – 1939*, London, 1988.

Blinkhorn, Martin, *Fascism and the Right in Europe*, Harlow, 2000.

Blinkhorn, Martin (ed.), *Fascists and Conservatives: The Radical Right and the Establishment in Twentieth-Century Europe*, London, 1990.

Blom, Philipp, *The Vertigo Years: Change and Culture in the West, 1900 – 1914*, London, 2008.

Bloxham, Donald, *The Great Game of Genocide: Imperialism, Nationalism and the Destruction of the Ottoman Armenians*, Oxford, 2005.

Bloxham, Donald, 'The Armenian Genocide of 1915 – 1916: Cumulative Radicalization and the Development of a Destruction Policy', *Past and Present*, 181 (2003).

Bond, Brian, *War and Society in Europe, 1870 – 1970*, London, 1984.

Borodziej, Włodziemierz, *Geschichte Polens im 20. Jahrhundert*, Munich, 2010.

Bosworth, R. J. B., *The Italian Dictatorship*, London, 1998.

Bosworth, R. J. B., *Mussolini*, London, 2002.

Bosworth, R. J. B., *Mussolini's Italy: Life under the Dictatorship*, London, 2005.

Bosworth, R. J. B. (ed.), *The Oxford Handbook of Fascism*, Oxford, 2009.

Botz, Gerhard, *Krisenzonen einer Demokratie. Gewalt, Streik und Konfliktunterdrückung in Österreich seit 1918*, Frankfurt am Main, 1987.

Bourke, Joanna, *An Intimate History of Killing: Face-to-Face Killing in Twentieth-Century Warfare*, London, 1999.

Bracher, Karl Dietrich, *The Age of Ideologies: A History of Political Thought in the Twentieth Century*, London, 1985.

Brechenmacher, Thomas, 'Pope Pius XI, Eugenio Pacelli, and the Persecution of the Jews in Nazi Germany, 1933 – 1939: New Sources from the Vatican Archives', *Bulletin of the German Historical Institute London*, 27/2 (2005).

Brendon, Piers, *The Dark Valley: A Panorama of the 1930s*, London, 2001.

Breuilly, John, *Nationalism and the State*, Manchester, 1993.

*Brittain, Vera, *Testament of Youth* (1933), London, 1978.

Broadberry, Stephen and Harrison, Mark, (eds), *The Economics of World War I*, Cambridge, 2005.

Broadberry, Stephen and O'Rourke, Kevin H. (eds), *The Cambridge Economic History of Modern Europe. Vol. 2: 1870 to the Present*, Cambridge, 2010.

Broszat, Martin, *The Hitler State*, London, 1981.

Browning, Christopher, *Fateful Months: Essays on the Emergence of the Final Solution*, New York, 1985.

Browning, Christopher, *The Path to Genocide*, Cambridge, 1992.

Browning, Christopher, *The Origins of the Final Solution*, Lincoln, NB, and Jerusalem, 2004.

Brüggemeier, Franz-Josef, *Geschichte Grossbritanniens im 20. Jahrhundert*, Munich, 2010.

*Brussilov, A. A., *A Soldier's Notebook (1930)*, Westport, CT, 1971.

Buber-Neumann, Margarete, *Under Two Dictators: Prisoner of Stalin and Hitler* (1949), London, 2008.

Buchanan, Tom, *Europe's Troubled Peace 1945 – 2000*, Oxford, 2006.

*Buckley, Henry, *The Life and Death of the Spanish Republic: A Witness to the Spanish Civil War* (1940), London, 2014.

Bulliet, Richard W. (ed.), *The Columbia History of the 20th Century*, New York, 1998.

Burgdorff, Stephan and Wiegrefe, Klaus (eds), *Der 2. Weltkrieg. Wendepunkt der deutschen Geschichte*, Munich, 2005.

Burleigh, Michael, *The Third Reich: A New History*, London, 2000.

*Burleigh, Michael, *Sacred Causes: Religion and Politics from the European Dictators to Al Qaeda*, London, 2006.

Burleigh, Michael and Wippermann, Wolfgang, *The Racial State: Germany 1933 – 1945*, London, 1991.

Burrin, Philippe, *La dérive fasciste*, Paris, 1986.

Burrin, Philippe, *Living with Defeat: France under the German Occupation, 1940 – 1944*, London, 1996.

Burrin, Philippe, *Fascisme, nazisme, autoritarisme*, Paris, 2000.

Buruma, Ian, *Year Zero: A History of 1945*, New York, 2013.

Calder, Angus, *The People's War: Britain 1939 – 1945*, London, 1971.

Calic, Marie-Janine, *Geschichte Jugoslawiens im 20. Jahrhundert*, Munich, 2010.

Cannadine, David, *The Decline and Fall of the British Aristocracy*, New Haven, CT, and London, 1990.

Cannadine, David, *Class in Britain*, London, 2000.

Caplan, Jane (ed.), *Nazi Germany*, Oxford, 2008.

Caplan, Jane and Wachsmann, Nikolaus (eds), *Concentration Camps in Nazi Germany: The New Histories*, London, 2010.

*Carey, John, *The Intellectuals and the Masses*, London, 1992.

Carley, Michael Jahara, *1939. The Alliance that Never Was and the Coming of World War II*, Chicago, IL, 1999.

Carr, Raymond, *Spain, 1808 – 1975*, Oxford, 1982.

Carsten, F. L., *The Rise of Fascism*, London, 1967.

Carsten, F. L., *Revolution in Central Europe 1918 – 1919*, London, 1972.

Cecil, Hugh and Liddle, Peter (eds), *Facing Armageddon: The First World War Experienced*, London, 1996.

Cesarani, David, *Eichmann: His Life and Crimes*, London, 2004.

Cesarani, David (ed.), *The Final Solution: Origins and Implementation*, London, 1996.

*Charman, Terry (ed.), *Outbreak 1939: The World Goes to War*, London, 2009.

*Chickering, Roger and Förster, Stig (eds), *Great War, Total War: Combat and Mobilisation on the Western Front 1914 – 1918*, Cambridge, 2000.

Clark, Christopher, *Kaiser Wilhelm II*, Harlow, 2000.

Clark, Christopher, *The Sleepwalkers: How Europe Went to War in 1914*, London, 2012.

Clark, Martin, *Modern Italy 1871 – 1982*, London, 1984.

Clarke, Peter, *The Keynesian Revolution in the Making 1924 – 1936*, Oxford, 1988.

Clarke, Peter, *Hope and Glory: Britain 1900 – 1990*, London, 1996.

Clavin, Patricia, *The Great Depression in Europe, 1929 – 1939*, Basingstoke, 2000.

Clavin, Patricia, *Securing the World Economy: The Reinvention of the League of Nations, 1919 – 1946*, Oxford, 2013.

Clogg, Richard, *A Concise History of Greece*, 2nd edn, Cambridge, 2002.

*Clough, Shepard B., Moodie, Thomas and Moodie, Carol (eds), *Economic History of Europe: Twentieth Century*, London, 1965.

Conquest, Robert, *The Harvest of Sorrow: Soviet Collectivization and the Terror-Famine*, London, 1988.

Constantine, Stephen, *Unemployment in Britain between the Wars*, London, 1980.

Conway, Martin, *Catholic Politics in Europe 1918 – 1945*, London, 1997.

Conway, Martin, *The Sorrows of Belgium: Liberation and Political Reconstruction, 1944 – 1947*, Oxford, 2012.

Conway, Martin, 'Democracy in Postwar Europe: The Triumph of a Political Model', *European History Quarterly*, 32/1 (2002).

Corner, Paul, *The Fascist Party and Popular Opinion in Mussolini's Italy*, Oxford, 2012.

Corner, Paul (ed.), *Popular Opinion in Totalitarian Regimes*, Oxford, 2009.

Cornwall, M. (ed.), *The Last Years of Austria-Hungary*, Exeter, 1990.

Cornwell, John, *Hitler's Pope: The Secret History of Pius XII*, London, 1999.

Cornwell, John, *Hitler's Scientists: Science, War and the Devil's Pact*, London, 2003.

Costa-Pinto, António, *Salazar's Dictatorship and European Fascism–Problems of Interpretation*, New York, 1995.

Costa-Pinto, António, *The Blue Shirts: Portuguese Fascists and the New State*, New York, 2000.

Crampton, R. J., *Eastern Europe in the Twentieth Century*, 2nd edn, London, 1997.

*Cross, Tim (ed.), *The Lost Voices of World War I*, London, 1988.

Cull, Nicholas, Culbert, David and Welch, David (eds), *Propaganda and Mass Persuasion: A Historical Encyclopedia, 1500 to the Present*, Santa Barbara, CA, 2003.

*Dąbrowka, Maria, *Tagebücher 1914 – 1965*, Frankfurt am Main, 1989.

Dahrendorf, Ralf, *Society and Democracy in Germany*, London, 1968.

Davies, Norman, *God's Playground. Vol. 2: A History of Poland*, Oxford, 1981.

*Davies, Norman, *Europe: A History*, Oxford, 1996.

Davies, Norman, *Europe at War, 1939 – 1945: No Simple Victory*, London, 2006.

Davies, R. W. and Wheatcroft, S. G., *The Years of Hunger: Soviet Agriculture 1931 – 1933*, London, 2009.

Davies, Sarah, *Popular Opinion in Stalin's Russia: Terror, Propaganda and Dissent, 1934 – 1941*, Cambridge, 1997.

Dear, I. C. B. and Foot, M. R. D. (eds), *The Oxford Companion to the Second World War*, Oxford, 1995.

De Grazia, Victoria, *How Fascism Ruled Women: Italy, 1922 – 1945*, Berkeley, CA, 1992.

Diehl, James M., *Paramilitary Politics in Weimar Germany*, Bloomington, IN, 1977.

Dilks, David, *Churchill and Company: Allies and Rivals in War and Peace*, London, 2012.

*Dilks, David (ed.), *The Diaries of Sir Alexander Cadogan 1938 – 1945*, London, 1971.

*Döblin, Alfred, *Schicksalsreise. Bericht und Bekenntnis. Flucht und Exil 1940 – 1940*, Munich and Zurich, 1986.

*Duggan, Christopher, *The Force of Destiny: A History of Italy since 1796*, London, 2008.

*Duggan, Christopher, *Fascist Voices: An Intimate History of Mussolini's Italy*, London, 2012.

Eatwell, Roger, *Fascism: A History*, London, 1996.

Edgerton, David, *The Shock of the Old: Technology and Global History since 1900*, London, 2008.

Eichengreen, Barry, *Golden Fetters: The Gold Standard and the Great Depression, 1919 – 1939*, New York, 1995.

Ekman, Stig and Amark, Klas (eds), *Sweden's Relations with Nazism, Nazi Germany and the Holocaust*, Stockholm, 2003.

Eksteins, Modris, *Rites of Spring: The Great War and the Birth of the Modern Age*, Boston, MA, 1989.

Eley, Geoff, *Forging Democracy: The History of the Left in Europe 1850 – 2000*, New York, 2002.

*Elger, Dietmar, *Expressionism: A Revolution in German Art*, Cologne, 1994.

*Englund, Peter, *The Beauty and the Sorrow: An Intimate History of the First World War*, London, 2011.

Erdmann, Karl Dietrich, *Das Ende des Reiches und die Neubildung deutscher Staaten*, Munich, 1980.

Evans, Richard J., *The Coming of the Third Reich*, London, 2003.
Evans, Richard J., *The Third Reich in Power*, London, 2005.
Evans, Richard J., *The Third Reich at War*, London, 2008.
*Evans, Richard J. and Geary, Dick (eds), *The German Unemployed*, London, 1987.
Faber, David, *Munich: The 1938 Appeasement Crisis*, London, 2008.
*Fainsod, Merle, *Smolensk under Soviet Rule*, (1958), Boston, MA, 1989.
Falter, Jürgen, *Hitlers Wähler*, Munich, 1991.
Feldmann, Gerald D., *Army, Industry and Labor in Germany 1914 – 1918*, Princeton, NJ, 1966.
Feldmann, Gerald D., *The Great Disorder: Politics, Economics and Society in the German Inflation, 1914 – 1924*, New York, 1993.
Feldmann, Gerald D. (ed.), *Die Nachwirkungen der Inflation auf die deutsche Geschichte 1924 – 1933*, Munich, 1985.
*Ferguson, Niall, *The Pity of War*, London, 1998.
Ferguson, Niall, *The Cash Nexus: Money and Power in the Modern World 1700 – 2000*, London, 2002.
*Ferguson, Niall, *The War of the World: Twentieth-Century Conflict and the Descent of the West*, New York, 2006.
Ferro, Marc, *The Great War 1914 – 1918*, London, 1973.
Ferro, Marc (ed.), *Nazisme et Communisme. Deux régimes dans le siècle*, Paris, 1999.
*Figes, Orlando, *A People's Tragedy: The Russian Revolution 1891 – 1924*, London, 1996.
*Figes, Orlando, *The Whisperers: Private Life in Stalin's Russia*, London, 2008.
Figes, Orlando, *Revolutionary Russia 1891 – 1991*, London, 2014.
Finer, S. E., *Comparative Government*, Harmondsworth, 1970.
Fischer, Conan, *The Rise of the Nazis*, Manchester, 1995.
Fischer, Conan, *The Ruhr Crisis 1923 – 1924*, Oxford, 2003.
Fischer, Conan (ed.), *The Rise of National Socialism and the Working Classes in Weimar Germany*, Providence, RI, and Oxford, 1996.
Fischer, Fritz, *Germany's Aims in the First World War*, New York, 1967.
*Fischer, Fritz, *Krieg der Illusionen*, Düsseldorf, 1969.
Fischer, Fritz, *Juli 1914. Wir sind nicht hineingeschlittert*, Hamburg, 1983.
Fisk, Robert, *In Time of War: Ireland, Ulster, and the Price of Neutrality, 1939 – 1945*, Philadelphia, PA, 1983.
Fitzpatrick, Sheila, *Everyday Stalinism: Ordinary Life in Extraordinary Times—Soviet Russia in the 1930s*, New York, 1999.

Flood, P. J., *France 1914 – 1918: Public Opinion and the War Effort*, Basingstoke, 1990.

Flora, Peter et al. (eds), *Western Europe: A Data Handbook*, 2 vols, Frankfurt am Main, 1983.

Foot, M. R. D., *Resistance: European Resistance to Nazism 1940 – 1945*, London, 1976.

Förster, Jürgen (ed.), *Stalingrad. Ereignis, Wirkung, Symbol*, Munich, 1992.

Foster, R. F., *Modern Ireland 1600 – 1972*, London, 1989.

Fox, Robert (ed.), *We Were There: An Eyewitness History of the Twentieth Century*, London, 2010.

Frei, Norbert, *National Socialist Rule in Germany: The Führer State*, Oxford, 1993.

Frei, Norbert, *Adenauer's Germany and the Nazi Past: The Politics of Amnesty and Integration*, New York, 2002.

Frei, Norbert, *1945 und wir. Das Dritte Reich im Bewusstsein der Deutschen*, Munich, 2005.

Frei, Norbert (ed.), *Was heißt und zu welchem Ende studiert man Geschichte des 20. Jahrhunderts?*, Göttingen, 2006.

Frevert, Ute, *Eurovisionen. Ansichten guter Europäer im 19. und 20. Jahrhundert*, Frankfurt am Main, 2003.

Friedländer, Saul, *Nazi Germany and the Jews: The Years of Persecution 1933 – 1939*, London, 1997.

Friedländer, Saul, *The Years of Extermination: Nazi Germany and the Jews 1939 – 1945*, London, 2007.

Friedrich, Jörg, *Der Brand. Deutschland im Bombenkrieg 1940 – 1945*, Berlin, 2004.

Fröhlich, Elke, *Der Zweite Weltkrieg. Eine kurze Geschichte*, Stuttgart, 2013.

Fulbrook, Mary, *History of Germany: 1918 – 2000. The Divided Nation*, Oxford, 2002.

Fulbrook, Mary, *Dissonant Lives: Generations and Violence through the German Dictatorships*, Oxford, 2011.

Fulbrook, Mary (ed.), *20th Century Germany: Politics, Culture and Society 1918 – 1990*, London, 2001.

Fulbrook, Mary (ed.), *Europe since 1945*, Oxford, 2001.

Furet, François, *Le passé d'une illusion. Essai sur l'idée communiste au XXe siecle*, Paris, 1995.

Gaddis, John Lewis, *The Cold War*, London, 2005.

Garfield, Simon, *Our Hidden Lives: The Everyday Diaries of a Forgotten Britain 1945 – 1948*, London, 2004.

Gatrell, Peter, *A Whole Empire Walking: Refugees in Russia during World War I*, Bloomington, IN, 1999.

Gatrell, Peter, *Russia's First World War: A Social and Economic History*, Harlow, 2005.
Gay, Peter, *Weimar Culture*, London, 1974.
Geary, Dick, *European Labour Protest 1848 – 1939*, London, 1981.
Geary, Dick, European *Labour Politics from 1900 to the Depression*, Basingstoke, 1991.
Geary, Dick (ed.), *Labour and Socialist Movements in Europe before 1914*, Oxford, New York and Munich, 1989.
Gehler, Michael, *Europa. Ideen, Institutionen, Vereinigung*, Munich, 2005.
*Geiss, Imanuel (ed.), *July 1914: The Outbreak of the First World War – Selected Documents*, London, 1967.
Gellately, Robert, *Lenin, Stalin and Hitler: The Age of Social Catastrophe*, London, 2007.
Gentile, Emilio, *The Sacralization of Politics in Fascist Italy*, Cambridge, MA, and London, 1996.
Gerlach, Christian, *Extrem gewalttätige Gesellschaften. Massengewalt im 20. Jahrhundert*, Munich, 2010.
Gerlach, Christian and Aly, Götz, *Das letzte Kapitel. Der Mord an den ungarischen Juden 1944 – 1945*, Frankfurt am Main, 2004.
*Gerwarth, Robert, 'The Central European Counter-Revolution: Paramilitary Violence in Germany, Austria and Hungary after the Great War', *Past and Present*, 200 (2008).
Gerwarth, Robert, *Hitler's Hangman: The Life of Heydrich*, New Haven, CT, and London, 2011.
Gerwarth, Robert (ed.), *Twisted Paths: Europe 1914 – 1945*, Oxford, 2008.
*Gerwarth, Robert and Horne, John, 'Vectors of Violence: Paramilitarism in Europe after the Great War, 1917 – 1923', *The Journal of Modern History*, 83/3 (2011).
*Gerwarth, Robert and Horne, John (eds), *War in Peace: Paramilitary Violence in Europe after the Great War*, Oxford, 2012.
Gilbert, Felix, *The End of the European Era, 1890 to the Present*, 3rd edn, New York, 1984.
Gilbert, Martin, *Recent History Atlas 1860 to 1960*, London, 1966.
Gilbert, Martin, *First World War Atlas*, London, 1970.
Gilbert, Martin, *Atlas of the Holocaust*, London, 1982.
Gildea, Robert, *Marianne in Chains: Daily Life in the Heart of France during the German Occupation*, New York, 2002.
Gildea, Robert, Wieviorka, Olivier and Warring, Anette (eds), *Surviving Hitler and Mussolini: Daily Life in Occupied Europe*, Oxford and New York, 2006.

Glenny, Misha, *The Balkans 1804 – 1999: Nationalism, War and the Great Powers*, London, 1999.

Goltz, Anna von der and Gildea, Robert, 'Flawed Saviours: The Myths of Hindenburg and Pétain', *European History Quarterly*, 39 (2009).

Graham, Helen, *The Spanish Republic at War 1936 – 1939*, Cambridge, 2002.

Graml, Hermann, *Hitler und England. Ein Essay zur nationalsozialistischen Außenpolitik 1920 bis 1940*, Munich, 2010.

*Graml, Hermann, *Bernhard von Bülow und die deutsche Aussenpolitik*, Munich, 2012.

*Graves, Robert, *Goodbye to All That* (1929), London, 2000.

Gregory, Adrian, *The Last Great War: British Society and the First World War*, Cambridge, 2008.

Gregory, Adrian, 'British "War Enthusiasm" in 1914 – A Reassessment', in Gail Brayborn (ed.), *Evidence, History and the Great War: Historians and the Impact of 1914 – 1918*, New York and Oxford, 2003.

Griffin, Roger, *The Nature of Fascism*, London, 1991.

Griffin, Roger, *Modernism and Fascism: The Sense of a Beginning under Mussolini and Hitler*, London, 2007.

*Griffin, Roger (ed.), *Fascism*, Oxford, 1995.

Griffin, Roger (ed.), *International Fascism: Theories, Causes and the New Consensus*, London, 1998.

Gross, Jan, *Fear: Anti-Semitism in Poland after Auschwitz*, Princeton, NJ, 2006.

Gruchmann, Lothar, *Der Zweite Weltkrieg*, Munich, 1975.

Gundle, Stephen, Duggan, Christopher and Pieri, Giuliana (eds), *The Cult of the Duce: Mussolini and the Italians*, Manchester, 2013.

*Hamann, Brigitte, *Der Erste Weltkrieg. Wahrheit und Lüge in Bildern und Texten*, Munich, 2004.

Hardach, Gerd, *The First World War 1914 – 1918*, Harmondsworth, 1987.

Harrison, Joseph, *An Economic History of Modern Spain*, Manchester, 1978.

Harrison, Joseph, *The Spanish Economy in the Twentieth Century*, London, 1985.

Hartwig, Wolfgang, *Utopie und politische Herrschaft im Europa der Zwischenkriegszeit*, Munich, 2003.

Hastings, Max, *Armageddon: The Battle for Germany 1944 – 1945*, London, 2004.

Hastings, Max, *Finest Years: Churchill as Warlord 1940 – 1945*, London, 2009.

*Hastings, Max, *All Hell Let Loose: The World at War 1939 – 1945*, London, 2011.

Hastings, Max, *Catastrophe: Europe goes to War 1914*, London, 2013.

Hayes, Paul (ed.), *Themes in Modern European History 1890 – 1945*, London, 1992.

Henke, Klaus-Dietmar and Woller, Hans (eds), *Politische Säuberung in Europa. Die Abrechnung mit Faschismus und Kollaboration nach dem Zweiten Weltkrieg*, Munich, 1991.

*Hennessy, Peter, *Never Again: Britain 1945 – 1951*, London, 1993.

Herbert, Ulrich, *Hitler's Foreign Workers*, Cambridge, 1997.

Herbert, Ulrich, *Geschichte Deutschlands im 20. Jahrhundert*, Munich, 2014.

Herbert, Ulrich, 'Europe in High Modernity: Reflections on a Theory of the 20th Century', *Journal of Modern European History*, 5/1 (2007).

Herf, Jeffrey, *The Jewish Enemy: Nazi Propaganda during World War II and the Holocaust*, Cambridge, MA and London, 2006.

Herwig, Holger H., *The Outbreak of World War I: Causes and Responsibilities*, Boston, MA, 1997.

Hewitson, Mark, *Germany and the Causes of the First World War*, London, 1983.

Hilberg, Raul, *The Destruction of the European Jews*, New York, 1973.

Hirschfeld, Gerhard, *Nazi Rule and Dutch Collaboration: The Netherlands under German Occupation, 1940 – 1945*, Oxford, 1988.

Hirschfeld, Gerhardt, Krumeich, Gerd and Renz, Irena (eds), '*Keiner fühlt sich hier mehr als Mensch . . .'. Erlebnis und Wirkung des Ersten Weltkriegs*, Frankfurt am Main, 1996.

Hirschfeld, Gerhardt, Krumeich, Gerd and Renz, Irena (eds) *Brill's Encyclopedia of the First World War*, 2 vols, Leiden, 2012.

Hobsbawm, Eric, *Age of Extremes. The Short Twentieth Century, 1914 – 1991*, London, 1994.

*Hobsbawm, Eric, *Interesting Times: A Twentieth-Century Life*, London, 2002.

Hobsbawm, Eric, *Fractured Times: Culture and Society in the Twentieth Century*, London, 2013.

Hoensch, Jörg K., *A History of Modern Hungary, 1867 – 1986*, Harlow, 1988.

Hoeres, Peter, *Die Kultur von Weimar. Durchbruch der Moderne*, Berlin, 2008.

Hoffmann, Peter, *The History of the German Resistance 1933 – 1945*, Cambridge, MA, and London, 1977.

Hogan, Michael, J., *The Marshall Plan: America, Britain, and the Reconstruction of Western Europe, 1947 – 1952*, Cambridge, 1987.

Horne, John and Kramer, Alan, *German Atrocities 1914: A History of Denial*, New Haven, CT, and London, 2001.

Horne, John (ed.), *State, Society and Mobilization in Europe during the First World War*, Cambridge, 1997.

Horne, John (ed.), *A Companion to World War I*, Oxford, 2012.

*Hosenfeld, Wilm, *'Ich versuche, jeden zu retten'. Das Leben eines deutschen Offiziers in Briefen und Tagebüchern*, Munich, 2004.

Hosking, Geoffrey, *A History of the Soviet Union*, London, 1985.

Hosking, Geoffrey, *Russia and the Russians*, London, 2001.

*Höss, Rudolf, *Kommandant in Auschwitz*, Munich, 1963.

Howard, Michael, *War in European History*, Oxford, 1976.

Howard, Michael and Louis, Wm. Roger (eds), *The Oxford History of the Twentieth Century*, Oxford, 1998.

*Hughes, S. Philip, *Consciousness and Society: The Reorientation of European Social Thought, 1890 – 1930*, New York, 1958.

Illies, Florian, 1913. *Der Sommer des Jahrhunderts*, Frankfurt am Main, 2012.

Isaacs, Jeremy and Downing, Taylor, *Cold War*, London, 1998.

Jäckel, Eberhard, *Hitler in History*, Hanover and London, 1984.

Jäckel, Eberhard, *Hitlers Weltanschauung. Entwurf einer Herrschaft*, Stuttgart, 1991.

*Jäckel, Eberhard, *Das deutsche Jahrhundert. Eine historische Bilanz*, Stuttgart, 1996.

Jackson, Julian, *The Politics of Depression in France*, Cambridge, 1985.

Jackson, Julian, *The Popular Front in France: Defending Democracy, 1934 – 1938*, Cambridge, 1988.

Jackson, Julian, *France: The Dark Years*, Oxford, 2001.

Jackson, Julian, *The Fall of France: The Nazi Invasion of 1940*, Oxford, 2003.

*Jackson, Julian (ed.), *Europe 1900 – 1945*, Oxford, 2002.

*Jahoda, Marie, Lazarsfeld, Paul F. and Zeisel, Hans, *Marienthal: The Sociography of an Unemployed Community*, London, 1972.

James, Harold, *The German Slump: Politics and Economics 1924 – 1936*, Oxford, 1986.

James, Harold, *Europe Reborn: A History, 1914 – 2000*, London, 2003.

Jarausch, Konrad, *The Enigmatic Chancellor: Bethmann-Hollweg and the Hubris of Imperial Germany*, New Haven, CT, and London, 1973.

Jelavich, Barbara, *History of the Balkans. Vol. 2: Twentieth Century*, Cambridge, 1983.

Jenkins, Roy, *Churchill*, London, 2001.

Jesse, Eckhard (ed.), *Totalitarismus im 20. Jahrhundert. Eine Bilanz der internationalen Forschung*, Bonn, 1999.

Joll, James, *Europe since 1870: An International History*, London, 1973.

*Joll, James, *The Origins of the First World War*, London, 1984.

*Judt, Tony, *Postwar: A History of Europe since 1945*, London, 2005.

Judt, Tony, *Reappraisals: Reflections on the Forgotten Twentieth Century*, London, 2009.

Judt, Tony with Snyder, Timothy, *Thinking the Twentieth Century: Intellectuals and Politics in the Twentieth Century*, London, 2012.

*Jünger, Ernst, *Storm of Steel* (1920), London, 2003.

*Jünger, Ernst, *Kriegstagebuch 1914 – 1918*, ed. Helmuth Kiesel, Stuttgart, 2010.

Kaelble, Hartmut, *Historical Research on Social Mobility*, London, 1981.

Kaelble, Hartmut, *A Social History of Western Europe 1880 – 1980*, Dublin, 1989.

Kaelble, Hartmut, *Kalter Krieg und Wohlfahrtsstaat. Europa 1945 – 1989*, Munich, 2011.

Kann, R. A., Kraly, B. K. and Fichtner, P. S. (eds), *The Habsburg Empire in World War I*, New York, 1977.

Kater, Michael H., *The Nazi Party: A Social Profile of Members and Leaders, 1919 – 1945*, Oxford, 1983.

Kater, Michael H., *Different Drummers: Jazz in the Culture of Nazi Germany*, Oxford, 1992.

Kater, Michael H., *The Twisted Muse: Musicians and their Music in the Third Reich*, Oxford, 1997.

Kater, Michael H., *Weimar: From Enlightenment to the Present*, New Haven, CT, and London, 2014.

*Kedward, Rod, *La vie en bleu: France and the French since 1900*, London, 2006.

Keegan, John, *The First World War*, London, 1999.

Kershaw, Ian, *The 'Hitler Myth': Image and Reality in the Third Reich*, Oxford, 1987.

Kershaw, Ian, *Hitler*, 2 vols, London, 1998, 2000.

Kershaw, Ian, *Fateful Choices: Ten Decisions that Changed the World 1940 – 1941*, London, 2008.

Kershaw, Ian, *The End: Germany 1944 – 1945*, London, 2012.

Kershaw, Ian and Lewin, Moshe (eds), *Stalinism and Nazism: Dictatorships in Comparison*, Cambridge, 1997.

Kertzer, David I., *The Pope and Mussolini: The Secret History of Pius XI and the Rise of Fascism in Europe*, Oxford, 2014.

*Keynes, John Maynard, *The Economic Consequences of the Peace,* London, 1919.

Kielinger, Thomas, *Winston Churchill. Der späte Held. Eine Biographie*, Munich, 2014.

Kiesel, Helmuth, *Geschichte der literarischen Moderne*, Munich, 2004.

Kindleberger, Charles P., *The World in Depression 1929 – 1939*, Harmondsworth, 1987.

Kirk, Tim and McElligott, Anthony (eds), *Opposing Fascism: Community, Authority and Resistance in Europe*, Cambridge, 1999.

Kitchen, Martin, *The Coming of Austrian Fascism*, London, 1980.

Kleine-Ahlbrandt, William Laird, *Twentieth-Century European History*, St. Paul, MN, 1993.

Knox, MacGregor, *Mussolini Unleashed 1939 – 1941*, Cambridge, 1986.

Knox, MacGregor, *Common Destiny: Dictatorship, Foreign Policy, and War in Fascist Italy and Nazi Germany*, Cambridge, 2000.

Knox, MacGregor, *To the Threshold of Power, 1922/33: Origins and Dynamics of the Fascist and National Socialist Dictatorships*, Vol. 1, Cambridge, 2007.

Koch, Stephen, *Double Lives: Stalin, Willi Münzenberg and the Seduction of the Intellectuals*, London, 1995.

Kochanski, Halik, *The Eagle Unbowed: Poland and the Poles in the Second World War*, London, 2012.

Kocka, Jürgen, *Facing Total War: German Society, 1914 – 1918*, Leamington Spa, 1984.

Kolb, Eberhard, *The Weimar Republic*, London, 1988.

Kolko, Gabriel, *Century of War: Politics, Conflicts, and Society since 1914*, New York, 1994.

*Kovály, Heda Margolius, *Under a Cruel Star: A Life in Prague 1941 – 1968 (1986)*, London, 2012.

*Kossert, Andreas, Kalte Heimat. *Die Geschichte der deutschen Vertriebenen nach 1945*, Berlin, 2008.

Kramer, Alan, *Dynamic of Destruction: Culture and Mass Killing in the First World War*, Oxford, 2007.

Krumeich, Gerd (ed.), *Nationalsozialismus und Erster Weltkrieg*, Essen, 2010.

Kühlwein, Klaus, *Pius XII. und die Judenrazzia in Rom*, Berlin, 2013.

*Kulka, Otto Dov, *Landscapes of the Metropolis of Death*, London, 2013.

Kulka, Otto Dov, 'History and Historical Consciousness: Similarities and Dissimilarities in the History of the Jews in Germany and the Czech Lands 1918 – 1945', *Bohemia*, 46/1 (2005).

Kulka, Otto Dov and Jäckel, Eberhard (eds), *The Jews in the Secret Nazi Reports on Popular Opinion in Germany, 1933 – 1945*, New Haven, CT, and London, 2010.

Kulka, Otto Dov and Mendes-Flohr, Paul R. (eds), *Judaism and Christianity under the Impact of National Socialism*, Jerusalem, 1987.

Lamb, Richard, *The Ghosts of Peace 1935 – 1945*, Salisbury, 1987.

*Laqueur, Walter, *Europe since Hitler*, London, 1972.

Laqueur, Walter (ed.), *Fascism: A Reader's Guide*, Harmondsworth, 1976.

Larkin, Maurice, *France since the Popular Front*, Oxford, 1988.

Larsen, Stein Ugelvik, Hagvet, Bernt and Myklebust, Jan Peter (eds), *Who Were the Fascists?*, Bergen, 1980.

Larsen, Stein Ugelvik, with the assistance of Hagtvet, Bernt (ed.), *Modern Europe after Fascism 1943 – 1980s*, 2 vols, New York, 1998.

Latourette, Kenneth Scott, *Christianity in a Revolutionary Age. Vol. 4: The Twentieth Century in Europe*, Grand Rapids, MI, 1969.

Leitz, Christian, *Nazi Germany and Neutral Europe during the Second World War*, Manchester, 2000.

*Leonhardt, Jörn, *Die Buchse der Pandora. Geschichte des Ersten Weltkriegs*, Munich, 2014.

*Levine, Joshua (ed.), *Forgotten Voices of the Somme*, London, 2008.

*Levy, Primo, *If this is a Man*, London, 1960.

Lewin, Moshe, *The Making of the Soviet System*, London, 1985.

Lewin, Moshe, *The Soviet Century*, London, 2005.

Liddle, Peter (ed.), *Captured Memories 1900 – 1918: Across the Threshold of War*, Barnsley, 2010.

Liddle, Peter (ed.), *Captured Memories 1930 – 1945: Across the Threshold of War – The Thirties and the War*, Barnsley, 2011.

Lidegaard, B., *Countrymen: The Untold Story of How Denmark's Jews Escaped the Nazis*, London, 2014.

Lieven, D. C. B., *Russia and the Origins of the First World War*, London, 1983.

Linz, Juan J., *The Breakdown of Democratic Regimes: Crisis, Breakdown and Reequilibration*, Baltimore, MD, and London, 1978.

Linz, Juan J. and Stepan, Alfred, *The Breakdown of Democratic Regimes: Europe*, Baltimore. MD, and London, 1978.

Lipset, Seymour Martin, *Political Man*, London, 1960.

*Liulevicius, Vejas Gabriel, *War Land on the Eastern Front: Culture, National Identity and German Occupation in World War I*, Cambridge, 2000.

Longerich, Peter, *Holocaust: The Nazi Persecution and Murder of the Jews*, Oxford, 2010.

Longerich, Peter, *Himmler*, Oxford, 2012.

*Lounguina, Lila, *Les saisons de Moscou 1933 – 1990*, Paris, 1990.

Lowe, Keith, *Inferno: The Devastation of Hamburg, 1943*, London, 2007.

Lowe, Keith, *Savage Continent: Europe in the Aftermath of World War II*, London, 2012.

Lukacs, John, *At the End of an Age*, New Haven, CT, and London, 2002.

Lyttelton, Adrian, *The Seizure of Power: Fascism in Italy 1919 – 1929*, London, 1973.
Lyttelton, Adrian (ed.), *Liberal and Fascist Italy*, Oxford, 2002.
Macartney, C. A., *The Habsburg Empire, 1790 – 1918*, London, 1968.
*MacCulloch, Diarmaid, *A History of Christianity*, London, 2009.
Machtan, Lothar, *Die Abdankung. Wie Deutschlands gekrönte Häupter aus der Geschichte fielen*, Berlin, 2008.
Machtan, Lothar, *Prinz Max von Baden. Der letzte Kanzler des Kaisers*, Berlin, 2013.
Mack Smith, Denis, *Mussolini*, London, 1983.
MacMillan, Margaret, *Peacemakers: Six Months that Changed the World*, London, 2002.
MacMillan, Margaret, *The War that Ended Peace: How Europe Abandoned Peace for the First World War*, London, 2013.
Maier, Charles S., *Recasting Bourgeois Europe*, Princeton, NJ, 1975.
*Maier, Charles S. (ed.), *The Cold War in Europe: Era of a Divided Continent*, New York, 1991.
*Maier, Klaus A., 'Die Zerstörung Gernikas am 26. April 1937', *Militärgeschichte*, 1 (2007).
Maiolo, Joe, *Cry Havoc: The Arms Race and the Second World War 1931 – 1941*, London, 2010.
Mak, Geert, *In Europe: Travels through the Twentieth Century*, London, 2008.
Mamatey, Victor and Luža, Radomir, *A History of the Czechoslovak Republic, 1918 – 1948*, Princeton, NJ, 1973.
Mann, Michael, *Fascists*, Cambridge, 2004.
Mann, Michael, *The Dark Side of Democracy: Explaining Ethnic Cleansing*, Cambridge, 2005.
Mann, Michael, *The Sources of Social Power. Vol. 3: Global Empires and Revolution, 1890 – 1945*, Cambridge, 2012.
Marrus, Michael, R., *The Nuremberg War Crimes Trial 1945 – 46: A Documentary History*, Boston, MA, and New York, 1997.
Marwick, Arthur, *The Deluge: British Society and the First World War*, London, 1965.
Marwick, Arthur, *War and Social Change in the Twentieth Century: A Comparative Study of Britain, France, Germany, Russia, and the United States*, New York, 1975.
Marwick, Arthur (ed.), *Total War and Social Change*, London, 1988.
Mason, Timothy W., *Sozialpolitik im Dritten Reich. Arbeiterklasse und Volksgemeinschaft*, Opladen, 1977.
Mason, Timothy, W., *Nazism, Fascism and the Working Class: Essays by Tim Mason*, ed. Jane Caplan, Cambridge, 1995.

Mawdsley, Evan, *The Stalin Years: The Soviet Union, 1929 – 1953*, Manchester, 1998.

Mawdsley, Evan, *The Russian Civil War*, Edinburgh, 2000.

Mayer, Arno J., *The Persistence of the Old Regime: Europe to the Great War*, London, 1981.

Mayer, Arno J., *Why Did the Heavens not Darken? The 'Final Solution' in History*, New York, 1988.

Mazower, Mark, *Inside Hitler's Greece: The Experience of Occupation, 1941 – 1944*, New Haven, CT, and London, 1993.

Mazower, Mark, *Dark Continent: Europe's Twentieth Century*, London, 1998.

Mazower, Mark, *The Balkans: From the End of Byzantium to the Present Day*, London, 2001.

Mazower, Mark, *Hitler's Empire: Nazi Rule in Occupied Europe*, London, 2008.

McCauley, Martin, *The Origins of the Cold War*, London, 1983.

McCauley, Martin, *The Soviet Union, 1917 – 1991*, 2nd edn, London, 1993.

McElligott, Anthony, *Rethinking the Weimar Republic*, London, 2014.

McElligott, Anthony (ed.), *Weimar Germany*, Oxford, 2009.

*McLeod, Hugh, *Religion and the People of Western Europe 1789 – 1970*, Oxford, 1981.

McMeekin, Sean, *The Russian Origins of the First World War*, Cambridge, MA, and London, 2011.

McMillan, Dan, *How Could This Happen? Explaining the Holocaust*, New York, 2014.

McMillan, James F., *Twentieth-Century France: Politics and Society 1898 – 1991*, London, 1992.

Meehan, Patricia, *The Unnecessary War: Whitehall and the German Resistance to Hitler*, London, 1992.

*Merridale, Catherine, *Night of Stone: Death and Memory in Russia*, London, 2000.

*Merridale, Catherine, *Ivan's War: The Red Army 1939 – 1945*, London, 2005.

Merriman, John, *A History of Modern Europe. Vol. 2: From the French Revolution to the Present*, 2nd edn, New York, 2004.

Michaelis, Meir, *Mussolini and the Jews*, Oxford, 1978.

Michalka, Wolfgang (ed.), *Die nationalsozialistische Machtergreifung*, Paderborn, 1984.

Michmann, Dan, *Angst vor den 'Ostjuden'. Die Entstehung der Ghettos während des Holocaust*, Frankfurt am Main, 2011.

Michmann, Dan (ed.), *Belgium and the Holocaust*, Jerusalem, 1998.

Milward, Alan S., *The Economic Effects of the World Wars on Britain*, London, 1970.

Milward, Alan S., *The Reconstruction of Western Europe 1945 – 1951*, London, 1984.

Milward, Alan S., *War, Economy and Society 1939 – 1945*, Harmondsworth, 1987.

Mitchell, B. R. (ed.), *International Historical Statistics: Europe, 1750 – 2000*, Basingstoke, 2003.
Möller, Horst, *Europa zwischen den Weltkriegen*, Munich, 1998.
*Mombauer, Annika, *The Origins of the First World War: Diplomatic and Military Documents*, Manchester, 2013.
Mommsen, Hans, *From Weimar to Auschwitz: Essays in German History*, London, 1991.
Mommsen, Hans, *The Rise and Fall of Weimar Democracy*, Chapel Hill, NC, and London, 1996.
Mommsen, Hans, *Zur Geschichte Deutschlands im 20. Jahrhundert. Demokratie, Diktatur, Widerstand*, Munich, 2010.
Mommsen, Hans, *Das NS-Regime und die Auslöschung des Judentums in Europa*, Göttingen, 2014.
Mommsen, Wolfgang J., *Imperial Germany 1867 – 1918: Politics, Culture and Society in an Authoritarian State*, London, 1995.
Mommsen, Wolfgang and Kettenacker, Lothar (eds), *The Fascist Challenge and the Policy of Appeasement*, London, 1983.
Montefiore, Simon Sebag, *Stalin: The Court of the Red Tsar*, London, 2003.
Moore, Bob, *Refugees from Nazi Germany in the Netherlands 1933 – 1940*, Dordrecht, 1986.
Moore, Bob, *Victims and Survivors: The Nazi Persecution of the Jews in the Netherlands 1940 – 1945*, London, 1997.
Moore, Bob, *Survivors: Jewish Self-Help and Rescue in Nazi Occupied Western Europe*, Oxford, 2010.
Moore, Bob (ed.), *Resistance in Western Europe*, Oxford and New York, 2000.
Moorhouse, Roger, *Killing Hitler*, London, 2007.
Moorhouse, Roger, *The Devil's Alliance: Hitler's Pact with Stalin 1939 – 1941*, New York, 2014.
Morgan, Kenneth O., *Labour in Power 1945 – 1951*, Oxford, 1985.
Morgan, Philip, *Italian Fascism*, London, 2004.
Morris, Jeremy, *The Church in the Modern Age*, London, 2007.
Mosse, George L., *The Culture of Western Europe: The Nineteenth and Twentieth Centuries*, London, 1963.
Mosse, George L., *The Crisis of German Ideology*, London, 1966.
Mosse, George L., *The Nationalization of the Masses*, New York, 1975.
Mosse, George L., *Fallen Soldiers: Reshaping the Memory of the World Wars*, New York, 1990.

Mosse, George L. (ed.), *International Fascism*, London, 1979.
Mowatt, Charles Loch, *Britain between the Wars 1918 – 1940*, London, 1955.
Mowatt, C. L. (ed.), *The New Cambridge Modern History. Vol. XII : The Era of Violence 1898 – 1945*, Cambridge, 1968.
Mühlberger, Detlef, *The Social Bases of Nazism 1919 – 1933*, Cambridge, 2003.
*Münkler, *Der Grosse Krieg. Die Welt 1914 – 1918*, Berlin, 2013.
Naimark, Norman M., *The Russians in Germany: a History of the Soviet Zone of Occupation, 1945 – 1949*, Cambridge Mass., 1995.
*Naimark, Norman M., *Fires of Hatred: Ethnic Cleansing in Twentieth-Century Europe*, Cambridge, MA, and London, 2001.
Naimark, Norman M., *Stalin's Genocides*, Princeton, NJ, 2010.
Naimark, Norman M., 'Stalin and Europe in the Postwar Period, 1945 – 1953: Issues and Problems', *Journal of Modern European History*, 2/1 (2004).
Neitzel, Sönke, *Weltkrieg und Revolution 1914 – 1918/1919*, Berlin, 2008.
Newman, Karl J., *European Democracy between the Wars*, London, 1970.
*Nielsen, Frederick, *Ein Emigrant für Deutschland. Tagebuchaufzeichnungen, Aufrufe und Berichte aus den Jahren 1933 – 1943*, Darmstadt, 1977.
*Niethammer, Lutz, *Die Mitläuferfabrik. Die Entnazifizierung am Beispiel Bayerns*, Berlin, 1982.
*Noakes, Jeremy, 'Nazism and Eugenics', in Bullen, R. J., Strandmann, H. Pogge von and Polonsky, A. B. (eds), *Ideas into Politics: Aspects of European History 1880 – 1950*, London, 1984.
Noakes, Jeremy (ed.), *The Civilian in War*, Exeter, 1992.
*Noakes, Jeremy and Pridham, Geoffrey (eds), *Nazism 1919 – 1945: A Documentary Reader*, 4 vols, Exeter, 1983, 1984, 1988, 1998.
Nolte, Ernst, *Three Faces of Fascism*, London, 1965.
Nove, Alec, *Stalinism and After*, London, 1975.
Orth, Karin, *Das System der nationalsozialistischen Konzentrationslager. Eine politische Organisationsgeschichte*, Hamburg, 1999.
*Orwell, George, *Down and Out in Paris and London*, London, 1933.
*Orwell, George, *The Road to Wigan Pier*, London, 1937.
*Orwell, George, *Homage to Catalonia*, London, 1938.
Overy, Richard, *War and the Economy in the Third Reich*, Oxford, 1994.
Overy, Richard, *Why the Allies Won*, London, 1995.
Overy, Richard, *The Nazi Economic Recovery 1932 – 1938*, Cambridge, 1996.

Overy, Richard, *Russia's War 1941 – 1945*, London, 1999.
Overy, Richard, *The Dictators: Hitler's Germany and Stalin's Russia*, London, 2004.
*Overy, Richard, *The Morbid Age: Britain and the Crisis of Civilization, 1919 – 1939*, London, 2010.
Overy, Richard, *The Bombing War: Europe 1939 – 1945*, London, 2013.
Parker, R. A. C., *Struggle for Survival: The History of the Second World War*, Oxford, 1990.
Parker, R. A. C., *Chamberlain and Appeasement: British Policy and the Coming of the Second World War*, London, 1993.
Parker, R. A. C., *Churchill and Appeasement: Could Churchill have Prevented the Second World War?*, London, 2000.
Passmore, Kevin, *Fascism: A Very Short Introduction*, Oxford, 2002.
Paxton, Robert O., *Vichy France: Old Guard and New Order 1940 – 1944*, London, 1972.
Paxton, Robert O., *The Anatomy of Fascism*, London, 2004.
Payne, Stanley G., *Falange: A History of Spanish Fascism*, Stanford, CA, 1961.
Payne, Stanley G., *A History of Fascism 1914 – 1945*, London, 1995.
Petzina, Dietmar, Abelshauser, Werner and Faust, Anselm (eds), *Sozialgeschichtliches Arbeitsbuch III. Materialien zur Statistik des Deutschen Reiches 1914 – 1945*, Munich, 1978.
*Peukert, Detlev J. K., *The Weimar Republic: The Crisis of Classical Modernity*, London, 1991.
Phayer, Michael, *The Catholic Church and the Holocaust*, Bloomington, IN, 2000.
Piketty, Thomas, *Capital in the Twenty-First Century*, Cambridge, MA, and London, 2014.
*Pollard, Sidney and Holmes, Colin (eds), *Documents in European Economic History. Vol. 3: The End of the Old Europe 1914 – 1939*, London, 1973.
Polonsky, Antony, *The Little Dictators: The History of Eastern Europe since 1918*, London, 1975.
Pope, Stephen and Wheal, Elizabeth-Anne, *Macmillan Dictionary of the First World War*, London, 1995.
Pope, Stephen and Wheal, Elizabeth-Anne, *Macmillan Dictionary of the Second World War*, 2nd edn, London, 1995.
Preston, Paul, *Franco*, London, 1993.
Preston, Paul, *The Coming of the Spanish Civil War*, 2nd edn, London, 1994.
Preston, Paul, *The Politics of Revenge: Fascism and the Military in 20th Century Spain*, London, 1995.

Preston, Paul, *Comrades: Portraits from the Spanish Civil War*, London, 1999.

Preston, Paul, *The Spanish Civil War: Reaction, Revolution and Revenge*, London, 2006.

*Preston, Paul, *The Spanish Holocaust: Inquisition and Extermination in Twentieth-Century Spain*, London, 2012.

Preston, Paul and Mackenzie, Ann L. (eds), *The Republic Besieged: Civil War in Spain 1936 – 1939*, Edinburgh, 1996.

Priestland, David, *Merchant, Soldier, Sage: A New History of Power*, London, 2012.

Pritchard, Gareth, *The Making of the GDR, 1945 – 1953*, Manchester, 2000.

Pugh, Martin, *We Danced All Night: A Social History of Britain between the Wars*, London, 2009.

Raphael, Lutz, *Imperiale Gewalt und mobilisierte Nation. Europa 1914 – 1945*, Munich, 2011.

*Rees, Laurence, *The Nazis: A Warning from History*, London, 1997.

*Rees, Laurence, *War of the Century: When Hitler Fought Stalin*, London, 1999.

Rees, Laurence, *Auschwitz: The Nazis and the 'Final Solution'*, London, 2005.

Rees, Laurence, *Behind Closed Doors: Stalin, the Nazis and the West*, London, 2008.

Reich-Ranicki, Marcel, *Mein Leben*, Stuttgart, 1999.

Reynolds, David, *The Long Shadow: The Great War and the Twentieth Century*, London, 2013.

Reynolds, David, 'The Origins of the Two "World Wars": Historical Discourse and International Politics', *Journal of Contemporary History*, 38/1 (2003).

Reynolds, Michael A., *Shattering Empires: The Clash and Collapse of the Ottoman and Russian Empires, 1908 – 1918*, Cambridge, 2011.

Rhodes, Anthony, *The Vatican in the Age of the Dictators 1922 – 1945*, London, 1973.

Richards, Michael, *A Time of Silence: Civil War and the Culture of Repression in Franco's Spain, 1936 – 1945*, Cambridge, 1998.

Roberts, Andrew, *Masters and Commanders: How Roosevelt, Churchill, Marshall and Alanbrooke won the War in the West*, London, 2008.

Roberts, Andrew, *The Storm of War: A New History of the Second World War*, London, 2009.

Roberts, J. M., *A History of Europe*, Oxford, 1996.

Roberts, J. M., *Twentieth Century: A History of the World, 1901 to the Present*, London, 1999.

Robertson, Ritchie, *Kafka: A Very Short Introduction*, Oxford, 2004.

Rodrigue, Aron, 'The Mass Destruction of Armenians and Jews in the 20th Century in Historical Perspective', in Kieser, Hans-Lukas and Schaller, Dominik J. (eds), *Der Völkermord an den Armeniern und die Shoah*, Zurich, 2002.

Rogger, Hans and Weber, Eugen (eds), *The European Right*, London, 1965.

Röhl, John C. G, *Wilhelm II. Der Weg in den Abgrund 1900 – 1941*, Munich, 2008.

Rose, Richard, *What is Europe?*, New York, 1996.

Roseman, Mark, 'National Socialism and the End of Modernity', *American Historical Review*, 116/3 (2011).

Rosenberg, Emily S. (ed.), *Geschichte der Welt 1870 – 1945. Weltmärkte und Weltkriege*, Munich, 2012.

Rothschild, Joseph, *East Central Europe between the Two World Wars*, Seattle, 1977.

Rousso, Henry, *Le syndrome de Vichy de 1944 a nos jours*, Paris, 1990.

Rousso, Henry, *Les années noires: vivre sous l'occupation*, Paris, 1992.

Rousso, Henry, *Vichy, L'événement, la mémoire, l'histoire*, Paris, 2001.

Rousso, Henry (ed.), *Stalinisme et nazisme. Histoire et mémoire comparées*, Paris, 1999.

Sartori, Roland (ed.), *The Ax Within: Italian Fascism in Action*, New York, 1974.

Sassoon, Donald, *The Culture of the Europeans: From 1800 to the Present*, London, 2006.

*Schell, Margarete, *Ein Tagebuch aus Prag 1945 – 1946*, Kassel, 1957.

Schoenbaum, David, *Hitler's Social Revolution: Class and Status in Nazi Germany 1933 – 1939*, New York, 1967.

Schweitzer, Arthur, *The Age of Charisma*, Chicago, IL, 1984.

Sebestyen, Victor, *1946: The Making of the Modern World*, London, 2014.

Service, Robert, *The Bolshevik Party in Revolution: A Study in Organisational Change 1917 – 1923*, London, 1979.

Service, Robert, *The Russian Revolution 1900 – 1927*, London, 1986.

Service, Robert, *A History of Twentieth-Century Russia*, London, 1998.

Service, Robert, *Lenin: A Biography*, London, 2000.

Service, Robert, *Stalin: A Biography*, London, 2004.

Sharp, Alan, *The Versailles Settlement: Peacemaking in Paris, 1919*, Basingstoke, 1991.

Sheehan, James, *The Monopoly of Violence: Why Europeans Hate Going to War*, London, 2010.

Sheffield, Gary, *Forgotten Victory: The First World War – Myths and Realities*, London, 2002.

Shephard, Ben, *The Long Road Home: The Aftermath of the Second World War*, London, 2010.

Sherratt, Yvonne, *Hitler's Philosophers*, New Haven, CT, and London, 2013.

*Shirer, William L., *Berlin Diary 1934 – 1941*, London, 1941.

*Shore, Marci, *Caviar and Ashes: A Warsaw Generation's Life and Death in Marxism, 1918 – 1968*, New Haven, CT, and London, 2006.

Simms, Brendan, *Europe: The Struggle for Supremacy, 1453 to the Present*, London, 2013.

Sirinelli, Jean-François (ed.), *Histoire des droites en France. Vol. 1: Politique*, Paris, 1992.

Skidelsky, Robert, *J. M. Keynes: Economist, Philosopher, Statesman*, London, 2003.

*Słomka, Jan, *From Serfdom to Self-Government: Memoirs of a Polish Village Mayor, 1842 – 1927*, London, 1941.

Smith, L. V., Audoin-Rouzeau, Stephane and Becker, Annette, *France and the Great War, 1914 – 1918*, Cambridge, 2003.

Smith, S. A., *Red Petrograd: Revolution in the Factories 1917 – 1918*, Cambridge, 1983.

*Snowden, Ethel ['Mrs. Philip'], *A Political Pilgrim in Europe*, London, 1921.

*Snyder, Timothy, *Bloodlands: Europe between Hitler and Stalin*, New York, 2010.

Soucy, Robert, *French Fascism: The First Wave, 1924 – 1933*, New Haven, CT, and London, 1986.

Soucy, Robert, *French Fascism: The Second Wave, 1933 – 1939*, New Haven, CT, and London, 1995.

*Sperber, Manes, *Bis man mir Scherben auf die Augen legt. All' das Vergangene . . .*, Vienna, 1977.

Stachura, Peter D., *Poland in the Twentieth Century*, London, 1999.

Stachura, Peter D., *Poland, 1918 – 1945*, London, 2004.

Stachura, Peter (ed.), *Unemployment and the Great Depression in Weimar Germany*, Basingstoke, 1986.

*Stachura, Peter D. (ed.), *Poland between the Wars, 1918 – 1939*, London, 1998.

Stargardt, Nicholas, *The German Idea of Militarism: Radical and Socialist Critics 1866 – 1914*, Cambridge, 1994.

Stargardt, Nicholas, *Witnesses of War: Children's Lives under the Nazis*, London, 2005.

*Stargardt, Nicholas, *The German War: A Nation under Arms, 1939 – 1945*, London, 2015.

Stargardt, Nicholas, 'Wartime Occupation by Germany: Food and Sex', in Richard Bosworth and Joseph Maiolo (eds), *Cambridge History of the Second World War. Vol. 2: Politics and Ideology*, Cambridge, 2015.

Staritz, Dietrich, *Die Gründung der DDR*, Munich, 1984.

Steinberg, Jonathan, *All or Nothing: The Axis and the Holocaust 1941 – 1943*, London, 1991.

*Steiner, Zara, *The Lights that Failed: European International History 1919 – 1933*, Oxford, 2005.

*Steiner, Zara, *The Triumph of the Dark: European International History 1933 – 1939*, Oxford, 2011.

Steinert, Marlis, *Hitlers Krieg und die Deutschen*, Düsseldorf and Vienna, 1970.

Stern, Fritz, *Einstein's German World*, London, 2000.

Stern, Fritz, *Five Germanys I Have Known*, New York, 2006.

Stern, Fritz, *Der Westen im 20. Jahrhundert. Selbstzerstörung, Wiederaufbau, Gefährdungen der Gegenwart*, Göttingen, 2008.

Sternhell, Zeev, *Ni Droite, ni Gauche. L'idéologie fasciste en France*, Paris, 1987.

Stevenson, David, *Armaments and the Coming of War: Europe 1904 – 1914*, Oxford, 1996.

Stevenson, David, *Cataclysm: The First World War as Political Tragedy*, New York, 2004.

Stevenson, John and Cook, Chris, *The Slump: Society and Politics during the Depression*, London, 1977.

Stone, Dan, *Histories of the Holocaust*, Oxford, 2010.

Stone, Norman, *The Eastern Front 1914 – 1917*, London, 1975.

Stone, Norman, *World War One: A Short History*, London, 2007.

Strachan, Hew, *The First World War. Vol. 1: To Arms*, Oxford, 2001.

Strachan, Hew, *The First World War*, London, 2006.

Sugar, Peter F. (ed.), *Fascism in the Successor States 1918 – 1945*, Santa Barbara, CA, 1971.

Suny, Ronald Grigor, *The Soviet Experiment: Russia, the USSR, and the Successor States*, New York, 1998.

*Taylor, A. J. P., *English History 1914 – 1945*, London, 1970.

Taylor, A. J. P., *From Sarajevo to Potsdam: The Years 1914 – 1945*, London, 1974.

Taylor, Frederick, *Exorcising Hitler: The Occupation and Denazification of Germany*, London, 2011.

Taylor, Frederick, *The Downfall of Money: Germany's Hyperinflation and the Destruction of the Middle Class*, London, 2013.

Thamer, Hans-Ulrich, *Verführung und Gewalt. Deutschland 1933 – 1945*, Berlin, 1986.

Thomas, Hugh, *The Spanish Civil War*, London, 1961.

Thränhardt, Dietrich, *Geschichte der Bundesrepublik Deutschland*, Frankfurt am Main, 1986.

Thurlow, Richard, *Fascism in Britain: A History, 1918 – 1985*, London, 1987.

Todorov, Tzvetan, *The Fragility of Goodness: Why Bulgaria's Jews Survived the Holocaust*, London, 2001.

Todorov, Tzvetan, *Hope and Memory: Reflections on the Twentieth Century*, Princeton, NJ, 2003.

Tomka, Béla, *A Social History of Twentieth-Century Europe*, London, 2013.

Tooze, Adam, *The Wages of Destruction: The Making and Breaking of the Nazi Economy*, London, 2006.

Tooze, Adam, *The Deluge: The Great War and the Remaking of Global Order 1916 – 1931*, London, 2014.

Traverso, Enzo, *The Origins of Nazi Violence*, New York, 2003.

Traverso, Enzo, 'Intellectuals and Anti-Fascism: For a Critical Historization', *New Politics*, 9/4 (2004).

Traverso, Enzo (ed.), *Le Totalitarisme. Le XXe siecle en débat*, Paris, 2001.

Trentmann, Frank and Flemming, Just (eds), *Food and Conflict in Europe in the Age of the Two World Wars*, Basingstoke, 2006.

Tucker, Robert C., *Stalin in Power: The Revolution from Above, 1928 – 1941*, New York, 1990.

*Ulrich, Bernd and Ziemann, Benjamin (eds), *German Soldiers in the Great War: Letters and Eyewitness Accounts*, Barnsley, 2010.

Unger, Aryeh L., *The Totalitarian Party: Party and People in Nazi Germany and Soviet Russia*, Cambridge, 1974.

Verhey, Jeffrey, *The Spirit of 1914: Militarism, Myth and Mobilisation in Germany*, Cambridge, 2000.

Vickers, Miranda, *The Albanians: A Modern History*, London, 1995.

Vincent, Mary, *Spain 1833 – 2002: People and State*, Oxford, 2007.

Vinen, Richard, *A History in Fragments: Europe in the Twentieth Century*, London, 2000.

Volkogonov, Dmitri, *Stalin: Triumph and Tragedy*, London, 1991.

Wachsmann, Nikolaus, *KL : A History of the Nazi Concentration Camps*, New York, 2015.

Waddington, Lorna, *Hitler's Crusade: Bolshevism and the Myth of the International Jewish Conspiracy*, London, 2007.

Walker, Mark, *Nazi Science: Myth, Truth, and the German Atomic Bomb*, New York, 1995.

Waller, Philip and Rowell, John (eds), *Chronology of the 20th Century*, Oxford, 1995.

Wasserstein, Bernard, *Barbarism and Civilisation: A History of Europe in Our Time*, Oxford, 2007.

Wasserstein, Bernard, *On the Eve: The Jews of Europe before the Second World War*, London, 2012.

Watson, Alexander, *Ring of Steel: Germany and Austria-Hungary at War, 1914 – 1918*, London, 2014.

Watt, Donald Cameron, *How War Came: The Immediate Origins of the Second World War, 1938 – 1939*, London, 1990.

*Weber, Eugen, *Varieties of Fascism*, New York, 1964.

*Weber, Eugen, *The Hollow Years: France in the 1930s*, New York, 1996.

Wee, Herman van der, *Prosperity and Upheaval: The World Economy 1945 – 1980*, Harmondsworth, 1987.

Wehler, Hans-Ulrich, *Deutsche Gesellschaftsgeschichte. Vol. 4: 1914 – 1949*, Munich, 2003.

Weinberg, Gerhard, *The Foreign Policy of Hitler's Germany*, 2 vols, Chicago, IL, and London, 1970, 1980.

Weinberg, Gerhard, *A World at Arms*, Cambridge, 1994.

Weindling, Paul, *Health, Race and German Politics between National Unification and Nazism*, Cambridge, 1989.

Weiss -Wendt, Anton, *Murder without Hatred: Estonians and the Holocaust*, Syracuse, NY, 2009.

Welch, David, *Germany, Propaganda and Total War 1914 – 1918*, London, 2000.

Werth, Alexander, *Russia at War 1941 – 1945*, New York, 1984.

Winkler, Heinrich August, *Geschichte des Westens. Die Zeit der Weltkriege 1914 – 1945*, Munich, 2011.

Winkler, Heinrich August, *Geschichte des Westens. Vom Kalten Krieg zum Mauerfall*, Munich, 2014.

Winstone, Martin, *The Dark Heart of Hitler's Europe: Nazi Rule in Poland under the General Government*, London, 2015.

Winter, Jay, *Sites of Memory, Sites of Mourning: The Great War in European Cultural History*, Cambridge, 1995.

Winter, Jay, *Dreams of Peace and Freedom: Utopian Moments in the 20th Century*, New Haven, CT, and London, 2006.

Winter, Jay and Prost, Antoine, *The Great War in History: Debates and Controversies 1914 to the Present*, Cambridge, 2005.

Winter, Jay, Parker, Geoffrey and Habeck, Mary R. (eds), *The Great War and the Twentieth Century*, New Haven, CT, and London, 2000.

Wirsching, Andreas, 'Political Violence in France and Italy after 1918', *Journal of Modern European History*, 1/1 (2003).

Woller, Hans, *Die Abrechnung mit dem Faschismus in Italien 1943 bis 1948*, Munich, 1996.
Woller, Hans, *Geschichte Italiens im 20. Jahrhundert*, Munich, 2010.
Woolf, S. J. (ed.), *The Nature of Fascism*, London, 1968.
Woolf, S. J. (ed.), *Fascism in Europe*, London, 1981.
*Woodruff, William, *The Road to Nab End: A Lancashire Childhood*, London, 2000.
*Woodruff, William, *Beyond Nab End*, London, 2003.
*Wright, Jonathan, *Gustav Stresemann: Weimar's Greatest Statesman*, Oxford, 2002.
Wrigley, Chris (ed.), *Challenges of Labour: Central and Western Europe 1917 – 1920*, London, 1993.
Wróbel, Piotr, 'The Seeds of Violence: The Brutalization of an East European Region, 1917 – 1921', *Journal of Modern European History*, 1/1 (2003).
Ziemann, Benjamin, *Contested Commemorations: Republican War Veterans and Weimar Political Culture*, Cambridge, 2013.
Ziemann, Benjamin, *Gewalt im Ersten Weltkrieg*, Essen, 2013.
Ziemann, Benjamin, 'Germany after the First World War – A Violent Society?', *Journal of Modern European History*, 1/1 (2003).
Zimmermann, Moshe (ed.), *On Germans and Jews under the Nazi Regime*, Jerusalem, 2006.
Zürcher, Erik J., *Turkey: A Modern History*, London, 2004.
Zuckmayer, Carl, *Geheimbericht*, ed. Gunther Nickel and Johanna Schrön, Göttingen, 2002.
Zuckmayer, Carl, *Deutschlandbericht für das Kriegsministeriuim der Vereinigten Staaten von Amerika*, ed. Gunther Nickel, Johanna Schrön and Hans Wagener, Göttingen, 2004.
*Zweig, Stefan, *The World of Yesterday*, 3rd edn, London, 1944.
*Zweig, Stefan, *Tagebücher*, Frankfurt, 1984.